Wyrażenia regularne. Receptury

Jan Goyvaerts, Steven Levithan

HELION

O'REILLY™

Beijing • Cambridge • Farnham • Köln • Paris • Sebastopol • Taipei • Tokyo

Tytuł oryginału: Regular Expressions Cookbook

Tłumaczenie: Mikołaj Szczepaniak

ISBN: 978-83-246-2510-9

© Helion S.A. 2010.

Authorized translation of the English edition of Regular Expressions Cookbook,
ISBN 9780596520687 © 2009 Jan Goyvaerts and Steven Levithan. This translation
is published and sold by permission of O'Reilly Media, Inc., the owner of all rights
to publish and sell the same.

Pliki z przykładami omawianymi w książce można znaleźć pod adresem:
ftp://ftp.helion.pl/przyklady/wyrere.zip

Wydawnictwo HELION
ul. Kościuszki 1c, 44-100 GLIWICE
tel. 32 231 22 19, 32 230 98 63
e-mail: *helion@helion.pl*
WWW: *http://helion.pl* (księgarnia internetowa, katalog książek)

Drogi Czytelniku!
Jeżeli chcesz ocenić tę książkę, zajrzyj pod adres
http://helion.pl/user/opinie?wyrere
Możesz tam wpisać swoje uwagi, spostrzeżenia, recenzję.

Printed in Poland.

Spis treści

Przedmowa

W ostatniej dekadzie mogliśmy obserwować ogromny wzrost popularności wyrażeń regularnych. Wszystkie współczesne języki programowania oferują rozbudowane biblioteki wyrażeń regularnych lub wręcz mechanizmy obsługi tych wyrażeń wbudowane w ramach tych języków. Wielu programistów wykorzystuje wyrażenia regularne do implementowania dla użytkowników swoich aplikacji wygodnych funkcji przeszukiwania lub filtrowania danych. Wyrażenia regularne są wszędzie.

Na fali rosnącej popularności wyrażeń regularnych napisano i wydano mnóstwo książek. Większość tych publikacji dość dobrze tłumaczy składnię wyrażeń regularnych, prezentuje ciekawe przykłady i może być wykorzystywana w roli swoistych leksykonów. Do tej pory nie napisano jednak książki prezentującej rozwiązania (z wykorzystaniem wyrażeń regularnych) typowych problemów praktycznych związanych z przetwarzaniem tekstu i działaniem rozmaitych aplikacji internetowych. Zdecydowaliśmy się więc wypełnić tę lukę.

W szczególności chcieliśmy zademonstrować, jak korzystać z wyrażeń regularnych w sytuacjach, w których mniej doświadczeni programiści zbyt pochopnie dochodzą do przekonania o braku możliwości użycia wyrażeń regularnych, a programistyczni puryści twierdzą, że to nie wyrażenia regularne są właściwym rozwiązaniem. Wyrażenia regularne, które są obecnie stosowane niemal wszędzie, są postrzegane przez użytkowników końcowych jako najwygodniejsze narzędzie do realizacji zaawansowanych zadań bez konieczności angażowania zespołu programistów. Nawet programiści często mogą oszczędzić sporo czasu, używając zaledwie kilku wyrażeń regularnych do uzyskiwania i modyfikowania danych w sytuacji, gdy implementacja tych samych zadań w kodzie proceduralnym zajęłaby wiele godzin lub nawet dni bądź wymagałaby zakupu zewnętrznej biblioteki (po dokonaniu czasochłonnej analizy rynku i uzyskaniu zgody przełożonych).

Jak nie wpaść w pułapkę wielu różnych wersji

Jak wszystko, co zyskało pewną popularność w świecie rozwiązań IT, wyrażenia regularne występują w wielu różnych implementacjach, które w większym lub mniejszym stopniu są ze sobą zgodne. Skutkiem powstania i rozwoju tych implementacji było wykształcenie wielu różnych odmian wyrażeń regularnych, które nie zawsze działają w ten sam sposób (lub nawet w ogóle nie działają) w zderzeniu z tym samym wyrażeniem regularnym.

Wiele książek tylko wspomina o istnieniu różnych odmian wyrażeń regularnych i wylicza niektóre różnice. Autorzy tych książek zwykle nie omawiają jednak pewnych odmian — zamiast opisywać rozwiązania alternatywne i metody obchodzenia występujących ograniczeń, po prostu przemilczają istnienie odmian, które nie oferują prezentowanych mechanizmów. Lektura tego rodzaju książek bywa frustrująca, jeśli korzystamy z innej odmiany wyrażeń regularnych w innych aplikacjach bądź językach programowania.

Zdawkowe, nieprzemyślane sformułowania, jak „wszyscy korzystają obecnie z wyrażeń regularnych Perla", dodatkowo bagatelizują istniejące niezgodności i utrudnienia. Co ciekawe, nawet pomiędzy rozmaitymi pakietami „wyrażeń Perla" często występują poważne różnice, a sam Perl stale ewoluuje. Nadmierne uproszczenia nierzadko zmuszają programistów do poświęcania długich godzin na bezproduktywne korzystanie z debugera zamiast na właściwe dopracowywanie samych wyrażeń regularnych. Nawet odkrycie, że pewne funkcje i mechanizmy nie są dostępne w wykorzystywanej odmianie wyrażeń regularnych, może nie wystarczyć do znalezienia właściwego rozwiązania alternatywnego.

Ta książka jest pierwszym wydawnictwem na rynku, w którym tak szczegółowo i konsekwentnie omówiono najbardziej popularne i rozbudowane odmiany wyrażeń regularnych.

Docelowa grupa odbiorców

Tę książkę powinien przeczytać każdy, kto w codziennej pracy przy komputerze musi operować na danych tekstowych, niezależnie od tego, czy realizowane zadania polegają na przeszukiwaniu niezliczonych dokumentów, modyfikowaniu danych w edytorze tekstu, czy tworzeniu oprogramowania przeszukującego lub zmieniającego tekst. Wyrażenia regularne są wprost doskonałym narzędziem do realizacji tego rodzaju zadań. Książka *Wyrażenia regularne. Receptury* uczy wszystkiego, co niezbędne do sprawnego korzystania z wyrażeń regularnych. Nie wymagamy od Czytelnika żadnych wcześniejszych doświadczeń, ponieważ tłumaczymy nawet najbardziej podstawowe aspekty wyrażeń regularnych.

Jeśli masz już jakieś doświadczenie w pracy z wyrażeniami regularnymi, znajdziesz w tej książce mnóstwo szczegółów, które w innych książkach i artykułach są tylko wspominane lub wręcz pomijane. Jeśli kiedykolwiek natrafiłeś na wyrażenie regularne, które działało w jednej aplikacji, ale z niewiadomych przyczyn nie działało w innej, zawarte w tej książce szczegółowe wyjaśnienie różnic dzielących siedem najbardziej popularnych odmian wyrażeń regularnych może Ci bardzo pomóc. Całą książkę podzieliliśmy na receptury, aby umożliwić Czytelnikowi swobodne przechodzenie pomiędzy interesującymi go zagadnieniami. Jeśli przeczytasz tę książkę od deski do deski, zyskasz umiejętności właściwe światowej klasy ekspertom od wyrażeń regularnych.

W tej książce znajdziesz wszystkie niezbędne informacje o wyrażeniach regularnych, niezależnie od tego, czy jesteś programistą. Jeśli na przykład chcesz używać wyrażeń regularnych w ramach edytora tekstu, narzędzia do przeszukiwania danych tekstowych lub dowolnej innej aplikacji z polem tekstowym oznaczonym etykietą *Wyrażenie regularne*, możesz skorzystać ze wskazówek zawartych w tej książce mimo braku jakichkolwiek doświadczeń programistycznych. Większość zawartych tu receptur prezentuje rozwiązania złożone wyłącznie z jednego lub kilku wyrażeń regularnych.

Jeśli jesteś programistą, w rozdziale 3. znajdziesz wszystkie informacje potrzebne do implementowania wyrażeń regularnych w kodzie źródłowym. We wspomnianym rozdziale zakładamy, że potrafisz korzystać z podstawowych elementów wybranego przez siebie języka programowania, ale nie wymagamy żadnego doświadczenia w korzystaniu z wyrażeń regularnych w kodzie źródłowym.

Omawiane technologie

.NET, Java, JavaScript, PCRE, Perl, Python i Ruby to nie puste slogany. To siedem odmian wyrażeń regularnych, które szczegółowo omówimy w tej książce. Każdej z tych odmian poświęcimy tyle samo uwagi. W szczególności omówimy wszystkie istotne różnice dzielące wymienione odmiany wyrażeń regularnych.

W rozdziale 3. (poświęconym technikom programowania) pokażemy listingi kodu języków C#, Java, JavaScript, PHP, Perl, Python, Ruby i VB.NET. W tym rozdziale każda receptura zawiera także rozwiązania i wyjaśnienia dla wszystkich ośmiu języków programowania. Materiał zawarty w tym rozdziale zawiera wiele powtórzeń — na pierwszy rzut oka jest to wada, jednak w praktyce taki model prezentacji rozwiązań umożliwia Czytelnikowi pomijanie języków, które go nie interesują, bez ryzyka utraty cennych wskazówek w kontekście używanych języków.

Zawartość tej książki

W pierwszych trzech rozdziałach tej książki omówimy przydatne narzędzia i podstawowe zasady korzystania z wyrażeń regularnych; w kolejnych rozdziałach będziemy stopniowo wprowadzali rozmaite wyrażenia regularne, prezentując przy okazji zróżnicowane obszary przetwarzania danych tekstowych.

W rozdziale 1., zatytułowanym „Wprowadzenie do wyrażeń regularnych", wyjaśnimy rolę wyrażeń regularnych we współczesnych rozwiązaniach i wprowadzimy szereg narzędzi ułatwiających poznawanie, tworzenie i diagnozowanie tego rodzaju wyrażeń.

W rozdziale 2., zatytułowanym „Podstawowe techniki budowania wyrażeń regularnych", omówimy najważniejsze konstrukcje i mechanizmy wyrażeń regularnych, sugerując przy tym możliwie efektywne techniki ich stosowania w praktyce.

W rozdziale 3., zatytułowanym „Programowanie z wykorzystaniem wyrażeń regularnych", pokażemy techniki kodowania i przeanalizujemy konkretne listingi ilustrujące sposoby używania wyrażeń regularnych w każdym z omawianych w tej książce języków programowania.

Rozdział 4., zatytułowany „Weryfikacja i formatowanie danych", zawiera receptury, w których opisano sposoby obsługi typowych danych wejściowych użytkownika, jak daty, numery telefonów czy kody pocztowe.

W rozdziale 5., zatytułowanym „Wyrazy, wiersze i znaki specjalne", zostaną omówione typowe zadania związane z przetwarzaniem tekstu, jak poszukiwanie wierszy zawierających (lub niezawierających) określone wyrazy.

W rozdziale 6., zatytułowanym „Liczby", pokażemy, jak wykrywać liczby całkowite, liczby zmiennoprzecinkowe i wiele innych formatów podobnych danych wejściowych.

W rozdziale 7., zatytułowanym „Adresy URL, ścieżki i adresy internetowe", wyjaśnimy, jak odnajdywać i modyfikować łańcuchy powszechnie wykorzystywane w internecie i systemie Windows do identyfikowania zasobów.

W rozdziale 8., zatytułowanym „Języki znaczników i formaty wymiany danych", skoncentrujemy się na przetwarzaniu plików w formatach HTML, XML, CSV oraz INI.

Konwencje obowiązujące w tej książce

Poniżej opisano konwencje typograficzne stosowane w tej książce:

Pogrubienie
W ten sposób zapisujemy nowe, wprowadzane terminy.

Kursywa
Ten styl stosujemy dla adresów URL, adresów poczty elektronicznej, nazw i rozszerzeń plików oraz fragmentów przetwarzanego lub wejściowego tekstu. W ten sposób zapisujemy zawartość pola tekstowego aplikacji, pliku na dysku lub zmiennej łańcuchowej.

`Czcionka o stałej szerokości`
Tę czcionkę stosujemy w listingach programów, a także dla elementów kodu (w tym nazw zmiennych i funkcji) w tekście. Czcionkę o stałej szerokości stosujemy też dla przetwarzanego tekstu, jeśli ma postać kodu źródłowego (w tym kodu XML-a i HTML-a).

`Czcionka o stałej szerokości zapisana kursywą`
W ten sposób zapisujemy tekst, który należy zastąpić wartościami wpisanymi przez użytkownika lub wartościami zależnymi od kontekstu.

`<Wyrażenie regularne>`
Reprezentuje wyrażenie regularne w formie, w której może zostać użyte w kodzie tworzonego programu lub wpisane w polu tekstowym wyszukiwania jakiejś aplikacji. Spacje w ramach wyrażeń regularnych są reprezentowane przez kółka (chyba że zapisujemy wyrażenie w trybie swobodnego stosowania znaków białych, w którym możemy używać spacji w tradycyjny sposób).

`«Tekst docelowy»`
Reprezentuje tekst, który zostanie umieszczony w miejscu dopasowania do danego wyrażenia regularnego w ramach operacji przeszukiwania i zastępowania. Spacje w tekście docelowym są reprezentowane przez kółka.

Tekst dopasowany
Reprezentuje część przetwarzanego tekstu dopasowaną do danego wyrażenia regularnego.

`...`
Wielokropek w ramach wyrażenia regularnego wyznacza miejsca do wypełnienia — bez ich uzupełnienia użycie tego wyrażenia nie jest możliwe. Zalecany sposób uzupełniania tych wyrażeń wyjaśniamy w tekście.

`CR, LF i CRLF`
Znaki `CR`, `LF` i `CRLF` zapisane czcionką o stałej szerokości reprezentują właściwe znaki podziału wiersza w łańcuchach (zamiast sekwencji ucieczki, czyli odpowiednio `\r`, `\n` i `\r\n`).

Tego rodzaju łańcuchy można tworzyć, naciskając klawisz *Enter* w wielowierszowym polu tekstowym aplikacji lub zapisując wielowierszowe stałe łańcuchowe w kodzie źródłowym (taką możliwość dają niektóre łańcuchy języków C# i Python).

Ta ikona oznacza wskazówkę, sugestię lub ogólną uwagę.

Ta ikona oznacza ostrzeżenie lub przestrogę.

Korzystanie z przykładowych fragmentów kodu

Celem tej książki jest ułatwienie realizacji konkretnych zadań. Zamieszczone kody można swobodnie wykorzystywać we własnych programach i dokumentacji. Takie stosowanie tych przykładów nie wymaga zgody wydawcy, chyba że powielona ma zostać znaczna część prezentowanego tutaj kodu. Zgody nie wymaga na przykład napisanie programu zawierającego kilka fragmentów kodu pochodzącego z tej książki, ale już sprzedaż lub rozpowszechnianie nośników z tymi przykładami **wymaga** zgody Wydawnictwa Helion. O ile udzielanie odpowiedzi na pytania z wykorzystaniem rozwiązań z tej książki czy poparcie cytatu przykładem zaczerpniętym z tej publikacji nie wymaga dodatkowej zgody, o tyle taka zgoda jest niezbędna w razie zamieszczania znacznej części kodów z tej książki w dokumentacji własnego produktu.

Wskazanie źródła nie jest wymagane, ale jest mile widziane. Informacja o źródle zwykle zawiera tytuł książki, imiona i nazwiska autorów, nazwę wydawnictwa i numr ISBN. W tym przypadku taka informacja może więc mieć następującą postać: „*Wyrażenia regularne. Receptury*, Wydawnictwo Helion, ISBN: 978-83-246-2510-9, 2010".

Jeżeli w ocenie Czytelnika sposób wykorzystania zamieszczonych kodów może naruszać normy prawne lub powyższe regulacje, najlepszym rozwiązaniem jest skontaktowanie z Wydawnictwem Helion za pośrednictwem poczty elektronicznej: *helion@helion.pl*.

Podziękowania

Dziękujemy Andy'emu Oramowi, naszemu redaktorowi w wydawnictwie O'Reilly Media, Inc., który bardzo nam pomógł w pomyślnym doprowadzeniu tego projektu od początku do końca. Dziękujemy też Jeffreyowi Friedlowi, Zakowi Greantowi, Nikolajowi Lindbergowi i Ianowi Morse'owi za skrupulatnie przeprowadzoną korektę, bez której nie byłoby możliwe wydanie tak obszernej i precyzyjnej publikacji.

## ROZDZIAŁ 1

Wprowadzenie do wyrażeń regularnych

Skoro trzymasz tę książkę w dłoniach, najprawdopodobniej nie możesz się doczekać umieszczenia w swoim kodzie kilku dziwacznych łańcuchów pomiędzy nawiasami i znakami zapytania. Jeśli jesteś gotowy do przygody z wyrażeniami regularnymi, zapraszamy — praktyczne wyrażenia regularne wraz z odpowiednim komentarzem znajdziesz w rozdziałach 4. – 8.

Z drugiej strony pierwsze trzy rozdziały tej książki w dłuższej perspektywie mogą Ci oszczędzić sporo czasu i nerwów. Na przykład w tym rozdziale wprowadzono kilka narzędzi pomocniczych — z których część jest dziełem jednego z autorów, Jana — umożliwiających programistom testowanie i diagnozowanie wyrażeń regularnych jeszcze przed ich umieszczaniem w kodzie źródłowym (gdzie identyfikacja błędów jest nieporównanie trudniejsza). W pierwszych rozdziałach opisano też, jak korzystać z rozmaitych funkcji i opcji wyrażeń regularnych, które mogą nam znacznie ułatwić pracę. Treść tych rozdziałów powinna nam pomóc zrozumieć wyrażenia regularne, co z kolei ułatwi nam konstruowanie bardziej efektywnych wyrażeń. Omówimy też kilka subtelnych różnic dzielących sposób obsługi wyrażeń regularnych w różnych językach programowania (a nawet w różnych wersjach Twojego ulubionego języka programowania).

Włożyliśmy sporo wysiłku we właściwe przygotowanie tego materiału wprowadzającego, aby mieć pewność, że przed przystąpieniem do właściwej pracy z wyrażeniami regularnymi będziesz dysponował niezbędną wiedzą, a w razie kłopotów — tekstem, który w każdej chwili będzie można wykorzystać w roli wsparcia.

Definicja wyrażeń regularnych

W tej książce będziemy posługiwali się terminem **wyrażenia regularnego** (ang. *regular expression*) w kontekście określonego rodzaju wzorców tekstowych, które można wykorzystywać w wielu współczesnych aplikacjach i językach programowania. Wyrażeń tego typu można używać między innymi do weryfikacji danych wejściowych pod kątem zgodności z wzorcem tekstowym, odnajdywania w większym fragmencie tekstu fragmentów pasujących do pewnego wzorca, zastępowania tekstu pasującego do wzorca innym tekstem lub zmiany układu elementów składowych pasujących fragmentów oraz dzielenia bloku tekstu na listę podtekstów. Ta książka powinna Ci pomóc zrozumieć, co rzeczywiście oznaczają Twoje wyrażenia regularne, i — tym samym — uniknąć katastrofy.

Historia określenia „wyrażenie regularne"

Termin *wyrażenie regularne* pochodzi z teorii matematyki i informatyki, gdzie używa się go w kontekście wyrażeń matematycznych spełniających warunek **regularności** (ang. *regularity*). Każde takie wyrażenie można zaimplementować programowo, korzystając z deterministycznego automatu skończonego (ang. *deterministic finite automaton — DFA*). DFA jest skończoną maszyną stanów, która nie stosuje tzw. nawrotów.

Wzorce tekstowe stosowane przez najstarsze narzędzia (na przykład grep) miały postać wyrażeń regularnych w rozumieniu powyższej definicji. Mimo zachowania oryginalnej nazwy współczesne wyrażenia regularne przetwarzane przez takie języki jak Perl nie mają wiele wspólnego z wyrażeniami regularnymi definiowanymi przez matematyków. Obecnie wyrażenia regularne są implementowane z wykorzystaniem niedeterministycznego automatu skończonego (ang. *nondeterministic finite automaton — NFA*). Do tematu nawrotów wrócimy za chwilę. Praktyczny programista powinien tylko pamiętać, że gdzieś na świecie być może żyją jacyś oderwani od rzeczywistości informatycy, którzy nie mogą się pogodzić z tym, że ich doskonale zdefiniowana terminologia została przejęta na potrzeby czegoś nieporównanie bardziej użytecznego.

Jeśli umiejętnie korzystasz z wyrażeń regularnych, możesz sobie ułatwić wiele zadań programistycznych i operacji związanych z przetwarzaniem tekstu. Co więcej, można w ten sposób realizować wiele zadań, które bez wyrażeń regularnych byłyby niemal niewykonalne. Potrzebowałbyś dziesiątek, jeśli nie setek wierszy kodu proceduralnego do tak prostych zadań jak identyfikacja wszystkich adresów poczty elektronicznej w dokumencie — co więcej, taki kod byłby wyjątkowo kłopotliwy do opracowania i trudny w utrzymaniu. Okazuje się jednak, że właściwie skonstruowane wyrażenie regularne (patrz receptura 4.1) pozwala osiągnąć ten sam cel w zaledwie kilku lub wręcz jednym wierszu.

Jeśli jednak spróbujesz osiągnąć zbyt wiele za pomocą zaledwie jednego wyrażenia regularnego lub stosować tego rodzaju wyrażenia tam, gdzie nie jest to uzasadnione, szybko odkryjesz, dlaczego mawia się czasem[1]:

> Niektórzy ludzie konfrontowani z trudnym problemem myślą sobie: „Wiem! Użyję wyrażeń regularnych". W takim przypadku mają aż dwa problemy.

Tym drugim problemem programistów pochopnie decydujących się na stosowanie wyrażeń regularnych jest to, że nie sięgnęli po książkę, którą właśnie masz przed sobą. Czytaj więc dalej. Wyrażenia regularne mają ogromny potencjał. Jeśli w swojej pracy musisz operować na danych tekstowych, garść wyrażeń regularnych najpewniej oszczędzi Ci wielu nadgodzin.

Różne odmiany wyrażeń regularnych

No dobrze, nasz wcześniejszy tytuł podrozdziału był kłamliwy. Do tej pory nie zdefiniowaliśmy, czym właściwie są wyrażenia regularne. Nie potrafimy tego zrobić. Nie istnieje oficjalny standard precyzyjnie definiujący, które wzorce tekstowe są, a które nie są wyrażeniami regu-

---

[1] Jeffrey Friedl prześledził historię tego cytatu we wpisie na swoim blogu pod adresem *http://regex.info/blog/2006-09-15/247*.

larnymi. Jak łatwo sobie wyobrazić, każdy projektant języków programowania i każdy programista aplikacji operujących na tekście rozumie koncepcję wyrażeń regularnych nieco inaczej. Mamy więc do czynienia z całą paletą **odmian** wyrażeń regularnych.

Większość projektantów i programistów na szczęście jest dość leniwa. Po co tworzyć coś zupełnie nowego, skoro można skopiować to, co zrobił już ktoś inny? Właśnie dlatego historia wszystkich współczesnych odmian wyrażeń regularnych, włącznie z prezentowanymi w tej książce, sięga języka programowania Perl. Odmiany te nazywamy **wyrażeniami regularnymi w stylu Perla**. Składnia poszczególnych odmian wyrażeń regularnych jest bardzo podobna; większość tych odmian jest ze sobą zgodna, choć zwykle nie w pełni.

Także autorzy książek i artykułów wykazują się lenistwem. Pojedyncze wyrażenie regularne zwykle określają mianem *regex* lub *regexp*, a dla wielu wyrażeń regularnych stosują anglojęzyczny termin *regexes*.

Odmiany wyrażeń regularnych nie są ściśle związane z poszczególnymi językami programowania. Większość języków skryptowych korzysta z własnej odmiany wbudowanych wyrażeń regularnych. Inne języki programowania częściej korzystają z dodatkowych bibliotek obsługujących tego rodzaju wyrażenia. Niektóre z tych bibliotek są dostępne dla wielu języków, a część języków oferuje programiście możliwość wyboru jednej z kilku różnych bibliotek.

W tym wprowadzającym rozdziale będziemy się koncentrowali wyłącznie na odmianach wyrażeń regularnych, ignorując przy tym wszelkie aspekty programistyczne. Pierwsze listingi z kodem będziemy prezentowali i analizowali dopiero w rozdziale 3., zatem już teraz możesz zajrzeć do jego pierwszego podrozdziału, zatytułowanego „Języki programowania i odmiany wyrażeń regularnych", aby odnaleźć odmiany, z którymi będziesz miał do czynienia najczęściej. Na razie zapomnijmy jednak o kwestiach czysto programistycznych. Narzędzia opisane w dalszej części tego rozdziału to najprostszy sposób poznawania składni wyrażeń regularnych metodą nauki przez działanie.

Odmiany wyrażeń regularnych prezentowane w tej książce

Na potrzeby tej książki wybraliśmy kilka odmian wyrażeń regularnych, które cieszą się obecnie największą popularnością. Będziemy koncentrowali się wyłącznie na odmianach wyrażeń regularnych w stylu Perla. Niektóre z tych odmian oferują większe możliwości od pozostałych; jeśli jednak zbiór funkcji dwóch odmian jest identyczny, zwykle obie te odmiany stosują tę samą składnię. Wszelkie kłopotliwe niezgodności i niespójności pomiędzy odmianami będziemy omawiali na bieżąco, przy okazji korzystania z poszczególnych odmian.

Wszystkie te odmiany wyrażeń regularnych wchodzą w skład języków programowania i bibliotek, które stale są rozwijane przez swoich twórców. Poniżej przedstawiono listę wszystkich wersji omawianych w tej książce. W dalszej części tej książki nie będziemy wspominać o żadnych konkretnych odmianach, jeśli tylko prezentowane wyrażenia regularne będą działały tak samo niezależnie od odmiany. Co ciekawe, tak będzie niemal we wszystkich przypadkach. Oprócz poprawek eliminujących ewentualne usterki (z którymi zawsze musimy się liczyć) odmiany wyrażeń regularnych raczej nie są modyfikowane, chyba że ich twórcy decydują się na zmianę znaczenia pewnych konstrukcji składniowych, które w dotychczasowej formie uznano za niezręczne.

Perl

Wbudowana obsługa wyrażeń regularnych Perla jest jednym z głównych powodów tak ich dużej popularności. W tej książce omówimy język skryptowy Perl w wersjach 5.6, 5.8 oraz 5.10.

Wiele aplikacji i bibliotek, których twórcy twierdzą, że korzystają z wyrażeń regularnych Perla lub zgodnych z Perlem, w rzeczywistości oferuje wyrażenia regularne w stylu Perla. Stosują co prawda składnię wyrażeń regularnych podobną do Perla, ale nie oferują obsługi tego samego zbioru funkcji i konstrukcji. W większości przypadków wspomniane aplikacje i biblioteki stosują odmiany wyrażeń regularnych z poniższej listy, czyli właśnie wyrażenia regularne w stylu Perla.

PCRE

PCRE (od ang. *Perl-Compatible Regular Expressions*) jest biblioteką open source języka C opracowaną przez Philipa Hazela. Bibliotekę tę można pobrać z witryny internetowej *http://www.pcre.org*. W tej książce omówimy wersje od 4. do 7. biblioteki PCRE.

Chociaż twórca biblioteki PCRE twierdzi, że jego odmiana wyrażeń regularnych jest zgodna z wyrażeniami regularnymi Perla (i rzeczywiście zakres tej zgodności jest większy niż w przypadku pozostałych odmian omawianych w tej książce), w praktyce można mówić raczej o stylu Perla. Niektóre elementy, jak obsługa formatu Unicode, działają nieco inaczej; nie można też mieszać kodu Perla z wyrażeniami regularnymi (taką możliwość oferuje Perl).

Otwarta licencja open source i solidne podejście do kwestii programistycznych spowodowały, że biblioteka PCRE zyskała sporą popularność — jest stosowana w wielu językach programowania i aplikacjach. Jest obecnie wbudowaną częścią języka PHP i elementem składowym licznych komponentów Delphi. Kiedy twórcy aplikacji twierdzą, że ich dzieło obsługuje wyrażenia regularne „zgodne z Perlem", nie określając przy tym, o którą odmianę wyrażeń chodzi, bardzo często chodzi właśnie o bibliotekę PCRE.

.NET

Microsoft .NET Framework oferuje kompletną obsługę odmiany wyrażeń regularnych w stylu Perla za pośrednictwem pakietu System.Text.RegularExpressions. W tej książce omówimy odpowiednie elementy frameworku .NET od wersji 1.0 do wersji 3.5. Mówiąc precyzyjnie, istnieją tylko dwie wersje wspomnianego pakietu System.Text.RegularExpres ↪sions: 1.0 oraz 2.0. Klasy odpowiedzialne za obsługę wyrażeń regularnych nie były modyfikowane w wydaniach 1.1, 3.0 i 3.5 frameworku .NET.

Pełen dostęp do odmiany wyrażeń regularnych frameworku .NET mają wszystkie języki programowania tej platformy, a więc C#, VB.NET, Delphi for .NET, a nawet COBOL.NET. Jeśli aplikacja napisana w którymś z tych języków oferuje obsługę wyrażeń regularnych, możemy być niemal pewni, że korzysta właśnie z odmiany platformy .NET, nawet jeśli jej twórcy wspominają o „wyrażeniach regularnych Perla". Co ciekawe, niechlubnym wyjątkiem od tej reguły jest samo środowisko Visual Studio (VS). To zintegrowane środowisko wytwarzania (IDE) od początku korzysta z tej samej, starej odmiany wyrażeń regularnych, która nawet nie aspiruje do miana odmiany w stylu Perla.

Java

Java 4 to pierwsze wydanie Javy zawierające wbudowaną obsługę wyrażeń regularnych w formie pakietu java.util.regex. Nowy pakiet szybko przyćmił rozmaite biblioteki wywołań regularnych tworzone dla Javy przez niezależnych producentów i programistów. Zaletą pakietu java.util.regex było nie tylko to, że stanowił standardowy i wbudowany

---

element Javy, ale też pełnowartościowa obsługa wyrażeń regularnych w stylu Perla i doskonała wydajność (nawet w porównaniu z aplikacjami pisanymi w języku C). W tej książce zostaną omówione wersje pakietu `java.util.regex` oferowane w ramach Javy 4, 5 i 6.

Jeśli w ostatnich kilku latach korzystałeś z oprogramowania tworzonego w Javie, oferowana przez te aplikacje obsługa wyrażeń regularnych najprawdopodobniej korzystała właśnie z opisanej powyżej odmiany Javy.

JavaScript

W tej książce będziemy mówili o wyrażeniach regularnych JavaScriptu w kontekście odmiany zdefiniowanej w 3. wersji standardu ECMA-262. Wspomniany standard definiuje język programowania ECMAScript znany głównie dzięki swoim implementacjom w językach JavaScript i JScript w rozmaitych przeglądarkach internetowych. Trzecie wydanie standardu ECMA-262 jest implementowane przez takie przeglądarki, jak Internet Explorer (od wersji 5.5 do wersji 8.0), Firefox, Opera czy Safari. Ponieważ jednak twórcy tych przeglądarek nie ustrzegli się przed pewnymi błędami, obsługa wyrażeń regularnych w poszczególnych przeglądarkach nieznacznie odbiega od obowiązującego standardu. O wszystkich tego rodzaju odstępstwach będziemy wspominać wszędzie tam, gdzie ich istnienie będzie miało jakieś znaczenie.

Jeśli jakaś witryna internetowa umożliwia nam przeszukiwanie lub filtrowanie danych tekstowych z użyciem wyrażeń regularnych bez potrzeby oczekiwania na odpowiedź serwera WWW, możemy być pewni, że korzysta z odmiany wyrażeń regularnych JavaScriptu, czyli jedynej odmiany przenośnej pomiędzy przeglądarkami i działającej po stronie klienta (właśnie przeglądarki). Opisaną odmianę stosuje się nawet w takich językach, jak VBScript firmy Microsoft czy ActionScript 3 firmy Adobe.

Python

W języku Python za obsługę wyrażeń regularnych odpowiada moduł `re`. W tej książce omówimy wersje 2.4 i 2.5 tego języka. Obsługa wyrażeń regularnych w Pythonie nie zmieniła się od wielu lat.

Ruby

Obsługa wyrażeń regularnych jest — podobnie jak w przypadku Perla — integralną częścią języka Ruby. W książce zostaną omówione wersje 1.8 i 1.9 tego języka. Domyślna kompilacja języka Ruby 1.8 korzysta z odmiany wyrażeń regularnych zaimplementowanej bezpośrednio w kodzie źródłowym tego języka. Domyślna kompilacja języka Ruby 1.9 korzysta z biblioteki wyrażeń regularnych Oniguruma. Okazuje się jednak, że także język Ruby 1.8 można tak skompilować, aby korzystał z biblioteki Oniguruma, a język Ruby 1.9 można skompilować w sposób wymuszający korzystanie ze starszej odmiany wyrażeń regularnych. W tej książce zajmiemy się zarówno rdzenną odmianą z wersji 1.8, jak i odmianą biblioteki Oniguruma stosowaną (domyślnie) w wersji 1.9.

Aby sprawdzić, która odmiana jest aktualnie stosowana przez daną wersję języka Ruby, wystarczy użyć wyrażenia regularnego `<a++>`. Domyślna wersja języka Ruby 1.8 określi to wyrażenie jako nieprawidłowe, ponieważ nie obsługuje kwantyfikatorów własnościowych (ang. *possessive quantifiers*), podczas gdy język Ruby 1.9 dopasuje do tego wyrażenia łańcuch złożony z jednego lub wielu znaków `a`.

Bibliotekę Oniguruma zaprojektowano z myślą o zapewnieniu zgodności z językiem Ruby 1.8, stąd decyzja jej twórców o ograniczeniu się do dodania nowych elementów z zachowaniem możliwości stosowania istniejących wyrażeń regularnych. Co więcej, z tego samego powodu twórcy tej biblioteki pozostawili wiele funkcji, które w powszechnej opinii powinny być zmienione, w tym konstrukcję (?m) (reprezentowaną w innych odmianach wyrażeń regularnych przez (?s)).

Przeszukiwanie i zastępowanie tekstu z wykorzystaniem wyrażeń regularnych

Wyszukiwanie i zastępowanie (zamiana) jest typowym zadaniem realizowanym z wykorzystaniem wyrażeń regularnych. Funkcja wyszukiwania i zastępowania otrzymuje na wejściu wyrażenie regularne oraz łańcuch docelowy (wstawiany w miejsce łańcucha pasującego do tego wyrażenia). Wynikiem tej operacji jest łańcuch wyjściowy ze wszystkimi pasującymi podłańcuchami zastąpionymi łańcuchem docelowym.

Mimo że łańcuch docelowy nie jest wyrażeniem regularnym, istnieje możliwość użycia pewnych specjalnych konstrukcji składniowych, aby zastępować tekst w sposób dynamiczny. Wszystkie odmiany wyrażeń regularnych oferują możliwość ponownego wstawiania tekstu pasującego do wyrażenia regularnego lub grupy przechwytującej. Wyjaśnimy to bardziej szczegółowo w recepturach 2.20 i 2.21. Niektóre odmiany dodatkowo oferują możliwość umieszczania w tekście docelowym kontekstu dopasowania (ten mechanizm zostanie omówiony w recepturze 2.22). Z rozdziału 3., a konkretnie z receptury 3.16, dowiemy się, jak generować różne teksty docelowe dla poszczególnych dopasowań w kodzie.

Zastępowanie tekstu w różnych odmianach

Różne koncepcje implementowane przez poszczególnych twórców oprogramowania obsługującego wyrażenia regularne doprowadziły do powstania wielu odmian tych wyrażeń, z których każda cechuje się odmienną składnią i zbiorem funkcji. Nie inaczej jest w przypadku zastępowania tekstu. W praktyce istnieje więcej technik zastępowania tekstu niż odmian wyrażeń regularnych. Implementacja mechanizmu obsługującego wyrażenia regularne jest trudna. Większość programistów decyduje się więc na korzystanie z już istniejących rozwiązań. A ponieważ opracowanie funkcji wyszukiwania i zastępowania z użyciem gotowego silnika wyrażeń regularnych jest już stosunkowo proste, istnieje wiele odmian tej funkcji stworzonych dla bibliotek wyrażeń regularnych pozbawionych tego mechanizmu.

Niemal wszystkie odmiany wyrażeń regularnych prezentowanych w tej książce (z wyjątkiem biblioteki PCRE) na szczęście oferują funkcje zastępowania tekstu. Luka w bibliotece PCRE znacznie komplikuje pracę programistom korzystającym z odmian skonstruowanych na jej podstawie. Okazuje się, że ta biblioteka open source nie oferuje żadnych funkcji zastępujących. Oznacza to, że wszystkie aplikacje i języki programowania korzystające z tej biblioteki muszą definiować własne funkcje przeszukiwania i zastępowania. Większość programistów próbuje co prawda kopiować istniejącą składnię, jednak nigdy nie robią tego w dokładnie taki sam sposób.

W tej książce zostaną omówione następujące odmiany mechanizmu zastępowania tekstu. Więcej szczegółowych informacji o odmianach samych wyrażeń regularnych można znaleźć w punkcie „Różne odmiany wyrażeń regularnych" we wcześniejszej części tego rozdziału; poniżej opisano tylko odmiany funkcji zastępowania tekstu:

Perl

Język Perl oferuje wbudowaną obsługę zastępowania tekstu z wykorzystaniem wyrażeń regularnych — do tego celu służy operator s/regex/replace/. Odmiana funkcji zastępowania tekstu w Perlu jest ściśle związana z odmianą samych wyrażeń regularnych Perla. W tej książce omówimy wyrażenia regularne wersji 5.6 i 5.10 języka Perl. W drugiej z tych wersji dodano obsługę nazwanych referencji (odwołań) wstecznych w operacjach zastępowania tekstu (przy okazji dodania tzw. nazwanego przechwycenia do składni wyrażeń regularnych).

PHP

W tej książce mówiąc o zastępowaniu tekstu w języku PHP, będziemy odnosili się do funkcji preg_replace tego języka. Wspomniana funkcja korzysta z odmiany wyrażeń regularnych biblioteki PCRE oraz odmiany zastępowania tekstu języka PHP.

Pozostałe języki programowania, które także korzystają z biblioteki PCRE, nie stosują tej samej odmiany mechanizmu zastępowania tekstu co PHP. W zależności od źródła inspiracji projektantów Twojego języka programowania składnia tego mechanizmu może być podobna do tej obowiązującej w PHP lub dowolnej innej odmiany opisanej w tej książce.

Język PHP oferuje też funkcję ereg_replace, która korzysta nie tylko z innej odmiany wyrażeń regularnych (POSIX ERE), ale też innej odmiany samego mechanizmu zastępowania tekstu. W tej książce nie będziemy omawiali funkcji języka PHP rozpoczynających się od przedrostka ereg_.

.NET

Pakiet System.Text.RegularExpressions oferuje wiele różnych funkcji przeszukujących i zastępujących tekst. Odmiana mechanizmu zastępowania tekstu we frameworku .NET jest ściśle związana z odmianą wyrażeń regularnych tej platformy. Wszystkie wersje platformy .NET korzystają z tej samej odmiany mechanizmu zastępowania tekstu. Nowe elementy wyrażeń regularnych wprowadzone wraz z frameworkiem .NET 2.0 w żaden sposób nie wpływają na obowiązującą wcześniej składnię zastępowania tekstu.

Java

Pakiet java.util.regex zawiera wbudowane funkcje przeszukiwania i zastępowania tekstu. W tej książce zostaną omówione wydania Javy w wersjach 4, 5 i 6, z których wszystkie korzystają z tej samej składni zastępowania tekstu.

JavaScript

W tej książce posługujemy się nazwą JavaScript zarówno w kontekście odmiany mechanizmu zastępowania tekstu, jak i w kontekście odmiany wyrażeń regularnych zdefiniowanych w 3. edycji standardu ECMA-262.

Python

Moduł re języka Python oferuje funkcję sub realizującą zadanie przeszukiwania i zastępowania tekstu. Odmiana mechanizmu zastępowania tekstu w Pythonie jest ściśle związana z odmianą wyrażeń regularnych tego języka. W tej książce omówimy wersje 2.4 i 2.5 języka Python — w tym języku obsługa wyrażeń regularnych od wielu lat nie jest modyfikowana.

Ruby

Obsługa wyrażeń regularnych, w tym funkcja przeszukiwania i zastępowania tekstu, jest integralną częścią samego języka Ruby. W tej książce omówimy wersje 1.8 i 1.9 tego języka.

Domyślna kompilacja wersji 1.8 korzysta z odmiany wyrażeń regularnych zawartej bezpośrednio w kodzie źródłowym tego języka; domyślna kompilacja wersji 1.9 korzysta z biblioteki wyrażeń regularnej nazwanej Oniguruma. Wersję 1.8 można jednak skompilować z użyciem biblioteki Oniguruma, a wersję 1.9 można tak skompilować, aby korzystała ze starszej odmiany wyrażeń regularnych. W tej książce omówimy zarówno rdzenną odmianę znaną z języka Ruby 1.8, jak i odmianę reprezentowaną przez bibliotekę Oniguruma w Ruby 1.9.

Składnia zastępowania tekstu w wersjach 1.8 i 1.9 języka Ruby jest taka sama — jedyna różnica polega na dodaniu w wersji 1.9 możliwości stosowania nazwanych odwołań wstecznych w tekście docelowym. Mechanizm tzw. nazwanych przechwyceń (ang. *named captures*) jest nowością wprowadzoną wraz z wersją 1.9.

Narzędzia do pracy z wyrażeniami regularnymi

Jeśli nie masz doświadczenia w programowaniu z użyciem wyrażeń regularnych, zalecamy przeprowadzenie kilku pierwszych eksperymentów z wykorzystaniem odpowiednich narzędzi zamiast we właściwym kodzie źródłowym. Wyrażenia regularne prezentowane w tym i następnym rozdziale nie zawierają żadnych dodatkowych znaków specjalnych wymaganych przez języki programowania (w tym powłokę Uniksa). Oznacza to, że można je wpisywać bezpośrednio w odpowiednich polach tekstowych omawianych aplikacji.

W rozdziale 3. wyjaśnimy, jak łączyć wyrażenia regularne z kodem źródłowym różnych języków programowania. Na tym etapie prezentowanie wyrażeń regularnych w formie łańcuchów tych języków utrudniłoby ich czytanie i interpretację, ponieważ reguły stosowania znaków specjalnych (tzw. symboli ucieczki) w samych wyrażeniach regularnych należałoby łączyć z regułami właściwymi łańcuchom. Zajmiemy się tym zagadnieniem w recepturze 3.1. Kiedy już zrozumiesz podstawy wyrażeń regularnych, będziesz mógł łatwiej opanować konstrukcje obejmujące niezliczone lewe ukośniki.

Narzędzia prezentowane w tym podrozdziale dodatkowo oferują mechanizmy debugujące, weryfikujące składnię i inne funkcje, których próżno szukać w większości standardowych środowisk programowania. Oznacza to, że już w trakcie tworzenia wyrażeń regularnych na potrzeby właściwych aplikacji warto czasem wrócić do któregoś z tych narzędzi — można w ten sposób zweryfikować szczególnie złożone wyrażenia regularne przed ich umieszczeniem w kodzie programu.

RegexBuddy

RegexBuddy (patrz rysunek 1.1) jest jednym z najbogatszych narzędzi tego typu dostępnych w czasie pisania tej książki. Za jego pomocą można tworzyć, testować i implementować wyrażenia regularne. Unikatową cechą tego programu jest zdolność emulowania wszystkich odmian wyrażeń regularnych omawianych w tej książce, a nawet konwersji pomiędzy różnymi odmianami.

Narzędzie *RegexBuddy* zaprojektował i opracował Jan Goyvaerts, jeden z autorów tej książki. Właśnie projektowanie i implementowanie tego programu uczyniło z Jana eksperta od wyrażeń regularnych, a praca z tym narzędziem bardzo pomogła współautorowi, Stevenowi, w opanowaniu wyrażeń regularnych w stopniu niezbędnym do napisania tej książki.

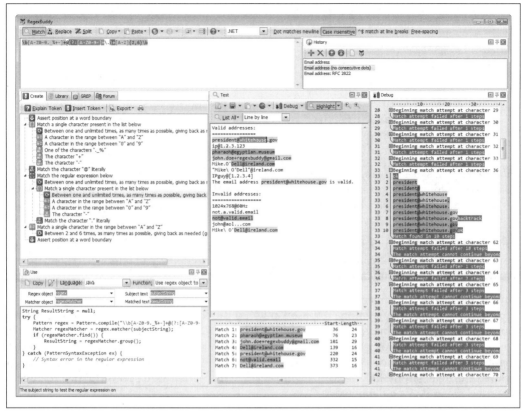

Rysunek 1.1. Program RegexBuddy

Jeśli zrzut ekranu pokazany na rysunku 1.1 sprawia wrażenie niezrozumiałego, być może masz takie odczucie dlatego, że staraliśmy się przedstawić tam wszystkie panele ilustrujące ogromny zasób funkcji tego narzędzia. W domyślnym widoku wszystkie te panele są poukrywane w formie szerokiego wiersza zakładek. Użytkownik ma możliwość przeciągania tych paneli na inny ekran.

Aby sprawdzić działanie wyrażeń regularnych proponowanych w tej książce, po prostu przepisz je do pola tekstowego w oknie programu *RegexBuddy*. Narzędzie *RegexBuddy* automatycznie zastosuje dla tego wyrażenia funkcję wyróżniania składni, co znacznie ułatwi odkrycie ewentualnych błędów lub brakujących nawiasów.

Panel *Create* automatycznie generuje szczegółową analizę wpisywanego wyrażenia regularnego (w języku angielskim). Wystarczy dwukrotnie kliknąć dowolną część opisu w ramach drzewa wyrażenia regularnego, aby przejść do edycji odpowiedniego fragmentu tego wyrażenia. Nowe elementy wyrażenia można dodawać albo ręcznie, albo klikając przycisk *Insert Token* i wybierając dostępne konstrukcje z wyświetlonego menu. Jeśli na przykład nie pamiętasz skomplikowanej składni dla pozytywnego wyszukiwania w przód (ang. *positive lookahead*), możesz wykorzystać menu narzędzia *RegexBuddy* do wstawienia odpowiednich znaków za Ciebie.

Warto poeksperymentować z różnymi przykładowymi fragmentami tekstu wpisywanymi lub wklejanymi w panelu *Test*. Jeśli opcja *Highlight* jest aktywna, *RegexBuddy* automatycznie wyróżnia tekst dopasowany do danego wyrażenia regularnego.

Poniżej wymieniono i krótko opisano przyciski, z których prawdopodobnie będziesz korzystał najczęściej:

List All
  Wyświetla listę wszystkich dopasowań.

Replace
  Kliknięcie przycisku *Replace* w głównym oknie powoduje wyświetlenie nowego okna, w którym można wpisać tekst docelowy operacji przeszukiwania i zastępowania. Przycisk *Replace* w panelu *Test* umożliwia nam przeglądanie właściwego tekstu już po zamianie dopasowanych fragmentów.

Split (ten przycisk jest dostępny w panelu *Test*, nie w głównym oknie)
  Traktuje wpisane wyrażenie regularne jako separator i na jego podstawie dzieli oryginalny tekst na tokeny (każdy dopasowany fragment tego tekstu jest traktowany jako punkt podziału).

Po kliknięciu któregokolwiek z tych przycisków i włączeniu opcji *Update Automatically* program *RegexBuddy* będzie dynamicznie aktualizował tekst wynikowy w odpowiedzi na zmiany wyrażenia regularnego lub oryginalnego tekstu.

Aby jak najpełniej zrozumieć, jak działa (lub dlaczego nie działa) Twoje wyrażenie regularne, w panelu *Test* kliknij wyróżnione dopasowanie lub punkt, w którym nie doszło do dopasowania, po czym kliknij przycisk *Debug*. Narzędzie *RegexBuddy* przejdzie wówczas do panelu *Debug* prezentującego krok po kroku cały proces dopasowywania. Wystarczy kliknąć dowolny fragment danych wynikowych debugera, aby odkryć, o który token wyrażenia regularnego chodzi. Z drugiej strony kliknięcie elementu wyrażenia regularnego spowoduje wyróżnienie właściwej części danych debugera.

W panelu *Use* możesz wybrać swój ulubiony język programowania. Jeśli wybierzesz następnie odpowiednią funkcję, *RegexBuddy* natychmiast wygeneruje kod źródłowy implementujący Twoje wyrażenie regularne we wskazanym języku. Szablony kodu narzędzia *RegexBuddy* można swobodnie modyfikować za pośrednictwem wbudowanego edytora. Użytkownik może nie tylko dodawać nowe funkcje, a nawet nowe języki, ale też zmieniać rozwiązania już istniejące.

Aby przetestować wyrażenie regularne na większym zbiorze danych, należy przejść do panelu *GREP*, który umożliwia przeszukanie (i zastąpienie) zawartości dowolnej liczby plików i folderów.

Jeśli kod źródłowy, nad którym pracujesz, zawiera jakieś wyrażenie regularne, warto skopiować je do schowka (włącznie z otaczającymi cudzysłowami i ewentualnymi ukośnikami). W głównym oknie *RegexBuddy* można następnie kliknąć przycisk *Paste* i wybrać styl formatowania łańcuchów właściwy danemu językowi programowania. Skopiowany łańcuch zostanie wówczas wyświetlony przez narzędzie *RegexBuddy* w formie „czystego" wyrażenia regularnego, a więc bez dodatkowych cudzysłowów i znaków specjalnych (ucieczki) wymaganych od stałych łańcuchowych. Za pomocą przycisku *Copy* można ponownie wygenerować i skopiować do schowka łańcuch w docelowej składni (gotowy do wklejenia w kodzie źródłowym).

Kiedy nabierzesz doświadczenia, będziesz mógł przystąpić do konstruowania wygodnej biblioteki swoich wyrażeń regularnych w panelu *Library*. Przed umieszczeniem wyrażenia w bibliotece warto sporządzić możliwie precyzyjny opis jego działania i dokładnie je przetestować. Wyrażenia regularne bywają trudne w interpretacji nawet dla ekspertów. Jeśli nie potrafisz zrozumieć znaczenia jakiegoś wyrażenia regularnego, kliknij kolejno panel *Forum* i przycisk *Login*.

Jeśli zakupiłeś pełną wersję tego narzędzia, na ekranie pojawi się ekran logowania — po zalogowaniu zostaniesz natychmiast połączony z forum użytkowników *RegexBuddy*, gdzie możesz liczyć na pomoc Stevena i Jana.

Narzędzie *RegexBuddy* działa w systemach Windows 98, ME, 2000, XP i Vista. Fanów systemów operacyjnych Linux i Apple zapewne ucieszy możliwość korzystania z tego programu za pośrednictwem takich narzędzi, jak *VMware, Parallels, CrossOver Office* czy (choć nie bez problemów) *WINE*. Darmową wersję ewaluacyjną można pobrać z adresu *http://www.regexbuddy.com/Regex BuddyCookbook.exe*. Wersja próbna jest w pełni funkcjonalna (z wyjątkiem dostępu do wspomnianego forum użytkowników) przez siedem dni.

RegexPal

RegexPal (patrz rysunek 1.2) jest internetowym testerem wyrażeń regularnych opracowanym przez Stevena Levithana, współautora tej książki. Korzystanie z tego narzędzia wymaga tylko współczesnej przeglądarki internetowej. Narzędzie *RegexPal* napisano w całości w JavaScripcie. Oznacza to, że jedynym rodzajem obsługiwanych wyrażeń regularnych jest właśnie odmiana JavaScriptu zaimplementowana w przeglądarce internetowej, za której pośrednictwem korzystamy z *RegexPala*.

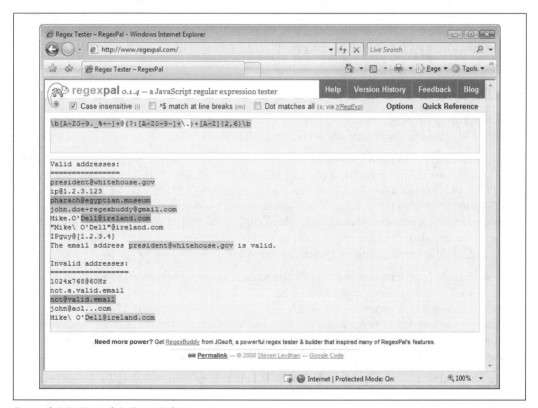

Rysunek 1.2. Narzędzie RegexPal

Aby sprawdzić działanie któregoś z wyrażeń regularnych prezentowanych w tej książce, należy wejść na witrynę internetową *http://www.regexpal.com*. Wyrażenie należy wpisać w polu oznaczonym etykietą *Enter regex here*. *RegexPal* automatycznie zastosuje dla wpisanego wyrażenia mechanizm wyróżniania składni, co powinno pozwolić na natychmiastową identyfikację ewentualnych błędów składniowych. Narzędzie *RegexPal* zaimplementowano z uwzględnieniem różnic dzielących poszczególne przeglądarki internetowe, które sprawiają ogromne kłopoty programistom korzystającym z wyrażeń regularnych JavaScriptu. Jeśli jakaś konstrukcja składniowa nie działa prawidłowo w części przeglądarek, *RegexPal* oznaczy ją jako błąd.

Możesz teraz wpisać lub wkleić jakiś przykładowy tekst do pola oznaczonego etykietą *Enter test data here*. *RegexPal* automatycznie wyróżni fragmenty tego tekstu dopasowane do Twojego wyrażenia regularnego.

Narzędzie *RegexPal* nie udostępnia żadnych przycisków — wszystko dzieje się automatycznie, co czyni z tej aplikacji jeden z najbardziej wygodnych internetowych testerów wyrażeń regularnych.

Inne internetowe testery wyrażeń regularnych

Opracowanie prostego internetowego testera wyrażeń regularnych nie jest trudne. Jeśli dysponujesz podstawową wiedzą o aplikacjach internetowych, do napisania takiego testera powinna Ci wystarczyć wiedza zawarta w rozdziale 3. tej książki. Zrobiły to już setki innych programistów — niektóre z tych testerów, które zasługują na szczególną uwagę z racji ciekawych rozwiązań dodatkowych, wymieniono i krótko opisano poniżej.

regex.larsolavtorvik.com

Lars Olav Torvik udostępnił swój doskonały, choć niewielki internetowy tester wyrażeń regularnych na stronie *http://regex.larsolavtorvik.com* (patrz rysunek 1.3).

Na początku należy wybrać właściwą odmianę wyrażeń regularnych, klikając jej nazwę w górnej części strony. Lars zaimplementował obsługę odmian PHP PCRE, PHP POSIX oraz JavaScriptu. PHP PCRE to odmiana zaimplementowana na bazie biblioteki PCRE i wykorzystywana przez funkcje języka PHP z rodziny `preg`. POSIX jest stosunkowo starą i ograniczoną odmianą wyrażeń regularnych, wykorzystywaną przez funkcje języka PHP z rodziny `ereg` (których nie będziemy omawiali w tej książce). Jeśli wybierzemy odmianę JavaScriptu, będziemy mogli skorzystać z implementacji oferowanej przez aktualnie używaną wersję.

Swoje wyrażenie regularne wpisz w polu *Pattern*; tekst do przetworzenia (dopasowania) wpisz w polu *Subject*. Zaraz potem w polu *Matches* zostanie wyświetlony przetworzony tekst z wyróżnionymi fragmentami dopasowanymi do użytego wyrażenia regularnego. W polu *Code* zostanie umieszczony pojedynczy wiersz kodu źródłowego stosującego dane wyrażenie regularne dla tekstu z pola *Subject*. Warto skopiować i wkleić to wyrażenie do edytora kodu źródłowego, aby uniknąć kłopotliwego, ręcznego konwertowania wyrażenia regularnego na stałą łańcuchową. Ewentualny łańcuch lub tablica zwrócone przez ten kod są prezentowane w polu *Result*. Ponieważ Lars zbudował tę witrynę z wykorzystaniem technologii Ajax, wyniki dla wszystkich odmian są aktualizowane niemal momentalnie. Korzystanie z tego narzędzia wymaga stałego połączenia z serwerem, ponieważ kod języka PHP jest przetwarzany właśnie po stronie serwera (nie na poziomie przeglądarki internetowej).

Rysunek 1.3. Tester wyrażeń regularnych na witrynie regex.larsolavtorvik.com

Druga kolumna zawiera listę poleceń i opcji wyrażeń regularnych. Dostępny zbiór zależy od wybranej odmiany wyrażeń regularnych. Polecenia dla wyrażeń regularnych zwykle obejmują takie operacje, jak dopasuj, zastąp czy podziel. Dostępne opcje wyrażeń regularnych umożliwiają różne sposoby traktowania wielkości liter (ignorowania lub uwzględniania) oraz uwzględniają cechy właściwe danej implementacji. Wspomniane polecenia i opcje zostaną szczegółowo opisane w rozdziale 3.

Nregex

Na witrynie internetowej *http://www.nregex.com* (patrz rysunek 1.4) udostępniono prosty tester wyrażeń regularnych zbudowany na bazie technologii .NET przez Davida Seruyange'a. Chociaż autor witryny nie określił, którą odmianę wyrażeń regularnych zaimplementował, w czasie pisania tej książki była to odmiana platformy .NET 1.*x*.

Rysunek 1.4. Internetowy tester wyrażeń regularnych Nregex

Układ tej strony jest dość mylący. Wyrażenie regularne należy wpisać w polu oznaczonym etykietą *Regular Expression*; opcje wyrażeń regularnych można ustawić za pośrednictwem pól wyboru dostępnych pod tym polem. Tekst do przetworzenia powinieneś wpisać w wielkim polu tekstowym w dolnej części strony (w miejsce domyślnego zdania *If I just had $5.00 then "she" wouldn't be so @#$! mad.*). Jeśli chcesz przetworzyć treść jakiejś strony internetowej, wpisz odpowiedni adres URL w polu *Load Target From URL*, po czym kliknij widoczny obok przycisk *Load*. Jeśli przedmiotem dopasowania ma być zawartość pliku na dysku twardym, należy kliknąć przycisk *Browse*, wskazać odpowiedni plik, po czym kliknąć znajdujący się z prawej strony przycisk *Load*.

Tekst do przetworzenia zostanie skopiowany do pola *Matches & Replacements* w centralnej części opisywanej strony internetowej — fragmenty dopasowane do danego wyrażenia regularnego zostaną odpowiednio wyróżnione. Jeśli wpiszemy coś w polu *Replacement String*, pole *Matches & Replacements* będzie zawierało wynik operacji przeszukiwania i zastępowania. W razie użycia błędnego wyrażenia regularnego zostanie wyświetlony trzykropek.

Wyrażenie regularne jest dopasowywane do przetwarzanego tekstu przez kod platformy .NET wykonywany na serwerze, zatem korzystanie z tej witryny wymaga stałego połączenia z serwerem. Jeśli automatyczne aktualizacje działają zbyt wolno (na przykład wskutek użycia bardzo długiego tekstu do przetworzenia), warto zaznaczyć pole wyboru *Manually Evaluate Regex* widoczne nad polem wyrażenia regularnego, aby wyświetlić przycisk *Evaluate*. W takim przypadku dopiero kliknięcie tego przycisku spowoduje przetworzenie danego tekstu i wyświetlenie wyników tej operacji w polu *Matches & Replacements*.

Rubular

Michael Lovitt umieścił swój dość minimalistyczny tester wyrażeń regularnych na witrynie internetowej *http://www.rubular.com* (patrz rysunek 1.5). Jego tester korzysta z odmiany języka Ruby 1.8.

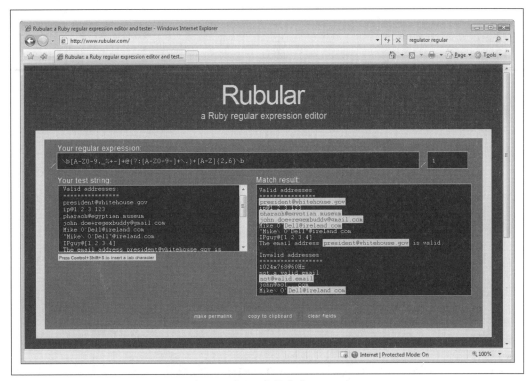

Rysunek 1.5. Internetowy tester wyrażeń regularnych Rubular

Swoje wyrażenie regularne wpisz w polu tekstowym otoczonym dwoma prawymi ukośnikami i umieszczonym pod etykietą *Your regular expression*. Ignorowanie wielkości liter można wymusić, wpisując literę *i* w mniejszym polu tekstowym obok (po drugim ukośniku). Podobnie, jeśli chcemy włączyć opcję podziału wiersza dopasowywanego do kropki, należy wpisać literę *m*. Para liter *im* włącza obie opcje. Z perspektywy programistów, którzy nie korzystali z języka Ruby, ten sposób ustawiania opcji może sprawiać wrażenie niewygodnego, jednak taki model jest zgodny ze składnią /regex/im obowiązującą w kodzie źródłowym tego języka.

Tekst do przetworzenia należy wpisać lub wkleić w polu *Your test string* — po chwili w prawej części strony pojawi się nowe pole *Match result* prezentujące przetworzony tekst z wyróżnionymi wszystkimi dopasowanymi fragmentami.

myregexp.com

Sergey Evdokimov opracował wiele testerów wyrażeń regularnych dla programistów Javy. Jeden z takich testerów (w wersji internetowej) jest dostępny na jego stronie domowej pod adresem *http://www.myregexp.com* (patrz rysunek 1.6). Korzystanie z tego testera wymaga uprzedniej instalacji na komputerze środowiska wykonawczego Java 4 (lub nowszego). Dostępny aplet wykorzystuje elementy pakietu `java.util.regex`, czyli mechanizmu przetwarzania wyrażeń regularnych wprowadzonego właśnie w Javie 4. Pakiet `java.util.regex` implementuje odmianę wyrażeń regularnych Javy.

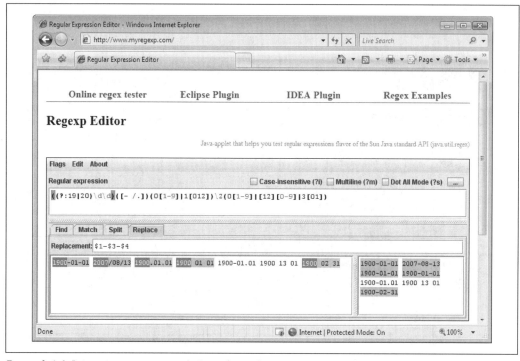

Rysunek 1.6. Internetowy tester wyrażeń regularnych myregexp.com

Wyrażenie regularne należy wpisać w polu *Regular expression*. Do ustawiania opcji wykonywania tego wyrażenia służy menu *Flags*. Dla trzech opcji istnieją też bezpośrednie pola wyboru.

Jeśli chcesz przetestować wyrażenie regularne, które już istnieje w formie łańcucha w kodzie źródłowym Javy, skopiuj cały ten łańcuch do schowka. Na stronie *myregexp.com* wybierz z menu *Edit* opcję *Paste Regex from Java String*. Po zakończeniu edycji tego wyrażenia regularnego z tego samego menu można wybrać opcję *Copy Regex for Java Source*, aby skopiować to wyrażenie do schowka w formacie wymaganym od stałych łańcuchowych Javy. Menu *Edit* zawiera analogiczne polecenia dla JavaScriptu i XML-a.

Pod polem wyrażenia regularnego użytkownik ma do dyspozycji cztery zakładki odpowiedzialne za cztery różne testy:

Find

Wyróżnia w przykładowym tekście wszystkie fragmenty dopasowane do wyrażenia regularnego. Do odnajdywania tych dopasowań wykorzystuje się metodę Javy nazwaną `Matcher.find()`.

Match

Sprawdza, czy dane wyrażenie regularne można dopasować do całego przykładowego tekstu. Jeśli tak, cały ten tekst jest wyróżniany. Ta zakładka wykorzystuje metody `String.`↪`matches()` i `Matcher.matches()`.

Split

Drugie pole tekstowe po prawej stronie zawiera tablicę łańcuchów zwróconych przez metodę `String.split()` lub `Pattern.split()` zastosowaną łącznie dla wpisanego wyrażenia regularnego i przykładowego tekstu.

Replace

W tej zakładce (w polu *Replacement*) należy wpisać tekst docelowy operacji wyszukiwania i zastępowania — pole tekstowe po prawej stronie zawiera tekst zwrócony przez metodę `String.replaceAll()` lub `Matcher.replaceAll()`.

Pozostałe testery wyrażeń regularnych Sergeya można znaleźć za pośrednictwem łączy widocznych w górnej części strony *http://www.myregexp.com*. Jeden z tych testerów ma postać modułu rozszerzenia środowiska Eclipse; inny zaimplementowano w formie rozszerzenia środowiska IntelliJ IDEA.

reAnimator

reAnimator autorstwa Olivera Steele'a (patrz rysunek 1.7), który jest dostępny na stronie *http://osteele.com/tools/reanimator*, wbrew pozorom nie potrafi reanimować martwych wyrażeń regularnych. Okazuje się jednak, że jest wyjątkowo ciekawym narzędziem generującym graficzną reprezentację skończonej maszyny stanów wykorzystywanej przez silnik wyrażeń regularnych do przeszukiwania i dopasowywania tekstu.

Składnia wyrażeń regularnych *reAnimatora* jest co prawda bardzo ograniczona, ale jest też zgodna ze wszystkimi odmianami prezentowanymi w tej książce. Oznacza to, że dowolne wyrażenie regularne, które jest obsługiwane przez to narzędzie, może być stosowane ze wszystkimi odmianami omawianymi w tej książce (relacja odwrotna z pewnością nie jest prawdziwa). Tak daleko idąca zgodność wynika z tego, że wyrażenia regularne *reAnimatora* są regularne także w rozumieniu definicji matematycznej. To zagadnienie krótko wyjaśniono w ramce „Historia określenia »wyrażenie regularne«".

Pracę z tym narzędziem należy rozpocząć od kliknięcia łącza *Edit* obok etykiety *Pattern*. W wyświetlonym polu tekstowym wpisz swoje wyrażenie regularne, po czym kliknij przycisk *Set*. W polu *Input* możesz następnie (rób to powoli) wpisać tekst do przetworzenia.

Każdy kolejny znak wpisany w tym polu powoduje przeniesienie kolorowych okręgów pomiędzy węzłami grafu maszyny stanów — poszczególne węzły reprezentują punkty końcowe osiągane przez tę maszynę w odpowiedzi na wpisywane znaki. Niebieskie okręgi oznaczają, że maszyna stanów akceptuje dane wejściowe, ale potrzebuje dalszych danych do znalezienia

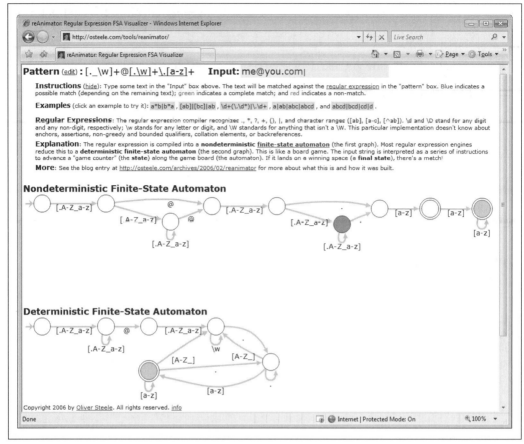

Rysunek 1.7. Internetowy tester wyrażeń regularnych reAnimator

pełnego dopasowania. Zielone okręgi oznaczają, że dane wejściowe pasują do całego wzorca. Brak kolorowych okręgów oznacza, że dana maszyna stanów nie może dopasować danych wejściowych do wyrażenia regularnego.

reAnimator akceptuje dopasowanie tylko wtedy, gdy dane wyrażenie regularne pasuje do całego łańcucha wejściowego (tak jakbyśmy użyli konstrukcji <^> i <$>). To jeszcze jedna cecha wyrażeń regularnych w sensie matematycznym.

Inne testery wyrażeń regularnych w formie autonomicznych aplikacji

Expresso

Expresso (nie mylić z kawą espresso) jest aplikacją platformy .NET umożliwiającą wygodne konstruowanie i testowanie wyrażeń regularnych. Narzędzie można pobrać ze strony internetowej *http://www.ultrapico.com/Expresso.htm*. Korzystanie z tego narzędzia wymaga uprzedniej instalacji na komputerze frameworku .NET 2.0 lub nowszego.

Z wersji próbnej programu *Expresso* można korzystać za darmo przez 60 dni. Po upływie tego terminu należy zarejestrować kopię programu *Expresso* — w przeciwnym razie zbiór oferowanych funkcji zostanie znacznie ograniczony. Rejestracja jest co prawda darmowa, ale wymaga przekazania firmie Ultrapico adresu poczty elektronicznej. Klucz rejestracyjny jest wysyłany właśnie na ten adres.

Expresso wyświetla ekran podobny do tego pokazanego na rysunku 1.8. Pole *Regular Expression*, w którym należy wpisać wyrażenie regularne, jest stale widoczne. Program *Expresso* nie oferuje funkcji wyróżniania konstrukcji składniowych. Pole *Regex Analyzer* zawiera automatycznie generowaną, anglojęzyczną analizę składni wpisanego wyrażenia regularnego. Także ta część okna programu jest stale widoczna.

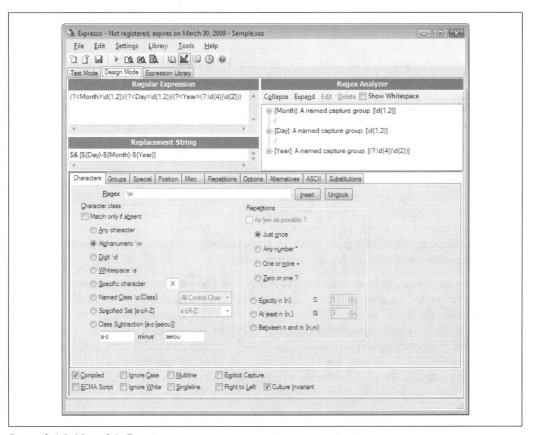

Rysunek 1.8. Narzędzie Expresso

W trybie projektowania (*Design Mode*) można ustawiać rozmaite opcje dopasowywania za pośrednictwem pól wyboru dostępnych w dolnej części ekranu (na przykład *Ignore Case*). Większość ekranu jest zajęta przez wiersz zakładek umożliwiających wybór tokenu wyrażenia regularnego, który chcemy umieścić w konstruowanym wzorcu. Jeśli dysponujemy dwoma monitorami lub jednym wielkim monitorem, możemy kliknąć przycisk *Undock*, aby podzielić ten wiersz zakładek. Wyrażenie regularne można budować także w innym trybie pracy programu *Expresso*: trybie testowym (*Test Mode*).

W trybie testowym przykładowy tekst należy wpisać lub wkleić w polu widocznym w lewym dolnym rogu ekranu. Po kliknięciu przycisku *Run Match* program wygeneruje i umieści w polu *Search Results* listę wszystkich znalezionych dopasowań. W przetwarzanym tekście dopasowane fragmenty nie są jednak w żaden sposób wyróżniane. Aby zaznaczyć odpowiedni fragment tego tekstu, musimy kliknąć interesujące nas dopasowanie.

Biblioteka wyrażeń (*Expression Library*) zawiera listę przykładowych wyrażeń regularnych oraz wyrażeń ostatnio stosowanych. Nowe wyrażenie regularne jest dodawane do tej listy za każdym razem, gdy użytkownik klika przycisk *Run Match*. Elementy biblioteki można edytować za pośrednictwem opcji menu *Library* dostępnego w głównym pasku menu.

Regulator

Program *Regulator*, który można pobrać ze strony internetowej *http://sourceforge.net/projects/ regulator*, nie nadaje się co prawda do regulowania pracy aparatu tlenowego ani butli z gazem, ale doskonale sprawdza się jako aplikacja platformy .NET do tworzenia i testowania wyrażeń regularnych. Ostatnia wersja tego programu wymaga instalacji frameworku .NET 2.0 lub nowszego. Istnieje jednak możliwość pobrania starszej wersji opracowanej dla platformy .NET 1.*x*. Regulator jest programem open source, który nie wymaga uiszczania żadnych opłat ani rejestracji użytkowników.

Wszystkie funkcje *Regulatora* są dostępne z poziomu jednego okna (patrz rysunek 1.9). Testowane wyrażenie regularne należy wpisać w zakładce *New Document*. *Regulator* stosuje co prawda mechanizm wyróżniania składni, jednak ewentualne błędy składniowe w wyrażeniach regularnych nie zawsze są oczywiste. Kliknięcie prawym przyciskiem myszy powoduje wyświetlenie menu kontekstowego z dostępnymi tokenami wyrażenia regularnego. Opcje wyrażenia regularnego można ustawiać za pomocą przycisków głównego paska narzędzi. Ponieważ prezentowane ikony są niezrozumiałe, warto poczekać na wyświetlenie wskazówki opisującej opcje reprezentowane przez poszczególne przyciski.

Aby wyświetlić obszar, w którym będzie można wkleić tekst do przetworzenia, należy kliknąć przycisk *Input* widoczny pod polem wyrażenia regularnego. Kliknięcie przycisku *Replace with* umożliwi wpisanic tekstu docelowego operacji wyszukiwania i zastępowania. W lewej części obszaru pod wyrażeniem regularnym program *Regulator* wyświetla wyniki wybranej operacji. Warto jednak pamiętać, że wyniki nie są aktualizowane automatycznie — aby je zaktualizować, należy samodzielnie kliknąć przycisk *Match*, *Replace* lub *Split* dostępny w pasku narzędzi. Dopasowane fragmenty danych wejściowych (po przetworzeniu) nie są automatycznie wyróżniane — zaznaczenie odpowiedniego fragmentu wymaga kliknięcia dopasowania w polu wyników.

Panel *Regex Analyzer* zawiera prostą, anglojęzyczną analizę wpisanego wyrażenia regularnego, jednak mechanizm generowania analiz nie jest ani automatyczny, ani interaktywny. Aktualizacja tej analizy wymaga wybrania opcji *Regex Analyzer* z menu *View*, nawet jeśli wspomniany panel jest już widoczny. Klikanie zapisów analizy powoduje tylko przenoszenie kursora w odpowiednie punkty tekstu.

grep

Nazwa *grep* pochodzi od polecenia `g/re/p` wykonującego operację dopasowywania tekstu do wyrażenia regularnego w edytorze *ed* systemu UNIX, czyli w jednej z pierwszych aplikacji obsługujących wyrażenia regularne. Wspomniane polecenie było na tyle popularne, że wszystkie

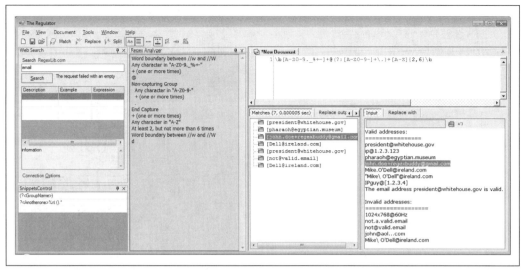

Rysunek 1.9. Okno narzędzia Regulator

współczesne systemy UNIX oferują narzędzie *grep* przeznaczone właśnie do przeszukiwania plików z wykorzystaniem wyrażeń regularnych. Jeśli korzystasz z systemu UNIX, Linux lub OS X, możesz wpisać w oknie terminala polecenie man grep, aby dowiedzieć się czegoś więcej o tym narzędziu.

Poniżej opisano trzy narzędzia w formie aplikacji systemu Windows, które oferują między innymi funkcje podobne do tych obsługiwanych przez narzędzie *grep*.

PowerGREP

Program *PowerGREP*, opracowany przez Jana Goyvaertsa, jednego z autorów tej książki, jest jednym z tych odpowiedników narzędzia *grep* dla platformy Microsoft Windows, które oferują najwięcej funkcji (patrz rysunek 1.10). *PowerGREP* korzysta z własnej, niestandardowej odmiany wyrażeń regularnych, łączącej w sobie najlepsze cechy odmian opisywanych w tej książce. W testerze *RegexBuddy* tę odmianę oznaczono etykietą *JGsoft*.

Aby przeszukać tekst z wykorzystaniem wyrażenia regularnego, wystarczy wybrać polecenie *Clear* z menu *Action*, po czym wpisać odpowiednie wyrażenie regularne w polu *Search* w ramach panelu *Action*. W panelu *File Selector* należy zaznaczyć właściwy folder. W menu *File Selector* można następnie zaznaczyć opcję *Include File or Folder* lub *Include Folder and Subfolders*, po czym wybrać z menu *Action* polecenie *Execute*, aby zainicjować operację przeszukiwania.

Aby wykonać operację przeszukiwania i zastępowania, z listy rozwijanej *Action type* (w lewym górnym rogu panelu *Action*) należy wybrać opcję *Search-and-replace*. Wyboru rodzaju działania powinno się dokonywać już po zastosowaniu polecenia *Clear* z menu *Action*. Pod polem *Search* zostanie wyświetlone pole *Replace*, w którym można wpisać tekst docelowy operacji. Wszystkie pozostałe kroki przebiegają tak samo jak w przypadku standardowego przeszukiwania.

PowerGREP oferuje unikatową możliwość jednoczesnego korzystania z maksymalnie trzech list wyrażeń regularnych, z których każda może obejmować dowolną liczbę takich wyrażeń.

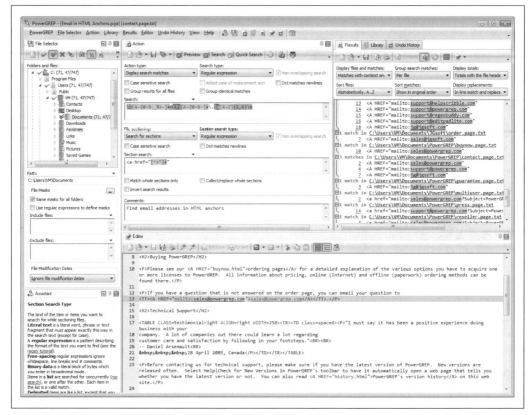

Rysunek 1.10. Okno programu PowerGREP

O ile do prostych operacji przeszukiwania tekstu za pomocą dowolnego narzędzia tego typu powinien wystarczyć materiał z dwóch poprzednich akapitów, o tyle wykorzystanie pełnego potencjału programu *PowerGREP* będzie wymagało zapoznania się z jego wyczerpującą dokumentacją.

Program *PowerGREP* działa w systemach Windows 98, ME, 2000, XP i Vista. Darmowa wersja próbna jest dostępna pod adresem *http://www.powergrep.com/PowerGREPCookbook.exe*. Wersja próbna oferuje niemal wszystkie funkcje właściwej wersji komercyjnej z wyjątkiem możliwości zapisywania wyników i obsługi bibliotek. Można z niej korzystać przez 15 dni. Chociaż wersja próbna nie pozwala zapisywać wyników prezentowanych w panelu *Results*, modyfikuje wszystkie wskazane pliki w ramach operacji przeszukiwania i zastępowania (pod tym względem nie różni się więc od pełnej wersji).

Windows Grep

Windows Grep (*http://www.wingrep.com*) jest jednym z najstarszych odpowiedników narzędzia *grep* dla systemów Windows. O wieku tego programu świadczy dość archaiczny interfejs użytkownika (patrz rysunek 1.11), jednak opisywane narzędzie doskonale radzi sobie z zadaniami, do których zostało stworzone. Windows Grep obsługuje ograniczoną odmianę wyrażeń regularnych nazwaną POSIX ERE. Składnia tej odmiany jest identyczna jak w przypadku pozostałych odmian wyrażeń regularnych omawianych w tej książce (oczywiście z wyłączeniem nieobsługiwanych elementów). *Windows Grep* jest programem typu shareware, co oznacza, że można go pobrać za darmo, ale używanie tego narzędzia wymaga wniesienia stosownej opłaty.

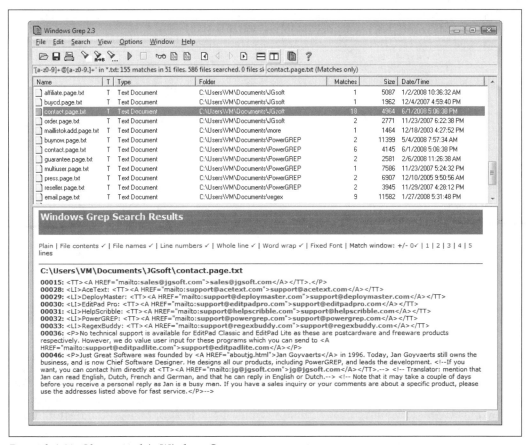

Rysunek 1.11. Okno narzędzia Windows Grep

Aby przygotować operację przeszukiwania, należy wybrać polecenie *Search* z tak samo nazwanego menu. Na ekranie pojawi się okno, którego wygląd zależy od trybu pracy wybranego w menu *Options* — może to być tryb dla początkujących (*Beginner Mode*) lub tryb ekspercki (*Expert Mode*). Początkujący użytkownicy mogą korzystać z wygodnego kreatora, natomiast eksperci mają do dyspozycji okno dialogowe z zakładkami.

Program *Windows Grep* wykonuje operację przeszukiwania natychmiast po jej przygotowaniu — oczom użytkownika ukazuje się wówczas lista plików, w których znaleziono pasujące fragmenty tekstu. Kliknięcie któregoś z tych plików powoduje wyświetlenie odpowiednich dopasowań w dolnym panelu; podwójne kliknięcie pliku powoduje jego otwarcie. Jeśli w menu *View* zaznaczymy opcję *All Matches*, dolny panel będzie zawierał informacje o wszystkich dopasowanych fragmentach.

Aby wykonać operację przeszukiwania i zastępowania, z menu *Search* należy wybrać polecenie *Replace*.

RegexRenamer

Narzędzie *RegexRenamer* (patrz rysunek 1.12) działa nieco inaczej niż *grep*. Zamiast przeszukiwać zawartość plików, przeszukuje i zastępuje tylko ich nazwy. Program można pobrać z witryny internetowej *http://regexrenamer.sourceforge.net*. *RegexRenamer* wymaga do działania frameworku Microsoft .NET w wersji 2.0 lub nowszej.

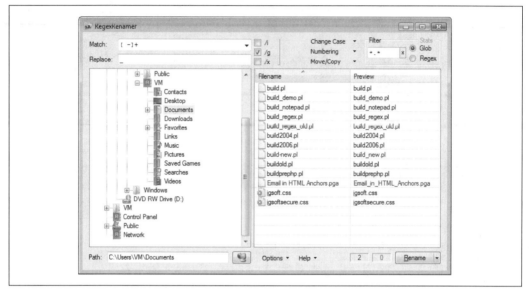

Rysunek 1.12. Okno narzędzia RegexRenamer

Wyrażenie regularne należy wpisać w polu *Match*; tekst docelowy (wstawiany w miejsce dopasowanych fragmentów) należy wpisać w polu *Replace*. Zaznaczenie pola wyboru */i* powoduje ignorowanie wielkości liter; opcja */g* powoduje zastąpienie wszystkich pasujących fragmentów w ramach poszczególnych nazw plików (zamiast pierwszego takiego fragmentu); opcja */x* włącza obsługę składni ze swobodnym podziałem na elementy, co w tym przypadku jest o tyle bezcelowe, że dysponujemy zaledwie jednym wierszem dla wpisywanego wyrażenia regularnego.

Drzewo po lewej stronie umożliwia nam wybór folderu z plikami, których nazwy chcemy zmienić. W prawym górnym rogu możemy ustawić maskę plików lub filtr w formie odrębnego wyrażenia regularnego. W ten sposób można łatwo ograniczyć listę plików, dla których chcemy zastosować właściwe wyrażenie regularne (przeszukujące i zastępujące nazwy plików). Stosowanie odrębnych wyrażeń regularnych do filtrowania i właściwego przetwarzania nazw jest dużo wygodniejszym rozwiązaniem niż realizacja obu zadań za pomocą jednego wyrażenia.

Popularne edytory tekstu

Większość współczesnych edytorów tekstu oferuje przynajmniej podstawową obsługę wyrażeń regularnych. W panelach przeszukiwania i zastępowania zwykle mamy do dyspozycji pole wyboru włączające tryb wyrażeń regularnych. Niektóre edytory, na przykład *EditPad Pro*, dodatkowo wykorzystują wyrażenia regularne do obsługi rozmaitych funkcji związanych z przeszukiwaniem tekstu, na przykład wyróżniania składni lub generowania list klas i funkcji.

Wszystkie tego rodzaju mechanizmy są opisywane w dokumentacjach poszczególnych edytorów. Do najbardziej popularnych edytorów z obsługą wyrażeń regularnych należą:

- *Boxer Text Editor* (PCRE),
- *Dreamweaver* (JavaScript),
- *EditPad Pro* (własna, niestandardowa odmiana łącząca najlepsze cechy odmian omawianych w tej książce; w narzędziu *RegexBuddy* oznaczona jako *JGsoft*),
- *Multi-Edit* (PCRE, jeśli wybierzemy opcję *Perl*),
- *NoteTab* (PCRE),
- *UltraEdit* (PCRE),
- *TextMate* (Ruby 1.9 [Oniguruma]).

## ROZDZIAŁ 2

Podstawowe techniki budowania wyrażeń regularnych

Problemy omawiane w tym rozdziale z pewnością nie należą do zbioru rzeczywistych problemów, których rozwiązanie mogą nam zlecić przełożeni lub klienci. Są to raczej problemy techniczne, z którymi będziemy mieli do czynienia podczas tworzenia i modyfikowania wyrażeń regularnych potrzebnych do rozwiązywania rzeczywistych problemów. Na przykład w pierwszej recepturze wyjaśniono, jak dopasowywać do wyrażenia regularnego stały tekst. Dopasowywanie tekstu samo w sobie nie jest celem, ponieważ do odnalezienia stałego fragmentu tekstu w ogóle nie jest potrzebne wyrażenie regularne. Z drugiej strony podczas pracy z wyrażeniami regularnymi często będziemy musieli dopasowywać pewne stałe fragmenty, zatem znajomość znaków wymagających stosowania sekwencji ucieczki będzie niezwykle ważną umiejętnością — opanujemy ją właśnie dzięki lekturze receptury 2.1.

W pierwszych recepturach będziemy koncentrowali się na najprostszych technikach budowy wyrażeń regularnych. Jeśli już wcześniej korzystałeś z wyrażeń regularnych, najprawdopodobniej tylko przejrzysz lub wręcz pominiesz te receptury. Receptury w dalszej części tego rozdziału z pewnością mogą Cię czegoś nauczyć, chyba że opanowałeś już cały materiał zawarty w książce *Mastering Regular Expressions* autorstwa Jeffreya E. F. Friedla (O'Reilly)[1].

Receptury składające się na ten rozdział przygotowano w taki sposób, aby każda wyjaśniała jeden aspekt składni wyrażeń regularnych. Treść tych receptur łącznie tworzy niemal wyczerpujący przewodnik po wyrażeniach regularnych. Aby dobrze opanować pisanie tych wyrażeń, warto więc przeczytać te receptury od pierwszej do ostatniej. Możesz też od razu przejść do praktycznych wyrażeń regularnych z rozdziałów 4. – 8. i traktować poniższe receptury jako swoisty leksykon, do którego będziesz wracał w razie problemów z opanowaniem którejś konstrukcji składniowej.

W tym wprowadzającym rozdziale będziemy koncentrowali się wyłącznie na wyrażeniach regularnych, zupełnie ignorując wszelkie aspekty programistyczne. Kompletne listingi kodu źródłowego można znaleźć dopiero w następnym rozdziale. Jeśli chcesz sprawdzić, która odmiana wyrażeń regularnych obowiązuje w Twoim języku programowania, możesz już teraz

---

[1] Polskie wydanie: *Wyrażenia regularne*, Helion 2001 — *przyp. tłum.*

zajrzeć do rozdziału 3., zatytułowanego „Programowanie z wykorzystaniem wyrażeń regularnych". Same odmiany opisywane we wspomnianym rozdziale wprowadzono w punkcie „Odmiany wyrażeń regularnych prezentowane w tej książce" w rozdziale 1.

2.1. Dopasowywanie stałego tekstu

Problem

Stwórz wyrażenie regularne dokładnie pasujące do następującego, dość specyficznego zdania: *Tabela ASCII definiuje następujące znaki interpunkcyjne: !"#$%&'()*+,-./:;<=>?@[\]^_`{|}~.*

Rozwiązanie

W tabeli ASCII są reprezentowane następujące znaki interpunkcyjne:

```
!"#\$%&'\(\)\*\+,-\./:;<=>\?@\[\\]\^_`\{\|}~
```

Opcje wyrażenia regularnego: Brak
Odmiany wyrażeń regularnych: .NET, Java, JavaScript, PCRE, Perl, Python, Ruby

Analiza

Każde wyrażenie regularne, które nie obejmuje żadnego z dwunastu znaków $()*+.?[\^{| jest dopasowywane do samego siebie. Aby sprawdzić, czy edytowany tekst zawiera zdanie *Marysia miała małego baranka*, wystarczy użyć wyrażenia regularnego <Marysia•miała•małego•↵baranka>. W takim przypadku nie będzie miało znaczenia, czy w danym edytorze włączono tryb wyrażeń regularnych.

Wspomnianą już dwunastkę znaków specjalnych, które decydują o potencjale wyrażeń regularnych, określa się mianem **metaznaków** (ang. *metacharacters*). Jeśli chcemy, aby nasze wyrażenie było literalnie dopasowane do tych znaków, powinniśmy użyć tzw. **sekwencji ucieczki** (ang. *escape*), czyli poprzedzić każdy z tych znaków lewym ukośnikiem. Oznacza to, że wyrażenie regularne w postaci:

```
\$\(\)\*\+\.\?\[\\\^\{\|
```

zostanie dopasowane do tekstu:

```
$()*+.?[\^{|
```

Jak łatwo zauważyć, na przytoczonej liście brakuje prawego nawiasu kwadratowego (]), myślnika (-) oraz prawego nawiasu klamrowego (}). Dwa pierwsze symbole zyskują miano metaznaków dopiero w sekwencji z poprzedzającym lewym nawiasem kwadratowym ([); warunkiem użycia symbolu } w roli metaznaku jest poprzedzenie go znakiem {. Znak } nigdy nie wymaga stosowania sekwencji ucieczki. Reguły stosowane dla metaznaków definiujących bloki pomiędzy [oraz] zostaną wyjaśnione w recepturze 2.3.

Zastosowanie sekwencji ucieczki dla każdego innego znaku niealfanumerycznego w żaden sposób nie zmienia działania wyrażenia regularnego — a przynajmniej nie wpływa na znaczenie żadnej spośród odmian wyrażeń regularnych omawianych w tej książce. Zastosowanie sekwencji ucieczki dla znaku alfanumerycznego albo nadaje temu znakowi specjalne znaczenie, albo powoduje błąd składniowy.

Niedoświadczeni programiści często stosują sekwencje ucieczki dla każdego napotkanego znaku interpunkcyjnego. Nie pozwól, by ktokolwiek odkrył, że jesteś nowicjuszem — stosuj te sekwencje z rozwagą. Gąszcz niepotrzebnych lewych ukośników znacznie utrudnia czytanie wyrażeń regularnych, szczególnie jeśli lewe ukośniki należy podwajać na potrzeby reprezentowania wyrażenia regularnego w formie stałej łańcuchowej.

Warianty

Blokowe sekwencje ucieczki

W tabeli ASCII są reprezentowane następujące znaki interpunkcyjne:

```
\Q!"#$%&'()*+,-./:;<=>?@[\]^_`{|}~\E
```
Opcje wyrażenia regularnego: Brak
Odmiany wyrażeń regularnych: Java 6, PCRE, Perl

Perl, PCRE i Java obsługują tokeny wyrażeń regularnych <\Q> oraz <\E>. Token <\Q> ukrywa specjalne znaczenie wszystkich metaznaków, w tym lewego ukośnika, aż do pierwszego wystąpienia tokenu <\E>. Jeśli nie zastosujemy tokenu <\E>, wszystkie znaki umieszczone za tokenem <\Q> (do końca danego wyrażenia regularnego) będą traktowane dosłownie.

Jedyną zaletą sekwencji <\Q...\E> jest większa czytelność takich konstrukcji niż w przypadku wyrażeń <\.\.\.>.

Mimo że opisana konstrukcja jest obsługiwana przez Javę 4 i 5, w tych językach nie należy jej stosować. Błędy w implementacji powodują, że wyrażenia regularne z sekwencjami <\Q...\E> są dopasowywane do innych fragmentów tekstu, niż zakłada korzystający z nich programista, i innych niż w przypadku analogicznych wyrażeń PCRE, Perla czy Javy 6. Naprawiono te błędy właśnie w Javie 6, dzięki czemu znaczenie opisywanej konstrukcji jest teraz takie samo jak w przypadku biblioteki PCRE i języka Perl.

Dopasowywanie bez względu na wielkość liter

```
ascii
```
Opcje wyrażenia regularnego: Brak
Odmiany wyrażeń regularnych: .NET, Java, JavaScript, PCRE, Perl, Python, Ruby

```
(?i)ascii
```
Opcje wyrażenia regularnego: Brak
Odmiany wyrażeń regularnych: .NET, Java, PCRE, Perl, Python, Ruby

Wyrażenia regularne domyślnie uwzględniają wielkość liter. Wyrażenie <regex> pasuje do słowa *regex*, ale już nie do słów *Regex*, *REGEX* czy *ReGeX*. Warunkiem dopasowania wyrażenia <regex> do wszystkich tych form jest włączenie trybu ignorowania wielkości liter.

W większości aplikacji uwzględnianie lub ignorowanie wielkości liter jest tylko kwestią zaznaczenia lub usunięcia zaznaczenia jakiegoś pola tekstowego. Wszystkie języki programowania, które omówimy w następnym rozdziale, oferują flagę lub właściwość, której ustawienie wymusza ignorowanie wielkości liter przez nasze wyrażenia regularne. W recepturze 3.4 wyjaśnimy, jak w kodzie źródłowym stosować opcje wyrażeń regularnych wymienione przy okazji każdego wyrażenia prezentowanego w tej książce.

Jeśli nie potrafisz włączyć trybu ignorowania wielkości liter poza wyrażeniem regularnym, możesz to zrobić, stosując modyfikator trybu <(?i)>, na przykład <(?i)regex>. Wspomniany modyfikator działa w odmianach wyrażeń regularnych platformy .NET, biblioteki PCRE oraz języków Java, Perl, Python i Ruby.

.NET, Java, PCRE, Perl i Ruby dodatkowo obsługują lokalne modyfikatory trybów, które wpływają tylko na fragmenty wyrażeń regularnych. Na przykład wyrażenie regularne <sensitive ↪(?i)caseless(?-i)sensitive> zostanie dopasowane do *sensitiveCASELESSsensitive*, ale nie do *SENSITIVEcaselessSENSITIVE*. Modyfikator <(?i)> włącza tryb ignorowania wielkości liter dla dalszej części wyrażenia regularnego, natomiast modyfikator <(?-i)> wyłącza ten tryb dla dalszej części wyrażenia. Oba modyfikatory można więc stosować w roli swoistych przełączników.

W recepturze 2.10 wyjaśnimy, jak korzystać z lokalnych modyfikatorów trybów dla całych grup (nie w formie przełączników).

Patrz także

Receptury 2.3 i 5.14.

2.2. Dopasowywanie znaków niedrukowanych

Problem

Dopasuj łańcuch następujących znaków kontrolnych ASCII: *bell* (dzwonek), *escape*, *form feed* (nowy formularz), *line feed* (nowy wiersz), *carriage return* (powrót karetki), *horizontal tab* (pozioma tabulacja), *vertical tab* (pionowa tabulacja). Wymienione znaki mają przypisane następujące kody szesnastkowe: 07, 1B, 0C, 0A, 0D, 09, 0B.

Rozwiązanie

```
\a\e\f\n\r\t\v
```
Opcje wyrażenia regularnego: Brak
Odmiany wyrażeń regularnych: .NET, Java, PCRE, Python, Ruby

```
\x07\x1B\f\n\r\t\v
```
Opcje wyrażenia regularnego: Brak
Odmiany wyrażeń regularnych: .NET, Java, JavaScript, PCRE, Python, Ruby

Analiza

Dla siedmiu najczęściej stosowanych znaków kontrolnych zbioru ASCII istnieją specjalne sekwencje ucieczki. Wszystkie te sekwencje składają się z lewego ukośnika poprzedzającego jakąś literę. Zastosowano więc identyczną składnię jak ta wykorzystywana dla stałych łańcuchowych w wielu językach programowania. W tabeli 2.1 wymieniono najbardziej popularne znaki niedrukowane wraz z reprezentującymi je kodami.

Tabela 2.1. Znaki niedrukowane

Reprezentacja	Znaczenie	Reprezentacja szesnastkowa
<\a>	dzwonek	0x07
<\e>	escape	0x1B
<\f>	nowy formularz	0x0C
<\n>	nowy wiersz	0x0A
<\r>	powrót karetki	0x0D
<\t>	pozioma tabulacja	0x09
<\v>	pionowa tabulacja	0x0B

Ponieważ standard ECMA-262 nie przewiduje obsługi sekwencji <\a> i <\e>, w prezentowanych w tej książce przykładach wyrażeń regularnych JavaScriptu będziemy stosowali inną składnię, mimo że wiele współczesnych przeglądarek doskonale radzi sobie z konstrukcjami <\a> i <\e>. Ponieważ Perl nie obsługuje sekwencji \v, należy w tym języku stosować inną składnię dla tabulacji pionowej.

Wymienione znaki kontrolne (ale też alternatywne konstrukcje składniowe omówione w poniższym punkcie) mogą być stosowane zarówno wewnątrz, jak i poza klasami znaków w ramach budowanych wyrażeń regularnych.

Różne formy reprezentacji znaków niedrukowanych

26 znaków kontrolnych

```
\cG\x1B\cL\cJ\cM\cI\cK
```
Opcje wyrażenia regularnego: Brak
Odmiany wyrażeń regularnych: .NET, Java, JavaScript, PCRE, Perl, Ruby 1.9

Za pomocą sekwencji od <\cA> do <\cZ> można dopasowywać kolejne 26 znaków kontrolnych zajmujących w tabeli ASCII pozycje 1 – 26. Litera c w ramach tych sekwencji musi być mała. Wielkość drugiej litery sekwencji w większości odmian wyrażeń regularnych jest nieistotna. Zalecamy jednak konsekwentne stosowanie wielkiej litery, ponieważ takiej składni wymaga od nas język Java.

Proponowana konstrukcja składniowa może być szczególnie wygodna dla użytkowników systemów konsolowych przyzwyczajonych do wpisywania znaków kontrolnych poprzez naciskanie przycisku *Ctrl* i właściwej litery. W terminalu kombinacja *Ctrl+H* wysyła znak *backspace* — w wyrażeniu regularnym *backspace* jest reprezentowany przez sekwencję <\cH>.

Opisana składnia nie jest obsługiwana przez język Python i klasyczną wersję modułu wyrażeń regularnych języka Ruby (z wersji 1.8). Obsługę tej składni zaimplementowano jednak w bibliotece Oniguruma (wykorzystywanej domyślnie w języku Ruby 1.9).

Ponieważ znak kontrolny *escape* znajduje się na pozycji 27. w tabeli ASCII i — tym samym — jest nieosiągalny dla liter języka angielskiego, w naszym wyrażeniu regularnym jest dopasowywany do sekwencji `<\x1B>`.

7-bitowy zbiór znaków

`\x07\x1B\x0C\x0A\x0D\x09\x0B`
> **Opcje wyrażenia regularnego:** Brak
> **Odmiany wyrażeń regularnych:** .NET, Java, JavaScript, PCRE, Perl, Python, Ruby

Mała litera `\x` poprzedzająca dwie cyfry szesnastkowe (z ewentualnymi wielkimi literami) jest dopasowywana do pojedynczego znaku ze zbioru ASCII. Na rysunku 2.1 pokazano, które kombinacje szesnastkowe z przedziału od `<\x00>` do `<\x7F>` pasują do poszczególnych znaków całego zbioru ASCII. Tabelę zorganizowano w taki sposób, aby pierwsza cyfra szesnastkowa wyznaczała kolejne wiersze, a druga cyfra wyznaczała kolejne kolumny (wartości tych cyfr rosną odpowiednio w dół i w prawo).

	0	1	2	3	4	5	6	7	8	9	A	B	C	D	E	F
0	NUL	SOH	STX	ETX	EOT	ENQ	ACK	BEL	BS	HT	LF	VT	FF	CR	SO	SI
1	DLE	DC1	DC2	DC3	DC4	NAK	SYN	ETB	CAN	EM	SUB	ESC	FS	GS	RS	US
2	SP	!	"	#	$	%	&	'	(	)	*	+	,	-	.	/
3	0	1	2	3	4	5	6	7	8	9	:	;	<	=	>	?
4	@	A	B	C	D	E	F	G	H	I	J	K	L	M	N	O
5	P	Q	R	S	T	U	V	W	X	Y	Z	[	\	]	^	_
6	`	a	b	c	d	e	f	g	h	i	j	k	l	m	n	o
7	p	q	r	s	t	u	v	w	x	y	z	{	|	}	~	DEL

Rysunek 2.1. Tabela ASCII

Dopasowania znaków z przedziału od `<\x80>` do `<\xFF>` zależą od interpretacji przyjętej przez twórców konkretnego modułu wyrażeń regularnych oraz strony kodowej zastosowanej dla przetwarzanego tekstu. W tej sytuacji należy unikać stosowania znaków z tego przedziału — lepszym rozwiązaniem jest korzystanie z tokenu punktów kodowych formatu Unicode (opisanego w recepturze 2.7).

Jeśli jednak pracujesz w języku Ruby 1.8 lub skompilowałeś bibliotekę PCRE bez obsługi formatu UTF-8, nie możesz stosować punktów kodowych formatu Unicode. Ruby 1.8 i biblioteka PCRE skompilowana bez obsługi formatu UTF-8 to dwa 8-bitowe moduły wyrażeń regularnych.

Wymienione technologie nie są przystosowane do obsługi różnych rodzajów kodowania tekstu ani znaków wielobajtowych. Sekwencja `<\xAA>` jest więc dostosowywana do bajta 0xAA, niezależnie od tego, który znak jest reprezentowany przez ten bajt oraz czy 0xAA w ogóle jest częścią znaku wielobajtowego.

Patrz także

Receptura 2.7.

2.3. Dopasowywanie jednego z wielu znaków

Problem

Opracuj pojedyncze wyrażenie regularne pasujące do wszystkich popularnych błędów pisowni słowa *kalendarz*. Takie wyrażenie umożliwi Ci odnajdywanie tego słowa w dokumencie nawet w razie błędnej pisowni zastosowanej przez autora tego dokumentu. Przyjmujemy, że w miejscu każdej samogłoski może występować albo litera *a*, albo litera *e*. Stwórz inne wyrażenie regularne pasujące do pojedynczej cyfry systemu szesnastkowego. Opracuj też trzecie wyrażenie regularne pasujące do pojedynczego znaku, które nie jest cyfrą systemu szesnastkowego.

Rozwiązanie

„Kalendarz" z literówkami

```
k[ae]l[ae]nd[ae]rz
```
   Opcje wyrażenia regularnego: Brak
   Odmiany wyrażeń regularnych: .NET, Java, JavaScript, PCRE, Perl, Python, Ruby

Cyfra systemu szesnastkowego

```
[a-fA-F0-9]
```
   Opcje wyrażenia regularnego: Brak
   Odmiany wyrażeń regularnych: .NET, Java, JavaScript, PCRE, Perl, Python, Ruby

Znak spoza systemu szesnastkowego

```
[^a-fA-F0-9]
```
   Opcje wyrażenia regularnego: Brak
   Odmiany wyrażeń regularnych: .NET, Java, JavaScript, PCRE, Perl, Python, Ruby

Analiza

Notacja z nawiasami kwadratowymi bywa nazywana **klasą znaków** (ang. *character class*). Klasa znaków pasuje do pojedynczego znaku z listy możliwych znaków. Każda z trzech klas użytych w pierwszym wyrażeniu regularnym pasuje albo do litery *a*, albo do litery *e*. Wszystkie te klasy są dopasowywane do przetwarzanego tekstu niezależnie od siebie. Jeśli zastosujemy to wyrażenie dla słowa *kalendarz*, pierwsza klasa zostanie dopasowana do litery *a*, druga do litery *e*, a trzecia do litery *a*.

Poza klasami znaków aż dwanaście symboli pełni funkcję metaznaków. W ramach klasy znaków tylko cztery znaki mają przypisane specjalne znaczenia: \, ^, - oraz]. W Javie i wyrażeniach regularnych platformy .NET także lewy nawias kwadratowy ([) jest traktowany jako metaznak w ramach klas znaków. Wszystkie pozostałe znaki interpretuje się dosłownie, zatem ich umieszczenie w klasie znaków oznacza po prostu dodanie do listy dopasowywanych znaków. Wyrażenie regularne <[$()*+.?{|]> jest więc dopasowywane do jednego z dziewięciu znaków zawartych pomiędzy nawiasami kwadratowymi.

Lewy ukośnik zawsze inicjuje sekwencję ucieczki obejmującą znak następujący bezpośrednio po tym ukośniku — znaczenie lewego ukośnika w klasie znaków jest więc identyczne jak poza taką klasą. Sekwencja ucieczki może być stosowana zarówno dla pojedynczego znaku, jak i dla początku lub końca pewnego przedziału. Pozostałe cztery metaznaki zyskują specjalne znaczenie, pod warunkiem że znajdują się na właściwych pozycjach. Oznacza to, że istnieje możliwość dosłownego dopasowywania tych znaków bez konieczności stosowania sekwencji ucieczki — wystarczy umieścić je w miejscu, w którym nie mają specjalnego znaczenia. Takie rozwiązanie zastosowano na przykład w wyrażeniu <[][^-]> (przynajmniej jeśli nie korzystamy z implementacji JavaScriptu). Zaleca się jednak każdorazowe poprzedzanie metaznaków symbolem ucieczki, zatem przytoczone wyrażenie regularne powinno mieć postać <[\]\[\^\-]>. Konsekwentne stosowanie sekwencji ucieczki dla metaznaków poprawia czytelność naszych wyrażeń regularnych.

Lewego ukośnika w roli symbolu ucieczki nie można stosować dla znaków alfanumerycznych. Każda taka próba albo kończy się błędem składniowym, albo powoduje utworzenie tokenu wyrażenia regularnego (konstrukcji o specjalnym znaczeniu w ramach tego wyrażenia). Przy okazji omawiania innych tokenów wyrażeń regularnych (na przykład w recepturze 2.2) wspomnieliśmy, że można je stosować wewnątrz klas znaków. Wszystkie te tokeny składają się z lewego ukośnika i litery, po której czasem następuje sekwencja innych znaków. Oznacza to, że wyrażenie <[\r\n]> pasuje do znaku powrotu karetki (\r) lub znaku podziału wiersza (\n).

Znak karety, tzw. daszek (^), umieszczony bezpośrednio za otwierającym nawiasem kwadratowym neguje znaczenie danej klasy znaków. Oznacza to, że użycie tego znaku powoduje dopasowanie do dowolnego znaku, którego **nie ma** na liście. Warto pamiętać, że zanegowane klasy znaków są dopasowywane między innymi do znaków podziału wiersza, chyba że uwzględnimy ten znak w negowanej klasie.

Myślnik (-) umieszczony pomiędzy dwoma znakami tworzy **przedział**. Przedział obejmuje znak znajdujący się przed myślnikiem, znak znajdujący się za myślnikiem oraz wszystkie znaki znajdujące się pomiędzy tymi znakami w stosowanej tabeli znaków. Aby precyzyjnie określić, które znaki mieszczą się w przedziale, warto zajrzeć do tabeli znaków ASCII lub Unicode. Na przykład wyrażenie regularne <[A-z]> pasuje do wszystkich znaków tabeli ASCII mieszczących się pomiędzy wielką literą A oraz małą literą z. Okazuje się, że przedział w tej formie obejmuje pewne znaki interpunkcyjne — identyczne znaczenie ma bardziej precyzyjne wyrażenie regularne <[A-Z\[\\\]\^_`a-z]>. Dla jasności zaleca się tworzenie przedziałów tylko pomiędzy cyframi bądź wielkimi lub małymi literami.

Przedziały odwrotne, na przykład <[z-a]>, nie są obsługiwane.

Warianty

Skróty

[a-fA-F\d]
Opcje wyrażenia regularnego: Brak
Odmiany wyrażeń regularnych: .NET, Java, PCRE, Perl, Python, Ruby

Sześć tokenów składających się z lewego ukośnika i pojedynczej litery tworzy tzw. **skrótowe klasy znaków** (ang. *shorthand character classes*). Z tokenów tych można korzystać zarówno wewnątrz, jak i poza klasami znaków. Wyrażenia regularne <\d> i <[\d]> zostaną dopasowane do pojedynczej cyfry. Dla każdego tokenu skrótu z małą literą istnieje odpowiednik z wielką literą i przeciwnym znaczeniem. Oznacza to, że wyrażenie <\D> pasuje do każdego znaku, który nie jest cyfrą, zatem jest odpowiednikiem wyrażenia <[^\d]>.

Wyrażenie regularne <\w> pasuje do pojedynczego **znaku wyrazu** (ang. *word character*). Jak nietrudno odgadnąć, znak wyrazu to taki, który może wchodzić w skład wyrazu. Grupa znaków wyrazów obejmuje litery, cyfry i znak podkreślenia (_). Taki dobór znaków z pozoru może się wydawać dość dziwaczny, jednak w rzeczywistości nie chodziło o zwykłe wyrazy, a typowe identyfikatory dopuszczalne w językach programowania. Wyrażenie <\W> pasuje do każdego znaku, który nie mieści się w opisanym zbiorze.

W odmianach wyrażeń regularnych biblioteki PCRE oraz języków Java, JavaScript i Ruby znaczenie konstrukcji <\w> jest takie samo jak w przypadku zapisu <[a-zA-Z0-9_]>. W odmianach platformy .NET i Perla wyrażenie <\w> pasuje do wszystkich liter i cyfr z pozostałych alfabetów (w tym cyrylicy, tajskiego itp.). W Pythonie warunkiem obsługi innych alfabetów jest użycie flagi UNICODE (lub po prostu U) podczas tworzenia wyrażenia regularnego. Z podobną sytuacją mamy do czynienia w przypadku cyfr z innych alfabetów — w odmianach platformy .NET i Perla takie cyfry zawsze są dopasowywane, w odmianie Pythona warunkiem ich dopasowywania jest przekazanie flagi UNICODE (lub U).

Wyrażenie <\s> jest dopasowywane do dowolnego **znaku białego** (ang. *whitespace character*). Zbiór znaków białych obejmuje spacje, tabulacje i znaki podziału wiersza. W odmianach wyrażeń regularnych platformy .NET, Perla i JavaScriptu konstrukcja <\s> pasuje także do każdego znaku definiowanego jako znak biały przez standard Unicode. Co ciekawe, JavaScript stosuje standard Unicode dla wyrażenia <\s>, ale już dla wyrażeń <\d> i <\w> stosuje standard ASCII. Wyrażenie <\S> pasuje do każdego znaku, który nie jest dopasowywany do wyrażenia <\s>.

Kolejnym przykładem niekonsekwencji twórców poszczególnych odmian jest token <\b>. Nie jest to co prawda skrótowa klasa znaków, tylko granica wyrazu. Należałoby więc oczekiwać, że tam, gdzie wyrażenie <\w> obsługuje standard Unicode, analogicznie będzie działało wyrażenie <\b>, a tam, gdzie dla wyrażenia <\w> stosuje się standard ASCII, także <\b> będzie się odwoływało do tego formatu. Wyjaśnimy to szczegółowo w punkcie „Znaki wyrazów" w recepturze 2.6.

Ignorowanie wielkości liter

```
(?i)[A-FO-9]
```
   Opcje wyrażenia regularnego: Brak
   Odmiany wyrażeń regularnych: .NET, Java, PCRE, Perl, Python, Ruby

```
(?i)[^A-FO-9]
```
   Opcje wyrażenia regularnego: Brak
   Odmiany wyrażeń regularnych: .NET, Java, PCRE, Perl, Python, Ruby

Sposób traktowania wielkości liter — niezależnie do tego, czy zostanie ustawiony z wykorzystaniem zewnętrznej flagi (patrz receptura 3.4), czy za pomocą modyfikatora trybu w ramach wyrażenia regularnego (patrz receptura 2.1) — wpływa także na klasy znaków. Dwa powyższe wyrażenia regularne są tożsame z wyrażeniami z naszego oryginalnego rozwiązania (zaproponowanego na początku tej receptury).

Dokładnie tak samo działają wyrażenia regularne JavaScriptu, tyle że tam nie jest obsługiwany modyfikator <(?i)>. Aby wymusić ignorowanie wielkości liter w wyrażeniu regularnym JavaScriptu, podczas jego tworzenia należy ustawić flagę /i.

Rozwiązania właściwe poszczególnym odmianom

Odejmowanie klas znaków w odmianie .NET

```
[a-zA-Z0-9-[g-zG-Z]]
```

To wyrażenie regularne pasuje do pojedynczego znaku szesnastkowego, tyle że zostało skonstruowane w dość nietypowy sposób. Podstawowa klasa znaków pasuje do każdego znaku alfanumerycznego, klasa zagnieżdżona odejmuje z tej klasy litery od g do z. Klasa zagnieżdżona musi się znajdować na końcu klasy podstawowej i musi być poprzedzona myślnikiem: `<[klasaPodstawowa-[klasaOdejmowana]]>`.

Odejmowanie (wyznaczanie różnicy) klas znaków jest szczególnie przydatne wtedy, gdy operujemy na właściwościach, blokach i alfabetach standardu Unicode. Na przykład wyrażenie `<\p{IsThai}>` pasuje do dowolnego znaku w ramach bloku alfabetu tajskiego. Wyrażenie `<\P{N}>` pasuje do dowolnego znaku, któremu nie przypisano właściwości `Number`. Połączenie obu klas operatorem odejmowania, tj. wyrażenie regularne `<[\p{IsThai}-[\P{N}]]>`, będzie dopasowywane do dowolnej z dziesięciu liczb systemu tajskiego.

Łączenie, odejmowanie i wyznaczanie części wspólnych klas znaków w odmianie Javy

```
[a-f[A-F][0-9]]
[a-f[A-F[0-9]]]
```

Java oferuje możliwość zagnieżdżania jednej klasy znaków w innej. Jeśli zagnieżdżoną klasę znaków umieścimy bezpośrednio w klasie podstawowej, powstała klasa wynikowa będzie **sumą** obu klas. W ten sposób można zagnieżdżać dowolną liczbę klas znaków. Oba powyższe wyrażenia warunkowe mają identyczne znaczenie jak wyrażenie oryginalne pozbawione dodatkowych nawiasów kwadratowych:

```
[\w&&[a-fA-F0-9\s]]
```

Wyrażenie regularne w tej formie mogłoby z powodzeniem startować w zawodach na najbardziej niezrozumiałą konstrukcję. Podstawowa klasa znaków pasuje do dowolnego znaku wyrazu. Klasa zagnieżdżona pasuje do dowolnej cyfry szesnastkowej i znaku białego. Klasa wynikowa jest **częścią wspólną** (iloczynem) obu tych klas, zatem pasuje wyłącznie do cyfr szesnastkowych. Ponieważ klasa podstawowa nie pasuje do znaków białych, a klasa zagnieżdżona nie pasuje do znaków `<[g-zG-Z_]>`, ostateczna klasa wynikowa nie pasuje do żadnego z wymienionych znaków i — tym samym — jest dopasowywana tylko do cyfr systemu szesnastkowego:

```
[a-zA-Z0-9&&[^g-zG-Z]]
```

To wyrażenie regularne także pasuje do pojedynczej cyfry szesnastkowej, tyle że w jeszcze bardziej okrężny sposób. Podstawowa klasa znaków pasuje do dowolnego znaku alfanumerycznego, a klasa zagnieżdżona odejmuje od tej klasy litery od g do z. Wspomniana klasa zagnieżdżona została zanegowana poprzez poprzedzenie jej dwoma znakami &: `<[klasaPodstawowa`
`↳&&[^klasaOdejmowana]]>`.

Wyznaczanie części wspólnych i różnic pomiędzy klasami znaków jest szczególnie przydatne wtedy, gdy operujemy na właściwościach, blokach i alfabetach standardu Unicode. Na przykład wyrażenie `<\p{InThai}>` pasuje do dowolnego znaku w ramach bloku alfabetu tajskiego. Wyrażenie `<\P{N}>` pasuje do dowolnego znaku, któremu nie przypisano właściwości `Number`.

Połączenie obu klas operatorem odejmowania &&, tj. wyrażenie regularne `<[\p{InThai}` `↪&&[\p{N}]]>`, będzie dopasowywane do dowolnej z dziesięciu liczb systemu tajskiego.

Jeśli interesują Cię drobne różnice dzielące poszczególne tokeny wyrażeń regularnych `<\p>`, ich wyjaśnienie znajdziesz w recepturze 2.7.

Patrz także

Receptury 2.1, 2.2 i 2.7.

2.4. Dopasowywanie dowolnego znaku

Problem

Dopasuj znak pomiędzy apostrofami. Opracuj wyrażenie regularne pasujące do dowolnego pojedynczego znaku, z wyjątkiem podziału wiersza, który umieszczono pomiędzy apostrofami. Opracuj też drugie wyrażenie regularne pasujące do dowolnego znaku pomiędzy apostrofami (w tym podziału wiersza).

Rozwiązanie

Dowolny znak oprócz podziału wiersza

`'.'`

Opcje wyrażenia regularnego: Brak (opcja podziału wiersza dopasowywanego do kropki musi być wyłączona)
Odmiany wyrażeń regularnych: .NET, Java, JavaScript, PCRE, Perl, Python, Ruby

Dowolny znak (włącznie z podziałem wiersza)

`'.'`

Opcje wyrażenia regularnego: Podział wiersza dopasowywany do kropki
Odmiany wyrażeń regularnych: .NET, Java, PCRE, Perl, Python, Ruby

`'[\s\S]'`

Opcje wyrażenia regularnego: Brak
Odmiany wyrażeń regularnych: .NET, Java, JavaScript, PCRE, Perl, Python, Ruby

Analiza

Dowolny znak oprócz podziału wiersza

Kropka jest jedną z najstarszych i najprostszych konstrukcji stosowanych w wyrażeniach składniowych. Kropka od zawsze była dopasowywana do dowolnego pojedynczego znaku.

Okazuje się jednak, że określenie tego, co oznacza *dowolny znak*, nierzadko jest sporym problemem. Najstarsze narzędzia operujące na wyrażeniach regularnych przetwarzały pliki wiersz po wierszu, zatem przetwarzany tekst nigdy nie zawierał znaku podziału wiersza. Z drugiej strony omawiane w tej książce języki programowania przetwarzają tekst wejściowy jako całość, niezależnie od liczby zawartych w nim znaków podziału wiersza. Gdybyśmy chcieli wrócić do przetwarzania pojedynczych wierszy, powinniśmy użyć dodatkowego kodu dzielącego tekst wejściowy na tablicę wierszy oraz stosującego nasze wyrażenie regularne dla kolejnych wierszy w tej tablicy. Odpowiednie rozwiązanie opisano w recepturze 3.21 w następnym rozdziale.

Larry Wall, twórca Perla, chciał zachować tradycyjny model znany z narzędzi operujących na wierszach, w którym kropka nigdy nie była dopasowywana do podziału wiersza (\n). Wszystkie pozostałe odmiany wyrażeń regularnych omawiane w tej książce poszły w ślady swojego pierwowzoru. Oznacza to, że wyrażenie regularne <.> pasuje do dowolnego pojedynczego znaku **oprócz** znaku nowego wiersza.

Dowolny znak (włącznie z podziałem wiersza)

Jeśli chcesz, aby Twoje wyrażenie regularne było dopasowywane do wielu wierszy jednocześnie, powinieneś włączyć opcję podziału wiersza dopasowywanego do kropki. Wspomniana opcja ukrywa się pod wieloma różnymi nazwami. W Perlu i wielu innych odmianach określa się ją mianem trybu pojedynczego wiersza (ang. *single line mode*). W Javie odpowiednia opcja jest reprezentowana przez tryb *dot all*. Do szczegółowej analizy tego zagadnienia wrócimy w recepturze 3.4 w następnym rozdziale. Niezależnie od nazwy tej opcji w Twoim ulubionym języku programowania traktuj ją po prostu jako „podział wiersza dopasowywanego do kropki", ponieważ do tego sprowadzają się wymienione tryby.

Odmiana wyrażeń regularnych JavaScriptu wymaga alternatywnego rozwiązania z uwagi na całkowity brak opcji dopasowywania kropki do podziału wiersza. Jak wspomniano w recepturze 2.3, wyrażenie <\s> pasuje do dowolnego znaku białego, natomiast wyrażenie <\S> pasuje do dowolnego znaku, który nie pasuje do <\s>. Jeśli połączymy te konstrukcje w ramach wyrażenia <[\s\S]>, otrzymamy klasę znaków obejmującą wszystkie znaki, włącznie z podziałami wiersza. Ten sam efekt można uzyskać, stosując wyrażenia <[\d\D]> i <[\w\W]>.

Nadużywanie kropki

Kropka jest jednym z najczęściej nadużywanych symboli wyrażeń regularnych. Na przykład wyrażenie <\d\d.\d\d.\d\d> wbrew oczekiwaniom wielu programistów nie jest zbyt skutecznym sposobem dopasowywania dat, ponieważ pasuje zarówno do daty *16/05/08*, jak i do ciągu *99/99/99*. Co gorsza, to samo wyrażenie zostałoby dopasowane do łańcucha *12345678*.

Problemem konstruowania prawidłowych wyrażeń regularnych dopasowywanych tylko do poprawnych dat zajmiemy się w dalszej części tego rozdziału. Na tym etapie ograniczymy się do stwierdzenia, że zastąpienie kropki właściwszą klasą znaków jest dziecinnie proste. Na przykład wyrażenie <\d\d[/.\-]\d\d[/.\-]\d\d> umożliwia stosowanie prawego ukośnika, kropki lub myślnika w roli separatorów składników daty. Wyrażenie w tej formie nadal będzie pasowało do ciągu *99/99/99*, ale już nie zostanie dopasowane do wartości *12345678*.

 To, że w poprzednim przykładzie używaliśmy kropki wewnątrz klas znaków, należy uznać za przypadkowy zbieg okoliczności. Wewnątrz klasy znaków kropka jest traktowana jak zwykły znak (dopasowywany do kropki). W powyższym wyrażeniu regularnym uwzględniono kropkę dlatego, że w niektórych krajach (w tym w Polsce i Niemczech) pełni ona funkcję separatora składników daty.

Kropkę należy stosować tylko tam, gdzie naprawdę chcemy dopasowywać dowolne znaki. W pozostałych przypadkach powinniśmy raczej stosować klasy znaków lub zanegowane klasy znaków.

Warianty

```
(?s)'.'
```
Opcje wyrażenia regularnego: Brak
Odmiany wyrażeń regularnych: .NET, Java, PCRE, Perl, Python

```
(?m)'.'
```
Opcje wyrażenia regularnego: Brak
Odmiany wyrażeń regularnych: Ruby

Jeśli poza wyrażeniem regularnym nie potrafisz włączyć trybu podziału wiersza dopasowywanego do kropki, zawsze możesz umieścić odpowiedni modyfikator trybu na początku samego wyrażenia. Koncepcję modyfikatorów trybów (i braku tego rodzaju modyfikatorów w Java-Scripcie) omówiono już w podpunkcie „Dopasowywanie bez względu na wielkość liter" w recepturze 2.1.

<(?s)> jest modyfikatorem trybu dla opcji podziału wiersza dopasowywanego do kropki w odmianach wyrażeń regularnych .NET, Javy, PCRE, Perla i Pythona. Litera s oznacza tryb pojedynczego wiersza (ang. *single line*), czyli odpowiednika znanego z Perla trybu podziału wiersza dopasowywanego do kropki.

Opisywana terminologia jest na tyle myląca, że twórca modułu wyrażeń regularnych języka Ruby popełnił błąd przy kopiowaniu tego rozwiązania. W języku Ruby do włączania trybu podziału wiersza dopasowywanego do kropki służy modyfikator <(?m)>. Poza odmienną literą znaczenie tego modyfikatora jest identyczne jak w przypadku modyfikatora <(?s)> stosowanego w innych odmianach. Modyfikator <(?m)> zachowano w niezmienionej formie w nowym module wyrażeń regularnych języka Ruby 1.9. Znaczenie modyfikatora <(?m)> w Perlu zostanie wyjaśnione w recepturze 2.5.

Patrz także

Receptury 2.3, 3.4 i 3.21.

2.5. Dopasowywanie czegoś na początku i (lub) końcu wiersza

Problem

Opracuj cztery wyrażenia regularne. Pierwsze z nich powinno pasować do słowa *alfa*, ale tylko wtedy, gdy będzie występowało na samym początku przetwarzanego tekstu. Drugie wyrażenie powinno dopasowywać słowo *omega*, ale tylko wtedy, gdy będzie występowało na samym końcu przetwarzanego tekstu. Trzecie wyrażenie powinno dopasowywać słowo *start* występujące na początku wiersza. Ostatnie, czwarte wyrażenie powinno dopasowywać słowo *koniec* pod warunkiem jego występowania na końcu wiersza.

Rozwiązanie

Początek tekstu

```
^alfa
```
Opcje wyrażenia regularnego: Brak (tryb dopasowywania symboli ^ i $ w punktach podziału wierszy musi być wyłączony)
Odmiany wyrażeń regularnych: .NET, Java, JavaScript, PCRE, Perl, Python

```
\Aalfa
```
Opcje wyrażenia regularnego: Brak
Odmiany wyrażeń regularnych: .NET, Java, PCRE, Perl, Python, Ruby

Koniec tekstu

```
omega$
```
Opcje wyrażenia regularnego: Brak (tryb dopasowywania symboli ^ i $ w punktach podziału wierszy musi być wyłączony)
Odmiany wyrażeń regularnych: .NET, Java, JavaScript, PCRE, Perl, Python

```
omega\Z
```
Opcje wyrażenia regularnego: Brak
Odmiany wyrażeń regularnych: .NET, Java, PCRE, Perl, Python, Ruby

Początek wiersza

```
^start
```
Opcje wyrażenia regularnego: Dopasowywanie symboli ^ i $ w punktach podziału wierszy
Odmiany wyrażeń regularnych: .NET, Java, JavaScript, PCRE, Perl, Python, Ruby

Koniec wiersza

```
koniec$
```
Opcje wyrażenia regularnego: Dopasowywanie symboli ^ i $ w punktach podziału wierszy
Odmiany wyrażeń regularnych: .NET, Java, JavaScript, PCRE, Perl, Python, Ruby

Analiza

Kotwice i wiersze

Tokeny wyrażeń regularnych <^>, <$>, <\A>, <\Z> oraz <\z> określa się mianem **kotwic** (ang. *anchors*). Kotwice nie są dopasowywane do żadnych znaków. Dopasowuje się je raczej do określonych pozycji, stąd koncepcja „kotwiczenia" wyrażeń regularnych na tych pozycjach.

Wiersz (ang. *line*) jest częścią przetwarzanego tekstu pomiędzy jego początkiem a znakiem podziału wiersza, pomiędzy dwoma znakami podziału wiersza lub pomiędzy znakiem podziału wiersza a końcem tego tekstu. Jeśli przetwarzany tekst nie zawiera znaków podziału wiersza, traktuje się go jako jeden wiersz. Oznacza to, że poniższy tekst składa się z czterech wierszy — *jeden*, *dwa*, łańcuch pusty oraz *cztery*:

```
jeden
dwa

cztery
```

Tekst w tej formie można reprezentować na poziomie programu jako `jeden[LF]dwa[LF][LF]`
↪`cztery`[2].

Początek tekstu

Kotwica `<\A>` zawsze jest dopasowywana do samego początku całego przetwarzanego tekstu — przed pierwszym znakiem tego tekstu. To jedyne miejsce, do którego opisywana kotwica jest dopasowywana. Wystarczy umieścić kotwicę `<\A>` na początku wyrażenia regularnego, aby sprawdzić, czy przetwarzany tekst rozpoczyna się od dopasowywanego ciągu znaków. W opisanej kotwicy zawsze należy stosować wielką literę A.

Kotwica `<\A>` nie jest obsługiwana w JavaScripcie.

Dopóki nie włączymy opcji dopasowywania symboli `^` i `$` w punktach podziału wierszy, kotwica `<^>` jest równoważna kotwicy `<\A>`. Wspomniana opcja jest domyślnie wyłączona we wszystkich odmianach wyrażeń regularnych z wyjątkiem języka Ruby, który nawet nie oferuje możliwości jej wyłączenia.

Poza JavaScriptem zaleca się konsekwentne stosowanie kotwicy `<\A>` zamiast kotwicy `<^>`. Znaczenie kotwicy `<\A>` nigdy się nie zmienia, co pozwala uniknąć nieporozumień i błędów wynikających z przypadkowej lub nieprzemyślanej zmiany opcji wyrażeń regularnych.

Koniec tekstu

Kotwice `<\Z>` i `<\z>` zawsze są dopasowywane do samego końca przetwarzanego tekstu, za ostatnim znakiem. Aby sprawdzić, czy przetwarzany tekst kończy się interesującym nas ciągiem znaków, należy umieścić kotwicę `<\Z>` lub `<\z>` na końcu wyrażenia regularnego.

Odmiany .NET, Javy, PCRE, Perla i Ruby obsługują zarówno kotwicę `<\Z>`, jak i kotwicę `<\z>`. W Pythonie jest obsługiwana tylko kotwica `<\Z>`, a JavaScript nie obsługuje ani kotwicy `<\Z>`, ani kotwicy `<\z>`.

Różnica dzieląca kotwice `<\Z>` i `<\z>` ujawnia się dopiero w sytuacji, gdy ostatnim znakiem przetwarzanego tekstu jest podział wiersza. W takim przypadku kotwica `<\Z>` pasuje zarówno do samego końca przetwarzanego tekstu, a więc reprezentuje pozycję za ostatnim podziałem wiersza, jak i do tekstu poprzedzającego ten znak podziału. Zaletą takiego działania tej kotwicy jest możliwość użycia wyrażenia `<omega\Z>` bez konieczności eliminowania ewentualnego znaku podziału wiersza na końcu przetwarzanego tekstu. Co więcej, niektóre narzędzia przetwarzające tekst wierszami umieszczają w analizowanych łańcuchach znaki końca wiersza, inne tego nie robią — kotwica `<\Z>` pasuje do tych łańcuchów niezależnie od trybu pracy.

---

[2] `LF` (od ang. *Line Feed*) to znak nowego wiersza — *przyp. tłum.*

Z drugiej strony kotwica <\z> zawsze jest dopasowywana do samego końca przetwarzanego tekstu, zatem nie dopasuje interesującego nas wyrażenia w razie występowania nieprzewidzianych znaków podziału wiersza.

Kotwica <$> jest równoznaczna kotwicy <\Z>, pod warunkiem że nie zostanie włączona opcja dopasowywania symboli ^ i $ w punktach podziału wierszy. Opcja ta jest domyślnie wyłączona we wszystkich odmianach wyrażeń regularnych z wyjątkiem języka Ruby, który nawet nie oferuje możliwości jej wyłączenia. Podobnie jak <\Z>, kotwica <$> jest dopasowywana do końca tekstu niezależnie od występowania ewentualnych znaków podziału wiersza.

Aby lepiej zrozumieć tę drobną, często niewłaściwie interpretowaną różnicę, przeanalizujmy prosty przykład napisany w Perlu. Jeśli w roli $/ (czyli bieżącego separatora rekordów) ustawiono domyślny znak \n, poniższe wyrażenie Perla odczytuje pojedynczy znak z terminala (standardowego wejścia):

```
$line = <>;
```

Ponieważ Perl umieszcza w zmiennej $line znak nowego wiersza, wyrażenie <koniec•danych• ↪wejściowych.\z> nie zostałoby dopasowane do tej zmiennej. Z drugiej strony zmienna $line pasowałaby do wyrażeń regularnych <koniec•danych•wejściowych.\Z> oraz <koniec•danych• ↪wejściowych.$>, które ignorują końcowy znak nowego wiersza.

Aby ułatwić sobie przetwarzanie podobnych danych, programiści Perla często obcinają znaki nowego wiersza za pomocą wyrażenia:

```
chomp $line;
```

Po wykonaniu tej operacji wszystkie trzy kotwice będą pasować do naszych danych wejściowych. (W praktyce funkcja chomp usuwa z łańcucha bieżący separator rekordów, niekoniecznie znak końca wiersza).

Jeśli nie pracujesz w JavaScripcie, zaleca się konsekwentne stosowanie kotwicy <\Z> zamiast kotwicy <$>. Takie rozwiązanie jest o tyle bezpieczniejsze, że znaczenie kotwicy <\Z> nie zmienia się niezależnie od nieostrożnie ustawianych opcji wyrażeń regularnych.

Początek wiersza

Kotwica <^> domyślnie pasuje tylko do początku przetwarzanego tekstu (podobnie jak kotwica <\A>). Tylko w odmianie wyrażeń regularnych języka Ruby kotwica <^> zawsze pasuje do początku wiersza. We wszystkich pozostałych odmianach dopasowywanie początków wierszy do tej kotwicy wymaga włączenia opcji, która wymusza dopasowywanie symbolu karety i znaku dolara do znaku podziału wiersza. Wspomnianą opcję zwykle określa się mianem trybu wielowierszowego (ang. *multiline mode*).

Nie należy mylić tego trybu z trybem pojedynczego wiersza znanym szerzej jako tryb dopasowywania znaków podziału wiersza do kropki. Tryb wielowierszowy wpływa tylko na interpretację znaków karety i dolara; tryb pojedynczego wiersza wpływa wyłącznie na kropkę (wpływ ten wyjaśniono w recepturze 2.4). Istnieje nawet możliwość jednoczesnego stosowania obu trybów: pojedynczego wiersza i wielowierszowego. Opisane opcje domyślnie są wyłączone.

Po włączeniu trybu wielowierszowego token <^> będzie dopasowywany do początku każdego wiersza przetwarzanego tekstu. Mówiąc bardziej precyzyjnie, token <^> będzie (jak zwykle) pasował do pozycji przed pierwszym znakiem analizowanego pliku oraz do pozycji bezpośrednio po każdym znaku podziału wiersza. W takim przypadku znak karety w wyrażeniu regularnym `<\n^>` jest zbędny, ponieważ token `<^>` zawsze pasuje do pozycji za znakiem `<\n>`.

Koniec wiersza

Token `<$>` domyślnie jest dopasowywany tylko do końca przetwarzanego tekstu (ewentualnie przed końcowym znakiem podziału wiersza, a więc tak jak token `<\Z>`). Tylko w odmianie wyrażeń regularnych języka Ruby token `<$>` pasuje do końca każdego wiersza. We wszystkich pozostałych odmianach dopasowywanie znaków podziału wiersza do symboli karety i dolara wymaga włączenia trybu wielowierszowego.

Po ustawieniu odpowiedniej opcji token `<$>` będzie dopasowywany do końca każdego wiersza w ramach przetwarzanego tekstu. (Oczywiście jest też dopasowywany do ostatniego znaku przetwarzanego tekstu, który z natury rzeczy jest jednocześnie końcem wiersza). Oznacza to, że w wyrażeniu `<$\n>` znak dolara jest nadmiarowy, ponieważ `<$>` zawsze pasuje do pozycji bezpośrednio przed znakiem `<\n>`.

Dopasowania zerowej długości

Konstruowanie i stosowanie wyrażeń regularnych złożonych wyłącznie z jednej lub wielu kotwic jest w pełni prawidłowe. Takie wyrażenia odnajdują dopasowania zerowej długości na każdej pozycji, do której pasuje użyta kotwica. Jeśli użyjemy wielu kotwic w jednym wyrażeniu regularnym, warunkiem znalezienia dopasowania będzie dopasowanie wszystkich tych kotwic w jednym miejscu.

Tego rodzaju wyrażeń regularnych można używać na przykład w operacjach przeszukiwania i zastępowania. Jeśli zastosujemy kotwicę `<\A>` lub `<\Z>`, będziemy mogli coś dopisać odpowiednio na początku lub końcu przetwarzanego tekstu. Użycie kotwicy `<^>` lub `<$>` w trybie dopasowywania podziału wiersza do symboli ^ i $ umożliwia dopisywanie czegoś na początku lub końcu każdego wiersza przetwarzanego tekstu.

Połączenie dwóch kotwic umożliwia nam wykrywanie wierszy pustych lub brakujących danych wejściowych. Na przykład wyrażenie regularne `<\A\Z>` pasuje zarówno do łańcucha pustego, jak i do łańcucha złożonego z pojedynczego znaku nowego wiersza. Wyrażenie `<\A\z>` pasuje tylko do łańcucha pustego. Wyrażenie `<^$>` w trybie dopasowywania podziału wiersza do symboli ^ i $ pasuje do każdego pustego wiersza w przetwarzanym tekście.

Warianty

```
(?m)^begin
```
Opcje wyrażenia regularnego: Brak
Odmiany wyrażeń regularnych: .NET, Java, PCRE, Perl, Python

```
(?m)end$
```
Opcje wyrażenia regularnego: Brak
Odmiany wyrażeń regularnych: .NET, Java, PCRE, Perl, Python

Jeśli nie możesz włączyć trybu dopasowywania podziału wiersza do symboli ^ i $ poza wyrażeniem regularnym, możesz umieścić odpowiedni modyfikator trybu na początku samego wyrażenia. Koncepcję modyfikatorów trybów (i brak tego rodzaju modyfikatorów w Java-Scripcie) omówiono już w podpunkcie „Dopasowywanie bez względu na wielkość liter" w recepturze 2.1.

W odmianach wyrażeń regularnych .NET, Javy, PCRE, Perla i Pythona funkcję modyfikatora włączającego tryb dopasowywania podziału wiersza do symboli ^ i $ pełni konstrukcja <(?m)>. Litera m pochodzi od (dość mylącej) nazwy trybu wielowierszowego (ang. *multiline*) obowiązującej w Perlu.

Jak już wspomniano, stosowana terminologia była na tyle niezrozumiała i myląca, że nawet twórca modułu wyrażeń regularnych języka Ruby popełnił błąd przy jej kopiowaniu. W języku Ruby modyfikator <(?m)> włącza tryb dopasowywania znaków podziału wiersza do kropki, zatem nie ma nic wspólnego z kotwicami karety i dolara. W odmianie wyrażeń regularnych języka Ruby kotwice <^> i <$> zawsze pasują odpowiednio do początku i końca każdego wiersza.

Poza dość niefortunnym doborem liter dla modyfikatorów trybów sama decyzja o stosowaniu w języku Ruby kotwic <^> i <$> wyłącznie dla wierszy jest słuszna. Jeśli nie pracujesz w języku JavaScript, warto skopiować model obowiązujący w języku Ruby także do innych odmian wyrażeń regularnych.

Jan zastosował to rozwiązanie w swoich narzędziach EditPad Pro i PowerGREP. Nie znajdziemy tam pola wyboru reprezentującego tryb dopasowywania znaków podziału wiersza do symboli ^ i $, mimo że mamy do dyspozycji opcję dopasowywania znaków nowego wiersza do kropki. Jeśli więc nie poprzedzimy naszego wyrażenia regularnego modyfikatorem <(?-m)>, „zakotwiczenie" tego wyrażenia na początku lub końcu przetwarzanego tekstu będzie wymagało użycia odpowiednio kotwicy <\A> lub <\Z>.

Patrz także

Receptury 3.4 i 3.21.

2.6. Dopasowywanie całych wyrazów

Problem

Opracuj wyrażenie regularne pasujące do słowa *kot* w zdaniu *Mój kot jest brązowy*, ale nie w słowach *koteria* czy *trykot*. Opracuj też inne wyrażenie regularne pasujące do łańcucha *kot* w słowie *trykotowy*, ale nie do łańcucha *kot* w żadnym z trzech poprzednich przypadków.

Rozwiązanie

Granice wyrazów

```
\bkot\b
```
Opcje wyrażenia regularnego: Brak
Odmiany wyrażeń regularnych: .NET, Java, JavaScript, PCRE, Perl, Python, Ruby

Poza granicami wyrazów

```
\Bkot\B
```
Opcje wyrażenia regularnego: Brak
Odmiany wyrażeń regularnych: .NET, Java, JavaScript, PCRE, Perl, Python, Ruby

Analiza

Granice wyrazów

Token wyrażenia regularnego <\b> określa się mianem **granicy wyrazu** (ang. *word boundary*). Token <\b> pasuje do początku i końca wyrazu. Opisywany token sam w sobie powoduje dopasowanie zerowej długości — podobnie jak tokeny wprowadzone w poprzedniej recepturze, <\b> pełni więc funkcję **kotwicy**.

Mówiąc bardziej precyzyjnie, kotwica <\b> pasuje do następujących trzech pozycji:

- przed pierwszym znakiem przetwarzanego tekstu, jeśli tylko jest to znak wyrazu;
- za ostatnim znakiem przetwarzanego tekstu, jeśli tylko jest to znak wyrazu;
- pomiędzy dwoma znakami przetwarzanego tekstu, gdzie jeden z tych znaków jest, a drugi nie jest znakiem wyrazu.

Żadna z odmian wyrażeń regularnych omawianych w tej książce nie oferuje odrębnych tokenów dopasowywanych tylko do pozycji bezpośrednio przed lub za wyrazem. Jeśli jednak nie planujemy konstruowania wyrażeń regularnych złożonych z samych granic wyrazów, takie tokeny i tak nie byłyby nam potrzebne. O tym, gdzie token <\b> będzie dopasowywany, decydują tokeny umieszczone przed i po nim. Na przykład token <\b> użyty w wyrażeniach <\bx> i <!\b> będzie pasował tylko do początku wyrazu. Token <\b> użyty w wyrażeniach <x\b> i <\b!> będzie pasował tylko do końca wyrazu. Wyrażenia regularne <x\bx> oraz <!\b!> z natury rzeczy nie będą do niczego dopasowane.

Aby przeszukać tekst wejściowy pod kątem zawierania całych interesujących nas wyrazów, wystarczy umieścić te wyrazy pomiędzy dwoma tokenami granic wyrazów, jak w przypadku wyrażenia regularnego <\bkot\b>. Pierwszy token <\b> określa, że litera <k> musi być pierwszym znakiem danego łańcucha po znaku niebędącym znakiem wyrazu. Drugi token <\b> określa, że litera <t> musi kończyć dany łańcuch i występować przed znakiem niebędącym znakiem wyrazu.

Podział wiersza traktuje się jako symbol niebędący znakiem wyrazu. Jeśli więc znak podziału wiersza występuje bezpośrednio za znakiem wyrazu, kotwica <\b> zostanie dopasowana do pozycji bezpośrednio za tym znakiem podziału. Ta sama kotwica pasuje też do pozycji bezpośrednio przed podziałem wiersza, po którym następuje znak wyrazu. Oznacza to, że słowa zajmujące całe wiersze są uwzględniane w wynikach przeszukiwania tekstu pod kątem zawierania całych wyrazów. Na interpretację kotwicy <\b> nie wpływa ani tzw. tryb wielowierszowy, ani modyfikator <(?m)> — właśnie dlatego mówimy raczej o trybie dopasowywania znaków podziału wiersza do symboli ^ i $ zamiast o dość niefortunnie nazwanym trybie wielowierszowym.

Poza granicami wyrazów

Token `<\B>` pasuje do każdej pozycji w przetwarzanym tekście, do której nie pasuje token `<\b>`. Oznacza to, że `<\B>` pasuje do każdej pozycji niebędącej początkiem ani końcem wyrazu.

Mówiąc bardziej precyzyjnie, kotwica `<\B>` pasuje do następujących pięciu pozycji:

- przed pierwszym znakiem przetwarzanego tekstu, jeśli nie jest to znak wyrazu;
- za ostatnim znakiem przetwarzanego tekstu, jeśli nie jest to znak wyrazu;
- pomiędzy dwoma znakami wyrazów;
- pomiędzy dwoma znakami niebędącymi znakami wyrazów;
- do łańcucha pustego.

Wyrażenie regularne `<\Bkot\B>` zostanie więc dopasowane do łańcucha *kot* w słowie *trykotowy*, ale już nie do łańcucha *kot* w zdaniu *Mój kot jest brązowy* czy słowach *koteria* i *trykot*. Aby stworzyć mechanizm przeciwny do dopasowywania całych wyrazów (tj. aby uniemożliwić dopasowanie do słowa *kot* w zdaniu *Mój kot jest brązowy*, ale umożliwić dopasowanie do podłańcucha *kot* w słowach *trykotowy*, *koteria* i *trykot*), należy połączyć wyrażenia `<\Bkot>` i `<kot\B>` operatorem sumy logicznej, tworząc wyrażenie `<\Bkot|kot\B>`. Wyrażenie `<\Bkot>` pasuje do łańcucha *kot* w słowach *trykotowy* i *trykot*. Wyrażenie `<kot\B>` pasuje do łańcucha *kot* w słowie *koteria* (oraz w słowie *trykotowy*, gdyby nie zostało wcześniej dopasowane do wyrażenia `<\Bkot>`). Znaczenie sumy logicznej stosowanej do wyrażeń regularnych omówimy w recepturze 2.8.

Znaki wyrazów

Do tej pory koncentrowaliśmy się na granicach wyrazów, niemal całkowicie pomijając kwestię **znaków wyrazów**. Znak wyrazu to taki, który może być częścią wyrazu. W podpunkcie „Skróty" w recepturze 2.3 omówiono znaki dopasowywane do konstrukcji `<\w>` (pasującej do pojedynczego, dowolnego znaku wyrazu). Okazuje się jednak, że kotwica `<\b>` definiuje znaki wyrazów nieco inaczej.

Mimo że wszystkie interesujące nas odmiany wyrażeń regularnych obsługują kotwice `<\b>` i `<\B>`, w poszczególnych odmianach wspomniane tokeny w odmienny sposób traktują pewne znaki (w kontekście przynależności do zbioru znaków wyrazów).

W odmianach .NET, biblioteki PCRE oraz języków JavaScript, Perl, Python i Ruby token `<\b>` pasuje do pozycji pomiędzy dwoma znakami, z których jeden pasuje do tokenu `<\w>`, a drugi do tokenu `<\W>`. Kotwica `<\B>` zawsze pasuje do pozycji pomiędzy dwoma znakami, z których oba pasują albo do tokenu `<\w>`, albo do tokenu `<\W>`.

W językach JavaScript i Ruby oraz w bibliotece PCRE tylko znaki ASCII traktuje się jako znaki wyrazów. Oznacza to, że znaczenie tokenu `<\w>` jest identyczne jak znaczenie wyrażenia `<[a-zA-Z0-9_]>`. W wymienionych odmianach przeszukiwanie z dopasowywaniem całych wyrazów jest więc możliwe tylko w przypadku języków pozbawionych znaków diakrytycznych spoza podstawowych 26 liter alfabetu łacińskiego (czyli na przykład języka angielskiego). Ta forma przeszukiwania nie jest skutecznym sposobem dopasowywania wyrazów z innych języków, jak hiszpański, rosyjski czy polski.

W odmianach wyrażeń regularnych platformy .NET i języka Perl litery i cyfry wszystkich alfabetów traktuje się jako znaki wyrazów. Oznacza to, że w tych odmianach istnieje możliwość przeszukiwania z dopasowywaniem całych słów we wszystkich językach, w tym językach, które nie korzystają z alfabetu łacińskiego.

Programistom Pythona pozostawiono wybór. Znaki spoza zbioru ASCII są uwzględniane tylko wtedy, gdy podczas tworzenia wyrażenia regularnego przekazujemy flagę UNICODE lub U. Wspomniana flaga wpływa zarówno na znaczenie tokenu <\b>, jak i na znaczenie tokenu <\w>.

W tym aspekcie twórcy Javy wykazali się brakiem konsekwencji. O ile <\w> pasuje tylko do znaków ASCII, token <\b> obsługuje wszystkie alfabety standardu Unicode. W Javie wyrażenie regularne <\b\w\b> pasuje do pojedynczej litery spośród 26 podstawowego alfabetu łacińskiego, cyfry lub znaku podkreślenia (który — skądinąd — nie jest częścią żadnego wyrazu w żadnym języku). Z drugiej strony wyrażenie <\bкошка\b> zostanie prawidłowo dopasowane do rosyjskiego słowa oznaczającego kota, ponieważ token <\b> obsługuje standard Unicode. Okazuje się jednak, że już wyrażenie <\w+> nie zostałoby dopasowane do żadnego rosyjskiego słowa, ponieważ token <\w> przystosowano tylko do obsługi znaków ASCII.

Patrz także

Receptura 2.3.

2.7. Punkty kodowe, właściwości, bloki i alfabety standardu Unicode

Problem

Jeśli za pomocą wyrażenia regularnego chcemy szukać znaku towarowego (™), powinniśmy użyć kodu punktowego standardu Unicode, zamiast kopiować i wklejać sam znak towarowy. Jeśli wolisz kopiować i wklejać tego rodzaju symbole, powinieneś pamiętać, że znak towarowy jest tylko jednym z symboli dopasowywanych dosłownie, mimo że nie można go wpisać bezpośrednio za pomocą klawiatury. Tego rodzaju znaki omówiono w recepturze 2.1.

Opracuj wyrażenie regularne pasujące do dowolnego znaku z ustawioną właściwością symbolu walutowego (ang. *currency symbol*) formatu Unicode. Właściwości tego standardu określa się mianem kategorii Unicode.

Opracuj wyrażenie regularne pasujące do dowolnego znaku należącego do bloku rozszerzonej greki (ang. *Greek extended*) formatu Unicode.

Opracuj wyrażenie regularne pasujące do dowolnego znaku, który — zgodnie ze standardem Unicode — należy do alfabetu greckiego.

Opracuj wyrażenie regularne pasujące do pewnego grafemu (czyli czegoś, co powszechnie uważa się za znak), znaku bazowego ze wszystkimi znakami składowymi.

Rozwiązanie

Punkt kodowy standardu Unicode

```
\u2122
```
Opcje wyrażenia regularnego: Brak
Odmiany wyrażeń regularnych: .NET, Java, JavaScript, Python

To wyrażenie działa w odmianie wyrażeń regularnych języka Python pod warunkiem otoczenia
łańcucha cudzysłowami i poprzedzenia całości przedrostkiem formatu Unicode: u"\u2122".

```
\x{2122}
```
Opcje wyrażenia regularnego: Brak
Odmiany wyrażeń regularnych: PCRE, Perl, Ruby 1.9

Bibliotekę PCRE należy skompilować z obsługą formatu UTF-8; w języku PHP należy włączyć
obsługę formatu UTF-8 za pomocą modyfikatora /u. Język Ruby 1.8 w ogóle nie obsługuje wyrażeń regularnych operujących na znakach Unicode.

Właściwość (kategoria) standardu Unicode

```
\p{Sc}
```
Opcje wyrażenia regularnego: Brak
Odmiany wyrażeń regularnych: .NET, Java, PCRE, Perl, Ruby 1.9

Bibliotekę PCRE należy skompilować z obsługą formatu UTF-8; w języku PHP należy włączyć
obsługę formatu UTF-8 za pomocą modyfikatora /u. JavaScript i Python nie obsługują właściwości standardu Unicode. Język Ruby 1.8 w ogóle nie obsługuje wyrażeń regularnych operujących na znakach Unicode.

Blok standardu Unicode

```
\p{IsGreekExtended}
```
Opcje wyrażenia regularnego: Brak
Odmiany wyrażeń regularnych: .NET, Perl

```
\p{InGreekExtended}
```
Opcje wyrażenia regularnego: Brak
Odmiany wyrażeń regularnych: Java, Perl

JavaScript, PCRE, Python i Ruby nie obsługują bloków standardu Unicode.

Alfabet standardu Unicode

```
\p{Greek}
```
Opcje wyrażenia regularnego: Brak
Odmiany wyrażeń regularnych: PCRE, Perl, Ruby 1.9

Obsługa alfabetów standardu Unicode wymaga użycia biblioteki PCRE 6.5 lub nowszej, którą
dodatkowo należy skompilować z obsługą formatu UTF-8. W języku PHP należy włączyć
obsługę formatu UTF-8 za pomocą modyfikatora /u. .NET, JavaScript i Python nie obsługują
właściwości standardu Unicode. Język Ruby 1.8 w ogóle nie obsługuje wyrażeń regularnych operujących na znakach Unicode.

Grafem standardu Unicode

```
\X
```
Opcje wyrażenia regularnego: Brak
Odmiany wyrażeń regularnych: PCRE, Perl

Biblioteka PCRE i język Perl oferują specjalny token dopasowywany do grafemów, ale też obsługują konstrukcję operującą na grafemach z właściwości standardu Unicode.

```
\P{M}\p{M}*
```
Opcje wyrażenia regularnego: Brak
Odmiany wyrażeń regularnych: .NET, Java, PCRE, Perl, Ruby 1.9

Bibliotekę PCRE należy skompilować z obsługą formatu UTF-8; w języku PHP należy włączyć obsługę formatu UTF-8 za pomocą modyfikatora /u. JavaScript i Python nie obsługują właściwości standardu Unicode. Język Ruby 1.8 w ogóle nie obsługuje wyrażeń regularnych operujących na znakach Unicode.

Analiza

Punkt kodowy standardu Unicode

Punkt kodowy (ang. *code point*) to pojedynczy wpis w bazie danych znaków standardu Unicode. Punktu kodowego nie należy jednak utożsamiać ze **znakiem** — wszystko zależy od tego, co rozumiemy przez określenie „znak". Reprezentacja znaku widoczna na ekranie komputera w standardzie Unicode jest określana mianem **grafemu** (ang. *grapheme*).

Kod punktowy U+2122 standardu Unicode reprezentuje znak towarowy (^{TM}). Można ten znak dopasować do wyrażenia <\u2122> lub <\x{2122}>, w zależności od wykorzystywanej odmiany wyrażeń regularnych.

Konstrukcja składniowa rozpoczynająca się od tokenu <\u> wymaga użycia dokładnie czterech cyfr szesnastkowych. Oznacza to, że punkty kodowe standardu muszą się mieścić w przedziale od U+0000 do U+FFFF. Konstrukcja składniowa <\x> umożliwia stosowanie dowolnej liczby cyfr szesnastkowych, zatem pozwala na obsługę punktów kodowych z przedziału od U+000000 do U+10FFFF. Oznacza to, że punkt kodowy U+00E0 pasuje zarówno do wyrażenia <\x{E0}>, jak i do wyrażenia <\x{00E0}>. Punkty kodowe powyżej U+100000 wykorzystuje się wyjątkowo rzadko i jako takie są obsługiwane przez bardzo niewiele czcionek i systemów operacyjnych.

Punkty kodowe można wykorzystywać zarówno wewnątrz, jak i poza klasami znaków.

Właściwość lub kategoria standardu Unicode

Każdy punkt kodowy standardu Unicode ma przypisaną dokładnie jedną **właściwość** Unicode (ang. *Unicode property*) lub należy do pojedynczej **kategorii Unicode** (ang. *Unicode category*). Znaczenie obu terminów jest identyczne. Istnieje trzydzieści kategorii Unicode pogrupowanych w siedmiu superkategoriach:

```
<\p{L}>
```
Dowolny rodzaj litery z dowolnego języka.

```
<\p{Ll}>
```
Mała litera, która ma swój odpowiednik w postaci wielkiej litery.

`<\p{Lt}>`

Litera rozpoczynająca wyraz i jednocześnie jedyna wielka litera w ramach tego wyrazu.

`<\p{Lo}>`

Litera lub ideogram, dla którego nie istnieje odpowiednik w formie wielkiej lub małej litery.

`<\p{M}>`

Znak, który w założeniu ma być łączony z innym znakiem (jak w przypadku akcentów, umlautów itp.).

`<\p{Mn}>`

Znak, który w założeniu ma być łączony z innym znakiem i który nie zajmuje dodatkowej przestrzeni (jak w przypadku akcentów, umlautów itp.).

`<\p{Me}>`

Znak otaczający inny znak (okrąg, kwadrat, rysunek klawisza itp.).

`<\p{Z}>`

Dowolny rodzaj znaku białego lub widocznego separatora.

`<\p{Zs}>`

Niewidoczny znak biały, który jednak zajmuje przestrzeń.

`<\p{Zl}>`

Znak separatora wiersza (U+2028).

`<\p{Zp}>`

Znak separatora akapitu (U+2029).

`<\p{S}>`

Symbole matematyczne, symbole walut, ornamenty, znaki umożliwiające rysowanie ramek itp.

`<\p{Sm}>`

Dowolny symbol matematyczny.

`<\p{Sc}>`

Dowolny symbol waluty.

`<\p{Sk}>`

Znak łączący w formie odrębnego symbolu.

`<\p{So}>`

Rozmaite symbole, które nie mieszczą się w zbiorach symboli matematycznych, symboli walut ani znaków łączących.

`<\p{N}>`

Dowolny rodzaj znaku numerycznego dowolnego alfabetu.

`<\p{Nd}>`

Cyfry od 0 do 9 w dowolnym alfabecie poza alfabetami ideograficznymi.

`<\p{Nl}>`

Liczba złożona z liter, na przykład liczba rzymska.

`<\p{No}>`

Cyfra indeksu górnego lub dolnego bądź liczba, która nie jest cyfrą z przedziału od 0 do 9 (z wyłączeniem liczb alfabetów ideograficznych).

`<\p{P}>`
Dowolny rodzaj znaku interpunkcyjnego.

`<\p{Pd}>`
Dowolny rodzaj myślnika lub pauzy.

`<\p{Ps}>`
Dowolny rodzaj nawiasu otwierającego.

`<\p{Pe}>`
Dowolny rodzaj nawiasu zamykającego.

`<\p{Pi}>`
Dowolny rodzaj cudzysłowu otwierającego.

`<\p{Pf}>`
Dowolny rodzaj cudzysłowu zamykającego.

`<\p{Pc}>`
Znak interpunkcyjny łączący dwa wyrazy (na przykład znak podkreślenia).

`<\p{Po}>`
Dowolny rodzaj znaku interpunkcyjnego, który nie jest myślnikiem, nawiasem, cudzysłowem ani łącznikiem.

`<\p{C}>`
Niewidoczne znaki kontrolne lub nieużywane punkty kodowe.

`<\p{Cc}>`
Znaki kontrolne ASCII z przedziału od `0x00` do `0x1F` oraz znaki kontrolne standardu Latin-1 z przedziału od `0x80` do `0x9F`.

`<\p{Cf}>`
Niewidoczny wskaźnik formatu.

`<\p{Co}>`
Dowolny punkt kodowy zastrzeżony dla prywatnych zastosowań.

`<\p{Cs}>`
Połowa pary zastępczej kodowania UTF-16.

`<\p{Cn}>`
Dowolny punkt kodowy, z którym nie skojarzono żadnego znaku.

Wyrażenie `<\p{Ll}>` pasuje do pojedynczego punktu kodowego z ustawioną właściwością Ll (małej litery; ang. *lowercase letter*). Wyrażenie `<\p{L}>` jest skróconą forma wyrażenia `<[\p{Ll}` ↪`\p{Lu}\p{Lt}\p{Lm}\p{Lo}]` pasującego do pojedynczego punktu kodowego należącego do dowolnej spośród kategorii literowych.

Wyrażenie `<\P>` jest zanegowaną wersją wyrażenia `<\p>`. Oznacza to, że wyrażenie `<\P{Ll}>` pasuje do pojedynczego punktu kodowego, któremu nie przypisano właściwości Ll. Wyrażenie `<\P{L}>` pasuje do punktu kodowego, któremu nie przypisano żadnej z właściwości literowych. Wyrażenie w tej formie nie jest tożsame z wyrażeniem regularnym `<[\P{Ll}\P{Lu}\P{Lt}\P` ↪`{Lm}\P{Lo}]>`, które pasuje do wszystkich punktów kodowych. Wyrażenie `<\P{Ll}>` pasuje do punktów kodowych z właściwością Lu (i każdą inną, z wyjątkiem właściwości Ll), natomiast wyrażenie `<\P{Lu}>` pasuje także do punktów kodowych z właściwością Ll. Połączenie tych dwóch wyrażeń w ramach jednej klasy punktów kodowych pozwoli dopasować wszystkie możliwe punkty kodowe.

Blok standardu Unicode

Baza danych znaków standardu Unicode dzieli wszystkie punkty kodowe na bloki. Każdy blok obejmuje pojedynczy przedział punktów kodowych. Punkty kodowe z przedziału od U+0000 do U+FFFF podzielono na następujące 105 bloków:

```
U+0000...U+007F    <\p{InBasic_Latin}>
U+0080...U+00FF    <\p{InLatin-1_Supplement}>
U+0100...U+017F    <\p{InLatin_Extended-A}>
U+0180...U+024F    <\p{InLatin_Extended-B}>
U+0250...U+02AF    <\p{InIPA_Extensions}>
U+02B0...U+02FF    <\p{InSpacing_Modifier_Letters}>
U+0300...U+036F    <\p{InCombining_Diacritical_Marks}>
U+0370...U+03FF    <\p{InGreek_and_Coptic}>
U+0400...U+04FF    <\p{InCyrillic}>
U+0500...U+052F    <\p{InCyrillic_Supplementary}>
U+0530...U+058F    <\p{InArmenian}>
U+0590...U+05FF    <\p{InHebrew}>
U+0600...U+06FF    <\p{InArabic}>
U+0700...U+074F    <\p{InSyriac}>
U+0780...U+07BF    <\p{InThaana}>
U+0900...U+097F    <\p{InDevanagari}>
U+0980...U+09FF    <\p{InBengali}>
U+0A00...U+0A7F    <\p{InGurmukhi}>
U+0A80...U+0AFF    <\p{InGujarati}>
U+0B00...U+0B7F    <\p{InOriya}>
U+0B80...U+0BFF    <\p{InTamil}>
U+0C00...U+0C7F    <\p{InTelugu}>
U+0C80...U+0CFF    <\p{InKannada}>
U+0D00...U+0D7F    <\p{InMalayalam}>
U+0D80...U+0DFF    <\p{InSinhala}>
U+0E00...U+0E7F    <\p{InThai}>
U+0E80...U+0EFF    <\p{InLao}>
U+0F00...U+0FFF    <\p{InTibetan}>
U+1000...U+109F    <\p{InMyanmar}>
U+10A0...U+10FF    <\p{InGeorgian}>
U+1100...U+11FF    <\p{InHangul_Jamo}>
U+1200...U+137F    <\p{InEthiopic}>
U+13A0...U+13FF    <\p{InCherokee}>
U+1400...U+167F    <\p{InUnified_Canadian_Aboriginal_Syllabics}>
U+1680...U+169F    <\p{InOgham}>
```

```
U+16A0...U+16FF      <\p{InRunic}>
U+1700...U+171F      <\p{InTagalog}>
U+1720...U+173F      <\p{InHanunoo}>
U+1740...U+175F      <\p{InBuhid}>
U+1760...U+177F      <\p{InTagbanwa}>
U+1780...U+17FF      <\p{InKhmer}>
U+1800...U+18AF      <\p{InMongolian}>
U+1900...U+194F      <\p{InLimbu}>
U+1950...U+197F      <\p{InTai_Le}>
U+19E0...U+19FF      <\p{InKhmer_Symbols}>
U+1D00...U+1D7F      <\p{InPhonetic_Extensions}>
U+1E00...U+1EFF      <\p{InLatin_Extended_Additional}>
U+1F00...U+1FFF      <\p{InGreek_Extended}>
U+2000...U+206F      <\p{InGeneral_Punctuation}>
U+2070...U+209F      <\p{InSuperscripts_and_Subscripts}>
U+20A0...U+20CF      <\p{InCurrency_Symbols}>
U+20D0...U+20FF      <\p{InCombining_Diacritical_Marks_for_Symbols}>
U+2100...U+214F      <\p{InLetterlike_Symbols}>
U+2150...U+218F      <\p{InNumber_Forms}>
U+2190...U+21FF      <\p{InArrows}>
U+2200...U+22FF      <\p{InMathematical_Operators}>
U+2300...U+23FF      <\p{InMiscellaneous_Technical}>
U+2400...U+243F      <\p{InControl_Pictures}>
U+2440...U+245F      <\p{InOptical_Character_Recognition}>
U+2460...U+24FF      <\p{InEnclosed_Alphanumerics}>
U+2500...U+257F      <\p{InBox_Drawing}>
U+2580...U+259F      <\p{InBlock_Elements}>
U+25A0...U+25FF      <\p{InGeometric_Shapes}>
U+2600...U+26FF      <\p{InMiscellaneous_Symbols}>
U+2700...U+27BF      <\p{InDingbats}>
U+27C0...U+27EF      <\p{InMiscellaneous_Mathematical_Symbols-A}>
U+27F0...U+27FF      <\p{InSupplemental_Arrows-A}>
U+2800...U+28FF      <\p{InBraille_Patterns}>
U+2900...U+297F      <\p{InSupplemental_Arrows-B}>
U+2980...U+29FF      <\p{InMiscellaneous_Mathematical_Symbols-B}>
U+2A00...U+2AFF      <\p{InSupplemental_Mathematical_Operators}>
U+2B00...U+2BFF      <\p{InMiscellaneous_Symbols_and_Arrows}>
U+2E80...U+2EFF      <\p{InCJK_Radicals_Supplement}>
U+2F00...U+2FDF      <\p{InKangxi_Radicals}>
```

```
U+2FF0…U+2FFF    <\p{InIdeographic_Description_Characters}>
U+3000…U+303F    <\p{InCJK_Symbols_and_Punctuation}>
U+3040…U+309F    <\p{InHiragana}>
U+30A0…U+30FF    <\p{InKatakana}>
U+3100…U+312F    <\p{InBopomofo}>
U+3130…U+318F    <\p{InHangul_Compatibility_Jamo}>
U+3190…U+319F    <\p{InKanbun}>
U+31A0…U+31BF    <\p{InBopomofo_Extended}>
U+31F0…U+31FF    <\p{InKatakana_Phonetic_Extensions}>
U+3200…U+32FF    <\p{InEnclosed_CJK_Letters_and_Months}>
U+3300…U+33FF    <\p{InCJK_Compatibility}>
U+3400…U+4DBF    <\p{InCJK_Unified_Ideographs_Extension_A}>
U+4DC0…U+4DFF    <\p{InYijing_Hexagram_Symbols}>
U+4E00…U+9FFF    <\p{InCJK_Unified_Ideographs}>
U+A000…U+A48F    <\p{InYi_Syllables}>
U+A490…U+A4CF    <\p{InYi_Radicals}>
U+AC00…U+D7AF    <\p{InHangul_Syllables}>
U+D800…U+DB7F    <\p{InHigh_Surrogates}>
U+DB80…U+DBFF    <\p{InHigh_Private_Use_Surrogates}>
U+DC00…U+DFFF    <\p{InLow_Surrogates}>
U+E000…U+F8FF    <\p{InPrivate_Use_Area}>
U+F900…U+FAFF    <\p{InCJK_Compatibility_Ideographs}>
U+FB00…U+FB4F    <\p{InAlphabetic_Presentation_Forms}>
U+FB50…U+FDFF    <\p{InArabic_Presentation_Forms-A}>
U+FE00…U+FE0F    <\p{InVariation_Selectors}>
U+FE20…U+FE2F    <\p{InCombining_Half_Marks}>
U+FE30…U+FE4F    <\p{InCJK_Compatibility_Forms}>
U+FE50…U+FE6F    <\p{InSmall_Form_Variants}>
U+FE70…U+FEFF    <\p{InArabic_Presentation_Forms-B}>
U+FF00…U+FFEF    <\p{InHalfwidth_and_Fullwidth_Forms}>
U+FFF0…U+FFFF    <\p{InSpecials}>
```

Blok standardu Unicode to w istocie pojedynczy, ciągły przedział punktów kodowych. Mimo że wielu blokom przypisano nazwy alfabetów i kategorii standardu Unicode, zwykle nie reprezentują w stu procentach tych alfabetów ani kategorii. Nazwa bloku ma na celu tylko określenie jego podstawowego przeznaczenia.

Na przykład blok symboli walutowych nie obejmuje znaków dolara ani jena. Ze względów historycznych te dwa symbole można natomiast znaleźć w blokach Basic_Latin i Latin-1_ ↪Supplement. Co ciekawe, oba znaki mają przypisaną właściwość symbolu walutowego. Aby dopasować dowolny symbol walutowy, należy więc użyć konstrukcji \p{Sc}, zamiast odwoływać się do bloku w następującej formie: \p{InCurrency}.

Większość bloków obejmuje punkty kodowe, z którymi nie skojarzono żadnych znaków, czyli punkty z właściwością `<\p{Cn}>`. Te punkty nie mają przypisanej żadnej innej właściwości Unicode ani nie należą do żadnego alfabetu tego standardu.

Składnia `<\p{InNazwaBloku}>` obowiązuje w odmianach wyrażeń regularnych platformy .NET i języka Perl. W Javie stosuje się konstrukcję `<\p{IsNazwaBloku}>`.

Mimo że także Perl obsługuje wersję z przedrostkiem Is, zaleca się konsekwentne stosowanie przedrostka In, który eliminuje ryzyko pomylenia bloków standardu Unicode z jego alfabetami. W przypadku alfabetów Perl obsługuje konstrukcje `<\p{Alfabet}>` i `<\p{IsAlfabet}>`, ale nie `<\p{InAlfabet}>`.

Alfabet standardu Unicode

Każdy punkt kodowy standardu Unicode (poza punktami bez przypisanych znaków) jest częścią dokładnie jednego alfabetu (pisma) tego standardu. Punkty kodowe, których nie skojarzono z żadnymi znakami, z natury rzeczy nie wchodzą w skład żadnego alfabetu. Punkty kodowe do punktu U+FFFF przypisano do następujących alfabetów:

```
<\p{Common}>              <\p{Katakana}>
<\p{Arabic}>              <\p{Khmer}>
<\p{Armenian}>            <\p{Lao}>
<\p{Bengali}>             <\p{Latin}>
<\p{Bopomofo}>            <\p{Limbu}>
<\p{Braille}>             <\p{Malayalam}>
<\p{Buhid}>               <\p{Mongolian}>
<\p{CanadianAboriginal}>  <\p{Myanmar}>
<\p{Cherokee}>            <\p{Ogham}>
<\p{Cyrillic}>            <\p{Oriya}>
<\p{Devanagari}>          <\p{Runic}>
<\p{Ethiopic}>            <\p{Sinhala}>
<\p{Georgian}>            <\p{Syriac}>
<\p{Greek}>               <\p{Tagalog}>
<\p{Gujarati}>            <\p{Tagbanwa}>
<\p{Gurmukhi}>            <\p{TaiLe}>
<\p{Han}>                 <\p{Tamil}>
<\p{Hangul}>              <\p{Telugu}>
<\p{Hanunoo}>             <\p{Thaana}>
<\p{Hebrew}>              <\p{Thai}>
<\p{Hiragana}>            <\p{Tibetan}>
<\p{Inherited}>           <\p{Yi}>
<\p{Kannada}>
```

Alfabet jest po prostu grupą punktów kodowych wykorzystywanych przez określone pismo. Niektóre alfabety, na przykład tajski (Thai), odpowiadają pojedynczemu językowi naturalnemu. Inne alfabety, na przykład łaciński (Latin), są wykorzystywane w wielu językach. Co więcej, niektóre języki składają się z wielu alfabetów. Nie istnieje na przykład alfabet japoński standardu Unicode — zamiast niego mamy do dyspozycji alfabety Hiragana, Katakana, Han i Latin, z których zwykle składają się japońskie dokumenty.

Na pierwszym miejscu umieściliśmy alfabet Common (mimo że pozostałe pisma wymieniono w porządku alfabetycznym). Ten alfabet obejmuje wszystkie rodzaje znaków wspólnych dla większej liczby alfabetów, jak znaki interpunkcyjne, znaki białe i różne inne symbole.

Grafem standardu Unicode

Różnica między punktami kodowymi a znakami jest widoczna dopiero w przypadku tzw. **znaków łączących** (ang. *combining marks*). O ile punkt kodowy U+0061 reprezentuje małą, łacińską literę *a*, o tyle punkt kodowy U+00E0 reprezentuje małą, łacińską literę *a* ze słabym akcentem. Oba punkty kodowe reprezentują więc coś, co dla większości z nas jest po prostu literą *a*.

Punkt kodowy U+0300 reprezentuje znak łączący, tzw. łączący słaby akcent. Jedynym sensownym zastosowaniem tego znaku łączącego jest umieszczanie go bezpośrednio za literą. Łańcuch składający się z punktów kodowych U+0061 i U+0300 standardu Unicode będzie wyświetlany jako *à* — dokładnie tak samo jak litera reprezentowana przez punkt kodowy U+00E0. Znak łączący U+0300 jest więc wyświetlany ponad znakiem U+0061.

Zdecydowano się udostępnić dwa różne sposoby wyświetlania liter z akcentami, ponieważ w przeszłości wiele zbiorów znaków kodowało literę *a* ze słabym akcentem jako jeden znak. Projektanci standardu Unicode uznali, że zachowanie odwzorowania jeden-jeden względem popularnych, istniejących wcześniej zbiorów znaków będzie dla programistów sporym ułatwieniem. Jednocześnie dodali do swojego formatu mechanizm łączenia akcentów i innych znaków dodatkowych z literami podstawowymi, aby umożliwić konstruowanie dowolnych kombinacji (niedostępnych w starszych zbiorach znaków).

Z naszego punktu widzenia, jako użytkowników wyrażeń regularnych, najważniejsze jest jednak to, że wszystkie omawiane w tej książce odmiany wyrażeń regularnych operują na punktach kodowych, nie na znakach graficznych. Kiedy mówimy, że wyrażenie regularne <.> pasuje do pojedynczego znaku, w praktyce chodzi nam raczej o dopasowanie do pojedynczego punktu kodowego. Jeśli przetwarzany tekst składa się z dwóch punktów kodowych, U+0061 i U+0300, które w takich językach programowania jak Java mogą być reprezentowane przez stałą łańcuchową "\u0061\u0300", kropka zostanie dopasowana tylko do punktu kodowego U+0061 (litery *a*), bez akcentu reprezentowanego przez punkt U+0300. Dopiero wyrażenie regularne <..> zostanie dopasowane do obu punktów kodowych.

Odmiany wyrażeń regularnych Perla i biblioteki PCRE oferują specjalny token <\X>, który pasuje do dowolnego pojedynczego grafemu standardu Unicode. Wspomniany token jest więc odpowiednikiem popularnej kropki stworzonym z myślą o standardzie Unicode. <\X> pasuje do dowolnego punktu kodowego niebędącego znakiem łączącym oraz do ewentualnego znaku łączącego znajdującego się za tym punktem. Ten sam cel można osiągnąć, stosując konstrukcję składniową <\P{M}\p{M}*> (korzystającą z właściwości standardu Unicode). Token <\X> będzie dwukrotnie dopasowany do łańcucha *àà* niezależnie od sposobu jego zakodowania. Jeśli zakodujemy go jako "\u00E0\u0061\u0300", pierwsze dopasowanie wskaże podłańcuch "\u00E0", drugie wskaże podłańcuch "\u0061\u0300".

Warianty

Wariant zanegowany

Wyrażenie <\P> (z wielką literą P) jest negacją wyrażenia <\p>. Na przykład wyrażenie <\P{Sc}> pasuje do dowolnego znaku, któremu nie przypisano właściwości symbolu walutowego standardu Unicode. Token <\P> jest obsługiwany przez wszystkie odmiany wyrażeń regularnych, które obsługują token <\p>, oraz dla wszystkich obsługiwanych przez te odmiany właściwości, bloków i alfabetów.

Klasy znaków

Wszystkie odmiany wyrażeń regularnych umożliwiają umieszczanie obsługiwanych przez siebie tokenów `<\u>`, `<\x>`, `<\p>` i `<\P>` w klasach znaków. Każda taka konstrukcja oznacza dodanie do klasy znaków znaku reprezentowanego przez dany punkt kodowy lub znaków należących do danej kategorii, bloku lub alfabetu. Możemy na przykład dopasować znak będący cudzysłowem otwierającym (z właściwością początkowego znaku interpunkcyjnego), cudzysłowem zamykającym (z właściwością końcowego znaku interpunkcyjnego) lub znakiem towarowym (U+2122):

```
[\p{Pi}\p{Pf}\x{2122}]
```
   Opcje wyrażenia regularnego: Brak
   Odmiany wyrażeń regularnych: .NET, Java, PCRE, Perl, Ruby 1.9

Wskazywanie wszystkich znaków

Jeśli Twoja odmiana wyrażeń regularnych nie obsługuje kategorii, bloków bądź alfabetów standardu Unicode, możesz po prostu wymienić wszystkie znaki należące do interesującej Cię kategorii, bloku lub alfabetu w formie klasy znaków. W przypadku bloków takie rozwiązanie jest dziecinnie proste, ponieważ każdy blok reprezentuje przedział pomiędzy dwoma punktami kodowymi. Na przykład blok rozszerzonej greki obejmuje znaki od U+1F00 do U+1FFF:

```
[\u1F00-\u1FFF]
```
   Opcje wyrażenia regularnego: Brak
   Odmiany wyrażeń regularnych: .NET, Java, JavaScript, Python

```
[\x{1F00}-\x{1FFF}]
```
   Opcje wyrażenia regularnego: Brak
   Odmiany wyrażeń regularnych: PCRE, Perl, Ruby 1.9

W przypadku większości kategorii i alfabetów równoważna klasa znaków ma postać długiej listy pojedynczych punktów kodowych i krótkich przedziałów. Znaki składające się na pojedynczą kategorię i wiele pojedynczych alfabetów znajdują się na różnych pozycjach tabeli Unicode. Poniżej przedstawiono klasę znaków dla alfabetu greckiego:

```
[\u0370-\u0373\u0375\u0376-\u0377\u037A\u037B-\u037D\u0384\u0386
↪\u0388-\u038A\u038C\u038E-\u03A1\u03A3-\u03E1\u03F0-\u03F5\u03F6
↪\u03F7-\u03FF\u1D26-\u1D2A\u1D5D-\u1D61\u1D66-\u1D6A\u1DBF\u1F00-\u1F15
↪\u1F18-\u1F1D\u1F20-\u1F45\u1F48-\u1F4D\u1F50-\u1F57\u1F59\u1F5B\u1F5D
↪\u1F5F-\u1F7D\u1F80-\u1FB4\u1FB6-\u1FBC\u1FBD\u1FBE\u1FBF-\u1FC1
↪\u1FC2-\u1FC4\u1FC6-\u1FCC\u1FCD\u1FCF\u1FD0-\u1FD3\u1FD6-\u1FDB
↪\u1FDD-\u1FDF\u1FE0-\u1FEC\u1FED-\u1FEF\u1FF2-\u1FF4\u1FF6-\u1FFC
↪\u1FFD-\u1FFE\u2126]
```
   Opcje wyrażenia regularnego: Brak
   Odmiany wyrażeń regularnych: .NET, Java, JavaScript, Python

Sami skonstruowaliśmy to wyrażenie regularne, kopiując listę punktów kodowych alfabetu greckiego z pliku *http://www.unicode.org/Public/UNIDATA/Scripts.txt*, dla której zastosowaliśmy operację przeszukiwania i zastępowania z wykorzystaniem trzech wyrażeń regularnych:

1. Dopasowanie wyrażenia regularnego `<;.*>` i usuwanie pasujących fragmentów, aby wyeliminować komentarz. Jeśli wyrażenie w tej postaci usunie cały przetwarzany tekst, należy wycofać zmiany i wyłączyć opcję dopasowywania znaków podziału wiersza do kropki.

2. Dopasowanie wyrażenia regularnego <^> z włączoną opcją dopasowywania znaków podziału wiersza do symboli ^ i $ oraz umieszczenie na pasujących pozycjach przedrostka «\u» (aby poprzedzić punkty kodowe przedrostkiem \u). Zastąpienie fragmentów pasujących do wyrażenia <\.\.> przedrostkiem «-\u» jest niezbędne do wygenerowania prawidłowych przedziałów.

3. I wreszcie usunięcie fragmentów pasujących do wyrażenia regularnego <\s+> pozwala usunąć znaki podziału wiersza. Ostatnim krokiem procesu konstruowania tego wyrażenia regularnego jest dodanie nawiasów klamrowych otaczających klasę znaków. Na początku tej klasy być może będziesz musiał dodać, a z końca tej klasy usunąć token \u (w zależności od tego, czy podczas kopiowania zawartości pliku *Scripts.txt* dołączyłeś odpowiednio początkowe i końcowe puste wiersze).

Na pierwszy rzut oka wydaje się, że budowa tych wyrażeń wymagała sporo pracy, jednak Janowi zajęło to niecałą minutę. Znacznie więcej czasu wymagało napisanie tego opisu. Równie prosta byłaby realizacja tego zadania za pomocą konstrukcji składniowej \x{}:

1. Dopasowanie wyrażenia regularnego <;.*> i usuwanie pasujących fragmentów, aby wyeliminować komentarz. Jeśli wyrażenie w tej postaci usunie cały przetwarzany tekst, należy wycofać zmiany i wyłączyć opcję dopasowywania znaków podziału wiersza do kropki.

2. Dopasowanie wyrażenia regularnego <^> z włączoną opcją dopasowywania znaków podziału wiersza do symboli ^ i $ oraz umieszczenie na pasujących pozycjach konstrukcji «\x{» (aby poprzedzić punkty kodowe przedrostkiem \x{). Zastąpienie fragmentów pasujących do wyrażenia <\.\.> przedrostkiem «}-\x{» jest niezbędne do wygenerowania prawidłowych przedziałów.

3. I wreszcie zastąpienie fragmentów pasujących do wyrażenia <\s+> wyrażeniem «}» powoduje dodanie zamykających nawiasów klamrowych i usunięcie znaków podziału wiersza. Ostatnim krokiem procesu konstruowania tego wyrażenia regularnego jest dodanie nawiasów klamrowych otaczających klasę znaków. Na początku tej klasy być może będziesz musiał dodać, a z końca tej klasy usunąć token \x{ (w zależności od tego, czy podczas kopiowania zawartości pliku *Scripts.txt* dołączyłeś odpowiednio początkowe i końcowe puste wiersze).

W wyniku tych działań otrzymaliśmy następującą klasę znaków:

```
[\x{0370}-\x{0373}\x{0375}\x{0376}-\x{0377}\x{037A}\x{037B}-\x{037D}
↪\x{0384}\x{0386}\x{0388}-\x{038A}\x{038C}\x{038E}-\x{03A1}
↪\x{03A3}-\x{03E1}\x{03F0}-\x{03F5}\x{03F6}\x{03F7}-\x{03FF}
↪\x{1D26}-\x{1D2A}\x{1D5D}-\x{1D61}\x{1D66}-\x{1D6A}\x{1DBF}
↪\x{1F00}-\x{1F15}\x{1F18}-\x{1F1D}\x{1F20}-\x{1F45}\x{1F48}-\x{1F4D}
↪\x{1F50}-\x{1F57}\x{1F59}\x{1F5B}\x{1F5D}\x{1F5F}-\x{1F7D}
↪\x{1F80}-\x{1FB4}\x{1FB6}-\x{1FBC}\x{1FBD}\x{1FBE}\x{1FBF}-\x{1FC1}
↪\x{1FC2}-\x{1FC4}\x{1FC6}-\x{1FCC}\x{1FCD}-\x{1FCF}\x{1FD0}-\x{1FD3}
↪\x{1FD6}-\x{1FDB}\x{1FDD}-\x{1FDF}\x{1FE0}-\x{1FEC}\x{1FED}-\x{1FEF}
↪\x{1FF2}-\x{1FF4}\x{1FF6}-\x{1FFC}\x{1FFD}-\x{1FFE}\x{2126}
↪\x{10140}-\x{10174}\x{10175}-\x{10178}\x{10179}-\x{10189}
↪\x{1018A}\x{1D200}-\x{1D241}\x{1D242}-\x{1D244}\x{1D245}]
```
Opcje wyrażenia regularnego: Brak
Odmiany wyrażeń regularnych: PCRE, Perl, Ruby 1.9

Patrz także

Na oficjalnej witrynie internetowej Unicode Consortium (*http://www.unicode.org*) udostępniono do pobrania wszystkie oficjalne dokumenty, tabele znaków i inne zasoby związane z tym standardem.

Standard Unicode jest rozległym zagadnieniem, któremu poświęcono wiele książek. Jedną z pozycji godnych polecenia jest *Unicode Explained* autorstwa Jukki K. Korpeli (O'Reilly).

Trudno w jednym podrozdziale przekazać całą niezbędną wiedzę o punktach kodowych, właściwościach, blokach i alfabetach standardu Unicode. Nawet nie próbowaliśmy wyjaśnić, dlaczego warto te zagadnienia poznać nieco bliżej — uwierz nam, warto. Prostota rozszerzonej tabeli ASCII po prostu nie ma racji bytu w dzisiejszym, zglobalizowanym świecie.

2.8. Dopasowywanie jednego z wielu alternatywnych wyrażeń

Problem

Opracuj wyrażenie regularne pasujące do imion *Maria*, *Jan*, *Zofia* i ponownie *Maria* w tekście *Maria, Jan i Zofia poszli do domu, gdzie czekała na nich Maria*. Próby odnalezienia dodatkowych dopasowań (poza tą czwórką) powinny kończyć się niepowodzeniem.

Rozwiązanie

```
Maria|Jan|Zofia
```
Opcje wyrażenia regularnego: Brak
Odmiany wyrażeń regularnych: .NET, Java, JavaScript, PCRE, Perl, Python, Ruby

Analiza

Znak **pionowej kreski** (ang. *pipe*) dzieli wyrażenie regularne na wiele **alternatyw**. Oznacza to, że na przykład wyrażenie <Maria|Jan|Zofia> każdorazowo jest dopasowywane albo do imienia *Maria*, albo do imienia *Jan*, albo do imienia *Zofia*. Jednocześnie jest dopasowywane tylko jedno imię, choć w kolejnych dopasowaniach mogą to być różne imiona.

Wszystkie omawiane w tej książce odmiany wyrażeń regularnych stosują tzw. moduły operujące na wyrażeniach regularnych. **Moduł** (ang. *engine*) to po prostu oprogramowanie odpowiedzialne za wykonywanie wyrażeń regularnych. **Operowanie na wyrażeniach regularnych**[3]

---

[3] Innym rozwiązaniem jest **moduł operujący na tekście** (ang. *text-directed engine*). Podstawowa różnica polega na tym, że moduł operujący na tekście odwiedza każdy znak przetwarzanego tekstu tylko raz, podczas gdy moduł operujący na wyrażeniach regularnych może odwiedzać każdy znak wiele razy. Moduł operujący na tekście jest dużo szybszy, ale też pozwala tylko na obsługę wyrażeń regularnych w sensie matematycznym (patrz początek rozdziału 1.). Wyrażenia regularne znane z Perla, dzięki którym ta książka jest taka interesująca, mogą być implementowane wyłącznie w formie modułu operującego na wyrażeniach regularnych.

(ang. *regex-directed*) oznacza, że wszystkie możliwe permutacje danego wyrażenia regularnego są dopasowywane do każdego znaku (na każdej pozycji) w przetwarzanym tekście (zanim to wyrażenie jest porównywane z kolejnym znakiem).

Jeśli zastosujemy wyrażenie regularne `<Maria|Jan|Zofia>` dla zdania *Maria, Jan i Zofia poszli do domu, gdzie czekała na nich Maria*, już na początku zostanie odnaleziony pasujący podłańcuch *Maria*.

Jeśli zastosujemy to samo wyrażenie regularne dla pozostałej części tego łańcucha, klikając na przykład przycisk *Znajdź następny* w oknie edytora tekstu, moduł wyrażeń regularnych spróbuje dopasować wyrażenie `<Maria>` do pierwszego przecinka w ramach przetwarzanego tekstu. Dopasowanie przecinka nie jest możliwe. W tej sytuacji moduł próbuje dopasować do tej samej pozycji wyrażenie `<Jan>`, co także kończy się niepowodzeniem. Taki sam efekt przynosi próba dopasowania wyrażenia `<Zofia>`. W tej sytuacji moduł wyrażeń regularnych przechodzi do kolejnego znaku w przetwarzanym łańcuchu. Pierwsza spacja nie pasuje do żadnego z trzech alternatywnych wyrażeń (proces dopasowywania przebiega tak jak w przypadku przecinka).

Po osiągnięciu litery *J* dopasowanie pierwszej alternatywy, czyli wyrażenia `<Maria>`, okazuje się niemożliwe. Moduł próbuje wówczas dopasować drugie wyrażenie alternatywne, `<Jan>`, które rozpoczyna się od litery *J*. Ponieważ do tej alternatywy pasują także kolejne litery przetwarzanego fragmentu tekstu, moduł wyrażeń regularnych może odtrąbić zwycięstwo.

Warto zwrócić uwagę na to, że imię *Jan* zostało znalezione i dopasowane mimo występowania w tekście drugiego imienia *Maria* i mimo że w samym wyrażeniu regularnym `<Maria>` poprzedza alternatywę `<Jan>`. W tym konkretnym przypadku kolejność wyrażeń alternatywnych nie ma żadnego znaczenia. Wyrażenie regularne znajduje **skrajnie lewe** dopasowanie. Moduł wyrażeń regularnych przeszukuje tekst od lewej do prawej strony, sprawdzając w każdym kroku wszystkie (w tym przypadku trzy) alternatywy, po czym zatrzymuje się na pierwszej pozycji w tekście, dla której któraś z tych alternatyw wykazuje prawidłowe dopasowanie.

Podczas przeszukiwania dalszej części tego łańcucha zostanie odnalezione imię *Zofia*. Czwartym udanym dopasowaniem będzie odnalezienie drugiego wystąpienia imienia *Maria*. Opisane wyrażenie regularne nie zostanie dopasowane do tego łańcucha po raz piąty, ponieważ *Maria* jest jednocześnie ostatnim słowem przetwarzanego tekstu (ewentualna kropka na końcu zdania także nie pasowałaby do żadnego z trzech wyrażeń alternatywnych).

Kolejność alternatywnych składowych wyrażenia regularnego ma znaczenie tylko wtedy, gdy co najmniej dwie z nich pasują do tej samej pozycji w przetwarzanym łańcuchu. Na przykład wyrażenie `<Jan|Janina>` złożone z dwóch alternatyw zostałoby dopasowane do tej samej pozycji w zdaniu *Ma na imię Janina*. Warto zwrócić uwagę na brak konstrukcji wskazujących na granice słów w tym wyrażeniu. Okazuje się jednak, że dopasowanie wyrażenia `<Jan>` do słowa *Janina* w zdaniu *Ma na imię Janina* ma istotne znaczenie.

Wyrażenie `<Jan|Janina>` zostanie dopasowane do podłańcucha *Jan* w zdaniu *Ma na imię Janina*, ponieważ moduł operujący na wyrażeniach regularnych działa według modelu **zachłannego** (ang. *eager*). Oprócz wspomnianej już analizy tekstu od lewej do prawej strony w poszukiwaniu skrajnie lewego dopasowania taki moduł analizuje także alternatywy samego wyrażenia regularnego od lewej do prawej strony. Za obowiązujące uważa się pierwsze dopasowanie pierwszej alternatywy.

Kiedy wyrażenie `<Jan|Janina>` osiąga literę *J* w zdaniu *Ma na imię Janina*, następuje dopasowanie pierwszego wyrażenia alternatywnego, czyli `<Jan>`. Druga alternatywa w ogóle nie jest weryfikowana. Jeśli zażądamy poszukiwania drugiego dopasowania, moduł wyrażeń regularnych będzie miał do dyspozycji już tylko litery *ina*, które nie pasują do żadnego z wyrażeń alternatywnych.

Istnieją dwa sposoby ochrony Janiny przed dopasowywaniem do Jana. Jednym z nich jest umieszczenie na pierwszym miejscu dłuższej alternatywy: `<Janina|Jan>`. Lepszym rozwiązaniem jest jednak jasne określenie, jakiego rodzaju dopasowania nas interesują — możemy na przykład określić, że szukamy imion, które z natury rzeczy stanowią odrębne wyrazy. Wyrażenia regularne nie operują jednak na wyrazach, tylko na granicach wyrazów.

Oznacza to, że zarówno wyrażenie `<\bJan\b|\bJanina\b>`, jak i wyrażenie `<\bJanina\b|`↪`\bJan\b>` zostanie dopasowane do imienia *Janina* w zdaniu *Ma na imię Janina*. Granice słów powodują, że do każdego podłańcucha może pasować tylko jedna alternatywa (ich kolejność ponownie staje się więc nieistotna).

Najlepsze rozwiązanie, czyli wyrażenie `<\bJan(ina)?\b>`, zostanie omówione w recepturze 2.12.

Patrz także

Receptura 2.9.

2.9. Grupowanie i przechwytywanie fragmentów dopasowań

Problem

Spróbuj tak udoskonalić wyrażenie regularne pasujące do imion *Maria*, *Jan* i *Zofia*, aby były dopasowywane całe wyrazy. Zastosuj technikę grupowania i tylko jedną parę granic wyrazów dla całego wyrażenia regularnego (zamiast po jednej parze dla każdej alternatywy).

Opracuj wyrażenie regularne pasujące do dowolnej daty w formacie *rrrr-mm-dd* i odnajdujące osobno rok, miesiąc i dzień. Celem tego zadania jest ułatwienie pracy na tych odrębnych wartościach w kodzie przetwarzającym dopasowanie. Możesz przyjąć, że wszystkie daty w przetwarzanym tekście są prawidłowe. Twoje wyrażenie regularne nie musi więc wyłączać z przetwarzania takich zapisów jak *9999-99-99* (zakładamy, że nie mogą występować w przetwarzanym tekście).

Rozwiązanie

```
\b(Maria|Jan|Zofia)\b
```
Opcje wyrażenia regularnego: Brak
Odmiany wyrażeń regularnych: .NET, Java, JavaScript, PCRE, Perl, Python, Ruby

```
\b(\d\d\d\d)-(\d\d)-(\d\d)\b
```
Opcje wyrażenia regularnego: Brak
Odmiany wyrażeń regularnych: .NET, Java, JavaScript, PCRE, Perl, Python, Ruby

Analiza

Operator alternatywy (którego znaczenie wyjaśniono już w poprzedniej recepturze) ma najniższy priorytet ze wszystkich operatorów wyrażeń regularnych. Gdybyśmy więc spróbowali użyć wyrażenia `<\bMaria|Jan|Zofia\b>`, w praktyce stworzylibyśmy następujące alternatywy: `<\bMaria>`, `<Jan>` oraz `<Zofia\b>`. Wyrażenie w tej formie pasowałoby więc do imienia *Jan* w zdaniu *Ma na imię Janina*.

Jeśli chcemy wyłączyć którąś część naszego wyrażenia regularnego z dzielenia na odrębne alternatywy, powinniśmy utworzyć **grupę** alternatyw. Do grupowania służą nawiasy okrągłe. Tak jak w większości języków programowania, w wyrażeniach regularnych nawiasy okrągłe mają pierwszeństwo przed wszystkimi operatorami. W wyrażeniu `\b(Maria|Jan|Zofia)\b` definiujemy trzy alternatywy (`<Maria>`, `<Jan>` i `<Zofia>`) pomiędzy dwoma tokenami granic wyrazów. Takie wyrażenie nie będzie więc pasowało do żadnej części zdania *Ma na imię Janina*.

Kiedy moduł wyrażeń regularnych osiąga w przetwarzanym tekście literę *J* wyrazu *Janina*, pierwsza granica wyrazu pasuje do struktury tego tekstu. Moduł wyrażeń regularnych wchodzi wówczas w naszą grupę. Pierwsza alternatywa w ramach tej grupy, `<Maria>`, jest odrzucana. Druga alternatywa, `<Jan>`, początkowo pasuje do przetwarzanego tekstu. Moduł wyrażeń regularnych opuszcza grupę — pozostaje mu już tylko token `<\b>`. Granica tekstu nie jest jednak dopasowywana, ponieważ na pozycji pomiędzy literami *n* oraz *i* nie występuje granica wyrazu. Cała próba dopasowania (rozpoczęta od litery *J*) kończy się więc niepowodzeniem.

Para nawiasów okrągłych to nie tylko grupa — to tzw. **grupa przechwytująca** (ang. *capturing group*). W przykładzie z dopasowywanymi imionami Marii, Jana i Zofii koncepcja przechwytów nie miała najmniejszego znaczenia, ponieważ grupa obejmowała niemal całe wyrażenie regularne. Przechwyty mają sens wtedy, gdy dotyczą tylko części wyrażenia, jak w przypadku `<\b(\d\d\d\d)-(\d\d)-(\d\d)\b>`.

Zaproponowane wyrażenie regularne pasuje do daty w formacie *rrrr-mm-dd*. Znaczenie tego wyrażenia jest identyczne jak `<\b\d\d\d\d-\d\d-\d\d\b>`. Ponieważ jednak w tym przypadku nie stosujemy żadnych alternatyw ani powtórzeń, funkcja nawiasów okrągłych związana z grupowaniem jest zbędna. Z drugiej strony funkcja przechwytywania tym razem okazuje się wyjątkowo przydatna.

Wyrażenie regularne `<\b(\d\d\d\d)-(\d\d)-(\d\d)\b>` obejmuje trzy grupy przechwytujące. Grupy numeruje się, zliczając otwierające nawiasy okrągłe od lewej do prawej strony, zatem pierwszą grupą jest `<(\d\d\d\d)>`, drugą grupą jest `<(\d\d)>`, a trzecią grupą jest `<(\d\d)>`.

W czasie dopasowywania, kiedy moduł wyrażeń regularnych opuszcza grupę (po osiągnięciu jej zamykającego nawiasu okrągłego), część tekstu dopasowana do grupy przechwytującej jest zapisywana. Jeśli na przykład nasze wyrażenie zostanie dopasowane do daty *2008-05-24*, wartość *2008* zostanie umieszczona w pierwszym przechwycie, wartość *05* zostanie umieszczona w drugim przechwycie, a wartość *24* zostanie umieszczona w trzecim przechwycie.

Przechwytywany w ten sposób tekst można wykorzystywać na trzy sposoby. W recepturze 2.10 wyjaśnimy, jak ponownie dopasowywać przechwycony tekst w ramach tego samego wyrażenia regularnego. W recepturze 2.21 pokażemy, jak wykorzystywać przechwycony tekst w tekście docelowym operacji przeszukiwania i zastępowania. W recepturze 3.9 (w następnym rozdziale) zajmiemy się technikami dalszego wykorzystywania fragmentów dopasowań przez nasze aplikacje.

Warianty

Grupy nieprzechwytujące

W wyrażeniu regularnym `<\b(Maria|Jan|Zofia)\b>` użyliśmy nawiasów okrągłych tylko w roli konstrukcji grupującej. W takim przypadku można by użyć grupy nieprzechwytującej (zamiast grupy przechwytującej):

`\b(?:Maria|Jan|Zofia)\b`
   Opcje wyrażenia regularnego: Brak
   Odmiany wyrażeń regularnych: .NET, Java, JavaScript, PCRE, Perl, Python, Ruby

Grupę nieprzechwytującą otwierają następujące trzy znaki: `<(?:>`. Grupa jest zamykana przez prawy nawias okrągły: `<)>`. Grupa nieprzechwytująca zapewnia identyczne działanie w zakresie grupowania, ale niczego nie przechwytuje.

Podczas zliczania otwierających nawiasów okrągłych, które rozpoczynają grupy przechwytujące, nawiasy rozpoczynające grupy nieprzechwytujące w ogóle nie są uwzględniane. To największa zaleta grup nieprzechwytujących — możemy je dodawać do istniejących wyrażeń regularnych bez modyfikowania dotychczasowej numeracji grup przechwytujących.

Inna zaletą grup nieprzechwytujących jest wyższa wydajność. Jeśli nie chcesz stosować odwołań wstecz do jakiejś grupy (patrz receptura 2.10), wykorzystywać w tekście docelowym operacji przeszukiwania i zastępowania (patrz receptura 2.21) ani przetwarzać dopasowania w kodzie źródłowym (patrz receptura 3.9), możesz wyeliminować dodatkowe koszty związane z przetwarzaniem grup przechwytujących, stosując grupy nieprzechwytujące. W praktyce jednak różnica wydajności jest niemal niezauważalna, chyba że stosujesz wyrażenie regularne w ciasnej pętli z wieloma iteracjami i (lub) operujesz na rozbudowanych danych.

Grupa z modyfikatorami trybu

W wariancie „Dopasowywanie bez względu na wielkość liter" w recepturze 2.1 wyjaśniliśmy, że odmiany wyrażeń regularnych platformy .NET, biblioteki PCRE oraz języków Java, Perl i Ruby obsługują lokalne modyfikatory trybów w formie przełączników: `<sensitive(?i)`
`↪caseless(?-i)sensitive>`. Mimo że przedstawiona konstrukcja składniowa wykorzystuje nawiasy okrągłe, przełącznik `<(?i)>` nie stosuje żadnej formy grupowania.

Okazuje się, że zamiast stosować tego rodzaju przełączniki, można użyć modyfikatorów trybów w ramach grupy nieprzechwytującej:

`\b(?i:Maria|Jan|Zofia)\b`
   Opcje wyrażenia regularnego: Brak
   Odmiany wyrażeń regularnych: .NET, Java, PCRE, Perl, Ruby

`sensitive(?i:caseless)sensitive`
   Opcje wyrażenia regularnego: Brak
   Odmiany wyrażeń regularnych: .NET, Java, PCRE, Perl, Ruby

Dodanie modyfikatora trybu do grupy włącza odpowiedni tryb tylko dla części wyrażenia regularnego składającej się na tę grupę. Poprzednie ustawienia są odtwarzane w momencie napotkania zamykającego nawiasu okrągłego. Ponieważ wielkość znaków domyślnie jest uwzględniana, tylko część wyrażenia regularnego w ramach grupy:

```
(?i:...)
```
będzie ignorowała wielkość liter.

Istnieje możliwość łączenia wielu modyfikatorów, na przykład w wyrażeniu `<(?ism:grupa)>`. Do wyłączania modyfikatorów służy myślnik — w przypadku wyrażenia `<(?-ism:grupa)>` można w ten sposób wyłączyć aż trzy opcje. Z drugiej strony wyrażenie `<(?i-sm)>` włącza tryb ignorowania wielkości liter (`i`) oraz wyłącza opcje dopasowywania znaków podziału wiersza do kropki (`s`) i dopasowywania karety i dolara do znaków podziału wiersza (`m`). Znaczenie wszystkich tych opcji wyjaśniono w recepturach 2.4 i 2.5.

Patrz także

Receptury 2.10, 2.11, 2.21 i 3.9.

2.10. Ponowne dopasowanie już dopasowanego tekstu

Problem

Opracuj wyrażenie regularne pasujące do „magicznych" dat w formacie *rrrr-mm-dd*. Zakładamy, że data jest „magiczna", jeśli numer roku (bez wieku), numer miesiąca i numer dnia miesiąca to te same wartości liczbowe. Przykładem takiej „magicznej" daty jest dzień 2008-08-08. Na potrzeby tego zadania przyjmujemy, że wszystkie daty w przetwarzanym tekście są prawidłowe. Budowane wyrażenie regularne nie musi więc eliminować takich łańcuchów jak *9999-99-99*, ponieważ zakładamy, że w ogóle nie występują w tekście. Twoje zadanie sprowadza się więc do odnajdywania „magicznych" dat.

Rozwiązanie

```
\b\d\d(\d\d)-\1-\1\b
```
Opcje wyrażenia regularnego: Brak
Odmiany wyrażeń regularnych: .NET, Java, JavaScript, PCRE, Perl, Python, Ruby

Analiza

Aby dopasować tekst, który już wcześniej został dopasowany do danego wyrażenia regularnego, musimy najpierw przechwycić ten wcześniejszy fragment tekstu. Wykorzystamy do tego celu grupę przechwytującą (patrz receptura 2.9). Możemy następnie dopasować ten sam tekst w dowolnym miejscu naszego wyrażenia regularnego, posługując się tzw. **odwołaniem (referencją) wstecz** (ang. *backreference*). Do pierwszych dziewięciu grup możemy się odwołać, stosując lewy ukośnik i pojedynczą cyfrę od 1 do 9. Odwołania do grup od 10 do 99 wymagają użycia konstrukcji od `<\10>` do `<\99>`.

 Nie należy stosować konstrukcji `<\01>`, która albo zostałaby zinterpretowana jako sekwencja ucieczki zapisana w systemie ósemkowym, albo spowodowałaby błąd. W tej książce w ogóle nie posługujemy się ósemkowymi sekwencjami ucieczki, ponieważ sekwencje szesnastkowe (na przykład `<\xFF>`) są dużo bardziej zrozumiałe.

Kiedy wyrażenie regularne `<\b\d\d(\d\d)-\1-\1\b>` odkrywa w przetwarzanym tekście łańcuch *2008-08-08*, pierwsza sekwencja `<\d\d>` jest dopasowywana do znaków *20*. Dopiero potem moduł wyrażeń regularnych rozpoczyna przetwarzanie grupy przechwytującej, czyli przechodzi w tryb rejestrowania pozycji osiągniętej w przetwarzanym tekście.

Sekwencja `<\d\d>` w ramach grupy przechwytującej jest dopasowywana do cyfr *08*, po czym moduł wyrażeń regularnych osiąga zamykający nawias okrągły. Od tej pory częściowe dopasowanie *08* jest składowane w grupie przechwytującej nr 1.

Kolejnym tokenem naszego wyrażenia regularnego jest myślnik (dopasowywany dosłownie). Zaraz po myślniku następuje odwołanie wstecz. Moduł wyrażeń regularnych sprawdza wówczas zawartość pierwszej grupy przechwytującej, czyli ciąg znaków *08*, i próbuje go dosłownie dopasować do analizowanego tekstu. Jeśli wyrażenie regularne jest przetwarzane w trybie ignorowania wielkości liter, także zawartość grupy przechwytującej jest dopasowywana w tym trybie. W tym przypadku dopasowanie odwołania wstecz kończy się pomyślnie. Dopasowanie jest możliwe także dla kolejnego myślnika i ponownego odwołania wstecz. I wreszcie granica wyrazu pasuje do końca przetwarzanego tekstu, co oznacza skuteczne dopasowanie całego interesującego nas wyrażenia: *2008-08-08*. Pierwsza grupa przechwytująca nadal zawiera wartość *08*.

Jeśli powtórzymy grupę przechwytującą — czy to wskutek użycia kwantyfikatora (patrz receptura 2.12), czy z powodu wykonania nawrotu (patrz receptura 2.13), zapisane dopasowanie zostanie nadpisane przy okazji każdego ponownego dopasowania danej grupy przechwytującej do fragmentu przetwarzanego tekstu. Odwołanie wstecz do grupy pasuje tylko do tekstu ostatnio przechwyconego przez tę grupę.

Jeśli to samo wyrażenie regularne zastosujemy do tekstu *2008-05-24 2007-07-07*, za pierwszym razem nasza pierwsza (i jedyna) grupa przechwytująca zapisze fragment tekstu (parę znaków *08*) w momencie dopasowania wyrażenia `<\b\d\d(\d\d)>` do roku *2008*. Myślnik zostanie następnie prawidłowo dopasowany do myślnika, ale już znajdujące się za nim odwołanie wstecz (`<08>`) nie zostanie jednak dopasowane do pary znaków *05*.

Ponieważ nasze wyrażenie regularne nie zawiera żadnych alternatyw, moduł wyrażeń zrezygnuje z tego dopasowania, co zawsze wiąże się z wyzerowaniem stanu wszystkich grup przechwytujących. Podczas próby dopasowania kolejnego fragmentu przetwarzanego tekstu grupa `<\1>` nie będzie zawierała żadnej wartości.

Przyjmijmy, że nasze wyrażenie nadal jest dopasowywane do tekstu *2008-05-24 2007-07-07* — jedyna grupa przechwytująca zarejestruje jakąś wartość (konkretnie fragment *07*) w momencie dopasowania części `<\b\d\d(\d\d)>` do fragmentu *2007*. Myślnik zostanie następnie prawidłowo dopasowany do myślnika. Zaraz potem zostanie podjęta próba dopasowania odwołania wstecz (`<07>`). Po skutecznym dopasowaniu nastąpi dopasowanie kolejnego myślnika, ponowne dopasowanie odwołania wstecz i wreszcie granicy wyrazu. Opisywane wyrażenie zostanie więc prawidłowo dopasowane do fragmentu *2007-07-07*.

Ponieważ moduł wyrażeń regularnych przetwarza wyrażenia od lewej do prawej strony, nawiasy okrągłe grupy przechwytującej należy umieścić przed ewentualnym odwołaniem wstecz. Wyrażenia regularne `<\b\d\d\1-(\d\d)-\1>` i `<\b\d\d\1-\1-(\d\d)\b>` nigdy nie mogłyby zostać dopasowane do czegokolwiek. Ponieważ odwołanie wstecz następuje przed grupą przechwytującą, z natury rzeczy odwołanie to dotyczy czegoś, co nie zostało jeszcze przechwycone. Poza językiem JavaScript odwołania wstecz zawsze kończą się niepowodzeniem, jeśli tylko wskazują na grupę, która do tej pory nie uczestniczyła w próbie dopasowania.

Grupa, która nie uczestniczyła w próbie dopasowania, to nie to samo co grupa, która prze-chwyciła dopasowanie zerowej długości. Odwołanie wstecz do grupy z przechwytem zerowej długości zawsze kończy się pomyślnie. Kiedy wyrażenie `<(^)\1>` zostanie dopasowane do początku przetwarzanego tekstu, pierwsza grupa przechwytująca przechwyci dopasowanie symbolu karety (zerowej długości), które będzie reprezentowane przez prawidłowe odwołanie `<\1>`. W praktyce z taką sytuacją mamy do czynienia zawsze wtedy, gdy zawartość grupy przechwytującej jest w całości opcjonalna.

JavaScript jest jedyną znaną nam odmianą, której twórcy zignorowali kilkudziesięcio-letnią tradycję obowiązującą w świecie wyrażeń regularnych. W JavaScripcie (a przy-najmniej w implementacjach zgodnych ze standardem JavaScriptu) odwołanie wstecz do grupy, która wcześniej nie była uwzględniana w dopasowaniu, zawsze kończy się pomyślnie (podobnie jak w przypadku odwołania wstecz do grupy, która prze-chwyciła dopasowanie zerowej długości). Oznacza to, że w JavaScripcie na przykład wyrażenie `<\b\d\d\1-\1-(\d\d)\b>` zostałoby dopasowane do tekstu *12--34*.

Patrz także

Receptury 2.9, 2.11, 2.21 i 3.9.

2.11. Przechwytywanie i nazywanie fragmentów dopasowań

Problem

Opracuj wyrażenie regularne pasujące do daty w formacie *rrrr-mm-dd* i przechwytujące osobno rok, miesiąc i dzień. Celem odrębnego przechwytywania wszystkich tych wartości jest ułatwie-nie dalszych operacji na tych danych w kodzie przetwarzającym znalezione dopasowanie. Twoje wyrażenie powinno dodatkowo przypisać przechwyconym fragmentom tekstu odpo-wiednio nazwy year, month i day.

Opracuj też inne wyrażenie regularne pasujące do „magicznych" dat w formacie *rrrr-mm-dd*. Datę uważa się za „magiczną", jeśli rok (bez wieku), miesiąc i dzień miesiąca to ta sama liczba. Przykładem takiej „magicznej" daty jest *2008-08-08*. Twoje wyrażenie powinno nadawać prze-chwyconej wartości (we wspomnianym przykładzie byłaby to wartość *08*) nazwę magic.

Możesz przyjąć, że wszystkie daty w przetwarzanym tekście są prawidłowe. Oznacza to, że Twoje wyrażenie nie musi wykrywać i odrzucać takich „dat" jak *9999-99-99*, ponieważ zakła-damy, że nie występują w przetwarzanym tekście.

Rozwiązanie

Nazwany przechwyt

```
\b(?<year>\d\d\d\d)-(?<month>\d\d)-(?<day>\d\d)\b
```
   Opcje wyrażenia regularnego: Brak
   Odmiany wyrażeń regularnych: .NET, PCRE 7, Perl 5.10, Ruby 1.9

```
\b(?'year'\d\d\d\d)-(?'month'\d\d)-(?'day'\d\d)\b
```
Opcje wyrażenia regularnego: Brak
Odmiany wyrażeń regularnych: .NET, PCRE 7, Perl 5.10, Ruby 1.9

```
\b(?P<year>\d\d\d\d)-(?P<month>\d\d)-(?P<day>\d\d)\b
```
Opcje wyrażenia regularnego: Brak
Odmiany wyrażeń regularnych: PCRE 4 i nowsze, Perl 5.10, Python

Nazwane odwołania wstecz

```
\b\d\d(?<magic>\d\d)-\k<magic>-\k<magic>\b
```
Opcje wyrażenia regularnego: Brak
Odmiany wyrażeń regularnych: .NET, PCRE 7, Perl 5.10, Ruby 1.9

```
\b\d\d(?'magic'\d\d)-\k'magic'-\k'magic'\b
```
Opcje wyrażenia regularnego: Brak
Odmiany wyrażeń regularnych: .NET, PCRE 7, Perl 5.10, Ruby 1.9

```
\b\d\d(?P<magic>\d\d)-(?P=magic)-(?P=magic)\b
```
Opcje wyrażenia regularnego: Brak
Odmiany wyrażeń regularnych: PCRE 4 i nowsze, Perl 5.10, Python

Analiza

Nazwany przechwyt

W recepturach 2.9 i 2.10 zapoznaliśmy się z działaniem **grup przechwytujących** i **odwołań wstecz**. Mówiąc bardziej precyzyjnie, we wspomnianych recepturach posługiwaliśmy się **numerowanymi** grupami przechwytującymi i **numerowanymi** odwołaniami wstecz. Każda grupa automatycznie otrzymuje numer, który można następnie wykorzystać w odwołaniu wstecznym.

Oprócz numerowanych grup przechwytujących współczesne odmiany wyrażeń regularnych dodatkowo obsługują **nazwane** grupy przechwytujące. Jedyną różnicą dzielącą grupę nazwaną od grupy numerowanej jest możliwość przypisywania opisowych nazw (zamiast ograniczania się do operowania na automatycznie przydzielanych numerach). Nazwane grupy przechwytujące poprawiają czytelność i ułatwiają konserwację wyrażeń regularnych. Warto pamiętać, że umieszczenie nowej grupy przechwytującej w istniejącym wyrażeniu regularnym może zmienić numery przypisane wszystkim już istniejącym grupom przechwytującym. Nadawane przez nas nazwy pozostają wówczas niezmienione.

Pierwszą odmianą wyrażeń regularnych obsługującą nazwane grupy przechwytujące była odmiana Pythona. Wykorzystano tam składnię `<(?P<nazwa>wyrażenie_regularne)>`. Nazwa musiała się składać ze znaków wyrazów (pasujących do `<\w>`). Konstrukcja `<(?P<nazwa>>` pełni funkcję nawiasu otwierającego grupy, a konstrukcja `<)>` pełni funkcję nawiasu zamykającego.

Projektanci klasy `Regex` platformy .NET zdefiniowali własną składnię dla nazwanych przechwytów (grup przechwytujących) w dwóch stosowanych zamiennie wersjach. Składnia `<(?<nazwa>wyrażenie_regularne)>` przypomina konstrukcję stosowaną w Pythonie (poza literą P). Nazwa musi się składać ze znaków wyrazów pasujących do `<\w>`. Konstrukcja `<(?<nazwa>>` pełni funkcję nawiasu otwierającego grupy; nawias zamykający ma postać `<)>`.

Składnia nazwanych przechwytów z nawiasami ostrymi jest dość irytująca dla programistów pracujących nad danymi w języku XML lub piszącymi (jak autorzy tej książki) dokumenty w formacie DocBook XML. Właśnie dlatego twórcy platformy .NET zdecydowali się udostępnić alternatywną konstrukcję składniową: `<(?'nazwa'wyrażenie_regularne)>`. Nawiasy ostre zastąpiono apostrofami. Wybór składni powinien zależeć tylko od tego, która z nich wydaje nam się łatwiejsza do zapisywania — funkcjonalność obu wariantów jest identyczna.

Prawdopodobnie z uwagi na znacznie większą popularność platformy .NET w porównaniu z językiem Python właśnie składnia tej platformy była częściej kopiowana przez programistów bibliotek wyrażeń regularnych. Tak było w przypadku Perla 5.10 oraz biblioteki Oniguruma w języku Ruby 1.9.

Twórcy biblioteki PCRE skopiowali konstrukcję składniową stosowaną w Pythonie — było to tak dawno temu, że nawet Perl nie obsługiwał jeszcze nazwanych przechwytów. W bibliotece PCRE 7, czyli w wersji wprowadzającej nowe elementy zaczerpnięte z Perla 5.10, zaimplementowano obsługę obu form składniowych (zarówno tej z platformy .NET, jak i tej z języka Python). Co ciekawe, język Perl 5.10 dodatkowo obsługuje tradycyjną składnię Pythona. W odmianach wyrażeń regularnych biblioteki PCRE i języka Perl 5.10 znaczenie składni .NET i Pythona dla nazwanych przechwytów jest identyczne.

Wybierz składnię, która wydaje Ci się najwygodniejsza. Jeśli pracujesz w języku PHP i chcesz, aby Twój kod operujący na wyrażeniach regularnych był zgodny ze starszymi wersjami tego języka (czyli w praktyce —starszymi wersjami biblioteki PCRE), stosuj składnię Pythona. Jeśli zapewnienie takiej zgodności nie jest konieczne i jeśli dodatkowo pracujesz w .NET lub Ruby, składnia platformy .NET ułatwi Ci kopiowanie wyrażeń regularnych pomiędzy tymi językami. Jeśli nie jesteś pewien co do potrzeby zapewniania zgodności, w konfiguracji PHP/PCRE staraj się raczej stosować składnię Pythona. Inni programiści, którzy będą kompilowali Twój kod z wykorzystaniem starszej wersji biblioteki PCRE, nie byliby zadowoleni, gdyby Twoje wyrażenia regularne nagle przestały działać. Kopiowanie tradycyjnych wyrażeń regularnych do .NET i Ruby będzie wymagało tylko usunięcia kilku liter `P`.

Dokumentacja biblioteki PCRE 7 i języka Perl 5.10 zaledwie wspomina o składni Pythona, jednak nigdzie nie napisano, że ta tradycyjna składnia jest przestarzała i nie powinna być stosowana. Sami zalecamy ją dla biblioteki PCRE i języka PHP.

Nazwane odwołania wstecz

Skoro istnieją nazwane przechwyty, muszą też istnieć nazwane odwołania wstecz. Tak jak nazwane grupy przechwytujące mają takie samo znaczenie jak numerowane grupy przechwytujące, tak nazwane odwołania wstecz mają takie samo znaczenie jak numerowane odwołania wstecz. Jedyną istotną różnicą jest większa czytelność i ułatwiona konserwacja.

W języku Python odwołanie wstecz do grupy *nazwa* wymaga użycia składni `<(?P=nazwa)>`. Mimo że zastosowano w tej konstrukcji nawiasy okrągłe, samo odwołanie wstecz nie jest grupą. Pomiędzy nazwą odwołania a nawiasem zamykającym nie można umieszczać żadnych dodatkowych elementów. Odwołanie w formie `<(?P=nazwa)>` jest odrębnym, niepodzielnym tokenem wyrażenia regularnego, tak jak odwołanie `<\1>`.

Programiści języków platformy .NET mają do dyspozycji konstrukcje składniowe `<\k<nazwa>>` i `<\k'nazwa'>`. Znaczenie obu konstrukcji jest identyczne; można je stosować zamiennie. Do nazwanej grupy utworzonej z wykorzystaniem składni nawiasów można się odwoływać, stosując składnię apostrofów i odwrotnie.

Odradzamy mieszanie nazwanych i numerowanych grup przechwytujących w ramach tego samego wyrażenia regularnego. Różne odmiany wyrażeń regularnych stosują różne reguły numerowania nienazwanych grup występujących pomiędzy grupami nazwanymi. W językach Perl 5.10 i Ruby 1.9 skopiowano co prawda składnię platformy .NET, ale nie powielono reguł numerowania nazwanych grup przechwytujących ani mieszania numerowanych grup przechwytujących z nazwanymi grupami przechwytującymi. Zamiast wyjaśniać różnice dzielące te reguły, ograniczymy się tylko do wskazówki, by nie podejmować tego rodzaju działań. Można uniknąć nieporozumień, albo nadając wszystkim nienazwanym grupom jedną nazwę, albo stosując wyłącznie grupy nieprzechwytujące.

Patrz także

Receptury 2.9, 2.10, 2.21 i 3.9.

2.12. Powtarzanie fragmentu wyrażenia regularnego określoną liczbę razy

Problem

Opracuj wyrażenia regularne pasujące do następujących rodzajów liczb:

- Do gugola, czyli liczby dziesiętnej złożonej ze stu cyfr.
- Do 32-bitowej liczby szesnastkowej.
- Do 32-bitowej liczby szesnastkowej z opcjonalnym przyrostkiem h.
- Do liczby zmiennoprzecinkowej z opcjonalną częścią całkowitoliczbową, obowiązkową częścią ułamkową i opcjonalnym wykładnikiem. Każda z tych części może się składać z dowolnej liczby cyfr.

Rozwiązanie

Gugol

```
\b\d{100}\b
```
Opcje wyrażenia regularnego: Brak
Odmiany wyrażeń regularnych: .NET, Java, JavaScript, PCRE, Perl, Python, Ruby

Liczba szesnastkowa

```
\b[a-z0-9]{1,8}\b
```
Opcje wyrażenia regularnego: Ignorowanie wielkości liter
Odmiany wyrażeń regularnych: .NET, Java, JavaScript, PCRE, Perl, Python, Ruby

Liczba szesnastkowa

```
\b[a-z0-9]{1,8}h?\b
```
Opcje wyrażenia regularnego: Ignorowanie wielkości liter
Odmiany wyrażeń regularnych: .NET, Java, JavaScript, PCRE, Perl, Python, Ruby

Liczba zmiennoprzecinkowa

```
\d*,\d+(e\d+)?
```

Opcje wyrażenia regularnego: Ignorowanie wielkości liter
Odmiany wyrażeń regularnych: .NET, Java, JavaScript, PCRE, Perl, Python, Ruby

Analiza

Stała liczba powtórzeń

Kwantyfikator (ang. *quantifier*) `<{n}>`, gdzie *n* jest liczbą całkowitą dodatnią, powtarza poprzedzający go token wyrażenia regularnego *n* razy. Oznacza to, że kwantyfikator `<\d{100}>` w wyrażeniu regularnym `<\b\d{100}\b>` pasuje do łańcucha złożonego ze stu cyfr. Ten sam efekt można by osiągnąć, wpisując sto razy token `<\d>`.

Kwantyfikator `<{1}>` powtarza poprzedzający go token tylko raz, zatem kwantyfikator w tej formie ma takie samo znaczenie jak brak jakiegokolwiek kwantyfikatora. Oznacza to, że znaczenie wyrażenia `<ab{1}c>` jest identyczne jak wyrażenia `<abc>`.

Kwantyfikator `<{0}>` powtarza poprzedzający go token zero razy, czyli w praktyce usuwa ten token z wyrażenia regularnego. Oznacza to, że znaczenie wyrażenia `<ab{0}c>` jest identyczne jak wyrażenia `<ac>`.

Zmienna liczba powtórzeń

Do dopasowywania **zmiennej liczby powtórzeń** służy kwantyfikator `<{n,m}>`, gdzie *n* jest liczbą całkowitą dodatnią, a *m* jest liczbą całkowitą dodatnią większą od *n*. Wyrażenie regularne `<\b[a-f0-9]{1,8}\b>` pasuje do liczby szesnastkowej złożonej z co najmniej jednej i maksymalnie ośmiu cyfr. W przypadku zmiennej liczby powtórzeń istotne znaczenie ma kolejność ewentualnych wyrażeń alternatywnych (wyjaśnimy to zagadnienie w recepturze 2.13).

Gdybyśmy użyli równych wartości *n* oraz *m*, otrzymalibyśmy stałą liczbę powtórzeń. Oznacza to, że wyrażenie regularne `<\b\d{100,100}\b>` ma takie samo znaczenie jak wyrażenie `<\b\d{100}\b>`.

Powtarzanie tokenu w nieskończoność

Kwantyfikator `<{n,}>`, gdzie *n* jest liczbą całkowitą dodatnią, definiuje **nieskończoną liczbę powtórzeń**. Nieskończona liczba powtórzeń jest w istocie zmienną liczbą powtórzeń bez górnego ograniczenia.

Wyrażenie `<\d{1,}>` pasuje do jednej lub wielu cyfr, zatem jego znaczenie jest identyczne jak wyrażenia `<\d+>`. Znak plusa umieszczony za tokenem wyrażenia regularnego niebędącym kwantyfikatorem oznacza właśnie jeden lub wiele. Znaczenie symbolu plusa za kwantyfikatorem zostanie wyjaśnione w recepturze 2.13.

Wyrażenie `<\d{0,}>` pasuje do zera, jednej lub wielu cyfr, zatem jego znaczenie jest identyczne jak wyrażenia `<\d*>`. Gwiazdka zawsze oznacza zero, jedno lub wiele wystąpień poprzedzającego ją tokenu. Oprócz dopuszczania nieograniczonej liczby powtórzeń kwantyfikator `<{0,}>` i symbol gwiazdki dodatkowo zmieniają status poprzedzającego tokenu na opcjonalny.

Dopasowywanie opcjonalne

Jeśli użyjemy kwantyfikatora zmiennej liczby powtórzeń z zerową wartością parametru *n*, w praktyce spowodujemy, że token poprzedzający ten kwantyfikator będzie miał opcjonalny charakter. Wyrażenie regularne <h{0,1}> pasuje więc do zera lub jednego wystąpienia tokenu <h>. W razie braku tego tokenu w przetwarzanym tekście dla wyrażenia h{0,1}> zostanie znalezione zerowe dopasowanie. Gdybyśmy więc użyli wyrażenia regularnego złożonego z samej konstrukcji <h{0,1}>, zostałoby ono dopasowane do pozycji przed każdym znakiem przetwarzanego tekstu — w przypadku liter innych niż *h* byłoby to dopasowanie zerowej długości; w przypadku litery *h* byłoby to dopasowanie jednoznakowe.

Wyrażenie <h?> ma identyczne znaczenie jak wyrażenie <h{0,1}>. Znak zapytania za prawidłowym i kompletnym tokenem wyrażenia warunkowego niebędącym kwantyfikatorem oznacza zero lub wiele wystąpień. Znaczenie znaku zapytania stosowanego za kwantyfikatorem wyjaśnimy w następnej recepturze.

Sam znak zapytania (i każdy inny kwantyfikator) umieszczony za okrągłym nawiasem otwierającym jest interpretowany jako błąd składniowy. Odmiana Perla i odmiany na niej wzorowane wykorzystują ten fakt do dodawania do składni wyrażeń regularnych tzw. rozszerzeń Perla. We wcześniejszych recepturach opisano nieprzechwytujące grupy i nazwane grupy przechwytujące, czyli konstrukcje wykorzystujące znak zapytania za lewym nawiasem okrągłym jako część swojej składni. Znaki zapytania w ramach tych konstrukcji nie są kwantyfikatorami — stanowią tylko elementy składowe konstrukcji definiujących grupy nieprzechwytujące i nazwane grupy przechwytujące. W dalszych recepturach przyjrzymy się jeszcze innym rodzajom grup definiowanych z wykorzystaniem składni <(?>.

Powtarzanie grup

Jeśli umieścimy kwantyfikator za nawiasem zamykającym grupy, cała grupa będzie podlegała odpowiednim powtórzeniom. Wyrażenie <(?:abc){3}> ma więc takie samo znaczenie jak wyrażenie <abcabcabc>.

Kwantyfikatory można zagnieżdżać. Wyrażenie <(e\d+)?> pasuje albo do litery *e*, po której następuje jedna lub wiele cyfr, albo odnajduje dopasowanie zerowej długości. W naszym wyrażeniu operującym na liczbach zmiennoprzecinkowych wykorzystaliśmy tę konstrukcję do dopasowywania opcjonalnego wykładnika.

Grupy przechwytujące mogą być powtarzane. Jak wiemy z receptury 2.9, dopasowanie do grupy jest przechwytywane za każdym razem, gdy moduł wyrażeń regularnych opuszcza tę grupę (dopasowanie nadpisuje ewentualny tekst wcześniej dopasowany do tej grupy). Wyrażenie <(\d\d){1,3}> pasuje do łańcucha złożonego z dwóch, czterech lub sześciu cyfr. Moduł wyrażeń regularnych opuszcza tę grupę trzykrotnie. Po dopasowaniu tego wyrażenia do liczby *123456* grupa przechwytująca będzie zawierała wartość *56*, ponieważ to ona zostanie zapisana w ostatniej iteracji grupy. Dostęp do dwóch pozostałych dopasowań (znalezionych wcześniej), czyli fragmentów *12* i *34*, nie jest możliwy.

Wyrażenie <(\d\d){3}> przechwytuje ten sam tekst co wyrażenie <\d\d\d\d(\d\d)>. Gdybyśmy chcieli, aby nasza grupa przechwytywała wszystkie dwie, cztery lub sześć cyfr zamiast ostatnich dwóch, powinniśmy umieścić tę grupę przechwytującą wokół kwantyfikatora (zamiast powtarzać samą grupę): `<((?:\d\d){1,3})>`. Tym razem wykorzystujemy grupę nieprzechwy-tującą, aby zwolnić grupę przechwytującą z obowiązku grupowania wewnętrznych elementów. Równie dobrze można by użyć dwóch grup przechwytujących `<((\d\d){1,3})>` — wówczas po dopasowaniu liczby *123456* odwołanie `<\1>` wskazywałoby na wartość *123456*, a odwoła-nie `<\2>` wskazywałoby na wartość *56*.

Moduł wyrażeń regularnych platformy .NET jest jedynym, który umożliwia uzyskiwanie war-tości zapisanych we wszystkich iteracjach powtórzonej grupy przechwytującej. Jeśli odwołamy się bezpośrednio do właściwości `Value` danej grupy, w odpowiedzi otrzymamy ostatni prze-chwycony łańcuch (`"56"`, a więc taki sam jak w pozostałych modułach wyrażeń regularnych). Ostatni przechwyt nadpisze także odwołania wstecz i tekst docelowy. Okazuje się jednak, że inna właściwość tej grupy, `CaptureCollection`, reprezentuje stos łańcuchów `"56"`, `"34"` oraz `"12"`.

Patrz także

Receptury 2.9, 2.13, 2.14.

2.13. Wybieranie minimalnego lub maksymalnego z powtórzeń

Problem

Dopasuj parę znaczników `<p>` i `</p>` języka XHTML wraz z tekstem znajdującym się pomiędzy tymi znacznikami. Tekst pomiędzy znacznikami może obejmować inne znaczniki XHTML-a.

Rozwiązanie

```
<p>.*?</p>
```
Opcje wyrażenia regularnego: Dopasowywanie podziału wiersza do kropki
Odmiany wyrażeń regularnych: .NET, Java, JavaScript, PCRE, Perl, Python, Ruby

Analiza

Wszystkie kwantyfikatory opisane w recepturze 2.12 są **zachłanne** (ang. *greedy*), co oznacza, że próbują powtarzać dopasowania możliwie często i że rezygnują dopiero wtedy, gdy są zmu-szone dopasować pozostałe elementy danego wyrażenia regularnego.

Takie rozwiązanie może utrudnić dopasowanie par znaczników XHTML-a (będącego jedną z wersji języka XML, w którym dla każdego znacznika otwierającego musi istnieć odpowiedni znacznik zamykający). Przeanalizujmy poniższy przykład fragmentu dokumentu w formacie XHTML:

```
<p>
<em>Pierwszym</em> zadaniem jest znalezienie początku akapitu.
</p>
<p>
Musisz następnie znaleźć koniec tego akapitu.
</p>
```

W powyższym fragmencie występują dwa otwierające znaczniki <p> i dwa zamykające znacz-niki </p>. Naszym zadaniem jest skojarzenie pierwszego znacznika <p> z pierwszym znaczni-kiem </p>, ponieważ ta para znaczników wyznacza pojedynczy akapit. Warto zwrócić uwagę na zawieranie w tym akapicie zagnieżdżonego znacznika <em> — nasze wyrażenie regularne nie może więc wstrzymać dopasowania w momencie napotkania znaku <.

Warto poświęcić chwilę analizie nieprawidłowego rozwiązania tego problemu:

`<p>.*</p>`

Opcje wyrażenia regularnego: Dopasowywanie podziału wiersza do kropki
Odmiany wyrażeń regularnych: .NET, Java, JavaScript, PCRE, Perl, Python, Ruby

Jedyną różnicą dzielącą to nieprawidłowe rozwiązanie od rozwiązania zaproponowanego na początku tej receptury jest dodatkowy znak zapytania za gwiazdką. Powyższe wyrażenie regu-larne wykorzystuje więc zachłanną konstrukcję opisaną w recepturze 2.12.

Po dopasowaniu pierwszego znacznika <p> w przetwarzanym tekście moduł wyrażeń regu-larnych szuka dopasowania do konstrukcji <.*>. Kropka pasuje do dowolnego znaku, w tym do znaku podziału wiersza. Gwiazdka powoduje jej powtórzenie zero, raz lub wiele razy. Ponieważ gwiazdka jest kwantyfikatorem zachłannym, wyrażenie <.*> jest dopasowywane do wszystkiego aż do wyczerpania przetwarzanego tekstu. Powtórzmy to jeszcze raz: <.*> „zjada" cały kod XHTML-a, począwszy od pierwszego akapitu.

Kiedy wyrażenie <.*> wyczerpie cały tekst, moduł wyrażeń regularnych spróbuje dopasować znak <<> do końca tego tekstu. Ta próba zakończy się niepowodzeniem. Okazuje się jednak, że na tym nie koniec — moduł wyrażeń regularnych dokona **nawrotu**.

Gwiazdka gromadzi co prawda możliwie dużą część przetwarzanego tekstu, jednak „zado-wala się" także dopasowaniem do niczego (zerową liczbą powtórzeń). Dla każdego powtórze-nia kwantyfikatora wykraczającego poza jego minimum wyrażenie regularne zapisuje pozycję nawrotu. Zarejestrowane pozycje umożliwiają modułowi wyrażeń regularnych wracanie do odpowiednich dopasowań na wypadek, gdyby część wyrażenia regularnego za tym kwantyfi-katorem nie została dopasowana.

Kiedy próba dopasowania znaku <<> zakończy się niepowodzeniem, moduł wyrażeń regu-larnych wykona nawrót, zmuszając kwantyfikator <.*> do rezygnacji z jednego z dopasowanych do tej konstrukcji znaków. Zaraz potem zostanie podjęta ponowna próba dopasowania znaku <<>, tym razem do ostatniego znaku przetwarzanego tekstu. Jeśli i ta próba zakończy się nie-powodzeniem, zostanie wykonany kolejny nawrót, a znak <<> zostanie porównany z przed-ostatnim znakiem tekstu. Procedura będzie powtarzana aż do prawidłowego dopasowania znaku <<>. Jeśli takie dopasowanie nigdy nie nastąpi, pula pozycji nawrotów wyrażenia <.*> ostatecznie się wyczerpie, a całe dopasowanie zakończy się niepowodzeniem.

Jeśli uda się dopasować znak <<> na którejś z pozycji nawrotów, zostanie podjęta próba dopa-sowania znaku </>. Jeśli takie dopasowanie się nie powiedzie, moduł wyrażeń regularnych ponownie zainicjuje procedurę nawrotów aż do znalezienia dopasowania całego znacznika <</p>> bądź ostatecznej porażki.

W czym w takim razie tkwi problem? Ponieważ gwiazdka jest kwantyfikatorem zachłannym, nieprawidłowe wyrażenie regularne dopasuje wszystko od pierwszego znacznika <p> w kodzie XHTML-a do ostatniego znacznika </p>. Z drugiej strony prawidłowe dopasowanie akapitu wymaga skojarzenia pierwszego znacznika <p> z pierwszym (nie ostatnim) znacznikiem </p>.

Właśnie do tego służą **leniwe** (ang. *lazy*) kwantyfikatory. Okazuje się, że każdy kwantyfikator można przekształcić w kwantyfikator leniwy, umieszczając bezpośrednio za nim znak zapytania — kwantyfikatorami leniwymi są więc konstrukcje `<*?>`, `<+?>`, `<??>` i `<{7,42}?>`.

Kwantyfikatory leniwe także powodują nawroty, tyle że w nieco inny sposób. Kwantyfikator leniwy powtarza dopasowania możliwie niewiele razy (dla każdego takiego dopasowania zapisuje pozycję nawrotu, po czym umożliwia dalsze przetwarzanie wyrażenia regularnego). Jeśli dopasowanie pozostałych elementów wyrażenia okaże się niemożliwe, moduł wyrażeń wykona nawrót, a leniwy kwantyfikator powtórzy dopasowanie swojego tokenu dla kolejnego fragmentu tekstu. W razie powtarzających się nawrotów kwantyfikator będzie dopasowywał swój token aż do osiągnięcia maksymalnej liczby powtórzeń lub dojścia do punktu w przetwarzanym tekście, w którym dalsze dopasowania są już niemożliwe.

W wyrażeniu `<<p>.*?</p>>` użyto leniwego kwantyfikatora do prawidłowego dopasowania akapitu języka XHTML. Po dopasowaniu wyrażenia `<<p>>` kwantyfikator `<.*?>` ociąga się z dopasowaniem czegokolwiek. Gdyby więc tekst pasujący do wyrażenia `<</p>>` występował bezpośrednio za znacznikiem `<p>`, całe wyrażenie zostałoby dopasowane do pustego akapitu. W przeciwnym razie moduł wyrażeń regularnych wróci do kwantyfikatora `<.*?>`, który dopasuje pojedynczy znak. Jeśli dopasowanie wyrażenia `<</p>>` nadal nie będzie możliwe, do wyrażenia `<.*?>` zostanie dopasowany następny znak. Opisana procedura będzie ponawiana do momentu dopasowania wyrażenia `<</p>>` lub osiągnięcia punktu, w którym dalsze dopasowywanie wyrażenia `<.*?>` nie będzie możliwe. Ponieważ kropka pasuje do wszystkiego, drugi warunek nie zostanie spełniony do czasu wyczerpania całej zawartości przetwarzanego pliku XHTML.

Kwantyfikatory `<*>` i `<*?>` służą do dopasowywania tych samych fragmentów przetwarzanego tekstu. Jedyną różnicą jest kolejność, w której potencjalne dopasowania są poszukiwane w tym tekście. Zachłanny kwantyfikator poszukuje najdłuższego możliwego dopasowania; leniwy kwantyfikator szuka możliwie krótkiego dopasowania.

Najlepszym rozwiązaniem jest oczywiście takie skonstruowanie wyrażenia regularnego, aby możliwe było tylko jedno dopasowanie. W recepturze 2.12 opisano wyrażenia regularne, które pasują do tych samych wartości liczbowych niezależnie od tego, czy zastosujemy zachłanne, czy leniwe kwantyfikatory. Takie działanie jest możliwe, ponieważ elementy tych wyrażeń objęte zasięgiem kwantyfikatorów i elementy następujące bezpośrednio po nich wzajemnie się wykluczają. Token `<\d>` pasuje do cyfry, a token `<\b>` użyty za tokenem `<\d>` pasuje do przetwarzanego tekstu, pod warunkiem że kolejny znak nie jest cyfrą (ani literą).

Aby lepiej zrozumieć działanie zachłannych i leniwych powtórzeń, warto porównać sposób dopasowywania wyrażeń `<\d+\b>` i `<\d+?\b>` do różnych fragmentów tekstu wejściowego. Okazuje się, że dla obu wersji otrzymamy te same wyniki, mimo że tekst wejściowy jest przetwarzany w odmiennej kolejności.

Jeśli zastosujemy wyrażenie `<\d+\b>` dla liczby *1234*, najpierw wszystkie cyfry zostaną dopasowane do wyrażenia `<\d+>`. Zaraz potem zostanie dopasowany token `<\b>` i całe dopasowanie zakończy się pomyślnie. Gdybyśmy jednak użyli wyrażenia `<\d+?\b>`, konstrukcja `<\d+?>` początkowo zostałaby dopasowana tylko do cyfry *1*. Próba dopasowania tokenu `<\b>` pomiędzy cyframi *1* i *2* zakończyłaby się niepowodzeniem. Wówczas dopasowanie do wyrażenia `<\d+?>` zostałoby rozszerzone do fragmentu *12*, co jednak wciąż nie pozwoliłoby na prawidłowe dopasowanie tokenu `<\b>`. Procedura będzie więc powtarzana, aż wyrażenie `<\d+?>` zostanie dopasowane do liczby *1234* (wówczas także dopasowanie tokenu `<\b>` będzie możliwe).

Jeśli przedmiotem przetwarzania jest łańcuch *1234X*, nasze pierwsze wyrażenie regularne, czyli `\d+\b`, także w tym przypadku dopasuje konstrukcję `\d+` do fragmentu *1234*. Próba dopasowania tokenu `\b` zakończy się jednak niepowodzeniem. Zostanie wówczas wykonany nawrót ograniczający fragment dopasowany do wyrażenia `\d+` do łańcucha *123*. Procedura będzie ponawiana do momentu osiągnięcia minimalnego dopasowania, czyli samej cyfry *1*, i odkrycia, że dopasowanie tokenu `\b` wciąż nie jest możliwe. Cała próba dopasowania zakończy się wówczas niepowodzeniem.

Gdybyśmy dla łańcucha *1234X* użyli wyrażenia regularnego `\d+?\b`, konstrukcja `\d+?` początkowo zostałaby dopasowana tylko do cyfry *1*. Ponieważ token `\b` nie pasuje do pozycji pomiędzy cyframi *1* i *2*, dopasowanie do `\d+?` zostanie rozszerzone do *12*. Takie działanie będzie kontynuowane do chwili dopasowania do wyrażenia `\d+?` całej liczby *1234* i odkrycia, że dopasowanie tokenu `\b` nadal nie jest możliwe. Cała próba dopasowania zakończy się więc niepowodzeniem.

Wyrażenie `\d+` umieszczone pomiędzy granicami wyrazów musi pasować do wszystkich cyfr przetwarzanego tekstu albo dopasowanie w ogóle okaże się niemożliwe. W tym przypadku zastosowanie leniwego kwantyfikatora nie wpłynęłoby na ostateczny wynik dopasowania bądź ewentualny błąd. W praktyce wyrażenie `\b\d+\b` byłoby bardziej efektywne, gdybyśmy całkowicie wyeliminowali technikę nawracania. W następnej recepturze wyjaśnimy, jak wykorzystywać do tego celu kwantyfikator własnościowy `\b\d++\b` (przynajmniej w niektórych odmianach).

Patrz także

Receptury 2.8, 2.9, 2.12, 2.14 i 2.15.

2.14. Eliminowanie niepotrzebnych nawrotów

Problem

W poprzedniej recepturze wyjaśniliśmy różnice dzielące zachłanne kwantyfikatory od leniwych kwantyfikatorów oraz sposoby wykonywania nawrotów. Okazuje się jednak, że w pewnych sytuacjach nawracanie w ogóle nie jest potrzebne.

W wyrażeniu regularnym `\b\d+\b` użyliśmy zachłannego kwantyfikatora, a w wyrażeniu `\b\d+?\b` użyliśmy leniwego kwantyfikatora. Oba wyrażenia pasują do tego samego — liczby całkowitej. Dla tego samego tekstu wejściowego oba wyrażenia odnajdują te same dopasowania. W tym przypadku wszelkie nawroty są zbędne. Gdyby udało nam się opracować wyrażenie regularne wprost eliminujące te nawroty, ich przetwarzanie byłoby znacznie bardziej efektywne.

Rozwiązanie

```
\b\d++\b
```
Opcje wyrażenia regularnego: Brak
Odmiany wyrażeń regularnych: Java, PCRE, Perl 5.10, Ruby 1.9

Najprostszym rozwiązaniem jest użycie kwantyfikatora własnościowego. Tego rodzaju kwantyfikatory są jednak obsługiwane tylko przez kilka stosunkowo nowych odmian wyrażeń regularnych.

```
\b(?>\d+)\b
```

Opcje wyrażenia regularnego: Brak
Odmiany wyrażeń regularnych: .NET, Java, PCRE, Perl, Ruby

Identyczne znaczenie ma grupa atomowa, którą jednak definiuje się, stosując nieco mniej czytelną konstrukcję składniową. Z drugiej strony obsługa grupowania atomowego jest bardziej rozpowszechniona niż obsługa kwantyfikatorów własnościowych.

Odmiany wyrażeń regularnych JavaScriptu i Pythona nie obsługują ani kwantyfikatorów własnościowych, ani grupowania atomowego. Oznacza to, że we wspomnianych odmianach w ogóle nie ma możliwości eliminowania niepotrzebnych nawrotów.

Analiza

Kwantyfikator własnościowy (ang. *possessive quantifier*) pod wieloma względami przypomina zachłanny kwantyfikator — próbuje powtarzać dopasowanie możliwie wiele razy. Podstawowa różnica między oboma kwantyfikatorami polega na tym, że kwantyfikator własnościowy nigdy nie wykonuje nawrotów, nawet jeśli nawrót byłby jedyną szansą dopasowania reszty wyrażenia regularnego. Kwantyfikatory własnościowe nie zapisują pozycji nawrotów.

Każdy kwantyfikator można przekształcić w kwantyfikator własnościowy, umieszczając bezpośrednio za nim znak plusa. Przykładami kwantyfikatorów własnościowych są więc następujące konstrukcje: <*+>, <++>, <?+> i <{7,42}+>.

Kwantyfikatory własnościowe są obsługiwane przez Javę 4 i nowsze wersje, czyli począwszy od wersji obejmującej pakiet `java.util.regex`. Kwantyfikatory własnościowe są obsługiwane także przez wszystkie opisywane w tej książce wersje biblioteki PCRE (od wersji 4. do 7.). W Perlu dodano obsługę tego rodzaju kwantyfikatorów, począwszy od wersji 5.10. Klasyczna odmiana wyrażeń regularnych języka Ruby co prawda nie obsługuje kwantyfikatorów własnościowych — ich obsługę zaimplementowano dopiero bibliotece Oniguruma (czyli domyślnym module wyrażeń regularnych języka Ruby 1.9).

Otoczenie zachłannego kwantyfikatora **grupą atomową** (ang. *atomic group*) ma dokładnie taki sam wpływ na ten kwantyfikator jak dopisanie znaku plusa (utworzenie kwantyfikatora własnościowego). Kiedy moduł wyrażeń regularnych opuszcza grupę atomową, wszystkie pozycje nawrotów, zapisane kwantyfikatory i wyrażenia alternatywne w ramach tej grupy są usuwane. Grupę atomową definiujemy, stosując konstrukcję składniową <(?>*wyrażenie_regularne*)>, gdzie <*wyrażenie_regularne*> jest dowolnym wyrażeniem regularnym. Grupa atomowa jest w istocie grupą nieprzechwytującą, która odrzuca żądania nawrotów. Znak zapytania stosowany w przytoczonej konstrukcji nie jest kwantyfikatorem — zapis <(?>> pełni funkcję nawiasu otwierającego grupy atomowej.

Kiedy stosujemy wyrażenie regularne <\b\d++\b> (z kwantyfikatorem własnościowym) dla tekstu wejściowego *123abc 456*, token <\b> jest dopasowywany do początku tego tekstu, a konstrukcja <\d++> jest dopasowywana do liczby *123*. Na tym etapie nasze wyrażenie nie różni się od wyrażenia <\b\d+\b> (z zachłannym kwantyfikatorem). Okazuje się jednak, że drugi token <\b> nie pasuje do pozycji dzielącej znaki *3* oraz *a*.

Kwantyfikator własnościowy nie zapisał żadnych pozycji nawrotów. Ponieważ nasze wyrażenie regularne nie zawiera żadnych innych kwantyfikatorów ani wyrażeń alternatywnych, niedopasowanie drugiej granicy wyrazu wyczerpuje możliwości dopasowania tego fragmentu przetwarzanego tekstu. W tej sytuacji moduł wyrażeń regularnych natychmiast deklaruje brak możliwości dopasowania fragmentu rozpoczynającego się od cyfry *1*.

Moduł wyrażeń regularnych próbuje wówczas porównać znak na kolejnej pozycji w przetwarzanym łańcuchu — kwantyfikator własnościowy w żaden sposób nie wpływa na ten aspekt działania modułu. Jeśli wyrażenie regularne ma pasować do całego przetwarzanego tekstu, należy użyć kotwic omówionych w recepturze 2.5. I wreszcie moduł wyrażeń regularnych spróbuje dopasować nasze wyrażenie do fragmentu rozpoczynającego się od cyfry *4*, by ostatecznie dopasować liczbę *456*.

Różnica dzieląca to rozwiązanie od odpowiedniego wyrażenia z zachłannym kwantyfikatorem jest widoczna w momencie odkrycia braku możliwości dopasowania tokenu <\b> podczas przetwarzania pierwszego fragmentu — zachłanny kwantyfikator wykonuje wówczas nawrót. Oznacza to, że moduł wyrażeń regularnych sprawdza (niepotrzebnie) występowanie dopasowania do tokenu <\b> pomiędzy cyframi *2* i *3* oraz *1* i *2*.

Proces dopasowywania z wykorzystaniem techniki grupowania atomowego przebiega identycznie. Kiedy stosujemy wyrażenie regularne <\b(?>\d+)\b> dla tekstu wejściowego *123abc 456*, token <\b> jest dopasowywany do początku tego tekstu. Moduł wyrażeń regularnych wchodzi następnie do grupy atomowej, a konstrukcja <\d+> jest dopasowywana do liczby *123*. Zaraz potem moduł wyrażeń regularnych opuszcza naszą grupę atomową, co powoduje automatyczne usunięcie pozycji nawrotów zapisanych przez <\d+>. Po zakończonej niepowodzeniem próbie dopasowania drugiego tokenu <\b> moduł wyrażeń regularnych wyczerpuje możliwości dalszych dopasowań, zatem próba dopasowania natychmiast kończy się niepowodzeniem. Podobnie jak w przypadku wersji z kwantyfikatorem własnościowym, ostatecznie zostanie dopasowana liczba *456*.

O kwantyfikatorze własnościowym mówimy, że w ogóle nie zapamiętuje pozycji nawrotów, natomiast o grupie atomowej mówimy, że eliminuje zapisane pozycje. Takie postrzeganie obu konstrukcji ułatwia zrozumienie procesu ich dopasowywania, jednak nie należy się zbytnio przywiązywać do tej terminologii, ponieważ wykorzystywane przez nas odmiany wcale nie muszą implementować tych mechanizmów w proponowany sposób. W wielu odmianach <x++> jest zaledwie lukrem składniowym konstrukcji <(?>x+)> (w takim przypadku obie konstrukcje są implementowane w identyczny sposób). To, czy wykorzystywany moduł wyrażeń regularnych nigdy nie zapisuje pozycji nawrotów, czy usuwa już zapisane nawroty, nie ma żadnego wpływu na wynik procesu dopasowywania wyrażeń.

Jedną z najważniejszych różnic pomiędzy kwantyfikatorami własnościowymi i grupami atomowymi jest możliwość stosowania tych pierwszych tylko dla pojedynczego tokenu wyrażenia regularnego (grupa atomowa może otaczać nawet całe wyrażenie regularne).

Wyrażenia regularne <\w++\d++> oraz <(?>\w+\d+)> w żadnym razie nie są tożsame. Wyrażenie <\w++\d++>, którego znaczenie jest identyczne jak wyrażenia <(?>\w+)(?>\d+)>, nie zostanie dopasowane do łańcucha *abc123*. Konstrukcja <\w++> pasuje do całego łańcucha *abc123*. Moduł wyrażeń regularnych próbuje następnie dopasować <\d++> do końca przetwarzanego tekstu. Brak dalszych znaków w tym tekście uniemożliwia takie dopasowanie. Ponieważ opisywana konstrukcja nie zapisuje pozycji nawrotów, cała próba dopasowania kończy się niepowodzeniem.

Wyrażenie `<(?>\w+\d+)>` zawiera dwa zachłanne kwantyfikatory w jednej grupie atomowej. W ramach tej grupy nawroty są wykonywane w tradycyjny sposób. Pozycje nawrotów są usuwane dopiero w momencie osiągnięcia końca całej tej grupy przez moduł wyrażeń regularnych. W przypadku tekstu wejściowego *abc123* konstrukcja `<\w+>` zostałaby dopasowana do *abc123*. Ponieważ jednak tradycyjny, zachłanny kwantyfikator zapamiętuje pozycje nawrotów, w momencie odkrycia, że dopasowanie do konstrukcji `<\d+>` nie jest możliwe, `<\w+>` rezygnuje z jednego znaku. Wyrażenie `<\d+>` zostanie wówczas dopasowane do cyfry *3*. Moduł wyrażeń regularnych opuszcza wówczas grupę atomową, usuwając wszystkie zapisane pozycje nawrotów dla konstrukcji `<\w+>` i `<\d+>`. Ponieważ jednak na tym etapie jest osiągany koniec wyrażenia regularnego, brak pozycji nawrotów nie ma już najmniejszego znaczenia. Całe dopasowanie jest prawidłowo odnajdywane.

Gdyby koniec grupy atomowej nie był końcem całego wyrażenia regularnego, jak w wyrażeniu `<(?>\w+\d+)\d+>`, nasza sytuacja wyglądałaby identycznie jak wtedy, gdy korzystaliśmy z wyrażenia `<\w++\d++>`. Drugie wyrażenie `<\d+>` nie może być do niczego dopasowane, ponieważ w momencie jego osiągnięcia cały tekst wejściowy jest już przetworzony. Wcześniejsze usunięcie pozycji nawrotów (wraz z opuszczeniem grupy atomowej) nie pozostawia modułowi wyrażeń regularnych wyboru — musi ogłosić klęskę.

Kwantyfikatory własnościowe i grupy atomowe nie służą wyłącznie do optymalizacji wyrażeń warunkowych. Mogą wpływać na dopasowania znajdowane przez wyrażenia regularne poprzez eliminowanie dopasowań, które nie są możliwe bez nawrotów.

W tej recepturze pokazano, jak korzystać z kwantyfikatorów własnościowych i grup atomowych, aby nieznacznie podnieść efektywność wyrażeń regularnych (różnica w wydajności może być niezauważalna). W następnej recepturze omówimy technikę grupowania atomowego, która może mieć zasadniczy wpływ na wydajność.

Patrz także

Receptury 2.12 i 2.15.

2.15. Zapobieganie niekończącym się powtórzeniom

Problem

Użyj pojedynczego wyrażenia regularnego do dopasowania kompletnego pliku w formacie HTML, sprawdzając przy tym prawidłowość zagnieżdżonych znaczników html, head, title i body. Twoje wyrażenie regularne nie może pasować do plików HTML z nieprawidłowymi znacznikami.

Rozwiązanie

```
<html>(?>.*?<head>)(?>.*?<title>)(?>.*?</title>)(?>.*?</head>)(?>.*?<body[^>]*>)
↪(?>.*?</body>).*?</html>
```
Opcje wyrażenia regularnego: Ignorowanie wielkości liter; dopasowywanie podziału wiersza do kropki
Odmiany wyrażeń regularnych: .NET, Java, PCRE, Perl, Ruby

Odmiany wyrażeń regularnych języków JavaScript i Python nie obsługują grup atomowych. Oznacza to, że w wymienionych odmianach nie istnieje możliwość wyeliminowania niepotrzebnych nawrotów. Programiści JavaScriptu i Pythona mogą ten problem rozwiązać, poszukując kolejno stałych fragmentów tekstu właściwych poszczególnym znacznikom i przeszukując resztę przetwarzanego tekstu pod kątem występowania następnego znacznika.

Analiza

Zrozumienie prawidłowego rozwiązania tego problemu będzie prostsze, jeśli naszą analizę rozpoczniemy od omówienia uproszczonego, dość naiwnego rozwiązania:

```
<html>.*?<head>.*?<title>.*?</title>.*?</head>.*?<body[^>]*>.*?</body>.*?</html>
```

Opcje wyrażenia regularnego: Ignorowanie wielkości liter; dopasowywanie podziału wiersza do kropki

Odmiany wyrażeń regularnych: .NET, Java, JavaScript, PCRE, Perl, Python, Ruby

Kiedy stosujemy wyrażenie regularne w tej formie dla prawidłowego pliku HTML, wszystko działa prawidłowo. Konstrukcja <.*?> pasuje do wszystkiego, ponieważ włączyliśmy tryb dopasowywania podziału wiersza do kropki. Gwiazdka powoduje, że ten leniwy kwantyfikator jest ostrożnie dopasowywany do kolejnych znaków — po każdym takim dopasowaniu moduł wyrażeń regularnych sprawdza, czy można dopasować następny znacznik. Zagadnienia związane z działaniem tych mechanizmów wyjaśniono w recepturach 2.4 i 2.13.

Okazuje się jednak, że powyższe wyrażenie regularne nie zdaje egzaminu, jeśli zastosujemy je dla tekstu wejściowego, który nie zawiera wszystkich znaczników HTML-a. Z najgorszym przypadkiem mamy do czynienia przy braku znacznika zamykającego </html>.

Wyobraźmy sobie, że moduł wyrażeń regularnych dopasował wszystkie poprzednie znaczniki i rozszerza teraz fragment dopasowywany do ostatniego wyrażenia <.*?>. Ponieważ dopasowanie znacznika <</html>> nie jest możliwe, dopasowanie do wyrażenia <.*?> zostanie rozszerzone na całą resztę pliku HTML. Brak możliwości dalszego rozszerzania tekstu pasującego do tego wyrażenia oznacza nieudane dopasowanie.

Na tym jednak opisywana procedura się nie kończy. Każda z pozostałych sześciu konstrukcji <.*?> zapisała pozycję nawrotu umożliwiającą dalsze rozszerzenie odpowiednich dopasowań. Kiedy próba rozszerzenia ostatniego wyrażenia <.*?> kończy się niepowodzeniem, rozpoczyna się procedura rozszerzania tekstu pasującego do poprzedniego wyrażenia <.*?>, które stopniowo zostanie dopasowane do znaków znacznika </body>. Ten sam tekst został wcześniej dopasowany do stałej <</body>> w ramach tego wyrażenia regularnego. Także dopasowanie do tej konstrukcji <.*?> zostanie rozszerzone aż do osiągnięcia końca przetwarzanego pliku (ten sam proces zostanie kolejno powtórzony dla wszystkich poprzednich leniwych kwantyfikatorów z kropkami). Dopiero po osiągnięciu końca pliku przez pierwszą konstrukcję <.*?> moduł wyrażeń regularnych uzna porażkę całego dopasowania.

Złożoność obliczeniowa tego wyrażenia regularnego w najgorszym przypadku wynosi $O(n^7)$, czyli jest równa długości przetwarzanego tekstu podniesionej do siódmej potęgi. Wyrażenie zawiera bowiem siedem leniwych kwantyfikatorów, których dopasowania w najgorszym przypadku mogą zostać rozszerzone na cały przetwarzany tekst. Jeśli więc plik wejściowy będzie dwukrotnie dłuższy, w skrajnym przypadku nasze wyrażenie będzie musiało wykonać 128 razy więcej kroków, zanim będzie możliwe stwierdzenie niepowodzenia próby dopasowania.

W takich przypadkach mówi się o tzw. **katastrofalnych nawrotach** (ang. *catastrophic backtracking*). Ogromna liczba nawrotów powoduje, że przetwarzanie wyrażenia regularnego albo trwa w nieskończoność, albo prowadzi do awarii aplikacji. Niektóre implementacje wyrażeń regularnych są na tyle „inteligentne", że odpowiednio wcześnie przerywają próbę dopasowania — warto jednak pamiętać, że nawet wówczas takie wyrażenie znacznie obniży wydajność naszej aplikacji.

 Katastrofalne nawroty to tylko jeden z przykładów zjawiska znanego jako **eksplozja kombinacji** (ang. *combinatorial explosion*), w którym liczba warunków jest przez siebie mnożona, co znacznie podnosi liczbę kombinacji do sprawdzenia. Nasze wyrażenie regularne w pewnym sensie jest **iloczynem kartezjańskim** różnych operatorów powtórzeń.

Najlepszym rozwiązaniem jest użycie techniki grupowania atomowego, aby zapobiec niepotrzebnym nawrotom. Nie ma potrzeby rozszerzania szóstej konstrukcji <.*?> już po dopasowaniu znacznika zamykającego <</body>>. Jeśli dopasowanie wyrażenia <</html>> zakończy się niepowodzeniem, rozszerzenie szóstej leniwej kropki nie spowoduje cudownego pojawienia się brakującego znacznika.

Aby przetwarzanie kwantyfikowanego tokenu wyrażenia regularnego było zatrzymywane w momencie dopasowania następującego po nim elementu, należy umieścić zarówno kwantyfikowaną część wyrażenia regularnego, jak i ten element w grupie atomowej: <(?>.*?</body>)>. W momencie dopasowania wyrażenia <</body>> moduł wyrażeń regularnych usunie wszystkie zapisane pozycje dla <.*?</body>>. Jeśli następnie nie uda się dopasować wyrażenia <</html>>, moduł wyrażeń regularnych nie będzie już „pamiętał" pozycji dla <.*?</body>>, zatem nie będzie rozszerzał wcześniejszych dopasowań.

Jeśli powtórzymy to rozwiązanie dla wszystkich pozostałych konstrukcji <.*?> w naszym wyrażeniu regularnym, żaden z kwantyfikatorów nie będzie rozszerzał swoich dopasowań. Mimo że tak zmienione wyrażenie regularne wciąż będzie zawierało siedem leniwych kropek, ich dopasowania nigdy nie będą się pokrywały. W ten sposób można ograniczyć złożoność obliczeniową wyrażenia regularnego do $O(n)$, czyli liniowo zależnej od długości przetwarzanego tekstu. Żadne wyrażenie regularne nie może być bardziej efektywne.

Warianty

Jeśli chcesz się przekonać, jak naprawdę działają katastrofalne nawroty, spróbuj dopasować wyrażenie <(x+x+)+y> do łańcucha *xxxxxxxxx*. Jeśli przetwarzanie tego łańcucha szybko zakończy się nieudanym dopasowaniem, dodaj jeszcze jedną literę *x* do tego tekstu. Powtarzaj te zabiegi tak długo, aż wykonywanie tego wyrażenia regularnego będzie trwało bardzo długo lub Twoja aplikacja ulegnie awarii. Jeśli nie korzystasz z Perla, najprawdopodobniej nie będziesz musiał dopisywać zbyt wielu dodatkowych liter *x*.

Ze wszystkich odmian wyrażeń regularnych opisanych w tej książce tylko odmiana języka Perl potrafi wykrywać nadmierną złożoność wyrażenia regularnego i przerywać dalsze dopasowywanie bez awarii.

Złożoność tego wyrażenia regularnego wynosi $O(2^n)$. Kiedy dopasowanie wyrażenia <y> okazuje się niemożliwe, moduł wyrażeń regularnych próbuje przetworzyć wszystkie możliwe permutacje, powtarzając każdą z konstrukcji <x+> oraz otaczającą je grupę. Przeanalizujmy przykład jednej z tych permutacji — konstrukcji <x+> dopasowanej do *xxx*, drugiej konstrukcji <x+> dopasowanej do *x* oraz całej grupy powtórzonej trzy razy dla każdego wyrażenia <x+> pasującego do *x*. W przypadku dziesięciu liter *x* istnieją 1024 takie permutacje. Jeśli zwiększymy liczbę tych liter do 32, otrzymamy ponad 4 miliardy permutacji, które z pewnością doprowadzą do wyczerpania pamięci każdego modułu wyrażeń regularnych (chyba że moduł dysponuje mechanizmem bezpieczeństwa wykrywającym i odrzucającym zbyt skomplikowane wyrażenia).

W tym konkretnym przypadku można łatwo przebudować to niefortunne wyrażenie regularne — wyrażenie <xx+y> odnajduje dokładnie te same dopasowania w liniowym czasie. W praktyce, szczególnie w przypadku bardziej skomplikowanych wyrażeń regularnych, alternatywne rozwiązania nie zawsze są takie oczywiste.

Najprostszym sposobem unikania tego rodzaju sytuacji jest odnajdywanie w wyrażeniach regularnych dwóch lub większej liczby elementów pasujących do tego samego tekstu. Po znalezieniu takich elementów warto rozważyć zastosowanie techniki grupowania atomowego, aby wyeliminować ryzyko sprawdzania wszystkich możliwych kombinacji dzielenia tekstu pomiędzy te elementy. Zawsze powinniśmy testować nasze wyrażenia regularne na przykładowych (najlepiej dość długich) danych zawierających tekst, który częściowo (ale nie w całości) może być dopasowany do tych wyrażeń.

Patrz także

Receptury 2.13 i 2.14.

2.16. Testowanie dopasowań bez ich dodawania do właściwego dopasowania

Problem

Znajdź dowolne słowo mieszczące się pomiędzy parą znaczników <b> i </b> języka HTML, ale nie włączaj samych znaczników do wynikowego dopasowania swojego wyrażenia regularnego. Jeśli na przykład w roli tekstu wejściowego użyjemy zdania Mój <b>kot</b> jest puszysty, jedynym prawidłowym dopasowaniem powinno być słowo kot.

Rozwiązanie

```
(?<=<b>)\w+(?=</b>)
```
Opcje wyrażenia regularnego: Ignorowanie wielkości liter
Odmiany wyrażeń regularnych: .NET, Java, PCRE, Perl, Python, Ruby 1.9

JavaScript i Ruby 1.8 obsługują wyszukiwanie w przód (na przykład wyrażenie <(?=</b>)>), ale nie obsługują wyszukiwania w tył (na przykład w formie wyrażenia <(?<=<b>)>).

Analiza

Wyszukiwanie

Współczesne odmiany wyrażeń regularnych obsługują cztery rodzaje **grup wyszukiwania** (ang. *lookaround groups*), których cechą szczególną jest wyłączanie tekstu pasującego do tych grup z ostatecznego, zbiorczego wyniku dopasowania. W praktyce wyszukiwanie polega na sprawdzaniu, czy pewien tekst może zostać dopasowany, ale nie wykonuje właściwego dopasowania.

Operację wyszukiwania wykonywaną na danych już przetworzonych określa się mianem **wyszukiwania wstecz** (ang. *lookbehind*). Wyszukiwanie wstecz jest jedyną konstrukcją wyrażenia regularnego przeglądającą tekst od prawej do lewej strony (zamiast od lewej do prawej). Do definiowania **pozytywnego wyszukiwania wstecz** służy składnia `<(?<=tekst)>`. Znaki `<(?<=>` składają się na nawias otwierający tę konstrukcję. Pozostała część, która definiuje właściwe wyszukiwanie wstecz (w tym przypadku `<tekst>`), różni się w zależności od odmiany wyrażeń regularnych. Okazuje się jednak, że prosta stała tekstowa, jak `<(?<=<b>)>`, może być stosowana niezależnie od wykorzystywanej odmiany.

Wyszukiwanie wstecz pozwala nam sprawdzać, czy tekst w ramach tej konstrukcji występuje bezpośrednio na lewo od pozycji w tekście osiągniętej przez moduł wyrażeń regularnych. Jeśli dopasowujemy wyrażenie `<(?<=<b>)>` do fragmentu `Mój <b>kot</b> jest puszysty`, wyszukiwanie wstecz nie zostanie prawidłowo dopasowane do momentu osiągnięcia litery `k` w tym fragmencie. Moduł wyrażeń regularnych wchodzi wówczas do grupy wyszukiwania wstecz, która wymusza na nim sprawdzenie tekstu na lewo od bieżącej pozycji. Wyrażenie `<<b>>` pasuje do tekstu poprzedzającego literę `k`. Moduł wyrażeń regularnych opuszcza wówczas grupę wyszukiwania wstecz i usuwa z budowanego dopasowania tekst dopasowany do tej grupy. Innymi słowy, odtwarza się stan bieżącego dopasowania z punktu, w którym moduł wyrażeń regularnych wszedł do grupy wyszukiwania wstecz. W tym przypadku bieżące dopasowanie będzie dopasowaniem zerowej długości na pozycji przed literą `k` w przetwarzanym łańcuchu. Oznacza to, że wyszukiwanie wstecz ogranicza się do sprawdzenia możliwości dopasowania wyrażenia `<<b>>`, ale nie dopasowuje tego wyrażenia. Właśnie dlatego konstrukcje wyszukiwania bywają nazywane **asercjami zerowej długości** (ang. *zero-length assertions*).

Po dopasowaniu wyszukiwania wstecz klasa znaków `<\w+>` próbuje dopasować jeden lub wiele znaków wyrazów. W tym przypadku do wspomnianej klasy zostanie dopasowane słowo `kot`. Ponieważ wyrażenia `<\w+>` nie umieszczono w żadnej konstrukcji wyszukiwania ani grupie, wyraz `kot` zostanie dopasowany w tradycyjny sposób. Mówimy więc, że `<\w+>` dopasowuje i **konsumuje** wyraz `kot`, natomiast konstrukcja wyszukiwania może do czegoś pasować, ale nigdy tego dopasowania nie konsumuje.

Wyszukiwanie sprawdzające tekst w tym samym kierunku, w którym wyrażenie regularne przetwarza kolejne znaki, nazywa się **wyszukiwaniem w przód** (ang. *lookahead*). Ta forma wyszukiwania jest obsługiwana przez wszystkie odmiany wyrażeń regularnych opisywanych w tej książce. **Pozytywne wyszukiwanie w przód** jest reprezentowane przez konstrukcję składniową `<(?=wyrażenie_regularne)>`. Znaki `<(?=>` pełnią funkcję nawiasu otwierającego grupę wyszukiwania w przód. W ramach wyszukiwania w przód (w miejsce `wyrażenie_regularne`) można stosować wszystkie elementy dopuszczalne w normalnych wyrażeniach regularnych.

Po dopasowaniu konstrukcji `<\w+>` w ramach wyrażenia `<(?<=<b>)\w+(?=</b>)>` do słowa `kot` w zdaniu `Mój <b>kot</b> jest puszysty` moduł wyrażeń regularnych wchodzi do grupy wyszukiwania w przód. Na tym etapie moduł wyrażeń regularnych zapisuje już dopasowany fragment tekstu i kojarzy go z wyszukiwaniem w przód. Zaraz potem następuje normalne dopasowanie wyrażenia `<</b>`. Moduł wyrażeń regularnych opuszcza wówczas grupę wyszukiwania w przód (ponieważ wyrażenie regularne w ramach tej grupy zostało dopasowane do przetworzonego tekstu, przyjmuje się, że dopasowanie samego wyszukiwania w przód zakończyło się pomyślnie). Moduł wyrażeń regularnych usuwa tekst dopasowany do wyszukiwania w przód z właściwego dopasowania i wraca do bieżącego dopasowania zapisanego przy okazji wchodzenia do grupy wyszukiwania. Oznacza to, że jest przywracane bieżące dopasowanie do wyrazu `kot`. Ponieważ koniec grupy wyszukiwania zbiega się z końcem samego wyrażenia regularnego, słowo `kot` jest ostatecznym wynikiem dopasowania.

Wyszukiwanie negatywne

`<(?!wyrażenie_regularne)>`, czyli konstrukcja z wykrzyknikiem zamiast znaku równości, definiuje tzw. **negatywne wyszukiwanie w przód** (ang. *negative lookahead*). Negatywne wyszukiwanie w przód różni się od pozytywnego wyszukiwania w przód tylko tym, że dopasowanie negatywnego wyszukiwania w przód przebiega pomyślnie, jeśli wyrażenie regularne w ramach tej grupy wyszukiwania nie pasuje do analizowanego tekstu.

Sam proces dopasowywania przebiega dokładnie tak samo. W momencie wchodzenia do grupy negatywnego wyszukiwania moduł wyrażeń regularnych zapamiętuje bieżące dopasowanie, po czym próbuje w standardowy sposób dopasować wyrażenie regularne zdefiniowane w ramach grupy. Jeśli to wyrażenie pasuje do analizowanego tekstu, negatywne wyszukiwanie kończy się niepowodzeniem, a moduł wyrażeń regularnych wykonuje nawrót. Jeśli dopasowanie tego wyrażenia jest niemożliwe, moduł wyrażeń regularnych przywraca bieżące dopasowanie i kontynuuje przetwarzanie dalszej części danego wyrażenia regularnego.

Podobnie konstrukcja `(?<!tekst)` definiuje **negatywne wyszukiwanie wstecz** (ang. *negative lookbehind*). Negatywne wyszukiwanie wstecz jest dopasowywane w sytuacji, gdy żadna z alternatyw w ramach tej grupy nie może zostać dopasowana do tekstu poprzedzającego bieżącą pozycję osiągniętą przez całe wyrażenie regularne w analizowanych danych.

Różne poziomy wyszukiwania wstecz

Wyszukiwanie w przód jest łatwe. Wszystkie prezentowane w tej książce odmiany wyrażeń regularnych umożliwiają nam umieszczanie w tego rodzaju konstrukcjach kompletnych wyrażeń regularnych. Oznacza to, że wszystkie rozwiązania, które można stosować w zwykłych wyrażeniach regularnych, możemy umieszczać także w grupach wyszukiwania w przód. Złożone konstrukcje tego typu mogą nas przyprawiać o zawrót głowy, ale moduł wyrażeń regularnych powinien sobie bez trudu z nimi radzić.

Z zupełnie inną sytuacją mamy do czynienia w przypadku wyszukiwania wstecz. Oprogramowanie obsługujące wyrażenia regularne zawsze projektowano z myślą o przetwarzaniu tekstu od lewej do prawej strony. Wyszukiwanie wstecz często jest implementowane z wykorzystaniem pewnej sztuczki — moduł wyrażeń regularnych określa, ile znaków składa się na wyrażenie w grupie wyszukiwania wstecz, zmienia pozycję w przetwarzanym tekście o tę liczbę znaków, po czym porównuje wyszukiwany tekst z odpowiednim fragmentem przetwarzanego tekstu od lewej do prawej strony.

Właśnie dlatego wczesne implementacje oferowały możliwość umieszczania w grupach wyszukiwania wstecz tylko stałych tekstowych. Twórcy języków Perl, Python i Ruby 1.9 opracowali jednak bardziej rozbudowane mechanizmy, dzięki którym możemy umieszczać w grupach wyszukiwania wstecz wiele stałych łańcuchowych w formie wyrażeń alternatywnych i klas znaków. Możliwości tych mechanizmów ograniczają się jednak do obsługi takich wyrażeń jak `<(?<=jeden|dwa|trzy|czterdzieści-dwa|k[ao]t)>`.

Języki Perl, Python i Ruby 1.9 wewnętrznie rozszerzają przytoczone wyrażenie na sześć testów wyszukiwania wstecz. Początkowo cofają pozycję w przetwarzanym tekście o trzy znaki, aby sprawdzić możliwość dopasowania wyrażenia `<dwa|kot|kat>`, następnie cofają pozycję o cztery znaki, aby sprawdzić możliwość dopasowania wyrażenia `<trzy>`, następnie cofają pozycję o pięć znaków, aby sprawdzić możliwość dopasowania wyrażenia `<jeden>`, i wreszcie cofają pozycję o szesnaście znaków, aby sprawdzić możliwość dopasowania wyrażenia `<czterdzieści-dwa>`.

Jeszcze dalej poszli twórcy biblioteki PCRE i Javy. Oferowane odmiany umożliwiają umieszczanie w grupach wyszukiwania wstecz dowolnych wyrażeń regularnych skończonej długości. Oznacza to, że grupy wyszukiwania wstecz mogą zawierać dowolne konstrukcje oprócz takich kwantyfikatorów, jak `<*>`, `<+>` i `<{42,}>`. Wewnętrzne mechanizmy biblioteki PCRE i środowiska Javy obliczają minimalną i maksymalną długość tekstu, który może być dopasowany do fragmentu wyrażenia regularnego w ramach grupy wyszukiwania wstecz. Pozycja w przetwarzanym tekście początkowo jest cofana o minimalną liczbę znaków, a wyznaczony w ten sposób fragment tekstu jest dopasowywany do danego wyrażenia od lewej do prawej strony. W razie niepowodzenia pozycja jest cofana o kolejny znak itd. aż do znalezienia dopasowania lub osiągnięcia maksymalnej liczby testowanych znaków.

Jeśli opisany mechanizm sprawia wrażenie nieefektywnego — słusznie. Wyszukiwanie wstecz jest bardzo wygodne, ale też nie należy do najszybszych rozwiązań. W dalszej części tej receptury przeanalizujemy rozwiązanie dla odmian języków JavaScript i Ruby 1.8, które w ogóle nie obsługują wyszukiwania wstecz. Co ciekawe, to rozwiązanie jest dużo bardziej efektywne od wyszukiwania wstecz.

Moduł wyrażeń regularnych frameworku .NET jako jedyny[4] potrafi stosować kompletne, rozbudowane wyrażenia regularne od prawej do lewej strony. Odmiana wyrażeń regularnych frameworku .NET umożliwia nam umieszczanie w grupach wyszukiwania wstecz dowolnych wyrażeń regularnych, które są następnie stosowane od prawej do lewej strony. Warto jednak pamiętać, że samo wyrażenie regularne w grupie wyszukiwania wstecz oraz przetwarzany tekst są analizowane od lewej do prawej strony.

Dwukrotne dopasowywanie tego samego tekstu

Kiedy stosujemy dopasowanie wstecz na początku wyrażenia regularnego lub dopasowanie w przód na końcu wyrażenia regularnego, w praktyce określamy, że jakiś tekst ma wstępować odpowiednio przed lub za dopasowaniem, ale nie ma być włączany do tego dopasowania. Jeśli jednak umieścimy konstrukcję wyszukującą w środku naszego wyrażenia regularnego, będziemy mogli zastosować wiele testów dla tego samego tekstu.

---

[4] Także moduł wyrażeń regularnych narzędzia RegexBuddy oferuje możliwość definiowania kompletnych wyrażeń regularnych w ramach grup wyszukiwania wstecz, jednak nie udostępnia (przynajmniej na razie) funkcji podobnej do `RegexOptions.RightToLeft` (zaimplementowanej we frameworku .NET), przetwarzającej całe wyrażenie regularne w odwrotnej kolejności.

W punkcie „Rozwiązania właściwe poszczególnym odmianom" w recepturze 2.3 pokazano, jak korzystać z techniki odejmowania klas znaków, aby dopasowywać cyfry alfabetu tajskiego. Odejmowanie klas znaków jest jednak obsługiwane tylko przez odmiany wyrażeń regularnych platformy .NET oraz Javy.

Znak jest cyfrą alfabetu tajskiego, jeśli jednocześnie jest znakiem (dowolnym) alfabetu tajskiego oraz cyfrą (dowolnego alfabetu). Dopasowywanie w przód umożliwia weryfikację pojedynczego znaku pod kątem obu kryteriów:

```
(?=\p{Thai})\p{N}
```
Opcje wyrażenia regularnego: Brak
Odmiany wyrażeń regularnych: PCRE, Perl, Ruby 1.9

Wyrażenie regularne w tej formie może być stosowane tylko w trzech odmianach obsługujących alfabety standardu Unicode (zagadnienie to wyjaśniono w recepturze 2.7). Samo dopasowywanie tego samego znaku więcej niż raz z wykorzystaniem wyszukiwania w przód jest jednak możliwe we wszystkich odmianach prezentowanych w tej książce.

Moduł wyrażeń regularnych, który szuka tekstu pasującego do wyrażenia <(?=\p{Thai})\p{N}>, wchodzi do tej grupy wyszukiwania na każdej pozycji przetwarzanego łańcucha. Jeśli znak na tej pozycji nie należy do alfabetu tajskiego (jeśli dopasowanie <\p{Thai}> okazuje się niemożliwe), cała procedura wyszukiwania w przód kończy się niepowodzeniem. Dopasowanie wyrażenia uznaje się wówczas za niewykonalne, co zmusza moduł wyrażeń regularnych do analizy kolejnego znaku.

Kiedy moduł wyrażeń regularnych osiąga jakiś znak alfabetu tajskiego, dopasowanie wyrażenia <\p{Thai}> jest możliwe. W takim przypadku analizowany znak pasuje także do grupy wyszukiwania <(?=\p{Thai})>. W momencie opuszczania grupy dopasowania moduł wyrażeń regularnych przywraca zapamiętany wcześniej stan przetwarzania. W tym przypadku będzie to dopasowanie zerowej długości bezpośrednio przed znalezionym właśnie znakiem alfabetu tajskiego. Pozostaje jeszcze dopasowanie wyrażenia <\p{N}>. Ponieważ dopasowanie do poprzedniego elementu grupy wyszukiwania zostało pominięte, wyrażenie <\p{N}> jest porównywane z tym samym znakiem, który dopasowano już do wyrażenia <\p{Thai}>. Jeśli dany znak ma przypisaną właściwość Number standardu Unicode, dopasowanie do wyrażenia <\p{N}> jest możliwe. Ponieważ <\p{N}> nie umieszczono w grupie wyszukiwania, takie dopasowanie konsumuje ten znak, zatem otrzymujemy w jego wyniku cyfrę pisma tajskiego.

Wyszukiwanie jest operacją atomową

Kiedy moduł wyrażeń regularnych opuszcza grupę wyszukiwania w przód, usuwa z dopasowania ewentualny tekst pasujący do wyrażenia w grupie wyszukiwania. Oznacza to, że ewentualne pozycje nawrotów zapamiętane dla alternatyw i kwantyfikatorów w ramach tej grupy także są bezpowrotnie usuwane. Takie rozwiązanie powoduje, że grupy wyszukiwania w przód i wyszukiwania wstecz mają charakter atomowy. Znaczenie grup atomowych szczegółowo wyjaśniono w recepturze 2.15.

W większości przypadków atomowy charakter grup wyszukiwania nie ma większego znaczenia. Wyszukiwanie jest w istocie asercją wymagającą potwierdzenia, czyli dopasowania bądź odrzucenia dopasowania wyrażenia regularnego w ramach danej grupy. Liczba sposobów, na które można znaleźć to dopasowanie, jest o tyle nieistotna, że ewentualne dopasowanie nie konsumuje żadnego fragmentu przetwarzanego tekstu.

Atomowy charakter grup wyszukiwania ma znaczenie dopiero wtedy, gdy stosujemy grupy przechwytujące w ramach grup wyszukiwania w przód (lub grup wyszukiwania wstecz, jeśli wykorzystywana odmiana wyrażeń regularnych dopuszcza taką możliwość). Mimo że samo wyszukiwanie w przód nie konsumuje żadnego tekstu, moduł wyrażeń regularnych zapamiętuje, które fragmenty tekstu dopasowano do ewentualnych grup przechwytujących zdefiniowanych wewnątrz grupy wyszukiwania. Jeśli wyszukiwanie w przód kończy wyrażenie regularne, ewentualne grupy przechwytujące są dopasowywane do tekstu, który nie jest dopasowywany do samego wyrażenia regularnego. Jeśli wyszukiwanie w przód znajduje się w środku wyrażenia regularnego, możemy zastosować grupy przechwytujące dopasowywane do nachodzących na siebie fragmentów przetwarzanego tekstu.

Jedyną sytuacją, w której atomowy charakter grupy wyszukiwania może wpływać na końcowe dopasowanie wyrażenia regularnego, jest użycie poza grupą wyszukiwania odwołania wstecz wskazującego na grupę przechwytującą, która wchodzi w skład grupy wyszukiwania. Przeanalizujmy teraz następujący przykład wyrażenia regularnego:

```
(?=(\d+))\w+\1
```

Opcje wyrażenia regularnego: Brak

Odmiany wyrażeń regularnych: .NET, Java, JavaScript, PCRE, Perl, Python, Ruby

Na pierwszy rzut oka może się wydawać, że wyrażenie regularne w tej formie pasowałoby do łańcucha *123x12*. Z pozoru wyrażenie <\d+> z pierwszej grupy przechwytującej zostałoby dopasowane do liczby *12*, wyrażenie <\w+> zostałoby dopasowane do znaków *3x*, a odwołanie wstecz <\1> zostałoby dopasowane do kolejnej liczby *12*.

Okazuje się jednak, że taki scenariusz nigdy nie będzie miał miejsca. Wyrażenie regularne wchodzi jednocześnie do grupy wyszukiwania i grupy przechwytującej. Zachłanna konstrukcja <\d+> jest dopasowywana do podłańcucha *123*, który jest kojarzony z pierwszą grupą przechwytującą z myślą o przyszłych odwołaniach wstecz. Moduł wyrażeń regularnych opuszcza wówczas grupę wyszukiwania, przywracając stan przetwarzania z początku łańcucha i usuwając zapisane pozycje nawrotów, ale zachowując wartość *123* skojarzoną z pierwszą grupą przechwytującą.

Moduł wyrażeń regularnych próbuje teraz dopasować zachłanną konstrukcję <\w+> do początku łańcucha. Wyrażenie <\w+> konsumuje cały łańcuch *123x12*. W tej sytuacji odwołanie <\1>, które reprezentuje wartość *123*, z natury rzeczy nie może zostać dopasowane do końca łańcucha. Nawrót polegający na zabraniu jednego znaku z dopasowania <\w+> także nie rozwiązuje problemu niedopasowania odwołania <\1>. Nawroty są ponawiane tak długo, aż z dopasowania <\w+> zostaną usunięte wszystkie znaki poza pierwszą cyfrą *1*, co jednak nie wystarczy do dopasowania odwołania <\1>.

Dopasowanie liczby *12* z końca przetwarzanego łańcucha do odwołania <\1> byłoby możliwe, gdyby moduł wyrażeń regularnych mógł wrócić do grupy wyszukiwania i w wyniku nawrotu zastąpić dopasowanie do liczby *123* dopasowaniem do liczby *12*. Moduł wyrażeń regularnych nie ma jednak takich możliwości.

Moduł wyrażeń regularnych nie dysponuje już żadnymi pozycjami nawrotów, z których mógłby skorzystać. Dla konstrukcji <\w+> wykonano wszystkie możliwe nawroty, a grupa wyszukiwania spowodowała usunięcie wszystkich takich pozycji dla wcześniejszej konstrukcji <\d+>. Cała próba dopasowania kończy się więc niepowodzeniem.

Rozwiązanie bez wyszukiwania

Żadne z opisanych powyżej rozwiązań nie może być stosowane w Pythonie i JavaScripcie, które w ogóle nie obsługują wyszukiwania wstecz. W wymienionych odmianach rozwiązanie problemu opisanego na początku tej receptury jest niemożliwe — można jednak obejść konieczność stosowania wyszukiwania wstecz, korzystając z grup przechwytujących. To alternatywne rozwiązanie może być z powodzeniem stosowane także we wszystkich pozostałych odmianach wyrażeń regularnych:

```
(<b>)(\w+)(?=</b>)
```
> **Opcje wyrażenia regularnego:** Ignorowanie wielkości liter
> **Odmiany wyrażeń regularnych:** .NET, Java, JavaScript, PCRE, Perl, Python, Ruby

Tym razem zamiast korzystać z wyszukiwania wstecz, użyliśmy grupy przechwytującej dla znacznika otwierającego `<<b>>`. W odrębnej grupie przechwytującej umieściliśmy także część interesującego nas dopasowania, czyli konstrukcję `<\w+>`.

Kiedy zastosujemy to wyrażenie regularne dla fragmentu kodu `Mój <b>kot</b> jest puszysty`, ostatecznym wynikiem dopasowania będzie podłańcuch `<b>kot`. Pierwsza grupa przechwytująca będzie reprezentowała znacznik `<b>`, druga zostanie dopasowana do wyrazu `kot`.

Jeśli chcemy zrealizować zadanie dopasowania samego wyrazu `kot` (czyli słowa pomiędzy znacznikami `<b>`), aby ostateczne dopasowanie zawierało tylko tekst spomiędzy znaczników, możemy ten cel łatwo osiągnąć, zapisując tylko tekst dopasowany do drugiej grupy przechwytującej (zamiast tekstu dopasowanego do całego wyrażenia).

Gdybyś chciał wykorzystać to wyrażenie w operacji przeszukiwania i zastępowania, gdzie przedmiotem zastępowania miałby być tylko tekst spomiędzy znaczników, wystarczyłoby użyć odwołania wstecz do pierwszej grupy przechwytującej, aby ponownie wstawiać do tekstu „zastępowany" znacznik otwierający. W takim przypadku grupa przechwytująca byłaby o tyle zbędna, że znacznik otwierający zawsze pozostawałby taki sam. Gdyby jednak ten znacznik mógł się zmieniać, grupa przechwytująca umożliwiłaby nam każdorazowe wstawianie dopasowanego znacznika (odpowiednie rozwiązanie zostanie szczegółowo omówione w recepturze 2.21).

I wreszcie gdybyśmy chcieli w pełni zasymulować działanie mechanizmu wyszukiwania wstecz, moglibyśmy użyć do tego celu dwóch wyrażeń regularnych. Powinniśmy najpierw szukać dopasowań do wyrażenia regularnego bez wyszukiwania wstecz. Po znalezieniu dopasowania należałoby skopiować część przetwarzanego tekstu sprzed tego dopasowania do nowej zmiennej łańcuchowej. Do testu, który w normalnych okolicznościach wykonywalibyśmy w grupie wyszukiwania wstecz, moglibyśmy wykorzystać drugie wyrażenie regularne z kotwicą końca łańcucha (`<\z>` lub `<$>`). Wspomniana kotwica dałaby nam pewność, że koniec dopasowania drugiego wyrażenia regularnego pokrywa się z końcem danego łańcucha. Ponieważ łańcuch przetwarzany przez to wyrażenie kończy się w miejscu dopasowania pierwszego wyrażenia, drugie dopasowanie znajdowałoby się bezpośrednio na lewo od pierwszego dopasowania.

W JavaScripcie można by zakodować to rozwiązanie w następujący sposób:

```
var mainregexp = /\w+(?=<\/b>)/;
var lookbehind = /<b>$/;
if (match = mainregexp.exec("Mój <b>kot</b> jest puszysty")) {
    // Znaleziono wyraz przed zamykającym znacznikiem </b>.
    var potentialmatch = match[0];
```

```
        var leftContext = match.input.substring(0, match.index);
        if (lookbehind.exec(leftContext)) {
            // Dopasowano wyszukiwanie wstecz:
            // potentialmatch występuje pomiędzy parą znaczników <b>.
        } else {
            // Wyszukiwanie wstecz nie powiodło się: potentialmatch ma nieprawidłową wartość.
        }
    } else {
        // Nie udało się znaleźć wyrazu przed zamykającym znacznikiem </b>.
    }
```

Patrz także

Receptury 5.5 i 5.6.

2.17. Dopasowywanie jednej lub dwóch alternatyw zależnie od pewnego warunku

Problem

Opracuj wyrażenie regularne pasujące do listy słów *jeden*, *dwa* i *trzy* oddzielonych przecinkami. Każde z tych słów może występować na liście dowolną liczbę razy, ale też musi występować przynajmniej raz.

Rozwiązanie

```
\b(?:(?:(jeden)|(dwa)|(trzy))(?:,|\b)){3,}(?(1)|(?!))(?(2)|(?!))(?(3)|(?!))
```
Opcje wyrażenia regularnego: Ignorowanie wielkości liter
Odmiany wyrażeń regularnych: .NET, JavaScript, PCRE, Perl, Python

Java i Ruby nie obsługują konstrukcji warunkowych w ramach wyrażeń regularnych. W językach Java i Ruby (ale też w każdym innym języku programowania) można użyć wyrażenia regularnego bez konstrukcji warunkowych i napisać dodatkowy kod weryfikujący zgodność każdej z tych trzech grup przechwytujących z określonym warunkiem.

```
\b(?:(?:(jeden)|(dwa)|(trzy))(?:,|\b)){3,}
```
Opcje wyrażenia regularnego: Ignorowanie wielkości liter
Odmiany wyrażeń regularnych: .NET, Java, JavaScript, PCRE, Perl, Python, Ruby

Analiza

.NET, JavaScript, PCRE, Perl i Python obsługują **konstrukcje warunkowe** (ang. *conditionals*), stosując numerowane grupy przechwytujące. Wyrażenie `<(?(1)then|else)>` definiuje konstrukcję warunkową sprawdzającą, czy pierwsza grupa przechwytująca została już do czegoś dopasowana. Jeśli tak, podejmuje się próbę dopasowania wyrażenia `<then>`. Jeśli dana grupa przechwytująca do tej pory nie uczestniczyła w próbie dopasowania, podejmuje się próbę dopasowania wyrażenia `<else>`.

Nawiasy okrągłe, znak zapytania i pionowa kreska składają się na składnię konstrukcji warunkowej. W ramach tej konstrukcji wymienione znaki tracą swoje standardowe znaczenie. W miejsce elementów `<then>` i `<else>` można stosować dowolne wyrażenia regularne. Jedynym ograniczeniem jest konieczność grupowania ewentualnych wyrażeń alternatywnych w ramach którejś z tych części, ponieważ wyrażenie warunkowe może zawierać tylko jeden znak pionowej kreski.

Istnieje możliwość pominięcia albo wyrażenia `<then>`, albo wyrażenia `<else>`. Puste wyrażenie regularne zawsze odnajduje dopasowanie zerowej długości. W rozwiązaniu dla tej receptury wykorzystano trzy konstrukcje warunkowe z pustą częścią `<then>`. Jeśli użyta grupa przechwytująca uczestniczyła w dopasowaniu, cała konstrukcja warunkowa jest po prostu dopasowywana.

W roli części `<else>` wykorzystano pustą grupę negatywnego wyszukiwania w przód. Ponieważ puste wyrażenia regularne zawsze pasują do analizowanego tekstu, negatywne wyszukiwanie w przód z pustym wyrażeniem regularnym nigdy nie jest prawidłowo dopasowywane. Oznacza to, że warunek wyrażenia `<(?(1)|(?!)))>` nigdy nie jest spełniony, jeśli pierwsza grupa przechwytująca nie zostanie do niczego dopasowana.

Umieszczenie każdego z trzech wymaganych wyrażeń alternatywnych w odrębnej grupie przechwytującej umożliwia nam użycie trzech wyrażeń warunkowych na końcu tego wyrażenia warunkowego, aby sprawdzić, czy wszystkie grupy przechwytujące zostały do czegoś dopasowane.

Framework .NET dodatkowo oferuje obsługę nazwanych wyrażeń warunkowych. Wyrażenie `<(?(nazwa)then|else)>` sprawdza, czy nazwana grupa przechwytująca do tej pory uczestniczyła w próbie dopasowania.

Aby lepiej zrozumieć działanie konstrukcji warunkowych, przeanalizujmy teraz następujące wyrażenie regularne: `<(a)?b(?(1)c|d)>`. Wyrażenie w tej formie jest w istocie bardziej skomplikowaną wersją wyrażenia `<abc|bd>`.

Jeśli przetwarzany tekst rozpoczyna się od litery *a*, właśnie ta litera jest przechwytywana przez naszą pierwszą grupę przechwytującą. W przeciwnym razie pierwsza grupa przechwytująca w ogóle nie uczestniczy w próbie dopasowania. Warto zwrócić uwagę na to, że znak zapytania umieszczono poza grupą przechwytującą, co powoduje, że cała ta grupa jest opcjonalna. W razie braku litery *a* pierwsza grupa nie jest powtarzana i nigdy nie dostaje szansy przechwycenia czegokolwiek. Grupa w tej formie nie może przechwycić łańcucha zerowej długości.

Grupa `<(a?)>` zawsze uczestniczy w próbie dopasowania. Ponieważ za tą grupą nie umieszczono żadnego kwantyfikatora, jej przetwarzanie następuje dokładnie raz. Grupa w tej formie przechwytuje albo literę *a*, albo nic.

Niezależnie od możliwości dopasowania listery `<a>` następnym tokenem jest litera `<b>`. Zaraz po tym tokenie następuje konstrukcja warunkowa. Jeśli ta grupa przechwytująca uczestniczyła w próbie dopasowania (nawet jeśli przechwyciła łańcuch zerowej długości, co w tym przypadku nie jest możliwe), zostanie podjęta próba dopasowania tokenu `<c>`. W przeciwnym razie zostanie podjęta próba dopasowania tokenu `<d>`.

W największym skrócie wyrażenie `<(a)?b(?(1)c|d)>` pasuje albo do liter *ab* poprzedzających literę *c*, albo do litery *b* poprzedzającej literę *d*.

W odmianach wyrażeń regularnych platformy .NET, biblioteki PCRE i języka Perl (ale nie języka Python) konstrukcje warunkowe mogą dodatkowo stosować technikę wyszukiwania. Na przykład wyrażenie `<(?(?=if)then|else)>` w pierwszej kolejności testuje możliwość dopasowania wyrażenia `<(?=if)>`, stosując tradycyjną technikę wyszukiwania w przód. Działanie tego mechanizmu wyjaśniono w recepturze 2.16. Jeśli próba wyszukania zakończy się pomyślnie, zostanie podjęta próba dopasowania wyrażenia `<then>`. W przeciwnym razie zostanie podjęta próba dopasowania wyrażenia `<else>`. Ponieważ wyszukiwanie oznacza dopasowanie zerowej długości, wyrażenia `<then>` i `<else>` są dopasowywane do tej samej pozycji przetwarzanego tekstu, do której próbowano dopasować (z pozytywnym lub negatywnym skutkiem) wyrażenie `<if>`.

Zamiast wyszukiwania w przód w wyrażeniu warunkowym można by użyć techniki wyszukiwania wstecz. Istnieje też możliwość użycia negatywnego wyszukiwania, czego jednak nie zalecamy z uwagi na dodatkowe komplikowanie wyrażeń (poprzez odwracanie znaczenia wyrażeń `<then>` i `<else>`).

Wyrażenie warunkowe obejmujące konstrukcję wyszukiwania można zapisać bez korzystania z warunku jako takiego: `<(?=if)then|(?!if)else>`. Jeśli pozytywne wyszukiwanie w przód kończy się sukcesem, zostaje podjęta próba dopasowania wyrażenia `<then>`. Jeśli pozytywne wyszukiwanie w przód kończy się niepowodzeniem, zostaje podjęta próba dopasowania wyrażenia alternatywnego. Negatywne wyszukiwanie w przód wykonuje ten sam test. Negatywne wyszukiwanie w przód kończy się sukcesem, jeśli dopasowanie do wyrażenia `<if>` nie jest możliwe, co na tym etapie jest pewne z uwagi na brak dopasowania wcześniejszego wyrażenia `<(?=if)>`. W takim przypadku jest podejmowana próba dopasowania wyrażenia `<else>`. Użycie konstrukcji wyszukiwania w przód w ramach wyrażenia warunkowego pozwala oszczędzić trochę czasu, ponieważ wymaga tylko jednorazowego sprawdzenia wyrażenia `<if>`.

Patrz także

Receptury 2.9 i 2.16.

2.18. Dodawanie komentarzy do wyrażeń regularnych

Problem

Wyrażenie `<\d{4}-\d{2}-\d{2}>` pasuje do daty w formacie *rrrr-mm-dd*, ale nie weryfikuje poprawności liczb składających się na tę datę. Tak proste wyrażenie regularne można więc stosować tylko tam, gdzie z góry wiadomo, że przetwarzane dane nie zawierają nieprawidłowych dat. Spróbuj dodać do tego wyrażenia komentarze opisujące znaczenie poszczególnych elementów.

Rozwiązanie

```
\d{4}        # Rok
-            # Separator
\d{2}        # Miesiąc
```

```
-          # Separator
\d{2}      # Dzień
```
   Opcje wyrażenia regularnego: Swobodne stosowanie znaków białych
   Odmiany wyrażeń regularnych: .NET, Java, PCRE, Perl, Python, Ruby

Analiza

Tryb swobodnego stosowania znaków białych

Budowane przez nas wyrażenia regularne dość szybko stają się skomplikowane i niezrozumiałe. Podobnie jak w przypadku kodu źródłowego, także w wyrażeniach regularnych należy komentować wszystkie elementy poza najbardziej trywialnymi konstrukcjami.

Wszystkie odmiany wyrażeń regularnych prezentowane w tej książce (z wyjątkiem odmiany JavaScriptu) oferują alternatywną składnię wyrażeń, która znacznie ułatwia komentowanie poszczególnych elementów składowych. Można włączyć obsługę tej składni, aktywując tryb **swobodnego stosowania znaków białych** (ang. *free-spacing*). W różnych językach programowania wspomniany tryb jest reprezentowany przez różne nazwy.

We frameworku .NET należy ustawić opcję RegexOptions.IgnorePatternWhitespace. W Javie należy przekazać flagę Pattern.COMMENTS. Python oczekuje ustawienia flagi re.VERBOSE. W językach PHP, Perl i Ruby należy użyć flagi /x.

Włączenie trybu swobodnego stosowania znaków białych powoduje dwie zmiany. Po pierwsze przekształca symbol krzyżyka (#) stosowany poza klasami znaków w metaznak. Krzyżyk rozpoczyna komentarz, którego koniec wyznacza koniec wiersza lub koniec wyrażenia regularnego (w zależności od tego, który występuje wcześniej). Krzyżyk i wszystkie znaki umieszczone za nim są ignorowane przez moduł wyrażeń regularnych. W tym trybie dosłowne dopasowanie znaku krzyżyka wymaga albo umieszczenia go w klasie znaków (<[#]>), albo poprzedzenia symbolem ucieczki (<\#>).

Innym skutkiem włączenia tego trybu jest ignorowanie znaków białych, a więc spacji, tabulacji i znaków podziału wiersza, poza klasami znaków. Oznacza to, że dosłowne dopasowanie spacji wymaga jej umieszczenia w klasie znaków (<[●]>) lub użycia sekwencji ucieczki (<\●>). Dla poprawy czytelności warto rozważyć użycie kodu szesnastkowego <\x20> bądź sekwencji standardu Unicode, czyli <\u0020> lub <\x{0020}>. Dopasowanie tabulacji wymaga użycia sekwencji <\t>. Do dopasowania podziału wiersza służy albo sekwencja <\r\n> (w systemie Windows), albo sekwencja <\n> (w systemach UNIX, Linux i OS X).

Tryb swobodnego stosowania znaków białych niczego nie zmienia w ramach klas znaków. Klasa znaków jest bowiem traktowana jako pojedynczy token. Ewentualne znaki białe lub krzyżyki wewnątrz takich klas są traktowane dosłownie i dodawane do tych klas. Oznacza to, że nie można dzielić klas znaków, aby komentować ich elementy składowe.

W Javie tryb swobodnego stosowania znaków białych jest stosowany dla klas znaków

Wyrażenia regularne nigdy nie zyskałyby obecnej reputacji, gdyby przynajmniej jedna z odmian w niemal każdym aspekcie nie różniła się od pozostałych. W tym przypadku niechlubną rolę odszczepieńca pełni Java.

W Javie klasy znaków nie są przetwarzane jako pojedyncze tokeny. Jeśli więc włączymy tryb swobodnego stosowania znaków białych, Java będzie ignorowała te znaki także w klasach znaków, a ewentualne krzyżyki w tych klasach będą rozpoczynały komentarze. Oznacza to, że nie możemy stosować konstrukcji <[●]> i <[#]> do dosłownego dopasowywania tych znaków — należy raczej korzystać z zapisów <\u0020> oraz <\#>.

Warianty

(?#Rok)\d{4}*(?#Separator)*-*(?#Miesiąc)*\d{2}-*(?#Dzień)*\d{2}

Opcje wyrażenia regularnego: Brak
Odmiany wyrażeń regularnych: .NET, PCRE, Perl, Python, Ruby

Jeśli z jakiegoś powodu nie możesz lub nie chcesz korzystać z trybu swobodnego stosowania znaków białych, możesz dodawać komentarze za pomocą konstrukcji składniowej <(?#*komen* ↪ *tarz*)>. Moduł wyrażeń regularnych ignoruje wszystkie znaki pomiędzy znakami <(?#> a <)>.

Okazuje się jednak, że JavaScript, czyli jedyna opisywana w tej książce odmiana wyrażeń regularnych, która nie obsługuje trybu swobodnego stosowania znaków białych, nie obsługuje także powyższej składni. Ta składnia nie jest obsługiwana także w Javie.

```
(?x)\d{4}        # Rok
-                # Separator
\d{2}            # Miesiąc
-                # Separator
\d{2}            # Dzień
```

Opcje wyrażenia regularnego: Brak
Odmiany wyrażeń regularnych: .NET, Java, PCRE, Perl, Python, Ruby

Jeśli nie możesz włączyć trybu swobodnego stosowania znaków białych poza wyrażeniem regularnym, możesz umieścić modyfikator trybu <(?x)> na samym początku samego wyrażenia. Upewnij się jednak, że modyfikator <(?x)> nie jest poprzedzony żadnym znakiem białym. Tryb swobodnego stosowania znaków białych rozpoczyna się właśnie od tego modyfikatora — ewentualne znaki białe sprzed tego modyfikatora są interpretowane w standardowy sposób.

Modyfikatory trybów szczegółowo wyjaśniono w podpunkcie „Dopasowywanie bez względu na wielkość liter" w recepturze 2.1.

2.19. Umieszczanie stałego tekstu w tekście docelowym operacji wyszukiwania i zastępowania

Problem

Wykonaj operację przeszukiwania i zastępowania wszystkich dopasowań, wstawiając w ich miejsce następujące osiem znaków: $%*$1\1.

Rozwiązanie

```
$%\*$$1\1
```
Odmiany zastępowania tekstu: .NET, JavaScript

```
\$%\\*\$1\\1
```
Odmiana zastępowania tekstu: Java

```
$%\*\$1\\1
```
Odmiana zastępowania tekstu: PHP

```
\$%\*\$1\\1
```
Odmiana zastępowania tekstu: Perl

```
$%\*$1\\1
```
Odmiany zastępowania tekstu: Python, Ruby

Analiza

Kiedy i jak stosować symbole ucieczki w tekście docelowym operacji zastępowania

W tej recepturze omówimy różne reguły stosowania symboli ucieczki w różnych odmianach wyrażeń regularnych i — tym samym — zastępowania tekstu. Jedynymi znakami, które w ogóle trzeba poprzedzać sekwencją ucieczki w tekście docelowym operacji zastępowania, są znak dolara ($) oraz lewy ukośnik (\). Właśnie znak dolara i lewy ukośnik pełnią funkcję symboli ucieczki.

W naszym przykładzie znak procenta i gwiazdka zawsze są traktowane jako stałe znakowe, mimo że poprzedzający je lewy ukośnik może być interpretowany jako początek sekwencji ucieczki, a nie znak interpretowany dosłownie. Wyrażenia «$1» i (lub) «\1» pełnią funkcję odwołań wstecz do grupy przechwytującej. W recepturze 2.21 omówimy problem stosowania różnych składni odwołań wstecz w poszczególnych odmianach wyrażeń regularnych.

To, że dla jednego problemu istnieje aż pięć różnych rozwiązań w siedmiu odmianach zastępowania tekstu, jednoznacznie dowodzi braku standardu w tym aspekcie składni wyrażeń regularnych.

.NET i JavaScript

W odmianach wyrażeń regularnych platformy .NET i języka JavaScript lewy ukośnik zawsze jest traktowany jako stała literowa. Nie należy więc poprzedzać tego znaku drugim lewym ukośnikiem, chyba że chcemy umieścić w tekście docelowym parę następujących po sobie i interpretowanych dosłownie ukośników.

Samotny znak dolara jest stałą znakową interpretowaną dosłownie. Oznacza to, że znak dolara wymaga użycia sekwencji ucieczki tylko wtedy, gdy poprzedza cyfrę, znak &, znak lewego apostrofu, apostrof prosty, znak podkreślenia, znak plusa lub inny znak dolara. Sekwencję ucieczki dla znaku dolara tworzy się, poprzedzając go innym znakiem dolara.

Jeśli uważasz, że tekst docelowy w tej formie będzie bardziej czytelny, możesz podwoić wszystkie znaki dolara. Rozwiązanie w następującej formie jest w pełni prawidłowe:

W odmianie frameworku .NET sekwencję ucieczki należy stosować także dla znaku dolara poprzedzającego otwierający nawias klamrowy. W .NET konstrukcja «${grupa}» definiuje nazwane odwołanie wstecz. JavaScript w ogóle nie obsługuje nazwanych odwołań wstecz.

Java

W Javie lewy ukośnik pełni funkcję symbolu ucieczki dla lewych ukośników, a znak dolara wykorzystuje się w tekście docelowym operacji zastępowania. Sekwencje ucieczki należy stosować dla wszystkich dosłownych lewych ukośników i wszystkich dosłownych znaków dolara. Każdy brak takiej sekwencji będzie powodował wyjątek.

PHP

W PHP należy stosować symbol ucieczki (lewy ukośnik) dla wszystkich lewych ukośników poprzedzających cyfry oraz znaków dolara poprzedzających cyfry lub lewe nawiasy klamrowe.

Lewy ukośnik jest też symbolem ucieczki dla innego lewego ukośnika. Oznacza to, że zastąpienie wyrażenia dwoma lewymi ukośnikami wymaga użycia konstrukcji «\\\\». Wszystkie pozostałe lewe ukośniki są traktowane dosłownie.

Perl

Perl różni się od pozostałych odmian operacji zastępowania tekstu — w rzeczywistości nie definiuje własnej odmiany tego typu. O ile inne języki programowania dysponują własną, wyspecjalizowaną logiką procedur przeszukiwania i zastępowania dla takich elementów jak «$1», o tyle Perl wykorzystuje na potrzeby tej procedury standardowy mechanizm interpolacji zmiennych. W tekście docelowym zastępowania należy poprzedzać symbolem ucieczki (lewym ukośnikiem) wszystkie znaki dolara (tak jak w każdym łańcuchu otoczonym cudzysłowami).

Jedynym wyjątkiem jest obsługa konstrukcji składniowej «\1» w roli odwołań wstecz. Oznacza to, że warunkiem dosłownej interpretacji lewego ukośnika w ramach tej konstrukcji jest zastosowanie sekwencji ucieczki dla lewego ukośnika poprzedzającego cyfrę. Takie samo rozwiązanie należy zastosować w przypadku lewego ukośnika poprzedzającego znak dolara — w przeciwnym razie ten lewy ukośnik będzie traktowany jako symbol ucieczki dla znaku dolara.

Lewy ukośnik jest też symbolem ucieczki dla innego lewego ukośnika. Oznacza to, że zastąpienie wyrażenia dwoma lewymi ukośnikami wymaga użycia konstrukcji «\\\\». Wszystkie pozostałe lewe ukośniki są traktowane dosłownie.

Python i Ruby

W językach Python i Ruby znak dolara użyty w tekście docelowym operacji przeszukiwania i zastępowania nie ma żadnego specjalnego znaczenia. Znaki lewego ukośnika wymagają stosowania symboli ucieczki (także znaków lewego ukośnika) tylko wtedy, gdy poprzedzają znaki nadające im specjalne znaczenie.

W Pythonie odwołania wstecz są reprezentowane przez konstrukcje od «\1» do «\9» oraz «\g<». Dosłowne stosowanie lewych ukośników w tych konstrukcjach wymaga więc ich poprzedzania dodatkowymi lewymi ukośnikami.

W języku Ruby symbol ucieczki należy stosować dla lewego ukośnika poprzedzającego cyfrę, znak &, lewy apostrof, apostrof prosty lub znak plusa.

W obu językach symbolem ucieczki dla lewego ukośnika jest inny lewy ukośnik. Oznacza to, że zastąpienie wyrażenia dwoma lewymi ukośnikami wymaga użycia konstrukcji «\\\\». Wszystkie pozostałe lewe ukośniki są traktowane dosłownie.

Inne reguły ucieczki dla stałych łańcuchowych

Warto przypomnieć, że w tym rozdziale koncentrujemy się wyłącznie na wyrażeniach regularnych i tekście docelowym operacji przeszukiwania i zastępowania. W następnym rozdziale przyjrzymy się językom programowania i stałym łańcuchowym.

Tekst docelowy operacji przeszukiwania i zastępowania zaproponowany w rozwiązaniu zostanie prawidłowo użyty, jeśli zostanie przypisany zmiennej łańcuchowej przekazywanej na wejściu funkcji replace(). Innymi słowy, jeśli Twoja aplikacja udostępnia pole tekstowe, w którym użytkownik może wpisać tekst docelowy, zaproponowane rozwiązania zawierają dokładnie to, co należałoby wpisać w poszczególnych odmianach, aby cała operacja przebiegała zgodnie z założeniami. Jeśli testujesz swoje polecenia przeszukiwania i zastępowania w narzędziu RegexBuddy lub innym testerze wyrażeń regularnych, konstrukcje zaproponowane na początku tej receptury umożliwią wygenerowanie oczekiwanych wyników.

Okazuje się jednak, że te same rozwiązania nie będą działały, jeśli wkleimy je bezpośrednio do kodu źródłowego i otoczymy cudzysłowami. W językach programowania stałe łańcuchowe podlegają odrębnym regułom sekwencji ucieczki, które mają wyższy priorytet niż reguły obowiązujące tekst docelowy operacji wyszukiwania i zastępowania. W praktyce prowadzi to do konstruowania łańcuchów pełnych lewych ukośników.

Patrz także

Receptura 3.14.

2.20. Umieszczanie dopasowania wyrażenia regularnego w tekście docelowym operacji wyszukiwania i zastępowania

Problem

Wykonaj operację przeszukiwania i zastępowania, która będzie konwertować adresy URL na łącza HTML-a wskazujące na te adresy oraz wyświetlające te adresy w formie treści łączy. Na potrzeby tego ćwiczenia przyjmij, że adres URL składa się z przedrostka "http:" oraz następujących po nim wszystkich znaków innych niż białe. Na przykład tekst *Zapraszamy na stronę http://www.regexcookbook.com* powinien zostać zastąpiony tekstem *Zapraszamy na stronę <a href="http://www.regexcookbook.com">http://www.regexcookbook.com</a>*.

Rozwiązanie

Wyrażenie regularne

```
http:\S+
```
Opcje wyrażenia regularnego: Brak
Odmiany wyrażeń regularnych: .NET, Java, JavaScript, PCRE, Perl, Python, Ruby

Tekst docelowy

```
<a•href="$&">$&</a>
```
Odmiany zastępowania tekstu: .NET, JavaScript, Perl

```
<a•href="$0">$0</a>
```
Odmiany zastępowania tekstu: .NET, Java, PHP

```
<a•href="\0">\0</a>
```
Odmiany zastępowania tekstu: PHP, Ruby

```
<a•href="\&">\&</a>
```
Odmiana zastępowania tekstu: Ruby

```
<a•href="\g<0>">\g<0></a>
```
Odmiana zastępowania tekstu: Python

Analiza

Ponowne umieszczanie w tekście docelowym całego pasującego wyrażenia regularnego jest najprostszym sposobem wstawiania nowego tekstu przed, za lub wokół dopasowanego tekstu albo nawet pomiędzy wieloma kopiami dopasowanego tekstu. Jeśli nie korzystasz z Pythona, ponowne użycie całego dopasowania nie wymaga nawet stosowania w wyrażeniu regularnym żadnych grup przechwytujących.

W Perlu konstrukcja «$&» reprezentuje zmienną. Perl umieszcza w tej zmiennej cały pasujący tekst po każdej udanej próbie dopasowania.

Twórcy odmian wyrażeń regularnych frameworku .NET i języka JavaScript zdecydowali się powielić konstrukcję składniową «$&» z myślą o wstawianiu dopasowania do wyrażenia regularnego w tekście docelowym operacji przeszukiwania i zastępowania. W języku Ruby zrezygnowano ze znaku dolara na rzecz lewego ukośnika, zatem całe dopasowanie jest reprezentowane przez konstrukcję «\&».

Języki Java, PHP i Python nie oferują co prawda specjalnego tokenu, który umożliwiałby wstawianie całego dopasowania, ale umożliwiają umieszczanie w tekście docelowym fragmentów dopasowanych do grup przechwytujących (patrz następna receptura). Całe dopasowanie jest reprezentowane przez grupę przechwytującą o numerze 0. W Pythonie odwołanie do grupy zerowej wymaga użycia składni dla grup przechwytujących, ponieważ Python nie obsługuje konstrukcji «\0».

Składnia zerowej grupy przechwytującej jest obsługiwana także w odmianach frameworku .NET i języka Ruby, jednak w ich przypadku wybór tej alternatywnej konstrukcji składniowej nie ma znaczenia — wynik całej operacji będzie taki sam.

Patrz także

Podrozdział „Przeszukiwanie i zastępowanie tekstu z wykorzystaniem wyrażeń regularnych"
w rozdziale 1. oraz receptura 3.15.

2.21. Umieszczanie fragmentu wyrażenia regularnego w tekście docelowym operacji wyszukiwania i zastępowania

Problem

Dopasuj dowolną ciągłą sekwencję dziewięciu cyfr, na przykład *123456789*. Przekonwertuj tę
sekwencję na odpowiednio sformatowany, czytelny numer telefonu, na przykład *(12) 3456-789*.

Rozwiązanie

Wyrażenie regularne

```
\b(\d{2})(\d{3})(\d{4})\b
```
Opcje wyrażenia regularnego: Brak
Odmiany wyrażeń regularnych: .NET, Java, JavaScript, PCRE, Perl, Python, Ruby

Tekst docelowy

```
($1)●$2-$3
```
Odmiany zastępowania tekstu: .NET, Java, JavaScript, PHP, Perl

```
(${1})●${2}-${3}
```
Odmiany zastępowania tekstu: .NET, PHP, Perl

```
(\1)●\2-\3
```
Odmiany zastępowania tekstu: PHP, Python, Ruby

Analiza

Zastępowanie z wykorzystaniem grup przechwytujących

W recepturze 2.10 wyjaśniono, jak używać grup przechwytujących w wyrażeniach regularnych do wielokrotnego dopasowywania tego samego tekstu. Tekst dopasowany do poszczególnych grup przechwytujących wyrażenia regularnego jest dostępny po każdym udanym dopasowaniu. Okazuje się, że fragmenty dopasowane do części lub wszystkich grup przechwytujących można umieścić (w dowolnej kolejności, a nawet w dowolnej liczbie) także w tekście docelowym operacji przeszukiwania i zastępowania.

W niektórych odmianach wyrażeń regularnych, na przykład w językach Python i Ruby, tę samą konstrukcję składniową «\1» wykorzystuje się w roli odwołań wstecz zarówno w samym wyrażeniu regularnym, jak i w tekście docelowym. W pozostałych odmianach obowiązuje składnia wprowadzona w Perlu, czyli konstrukcja «$1» ze znakiem dolara zamiast lewego ukośnika. Język PHP obsługuje obie formy.

W Perlu konstrukcje «$1», «$2» itd. są w istocie zmiennymi ustawianymi po każdym udanym dopasowaniu wyrażenia regularnego. Można te zmienne stosować w dowolnym miejscu kodu, przynajmniej do czasu następnego dopasowania. Odmiany frameworku .NET oraz języków .NET, Java, JavaScript i PHP obsługują konstrukcję «$1» pod warunkiem jej stosowania w tekście docelowym operacji przeszukiwania i zastępowania. Wymienione języki oferują jednak alternatywne sposoby uzyskiwania dostępu do grup przechwytujących z poziomu kodu — odpowiednie mechanizmy zostaną szczegółowo wyjaśnione w rozdziale 3.

Przechwyty o numerze $10 i wyższych

Wszystkie prezentowane w tej książce odmiany wyrażeń regularnych obsługują nie więcej niż 99 grup przechwytujących użytych w jednym wyrażeniu regularnym. W tekście docelowym operacji wyszukiwania i zastępowania zapis «$10» lub «\10» nie jest jednak jednoznaczny. Można go zinterpretować albo jako odwołanie do dziesiątej grupy przechwytującej, albo jako odwołanie do pierwszej grupy przechwytującej i zwykły (stosowany dosłownie) znak 0.

Odmiany platformy .NET oraz języków PHP i Perl umożliwiają nam umieszczanie numerów grup przechwytujących w nawiasach klamrowych, które eliminują wszelkie niejednoznaczności. Na przykład wyrażenie «${10}» zawsze reprezentuje dziesiątą grupę przechwytującą, a wyrażenie «${1}0» zawsze reprezentuje pierwszą grupę przechwytującą poprzedzającą stałą znakową 0.

Java i JavaScript uzależniają interpretację konstrukcji «$10» od dodatkowych warunków. Jeśli dane wyrażenie regularne zawiera grupę przechwytującą o danym numerze dwucyfrowym, obie cyfry wykorzystuje się w roli indeksu tej grupy. Jeśli jednak istnieje mniejsza liczba grup przechwytujących, tylko pierwszą cyfrę wykorzystuje się w roli odwołania — druga cyfra jest wówczas interpretowana dosłownie. Oznacza to, że konstrukcja «$23» reprezentuje albo 23. grupę przechwytującą, jeśli ta grupa istnieje, albo drugą grupę przechwytującą i stałą znakową «3».

.NET, PHP, Perl, Python i Ruby zawsze traktują konstrukcje «$10» i «\10» jako odwołania do dziesiątej grupy przechwytującej, niezależnie od tego, czy taka grupa w ogóle istnieje. Jeśli nie istnieje, moduł wyrażenia regularnego reaguje na odwołanie do nieistniejącej grupy zgodnie z przyjętymi procedurami.

Odwołania do nieistniejących grup

Wyrażenie regularne zaproponowane w rozwiązaniu dla tej receptury obejmuje trzy grupy przechwytujące. Gdybyśmy więc w tekście docelowym operacji przeszukiwania i zastępowania użyli konstrukcji «$4» lub «\4», odwołalibyśmy się do nieistniejącej grupy przechwytującej. Takie odwołanie może powodować jedno z trzech możliwych zachowań.

Java i Python reagują na tego rodzaju odwołania, generując wyjątek lub zwracając komunikat o błędzie. W tych dwóch odmianach wyrażeń regularnych nie należy więc stosować nieprawidłowych odwołań wstecz. (Oczywiście nie należy tego robić także w pozostałych odmianach wyrażeń regularnych). Jeśli chcesz umieścić w tekście docelowym konstrukcję «$4» lub «\4» interpretowaną bezpośrednio, powinieneś poprzedzić ją znakiem dolara lub lewym ukośnikiem (zasady stosowania sekwencji ucieczki szczegółowo wyjaśniono w recepturze 2.19).

PHP, Perl i Ruby zastępują wszystkie odwołania wstecz użyte w tekście docelowym operacji przeszukiwania i zastępowania, włącznie z odwołaniami wskazującymi na nieistniejące grupy. Ponieważ nieistniejące grupy nie przechwytują żadnego tekstu, odwołania do tych grup są po prostu zastępowane pustymi łańcuchami.

I wreszcie odmiany wyrażeń regularnych frameworku .NET i języka JavaScript interpretują dosłownie (jako stałe tekstowe) wszelkie odwołania wstecz do nieistniejących grup przechwytujących.

Wszystkie odmiany zastępują grupy występujące w wyrażeniu regularnym, które jednak nie zostały do niczego dopasowane. W każdym przypadku tego rodzaju grupy przechwytujące są zastępowane pustymi łańcuchami.

Rozwiązanie z wykorzystaniem przechwytów nazwanych

Wyrażenie regularne

```
\b(?<area>\d{3})(?<exchange>\d{3})(?<number>\d{4})\b
```
Opcje wyrażenia regularnego: Brak
Odmiany wyrażeń regularnych: .NET, PCRE 7, Perl 5.10, Ruby 1.9

```
\b(?'area'\d{3})(?'exchange'\d{3})(?'number'\d{4})\b
```
Opcje wyrażenia regularnego: Brak
Odmiany wyrażeń regularnych: .NET, PCRE 7, Perl 5.10, Ruby 1.9

```
\b(?P<area>\d{3})(?P<exchange>\d{3})(?P<number>\d{4})\b
```
Opcje wyrażenia regularnego: Brak
Odmiany wyrażeń regularnych: PCRE 4 i nowsze, Perl 5.10, Python

Tekst docelowy

```
(${area})•${exchange}-${number}
```
Odmiana zastępowania tekstu: .NET

```
(\g<area>)•\g<exchange>-\g<number>
```
Odmiana zastępowania tekstu: Python

```
(\k<area>)•\k<exchange>-\k<number>
```
Odmiana zastępowania tekstu: Ruby 1.9

```
(\k'area')•\k'exchange'-\k'number'
```
Odmiana zastępowania tekstu: Ruby 1.9

```
($1)•$2-$3
```
Odmiany zastępowania tekstu: .NET, PHP, Perl 5.10

```
(${1})•${2}-${3}
```
Odmiany zastępowania tekstu: .NET, PHP, Perl 5.10

```
(\1)•\2-\3
```
Odmiany zastępowania tekstu: PHP, Python, Ruby 1.9

Odmiany obsługujące przechwyty nazwane

.NET, Python i Ruby 1.9 umożliwiają nam stosowanie w tekście docelowym operacji przeszukiwania i zastępowania nazwanych odwołań wstecz, jeśli tylko w wyrażeniu regularnym zdefiniowaliśmy nazwane grupy przechwytujące.

W odmianach platformy .NET i języka Python składnia dla nazwanych odwołań wstecz może być stosowana zarówno w odwołaniach do nazwanych, jak i do numerowanych grup przechwytujących. Wystarczy określić nazwę lub numer odpowiedniej grupy pomiędzy nawiasami klamrowymi lub ostrymi.

W języku Ruby do definiowania odwołań wstecz w tekście docelowym i w wyrażeniach regularnych służy ta sama konstrukcja składniowa. W języku Ruby 1.9 dla nazwanych grup przechwytujących stosuje się składnię «\k<*grupa*>» lub «\k'*grupa*'». Wybór pomiędzy nawiasami ostrymi a apostrofami zależy od preferencji samego programisty.

Perl 5.10 i PHP (z biblioteką PCRE) obsługują nazwane grupy przechwytujące w wyrażeniach regularnych, ale nie w tekście docelowym operacji przeszukiwania i zastępowania. W tekście docelowym można używać ponumerowanych odwołań wstecz do nazwanych grup przechwytujących w wyrażeniu regularnym. Perl 5.10 i biblioteka PCRE przypisują numery zarówno nazwanym, jak i nienazwanym grupom (od lewej do prawej strony).

Odmiany wyrażeń regularnych frameworku .NET oraz języków Python i Ruby 1.9 dodatkowo umożliwiają stosowanie odwołań wstecz do nazwanych grup przechwytujących. Warto jednak pamiętać, że platforma .NET stosuje inny schemat numerowania grup nazwanych (patrz receptura 2.11). W wymienionych odmianach nie zaleca się mieszania nazw i numerów grup — należy albo nadawać wszystkim grupom nazwy, albo w ogóle zrezygnować z nazywania grup. Co więcej, dla nazwanych grup zawsze należy stosować nazwane odwołania.

Patrz także

Podrozdział „Przeszukiwanie i zastępowanie tekstu z wykorzystaniem wyrażeń regularnych" w rozdziale 1. oraz receptury 2.9, 2.10, 2.11 i 3.15.

2.22. Umieszczanie kontekstu dopasowania w tekście docelowym operacji wyszukiwania i zastępowania

Problem

Opracuj tekst docelowy operacji wyszukiwania i zastępowania, który będzie wstawiany w miejsce fragmentu pasującego do wyrażenia regularnego i który będzie obejmował tekst poprzedzający to dopasowanie, tekst samego dopasowania oraz tekst występujący po tym dopasowaniu. Jeśli na przykład w wyrażeniu *PrzedDopasowaniePo* zostanie znalezione słowo *Dopasowanie*, samo dopasowanie powinno zostać zastąpione tekstem *PrzedPrzedDopasowaniePoPo*, zatem po wykonaniu tej operacji powinniśmy otrzymać wyrażenie *PrzedPrzedPrzedDopasowaniePoPoPo*.

Rozwiązanie

```
$`$_$'
```
Odmiany zastępowania tekstu: .NET, Perl

```
\`\`\&\'\'
```
Odmiana zastępowania tekstu: Ruby

```
$`$`$&$'$'
```
Odmiana zastępowania tekstu: JavaScript

Analiza

Termin **kontekst** odnosi się do przetwarzanego tekstu, dla którego zastosowano dane wyrażenie regularne. Na kontekst składają się trzy elementy: przetwarzany tekst poprzedzający dopasowanie do wyrażenia regularnego, przetwarzany tekst następujący po dopasowaniu do wyrażenia regularnego oraz cały przetwarzany tekst. Tekst poprzedzający dopasowanie bywa nazywany **lewym kontekstem**, a tekst następujący po dopasowaniu określa się mianem **prawego kontekstu**. Cały przetwarzany tekst składa się z lewego kontekstu, dopasowania oraz prawego kontekstu.

.NET i Perl obsługują konstrukcje «$`», «$'» oraz «$_» umożliwiające wstawianie wszystkich trzech składowych kontekstu w ramach tekstu docelowego operacji przeszukiwania i zastępowania. W Perlu wymienione konstrukcje mają postać zmiennych ustawianych po udanym dopasowaniu i są dostępne z poziomu kodu aż do znalezienia następnego dopasowania. Znak dolara i lewy apostrof reprezentują lewy kontekst. Na standardowej klawiaturze znak lewego apostrofu jest dostępny w lewym górnym rogu, na lewo od klawisza *1*. Znak dolara i apostrof prosty reprezentują prawy kontekst. Na standardowej klawiaturze apostrof prosty znajduje się pomiędzy klawiszem średnika a klawiszem *Enter*. Znak dolara i znak podkreślenia reprezentują cały przetwarzany tekst. Podobnie jak we frameworku .NET i języku Perl, w JavaScripcie lewy i prawy kontekst są reprezentowane odpowiednio przez konstrukcje «$`» i «$'». JavaScript nie zawiera tokenu reprezentującego cały przetwarzany tekst. Można jednak obejść to ograniczenie — wystarczy ponownie skonstruować cały przetwarzany tekst, umieszczając pomiędzy lewym i prawym kontekstem całe dopasowanie reprezentowane przez token «$&».

W języku Ruby lewy i prawy kontekst są reprezentowane odpowiednio przez konstrukcje «\`» i «\'». Konstrukcja «\&» reprezentuje całe dopasowanie do wyrażenia regularnego. Podobnie jak JavaScript, język Ruby nie oferuje tokenu dla całego przetwarzanego tekstu.

Patrz także

Podrozdział „Przeszukiwanie i zastępowanie tekstu z wykorzystaniem wyrażeń regularnych" w rozdziale 1. oraz receptura 3.15.

Programowanie
z wykorzystaniem wyrażeń regularnych

Języki programowania i odmiany wyrażeń regularnych

W tym rozdziale wyjaśnimy, jak implementować wyrażenia regularne w wybranym przez Ciebie języku programowania. W recepturach składających się na ten rozdział zakładamy, że dysponujesz już prawidłowymi wyrażeniami regularnymi (w ich konstruowaniu powinny Ci pomóc poprzednie rozdziały). Koncentrujemy się więc tylko na zadaniu umieszczania wyrażeń regularnych w kodzie źródłowym i wykorzystywaniu ich do właściwego działania.

W tym rozdziale robimy, co w naszej mocy, aby możliwie precyzyjnie wyjaśnić, jak i dlaczego poszczególne fragmenty kodu działają w ten czy inny sposób. Właśnie z uwagi na wysoki poziom szczegółowości czytanie tego rozdziału od początku do końca może być dość nużące. Jeśli czytasz tę książkę po raz pierwszy, zachęcamy tylko do przejrzenia tego rozdziału, aby dysponować ogólną wiedzą o tym, co jest możliwe, a co jest konieczne. W przyszłości, kiedy będziesz implementował wyrażenia regularne proponowane w kolejnych rozdziałach, będziesz mógł wrócić do tego materiału, aby dokładnie dowiedzieć się, jak integrować te wyrażenia z wybranym językiem programowania.

W rozdziałach 4. – 8. będziemy wykorzystywali wyrażenia regularne do rozwiązywania rzeczywistych problemów programistycznych. W tych pięciu rozdziałach będziemy koncentrowali się na samych wyrażeniach regularnych, a wiele receptur w ogóle nie będzie zawierało kodu źródłowego. Aby wyrażenia prezentowane w tych rozdziałach mogły być stosowane w praktyce, należy je przenieść do fragmentów kodu źródłowego z niniejszego rozdziału.

Ponieważ w pozostałych rozdziałach koncentrujemy się na wyrażeniach regularnych, prezentujemy rozwiązania dla konkretnych odmian wyrażeń regularnych zamiast dla poszczególnych języków programowania. Odmiany wyrażeń regularnych nie są związane relacją jeden do jednego z odpowiednimi językami programowania. Języki skryptowe zwykle oferują własne, wbudowane odmiany wyrażeń regularnych, a pozostałe języki programowania najczęściej korzystają z odpowiednich bibliotek. Niektóre z tych bibliotek są dostępne w wersjach dla wielu języków programowania, a część języków oferuje swoim programistom więcej niż jedną bibliotekę.

W punkcie „Różne odmiany wyrażeń regularnych" w rozdziale 1. opisano wszystkie odmiany wyrażeń regularnych prezentowanych w tej książce. W punkcie „Zastępowanie tekstu w różnych odmianach" także w rozdziale 1. wymieniono odmiany zastępowania tekstu stosowane podczas operacji przeszukiwania i zastępowania danych z wykorzystaniem wyrażeń regularnych. Wszystkie języki programowania omawiane w tym rozdziale korzystają z jednej z tych odmian.

Języki programowania omawiane w tym rozdziale

W tym rozdziale omówimy siedem języków programowania. Każda receptura zawiera odrębne rozwiązania dla wszystkich ośmiu języków programowania, a w wielu recepturach sporządzono nawet osobne analizy rozwiązań pod kątem poszczególnych języków. Jeśli jakaś technika ma zastosowanie w więcej niż jednym języku, wspominamy o niej w analizie dla każdego z tych języków. Zdecydowaliśmy się na takie rozwiązanie, abyś mógł bezpiecznie pomijać języki programowania, którymi nie jesteś zainteresowany.

C#
Język programowania C# korzysta z frameworku Microsoft .NET. Klasy przestrzeni nazw System.Text.RegularExpressions stosują więc odmianę wyrażeń regularnych i zastępowania tekstu, które w tej książce nazywamy odmianami platformy .NET. W tej książce omówimy język C# w wersjach od 1.0 do 3.5 (stosowane odpowiednio w środowiskach Visual Studio od wersji 2002 do wersji 2008).

VB.NET
W tej książce będziemy używali terminów VB.NET i Visual Basic.NET w kontekście języka programowania Visual Basic 2002 i nowszych, aby uniknąć mylenia tych wersji z językiem Visual Basic 6 i starszymi. Współczesne wersje Visual Basica korzystają z frameworku Microsoft .NET. Wspomniana już przestrzeń nazw System.Text.RegularExpressions implementuje odmianę wyrażeń regularnych i zastępowania tekstu, które w tej książce nazywamy odmianami platformy .NET. W tej książce ograniczymy się do prezentacji języka Visual Basic w wersjach 2002 – 2008.

Java
Java 4 jest pierwszym wydaniem oferującym wbudowaną obsługę wyrażeń regularnych w formie pakietu java.util.regex. Właśnie pakiet java.util.regex implementuje odmianę wyrażeń regularnych i zastępowanego tekstu, które w tej książce nazywamy odmianą Javy. W tej książce omawiamy Javę 4, 5 i 6.

JavaScript
Tę odmianę wyrażeń regularnych stosuje się w języku programowania powszechnie znanym jako JavaScript. Wspomniany język jest implementowany przez wszystkie współczesne przeglądarki internetowe: Internet Explorer (przynajmniej w wersji 5.5), Firefox, Opera, Safari oraz Chrome. Także wiele innych aplikacji wykorzystuje JavaScript w roli języka skryptowego.

Precyzyjnie mówiąc, w tej książce będziemy używali terminu **JavaScript** w kontekście języka programowania zdefiniowanego w trzeciej wersji standardu ECMA-262. Wspomniany standard definiuje język programowania ECMAScript znany lepiej dzięki implementacjom nazwanym JavaScript i JScript, oferowanym w rozmaitych przeglądarkach internetowych.

Standard ECMA-262v3 definiuje też stosowane w JavaScripcie odmiany wyrażeń regularnych i zastępowanego tekstu. W tej książce będziemy określali te odmiany mianem odmian JavaScriptu.

PHP

PHP oferuje trzy zbiory funkcji operujących na wyrażeniach regularnych. Ponieważ sami jesteśmy zwolennikami korzystania z rodziny funkcji preg, w tej książce będziemy koncentrowali się właśnie na nich (dostępnych począwszy od wydania PHP 4.2.0). W tej książce omówimy język PHP 4 i 5. Funkcje z rodziny preg są w istocie opakowaniami funkcji biblioteki PCRE. Odmianę wyrażeń regularnych implementowaną przez tę bibliotekę będziemy nazywali odmianą PCRE. Ponieważ jednak biblioteka PCRE nie oferuje funkcji przeszukiwania i zastępowania, twórcy języka PHP opracowali własną składnię zastępowanego tekstu na potrzeby funkcji preg_replace. Samą odmianę zastępowanego tekstu nazywamy w tej książce odmianą PHP.

Funkcje z rodziny mb_ereg wchodzą w skład zbioru tzw. funkcji wielobajtowych języka PHP, które zaprojektowano z myślą o językach tradycyjnie kodowanych za pomocą wielobajtowych zbiorów znaków, na przykład o językach japońskim i chińskim. W PHP 5 funkcje mb_ereg korzystają z biblioteki wyrażeń regularnych Oniguruma, którą początkowo tworzono dla języka programowania Ruby. Odmianę wyrażeń regularnych zaimplementowaną w bibliotece Oniguruma będziemy nazywali odmianą języka Ruby 1.9. Stosowanie funkcji z rodziny mb_ereg zaleca się tylko tym programistom, którzy muszą operować na wielobajtowych stronach kodowych i którzy opanowali już techniki korzystania z funkcji mb_.

Grupa funkcji ereg to najstarszy zbiór funkcji PHP stworzonych z myślą o przetwarzaniu wyrażeń regularnych. Funkcje z tego zbioru oficjalnie uznano za przestarzałe i niezalecane wraz z wydaniem PHP 5.3.0. Funkcje ereg nie korzystają z żadnych bibliotek zewnętrznych i implementują odmianę POSIX ERE. Wspomniana odmiana oferuje jednak dość ograniczony zakres funkcji i jako taka nie jest omawiana w tej książce. Funkcje odmiany POSIX ERE stanowią podzbiór funkcji oferowanych przez odmiany języka Ruby 1.9 i biblioteki PCRE. Każde wyrażenie regularne obsługiwane przez funkcje ereg jest obsługiwane także przez funkcje z rodziny mb_ereg lub preg. Funkcje preg wymagają jednak stosowania separatorów Perla (patrz receptura 3.1).

Perl

Wbudowana obsługa wyrażeń regularnych Perla to jeden z głównych powodów obserwowanej obecnie popularności tych wyrażeń. Odmiany wyrażeń regularnych i zastępowanego tekstu wykorzystywane przez operatory m// i s/// języka Perl nazywamy w tej książce odmianami Perla. Skoncentrujemy się na wersjach 5.6, 5.8 i 5.10.

Python

W języku Python obsługę wyrażeń regularnych zaimplementowano w module re. W tej książce odmiany wyrażeń regularnych i zastępowanego tekstu nazywamy odmianami Pythona. W książce omawiamy język Python w wersjach 2.4 i 2.5.

Ruby

Język Ruby oferuje wbudowaną obsługę wyrażeń regularnych. W tej książce omówimy wersje 1.8 i 1.9 tego języka. Wymienione wersje języka Ruby domyślnie stosują różne moduły wyrażeń regularnych. Język Ruby 1.9 korzysta z modułu Oniguruma, który oferuje nieporównanie więcej funkcji niż klasyczny silnik stosowany w domyślnej kompilacji języka 1.8. Szczegółowych informacji na ten temat należy szukać w punkcie „Odmiany wyrażeń regularnych prezentowane w tej książce" w rozdziale 1.

W tym rozdziale nie będziemy poświęcać zbyt wiele uwagi różnicom dzielącym moduły wyrażeń regularnych wersji 1.8 i 1.9. Wyrażenia prezentowane w tym rozdziale będą na tyle proste, że nie będą potrzebne nowe funkcje zaimplementowane w języku Ruby 1.9. Ponieważ mechanizmy odpowiedzialne za obsługę wyrażeń regularnych są włączane do samego języka Ruby na etapie kompilacji, kod wykorzystywany do implementowania wyrażeń regularnych jest taki sam niezależnie od wybranego modułu (klasycznego lub biblioteki Oniguruma). Oznacza to, że istnieje możliwość ponownej kompilacji języka Ruby 1.8, aby korzystał z biblioteki Oniguruma (jeśli na przykład potrzebujemy rozszerzonych funkcji tej biblioteki).

Inne języki programowania

Języki programowania wymienione na poniższej liście nie będą omawiane w tej książce, mimo że korzystają z prezentowanych przez nas odmian wyrażeń regularnych. Jeśli pracujesz w którymś z tych języków, możesz pominąć ten rozdział i jednocześnie z powodzeniem korzystać z materiału zawartego w pozostałych rozdziałach.

ActionScript

ActionScript jest implementacją standardu ECMA-262 opracowaną przez firmę Adobe. W wersji 3.0 język ActionScript zawiera pełną obsługę wyrażeń regularnych zdefiniowanych w standardzie ECMA-262v3. W tej książce będziemy nazywali tę odmianę odmianą JavaScriptu. Język ActionScript jest bardzo podobny do języka JavaScript, zatem przeniesienie fragmentów kodu JavaScriptu do języka ActionScript nie powinno Ci sprawić najmniejszego problemu.

C

Programiści języka C mają do dyspozycji wiele różnych bibliotek wyrażeń regularnych. Biblioteka PCRE typu open source jest bodaj najlepszym rozwiązaniem tego typu spośród wszystkich odmian omówionych w tej książce. Kompletny kod źródłowy tej biblioteki (w języku C) można pobrać z witryny internetowej *http://www.pcre.org*. Kod napisano w taki sposób, aby umożliwić jego kompilację z wykorzystaniem rozmaitych kompilatorów dla wielu różnych platform.

C++

Także programiści języka C++ mają do wyboru wiele różnych bibliotek wyrażeń regularnych. Biblioteka PCRE typu open source jest bodaj najlepszym rozwiązaniem tego typu spośród wszystkich odmian omówionych w tej książce. Istnieje możliwość korzystania albo bezpośrednio z interfejsu API języka C, albo z opakowań w formie klas języka C++ dostępnych wraz z samą biblioteką PCRE (patrz witryna internetowa *http://www.pcre.org*).

W systemie Windows można dodatkowo zaimportować obiekt COM nazwany VBScript 5.5 RegExp (patrz materiał poświęcony językowi Visual Basic 6). Takie rozwiązanie jest korzystne, jeśli chcemy zachować spójność wewnętrznych mechanizmów zaimplementowanych w C++ i elementów interfejsu zaimplementowanych w JavaScripcie.

Delphi dla platformy Win32

W czasie, kiedy pisano tę książkę, wersja języka Delphi dla platformy Win32 nie oferowała żadnych wbudowanych mechanizmów obsługi wyrażeń regularnych. Istnieje jednak wiele komponentów VCL implementujących obsługę wyrażeń regularnych. Sami polecamy wybór komponentu stworzonego na bazie biblioteki PCRE. Delphi oferuje możliwość dołączania do budowanych aplikacji plików wynikowych języka C — większość opakowań biblioteki PCRE w formie komponentów VCL ma postać właśnie takich plików wynikowych. Takie rozwiązanie umożliwia umieszczanie aplikacji w pojedynczych plikach .*exe*.

Komponent nazwany TPerlRegEx (mojego autorstwa) można pobrać ze strony internetowej *http://www.regexp.info/delphi.html*. TPerlRegEx ma postać komponentu VCL instalowanego automatycznie w palecie komponentów, zatem jego przeciąganie na formularz nie stanowi żadnego problemu. Innym popularnym opakowaniem biblioteki PCRE dla Delphi jest klasa TJclRegEx wchodząca w skład biblioteki JCL (dostępnej pod adresem *http://www. delphi-jedi.org*). Ponieważ jednak TJclRegEx jest klasą potomną klasy TObject, nie jest możliwe jej przenoszenie na formularz.

Obie biblioteki mają charakter oprogramowania open source i są oferowane na zasadach licencji Mozilla Public License.

Delphi Prism

W Delphi Prism można wykorzystać mechanizm obsługi wyrażeń regularnych zaimplementowany w ramach frameworku .NET. Wystarczy do klauzuli uses dodać przestrzeń nazw System.Text.RegularExpressions, aby dana jednostka języka Delphi Prism mogła korzystać ze wspomnianej implementacji wyrażeń regularnych.

Po wykonaniu tego kroku można z powodzeniem stosować te same techniki, które w tym rozdziale proponujemy dla języków C# i VB.NET.

Groovy

Podobnie jak w Javie, w języku Groovy do obsługi wyrażeń regularnych można wykorzystać pakiet java.util.regex. W praktyce wszystkie prezentowane w tym rozdziale rozwiązania dla Javy powinny działać prawidłowo także w języku Groovy. Składnia wyrażeń regularnych tego języka różni się tylko dodatkowymi skrótami notacji. Stałe wyrażenie regularne otoczone prawymi ukośnikami jest traktowane jako obiekt klasy java.lang. ↳String, a operator =~ tworzy obiekt klasy java.util.regex.Matcher. Możemy swobodnie mieszać składnię języka Groovy ze standardową składnią Javy, ponieważ w obu przypadkach korzystamy z tych samych klas i obiektów.

PowerShell

PowerShell jest językiem skryptowym firmy Microsoft zaprojektowanym na bazie frameworku .NET. Wbudowane operatory -match i -replace tego języka korzystają z odmian wyrażeń regularnych i zastępowanego tekstu platformy .NET, czyli z odmian prezentowanych w tej książce.

R

W projekcie R zaimplementowano obsługę wyrażeń regularnych za pośrednictwem funkcji grep, sub i regexpr pakietu base. Wszystkie te funkcje otrzymują na wejściu argument oznaczony etykietą perl, który — w razie pominięcia — ma przypisywaną wartość FALSE. Jeśli za pośrednictwem tego argumentu przekażemy wartość TRUE, wymusimy użycie opisanej w tej książce odmiany wyrażeń regularnych biblioteki PCRE. Wyrażenia regularne tworzone z myślą o bibliotece PCRE 7 mogą być z powodzeniem stosowane w języku R, począwszy od wersji 2.5.0. W starszych wersjach tego języka należy stosować wyrażenia regularne, które w tej książce opisujemy jako tworzone z myślą o bibliotece PCRE 4 lub nowszych. Obsługiwane w języku R odmiany „podstawowa" i „rozszerzona", które są starsze i mocno ograniczone, nie będą omawiane w tej książce.

REALbasic

Język REALbasic oferuje wbudowaną klasę RegEx. Wspomniana klasa wewnętrznie wykorzystuje bibliotekę PCRE w wersji przystosowanej do pracy z formatem UTF-8. Oznacza to, że istnieje możliwość korzystania z biblioteki PCRE w wersji z obsługą standardu Unicode, jednak konwersja znaków spoza zbioru ASCII na znaki UTF-8 (przed przekazaniem do klasy RegEx) wymaga użycia klasy TextConverter języka REALbasic.

Wszystkie prezentowane w tej książce wyrażenia regularne dla biblioteki PCRE 6 można z powodzeniem stosować także w języku REALbasic. Warto jednak pamiętać, że w tym języku opcje ignorowania wielkości liter i dopasowywania znaków podziału wiersza do karety i dolara (tzw. tryb wielowierszowy) są domyślnie włączone. Oznacza to, że jeśli chcesz używać w języku REALbasic wyrażeń regularnych, które nie wymagają włączenia tych trybów dopasowywania, powinieneś je wprost wyłączyć.

Scala

Język Scala oferuje wbudowaną obsługę wyrażeń regularnych w formie pakietu scala. ↪util.matching. Pakiet ten zaprojektowano na podstawie modułu wyrażeń regularnych stosowanego w Javie (czyli pakietu java.util.regex). Odmiany wyrażeń regularnych i zastępowanego tekstu obowiązujące w językach Java i Scala nazywamy w tej książce po prostu odmianami Javy.

Visual Basic 6

Visual Basic 6 był ostatnią wersją tego języka, która nie wymagała frameworku .NET. Oznacza to, że programiści korzystający z tej wersji nie dysponują doskonałymi mechanizmami obsługi wyrażeń regularnych tego frameworku. Przykładów kodu języka VB.NET prezentowanych w tym rozdziale nie można więc przenosić do języka VB 6.

Z drugiej strony Visual Basic 6 znacznie ułatwia korzystanie z funkcji implementowanych przez biblioteki ActiveX i COM. Jednym z takich rozwiązań jest biblioteka skryptowa VBScript firmy Microsoft. Począwszy od wersji 5.5, w bibliotece VBScript implementowano uproszczoną obsługę wyrażeń regularnych. Wspomniana biblioteka skryptowa implementuje tę samą odmianę wyrażeń regularnych, która jest stosowana w JavaScripcie (zgodną ze standardem ECMA-262v3). Biblioteka VBScript jest częścią przeglądarki Internet Explorer 5.5 i nowszych, zatem jest dostępna na wszystkich komputerach z systemem operacyjnym Windows XP lub Windows Vista (oraz starszymi systemami operacyjnymi, jeśli tylko ich użytkownicy zaktualizowali przeglądarkę do wersji 5.5 lub nowszej). Oznacza to, że biblioteka VBScript jest dostępna na praktycznie wszystkich komputerach z systemem Windows wykorzystywanych do łączenia się z internetem.

Aby użyć tej biblioteki w aplikacji tworzonej w Visual Basicu, z menu *Project* zintegrowanego środowiska programowania (IDE) należy wybrać opcję *References*. Na wyświetlonej liście powinieneś odnaleźć pozycję *Microsoft VBScript Regular Expressions 5.5* (dostępną bezpośrednio pod pozycją *Microsoft VBScript Regular Expressions 1.0*). Upewnij się, że na liście jest zaznaczona wersja 5.5, nie wersja 1.0. Wersja 1.0 ma na celu wyłącznie zapewnienie zgodności wstecz, a jej możliwości są dalekie od satysfakcjonujących.

Po dodaniu tej referencji uzyskujesz dostęp do wykazu klas i składowych klas wchodzących w skład wybranej biblioteki. Warto teraz wybrać z menu *View* opcję *Object Browser*. Z listy rozwijanej w lewym górnym rogu okna *Object Browser* wybierz z bibliotekę *VBScript_RegExp_55*.

3.1. Stałe wyrażenia regularne w kodzie źródłowym

Problem

Otrzymałeś wyrażenie regularne <[$"'\n\d/\\]> jako rozwiązanie pewnego problemu. Wyrażenie to składa się z pojedynczej klasy znaków pasującej do znaku dolara, cudzysłowu, apostrofu, znaku nowego wiersza, dowolnej cyfry (0 – 9) oraz prawego i lewego ukośnika. Twoim zadaniem jest trwałe zapisanie tego wyrażenia regularnego w kodzie źródłowym (w formie stałej łańcuchowej lub operatora wyrażenia regularnego).

Rozwiązanie

C#

W formie zwykłego łańcucha:

```
"[$\"'\n\\d/\\\\]"
```

W formie łańcucha dosłownego:

```
@"[$""'\n\d/\\]"
```

VB.NET

```
"[$""'\n\d/\\]"
```

Java

```
"[$\"'\n\\d/\\\\]"
```

JavaScript

```
/[$"'\n\d\/\\]/
```

PHP

```
'%[$"\'\n\d/\\\\]%'
```

Perl

Operator dopasowywania wzorców:

```
/[\$"'\n\d\/\\]/
m![\$"'\n\d/\\]!
```

Operator podstawiania:

```
s![\$"'\n\d/\\]!!
```

Python

Standardowy (surowy) łańcuch otoczony potrójnymi cudzysłowami:

```
r"""[$"'\n\d/\\]"""
```

Zwykły łańcuch:

```
"[$\"'\n\\d/\\\\]"
```

Ruby

Stałe wyrażenie regularne otoczone prawymi ukośnikami:

```
/[$"'\n\d\/\\]/
```

Stałe wyrażenie regularne otoczone wybranymi znakami interpunkcyjnymi:

```
%r![$"'\n\d/\\]!
```

Analiza

Kiedy w tej książce proponujemy Ci samo wyrażenie regularne (czyli wyrażenie niebędące częścią większego fragmentu kodu źródłowego), zawsze formatujemy je w standardowy sposób. Ta receptura jest jedynym wyjątkiem od tej reguły. Jeśli korzystasz z testera wyrażeń regularnych, jak RegexBuddy czy RegexPal, powinieneś wpisywać swoje wyrażenia właśnie w ten sposób. Jeśli Twoja aplikacja operuje na wyrażeniach regularnych wpisywanych przez użytkownika, także użytkownik powinien wpisywać swoje wyrażenia w ten sposób.

Jeśli jednak chcesz zapisywać stałe wyrażenia regularne w swoim kodzie źródłowym, musisz się liczyć z dodatkowymi zadaniami. Bezmyślne, nieostrożne kopiowanie i wklejanie wyrażeń regularnych z testera do kodu źródłowego (i w przeciwnym kierunku) często prowadziłoby do błędów, a Ciebie zmuszałoby do gruntownych analiz obserwowanych zjawisk. Musiałbyś poświęcić sporo czasu na odkrywanie, dlaczego to samo wyrażenie regularne działa w testerze, ale nie działa w kodzie źródłowym, lub nie działa w testerze, mimo że zostało skopiowane z prawidłowego kodu źródłowego. Wszystkie języki programowania omawiane w tej książce wymagają otaczania stałych wyrażeń regularnych określonymi separatorami — część języków korzysta ze składni łańcuchów, inne wprowadzają specjalną składnię stałych wyrażeń regularnych. Jeśli Twoje wyrażenie regularne zawiera separatory danego języka programowania lub inne znaki, które mają w tym języku jakieś specjalne znaczenie, musisz zastosować sekwencje ucieczki.

Najczęściej stosowanym symbolem ucieczki jest lewy ukośnik (\). Właśnie dlatego większość rozwiązań zaproponowanych dla tego problemu zawiera dużo więcej lewych ukośników niż cztery ukośniki z oryginalnego wyrażenia regularnego (w punkcie „Problem").

C#

W języku C# wyrażenia regularne można przekazywać na wejściu konstruktora `Regex()` i rozmaitych funkcji składowych klasy `Regex`. Parametry reprezentujące wyrażenia regularne zawsze są deklarowane jako łańcuchy.

C# obsługuje dwa rodzaje stałych łańcuchowych. Najbardziej popularnym rodzajem takich stałych są łańcuchy otoczone cudzysłowami, czyli konstrukcje doskonale znane z takich języków programowania, jak C++ czy Java. W ramach łańcuchów otoczonych cudzysłowami inne cudzysłowy i lewe ukośniki muszą być poprzedzane lewymi ukośnikami. W łańcuchach można też stosować sekwencje ucieczki ze znakami niedrukowanymi, na przykład <\n>. Jeśli włączono tryb swobodnego stosowania znaków białych (patrz receptura 2.18) za pośrednictwem

`RegexOptions.IgnorePatternWhitespace`, konstrukcje `"\n"` i `"\\n"` są traktowane w odmienny sposób (patrz receptura 3.4). O ile konstrukcja `"\n"` jest traktowana jako stała łańcuchowa z podziałem wiersza, która nie pasuje do znaków białych, o tyle `"\\n"` jest łańcuchem z tokenem wyrażenia regularnego `<\n>`, który pasuje do nowego wiersza.

Tzw. łańcuchy dosłowne (ang. *verbatim strings*) rozpoczynają się od znaku @ i cudzysłowu, a kończą się samym cudzysłowem. Umieszczenie cudzysłowu w łańcuchu dosłownym wymaga użycia dwóch następujących po sobie cudzysłowów. W ramach tego rodzaju łańcuchów nie trzeba jednak stosować sekwencji ucieczki dla lewych ukośników, co znacznie poprawia czytelność wyrażeń regularnych. Konstrukcja `@"\n"` zawsze reprezentuje token wyrażenia regularnego `<\n>`, który pasuje do znaku nowego wiersza (także w trybie swobodnego stosowania znaków białych). Łańcuchy dosłowne co prawda nie obsługują tokenu `<\n>` na poziomie samych łańcuchów, ale mogą obejmować wiele wierszy. Konstrukcje łańcuchów dosłownych wprost idealnie nadają się więc do zapisywania wyrażeń regularnych.

Wybór jest dość prosty — najlepszym sposobem zapisywania wyrażeń regularnych w kodzie źródłowym języka C# jest stosowanie łańcuchów dosłownych.

VB.NET

W języku VB.NET istnieje możliwość przekazywania stałych wyrażeń na wejściu konstruktora `Regex()` oraz rozmaitych funkcji składowych klasy `Regex`. Parametr reprezentujący wyrażenie regularne zawsze jest deklarowany jako łańcuch.

W Visual Basicu stosuje się łańcuchy otoczone cudzysłowami. Cudzysłowy w ramach tych łańcuchów należy zapisywać podwójnie. Żadne inne znaki nie wymagają stosowania sekwencji ucieczki.

Java

W Javie stałe wyrażenia regularne można przekazywać na wejściu fabryki (wytwórni) klas `Pattern.compile()` oraz rozmaitych funkcji klasy `String`. Parametry reprezentujące wyrażenia regularne zawsze deklaruje się jako łańcuchy.

W Javie łańcuchy otacza się cudzysłowami. Ewentualne cudzysłowy i lewe ukośniki w ramach tych łańcuchów należy poprzedzać symbolem ucieczki, czyli lewym ukośnikiem. W łańcuchach można też umieszczać znaki niedrukowane (na przykład `<\n>`) oraz sekwencje ucieczki standardu Unicode (na przykład `<\uFFFF>`).

Jeśli włączono tryb swobodnego stosowania znaków białych (patrz receptura 2.18) za pośrednictwem `Pattern.COMMENTS`, konstrukcje `"\n"` i `"\\n"` są traktowane w odmienny sposób (patrz receptura 3.4). O ile konstrukcja `"\n"` jest interpretowana jako stała łańcuchowa z podziałem wiersza, która nie pasuje do znaków białych, o tyle `"\\n"` jest łańcuchem z tokenem wyrażenia regularnego `<\n>`, który pasuje do nowego wiersza.

JavaScript

W JavaScripcie najlepszym sposobem tworzenia wyrażeń regularnych jest korzystanie ze składni zaprojektowanej specjalnie z myślą o deklarowaniu stałych wyrażeń regularnych. Wystarczy umieścić wyrażenie regularne pomiędzy dwoma prawymi ukośnikami. Jeśli samo wyrażenie zawiera prawe ukośniki, należy każdy z nich poprzedzić lewym ukośnikiem.

Mimo że istnieje możliwość tworzenia obiektów klasy `RegExp` na podstawie łańcuchów, stosowanie notacji łańcuchowej dla stałych wyrażeń regularnych definiowanych w kodzie źródłowym nie miałoby większego sensu, ponieważ wymagałoby stosowania sekwencji ucieczki dla cudzysłowów i lewych ukośników (co zwykle prowadzi do powstania prawdziwego gąszczu lewych ukośników).

PHP

Stałe wyrażenia regularne na potrzeby funkcji `preg` języka PHP są przykładem dość nietypowego rozwiązania. Inaczej niż Java czy Perl, PHP nie definiuje rdzennego typu wyrażeń regularnych. Podobnie jak łańcuchy, wyrażenia regularne zawsze muszą być otoczone apostrofami. Dotyczy to także funkcji ze zbiorów `ereg` i `mb_ereg`. Okazuje się jednak, że w swoich dążeniach do powielenia rozwiązań znanych z Perla twórcy funkcji-opakowań biblioteki PCRE dla języka PHP wprowadzili pewne dodatkowe wymaganie.

Wyrażenie regularne umieszczone w łańcuchu musi być dodatkowo otoczone separatorami stosowanymi dla stałych wyrażeń regularnych Perla. Oznacza to, że wyrażenie regularne, które w Perlu miałoby postać `/wyrażenie/`, w języku PHP (stosowane na wejściu funkcji `preg`) musiałoby mieć postać `'/wyrażenie/'`. Podobnie jak w Perlu, istnieje możliwość wykorzystywania w roli separatorów par dowolnych znaków interpunkcyjnych. Jeśli jednak separator danego wyrażenia regularnego występuje w ramach tego wyrażenia, każde takie wystąpienie należy poprzedzić lewym ukośnikiem. Można uniknąć tej konieczności, stosując w roli separatora znak, który nie występuje w samym wyrażeniu regularnym. Na potrzeby tej receptury użyto znak procenta, ponieważ — w przeciwieństwie do prawego ukośnika — nie występuje w wyrażeniu regularnym. Gdyby nasze wyrażenie nie zawierało prawego ukośnika, powinniśmy otoczyć je właśnie tym znakiem, ponieważ to on jest najczęściej stosowanym separatorem w Perlu oraz wymaganym separatorem w językach JavaScript i Ruby.

PHP obsługuje zarówno łańcuchy otoczone apostrofami, jak i łańcuchy otoczone cudzysłowami. Każdy apostrof, cudzysłów i lewy ukośnik występujący wewnątrz wyrażenia regularnego wymaga zastosowania sekwencji ucieczki (poprzedzenia lewym ukośnikiem). W łańcuchach otoczonych cudzysłowami sekwencję ucieczki należy dodatkowo stosować dla znaku dolara. Jeśli nie planujesz włączania zmiennych do swoich wyrażeń regularnych, powinieneś konsekwentnie zapisywać je w formie łańcuchów otoczonych apostrofami.

Perl

W Perlu stałe wyrażenia regularne wykorzystuje się łącznie z operatorem dopasowywania wzorców oraz operatorem podstawiania. Operator dopasowywania wzorców składa się z dwóch prawych ukośników oraz znajdującego się pomiędzy nimi wyrażenia regularnego. Prawe ukośniki w ramach tego wyrażenia wymagają zastosowania sekwencji ucieczki poprzez poprzedzenie każdego z nich lewym ukośnikiem. Żaden inny znak nie wymaga stosowania podobnej sekwencji (może z wyjątkiem znaków $ i @, o czym napisano na końcu tego podpunktu).

Alternatywna notacja operatora dopasowywania wzorców polega na umieszczaniu wyrażenia regularnego pomiędzy parą znaków interpunkcyjnych poprzedzoną literą `m`. Jeśli w roli separatora używasz dowolnego rodzaju otwierających lub zamykających znaków interpunkcyjnych (nawiasów okrągłych, kwadratowych lub klamrowych), za wyrażeniem regularnym należy umieścić prawy odpowiednik znaku otwierającego, na przykład `m{regex}`. W przypadku pozostałych znaków interpunkcyjnych wystarczy dwukrotnie użyć tego samego symbolu. W rozwiązaniu dla tej receptury wykorzystano dwa wykrzykniki. W ten sposób uniknęliśmy konieczności stosowania sekwencji ucieczki dla prawego ukośnika użytego w ramach wyrażenia regularnego. Jeśli zastosowano inne separatory otwierające i zamykające, symbol ucieczki (lewy ukośnik) jest niezbędny tylko w przypadku separatora zamykającego (jeśli ten separator występuje w wyrażeniu regularnym).

Operator podstawiania pod wieloma względami przypomina operator dopasowywania wzorców. Operator podstawiania rozpoczyna się od litery s (zamiast m), po której następuje tekst docelowy operacji wyszukiwania i zastępowania. Jeśli w roli separatorów korzystasz z nawiasów kwadratowych lub podobnych znaków interpunkcyjnych, będziesz potrzebował dwóch par: s[wyrażenie][docelowy]. Wszystkich pozostałych znaków interpunkcyjnych należy użyć trzykrotnie: s/wyrażenie/docelowy/.

Perl traktuje operatory dopasowywania wzorców i podstawiania tak jak łańcuchy otoczone cudzysłowami. Jeśli więc skonstruujemy wyrażenie m/Mam na imię $name/ i jeśli $name reprezentuje "Jan", otrzymamy wyrażenie regularne <Mam•na•imię•Jan>. Także $" jest w języku Perl traktowane jak zmienna, stąd konieczność poprzedzenia znaku dolara (dopasowywanego dosłownie) w klasie znaków symbolem ucieczki.

Sekwencji ucieczki nigdy nie należy stosować dla znaku dolara, który ma pełnić funkcję kotwicy (patrz receptura 2.5). Znak dolara poprzedzony symbolem ucieczki zawsze jest dopasowywany dosłownie. Perl dysponuje mechanizmami niezbędnymi do prawidłowego rozróżniania znaków dolara występujących w roli kotwic oraz znaków dolara reprezentujących zmienne (w pierwszym przypadku znaki dolara mogą występować tylko na końcu grupy lub całego wyrażenia regularnego bądź przed znakiem nowego wiersza). Oznacza to, że jeśli chcemy sprawdzić, czy wyrażenie w ramach konstrukcji <m/^wyrażenie$/> pasuje do całego przetwarzanego tekstu, nie powinniśmy stosować sekwencji ucieczki dla znaku dolara.

Znak @ stosowany w wyrażeniach regularnych nie ma co prawda żadnego specjalnego znaczenia, jednak jest wykorzystywany podczas przetwarzania zmiennych. Oznacza to, że każde jego wystąpienie w stałym wyrażeniu regularnym Perla należy poprzedzić symbolem ucieczki (podobnie jak w przypadku łańcuchów otoczonych cudzysłowami).

Python

Funkcje modułu re języka Python otrzymują na wejściu wyrażenia regularne w formie łańcuchów. Oznacza to, że dla wyrażeń regularnych definiowanych na potrzeby tych funkcji mają zastosowanie rozmaite sposoby definiowania łańcuchów Pythona. W zależności od znaków występujących w Twoim wyrażeniu regularnym wybór właściwego sposobu definiowania łańcuchów może znacznie ograniczać zakres znaków wymagających stosowania sekwencji ucieczki (poprzedzania lewymi ukośnikami).

Ogólnie najlepszym rozwiązaniem jest stosowanie standardowych (surowych) łańcuchów. Standardowe łańcuchy Pythona nie wymagają stosowania sekwencji ucieczki dla żadnych znaków. Oznacza to, że jeśli zdecydujesz się na tę formę definiowania wyrażeń regularnych, nie będziesz musiał podwajać lewych ukośników. Konstrukcja r"\d+" jest bardziej czytelna od konstrukcji "\\d+", szczególnie jeśli całe wyrażenie regularne jest znacznie dłuższe.

Jedyny przypadek, w którym standardowe łańcuchy nie są najlepszym rozwiązaniem, ma miejsce wtedy, gdy wyrażenie regularne zawiera zarówno apostrofy, jak i cudzysłowy. Standardowy łańcuch nie może wówczas być otoczony apostrofami ani cudzysłowami, ponieważ nie ma możliwości zastosowania sekwencji ucieczki dla tych znaków wewnątrz wyrażenia regularnego. W takim przypadku należy otoczyć standardowy łańcuch trzema cudzysłowami — jak w rozwiązaniu tej receptury dla języka Python (dla porównania pokazano też zwykły łańcuch).

Gdybyśmy chcieli korzystać w naszych wyrażeniach regularnych Pythona z możliwości, jakie daje nam standard Unicode (patrz receptura 2.7), powinniśmy zastosować łańcuchy tego standardu. Standardowy łańcuch można przekształcić w łańcuch Unicode, poprzedzając go przedrostkiem u.

Standardowe łańcuchy nie obsługują znaków niedrukowanych poprzedzanych znakami ucieczki, na przykład konstrukcji \n. Standardowe łańcuchy interpretują tego rodzaju sekwencje dosłownie. Okazuje się jednak, że wspomniana cecha standardowych łańcuchów nie stanowi problemu w przypadku modułu re, który obsługuje tego rodzaju sekwencje w ramach składni wyrażeń regularnych oraz składni docelowego tekstu operacji przeszukiwania i zastępowania. Oznacza to, że konstrukcja \n będzie interpretowana jako znak nowego wiersza w wyrażeniu regularnym lub tekście docelowym, nawet jeśli zdefiniujemy go w formie standardowego łańcucha.

Jeśli włączono tryb swobodnego stosowania znaków białych (patrz receptura 2.18) za pośrednictwem re.VERBOSE, łańcuch "\n" jest traktowany inaczej niż łańcuch "\\n" i surowy łańcuch r"\n" (patrz receptura 3.4). O ile konstrukcja "\n" jest interpretowana jako stała łańcuchowa z podziałem wiersza, która nie pasuje do znaków białych, o tyle konstrukcje "\\n" i r"\n" to łańcuchy z tokenem wyrażenia regularnego <\n>, który pasuje do nowego wiersza.

W trybie swobodnego stosowania znaków białych najlepszym rozwiązaniem jest definiowanie standardowych łańcuchów otoczonych trzema cudzysłowami (na przykład r"""\n"""), ponieważ łańcuchy w tej formie mogą się składać z wielu wierszy. Ponieważ konstrukcja <\n> nie jest interpretowana na poziomie łańcucha, może być interpretowana na poziomie wyrażenia regularnego, gdzie reprezentuje token pasujący do podziału wiersza.

Ruby

W Ruby najlepszym sposobem tworzenia wyrażeń regularnych jest korzystanie ze składni stworzonej specjalnie z myślą o stałych wyrażeniach tego typu. Wystarczy umieścić wyrażenie regularne pomiędzy dwoma prawymi ukośnikami. Jeśli samo wyrażenie zawiera jakiś prawy ukośnik, należy ten znak poprzedzić lewym ukośnikiem.

Jeśli nie chcesz stosować sekwencji ucieczki dla prawych ukośników, możesz poprzedzić swoje wyrażenie regularne przedrostkiem %r, po czym użyć w roli separatora dowolnego wybranego przez siebie znaku interpunkcyjnego.

Mimo że istnieje możliwość tworzenia obiektów klasy Regexp na podstawie łańcuchów, stosowanie notacji łańcuchowej dla stałych wyrażeń regularnych definiowanych w kodzie źródłowym nie miałoby większego sensu, ponieważ wymagałoby stosowania sekwencji ucieczki dla cudzysłowów i lewych ukośników (co zwykle prowadzi do powstania prawdziwego gąszczu lewych ukośników).

 Pod tym względem język Ruby bardzo przypomina język JavaScript, z tą różnicą, że w języku Ruby odpowiednia klasa nosi nazwę Regexp, a w JavaScripcie nazwano ją RegExp.

Patrz także

W recepturze 2.3 wyjaśniono sposób działania klas znaków. Opisano też, dlaczego w wyraże-niu regularnym należy używać podwójnych lewych ukośników dla każdego lewego ukośnika wchodzącego w skład klasy znaków.

W recepturze 3.4 wyjaśnimy, jak ustawiać opcje wyrażeń regularnych, co w niektórych językach programowania jest możliwe w ramach stałych wyrażeń regularnych.

3.2. Importowanie biblioteki wyrażeń regularnych

Problem

Aby korzystać z wyrażeń regularnych w tworzonych aplikacjach, należy najpierw zaimporto-wać do kodu źródłowego bibliotekę lub przestrzeń nazw wyrażeń regularnych.

 W pozostałych fragmentach kodu źródłowego w tej książce (począwszy od następnej receptury) będziemy zakładali, że w razie konieczności zaimportowałeś już niezbędne biblioteki lub przestrzenie nazw.

Rozwiązanie

C#

```
using System.Text.RegularExpressions;
```

VB.NET

```
Imports System.Text.RegularExpressions
```

Java

```
import java.util.regex.*;
```

Python

```
import re
```

Analiza

Niektóre języki programowania oferują wbudowaną obsługę wyrażeń regularnych. Korzy-stanie z wyrażeń regularnych w tych językach nie wymaga żadnych dodatkowych kroków. Pozostałe języki programowania udostępniają obsługę wyrażeń regularnych za pośrednictwem bibliotek, które należy zaimportować przy użyciu odpowiednich wyrażeń w kodzie źródłowym. Co więcej, niektóre języki w ogóle nie oferują obsługi wyrażeń regularnych — w ich przypadku konieczne jest samodzielne skompilowanie i łączenie modułu implementującego obsługę wyra-żeń regularnych.

C#

Jeśli umieścisz przytoczone wyrażenie using na początku swojego pliku źródłowego języka C#, będziesz mógł bezpośrednio korzystać z mechanizmów obsługi wyrażeń regularnych (bez konieczności każdorazowego kwalifikowania stosowanych wywołań). Będziesz mógł na przykład użyć wywołania Regex() zamiast wywołania System.Text.RegularExpressions. ↪Regex().

VB.NET

Jeśli umieścisz przytoczone wyrażenie Imports na początku swojego pliku źródłowego języka VB.NET, będziesz mógł bezpośrednio korzystać z mechanizmów obsługi wyrażeń regularnych (bez konieczności każdorazowego kwalifikowania stosowanych wywołań). Będziesz mógł na przykład użyć wywołania Regex() zamiast wywołania System.Text.RegularExpressions. ↪Regex().

Java

Korzystanie z wbudowanej biblioteki wyrażeń regularnych Javy wymaga uprzedniego zaimportowania pakietu java.util.regex do budowanej aplikacji.

JavaScript

W języku JavaScript mechanizmy obsługi wyrażeń regularnych są wbudowane i zawsze dostępne.

PHP

Funkcje z rodziny preg są wbudowane i zawsze dostępne w języku PHP, począwszy od wersji 4.2.0.

Perl

Mechanizmy obsługujące wyrażenia regularne są wbudowanymi i zawsze dostępnymi elementami języka Perl.

Python

Warunkiem korzystania z funkcji obsługujących wyrażenia regularne w języku Python jest uprzednie zaimportowanie modułu re do tworzonego skryptu.

Ruby

Mechanizmy obsługujące wyrażenia regularne są wbudowanymi i zawsze dostępnymi elementami języka Ruby.

3.3. Tworzenie obiektów wyrażeń regularnych

Problem

Chcesz skonkretyzować obiekt wyrażenia regularnego lub tak skompilować swoje wyrażenie, aby umożliwić efektywne używanie tego wyrażenia w całej swojej aplikacji.

Rozwiązanie

C#

Jeśli wiesz, że Twoje wyrażenie regularne jest prawidłowe:

```
Regex regexObj = new Regex("wzorzec wyrażenia regularnego");
```

Jeśli wyrażenie regularne zostało wpisane przez użytkownika końcowego (gdzie UserInput jest zmienną łańcuchową):

```
try {
    Regex regexObj = new Regex(UserInput);
} catch (ArgumentException ex) {
    // Błąd składniowy we wpisanym wyrażeniu regularnym.
}
```

VB.NET

Jeśli wiesz, że Twoje wyrażenie regularne jest prawidłowe:

```
Dim RegexObj As New Regex("wzorzec wyrażenia regularnego")
```

Jeśli wyrażenie regularne zostało wpisane przez użytkownika końcowego (gdzie UserInput jest zmienną łańcuchową):

```
Try
    Dim RegexObj As New Regex(UserInput)
Catch ex As ArgumentException
    'Błąd składniowy we wpisanym wyrażeniu regularnym.
End Try
```

Java

Jeśli wiesz, że Twoje wyrażenie regularne jest prawidłowe:

```
Pattern regex = Pattern.compile("wzorzec wyrażenia regularnego");
```

Jeśli wyrażenie regularne zostało wpisane przez użytkownika końcowego (gdzie userInput jest zmienną łańcuchową):

```
try {
    Pattern regex = Pattern.compile(userInput);
} catch (PatternSyntaxException ex) {
    // Błąd składniowy we wpisanym wyrażeniu regularnym.
}
```

Aby dopasować to wyrażenie regularne dla łańcucha, należy utworzyć obiekt klasy Matcher:

```
Matcher regexMatcher = regex.matcher(subjectString);
```

Dopasowanie tego wyrażenia regularnego do innego łańcucha wymaga albo utworzenia nowego obiektu klasy `Matcher` (jak w powyższym wyrażeniu), albo ponownego użycia obiektu już istniejącego:

```
regexMatcher.reset(anotherSubjectString);
```

JavaScript

Stałe wyrażenie regularne w Twoim kodzie może mieć następującą postać:

```
var myregexp = /wzorzec wyrażenia regularnego/;
```

Wyrażenie regularne wpisane przez użytkownika ma postać łańcucha reprezentowanego przez zmienną `userinput`:

```
var myregexp = new RegExp(userinput);
```

Perl

```
$myregex = qr/wzorzec wyrażenia regularnego/
```

W tym przypadku wyrażenie regularne wpisane przez użytkownika jest reprezentowane przez zmienną `$userinput`:

```
$myregex = qr/$userinput/
```

Python

```
reobj = re.compile("wzorzec wyrażenia regularnego")
```

Wyrażenie regularne wpisane przez użytkownika ma postać łańcucha reprezentowanego przez zmienną `userinput`:

```
reobj = re.compile(userinput)
```

Ruby

Stałe wyrażenie regularne w Twoim kodzie może mieć następującą postać:

```
myregexp = /wzorzec wyrażenia regularnego/;
```

Wyrażenie regularne wpisane przez użytkownika ma postać łańcucha reprezentowanego przez zmienną `userinput`:

```
myregexp = Regexp.new(userinput);
```

Analiza

Zanim moduł wyrażeń regularnych może dopasować jakieś wyrażenie do łańcucha, należy to wyrażenie skompilować. Kompilacja wyrażenia regularnego ma miejsce dopiero w czasie działania naszej aplikacji. Konstruktor wyrażenia regularnego lub odpowiednia funkcja kompilatora poddaje łańcuch zawierający nasze wyrażenie analizie składniowej i konwertuje go na strukturę drzewa lub maszynę stanów. Funkcja odpowiedzialna za właściwe dopasowywanie wzorców przeszukuje to drzewo lub maszynę stanów w trakcie przetwarzania tego łańcucha. Języki programowania, które obsługują stałe wyrażenia regularne, kompilują te wyrażenia w momencie osiągnięcia operatora wyrażenia regularnego.

.NET

W językach C# i VB.NET klasa `System.Text.RegularExpressions.Regex` frameworku .NET reprezentuje jedno skompilowane wyrażenie regularne. Najprostsza wersja konstruktora tej klasy otrzymuje na wejściu tylko jeden parametr — łańcuch zawierający nasze wyrażenie regularne.

W razie występowania jakiegoś błędu składniowego w przekazanym wyrażeniu regularnym konstruktor `Regex()` generuje wyjątek `ArgumentException`. Komunikat dołączony do tego wyjątku precyzyjnie określa rodzaj napotkanego błędu. Jeśli wyrażenie regularne zostało wpisane przez użytkownika naszej aplikacji, niezwykle ważne jest przechwycenie ewentualnego wyjątku. W razie jego wystąpienia należy wyświetlić stosowny komunikat i poprosić użytkownika o poprawienie wpisanego wyrażenia. Jeśli wyrażenie regularne trwale zakodowano w formie stałej łańcuchowej, możemy zrezygnować z przechwytywania wyjątku (warto jednak użyć narzędzia badającego pokrycie kodu, aby upewnić się, że odpowiedni wiersz nie powoduje wyjątków). Trudno sobie wyobrazić, by wskutek zmian stanu lub trybu to samo stałe wyrażenie regularne w jednej sytuacji było kompilowane prawidłowo, a w innej odrzucane przez kompilator. Warto przy tym pamiętać, że w razie błędu składniowego w stałym wyrażeniu regularnym odpowiedni wyjątek będzie generowany dopiero w czasie wykonywania aplikacji (nie na etapie jej kompilacji).

Obiekt klasy `Regex` należy skonstruować w sytuacji, gdy dane wyrażenie regularne ma być wykorzystywane w pętli lub wielokrotnie w różnych częściach kodu aplikacji. Konstruowanie obiektu wyrażenia regularnego nie wiąże się z żadnymi dodatkowymi kosztami. Okazuje się bowiem, że także statyczne składowe klasy `Regex`, które otrzymują wyrażenia regularne za pośrednictwem parametrów łańcuchowych, wewnętrznie konstruują obiekty tej klasy (na własne potrzeby). Oznacza to, że równie dobrze można to zrobić samodzielnie w kodzie źródłowym i zyskać możliwość swobodnego dysponowania odwołaniem do tego obiektu.

Jeśli planujemy użyć danego wyrażenia regularnego zaledwie raz lub kilka razy, możemy użyć statycznych składowych klasy `Regex` i — tym samym — oszczędzić sobie konieczności wpisywania dodatkowego wiersza kodu. Statyczne składowe tej klasy co prawda nie zwracają wewnętrznie konstruowanego obiektu wyrażenia regularnego, ale przechowują w wewnętrznej pamięci podręcznej piętnaście ostatnio użytych wyrażeń regularnych. Rozmiar tej pamięci można zmienić za pośrednictwem właściwości `Regex.CacheSize`. Przeszukiwanie wewnętrznej pamięci podręcznej klasy `Regex` polega na odnajdywaniu łańcucha z odpowiednim wyrażeniem regularnym. Nie należy jednak przeciążać tej pamięci — jeśli często odwołujesz się do wielu różnych obiektów wyrażeń regularnych, stwórz własną pamięć podręczną, którą będziesz mógł przeszukiwać nieporównanie szybciej niż w modelu odnajdywania łańcuchów.

Java

W Javie klasa `Pattern` reprezentuje pojedyncze, skompilowane wyrażenie regularne. Obiekty tej klasy można tworzyć za pośrednictwem fabryki (wytwórni) klas w formie metody `Pattern.`↪`compile()`, która otrzymuje na wejściu tylko jeden parametr — nasze wyrażenie regularne.

W razie występowania błędu składniowego w przekazanym wyrażeniu regularnym fabryka `Pattern.compile()` generuje wyjątek `PatternSyntaxException`. Komunikat dołączony do tego wyjątku precyzyjnie określa rodzaj napotkanego błędu. Jeśli wyrażenie regularne zostało wpisane przez użytkownika naszej aplikacji, niezwykle ważne jest przechwycenie ewentualnego wyjątku. W razie jego wystąpienia należy wyświetlić stosowny komunikat i poprosić użytkownika o poprawienie wpisanego wyrażenia. Jeśli wyrażenie regularne trwale zakodowano w formie stałej łańcuchowej, możemy zrezygnować z przechwytywania wyjątku (warto jednak użyć narzędzia badającego pokrycie kodu, aby upewnić się, że odpowiedni wiersz nie powoduje wyjątków). Trudno sobie wyobrazić, by wskutek zmian stanu lub trybu to samo stałe wyrażenie regularne w jednej sytuacji było kompilowane prawidłowo, a w innej odrzucane przez kompilator. Warto przy tym pamiętać, że w razie błędu składniowego w stałym wyrażeniu regularnym odpowiedni wyjątek będzie generowany dopiero w czasie wykonywania aplikacji (nie na etapie jej kompilacji).

Jeśli nie planujesz użyć swojego wyrażenia regularnego zaledwie raz, powinieneś skonstruować obiekt klasy `Pattern`, zamiast korzystać ze statycznych składowych klasy `String`. Skonstruowanie tego obiektu wymaga co prawda kilku dodatkowych wierszy kodu, jednak kod w tej formie będzie wykonywany szybciej. Nie dość, że wywołania statyczne każdorazowo kompilują Twoje wyrażenie regularne, to jeszcze Java oferuje wywołania statyczne dla zaledwie kilku najprostszych zadań związanych z przetwarzaniem wyrażeń regularnych.

Obiekt klasy `Pattern` ogranicza się do przechowywania skompilowanego wyrażenia regularnego — nie wykonuje właściwych zadań związanych z dopasowywaniem tego wyrażenia. Za dopasowywanie wyrażeń regularnych odpowiada klasa `Matcher`. Utworzenie obiektu tej klasy wymaga wywołania metody `matcher()` dla skompilowanego wyrażenia regularnego. Za pośrednictwem jedynego argumentu metody `matcher()` należy przekazać łańcuch, do którego ma być dopasowane dane wyrażenie.

Metodę `matcher()` można wywołać dowolną liczbę razy dla tego samego wyrażenia regularnego i wielu łańcuchów do przetworzenia. Co więcej, istnieje możliwość jednoczesnego korzystania z wielu metod dopasowujących to samo wyrażenie regularne, ale pod warunkiem realizacji wszystkich tych zadań w ramach pojedynczego wątku. Klasy `Pattern` i `Matcher` nie gwarantują bezpieczeństwa przetwarzania wielowątkowego. Jeśli więc chcemy korzystać z tego samego wyrażenia w wielu wątkach, powinniśmy w każdym z tych wątków użyć osobnego wywołania metody `Pattern.compile()`.

Kiedy już zakończymy stosowanie naszego wyrażenia regularnego dla jednego łańcucha i postanowimy zastosować to samo wyrażenie dla innego łańcucha, będziemy mogli ponownie użyć istniejącego obiektu klasy `Matcher`, wywołując metodę składową `reset()`. Za pośrednictwem jedynego argumentu tej metody należy przekazać kolejny łańcuch do przetworzenia. Takie rozwiązanie jest bardziej efektywne niż każdorazowe tworzenie nowego obiektu klasy `Matcher`. Metoda `reset()` zwraca bowiem ten sam obiekt klasy `Matcher`, dla którego została wywołana. Oznacza to, że można bez trudu przywrócić pierwotny stan i ponownie użyć obiektu dopasowującego w jednym wierszu kodu, na przykład stosując konstrukcję `regexMatcher.reset`
↳`(nextString).find()`.

JavaScript

Notacja dla stałych wyrażeń regularnych, którą pokazano w recepturze 3.2, tworzy nowy obiekt wyrażenia regularnego. Jedynym warunkiem ponownego użycia tego samego obiektu jest przypisanie go jakiejś zmiennej.

Jeśli dysponujemy wyrażeniem regularnym reprezentowanym przez zmienną łańcuchową (na przykład wyrażeniem wpisanym przez użytkownika aplikacji), możemy użyć konstruktora `RegExp()` do jego skompilowania. Warto pamiętać, że wyrażenie regularne przechowywane w formie łańcucha nie jest otoczone prawymi ukośnikami. Prawe ukośniki są częścią notacji JavaScriptu stosowanej dla stałych obiektów klasy `RegExp` i jako takie nie wchodzą w skład samego wyrażenia regularnego.

 Ponieważ przypisywanie stałych wyrażeń regularnych zmiennym jest dziecinnie proste, większość prezentowanych w tym rozdziale rozwiązań dla JavaScriptu nie będzie zawierała tego wiersza kodu — będziemy raczej bezpośrednio korzystali ze stałego wyrażenia regularnego. Jeśli w swoim kodzie korzystasz z tego samego wyrażenia regularnego więcej niż raz, powinieneś przypisać to wyrażenie jakiejś zmiennej i w kolejnych odwołaniach używać właśnie tej zmiennej (zamiast każdorazowo kopiować i wklejać to samo stałe wyrażenie regularne). Takie rozwiązanie nie tylko poprawia wydajność tworzonych aplikacji, ale też zwiększa czytelność kodu.

PHP

Język PHP nie oferuje mechanizmu przechowywania skompilowanych wyrażeń regularnych w zmiennych. Jeśli chcesz wykonać jakąś operację na wyrażeniu regularnym, musisz to wyrażenie przekazać w formie łańcucha na wejściu odpowiedniej funkcji `preg`.

Funkcje z rodziny `preg` przechowują w wewnętrznej pamięci podręcznej maksymalnie 4096 skompilowanych wyrażeń regularnych. Chociaż przeszukiwanie pamięci podręcznej z wykorzystaniem skrótów nie jest tak efektywne jak odwołania do konkretnych zmiennych, koszty w wymiarze wydajności są nieporównanie mniejsze niż w przypadku każdorazowego kompilowania tego samego wyrażenia regularnego. W momencie zapełnienia pamięci podręcznej automatycznie jest z niej usuwane wyrażenie regularne skompilowane najwcześniej.

Perl

Do skompilowania wyrażenia regularnego i przypisania go zmiennej możemy użyć operatora `qr` (od ang. *quote regex*). Składnia tego operatora jest identyczna jak w przypadku operatora dopasowywania (patrz receptura 3.1), z tą różnicą, że zamiast litery `m` należy użyć liter `qr`.

Ogólnie Perl dość efektywnie radzi sobie z problemem wielokrotnego wykorzystywania skompilowanych wcześniej wyrażeń regularnych. Właśnie dlatego w przykładach kodu prezentowanych w tym rozdziale nie korzystamy z konstrukcji `qr//` (do pokazania zastosowań tej konstrukcji ograniczymy się w recepturze 3.5).

Operator `qr//` jest szczególnie przydatny podczas interpretowania zmiennych użytych w wyrażeniu regularnym lub w sytuacji, gdy całe wyrażenie regularne jest reprezentowane przez łańcuch (na przykład po wpisaniu przez użytkownika). Konstrukcja `qr/$łańcuchWyrażenia/` daje nam kontrolę nad czasem ponownej kompilacji danego wyrażenia regularnego z uwzględnieniem nowej zawartości łańcucha `$łańcuchWyrażenia`. Gdybyśmy użyli operatora `m/$łańcuch `↪`Wyrażenia/`, nasze wyrażenie byłoby każdorazowo kompilowane, a w przypadku użycia operatora `m/$łańcuchWyrażenia/o` wyrażenie regularne nigdy nie byłoby ponownie kompilowane. Znaczenie opcji `/o` wyjaśnimy w recepturze 3.4.

Python

Funkcja `compile()` modułu `re` języka Python otrzymuje na wejściu łańcuch z naszym wyrażeniem regularnym i zwraca obiekt reprezentujący skompilowane wyrażenie regularne.

Funkcję `compile()` powinieneś wywołać wprost, jeśli planujesz wielokrotne użycie tego samego wyrażenia regularnego. Wszystkie inne funkcje modułu `re` rozpoczynają działanie właśnie od wywołania funkcji `compile()` — dopiero potem wywołują właściwe funkcje operujące na obiekcie skompilowanego wyrażenia regularnego.

Funkcja `compile()` utrzymuje odwołania do ostatnich stu skompilowanych przez siebie wyrażeń regularnych. Takie rozwiązanie skraca czas ponownej kompilacji tych wyrażeń regularnych do czasu potrzebnego do przeszukania słownika. Zawartość tej wewnętrznej pamięci podręcznej jest w całości usuwana w momencie osiągnięcia limitu stu skompilowanych wyrażeń.

Jeśli wydajność tworzonych rozwiązań nie jest najważniejsza, stosunkowo wysoka efektywność opisanego mechanizmu pamięci podręcznej powinna nam umożliwić bezpośrednie wywoływanie funkcji modułu `re`. Jeśli jednak zależy nam na najwyższej wydajności, warto rozważyć wywołanie funkcji `compile()`.

Ruby

Notacja stałych wyrażeń regularnych pokazana w recepturze 3.2 automatycznie tworzy nowy obiekt wyrażenia regularnego. Aby wielokrotnie użyć tego samego obiektu, wystarczy przypisać go jakiejś zmiennej.

Jeśli dysponujesz wyrażeniem regularnym przechowywanym w zmiennej łańcuchowej (na przykład po wpisaniu tego wyrażenia przez użytkownika aplikacji), możesz skompilować to wyrażenie za pomocą fabryki `Regexp.new()` (lub jej synonimu `Regexp.compile()`). Warto przy tym pamiętać, że wyrażenie regularne w ramach łańcucha nie jest otoczone prawymi ukośnikami. Prawe ukośniki są częścią notacji języka Ruby dla stałych obiektów klasy `Regexp`, a nie notacji samych wyrażeń regularnych.

 Ponieważ przypisywanie stałych wyrażeń regularnych zmiennym jest dziecinnie proste, większość prezentowanych w tym rozdziale rozwiązań dla języka Ruby nie będzie zawierała tego wiersza kodu — będziemy bezpośrednio używali stałych wyrażeń regularnych. Jeśli w swoim kodzie korzystasz z tego samego wyrażenia regularnego więcej niż raz, powinieneś przypisać to wyrażenie jakiejś zmiennej i w kolejnych odwołaniach używać właśnie tej zmiennej (zamiast każdorazowo kopiować i wklejać to samo stałe wyrażenie regularne). Takie rozwiązanie nie tylko poprawia wydajność tworzonych aplikacji, ale też zwiększa czytelność kodu.

Kompilowanie wyrażeń regularnych do wspólnego języka pośredniego (CIL)

C#

```
Regex regexObj = new Regex("wzorzec wyrażenia regularnego", RegexOptions.Compiled);
```

VB.NET

```
Dim RegexObj As New Regex("wzorzec wyrażenia regularnego", RegexOptions.Compiled)
```

Analiza

Podczas konstruowania obiektu klasy `Regex` we frameworku .NET bez dodatkowych opcji wskazane wyrażenie regularne jest kompilowane w sposób opisany w punkcie „Analiza" na początku tej receptury. Jeśli za pośrednictwem drugiego parametru konstruktora `Regex()` przekażemy opcję `RegexOptions.Compiled`, działanie tej klasy będzie nieco inne — wyrażenie regularne zostanie skompilowane do tzw. wspólnego języka pośredniego (ang. *Common Intermediate Language — CIL*). CIL to niskopoziomowy język programowania bliższy asemblerowi niż takim językom, jak C# czy Visual Basic. Kod wspólnego języka pośredniego jest generowany przez wszystkie kompilatory frameworku .NET. Podczas pierwszego uruchamiania aplikacji framework .NET kompiluje kod języka CIL do postaci kodu maszynowego właściwego danemu komputerowi.

Zaletą kompilowania wyrażeń regularnych z opcją `RegexOptions.Compiled` jest blisko dziesięciokrotnie szybsze działanie niż w przypadku wyrażeń regularnych kompilowanych bez tej opcji.

Wadą tego rozwiązania jest czas trwania samej kompilacji — o dwa rzędy wielkości dłuższy od zwykłej analizy składniowej łańcucha z wyrażeniem regularnym (do postaci odpowiedniej struktury drzewa). Kod języka CIL staje się trwałym składnikiem naszej aplikacji do czasu zakończenia działania i jako taki nie podlega procedurom odzyskiwania pamięci.

Opcji `RegexOptions.Compiled` powinieneś używać tylko wtedy, gdy Twoje wyrażenie regularne jest albo na tyle złożone, albo musi przetwarzać na tyle dużo tekstu, że operacje z jego wykorzystaniem zajmują zauważalnie dużo czasu. Z drugiej strony nie ma sensu tracić czasu na wielokrotnie dłuższą kompilację, jeśli Twoje wyrażenia regularne są dopasowywane do przetwarzanego tekstu w ułamku sekundy.

Patrz także

Receptury 3.1, 3.2 i 3.4.

3.4. Ustawianie opcji wyrażeń regularnych

Problem

Chcesz skompilować wyrażenie regularne ze wszystkimi dostępnymi trybami dopasowywania — swobodnego stosowania znaków białych, ignorowania wielkości liter, dopasowywania znaków podziału wiersza do kropek oraz dopasowywania znaków podziału wiersza do karet i znaków dolara.

Rozwiązanie

C#

```
Regex regexObj = new Regex("wzorzec wyrażenia regularnego",
    RegexOptions.IgnorePatternWhitespace | RegexOptions.IgnoreCase |
    RegexOptions.Singleline | RegexOptions.Multiline);
```

VB.NET

```
Dim RegexObj As New Regex("wzorzec wyrażenia regularnego",
    RegexOptions.IgnorePatternWhitespace Or RegexOptions.IgnoreCase Or
    RegexOptions.Singleline Or RegexOptions.Multiline)
```

Java

```
Pattern regex = Pattern.compile("wzorzec wyrażenia regularnego",
    Pattern.COMMENTS | Pattern.CASE_INSENSITIVE | Pattern.UNICODE_CASE |
    Pattern.DOTALL | Pattern.MULTILINE);
```

JavaScript

Stałe wyrażenie regularne w Twoim kodzie źródłowym:

```
var myregexp = /wzorzec wyrażenia regularnego/im;
```

Wyrażenie regularne wpisane przez użytkownika i reprezentowane w formie łańcucha:

```
var myregexp = new RegExp(userinput, "im");
```

PHP

```
regexstring = '/wzorzec wyrażenia regularnego/simx';
```

Perl

```
m/regex pattern/simx;
```

Python

```
reobj = re.compile("wzorzec wyrażenia regularnego",
    re.VERBOSE | re.IGNORECASE |
    re.DOTALL | re.MULTILINE)
```

Ruby

Stałe wyrażenie regularne w Twoim kodzie źródłowym:

```
myregexp = /wzorzec wyrażenia regularnego/mix;
```

Wyrażenie regularne wpisane przez użytkownika i reprezentowane w formie łańcucha:

```
myregexp = Regexp.new(userinput,
    Regexp::EXTENDED or Regexp::IGNORECASE or
    Regexp::MULTILINE);
```

Analiza

Wiele wyrażeń regularnych prezentowanych w tej książce (ale też znaczna część wyrażeń proponowanych w innych publikacjach) jest zapisywanych z myślą o dopasowywaniu w określonych trybach. Istnieją cztery podstawowe tryby obsługiwane przez niemal wszystkie współczesne odmiany wyrażeń regularnych. Okazuje się jednak, że twórcy niektórych odmian przyjęli niespójne i mylące nazewnictwo opcji implementujących te tryby. Wykorzystanie niewłaściwego trybu zwykle uniemożliwia prawidłowe dopasowanie wyrażenia regularnego.

Wszystkie rozwiązania zaproponowane na początku tej receptury wykorzystują flagi lub opcje udostępniane przez języki programowania lub klasy wyrażeń regularnych i umożliwiające ustawianie właściwych trybów. Alternatywnym sposobem ustawiania trybów jest korzystanie z tzw. modyfikatorów trybów w ramach samych wyrażeń regularnych. Modyfikatory trybów zawsze mają wyższy priorytet niż opcje i (lub) flagi ustawione poza wyrażeniem regularnym.

.NET

Na wejściu konstruktora `Regex()` można przekazać opcjonalny drugi parametr reprezentujący opcje dopasowywania danego wyrażenia regularnego. Dostępne opcje zdefiniowano w ramach typu wyliczeniowego `RegexOptions`.

> **Swobodne stosowanie znaków białych:** `RegexOptions.IgnorePatternWhitespace`
> **Ignorowanie wielkości liter:** `RegexOptions.IgnoreCase`
> **Dopasowywanie znaków podziału wiersza do kropek:** `RegexOptions.Singleline`
> **Dopasowywanie znaków podziału wiersza do karet i znaków dolara:** `RegexOptions.Multiline`

Java

Na wejściu fabryki klas `Pattern.compile()` można przekazać opcjonalny drugi parametr reprezentujący opcje dopasowywania danego wyrażenia regularnego. Klasa `Pattern` definiuje wiele stałych ustawiających rozmaite opcje. Istnieje możliwość ustawienia wielu opcji jednocześnie — wystarczy połączyć te opcje bitowym operatorem alternatywy niewykluczającej (|).

> **Swobodne stosowanie znaków białych:** `Pattern.COMMENTS`
> **Ignorowanie wielkości liter:** `Pattern.CASE_INSENSITIVE | Pattern.UNICODE_CASE`
> **Dopasowywanie znaków podziału wiersza do kropek:** `Pattern.DOTALL`
> **Dopasowywanie znaków podziału wiersza do karet i znaków dolara:** `Pattern.MULTILINE`

W rzeczywistości istnieją dwie opcje dla trybu ignorowania wielkości liter; włączenie pełnego trybu ignorowania wielkości liter wymaga ustawienia obu tych opcji. Gdybyśmy użyli samej opcji `Pattern.CASE_INSENSITIVE`, tylko angielskie litery od *A* do *Z* byłyby dopasowywane bez względu na wielkość. Po ustawieniu obu opcji wszystkie znaki ze wszystkich alfabetów będą dopasowywane w trybie ignorowania wielkości liter. Jedynym powodem, dla którego można by rozważyć rezygnację z opcji `Pattern.UNICODE_CASE`, jest wydajność (oczywiście jeśli mamy pewność, że przetwarzany tekst nie będzie zawierał znaków spoza zbioru ASCII). W ramach wyrażeń regularnych można te opcje zastąpić modyfikatorem trybu `<(?i)>` wymuszającym ignorowanie wielkości liter ze zbioru ASCII oraz modyfikatorem trybu `<(?iu)>` wymuszającym ignorowanie wielkości liter ze wszystkich alfabetów.

JavaScript

W JavaScripcie można ustawiać opcje wyrażeń regularnych, dopisując jedną lub wiele jednoliterowych flag do stałej typu `RegExp` (bezpośrednio za prawym ukośnikiem kończącym dane wyrażenie regularne). Kiedy mówimy o tych flagach, zwykle zapisujemy je w formie /i bądź /m, mimo że sama flaga składa się z zaledwie jednej litery (prawy ukośnik nie wchodzi w skład flagi). Stosowanie flag dla wyrażeń regularnych nie wymaga dopisywania żadnych prawych ukośników.

Jeśli kompilujesz łańcuch do postaci wyrażenia regularnego za pomocą konstruktora `RegExp()`, możesz przekazać flagi dodatkowych opcji za pomocą drugiego, opcjonalnego parametru tego konstruktora. Drugi parametr powinien mieć postać łańcucha złożonego z liter reprezentujących ustawiane opcje (nie należy umieszczać w tym łańcuchu żadnych ukośników).

Swobodne stosowanie znaków białych: Tryb nieobsługiwany w JavaScripcie
Ignorowanie wielkości liter: /i
Dopasowywanie znaków podziału wiersza do kropek: Tryb nieobsługiwany w JavaScripcie
Dopasowywanie znaków podziału wiersza do karet i znaków dolara: /m

PHP

Jak już wspomnieliśmy w recepturze 3.1, funkcje `preg` języka PHP wymagają otaczania stałych wyrażeń regularnych dwoma znakami interpunkcyjnymi (zwykle prawymi ukośnikami) i powinny być formatowane tak jak stałe łańcuchowe. Opcje wyrażenia regularnego można określić, dopisując do odpowiedniego łańcucha jeden lub wiele jednoliterowych modyfikatorów. Oznacza to, że modyfikatory trybów należy umieścić za separatorem kończącym wyrażenie regularne, ale w ramach łańcucha (przed zamykającym apostrofem lub cudzysłowem). Kiedy mówimy o tych modyfikatorach, zwykle zapisujemy je na przykład jako /x, mimo że flaga składa się z samej litery, a separatorem oddzielającym wyrażenie regularne od modyfikatorów nie musi być prawy ukośnik.

Swobodne stosowanie znaków białych: /x
Ignorowanie wielkości liter: /i
Dopasowywanie znaków podziału wiersza do kropek: /s
Dopasowywanie znaków podziału wiersza do karet i znaków dolara: /m

Perl

W Perlu opcje przetwarzania wyrażeń regularnych można określać, dopisując jeden lub wiele jednoliterowych modyfikatorów trybów do operatora dopasowywania wzorców lub podstawiania. Kiedy mówimy o tych modyfikatorach, zwykle zapisujemy je na przykład jako /x, mimo że flaga składa się z samej litery, a separatorem oddzielającym wyrażenie regularne od modyfikatorów nie musi być prawy ukośnik.

Swobodne stosowanie znaków białych: /x
Ignorowanie wielkości liter: /i
Dopasowywanie znaków podziału wiersza do kropek: /s
Dopasowywanie znaków podziału wiersza do karet i znaków dolara: /m

Python

Na wejściu funkcji `compile()`, której działanie wyjaśniono w poprzedniej recepturze, można przekazać opcjonalny, drugi parametr reprezentujący opcje przetwarzania danego wyrażenia regularnego. Można skonstruować ten parametr, korzystając z operatora |, który umożliwia łączenie różnych stałych zdefiniowanych w module `re`. Także wiele innych funkcji modułu `re`, które otrzymują na wejściu stałe wyrażenia regularne, dodatkowo akceptuje opcje przetwarzania tych wyrażeń przekazywane za pośrednictwem ostatniego, opcjonalnego parametru.

Stałe reprezentujące opcje wyrażeń regularnych występują w parach. Każda opcja jest reprezentowana zarówno przez stałą z pełną nazwą, jak i przez jednoliterowy skrót. Znaczenie obu form jest identyczne. Jedyną różnicą jest większa czytelność pełnych nazw (szczególnie z perspektywy programistów, którzy nie zdążyli w dostatecznym stopniu opanować jednoliterowych skrótów reprezentujących opcje przetwarzania wyrażeń regularnych). Podstawowe jednoliterowe opcje opisane w tym punkcie są takie same jak w Perlu.

Swobodne stosowanie znaków białych: `re.VERBOSE` lub `re.X`

Ignorowanie wielkości liter: `re.IGNORECASE` lub `re.I`

Dopasowywanie znaków podziału wiersza do kropek: `re.DOTALL` lub `re.S`

Dopasowywanie znaków podziału wiersza do karet i znaków dolara: `re.MULTILINE` lub `re.M`

Ruby

W języku Ruby opcje przetwarzania wyrażeń regularnych można określać, dopisując jedną lub wiele jednoliterowych flag do stałej typu `Regexp`, za prawym ukośnikiem kończącym właściwe wyrażenie regularne. Kiedy mówimy o tych flagach w tej książce, zwykle zapisujemy je na przykład jako `/i` lub `/m`, mimo że sama flaga składa się tylko z litery. Dla flag określających tryb przetwarzania wyrażeń regularnych nie są wymagane żadne dodatkowe prawe ukośniki.

Na wejściu fabryki `Regexp.new()` kompilującej łańcuch do postaci wyrażenia regularnego możemy przekazać opcjonalny, drugi parametr reprezentujący flagi opcji. Drugi parametr może mieć albo wartość `nil` (wówczas wyłącza wszystkie opcje), albo zawierać kombinację stałych składowych klasy `Regexp` połączonych za pomocą operatora `or`.

Swobodne stosowanie znaków białych: `/r` lub `Regexp::EXTENDED`

Ignorowanie wielkości liter: `/i` lub `Regexp::IGNORECASE`

Dopasowywanie znaków podziału wiersza do kropek: `/m` lub `Regexp::MULTILINE`. W języku Ruby użyto dla tego trybu litery m (od ang. *multiline*), natomiast wszystkie pozostałe odmiany wyrażeń regularnych stosują listerę s (od ang. *singleline*).

Dopasowywanie znaków podziału wiersza do karet i znaków dolara: W języku Ruby znaki podziału wiersza domyślnie są dopasowywane do znaków karety (^) i dolara ($). Co więcej, nie można tej opcji wyłączyć. Dopasowywanie wyrażenia do początku lub końca przetwarzanego tekstu wymaga odpowiednio stosowania konstrukcji <\A> i <\Z>.

Dodatkowe opcje właściwe poszczególnym językom programowania

.NET

Opcja `RegexOptions.ExplicitCapture` powoduje, że żadna grupa (z wyjątkiem grup nazwanych) nie ma charakteru grupy przechwytującej. Użycie tej opcji sprawia, że konstrukcja <(*grupa*)> ma takie samo znaczenie jak konstrukcja <(?:*grupa*)>. Jeśli zawsze nazywasz swoje grupy przechwytujące, powinieneś włączyć tę opcję, aby podnieść efektywność przetwarzania swoich wyrażeń regularnych bez konieczności stosowania składni <(?:*grupa*)>. Zamiast korzystać z opcji `RegexOptions.ExplicitCapture`, można włączyć ten sposób interpretowania grup, umieszczając na początku wyrażenia regularnego konstrukcję <(?n)>. Szczegółowe omówienie techniki grupowania można znaleźć w recepturze 2.9; w recepturze 2.11 wyjaśniliśmy działanie grup nazwanych.

Jeśli korzystasz z tego samego wyrażenia regularnego w swoim kodzie frameworku .NET oraz w kodzie JavaScriptu i jeśli chcesz mieć pewność, że w obu językach Twoje wyrażenie będzie interpretowane w ten sam sposób, użyj opcji `RegexOptions.ECMAScript`. Takie rozwiązanie jest szczególnie korzystne w sytuacji, gdy pracujemy nad aplikacją internetową, której część kliencka jest implementowana w JavaScripcie, a część działająca po stronie serwera jest implementowana w technologii ASP.NET. Najważniejszym skutkiem opisanej opcji jest ograniczenie zakresu znaków pasujących do tokenów \w i \d do znaków ASCII (a więc do zbioru pasującego do tych tokenów w JavaScripcie).

Java

Opcja Pattern.CANON_EQ jest unikatowym rozwiązaniem dostępnym tylko w Javie i reprezentuje tryb tzw. kanonicznej równoważności (ang. *canonical equivalence*). Jak wyjaśniono w podpunkcie „Grafem standardu Unicode" w rozdziale 2., standard Unicode oferuje różne sposoby reprezentowania znaków diakrytycznych. Po włączeniu tej opcji Twoje wyrażenie regularne będzie pasowało do znaków nawet wtedy, gdy zakodujesz je inaczej, niż zakodowano przetwarzany łańcuch. Na przykład wyrażenie <\u00E0> zostanie dopasowane zarówno do znaku "\u00E0", jak i do sekwencji "\u0061\u0300", ponieważ obie formy są kanonicznie równoważne. Obie formy reprezentują znak wyświetlany na ekranie jako *à*, zatem z perspektywy użytkownika są nie do odróżnienia. Gdybyśmy nie włączyli trybu kanonicznej równoważności, wyrażenie <\u00E0> nie zostałoby dopasowane do łańcucha "\u0061\u0300" (tak też działają wszystkie pozostałe odmiany wyrażeń regularnych prezentowane w tej książce).

I wreszcie opcja Pattern.UNIX_LINES wymusza na Javie interpretowanie jako znaku podziału wiersza wyłącznie konstrukcji <\n> (dopasowywanej do kropki, karety i dolara). Domyślnie za znak podziału wiersza uważa się wszystkie znaki podziału standardu Unicode.

JavaScript

Jeśli chcesz wielokrotnie stosować to samo wyrażenie regularne dla tego samego łańcucha (na przykład po to, by iteracyjnie przeszukać wszystkie dopasowania lub odnaleźć i zastąpić wszystkie pasujące podłańcuchy zamiast pierwszego), powinieneś użyć flagi /g (tzw. trybu globalnego).

PHP

Opcja /u wymusza na bibliotece PCRE interpretowanie zarówno samego wyrażenia regularnego, jak i przetwarzanego łańcucha jako łańcuchów w formacie UTF-8. Wspomniany modyfikator dodatkowo umożliwia stosowanie takich tokenów standardu Unicode, jak <\p{FFFF}> czy <\p{L}>. Znaczenie tych tokenów wyjaśniono w recepturze 2.7. Bez tego modyfikatora biblioteka PCRE traktuje każdy bajt jako odrębny znak, a tokeny wyrażeń regularnych standardu Unicode powodują błędy.

Modyfikator /U odwraca działanie zachłannych i leniwych kwantyfikatorów definiowanych z wykorzystaniem znaku zapytania. W normalnych okolicznościach <.*> jest zachłannym, a <.*?> jest leniwym kwantyfikatorem. Opcja /U powoduje, że to <.*> jest leniwym kwantyfikatorem, a <.*?> jest zachłannym kwantyfikatorem. Stanowczo odradzamy stosowanie tej flagi, ponieważ opisane działanie może być mylące dla programistów czytających Twój kod, którzy z natury rzeczy mogą nie dostrzec tego modyfikatora (występującego tylko w języku PHP). Jeśli będziesz miał okazję czytać kod innego programisty, w żadnym razie nie powinieneś mylić modyfikatora /U z modyfikatorem /u (wielkość liter w modyfikatorach trybów wyrażeń regularnych ma znaczenie).

Perl

Jeśli chcesz wielokrotnie zastosować to samo wyrażenie regularne dla tego samego łańcucha (na przykład po to, by iteracyjnie przeszukać wszystkie dopasowania lub odnaleźć i zastąpić wszystkie pasujące podłańcuchy zamiast pierwszego), powinieneś użyć flagi /g (tzw. trybu globalnego).

Jeśli w swoim wyrażeniu regularnym interpretujesz jakąś zmienną (na przykład w wyrażeniu m/Mam na imię $name/), Perl będzie ponownie kompilował to wyrażenie przed każdym użyciem, ponieważ zawartość zmiennej $name może być zmieniana. Możesz temu zapobiec, stosując modyfikator trybu /o. Wyrażenie m/Mam na imię $name/o zostanie skompilowane w momencie, w którym Perl po raz pierwszy będzie musiał go użyć (we wszystkich kolejnych przypadkach będzie ponownie wykorzystywał już skompilowane wyrażenie). Jeśli więc zawartość zmiennej $name ulegnie zmianie, skompilowane wcześniej wyrażenie regularne z opcją /o nie będzie uwzględniało tej zmiany. Techniki sterowania procesem kompilacji wyrażeń regularnych omówiono w recepturze 3.3.

Python

Python oferuje dwie dodatkowe opcje zmieniające znaczenie granic wyrazów (patrz receptura 2.6) oraz skróconych form klas znaków <\w>, <\d> i <\s> (a także ich zanegowanych odpowiedników — patrz receptura 2.3). Wymienione tokeny domyślnie operują wyłącznie na literach, cyfrach i znakach białych ze zbioru ASCII.

Opcja re.LOCALE (lub re.L) uzależnia interpretację tych tokenów od bieżących ustawień regionalnych. Właśnie ustawienia regionalne decydują o tym, który znak jest traktowany jako litera, który jako cyfra, a który jako znak biały. Z tej opcji należy korzystać zawsze wtedy, gdy przetwarzany łańcuch nie jest łańcuchem standardu Unicode i zawiera na przykład litery ze znakami diakrytycznymi (które chcemy właściwie interpretować).

Opcja re.UNICODE (lub re.U) powoduje, że w procesie dopasowywania wymienionych tokenów uwzględnia się specyfikę standardu Unicode. Wszystkie znaki zdefiniowane w tym standardzie jako litery, cyfry i znaki białe są odpowiednio interpretowane przez te tokeny. Z tej opcji należy korzystać zawsze wtedy, gdy łańcuch, dla którego stosujemy dane wyrażenie regularne, reprezentuje tekst w formacie Unicode.

Ruby

Na wejściu fabryki Regexp.new() można przekazać opcjonalny, trzeci parametr określający schemat kodowania, który ma być obsługiwany przez tworzone wyrażenie regularne. Jeśli nie określimy żadnego schematu kodowania, zostanie użyty ten sam schemat, w którym zapisano dany plik z kodem źródłowym. W większości przypadków takie rozwiązanie jest naturalne i w pełni prawidłowe.

Aby bezpośrednio wskazać konkretny schemat kodowania za pomocą tego parametru, należy przekazać pojedynczą literę. Wielkość użytej litery nie ma znaczenia. Obsługiwane wartości wymieniono i krótko opisano poniżej:

n

    Litera n oznacza brak kodowania (od ang. *none*). Każdy bajt przetwarzanego łańcucha będzie więc traktowany jako pojedynczy znak. Należy stosować tę opcję dla tekstu w formacie ASCII.

e

Włącza kodowanie EUC dla języków dalekowschodnich.

s

Włącza kodowanie Shift-JIS dla języka japońskiego.

u

Włącza kodowanie UTF-8, w którym każdy znak jest reprezentowany przez cztery bajty i który obsługuje wszystkie języki standardu Unicode (w tym wszystkie, nawet dość rzadko spotykane żywe języki).

Dla stałego wyrażenia regularnego można określić schemat kodowania za pomocą modyfikatora trybu /n, /e, /s lub /u. Dla pojedynczego wyrażenia regularnego można użyć tylko jednego z wymienionych modyfikatorów. Można jednak łączyć te modyfikatory z dowolnym lub wszystkimi modyfikatorami ze zbioru /x, /i i /m.

 Modyfikatora /s stosowanego w języku Ruby nie należy mylić z odpowiednim modyfikatorem obowiązującym w odmianach języków Perl i Java oraz frameworku .NET. W języku Ruby modyfikator /s wymusza stosowanie schematu kodowania Shift-JIS. W Perlu i większości innych odmian wyrażeń regularnych wspomniany modyfikator włącza tryb dopasowywania znaków podziału wiersza do kropki. W języku Ruby można ten tryb włączyć za pomocą modyfikatora /m.

Patrz także

Skutki stosowania poszczególnych trybów dopasowywania wyrażeń regularnych szczegółowo omówiono w rozdziale 2. Można tam znaleźć także wyjaśnienie technik stosowania modyfikatorów trybów w samych wyrażeniach regularnych.

Swobodne stosowanie znaków białych: Receptura 2.18
Ignorowanie wielkości liter: Podpunkt „Dopasowywanie bez względu na wielkość liter" w recepturze 2.1
Dopasowywanie znaków podziału wiersza do kropek: Receptura 2.4
Dopasowywanie znaków podziału wiersza do karet i znaków dolara: Receptura 2.5

W recepturach 3.1 i 3.3 wyjaśniono, jak korzystać ze stałych wyrażeń regularnych w kodzie źródłowym poszczególnych języków programowania i jak tworzyć obiekty wyrażeń regularnych. Opcje przetwarzania wyrażenia regularnego można ustawić na etapie konstruowania odpowiedniego obiektu.

3.5. Sprawdzanie możliwości odnalezienia dopasowania w przetwarzanym łańcuchu

Problem

Chcemy sprawdzić, czy istnieje możliwość znalezienia dopasowania określonego wyrażenia regularnego w określonym łańcuchu. W zupełności wystarczy dopasowanie częściowe. Na przykład wyrażenie regularne <wzorzec•wyrażenia•regularnego> częściowo pasuje do tekstu *Ten wzorzec wyrażenia regularnego można dopasować*. Nie interesują nas żadne szczegóły tego dopasowania — chcemy tylko wiedzieć, czy nasze wyrażenie pasuje do danego łańcucha.

Rozwiązanie

C#

Do jednorazowego przeprowadzenia tego prostego testu można użyć następującego wywołania statycznego:

```
bool foundMatch = Regex.IsMatch(subjectString, "wzorzec wyrażenia regularnego");
```

Jeśli wyrażenie regularne zostało wpisane przez użytkownika końcowego aplikacji, należy użyć tego wywołania statycznego z pełną obsługą wyjątków:

```
bool foundMatch = false;
try {
    foundMatch = Regex.IsMatch(subjectString, UserInput);
} catch (ArgumentNullException ex) {
    // Wyrażenie regularne ani łańcuch do przetworzenia nie mogą mieć wartości null.
} catch (ArgumentException ex) {
    // W przekazanym wyrażeniu regularnym wystąpił błąd składniowy.
}
```

Aby wielokrotnie używać tego samego wyrażenia regularnego, należy skonstruować obiekt klasy Regex:

```
Regex regexObj = new Regex("wzorzec wyrażenia regularnego");
bool foundMatch = regexObj.IsMatch(subjectString);
```

Jeśli wyrażenie regularne zostało wpisane przez użytkownika końcowego aplikacji, także obiekt klasy Regex powinniśmy stosować z pełną obsługą wyjątków:

```
bool foundMatch = false;
try {
    Regex regexObj = new Regex(UserInput);
    try {
        foundMatch = regexObj.IsMatch(subjectString);
    } catch (ArgumentNullException ex) {
        // Wyrażenie regularne ani łańcuch do przetworzenia nie mogą mieć wartości null.
    }
} catch (ArgumentException ex) {
    // W przekazanym wyrażeniu regularnym wystąpił błąd składniowy.
}
```

VB.NET

Do jednorazowego przeprowadzenia tego prostego testu można użyć następującego wywołania statycznego:

```
Dim FoundMatch = Regex.IsMatch(SubjectString, "wzorzec wyrażenia regularnego")
```

Jeśli wyrażenie regularne zostało wpisane przez użytkownika końcowego aplikacji, należy użyć tego wywołania statycznego z pełną obsługą wyjątków:

```
Dim FoundMatch As Boolean
Try
    FoundMatch = Regex.IsMatch(SubjectString, UserInput)
Catch ex As ArgumentNullException
```

```
     'Wyrażenie regularne ani łańcuch do przetworzenia nie mogą mieć wartości Nothing.
Catch ex As ArgumentException
     'W przekazanym wyrażeniu regularnym wystąpił błąd składniowy.
End Try
```

Aby wielokrotnie używać tego samego wyrażenia regularnego, należy skonstruować obiekt klasy Regex:

```
Dim RegexObj As New Regex("wzorzec wyrażenia regularnego")
Dim FoundMatch = RegexObj.IsMatch(SubjectString)
```

W tym przypadku zmienna SubjectString powinna być jedynym parametrem przekazanym na wejściu metody IsMatch(), a metodę IsMatch() należy wywołać dla obiektu RegexObj klasy Regex, a nie dla samej klasy Regex:

```
Dim FoundMatch = RegexObj.IsMatch(SubjectString)
```

Jeśli wyrażenie regularne zostało wpisane przez użytkownika końcowego aplikacji, także obiekt klasy Regex powinniśmy stosować z pełną obsługą wyjątków:

```
Dim FoundMatch As Boolean
Try
    Dim RegexObj As New Regex(UserInput)
    Try
        FoundMatch = Regex.IsMatch(SubjectString)
    Catch ex As ArgumentNullException
        'Wyrażenie regularne ani łańcuch do przetworzenia nie mogą mieć wartości Nothing.
    End Try
Catch ex As ArgumentException
    'W przekazanym wyrażeniu regularnym wystąpił błąd składniowy.
End Try
```

Java

Jedynym sposobem sprawdzenia, czy częściowe dopasowanie jest możliwe, jest skonstruowanie obiektu klasy Matcher:

```
Pattern regex = Pattern.compile("wzorzec wyrażenia regularnego");
Matcher regexMatcher = regex.matcher(subjectString);
boolean foundMatch = regexMatcher.find();
```

Jeśli wyrażenie regularne zostało wpisane przez użytkownika końcowego aplikacji, należy zastosować mechanizm obsługi wyjątków:

```
boolean foundMatch = false;
try {
    Pattern regex = Pattern.compile(UserInput);
    Matcher regexMatcher = regex.matcher(subjectString);
    foundMatch = regexMatcher.find();
} catch (PatternSyntaxException ex) {
    // W przekazanym wyrażeniu regularnym wystąpił błąd składniowy.
}
```

JavaScript

```
if (/wzorzec wyrażenia regularnego/.test(subject)) {
    // Udane dopasowanie.
} else {
    // Próba dopasowania zakończona niepowodzeniem.
}
```

PHP

```
if (preg_match('/wzorzec wyrażenia regularnego/', $subject)) {
    # Udane dopasowanie.
} else {
    # Próba dopasowania zakończona niepowodzeniem.
}
```

Perl

Jeśli przetwarzany łańcuch jest przechowywany w specjalnej zmiennej $_, można użyć następującej konstrukcji:

```
if (m/wzorzec wyrażenia regularnego/) {
    # Udane dopasowanie.
} else {
    # Próba dopasowania zakończona niepowodzeniem.
}
```

Jeśli przetwarzany łańcuch jest przechowywany w zmiennej $subject, można użyć konstrukcji:

```
if ($subject =~ m/wzorzec wyrażenia regularnego/) {
    # Udane dopasowanie.
} else {
    # Próba dopasowania zakończona niepowodzeniem.
}
```

Można też użyć skompilowanego wcześniej wyrażenia regularnego:

```
$regex = qr/wzorzec wyrażenia regularnego/;
if ($subject =~ $regex) {
    # Udane dopasowanie.
} else {
    # Próba dopasowania zakończona niepowodzeniem.
}
```

Python

Do jednorazowego przeprowadzenia tego prostego testu można użyć funkcji globalnej:

```
if re.search("wzorzec wyrażenia regularnego", subject):
    # Udane dopasowanie.
else:
    # Próba dopasowania zakończona niepowodzeniem.
```

Aby wielokrotnie użyć tego samego wyrażenia regularnego, należy posłużyć się skompilowanym obiektem:

```
reobj = re.compile("wzorzec wyrażenia regularnego")
if reobj.search(subject):
    # Udane dopasowanie.
else:
    # Próba dopasowania zakończona niepowodzeniem.
```

Ruby

```
if subject =~ /wzorzec wyrażenia regularnego/
    # Udane dopasowanie.
else
    # Próba dopasowania zakończona niepowodzeniem.
end
```

Poniższy kod działa dokładnie tak samo:

```
if /wzorzec wyrażenia regularnego/ =~ subject
    # Udane dopasowanie.
else
    # Próba dopasowania zakończona niepowodzeniem.
end
```

Analiza

Najprostszym zadaniem związanym z przetwarzaniem wyrażenia regularnego jest sprawdzenie, czy dane wyrażenie pasuje do jakiegoś łańcucha. W większości języków programowania częściowe dopasowanie wystarczy, by odpowiednia funkcja zwróciła pozytywny wynik. Funkcja dopasowująca analizuje cały przetwarzany łańcuch pod kątem możliwości dopasowania danego wyrażenia regularnego do części tego łańcucha. Funkcja dopasowująca zwraca pozytywny wynik zaraz po znalezieniu tego dopasowania. Ewentualna wartość negatywna zwracana jest dopiero w momencie osiągnięcia końca przetwarzanego łańcucha bez znalezienia dopasowania.

Przykładowe fragmenty kodu zaproponowane w tej recepturze są szczególnie przydatne podczas sprawdzania, czy przetwarzany łańcuch zawiera określone dane. Gdybyśmy chcieli sprawdzić, czy dany łańcuch w całości pasuje do określonego wzorca (na przykład celem weryfikacji danych wejściowych), powinniśmy użyć rozwiązania z następnej receptury.

C# i VB.NET

Klasa Regex udostępnia cztery przeciążone wersje metody IsMatch(), z których dwie mają postać składowych statycznych. Oznacza to, że metodę IsMatch() można wywoływać z różnymi parametrami. Pierwszym parametrem zawsze jest łańcuch do przetworzenia, czyli łańcuch, w którym próbujemy znaleźć dopasowanie do danego wyrażenia regularnego. Za pośrednictwem tego parametru nie można przekazać wartości null (w przeciwnym razie metoda IsMatch() wygeneruje wyjątek ArgumentNullException).

Możliwość dopasowania naszego wyrażenia możemy sprawdzić za pomocą zaledwie jednego wiersza — wystarczy wywołać metodę Regex.IsMatch() bez konieczności konstruowania obiektu klasy Regex. Za pośrednictwem drugiego parametru tej metody należy przekazać wyrażenie regularne, a za pośrednictwem opcjonalnego, trzeciego parametru można przekazać ewentualne opcje przetwarzania tego wyrażenia. Jeśli nasze wyrażenie zawiera jakiś błąd składniowy, metoda IsMatch() wygeneruje wyjątek ArgumentException. Jeśli przekazane wyrażenie jest prawidłowe, w razie znalezienia częściowego dopasowania zostanie zwrócona wartość true; w razie braku takiego dopasowania zostanie zwrócona wartość false.

Gdybyśmy chcieli użyć tego samego wyrażenia regularnego dla wielu łańcuchów, moglibyśmy podnieść efektywność tego kodu, konstruując najpierw obiekt klasy Regex i wywołując metodę IsMatch() dla tego obiektu. W takim przypadku pierwszym i jedynym wymaganym parametrem metody IsMatch() byłby łańcuch do przetworzenia. Można by też użyć drugiego, opcjonalnego parametru, który wskazywałby indeks znaku, od którego metoda IsMatch() miałaby rozpocząć dopasowywanie danego wyrażenia regularnego. W praktyce przekazana wartość reprezentuje liczbę początkowych znaków przetwarzanego łańcucha, które mają być ignorowane przez dane wyrażenie regularne. Taka możliwość jest cenna w sytuacji, gdy przetworzyliśmy już jakąś część łańcucha (do pewnego punktu) i planujemy poddać dalszej analizie pozostałe znaki. Jeśli zdecydujemy się użyć tego parametru, powinniśmy przekazać wartość większą lub równą zero oraz mniejszą lub równą długości przetwarzanego łańcucha (w przeciwnym razie metoda IsMatch() wygeneruje wyjątek ArgumentOutOfRangeException).

Statyczne, przeciążone wersje tej metody nie obsługują parametru wskazującego początek podłańcucha dopasowywanego do wyrażenia regularnego. Nie istnieje też wersja metody IsMatch(), która umożliwiałaby przerywanie dopasowywania przed osiągnięciem końca łańcucha. Można ten cel osiągnąć, wywołując metodę Regex.Match("subject", start, stop) i sprawdzając właściwość Success zwróconego obiektu klasy Match. Więcej informacji na ten temat znajdziesz w recepturze 3.8.

Java

Aby sprawdzić, czy dane wyrażenie regularne pasuje do całości lub części jakiegoś łańcucha, należy skonstruować obiekt klasy Matcher (patrz receptura 3.3). Powinniśmy następnie wywołać metodę find() dla nowo utworzonego lub właśnie wyzerowanego obiektu dopasowującego.

Podczas realizacji tego zadania nie należy korzystać z metod String.matches(), Pattern.↪matches() ani Matcher.matches(). Wszystkie te metody dopasowują wyrażenie regularne do całego łańcucha.

JavaScript

Aby sprawdzić, czy dane wyrażenie regularne można dopasować do fragmentu jakiegoś łańcucha, należy wywołać metodę test() dla obiektu tego wyrażenia. Za pośrednictwem jedynego parametru tej metody powinniśmy przekazać łańcuch do przetworzenia.

Metoda regexp.test() zwraca wartość true, jeśli dane wyrażenie regularne pasuje do części lub całości przetwarzanego łańcucha; w przeciwnym razie metoda regexp.test() zwraca wartość false.

PHP

Funkcję preg_match() można z powodzeniem wykorzystywać do wielu różnych celów. Najprostszym sposobem jej wywołania jest przekazanie tylko dwóch wymaganych parametrów — łańcucha z wyrażeniem regularnym oraz łańcucha z tekstem do przetworzenia (dopasowania do danego wyrażenia). W razie odnalezienia dopasowania funkcja preg_match() zwraca wartość 1; w przeciwnym razie funkcja regexp.test() zwraca wartość 0.

W dalszej części tego rozdziału wyjaśnimy znaczenie opcjonalnych parametrów funkcji preg_match().

Perl

W Perlu konstrukcja m// pełni funkcję operatora wyrażeń regularnych (nie — jak można by przypuszczać — kontenera wyrażeń regularnych). Jeśli użyjemy samego operatora m//, w roli źródła tekstu do przetworzenia zostanie wykorzystana zmienna $_.

Gdybyśmy chcieli użyć operatora dopasowania dla zawartości innej zmiennej, powinniśmy użyć operatora wiązania =~, aby skojarzyć operator wyrażenia regularnego z odpowiednią zmienną. Zastosowanie operatora wiążącego wyrażenie regularne z łańcuchem powoduje natychmiastowe przetworzenie tego wyrażenia. Operator dopasowywania wzorców zwraca wartość `true`, jeśli dane wyrażenie pasuje do części lub całości danego łańcucha; w przeciwnym razie (w przypadku braku dopasowania) operator zwraca wartość `false`.

Gdybyśmy chcieli sprawdzić, czy dane wyrażenie regularne nie pasuje do łańcucha, powinniśmy użyć operatora `!~`, czyli zanegowanej wersji operatora `=~`.

Python

Funkcja `search()` modułu `re` przeszukuje wskazany łańcuch pod kątem możliwości dopasowania danego wyrażenia regularnego do jego części. Za pośrednictwem pierwszego parametru tej funkcji należy przekazać wyrażenie regularne; za pośrednictwem drugiego parametru powinniśmy przekazać łańcuch do przetworzenia. Opcjonalny, trzeci parametr służy do przekazywania ewentualnych opcji wyrażenia regularnego.

Funkcja `re.search()` wywołuje funkcję `re.compile()`, po czym wywołuje metodę `search()` już dla obiektu reprezentującego skompilowane wyrażenie regularne. Sama metoda `search()` otrzymuje na wejściu tylko jeden parametr — łańcuch do przetworzenia.

Jeśli dopasowanie zostanie znalezione, metoda `search()` zwróci obiekt klasy `MatchObject`. W przeciwnym razie metoda `search()` zwróci `None`. Jeśli analizujemy zwróconą wartość w wyrażeniu warunkowym `if`, obiekt klasy `MatchObject` jest traktowany jako `True`, natomiast `None` jest traktowane jako `False`. Sposoby korzystania z informacji reprezentowanych przez obiekt `MatchObject` omówimy w dalszej części tego rozdziału.

Nie należy mylić funkcji `search()` i `match()`. Funkcji `match()` nie można użyć do odnajdywania dopasowania w środku przetwarzanego łańcucha. Funkcję `match()` wykorzystamy w następnej recepturze.

Ruby

W języku Ruby `=~` pełni funkcję operatora dopasowywania wzorców. Aby znaleźć pierwsze dopasowanie wyrażenia regularnego do przetwarzanego tekstu, należy umieścić ten operator pomiędzy interesującym nas wyrażeniem a odpowiednim łańcuchem. Operator `=~` zwraca liczbę całkowitą reprezentującą początkową pozycję dopasowania znalezionego w danym łańcuchu. Jeśli nie uda się znaleźć dopasowania, operator `=~` zwróci wartość `nil`.

Operator `=~` zaimplementowano zarówno w klasie `Regexp`, jak i w klasie `String`. W języku Ruby 1.8 nie ma znaczenia, którą klasę umieścimy na lewo, a którą na prawo od tego operatora. W języku Ruby 1.9 kolejność operandów ma istotny wpływ na sposób przetwarzania nazwanych grup przechwytujących (wyjaśnimy ten mechanizm w recepturze 3.9).

We wszystkich pozostałych fragmentach kodu języka Ruby prezentowanych w tej książce będziemy umieszczali łańcuch z przetwarzanym tekstem na lewo, a wyrażenie regularne na prawo od operatora `=~`. W ten sposób zachowamy spójność z Perlem, z którego zaczerpnięto koncepcję operatora `=~`, i jednocześnie unikniemy niespodzianek związanych z obsługą nazwanych grup przechwytujących w języku Ruby 1.9, które często prowadzą do poważnych utrudnień.

Patrz także

Receptury 3.6 i 3.7.

3.6. Sprawdzanie, czy dane wyrażenie regularne pasuje do całego przetwarzanego łańcucha

Problem

Chcemy sprawdzić, czy dany łańcuch w całości pasuje do pewnego wyrażenia regularnego. Oznacza to, że chcemy sprawdzić, czy wyrażenie regularne reprezentujące pewien wzorzec pasuje do danego łańcucha od jego początku do końca. Gdybyśmy na przykład dysponowali wyrażeniem <wzorzec•wyrażenia•regularnego>, nasze rozwiązanie powinno go dopasować do tekstu *wzorzec wyrażenia regularnego*, ale nie do tekstu *Ten wzorzec wyrażenia regularnego można dopasować*.

Rozwiązanie

C#

Do jednorazowego przeprowadzenia tego prostego testu można użyć następującego wywołania statycznego:

```
bool foundMatch = Regex.IsMatch(subjectString, @"\Awzorzec wyrażenia regularnego\Z");
```

Aby wielokrotnie używać tego samego wyrażenia regularnego, należy skonstruować obiekt klasy Regex:

```
Regex regexObj = new Regex(@"\Awzorzec wyrażenia regularnego\Z");
bool foundMatch = regexObj.IsMatch(subjectString);
```

VB.NET

Do jednorazowego przeprowadzenia tego prostego testu można użyć następującego wywołania statycznego:

```
Dim FoundMatch = Regex.IsMatch(SubjectString, "\Awzorzec wyrażenia regularnego\Z")
```

Aby wielokrotnie używać tego samego wyrażenia regularnego, należy skonstruować obiekt klasy Regex:

```
Dim RegexObj As New Regex("\Awzorzec wyrażenia regularnego\Z")
Dim FoundMatch = RegexObj.IsMatch(SubjectString)
```

Za pośrednictwem jedynego parametru metody IsMatch() należy przekazać SubjectString, a samo wywołanie należy wykonać dla obiektu RegexObj klasy Regex, nie dla samej klasy Regex:

```
Dim FoundMatch = RegexObj.IsMatch(SubjectString)
```

Java

Gdybyśmy chcieli sprawdzić tylko jeden łańcuch, moglibyśmy użyć następującego wywołania statycznego:

```
boolean foundMatch = subjectString.matches("wzorzec wyrażenia regularnego");
```

Gdybyśmy chcieli zastosować to samo wyrażenie regularne dla wielu łańcuchów, powinniśmy skompilować to wyrażenie i utworzyć obiekt dopasowujący (klasy Matcher):

```
Pattern regex = Pattern.compile("wzorzec wyrażenia regularnego");
Matcher regexMatcher = regex.matcher(subjectString);
boolean foundMatch = regexMatcher.matches(subjectString);
```

JavaScript

```
if (/^wzorzec wyrażenia regularnego$/.test(subject)) {
    # Udane dopasowanie.
} else {
    # Próba dopasowania zakończona niepowodzeniem.
}
```

PHP

```
if (preg_match('/\Awzorzec wyrażenia regularnego\Z/', $subject)) {
# Successful match
} else {
# Match attempt failed
}
```

Perl

```
if ($subject =~ m/\Awzorzec wyrażenia regularnego\Z/) {
    # Udane dopasowanie.
} else {
    # Próba dopasowania zakończona niepowodzeniem.
}
```

Python

Do przeprowadzenia jednorazowego testu można użyć funkcji globalnej:

```
if re.match(r"wzorzec wyrażenia regularnego\Z", subject):
    # Udane dopasowanie.
else:
    # Próba dopasowania zakończona niepowodzeniem.
```

Aby wielokrotnie użyć tego samego wyrażenia regularnego, należy wykorzystać skompilowany obiekt:

```
reobj = re.compile(r"wzorzec wyrażenia regularnego\Z")
if reobj.match(subject):
    # Udane dopasowanie.
else:
    # Próba dopasowania zakończona niepowodzeniem.
```

Ruby

```
if subject =~ /\Awzorzec wyrażenia regularnego\Z/
    # Udane dopasowanie.
```

```
else
    # Próba dopasowania zakończona niepowodzeniem.
end
```

Analiza

W normalnych okolicznościach udane dopasowanie oznacza dla programisty tylko tyle, że wskazany wzorzec występuje **gdzieś** w przetwarzanym tekście. W wielu sytuacjach chcemy mieć dodatkowo pewność, że nasz wzorzec pasuje do **całego** tekstu, tj. że przetwarzany tekst nie zawiera żadnych innych, niepasujących fragmentów. Bodaj najczęstszym zastosowaniem operacji kompletnych dopasowań jest weryfikacja poprawności danych wejściowych. Jeśli na przykład użytkownik wpisuje numer telefonu lub adres IP z dodatkowymi, nieprawidłowymi znakami, próba zapisania tych danych powinna zostać odrzucona.

Rozwiązanie polegające na użyciu kotwic `<$>` i `<\Z>` można by z powodzeniem zastosować podczas przetwarzania kolejnych wierszy pliku (patrz receptura 3.21), a mechanizm wykorzystywany do uzyskiwania wierszy pomija znaki podziału z końca tych wierszy. Jak wspomniano w recepturze 2.5, wymienione kotwice są dopasowywane także do tekstu sprzed ostatniego podziału wiersza, zatem umożliwiają ignorowanie tego znaku podziału.

W kolejnych podpunktach szczegółowo wyjaśnimy rozwiązania dla poszczególnych języków programowania.

C# i VB.NET

Klasa `Regex` frameworku .NET nie udostępnia funkcji sprawdzającej, czy dane wyrażenie regularne pasuje do całego przetwarzanego łańcucha. Właściwym rozwiązaniem jest więc umieszczenie kotwicy początku łańcucha (`<\A>`) na początku wyrażenia regularnego oraz kotwicy końca łańcucha (`<\Z>`) na końcu wyrażenia regularnego. W ten sposób wymuszamy albo dopasowanie wyrażenia regularnego do całego przetwarzanego łańcucha, albo brak dopasowania. Jeśli nasze wyrażenie zawiera podwyrażenia alternatywne, na przykład `<jeden|dwa|trzy>`, koniecznie powinniśmy pogrupować te podwyrażenia i otoczyć kotwicami całą grupę: `<\A(?:jeden|dwa|trzy)\Z>`.

Po wprowadzeniu odpowiednich poprawek do wyrażenia regularnego możemy użyć tej samej metody `IsMatch()`, którą posługiwaliśmy się w poprzedniej recepturze.

Java

Programiści Javy mają do dyspozycji trzy metody nazwane `matches()`. Wszystkie te metody sprawdzają, czy dane wyrażenie regularne można w całości dopasować do pewnego łańcucha. Metody `matches()` umożliwiają błyskawiczną weryfikację danych wejściowych (bez konieczności umieszczania wyrażenia regularnego pomiędzy kotwicami początku i końca łańcucha).

Klasa `String` definiuje metodę `matches()`, która otrzymuje za pośrednictwem jedynego parametru wyrażenie regularne. W zależności od tego, czy dopasowanie tego wyrażenia do całego łańcucha jest możliwe, czy nie, metoda `matches()` zwraca odpowiednio wartość `true` lub `false`. Klasa `Pattern` definiuje statyczną metodę `matches()`, która otrzymuje na wejściu dwa łańcuchy — pierwszy reprezentuje wyrażenie regularne, drugi zawiera tekst do przetworzenia.

W praktyce na wejściu metody `Pattern.matches()` (w roli drugiego parametru) można przekazać dowolny obiekt klasy `CharSequence`. Możliwość przekazywania obiektów tego typu to jedyny powód, dla którego warto korzystać z metody `Pattern.matches()` (zamiast metody `String.matches()`).

Zarówno metoda `String.matches()`, jak i metoda `Pattern.matches()` każdorazowo kompiluje otrzymane wyrażenie regularne, wywołując metodę `Pattern.compile("regex").matcher` ↪`(subjectString).matches()`. W tej sytuacji powinniśmy korzystać z tych metod tylko wtedy, gdy dane wyrażenie regularne ma być użyte tylko raz (na przykład na potrzeby weryfikacji zawartości pojedynczego pola formularza wejściowego) lub gdy efektywność naszego kodu jest nieistotna. Wymienione metody nie zapewniają możliwości definiowania opcji dopasowywania poza samymi wyrażeniami regularnymi. W razie występowania błędu składniowego w przekazanym wyrażeniu regularnym opisane metody generują wyjątek `PatternSyntax` ↪`Exception`.

Gdybyśmy chcieli efektywnie użyć tego samego wyrażenia regularnego do sprawdzenia wielu łańcuchów, powinniśmy skompilować to wyrażenie, po czym skonstruować i wielokrotnie wykorzystać obiekt klasy `Matcher` (patrz receptury 3.3). Możemy następnie wywoływać metodę `matches()` dla tego obiektu. Metoda `matches()` nie otrzymuje na wejściu żadnych parametrów, ponieważ łańcuch do przetworzenia jest przekazywany już na etapie tworzenia lub zerowania obiektu dopasowującego.

JavaScript

JavaScript nie oferuje funkcji umożliwiającej sprawdzanie, czy wyrażenie regularne pasuje do całego przetwarzanego łańcucha. Właściwym rozwiązaniem jest więc umieszczenie kotwicy początku łańcucha (`<^>`) na początku wyrażenia regularnego oraz kotwicy końca łańcucha (`<$>`) na końcu wyrażenia regularnego. Powinniśmy się przy tym upewnić, że dla naszego wyrażenia nie ustawiliśmy flagi `/m`, ponieważ brak tej flagi jest warunkiem dopasowywania symboli karety i dolara wyłącznie do początku i końca przetwarzanego łańcucha. Flaga `/m` powoduje, że oba symbole są dopasowywane także do znaków podziału wiersza w środku łańcucha.

Po dodaniu kotwic do wyrażenia regularnego można użyć metody `regexp.test()` zgodnie z procedurą opisaną w poprzedniej recepturze.

PHP

PHP nie oferuje funkcji umożliwiającej sprawdzanie, czy wyrażenie regularne pasuje do całego przetwarzanego łańcucha. Właściwym rozwiązaniem jest więc umieszczenie kotwicy początku łańcucha (`<\A>`) na początku wyrażenia regularnego oraz kotwicy końca łańcucha (`<\Z>`) na końcu wyrażenia regularnego. W ten sposób wymuszamy albo dopasowanie wyrażenia regularnego do całego przetwarzanego łańcucha, albo brak dopasowania. Jeśli nasze wyrażenie zawiera podwyrażenia alternatywne, na przykład `<jeden|dwa|trzy>`, koniecznie powinniśmy pogrupować te podwyrażenia i otoczyć kotwicami całą grupę: `<\A(?:jeden|dwa|trzy)\Z>`.

Po wprowadzeniu odpowiednich poprawek do wyrażenia regularnego możemy użyć tej samej metody `preg_match()`, którą posługiwaliśmy się w poprzedniej recepturze.

Perl

Perl udostępnia tylko jeden operator dopasowywania wzorców, który zadowala się częściowymi dopasowaniami. Jeśli więc chcemy sprawdzić, czy nasze wyrażenie regularne pasuje do całego przetwarzanego łańcucha, powinniśmy umieścić kotwicę początku łańcucha (`<\A>`) na początku wyrażenia regularnego oraz kotwicę końca łańcucha (`<\Z>`) na końcu wyrażenia regularnego. W ten sposób wymuszamy albo dopasowanie wyrażenia regularnego do całego przetwarzanego łańcucha, albo brak dopasowania. Jeśli nasze wyrażenie zawiera podwyrażenia alternatywne, na przykład `<jeden|dwa|trzy>`, koniecznie powinniśmy pogrupować te podwyrażenia i otoczyć kotwicami całą grupę: `<\A(?:jeden|dwa|trzy)\Z>`.

Po wprowadzeniu niezbędnych zmian w naszym wyrażeniu regularnym możemy posłużyć się rozwiązaniem opisanym w poprzedniej recepturze.

Python

Funkcja `match()` pod wieloma względami przypomina opisaną w poprzedniej recepturze funkcję `search()`. Najważniejsza różnica dzieląca obie funkcje polega na tym, że funkcja `match()` dopasowuje dane wyrażenie regularne tylko do początku przetwarzanego łańcucha. Jeśli to wyrażenie nie pasuje do początku łańcucha, funkcja `match()` zwraca wartość `None`. Nieco inaczej działa funkcja `search()`, która próbuje dopasować wyrażenie regularne do fragmentu łańcucha na dowolnej pozycji i albo odnajduje dopasowanie, albo osiąga koniec tego łańcucha.

Funkcja `match()` nie wymaga, by wyrażenie regularne pasowało do całego łańcucha — dopasowanie częściowe jest akceptowane, pod warunkiem że rozpoczyna się na początku przetwarzanego łańcucha. Jeśli więc chcemy sprawdzić, czy nasze wyrażenie regularne można dopasować do całego łańcucha, powinniśmy dopisać do tego wyrażenia kotwicę końca łańcucha (`<\Z>`).

Ruby

Klasa `Regexp` języka Ruby nie udostępnia funkcji sprawdzającej, czy dane wyrażenie regularne pasuje do całego przetwarzanego łańcucha. Właściwym rozwiązaniem jest więc umieszczenie kotwicy początku łańcucha (`<\A>`) na początku wyrażenia regularnego oraz kotwicy końca łańcucha (`<\Z>`) na końcu wyrażenia regularnego. W ten sposób wymuszamy albo dopasowanie wyrażenia regularnego do całego przetwarzanego łańcucha, albo brak dopasowania. Jeśli nasze wyrażenie zawiera podwyrażenia alternatywne, na przykład `<jeden|dwa|trzy>`, koniecznie powinniśmy pogrupować te podwyrażenia i otoczyć kotwicami całą grupę: `<\A(?:jeden|`
↪`dwa|trzy)\Z>`.

Po wprowadzeniu odpowiednich poprawek do wyrażenia regularnego możemy użyć tego samego operatora `=~`, którym posługiwaliśmy się w poprzedniej recepturze.

Patrz także

W recepturze 2.5 szczegółowo wyjaśniono działanie kotwic.

W recepturach 2.8 i 2.9 wyjaśniono zagadnienia związane z wyrażeniami alternatywnymi i grupowaniem. Jeśli Twoje wyrażenie obejmuje wyrażenia alternatywne, które nie wchodzą w skład żadnych grup, przed dodaniem kotwic musisz je pogrupować. Jeśli Twoje wyrażenie nie zawiera podwyrażeń alternatywnych lub jeśli wszystkie alternatywy wchodzą w skład grup, żadne dodatkowe grupowanie nie jest potrzebne do prawidłowego działania kotwic.

Jeśli wystarczą Ci dopasowania częściowe, skorzystaj z rozwiązania opisanego w recepturze 3.5.

3.7. Uzyskiwanie dopasowanego tekstu

Problem

Dysponujemy wyrażeniem regularnym pasującym do części przetwarzanego tekstu i chcemy uzyskać dopasowany fragment. Gdyby nasze wyrażenie pasowało do więcej niż jednego fragmentu przetwarzanego łańcucha, chcielibyśmy uzyskać tylko pierwsze dopasowanie. Jeśli na przykład stosujemy wyrażenie regularne <\d+> dla łańcucha *Wybierasz liczbę 13 czy 42?*, nasze rozwiązanie powinno wyodrębnić łańcuch "13".

Rozwiązanie

C#

W przypadku jednorazowego dopasowania warto użyć następującego wywołania statycznego:

```
string resultString = Regex.Match(subjectString, @"\d+").Value;
```

Jeśli wyrażenie regularne zostało wpisane przez użytkownika końcowego aplikacji, należy otoczyć to wywołanie pełną konstrukcją obsługującą wyjątki:

```
string resultString = null;
try {
    resultString = Regex.Match(subjectString, @"\d+").Value;
} catch (ArgumentNullException ex) {
    // Wyrażenie regularne ani łańcuch do przetworzenia nie mogą mieć wartości null.
} catch (ArgumentException ex) {
    // W przekazanym wyrażeniu regularnym wystąpił błąd składniowy.
}
```

Aby wielokrotnie użyć tego samego wyrażenia regularnego, należy skonstruować obiekt klasy Regex:

```
Regex regexObj = new Regex(@"\d+");
string resultString = regexObj.Match(subjectString).Value;
```

Jeśli wyrażenie regularne zostało wpisane przez użytkownika końcowego aplikacji, należy umieścić kod korzystający z obiektu klasy Regex pomiędzy konstrukcjami odpowiedzialnymi za obsługę wyjątków:

```
string resultString = null;
try {
    Regex regexObj = new Regex(@"\d+");
    try {
        resultString = regexObj.Match(subjectString).Value;
    } catch (ArgumentNullException ex) {
        // Wyrażenie regularne ani łańcuch do przetworzenia nie mogą mieć wartości null.
    }
} catch (ArgumentException ex) {
    // W przekazanym wyrażeniu regularnym wystąpił błąd składniowy.
}
```

VB.NET

W przypadku jednorazowego dopasowania warto użyć następującego wywołania statycznego:

```
Dim ResultString = Regex.Match(SubjectString, "\d+").Value
```

Jeśli wyrażenie regularne zostało wpisane przez użytkownika końcowego aplikacji, należy otoczyć to wywołanie pełną konstrukcją obsługującą wyjątki:

```
Dim ResultString As String = Nothing
Try
    ResultString = Regex.Match(SubjectString, "\d+").Value
Catch ex As ArgumentNullException
    'Wyrażenie regularne ani łańcuch do przetworzenia nie mogą mieć wartości null.
Catch ex As ArgumentException
    'W przekazanym wyrażeniu regularnym wystąpił błąd składniowy.
End Try
```

Aby wielokrotnie użyć tego samego wyrażenia regularnego, należy skonstruować obiekt klasy Regex:

```
Dim RegexObj As New Regex("\d+")
Dim ResultString = RegexObj.Match(SubjectString).Value
```

Jeśli wyrażenie regularne zostało wpisane przez użytkownika końcowego aplikacji, należy umieścić kod korzystający z obiektu klasy Regex pomiędzy konstrukcjami odpowiedzialnymi za obsługę wyjątków:

```
Dim ResultString As String = Nothing
Try
    Dim RegexObj As New Regex("\d+")
    Try
        ResultString = RegexObj.Match(SubjectString).Value
    Catch ex As ArgumentNullException
        'Wyrażenie regularne ani łańcuch do przetworzenia nie mogą mieć wartości Nothing.
    End Try
Catch ex As ArgumentException
    'W przekazanym wyrażeniu regularnym wystąpił błąd składniowy.
End Try
```

Java

Aby wykonać operację przeszukiwania i zapisać uzyskany wynik (znalezione dopasowanie), należy skonstruować obiekt klasy Matcher:

```
String resultString = null;
Pattern regex = Pattern.compile("\\d+");
Matcher regexMatcher = regex.matcher(subjectString);
if (regexMatcher.find()) {
    resultString = regexMatcher.group();
}
```

Jeśli dane wyrażenie regularne zostało wpisane przez użytkownika końcowego, należy zastosować kompletną procedurę obsługi wyjątków:

```
String resultString = null;
try {
    Pattern regex = Pattern.compile("\\d+");
    Matcher regexMatcher = regex.matcher(subjectString);
    if (regexMatcher.find()) {
        resultString = regexMatcher.group();
    }
```

```
} catch (PatternSyntaxException ex) {
    // W przekazanym wyrażeniu regularnym wystąpił błąd składniowy.
}
```

JavaScript

```
var result = subject.match(/\d+/);
if (result) {
    result = result[0];
} else {
    result = '';
}
```

PHP

```
if (preg_match('/\d+/', $subject, $groups)) {
    $result = $groups[0];
} else {
    $result = '';
}
```

Perl

```
if ($subject =~ m/\d+/) {
    $result = $&;
} else {
    $result = '';
}
```

Python

Do znalezienia i uzyskania jednorazowego dopasowania można użyć funkcji globalnej:

```
matchobj = re.search("wzorzec wyrażenia regularnego", subject)
if matchobj:
    result = matchobj.group()
else:
    result = ""
```

Jeśli planujemy wielokrotne wykorzystanie tego samego wyrażenia regularnego, powinniśmy użyć skompilowanego obiektu:

```
reobj = re.compile("wzorzec wyrażenia regularnego")
matchobj = reobj.search(subject)
if match:
    result = matchobj.group()
else:
    result = ""
```

Ruby

W języku Ruby można użyć operatora =~ i jego „magicznej" zmiennej $&:

```
if subject =~ /wzorzec wyrażenia regularnego/
    result = $&
else
    result = ""
end
```

Alternatywnym rozwiązaniem jest wywołanie metody match dla obiektu klasy Regexp:

```
matchobj = /wzorzec wyrażenia regularnego/.match(subject)
if matchobj
    result = matchobj[0]
else
    result = ""
end
```

Analiza

Wyodrębnianie fragmentu łańcucha pasującego do określonego wzorca to jedno z najważniejszych zastosowań wyrażeń regularnych. Wszystkie omawiane w tej książce języki programowania oferują mechanizmy, dzięki którym uzyskiwanie pierwszych fragmentów tekstu pasujących do wyrażeń regularnych jest wyjątkowo proste. Odpowiednie funkcje próbują dopasowywać wyrażenia regularne od początku przetwarzanego łańcucha i kontynuują jego przeszukiwanie aż do odnalezienia dopasowania.

.NET

Klasa Regex frameworku .NET nie definiuje metody składowej zwracającej łańcuch dopasowany do danego wyrażenia regularnego. Klasa Regex udostępnia jednak metodę Match(), która zwraca obiekt klasy Match. Klasa Match definiuje właściwość nazwaną Value i reprezentującą właśnie tekst dopasowany do wyrażenia regularnego. Jeśli próba dopasowania tego wyrażenia zakończyła się niepowodzeniem, obiekt klasy Match nadal jest zwracany, tyle że jego właściwość Value zawiera łańcuch pusty.

Istnieje aż pięć przeciążonych wersji metody Match(), zatem możemy ją wywoływać na wiele różnych sposobów. Pierwszy parametr zawsze reprezentuje łańcuch zawierający tekst do przetworzenia (czyli tekst, do którego chcemy dopasować dane wyrażenie regularne). Za pośrednictwem tego parametru nigdy nie należy przekazywać wartości null. W przeciwnym razie metoda Match() wygeneruje wyjątek ArgumentNullException.

Jeśli chcemy użyć tego samego wyrażenia regularnego zaledwie kilka razy, możemy skorzystać z wywołania statycznego. W takim przypadku za pośrednictwem drugiego parametru należy przekazać odpowiednie wyrażenie regularne. Za pośrednictwem opcjonalnego, trzeciego parametru możemy przekazać ewentualne opcje wyrażenia regularnego. W razie występowania błędu składniowego w użytym wyrażeniu metoda Match() generuje wyjątek ArgumentNull ↪Exception.

Gdybyśmy jednak chcieli dopasowywać to samo wyrażenie regularne do wielu różnych łańcuchów, powinniśmy usprawnić nasz kod, konstruując najpierw obiekt klasy Regex, by następnie wywoływać metodę Match() dla tego obiektu. Pierwszy parametr (reprezentujący łańcuch z tekstem do przetworzenia) jest wówczas jedynym wymaganym argumentem tej metody. Opcjonalny, drugi parametr umożliwia nam określenie indeksu znaku, od którego ma się rozpocząć poszukiwanie pasującego fragmentu w przetwarzanym tekście. W praktyce wartość przekazana za pośrednictwem tego parametru reprezentuje liczbę znaków z początku przetwarzanego łańcucha, które będą ignorowane przez dane wyrażenie regularne. Takie rozwiązanie jest korzystne w sytuacji, gdy przetworzyliśmy już łańcuch do pewnego punktu i chcemy wznowić jego przeszukiwanie od tego samego miejsca. Liczba przekazywana za pośrednictwem tego parametru musi się mieścić w przedziale od zera do długości przetwarzanego łańcucha (w przeciwnym razie zostanie wygenerowany wyjątek ArgumentOutOfRangeException).

Jeśli za pośrednictwem drugiego parametru określimy pozycję początkową, za pośrednictwem trzeciego parametru będziemy mogli przekazać długość podłańcucha, który ma być przedmiotem przetwarzania pod kątem możliwości dopasowania do danego wyrażenia regularnego. Przekazana liczba musi być większa lub równa zero, ale nie może wykraczać poza długość przetwarzanego łańcucha (nie może być większa od różnicy długości tego łańcucha i początkowego przesunięcia). Na przykład wywołanie `regexObj.Match("123456", 3, 2)` powoduje próbę dopasowania wyrażenia regularnego do podłańcucha `"45"`. Jeśli trzeci parametr przekracza długość przetwarzanego łańcucha, metoda `Match()` generuje wyjątek `ArgumentOutOfRange` ↪`Exception`. Jeśli sam trzeci parametr nie jest większy od długości tego łańcucha, ale suma drugiego i trzeciego parametru przekracza tę długość, metoda `Match()` generuje wyjątek `Index` ↪`OutOfRangeException`. Jeśli pozycję początkową i końcową w przetwarzanym łańcuchu określa użytkownik końcowy naszej aplikacji, powinniśmy albo sprawdzić wpisane wartości przed wywołaniem metody `Match()`, albo przechwytywać i obsługiwać oba wymienione wyjątki.

Statyczne wersje przeciążone metody `Match()` nie obsługują parametrów określających zakres znaków przetwarzanego łańcucha dopasowywanych do danego wyrażenia regularnego.

Java

Na wejściu metody `Matcher.find()` można przekazać jeden opcjonalny parametr reprezentujący pozycję początkową poszukiwania dopasowania w przetwarzanym łańcuchu. W ten sposób można wymusić przeszukiwanie tego łańcucha, począwszy od określonego znaku. Aby rozpocząć szukanie dopasowania od początku łańcucha, wystarczy przekazać za pośrednictwem tego parametru wartość zero. W razie przekazania liczby ujemnej lub wartości przekraczającej długość przetwarzanego łańcucha metoda `find()` wygeneruje wyjątek `IndexOutOfBoundsException`.

Jeśli pominiemy ten parametr, metoda `find()` rozpocznie przeszukiwanie łańcucha, począwszy od znaku występującego bezpośrednio po poprzednio znalezionym dopasowaniu. Jeśli więc wywołujemy metodę `find()` po wywołaniu metody `Pattern.matcher()` lub `Matcher.reset()`, przeszukiwanie rozpoczyna się od początku łańcucha.

JavaScript

Metoda `string.match()` otrzymuje za pośrednictwem swojego jedynego parametru wyrażenie regularne. Możemy przekazać nasze wyrażenie w formie stałego wyrażenia regularnego, w formie obiektu wyrażenia regularnego lub po prostu jako łańcuch. Jeśli przekażemy łańcuch, metoda `string.match()` automatycznie utworzy tymczasowy obiekt `regexp`.

W przypadku nieudanej próby dopasowania metoda `string.match()` zwraca wartość `null`. Na tej podstawie można łatwo odróżnić wyrażenie regularne, dla którego nie znaleziono żadnych dopasowań, od wyrażenia, dla którego znaleziono dopasowanie zerowej długości. Oznacza to, że nie możemy ograniczyć się do samego wyświetlenia wyniku, ponieważ takie działanie mogłoby doprowadzić do wyświetlenia wartości `null` bądź wystąpienia błędu związanego z jej użyciem.

W przypadku odnalezienia dopasowania metoda `string.match()` zwraca tablicę reprezentującą szczegółowe informacje o tym dopasowaniu. Zerowym elementem tej tablicy jest łańcuch z tekstem dopasowanym do danego wyrażenia regularnego.

W żadnym razie nie powinniśmy stosować dla naszego wyrażenia regularnego flagi `/g`, która zmienia zachowanie metody `string.match()` (patrz receptura 3.10).

PHP

Na wejściu funkcji `preg_match()`, którą omówiono w dwóch poprzednich recepturach, można przekazać opcjonalny, trzeci parametr, w którym zostanie umieszczony tekst dopasowany do danego wyrażenia regularnego i jego grup przechwytujących. W takim przypadku zwrócenie przez funkcję `preg_match()` wartości 1 oznacza, że zerowy element tej tablicy zawiera cały tekst dopasowany do danego wyrażenia regularnego. Zawartość pozostałych elementów wyjaśniono w recepturze 3.9.

Perl

Kiedy operator dopasowywania wzorców `m//` odnajduje dopasowanie, automatycznie ustawia kilka zmiennych specjalnych. Jedną z tych zmiennych jest `$&`, która reprezentuje fragment łańcucha dopasowany do danego wyrażenia regularnego. Znaczenie pozostałych zmiennych specjalnych wyjaśnimy w dalszych recepturach tego rozdziału.

Python

W recepturze 3.5 wyjaśniono działanie funkcji `search()`. Tym razem obiekt klasy `MatchObject` zwrócony przez tę funkcję przypisujemy pewnej zmiennej. Aby uzyskać fragment łańcucha dopasowany do danego wyrażenia regularnego, należy użyć metody `group()` wywołanej dla obiektu dopasowania (bez żadnych parametrów).

Ruby

Znaczenie zmiennej `$~` i obiektu klasy `MatchData` wyjaśnimy w recepturze 3.8. Po konwersji do kontekstu łańcuchowego wspomniany obiekt reprezentuje tekst dopasowany do użytego wyrażenia regularnego. Po konwersji do kontekstu tablicowego ten sam obiekt reprezentuje strukturę, której zerowy element zawiera całe dopasowanie znalezione dla danego wyrażenia regularnego.

`$&` jest zmienną specjalną dostępną tylko do odczytu. `$&` jest tak naprawdę aliasem elementu `$~[0]` zawierającego łańcuch z tekstem dopasowanym do danego wyrażenia regularnego.

Patrz także

Receptury 3.5, 3.8, 3.9, 3.10 i 3.11.

3.8. Określanie pozycji i długości dopasowania

Problem

Zamiast wyodrębniać podłańcuch dopasowany do danego wyrażenia regularnego (jak w poprzedniej recepturze), tym razem chcemy określić pozycję początkową i długość tego dopasowania. Na podstawie tych informacji możemy zidentyfikować pasujący podłańcuch we własnym kodzie lub zastosować dowolne inne operacje niezbędne do przetworzenia fragmentu dopasowanego łańcucha.

Rozwiązanie

C#

Do jednorazowego znalezienia dopasowania można użyć następującego wywołania statycznego:

```
int matchstart, matchlength = -1;
Match matchResult = Regex.Match(subjectString, @"\d+");
if (matchResult.Success) {
    matchstart = matchResult.Index;
    matchlength = matchResult.Length;
}
```

Jeśli chcemy wielokrotnie użyć tego samego wyrażenia regularnego, powinniśmy skonstruować obiekt klasy Regex:

```
int matchstart, matchlength = -1;
Regex regexObj = new Regex(@"\d+");
Match matchResult = regexObj.Match(subjectString).Value;
if (matchResult.Success) {
    matchstart = matchResult.Index;
    matchlength = matchResult.Length;
}
```

VB.NET

Do jednorazowego znalezienia dopasowania można użyć następującego wywołania statycznego:

```
Dim MatchStart = -1
Dim MatchLength = -1
Dim MatchResult = Regex.Match(SubjectString, "\d+")
If MatchResult.Success Then
    MatchStart = MatchResult.Index
    MatchLength = MatchResult.Length
End If
```

Jeśli chcemy wielokrotnie użyć tego samego wyrażenia regularnego, powinniśmy skonstruować obiekt klasy Regex:

```
Dim MatchStart = -1
Dim MatchLength = -1
Dim RegexObj As New Regex("\d+")
Dim MatchResult = Regex.Match(SubjectString, "\d+")
If MatchResult.Success Then
    MatchStart = MatchResult.Index
    MatchLength = MatchResult.Length
End If
```

Java

```
int matchStart, matchLength = -1;
Pattern regex = Pattern.compile("\\d+");
Matcher regexMatcher = regex.matcher(subjectString);
if (regexMatcher.find()) {
    matchStart = regexMatcher.start();
    matchLength = regexMatcher.end() - matchStart;
}
```

JavaScript

```
var matchstart = -1;
var matchlength = -1;
var match = /\d+/.exec(subject);
if (match) {
    matchstart = match.index;
    matchlength = match[0].length;
}
```

PHP

```
if (preg_match('/\d+/', $subject, $groups, PREG_OFFSET_CAPTURE)) {
    $matchstart = $groups[0][1];
    $matchlength = strlen($groups[0][0]);
}
```

Perl

```
if ($subject =~ m/\d+/g) {
    $matchlength = length($&);
    $matchstart = length($`);
}
```

Python

Do jednorazowego znalezienia dopasowania można użyć funkcji globalnej:

```
matchobj = re.search(r"\d+", subject)
if matchobj:
    matchstart = matchobj.start()
    matchlength = matchobj.end() - matchstart
```

Jeśli chcemy wielokrotnie użyć tego samego wyrażenia regularnego, powinniśmy posłużyć się skompilowanym obiektem:

```
reobj = re.compile(r"\d+")
matchobj = reobj.search(subject)
if matchobj:
    matchstart = matchobj.start()
    matchlength = matchobj.end() - matchstart
```

Ruby

W języku Ruby można użyć operatora =~ i jego „magicznej" zmiennej $&:

```
if subject =~ /wzorzec wyrażenia regularnego/
    matchstart = $~.begin()
    matchlength = $~.end() - matchstart
end
```

Alternatywnym rozwiązaniem jest wywołanie metody match dla obiektu klasy Regexp:

```
matchobj = /wzorzec wyrażenia regularnego/.match(subject)
if matchobj
    matchstart = matchobj.begin()
    matchlength = matchobj.end() - matchstart
end
```

Analiza

.NET

Do uzyskania indeksu i długości dopasowania wykorzystujemy tę samą metodę `Regex.Match()`, którą opisano w poprzedniej recepturze. Tym razem jednak posługujemy się właściwościami `Index` i `Length` obiektu klasy `Match` zwróconego przez metodę `Regex.Match()`.

Właściwość `Index` reprezentuje indeks znaku w ramach przetwarzanego łańcucha, od którego rozpoczyna się dopasowany podłańcuch. Jeśli dane wyrażenie pasuje do początku tego łańcucha, właściwość `Index` ma wartość 0. Jeśli dopasowanie rozpoczyna się od drugiego znaku tego łańcucha, właściwość `Index` ma wartość 1. Maksymalna wartość tej właściwości jest równa długości przetwarzanego łańcucha. Taka wartość jest możliwa tylko w sytuacji, gdy dla danego wyrażenia regularnego znaleziono dopasowanie zerowej długości na końcu przetwarzanego łańcucha. Do końca łańcucha zawsze pasuje wyrażenie regularne złożone z samej kotwicy końca łańcucha (<\Z>).

Właściwość `Length` reprezentuje liczbę dopasowanych znaków. Istnieje możliwość znalezienia prawidłowego dopasowania złożonego z zera znaków. Z takim dopasowaniem będziemy mieli do czynienia na przykład w przypadku wyrażenia regularnego obejmującego wyłącznie granicę wyrazu (<\b>) — dla wyrażenia w tej formie zostanie znalezione dopasowanie zerowej długości na początku pierwszego wyrazu łańcucha.

Metoda `Regex.Match()` zwraca obiekt klasy `Match` nawet wtedy, gdy próba dopasowania kończy się niepowodzeniem. Właściwości `Index` i `Length` tego obiektu mają wówczas wartość 0. Warto jednak pamiętać, że identyczne wartości tych właściwości są możliwe także w razie udanej próby dopasowania. Na przykład wyrażenie regularne złożone z samej kotwicy początku łańcucha (<\A>) znajdzie dopasowanie zerowej długości na początku łańcucha. Oznacza to, że na podstawie samych właściwości `Match.Index` i `Match.Length` nie da się określić istnienia dopasowania. Można to sprawdzić, korzystając z właściwości `Match.Success`.

Java

Aby uzyskać pozycję i długość dopasowania w przetwarzanym łańcuchu, wystarczy użyć metody `Matcher.find()` opisanej w poprzedniej recepturze. Po otrzymaniu wartości `true` zwróconej przez metodę `Matcher.find()` można wywołać metodę `Matcher.start()` bez żadnych parametrów, aby uzyskać indeks pierwszego znaku dopasowanego fragmentu. Metoda `Matcher.`↪`end()` wywołana bez żadnych parametrów zwraca indeks pierwszego znaku za dopasowaniem. Wystarczy więc odjąć obie wartości, aby uzyskać długość dopasowania (która w pewnych sytuacjach może być równa 0). Gdybyśmy wywołali metodę `start()` lub `end()` bez uprzedniego wywołania metody `find()`, zostałby wygenerowany wyjątek `IllegalStateException`.

JavaScript

Aby uzyskać tablicę ze szczegółowymi informacjami o dopasowaniu, należy wywołać metodę `exec()` dla obiektu `regexp`. Zwracana tablica ma też kilka dodatkowych właściwości. Właściwość `index` reprezentuje pozycję znaku w przetworzonym łańcuchu, od którego rozpoczyna się dane dopasowanie. Jeśli dopasowanie rozpoczyna się wraz z początkiem tego łańcucha, właściwość `index` ma wartość 0. Zerowy element tablicy zwróconej przez metodę `exec()` reprezentuje łańcuch z całym dopasowaniem do danego wyrażenia regularnego. Długość tego dopasowania jest reprezentowana przez właściwość `length`.

Jeśli dopasowanie wyrażenia regularnego do danego łańcucha jest niemożliwe, metoda `regexp.` `exec()` zwraca wartość `null`.

Pozycji ostatniego dopasowanego znaku nie należy określać za pośrednictwem właściwości `lastIndex` tablicy zwróconej przez metodę `exec()`. W standardowej implementacji języka JavaScript zwracana tablica w ogóle nie zawiera właściwości `lastIndex` (jest to raczej właściwość samego obiektu `regexp`). Nie należy też odwoływać się do właściwości `regexp.last` `Index` z uwagi na różnice dzielące implementacje w poszczególnych przeglądarkach internetowych (to zagadnienie zostanie szczegółowo omówione w recepturze 3.11). Najlepszym rozwiązaniem jest więc dodanie wartości `match.index` i `match[0].length` — w wyniku tej operacji możemy bez trudu stwierdzić, gdzie w przetwarzanym łańcuchu kończy się dane dopasowanie.

PHP

W poprzedniej recepturze wyjaśniliśmy, jak uzyskiwać tekst dopasowany do wyrażenia regularnego, przekazując trzeci parametr na wejściu funkcji `preg_match()`. Jeśli na wejściu tej samej funkcji przekażemy dodatkowo stałą `PREG_OFFSET_CAPTURE` (za pośrednictwem czwartego parametru), otrzymamy pozycję dopasowania. Wspomniany parametr zmienia wartość umieszczaną przez funkcję `preg_match()` w trzecim parametrze (w przypadku zwrócenia wartości 1).

Jeśli pominiemy czwarty parametr lub przekażemy za jego pośrednictwem wartość 0, zmiennej wskazanej za pośrednictwem trzeciego parametru zostanie przypisana tablica łańcuchów. Jeśli w roli czwartego parametru użyjemy stałej `PREG_OFFSET_CAPTURE`, wspomnianej zmiennej zostanie przypisana tablica tablic. Zerowy element tej tablicy nadal reprezentuje całe dopasowanie (patrz poprzednia receptura), a elementy poniżej nadal reprezentują fragmenty skojarzone z kolejnymi grupami przechwytującymi (patrz następna receptura). Okazuje się jednak, że zamiast zwykłych łańcuchów z dopasowanym tekstem lub przechwyconymi fragmentami każdy z tych elementów ma postać dwuelementowej tablicy — pierwszy element zawiera dopasowany tekst, drugi reprezentuje pozycję w łańcuchu, na której znaleziono to dopasowanie.

Aby uzyskać szczegółowe informacje na temat całego dopasowania, należy odwołać się do podelementu zerowego elementu zerowego, który reprezentuje tekst dopasowany do wyrażenia regularnego. Aby wyznaczyć długość tego łańcucha, przekazujemy go na wejściu funkcji `strlen()`. Pierwszy podelement zerowego elementu zawiera liczbę całkowitą reprezentującą pozycję początku dopasowania w przetwarzanym łańcuchu.

Perl

Aby uzyskać długość dopasowania, wystarczy obliczyć długość zmiennej `$&`, która reprezentuje całe dopasowanie do danego wyrażenia regularnego. Pozycję pierwszego znaku tego dopasowania można otrzymać, wyznaczając długość zmiennej `` $` ``, która zawiera fragment przetwarzanego łańcucha poprzedzający dopasowanie.

Python

Metoda `start()` klasy `MatchObject` zwraca pozycję znaku przetwarzanego łańcucha, od którego rozpoczyna się dopasowanie do danego wyrażenia regularnego. Metoda `end()` zwraca pozycję pierwszego znaku za tym dopasowaniem. W przypadku znalezienia dopasowania zerowej długości obie metody zwracają tę samą wartość.

Na wejściu metod start() i end() można przekazać opcjonalny parametr — w ten sposób możemy uzyskać tekst dopasowany do jednej z grup przechwytujących zawartych w naszym wyrażeniu regularnym. Dla pierwszej grupy przechwytującej należałoby użyć wywołania start(1); dla drugiej grupy przechwytującej powinniśmy użyć wywołania end(2) itd. Python obsługuje maksymalnie 99 grup przechwytujących. Zerowa grupa przechwytująca reprezentuje całe dopasowanie do wyrażenia regularnego. Wartości ujemne i wartości przekraczające liczbę grup przechwytujących składających się na dane wyrażenie (których nie może być więcej niż 99) powodują, że funkcje start() i end() generują wyjątek IndexError. Jeśli użyty indeks grupy jest prawidłowy, ale dana grupa nie uczestniczyła w dopasowaniu, funkcje start() i end() zwracają dla tej grupy wartość -1.

Gdybyśmy chcieli umieścić zarówno pozycję początkową, jak i pozycję końcową dopasowania w jednej krotce, powinniśmy wywołać dla obiektu dopasowania metodę span().

Ruby

W recepturze 3.5 użyliśmy operatora =~ do odnalezienia pierwszego dopasowania wyrażenia regularnego do łańcucha. Efektem ubocznym działania tego operatora jest przypisanie zmiennej $~ obiektu klasy MatchData. Zmienna $~ ma lokalny charakter w kontekście wątku i metody. Oznacza to, że jej zawartość można wykorzystywać tylko w zasięgu bieżącej metody lub do momentu następnego użycia operatora =~ w tej samej metodzie (bez ryzyka nadpisania wartości tej zmiennej przez inny wątek lub inną metodę tego samego wątku).

Gdybyśmy chcieli przechowywać szczegóły opisujące wiele dopasowań wyrażeń regularnych, powinniśmy wywołać metodę match() dla obiektu Regexp. Wspomniana metoda otrzymuje na wejściu (za pośrednictwem jedynego parametru) łańcuch do przetworzenia i zwraca albo obiekt klasy MatchData (jeśli znajdzie dopasowanie), albo wartość nil (jeśli znalezienie dopasowania jest niemożliwe). Metoda match() dodatkowo przypisuje ten sam obiekt klasy MatchData zmiennej $~, ale nie nadpisuje innych obiektów tej klasy przechowywanych w innych zmiennych.

Obiekt klasy MatchData zawiera wszystkie szczegółowe informacje o dopasowaniu wyrażenia regularnego. Sposób uzyskiwania tekstu pasującego do wyrażenia regularnego oraz dopasowanego do grup przechwytujących wyjaśniono w recepturach 3.7 i 3.9.

Metoda begin() zwraca pozycję znaku w przetworzonym łańcuchu, od którego rozpoczyna się dopasowanie danego wyrażenia regularnego. Metoda end() zwraca pozycję pierwszego znaku występującego za tym dopasowaniem. Metoda offset() zwraca tablicę obu pozycji (indeksów). Wszystkie te metody otrzymują na wejściu tylko jeden parametr. Aby uzyskać pozycje właściwe całemu dopasowaniu, należy przekazać za pośrednictwem tego parametru wartość 0. Jeśli przekażemy liczbę dodatnią, otrzymamy pozycje właściwe odpowiedniej grupie przechwytującej. Na przykład wywołanie begin(1) zwraca pozycję pierwszego znaku fragmentu pasującego do pierwszej grupy przechwytującej.

Do określania długości dopasowania nie należy wykorzystywać metod length() ani size(). Obie te metody zwracają liczbę elementów tablicy powstałej po konwersji obiektu klasy Match ↪Data do kontekstu tablicowego (patrz receptura 3.9).

Patrz także

Receptury 3.5 i 3.9.

3.9. Uzyskiwanie części dopasowanego tekstu

Problem

Tak jak w recepturze 3.7, dysponujemy wyrażeniem regularnym pasującym do pewnego fragmentu przetwarzanego tekstu, jednak tym razem chcemy dopasować tylko część tego podłańcucha. Aby wyodrębnić interesującą nas część, uzupełniamy nasze wyrażenie regularne o grupę przechwytującą (patrz receptura 2.9).

Na przykład wyrażenie regularne <http://([a-z0-9.-]+)> pasuje do fragmentu *http://www. regexcookbook.com* komunikatu *Więcej informacji znajdziesz na stronie internetowej http://www.regex cookbook.com — zapraszamy.* Fragment tego wyrażenia umieszczony w pierwszej grupie przechwytującej pasuje do łańcucha *www.regexcookbook.com*, a naszym celem jest uzyskanie i umieszczenie w zmiennej łańcuchowej nazwy domeny przechwyconej przez tę grupę.

Wykorzystamy to proste wyrażenie regularne do zilustrowania koncepcji grup przechwytujących. Bardziej zaawansowane wyrażenia regularne dopasowywane do adresów URL omówimy w rozdziale 7.

Rozwiązanie

C#

Do jednorazowego znalezienia dopasowania można użyć wywołania statycznego:

```
string resultString = Regex.Match(subjectString,
                    "http://([a-z0-9.-]+)").Groups[1].Value;
```

Jeśli planujemy wielokrotne użycie tego samego wyrażenia regularnego, powinniśmy skonstruować obiekt klasy Regex:

```
Regex regexObj = new Regex("http://([a-z0-9.-]+)");
string resultString = regexObj.Match(subjectString).Groups[1].Value;
```

VB.NET

Do jednorazowego znalezienia dopasowania można użyć wywołania statycznego:

```
Dim ResultString = Regex.Match(SubjectString,
                    "http://([a-z0-9.-]+)").Groups(1).Value
```

Jeśli planujemy wielokrotne użycie tego samego wyrażenia regularnego, powinniśmy skonstruować obiekt klasy Regex:

```
Dim RegexObj As New Regex("http://([a-z0-9.-]+)")
Dim ResultString = RegexObj.Match(SubjectString).Groups(1).Value
```

Java

```
String resultString = null;
Pattern regex = Pattern.compile("http://([a-z0-9.-]+)");
Matcher regexMatcher = regex.matcher(subjectString);
if (regexMatcher.find()) {
    resultString = regexMatcher.group(1);
}
```

JavaScript

```
var result = "";
var match = /http:\/\/([a-z0-9.-]+)/.exec(subject);
if (match) {
    result = match[1];
} else {
    result = '';
}
```

PHP

```
if (preg_match('%http://([a-z0-9.-]+)%', $subject, $groups)) {
    $result = $groups[1];
} else {
    $result = '';
}
```

Perl

```
if ($subject =~ m!http://([a-z0-9.-]+)!) {
    $result = $1;
} else {
    $result = '';
}
```

Python

Do jednorazowego znalezienia dopasowania można użyć funkcji globalnej:

```
matchobj = re.search("http://([a-z0-9.-]+)", subject)
if matchobj:
    result = matchobj.group(1)
else:
    result = ""
```

Jeśli planujemy wielokrotne użycie tego samego wyrażenia regularnego, powinniśmy użyć skompilowanego obiektu:

```
reobj = re.compile("http://([a-z0-9.-]+)")
matchobj = reobj.search(subject)
if match:
    result = matchobj.group(1)
else:
    result = ""
```

Ruby

W języku Ruby można użyć operatora =~ i jego „magicznych", numerowanych zmiennych, na przykład $1:

```
if subject =~ %r!http://([a-z0-9.-]+)!
    result = $1
else
    result = ""
end
```

Alternatywnym rozwiązaniem jest wywołanie metody match dla obiektu Regexp:

```
matchobj = %r!http://([a-z0-9.-]+)!.match(subject)
if matchobj
```

```
        result = matchobj[1]
    else
        result = ""
    end
```

Analiza

W recepturach 2.10 i 2.21 wyjaśniono, jak korzystać z numerowanych odwołań wstecz w wyrażeniach regularnych i tekście docelowym operacji wyszukiwania i zastępowania, aby ponownie dopasowywać ten sam fragment bądź umieszczać część dopasowania w tekście docelowym. Tego samego mechanizmu numerowanych odwołań wstecz można użyć do uzyskiwania fragmentów tekstu dopasowanych do jednej lub wielu grup przechwytujących.

W świecie wyrażeń regularnych grupy przechwytujące są numerowane, począwszy od liczby 1. Większość języków programowania rozpoczyna numerowanie elementów tablic i list od indeksu 0. Z drugiej strony wszystkie omawiane w tej książce języki programowania, które umieszczają tekst dopasowany do grup przechwytujących w tablicach lub listach, stosują dla elementów tych struktur numerację taką jak w wyrażeniach regularnych, a więc począwszy od indeksu równego 1. Zerowy element tej tablicy lub listy reprezentuje całe dopasowanie danego wyrażenia regularnego. Oznacza to, że jeśli nasze wyrażenie obejmuje trzy grupy przechwytujące, tablica przechowująca dopasowania do tego wyrażenia będzie się składała z czterech elementów. Element zerowy reprezentuje łączne dopasowania, a elementy pierwszy, drugi i trzeci reprezentują fragmenty tekstu dopasowane do trzech kolejnych grup przechwytujących.

.NET

Aby uzyskać szczegółowe informacje na temat fragmentów dopasowanych do grup przechwytujących, ponownie korzystamy z funkcji składowej `Regex.Match()`, której po raz pierwszy użyliśmy w recepturze 3.7. Zwrócony obiekt klasy `Match` udostępnia właściwość nazwaną `Groups`, która zawiera kolekcję typu `GroupCollection`. Kolekcja reprezentowana przez tę właściwość obejmuje wszystkie szczegółowe informacje o grupach przechwytujących naszego wyrażenia regularnego. Element `Groups[1]` zawiera informacje o pierwszej grupie przechwytującej, element `Groups[2]` zawiera informacje o drugiej grupie przechwytującej itd.

Kolekcja `Groups` zawiera po jednym obiekcie klasy `Group` dla każdej grupy przechwytującej. Klasa `Group` definiuje te same właściwości co klasa `Match` (z wyjątkiem właściwości `Groups`). Właściwość `Match.Groups[1].Value` zwraca tekst dopasowany do pierwszej grupy przechwytującej (podobnie jak właściwość `Match.Value` zwraca tekst dopasowany do całego wyrażenia regularnego). Właściwości `Match.Groups[1].Index` i `Match.Groups[1].Length` zwracają odpowiednio pozycję początkową i długość fragmentu tekstu dopasowanego do tej grupy. Właściwości `Index` i `Length` szczegółowo omówiono w recepturze 3.8.

Element `Groups[0]` reprezentuje szczegółowe informacje o dopasowaniu całego wyrażenia regularnego (reprezentowane także bezpośrednio przez obiekt dopasowania). Właściwości `Match.Value` i `Match.Groups[0].Value` zwracają więc te same dane.

Kolekcja `Groups` nie generuje żadnych wyjątków w razie przekazania na jej wejściu nieprawidłowego indeksu. Na przykład `Groups[-1]` zwróci obiekt klasy `Group`, tyle że właściwości tego obiektu będą reprezentowały informacje o fikcyjnej grupie przechwytującej −1, której dopasowanie z natury rzeczy nie było możliwe. Najprostszym sposobem sprawdzenia, czy dopasowanie zostało odnalezione, jest odwołanie się do właściwości `Success`. Właściwość `Groups[-1].Success` zawsze zwraca wartość `false`.

Liczbę grup przechwytujących można określić za pośrednictwem właściwości Match.Groups.
↪Count. Właściwość Count, którą zaimplementowano zgodnie z konwencją stosowaną dla
tak samo nazwanych właściwości wszystkich obiektów kolekcji frameworku .NET, zwraca
liczbę elementów tej kolekcji, czyli najwyższy dopuszczalny indeks powiększony o jeden.
W naszym przypadku kolekcja Groups zawiera elementy Groups[0] i Groups[1], zatem właściwość Groups.Count zwróci wartość 2.

Java

Kod pozwalający uzyskać albo tekst dopasowany do grupy przechwytującej, albo szczegóły
tego dopasowania praktycznie nie różni się od kodu uzyskującego dopasowanie do całego
wyrażenia regularnego (omówionego w dwóch poprzednich recepturach). Na wejściu metod
group(), start() i end() klasy Matcher można przekazać jeden opcjonalny parametr — jeśli
nie przekażemy tego parametru lub przekażemy za jego pośrednictwem wartość 0, otrzymamy odpowiednio dopasowanie oraz pozycje początkową i końcową dopasowania całego
wyrażenia regularnego.

Jeśli na wejściu tych metod przekażemy liczbę dodatnią, otrzymamy szczegółowe informacje
o odpowiedniej grupie przechwytującej. Grupy numeruje się, począwszy od liczby jeden
(podobnie jak odwołania wstecz w samym wyrażeniu regularnym). Jeśli przekażemy wartość
przekraczającą liczbę grup przechwytujących zawartych w naszym wyrażeniu regularnym,
każda z tych funkcji wygeneruje wyjątek IndexOutOfBoundsException. Jeśli wskazana grupa
przechwytująca istnieje, ale nie uczestniczyła w dopasowaniu, metoda group(n) zwróci wartość null, a metody start(n) i end(n) zwrócą wartość -1.

JavaScript

Jak już wyjaśniono w poprzedniej recepturze, metoda exec() obiektu wyrażenia regularnego
zwraca tablicę ze szczegółowymi informacjami o dopasowaniu. Zerowy element tej tablicy
zawiera dopasowanie znalezione dla całego wyrażenia regularnego. Pierwszy element zawiera tekst dopasowany do pierwszej grupy przechwytującej, drugi element zawiera tekst dopasowany do drugiej grupy przechwytującej itd.

Jeśli dopasowanie danego wyrażenia do łańcucha w ogóle nie jest możliwe, metoda regexp.
↪exec() zwraca wartość null.

PHP

W recepturze 3.7 wyjaśniono, jak uzyskiwać tekst dopasowany do wyrażenia regularnego,
korzystając z trzeciego parametru funkcji preg_match(). Kiedy funkcja preg_match() zwraca
wartość 1, wspomniany parametr ma przypisywaną tablicę, której zerowy element zawiera
łańcuch z tekstem dopasowania do całego wyrażenia regularnego.

Pierwszy element zawiera tekst dopasowany do pierwszej grupy przechwytującej; drugi
element zawiera tekst dopasowany do drugiej grupy przechwytującej itd. Długość tej tablicy
jest więc równa liczbie grup przechwytujących powiększonej o jeden. Indeksy elementów tej
tablicy są równe numerom odwołań wstecz obowiązującym w samym wyrażeniu regularnym.

Jeśli za pośrednictwem czwartego parametru przekażemy stałą PREG_OFFSET_CAPTURE (patrz
poprzednia receptura), długość tej tablicy nadal jest równa liczbie grup przechwytujących
powiększonej o jeden. Okazuje się jednak, że zamiast przechowywać po jednym łańcuchu dla

każdego indeksu, każdy element tej tablicy ma postać dwuelementowej podtablicy. Podelement zerowy reprezentuje łańcuch z tekstem dopasowanym do całego wyrażenia regularnego lub grupy przechwytującej. Podelement pierwszy zawiera liczbę całkowitą określającą pozycję, od której dane dopasowanie rozpoczyna się w przetworzonym łańcuchu.

Perl

Kiedy operator dopasowywania wzorców m// znajduje dopasowanie, przypisuje pewne wartości kilku zmiennym specjalnym, w tym ponumerowanym kolejno zmiennym $1, $2, $3 itd. Każda z tych zmiennych reprezentuje fragment przetworzonego łańcucha dopasowany do odpowiedniej grupy przechwytującej w ramach wyrażenia regularnego.

Python

Rozwiązanie tego problemu jest niemal identyczne jak to zaproponowane w recepturze 3.7. Zamiast wywoływać metodę group() bez żadnych parametrów, określamy numer interesującej nas grupy przechwytującej. W wyniku wywołania group(1) otrzymujemy tekst dopasowany do pierwszej grupy przechwytującej; wywołanie group(2) zwraca tekst dopasowany do drugiej grupy przechwytującej itd. Python obsługuje maksymalnie 99 grup przechwytujących. Zerowa grupa przechwytująca reprezentuje całe dopasowanie do wyrażenia regularnego. Wartości ujemna i wartości przekraczające liczbę grup przechwytujących składających się na dane wyrażenie (których nie może być więcej niż 99) powodują, że funkcja group() generuje wyjątek IndexError. Jeśli użyty indeks grupy jest prawidłowy, ale dana grupa nie uczestniczyła w dopasowaniu, funkcja group() zwraca wartość None.

Na wejściu metody group() można przekazać wiele numerów grup, aby za pomocą jednego wywołania otrzymać fragmenty tekstu dopasowane do różnych grup przechwytujących. Metoda group() zwraca wówczas listę łańcuchów.

Gdybyśmy chcieli uzyskać strukturę krotki z tekstem dopasowanym do wszystkich grup przechwytujących, powinniśmy wywołać metodę groups() klasy MatchObject. Zwrócona struktura zawiera wartość None dla grup, które nie uczestniczyły w dopasowaniu. Jeśli na wejściu metody groups() przekażemy parametr, jego wartość będzie umieszczana w miejsce wartości None (dla grup, które nie uczestniczyły w dopasowaniu).

Gdybyśmy zamiast krotki chcieli otrzymać słownik z fragmentami tekstu dopasowanymi do grup przechwytujących, zamiast metody groups() powinniśmy wywołać metodę groupdict(). Na jej wejściu można przekazać parametr, który będzie stosowany zamiast wartości None dla grup, które nie uczestniczyły w dopasowaniu.

Ruby

W recepturze 3.8 wyjaśniono znaczenie zmiennej $~ i obiektu MatchData. Po przeniesieniu do kontekstu tablicowego obiekt MatchData ma postać tablicy z tekstem dopasowanym do wszystkich grup przechwytujących składających się na nasze wyrażenie regularne. Grupy przechwytujące są numerowane, począwszy od indeksu 1 (tak jak odwołania wstecz w samym wyrażeniu regularnym). Element zerowy tej tablicy zawiera dopasowanie do całego wyrażenia regularnego.

$1, $2 i kolejne mają postać zmiennych dostępnych tylko do odczytu. Zmienna $1 jest w istocie skrótem do elementu $~[1], który reprezentuje tekst dopasowany do pierwszej grupy przechwytującej. Zmienna $2 zawiera tekst dopasowany do drugiej grupy przechwytującej itd.

Przechwyt nazwany

Jeśli nasze wyrażenie regularne zawiera nazwane grupy przechwytujące, możemy uzyskać dopasowania do tych grup, posługując się ich nazwami.

C#

Do jednorazowego znalezienia dopasowania można użyć wywołania statycznego:

```
string resultString = Regex.Match(subjectString,
                 "http://(?<domain>[a-zO-9.-]+)").Groups["domain"].Value;
```

Jeśli planujemy wielokrotne użycie tego samego wyrażenia regularnego, powinniśmy skonstruować obiekt klasy Regex:

```
Regex regexObj = new Regex("http://(?<domain>[a-zO-9.-]+)");
string resultString = regexObj.Match(subjectString).Groups["domain"].Value;
```

W języku C# kod uzyskujący obiekt klasy Group dla nazwanej grupy przechwytującej nie różni się zbytnio od kodu uzyskującego obiekt klasy Group dla standardowej grupy numerowanej. Zamiast indeksować kolekcję Groups za pomocą liczb całkowitych, indeksujemy ją za pomocą łańcuchów. Także w tym przypadku framework .NET nie generuje żadnych wyjątków w razie próby odwołania do nieistniejącej grupy — właściwość Match.Groups["nosuchgroup"]. ↪Success zwraca wówczas wartość false.

VB.NET

Do jednorazowego znalezienia dopasowania można użyć wywołania statycznego:

```
Dim ResultString = Regex.Match(SubjectString,
                "http://(?<domain>[a-zO-9.-]+)").Groups("domain").Value
```

Jeśli planujemy wielokrotne użycie tego samego wyrażenia regularnego, powinniśmy skonstruować obiekt klasy Regex:

```
Dim RegexObj As New Regex("http://(?<domain>[a-zO-9.-]+)")
Dim ResultString = RegexObj.Match(SubjectString).Groups("domain").Value
```

W języku VB.NET kod uzyskujący obiekt klasy Group dla nazwanej grupy przechwytującej nie różni się zbytnio od kodu uzyskującego obiekt klasy Group dla standardowej grupy numerowanej. Zamiast indeksować kolekcję Groups za pomocą liczb całkowitych, indeksujemy ją za pomocą łańcuchów. Także w tym przypadku framework .NET nie generuje żadnych wyjątków w razie próby odwołania do nieistniejącej grupy — właściwość Match.Groups ↪["nosuchgroup"].Success zwraca wówczas wartość false.

PHP

```
if (preg_match('%http://(?P<domain>[a-zO-9.-]+)%', $subject, $groups)) {
    $result = $groups['domain'];
} else {
    $result = '';
}
```

Jeśli nasze wyrażenie regularne zawiera nazwaną grupę przechwytującą, struktura przypisana zmiennej $groups ma postać tablicy asocjacyjnej. Tekst dopasowany do poszczególnych nazwanych grup przechwytujących jest reprezentowany w tej tablicy dwukrotnie. Dopasowany tekst można uzyskać, indeksując tę tablicę albo z wykorzystaniem numeru odpowiedniej grupy, albo z użyciem jej nazwy. W powyższym przykładzie kodu element `$groups[0]` zawiera dopasowanie do całego wyrażenia regularnego, natomiast element `$groups[1]` i `$groups` `↪['domain']` zawiera tekst dopasowany do jedynej grupy przechwytującej naszego wyrażenia regularnego.

Perl

```perl
if ($subject =~ '!http://(?<domain>[a-z0-9.-]+)%!) {
    $result = $+{'domain'};
} else {
    $result = '';
}
```

Język Perl obsługuje nazwane grupy przechwytujące, począwszy od wersji 5.10. Skrót `$+` reprezentuje tekst dopasowany do wszystkich nazwanych grup przechwytujących. Perl numeruje nazwane grupy przechwytujące łącznie ze standardowymi grupami numerowanymi. W powyższym przykładzie zarówno skrót `$1`, jak i konstrukcja `$+{domain}` reprezentują tekst dopasowany do jedynej grupy przechwytującej naszego wyrażenia regularnego.

Python

```python
matchobj = re.search("http://(?P<domain>[a-z0-9.-]+)", subject)
if matchobj:
    result = matchobj.group("domain")
else:
    result = ""
```

Jeśli nasze wyrażenie regularne zawiera nazwane grupy przechwytujące, możemy przekazywać nazwy tych grup (zamiast numerów) na wejściu metody `group()`.

Patrz także

W recepturze 2.9 wyjaśniono działanie mechanizmu numerowania grup przechwytujących.

W recepturze 2.11 wyjaśniono działanie nazwanych grup przechwytujących.

3.10. Uzyskiwanie listy wszystkich dopasowań

Problem

We wszystkich dotychczasowych recepturach w tym rozdziale koncentrowaliśmy się wyłącznie na pierwszym dopasowaniu znalezionym w przetwarzanym tekście dla danego wyrażenia regularnego. Z drugiej strony w wielu przypadkach wyrażenie regularne pasujące do części przetwarzanego łańcucha można dopasować także do fragmentu lub fragmentów pozostałej części przeszukiwanego tekstu. Na przykład dla wyrażenia regularnego `<\d+>` można znaleźć sześć dopasowań w tekście *Szczęśliwe liczby to 7, 13, 16, 42, 65 i 99* — odpowiednio 7, 13, 16, 42, 65 i 99.

Przyjmijmy, że chcemy uzyskać listę wszystkich podłańcuchów pasujących do danego wyrażenia regularnego w pozostałej części łańcucha (że nie chcemy kończyć procesu dopasowywania po znalezieniu pierwszego ani żadnego kolejnego dopasowania).

Rozwiązanie

C#

Jeśli chcemy przetworzyć niewielką liczbę łańcuchów z wykorzystaniem tego samego wyrażenia regularnego, możemy posłużyć się wywołaniem statycznym:

```
MatchCollection matchlist = Regex.Matches(subjectString, @"\d+");
```

Jeśli jednak planujemy zastosować to samo wyrażenie regularne dla wielu łańcuchów, powinniśmy skonstruować obiekt klasy Regex:

```
Regex regexObj = new Regex(@"\d+");
MatchCollection matchlist = regexObj.Matches(subjectString);
```

VB.NET

Jeśli chcemy przetworzyć niewielką liczbę łańcuchów z wykorzystaniem tego samego wyrażenia regularnego, możemy posłużyć się wywołaniem statycznym:

```
Dim matchlist = Regex.Matches(SubjectString, "\d+")
```

Jeśli jednak planujemy zastosować to samo wyrażenie regularne dla wielu łańcuchów, powinniśmy skonstruować obiekt klasy Regex:

```
Dim RegexObj As New Regex("\d+")
Dim MatchList = RegexObj.Matches(SubjectString)
```

Java

```
List<String> resultList = new ArrayList<String>();
Pattern regex = Pattern.compile("\\d+");
Matcher regexMatcher = regex.matcher(subjectString);
while (regexMatcher.find()) {
    resultList.add(regexMatcher.group());
}
```

JavaScript

```
var list = subject.match(/\d+/g);
```

PHP

```
preg_match_all('/\d+/', $subject, $result, PREG_PATTERN_ORDER);
$result = $result[0];
```

Perl

```
@result = $subject =~ m/\d+/g;
```

To rozwiązanie można stosować tylko dla tych wyrażeń regularnych, które nie zawierają grup przechwytujących (ewentualne grupy przechwytujące należy więc zastąpić grupami nieprzechwytującymi — patrz receptura 2.9).

Python

Jeśli chcemy przetworzyć niewielką liczbę łańcuchów z wykorzystaniem tego samego wyrażenia regularnego, możemy posłużyć się funkcją globalną:

```
result = re.findall(r"\d+", subject)
```

Jeśli jednak planujemy wielokrotnie użyć tego samego wyrażenia regularnego, powinniśmy wykorzystać skompilowany obiekt:

```
reobj = re.compile(r"\d+")
result = reobj.findall(subject)
```

Ruby

```
result = subject.scan(/\d+/)
```

Analiza

.NET

Metoda `Matches()` klasy `Regex` wielokrotnie stosuje dane wyrażenie regularne dla wskazanego łańcucha aż do momentu, w którym zostaną znalezione wszystkie możliwe dopasowania. Metoda `Matches()` zwraca obiekt klasy `MatchCollection`, który reprezentuje wszystkie znalezione dopasowania. Pierwszym parametrem tej metody zawsze jest łańcuch do przetworzenia. Właśnie do niego będzie dopasowywane nasze wyrażenie regularne. Za pośrednictwem tego parametru nie można przekazać wartości `null` — metoda `Matches()` wygeneruje wówczas wyjątek `ArgumentNullException`.

Jeśli chcemy dopasować nasze wyrażenie regularne do niewielkiej liczby łańcuchów, możemy użyć statycznej wersji przeciążonej metody `Matches()`. Tekst do przetworzenia powinniśmy przekazać za pośrednictwem pierwszego parametru; wyrażenie regularne należy przekazać za pośrednictwem drugiego parametru. Ewentualne opcje przetwarzania tego wyrażenia można przekazać za pośrednictwem trzeciego parametru.

Jeśli chcemy przetworzyć wiele łańcuchów, powinniśmy najpierw skonstruować obiekt klasy `Regex`, by następnie wywołać dla tego obiektu metodę `Matches()`. Wówczas jedynym wymaganym parametrem jest łańcuch do przetworzenia. Możemy jeszcze użyć opcjonalnego, drugiego parametru do określenia indeksu znaku przetwarzanego łańcucha, od którego powinien się zacząć proces dopasowywania wyrażenia regularnego. Wartość przekazana za pośrednictwem tego parametru jest w istocie liczbą znaków z początku przetwarzanego łańcucha, które mają być ignorowane przez nasze wyrażenie regularne. Takie rozwiązanie może być korzystne w sytuacji, gdy część łańcucha do pewnego punktu została już przetworzona i chcemy wznowić proces dopasowywania od pierwszego nieprzetworzonego znaku. Jeśli zdecydujemy się na przekazanie tego parametru, jego wartość musi się mieścić w przedziale od zera do długości przetwarzanego łańcucha (w przeciwnym razie metoda `IsMatch()` wygeneruje wyjątek `ArgumentOutOfRangeException`).

Wersje statyczne tej przeciążonej metody nie oferują możliwości wskazywania znaku, od którego należy przetwarzać dany łańcuch. Nie istnieje też przeciążona wersja metody `Matches()`, która umożliwiałaby zatrzymanie przetwarzania przed osiągnięciem końca łańcucha. Można to ograniczenie obejść, wywołując metodę `Regex.Match("subject", start, stop)` w pętli (patrz następna receptura) i dodając odnajdywane dopasowania do listy utrzymywanej w kodzie.

Java

Java nie udostępnia funkcji zwracającej gotową listę znalezionych dopasowań. Możemy jednak łatwo zaimplementować odpowiednie rozwiązanie, zmieniając kod zaproponowany w recepturze 3.7. Zamiast wywoływać metodę `find()` w ramach wyrażenia warunkowego `if`, możemy to zrobić w pętli `while`.

Aby móc korzystać z klas `List` i `ArrayList` (jak w przedstawionym przykładzie), na początku kodu należy umieścić wyrażenie `import java.util.*;`.

JavaScript

Podobnie jak w rozwiązaniu zaproponowanym w ramach receptury 3.7, w pokazanym powyżej kodzie wywołano metodę `string.match()`. Istnieje jednak drobna, ale istotna różnica — tym razem użyliśmy flagi `/g`. Znaczenie flag wyrażeń regularnych wyjaśniono w recepturze 3.4.

Flaga `/g` wymusza na funkcji `match()` iteracyjne poszukiwanie wszystkich dopasowań wyrażenia regularnego w przetwarzanym łańcuchu i umieszczanie ich w tablicy. W przedstawionym fragmencie kodu element `list[0]` zawiera pierwsze dopasowanie do wyrażenia regularnego; element `list[1]` zawiera drugie dopasowanie do tego wyrażenia itd. Liczbę znalezionych dopasowań można określić na podstawie wartości zwróconej przez `list.length`. Jeśli nie uda się znaleźć żadnego dopasowania, metoda `string.match()` zwraca wartość `null`.

Elementy tej tablicy mają postać łańcuchów. Jeśli stosujemy wyrażenie regularne z flagą `/g`, metoda `string.match()` nie zwraca żadnych dodatkowych szczegółów opisujących znalezione dopasowanie. Gdybyśmy chcieli uzyskać takie szczegóły na temat wszystkich dopasowań, powinniśmy te dopasowania iteracyjnie przeszukać (patrz receptura 3.11).

PHP

W rozwiązaniach dla języka PHP we wszystkich poprzednich recepturach korzystaliśmy z funkcji `preg_match()`, która odnajdywała pierwsze dopasowanie wyrażenia regularnego do łańcucha. Funkcja `preg_match_all()` działa bardzo podobnie — najważniejsza różnica polega na odnajdywaniu wszystkich dopasowań. Funkcja `preg_match_all()` zwraca liczbę całkowitą określającą liczbę znalezionych dopasowań.

Pierwsze trzy parametry funkcji `preg_match_all()` są takie same jak w przypadku funkcji `preg_` `↪match()`: reprezentują odpowiednio łańcuch z wyrażeniem regularnym, łańcuch do przetworzenia oraz zmienną, której zostanie przypisana tablica wynikowa. Jedyna różnica polega na tym, że trzeci parametr jest wymagany, a przypisywana mu tablica zawsze jest wielowymiarowa.

Za pośrednictwem czwartego parametru można przekazać albo stałą `PREG_PATTERN_ORDER`, albo stałą `PREG_SET_ORDER`. Jeśli pominiemy ten parametr, zostanie użyta domyślna wartość `PREG_PATTERN_ORDER`.

Jeśli przekażemy stałą `PREG_PATTERN_ORDER`, zerowy element tablicy przypisany trzeciemu parametrowi będzie zawierał informacje o dopasowaniu do całego wyrażenia regularnego; kolejne elementy będą wówczas zawierały informacje o dopasowaniach do grup przechwytujących. Długość tej tablicy jest równa liczbie grup przechwytujących powiększonej o jeden. Porządek elementów jest więc taki sam jak w przypadku tablicy konstruowanej przez funkcję `preg_match()`. Różnica polega na tym, że zamiast łańcucha z jedynym fragmentem dopasowanym do wyrażenia regularnego (jak w przypadku funkcji `preg_match()`), każdy element tablicy konstruowanej przez funkcję `preg_matches()` zawiera podtablicę ze wszystkimi znalezionymi dopasowaniami. Długość każdej z tych podtablic jest równa wartości zwróconej przez funkcję `preg_matches()`.

Aby uzyskać listę wszystkich dopasowań znalezionych w danym łańcuchu z pominięciem tekstu dopasowanego do grup przechwytujących, należy przekazać stałą `PREG_PATTERN_ORDER` i odwołać się do zerowego elementu skonstruowanej tablicy. Jeśli interesuje nas tylko tekst dopasowany do konkretnej grupy przechwytującej, powinniśmy przekazać stałą `PREG_PATTERN_ORDER` i posłużyć się numerem odpowiedniej grupy. Na przykład element `$result[1]` po wywołaniu funkcji `preg_match('%http://([a-zO-9.-]+)%'`, `$subject`, `$result)` zawiera listę nazw domen wszystkich adresów URL znalezionych w przetworzonym łańcuchu.

Stała `PREG_SET_ORDER` powoduje wypełnienie tablicy tymi samymi łańcuchami, tyle że w nieco inny sposób. Wartość zwracana przez metodę `preg_matches()` jest równa długości tej tablicy. Każdy z jej elementów zawiera podtablicę, gdzie podelement zerowy reprezentuje dopasowanie do całego wyrażenia regularnego, a kolejne elementy (począwszy od pierwszego) reprezentują dopasowania do grup przechwytujących. Jeśli przekażemy stałą `PREG_SET_ORDER`, element będzie zawierał tę samą tablicę co odpowiedni element tablicy skonstruowanej przez funkcję `preg_match()`.

Stałej `PREG_OFFSET_CAPTURE` można użyć łącznie ze stałą `PREG_PATTERN_ORDER` lub `PREG_SET_`↪`ORDER`. Takie rozwiązanie prowadzi do identycznych skutków jak przekazanie samej stałej `PREG_OFFSET_CAPTURE` za pośrednictwem czwartego parametru funkcji `preg_match()`. Zamiast łańcucha każdy element skonstruowanej tablicy będzie zawierał dwuelementową podtablicę złożoną z łańcucha i przesunięcia reprezentującego pozycję tego łańcucha w całym przetwarzanym łańcuchu.

Perl

W recepturze 3.4 wyjaśniono zasady stosowania modyfikatora trybu /g, który umożliwia znalezienie w przetwarzanym łańcuchu więcej niż jednego fragmentu pasującego do danego wyrażenia regularnego. Jeśli użyjemy globalnego wyrażenia regularnego w kontekście listy, zostaną odnalezione i zwrócone wszystkie dopasowania. W tej recepturze kontekst listy jest zapewniany przez odpowiednią zmienną na lewo od operatora przypisania.

Jeśli dane wyrażenie regularne nie zawiera żadnych grup przechwytujących, skonstruowana lista będzie zawierała tylko fragmenty pasujące do całego wyrażenia regularnego. W przeciwnym razie opisywana lista będzie obejmowała fragmenty dopasowane do wszystkich grup przechwytujących w ramach wszystkich dopasowań do danego wyrażenia. W takim przypadku lista nie będzie zawierała łącznego dopasowania do całego wyrażenia regularnego, chyba że zastosujemy grupę przechwytującą obejmującą całe wyrażenie. Gdybyśmy chcieli uzyskać listę dopasowań do całego wyrażenia, powinniśmy zastąpić wszystkie grupy przechwytujące grupami nieprzechwytującymi. Oba rodzaje grup omówiono w recepturze 2.9.

Python

Funkcja `findall()` modułu `re` analizuje wskazany łańcuch w poszukiwaniu wszystkich fragmentów pasujących do danego wyrażenia regularnego. Wyrażenie regularne należy przekazać za pośrednictwem pierwszego parametru tej funkcji; łańcuch do przetworzenia należy przekazać za pośrednictwem drugiego parametru. Za pośrednictwem trzeciego parametru można dodatkowo przekazać opcje przetwarzania wyrażenia regularnego.

Funkcja re.findall() wywołuje funkcję re.compile(), by następnie wywołać funkcję fin ↪dall() już na obiekcie skompilowanego wyrażenia regularnego. Jedynym wymaganym parametrem metody findall() jest łańcuch do przetworzenia.

Na wejściu metody findall() można przekazać dwa opcjonalne parametry, które nie są obsługiwane przez funkcję globalną re.findall(). Bezpośrednio po łańcuchu do przetworzenia możemy przekazać pozycję znaku, od którego metoda findall() powinna rozpocząć poszukiwanie dopasowań. Jeśli pominiemy ten parametr, metoda findall() przetworzy cały wskazany łańcuch. Z drugiej strony jeśli przekażemy pozycję początkową, będziemy mogli dodatkowo określić pozycję końcową. Jeśli nie przekażemy pozycji końcowej, fragment zostanie przetworzony do ostatniego znaku.

Niezależnie od sposobu wywołania funkcji findall() jej wynik zawsze ma postać listy ze wszystkimi znalezionymi dopasowaniami. Jeśli nasze wyrażenie regularne nie zawiera żadnych grup przechwytujących, otrzymujemy listę łańcuchów. W przeciwnym razie otrzymujemy listę krotek z tekstem dopasowanym do wszystkich grup przechwytujących w ramach każdego dopasowania do wyrażenia regularnego.

Ruby

Metoda scan() klasy String otrzymuje na wejściu (za pośrednictwem jedynego parametru) wyrażenie regularne. Metoda przeszukuje iteracyjnie wszystkie dopasowania tego wyrażenia do danego łańcucha. W przypadku wywołania poza blokiem metoda scan() zwraca tablicę wszystkich znalezionych dopasowań.

Jeśli nasze wyrażenie regularne nie zawiera żadnych grup przechwytujących, metoda scan() zwraca tablicę łańcuchów. Każdy element tej tablicy reprezentuje pojedyncze dopasowanie i zawiera fragment przetworzonego łańcucha pasujący do użytego wyrażenia.

W przypadku występowania grup przechwytujących metoda scan() zwraca tablicę tablic. Każdy element tej tablicy odpowiada pojedynczemu dopasowaniu do wyrażenia regularnego i ma postać tablicy z fragmentami tekstu dopasowanymi do poszczególnych grup przechwytujących. Podelement zerowy zawiera tekst dopasowany do pierwszej grupy przechwytującej, podelement pierwszy zawiera tekst dopasowany do drugiej grupy dopasowującej itd. Tablica nie zawiera więc dopasowania do całego wyrażenia regularnego. Gdybyśmy chcieli uzyskać takie dopasowanie, powinniśmy umieścić całe wyrażenie regularne w dodatkowej grupie przechwytującej.

Ruby nie oferuje opcji, która wymuszałaby na metodzie scan() zwracanie tablicy łańcuchów pasujących do wyrażenia regularnego obejmującego grupy przechwytujące. W takim przypadku jedynym rozwiązaniem jest zastąpienie wszystkich nazwanych i numerowanych grup przechwytujących grupami nieprzechwytującymi.

Patrz także

Receptury 3.7, 3.11 i 3.12.

3.11. Iteracyjne przeszukiwanie wszystkich dopasowań

Problem

W poprzedniej recepturze przedstawiono sposób wielokrotnego stosowania wyrażenia regularnego dla łańcucha celem uzyskania listy dopasowań. Tym razem chcemy iteracyjnie przeszukać wszystkie dopasowania we własnym kodzie.

Rozwiązanie

C#

Jeśli planujemy przetworzyć niewielką liczbę łańcuchów z wykorzystaniem tego samego wyrażenia regularnego, możemy posłużyć się wywołaniem statycznym:

```
Match matchResult = Regex.Match(subjectString, @"\d+");
while (matchResult.Success) {
    // Tutaj możemy przetworzyć dopasowanie reprezentowane przez obiekt matchResult.
    matchResult = matchResult.NextMatch();
}
```

Jeśli planujemy użyć tego samego wyrażenia regularnego dla dużej liczby łańcuchów, powinniśmy skonstruować obiekt klasy `Regex`:

```
Regex regexObj = new Regex(@"\d+");
matchResult = regexObj.Match(subjectString);
while (matchResult.Success) {
    // Tutaj możemy przetworzyć dopasowanie reprezentowane przez obiekt matchResult.
    matchResult = matchResult.NextMatch();
}
```

VB.NET

Jeśli planujemy przetworzyć niewielką liczbę łańcuchów z wykorzystaniem tego samego wyrażenia regularnego, możemy posłużyć się wywołaniem statycznym:

```
Dim MatchResult = Regex.Match(SubjectString, "\d+")
While MatchResult.Success
    'Tutaj możemy przetworzyć dopasowanie reprezentowane przez obiekt MatchResult.
    MatchResult = MatchResult.NextMatch
End While
```

Jeśli planujemy użyć tego samego wyrażenia regularnego dla dużej liczby łańcuchów, powinniśmy skonstruować obiekt klasy `Regex`:

```
Dim RegexObj As New Regex("\d+")
Dim MatchResult = RegexObj.Match(SubjectString)
While MatchResult.Success
    'Tutaj możemy przetworzyć dopasowanie reprezentowane przez obiekt MatchResult.
    MatchResult = MatchResult.NextMatch
End While
```

Java

```
Pattern regex = Pattern.compile("\\d+");
Matcher regexMatcher = regex.matcher(subjectString);
while (regexMatcher.find()) {
    // Tutaj możemy przetworzyć dopasowanie reprezentowane przez obiekt regexMatcher.
}
```

JavaScript

Jeśli nasze wyrażenie regularne może odnaleźć dopasowanie zerowej długości (lub jeśli nie jesteśmy pewni, czy takie dopasowanie jest możliwe), koniecznie powinniśmy uwzględnić problemy z obsługą dopasowań zerowej długości i funkcją exec(), aby zagwarantować przenośność pomiędzy przeglądarkami:

```
var regex = /\d+/g;
var match = null;
while (match = regex.exec(subject)) {
    // Nie powinniśmy pozwolić, by przeglądarka (na przykład Firefox) utknęła w nieskończonej pętli.
    if (match.index == regex.lastIndex) regex.lastIndex++;
    // Tutaj możemy przetworzyć dopasowanie reprezentowane przez zmienną match.
}
```

Jeśli jesteśmy pewni, że nasze wyrażenie nigdy nie znajdzie dopasowania zerowej długości, możemy bezpośrednio przeszukać wyniki dopasowania:

```
var regex = /\d+/g;
var match = null;
while (match = regex.exec(subject)) {
    // Tutaj możemy przetworzyć dopasowanie reprezentowane przez zmienną match.
}
```

PHP

```
preg_match_all('/\d+/', $subject, $result, PREG_PATTERN_ORDER);
for ($i = 0; $i < count($result[0]); $i++) {
    # dopasowany tekst = $result[0][$i]
}
```

Perl

```
while ($subject =~ m/\d+/g) {
    # dopasowany tekst = $&
}
```

Python

Jeśli planujemy przetworzyć niewielką liczbę łańcuchów z wykorzystaniem tego samego wyrażenia regularnego, możemy posłużyć się funkcją globalną:

```
for matchobj in re.finditer(r"\d+", subject):
    # Tutaj możemy przetworzyć dopasowanie reprezentowane przez zmienną matchobj.
```

Jeśli planujemy wielokrotne użycie tego samego wyrażenia regularnego, powinniśmy wykorzystać skompilowany obiekt:

```
reobj = re.compile(r"\d+")
for matchobj in reobj.finditer(subject):
    # Tutaj możemy przetworzyć dopasowanie reprezentowane przez zmienną matchobj.
```

Ruby

```ruby
subject.scan(/\d+/) {|match|
    # Tutaj możemy przetworzyć dopasowanie reprezentowane przez zmienną match.
}
```

Analiza

.NET

W recepturze 3.7 wyjaśniono, jak korzystać z funkcji składowej `Match()` klasy `Regex`, aby uzyskać pierwsze dopasowanie danego wyrażenia regularnego do łańcucha. Okazuje się, że tej samej funkcji można użyć podczas iteracyjnego przeszukiwania wszystkich dopasowań. Początkowo wywołujemy tę funkcję, aby uzyskać szczegóły pierwszego dopasowania. Funkcja `Match()` zwraca obiekt klasy `Match`, który umieszczamy w zmiennej `matchResult`. Jeśli właściwość `Success` obiektu `matchResult` ma wartość `true`, możemy rozpocząć naszą pętlę.

Na początku tej pętli wykorzystujemy właściwości klasy `Match` do przetworzenia szczegółowych informacji o pierwszym dopasowaniu. Znaczenie właściwości `Value` wyjaśniono w recepturze 3.7. W recepturze 3.8 omówiono właściwości `Index` i `Length`, a w recepturze 3.9 wyjaśniliśmy strukturę kolekcji `Groups`.

Po przetworzeniu pierwszego dopasowania wywołujemy metodę składową `NextMatch()` dla zmiennej `matchResult`. Podobnie jak metoda `Regex.Match()`, metoda `Match.NextMatch()` zwraca obiekt klasy `Match`. Nowy obiekt zawiera szczegółowe informacje o drugim dopasowaniu.

Wynik zwrócony przez metodę `matchResult.NextMatch()` przypisujemy tej samej zmiennej `matchResult`, aby ułatwić sobie iteracyjne przetwarzanie kolejnych dopasowań. Ponownie sprawdzamy wartość właściwości `matchResult.Success`, która pozwala nam stwierdzić, czy metoda `NextMatch()` rzeczywiście znalazła kolejne dopasowanie. Jeśli znalezienie dopasowania jest niemożliwe, metoda `NextMatch()` zwraca co prawda obiekt klasy `Match`, tyle że właściwość `Success` tego obiektu ma wartość `false`. Za pomocą pojedynczej zmiennej `match ↪Result` możemy swobodnie łączyć początkowy test skuteczności dopasowania z testem po każdym wywołaniu metody `NextMatch()` (w ramach pętli `while`).

Warto pamiętać, że samo wywołanie metody `NextMatch()` nie zmienia danego obiektu klasy `Match`. Oznacza to, że moglibyśmy zachować kompletny obiekt tej klasy dla każdego znalezionego dopasowania.

Metoda `NextMatch()` nie akceptuje żadnych parametrów — operuje na tym samym wyrażeniu regularnym i tym samym łańcuchu do przetworzenia, które przekazaliśmy na wejściu metody `Regex.Match()`. Odwołania do naszego wyrażenia regularnego i przetwarzanego łańcucha są utrzymywane przez obiekt klasy `Match`.

Statycznego wywołania `Regex.Match()` można użyć nawet wtedy, gdy przetwarzany łańcuch zawiera bardzo dużo fragmentów pasujących do naszego wyrażenia regularnego. Metoda `Regex.Match()` kompiluje to wyrażenie regularne tylko raz, a zwrócony obiekt klasy `Match` zawiera odwołanie do skompilowanego wyrażenia regularnego. Metoda `Match.MatchAgain()` korzysta właśnie ze skompilowanego wcześniej wyrażenia regularnego, nawet jeśli użyliśmy statycznego wywołania metody `Regex.Match()`. Obiekt klasy `Regex` powinniśmy skonstruować tylko wtedy, gdy planujemy wielokrotne użycie samej metody `Regex.Match()` (na przykład po to, by dopasowywać to samo wyrażenie regularne do wielu różnych łańcuchów).

Java

W Javie iteracyjne przeszukiwanie wszystkich dopasowań znalezionych w pojedynczym łańcuchu jest wyjątkowo proste. Wystarczy wywoływać metodę `find()` (patrz receptura 3.7) w pętli `while`. Metoda `find()` każdorazowo aktualizuje obiekt klasy `Matcher`, przypisując jego właściwościom szczegółowe informacje o bieżącym dopasowaniu oraz pozycję początkową następnej próby dopasowania.

JavaScript

Zanim przystąpimy do implementacji właściwego rozwiązania, koniecznie powinniśmy się upewnić, że nasze wyrażenie regularne zawiera flagę /g. Znaczenie tej flagi wyjaśniono w recepturze 3.4. Jeśli zmiennej `regexp` przypiszemy wyrażenie /\d+/g, konstrukcja `while` (`regexp.exec()`) odnajdzie w przetwarzanym łańcuchu wszystkie liczby. Gdyby zmienna `regexp` zawierała wyrażenie /\d+/, pętla `while` (`regexp.exec()`) stale odnajdowałaby pierwszą liczbę w przetwarzanym łańcuchu (aż do błędu wygenerowanego wskutek nieskończonej pętli lub przerwania wykonywania skryptu przez przeglądarkę).

Warto przy tej okazji zaznaczyć, że także pętla `while` (/\d+/g.`exec()`) (ze stałym wyrażeniem regularnym obejmującym flagę /g) przynajmniej w niektórych implementacjach JavaScriptu byłaby wykonywana w nieskończoność, ponieważ stałe wyrażenie regularne byłoby ponownie kompilowane na początku każdej iteracji tej pętli. Ponowna kompilacja wyrażenia regularnego zawsze powoduje przywrócenie oryginalnej pozycji początkowej próby dopasowania, czyli powrót na początek przetwarzanego łańcucha. Aby mieć pewność, że nasze wyrażenie regularne zostanie skompilowane tylko raz, powinniśmy przypisać je jakiejś zmiennej jeszcze przed pętlą.

Strukturę obiektu zwracanego przez metodę `regexp.exec()` wyjaśniono w recepturach 3.8 i 3.9. Wspomniany obiekt jest taki sam niezależnie od tego, czy metodę `exec()` wywołujemy w pętli. Możemy na tym obiekcie wykonywać dowolne operacje niezbędne do uzyskania interesujących nas danych.

Jedynym skutkiem użycia flagi /g jest aktualizowanie właściwości `lastIndex` obiektu `regexp`, dla którego wywołujemy metodę `exec()`. Można to rozwiązanie z powodzeniem stosować nawet dla stałego wyrażenia regularnego (jak w drugim rozwiązaniu dla JavaScriptu zaproponowanym w tej recepturze). Kiedy następnym razem wywołamy metodę `exec()`, próba znalezienia dopasowania rozpocznie się od znaku na pozycji `lastIndex`. Jeśli właściwości `lastIndex` przypiszemy nową wartość, przeszukiwanie łańcucha zostanie wznowione od tej pozycji.

Ze stosowaniem właściwości `lastIndex` wiąże się jednak pewien poważny problem. Wystarczy uważna lektura standardu ECMA-262v3 dla języka JavaScript, aby przekonać się, że metoda `exec()` powinna przypisywać właściwości `lastIndex` indeks pierwszego znaku za dopasowaniem. Oznacza to, że po znalezieniu dopasowania zerowej długości próba następnego dopasowania rozpocznie się od pozycji właśnie znalezionego dopasowania, co z natury rzeczy prowadzi do powstania nieskończonej pętli.

Twórcy wszystkich omawianych w tej książce odmian wyrażeń regularnych (z wyjątkiem odmiany JavaScriptu) rozwiązali ten problem, automatycznie rozpoczynając następną próbę dopasowania (po znalezieniu dopasowania zerowej długości) od kolejnego znaku przetwarzanego łańcucha. W przeglądarce Internet Explorer zastosowano proste rozwiązanie, polegające na zwiększaniu wartości właściwości `lastIndex` o jeden po każdym dopasowaniu zerowej długości. Właśnie dlatego w recepturze 3.7 odradziliśmy wykorzystywanie właściwości `lastIndex` do określania końca dopasowania — w przeglądarce Internet Explorer moglibyśmy uzyskiwać w ten sposób nieprawidłowe wartości.

Z drugiej strony twórcy Firefoksa nie przywiązują zbyt dużej wagi do precyzyjnych zapisów standardu ECMA-262v3, mimo że w pewnych okolicznościach (które trudno uznać za mało prawdopodobne) taka postawa może prowadzić do wchodzenia wywołań `regexp.exec()` w nieskończoną pętlę. Na przykład po przypisaniu zmiennej `re` wyrażenia regularnego `/^.*$/gm` pętla `while (re.exec())` (iteracyjnie przeszukująca wszystkie wiersze wielowierszowego łańcucha) nie będzie mogła ukończyć działania w przypadku napotkania pustego wiersza w przetwarzanym tekście, przynajmniej jeśli spróbujemy kod JavaScriptu w tej formie wykonać w przeglądarce Firefox.

Można ten problem rozwiązać, zwiększając wartość właściwości `lastIndex` we własnym kodzie, jeśli tylko nie zrobiła tego funkcja `exec()`. Odpowiednią konstrukcję pokazano w pierwszym rozwiązaniu dla JavaScriptu. W razie wątpliwości możesz po prostu skopiować ten wiersz kodu do swojego skryptu.

Opisany problem nie występuje w przypadku metody `string.replace()` (patrz receptura 3.14) ani wtedy, gdy odnajdujemy wszystkie dopasowania za pomocą metody `string.match()` (patrz receptura 3.10). Standard ECMA-262v3 mówi wyraźnie, że obie wymienione metody, które wewnętrznie korzystają z właściwości `lastIndex`, muszą zwiększać jej wartość dla każdego dopasowania zerowej długości.

PHP

Na wejściu funkcji `preg_match()` można przekazać opcjonalny, piąty parametr określający pozycję znaku w przetwarzanym łańcuchu, od którego należy zacząć próbę dopasowania. Można więc tak zmienić rozwiązanie z receptury 3.8, aby począwszy od drugiego wywołania funkcji `preg_match()`, przekazywać za pośrednictwem tego parametru wartość `$matchstart` + `$matchlength` i powtarzać ten zabieg, dopóki metoda `preg_match()` nie zwróci wartości 0. Rozwiązanie to zastosowano w recepturze 3.18.

Oprócz konieczności stosowania dodatkowego kodu wyznaczającego przesunięcie dla każdej próby dopasowania wielokrotne wywoływanie funkcji `preg_match()` jest nieefektywne, ponieważ uniemożliwia przypisanie skompilowanego wyrażenia regularnego jakiejkolwiek zmiennej. Funkcja `preg_match()` musi za każdym razem szukać skompilowanego wyrażenia regularnego w swojej wewnętrznej pamięci podręcznej.

Prostszym i bardziej efektywnym rozwiązaniem jest wywołanie funkcji `preg_match_all()` (omówionej w poprzedniej recepturze) i iteracyjne przeszukanie tablicy z wynikami dopasowania.

Perl

W recepturze 3.4 wspomnieliśmy, że aby znaleźć więcej niż jedno dopasowanie wyrażenia regularnego w przetwarzanym łańcuchu, należy użyć modyfikatora trybu `/g`. Jeśli użyjemy globalnego wyrażenia regularnego w kontekście skalarnym, zostanie podjęta próba znalezienia następnego dopasowania (począwszy od końca poprzedniego dopasowania). W tej recepturze kontekst skalarny zapewnia użyte wyrażenie `while`. W ramach pętli `while` możemy korzystać ze wszystkich zmiennych specjalnych, w tym ze zmiennej `$&` (opisanej w recepturze 3.7).

Python

Funkcja `finditer()` modułu `re` zwraca iterator, który można następnie wykorzystać do znalezienia wszystkich dopasowań danego wyrażenia regularnego. Wyrażenie regularne należy przekazać za pośrednictwem pierwszego parametru tej funkcji, a łańcuch do przetworzenia powinniśmy przekazać za pośrednictwem jej drugiego parametru. Za pośrednictwem opcjonalnego, trzeciego parametru można przekazać ewentualne opcje przetwarzania wyrażenia regularnego.

Funkcja `re.finditer()` wywołuje funkcję `re.compile()`, po czym (już dla obiektu skompilowanego wyrażenia regularnego) wywołuje metodę `finditer()`. Na wejściu tej metody należy przekazać tylko jeden wymagany parametr — łańcuch do przetworzenia.

Na wejściu metody `finditer()` można też przekazać dwa opcjonalne parametry, które nie są obsługiwane przez globalną funkcję `re.finditer()`. Po łańcuchu do przetworzenia (pierwszym parametrze) możemy przekazać pozycję znaku w tym łańcuchu, od którego metoda `finditer()` ma zacząć proces przeszukiwania. Jeśli pominiemy ten parametr, iterator przeszuka cały przekazany łańcuch. Jeśli określimy pozycję początkową, będziemy mogli dodatkowo określić pozycję końcową. Jeśli nie zdecydujemy się określić pozycji końcowej, łańcuch zostanie przetworzony do ostatniego znaku.

Ruby

Metoda `scan()` klasy `String` otrzymuje na wejściu (za pośrednictwem swojego jedynego parametru) wyrażenie regularne i iteracyjnie szuka w danym łańcuchu wszystkich fragmentów pasujących do tego wyrażenia. Wywołanie tej metody w bloku umożliwia nam przetwarzanie kolejnych dopasowań.

Jeśli nasze wyrażenie regularne nie zawiera żadnych grup przechwytujących, możemy wskazać pojedynczą zmienną iteratora w bloku. Wskazana zmienna będzie otrzymywała łańcuchy z fragmentami tekstu dopasowanymi do danego wyrażenia regularnego.

Jeśli jednak nasze wyrażenie regularne zawiera jedną lub wiele grup przechwytujących, powinniśmy użyć po jednej zmiennej dla każdej grupy. Pierwszej zmiennej zostanie przypisany tekst dopasowany do pierwszej grupy przechwytującej, drugiej zmiennej zostanie przypisany tekst dopasowany do drugiej grupy przechwytującej itd. Żadna zmienna nie będzie więc reprezentowała dopasowania do całego wyrażenia regularnego. Aby uzyskać takie dopasowanie, należałoby umieścić całe wyrażenie regularne w dodatkowej grupie przechwytującej:

```
subject.scan(/(a)(b)(c)/) {|a, b, c|
  # Zmienne a, b oraz c zawierają tekst dopasowany do trzech kolejnych grup przechwytujących.
}
```

Jeśli użyjemy zmiennych w liczbie mniejszej od liczby grup przechwytujących w naszym wyrażeniu regularnym, będziemy mieli dostęp tylko do tych grup przechwytujących, dla których wskazaliśmy odpowiednie zmienne. W razie użycia większej liczby zmiennych (dla których nie istnieją odpowiednie grupy przechwytujące) zmienne nadmiarowe będą miały przypisywaną wartość `nil`.

Gdybyśmy wskazali tylko jedną zmienną iteratora dla wyrażenia zawierającego jedną lub wiele grup przechwytujących, wspomniana zmienna zostałaby wypełniona tablicą łańcuchów. Przypisana tablica zawierałaby po jednym łańcuchu dla każdej grupy przechwytującej. Oznacza to, że dla pojedynczej grupy przechwytującej otrzymalibyśmy tablicę jednoelementową:

```
subject.scan(/(a)(b)(c)/) {|abc|
    # Elementy abc[0], abc[1] i abc[2] zawierają tekst dopasowany
    # do trzech kolejnych grup przechwytujących.
}
```

Patrz także

Receptury 3.7, 3.8, 3.10 i 3.12.

3.12. Filtrowanie dopasowań w kodzie proceduralnym

Problem

W recepturze 3.10 pokazano, jak uzyskiwać listę wszystkich dopasowań do danego wyrażenia regularnego, które można znaleźć w przetwarzanym łańcuchu — po każdym znalezionym dopasowaniu ponownie stosowaliśmy nasze wyrażenie dla pozostałej części łańcucha. Tym razem chcemy uzyskać listę dopasowań pasujących do pewnego dodatkowego kryterium, którego nie możemy (łatwo) zapisać w naszym wyrażeniu regularnym. Wyobraźmy sobie na przykład, że chcemy uzyskać listę „szczęśliwych liczb", spośród których chcemy zachować tylko wartości będące wielokrotnością liczby 13.

Rozwiązanie

C#

Jeśli chcemy przetworzyć niewielką liczbę łańcuchów z wykorzystaniem tego samego wyrażenia regularnego, możemy posłużyć się wywołaniem statycznym:

```
StringCollection resultList = new StringCollection();
Match matchResult = Regex.Match(subjectString, @"\d+");
while (matchResult.Success) {
    if (int.Parse(matchResult.Value) % 13 == 0) {
        resultList.Add(matchResult.Value);
    }
    matchResult = matchResult.NextMatch();
}
```

Jeśli chcemy użyć tego samego wyrażenia regularnego do przetworzenia dużej liczby łańcuchów, powinniśmy skonstruować obiekt klasy Regex:

```
StringCollection resultList = new StringCollection();
Regex regexObj = new Regex(@"\d+");
matchResult = regexObj.Match(subjectString);
while (matchResult.Success) {
    if (int.Parse(matchResult.Value) % 13 == 0) {
        resultList.Add(matchResult.Value);
    }
    matchResult = matchResult.NextMatch();
}
```

VB.NET

Jeśli chcemy przetworzyć niewielką liczbę łańcuchów z wykorzystaniem tego samego wyraże-nia regularnego, możemy posłużyć się wywołaniem statycznym:

```
Dim ResultList = New StringCollection
Dim MatchResult = Regex.Match(SubjectString, "\d+")
While MatchResult.Success
    If Integer.Parse(MatchResult.Value) Mod 13 = 0 Then
        ResultList.Add(MatchResult.Value)
    End If
    MatchResult = MatchResult.NextMatch
End While
```

Jeśli chcemy użyć tego samego wyrażenia regularnego do przetworzenia dużej liczby łańcuchów, powinniśmy skonstruować obiekt klasy Regex:

```
Dim ResultList = New StringCollection
Dim RegexObj As New Regex("\d+")
Dim MatchResult = RegexObj.Match(SubjectString)
While MatchResult.Success
    If Integer.Parse(MatchResult.Value) Mod 13 = 0 Then
        ResultList.Add(MatchResult.Value)
    End If
    MatchResult = MatchResult.NextMatch
End While
```

Java

```
List<String> resultList = new ArrayList<String>();
Pattern regex = Pattern.compile("\\d+");
Matcher regexMatcher = regex.matcher(subjectString);
while (regexMatcher.find()) {
    if (Integer.parseInt(regexMatcher.group()) % 13 == 0) {
        resultList.add(regexMatcher.group());
    }
}
```

JavaScript

```
var list = [];
var regex = /\d+/g;
var match = null;
while (match = regex.exec(subject)) {
    // Nie możemy pozwolić, aby przeglądarka (na przykład Firefox) utknęła w nieskończonej pętli.
    if (match.index == regex.lastIndex) regex.lastIndex++;
    // Tutaj możemy przetworzyć dopasowanie reprezentowane przez zmienną match.
    if (match[0] % 13 == 0) {
        list.push(match[0]);
    }
}
```

PHP

```
preg_match_all('/\d+/', $subject, $matchdata, PREG_PATTERN_ORDER);
for ($i = 0; $i < count($matchdata[0]); $i++) {
    if ($matchdata[0][$i] % 13 == 0) {
        $list[] = $matchdata[0][$i];
    }
}
```

Perl

```perl
while ($subject =~ m/\d+/g) {
    if ($& % 13 == 0) {
        push(@list, $&);
    }
}
```

Python

Jeśli chcemy przetworzyć niewielką liczbę łańcuchów z wykorzystaniem tego samego wyraże-nia regularnego, możemy posłużyć się funkcją globalną:

```python
list = []
for matchobj in re.finditer(r"\d+", subject):
    if int(matchobj.group()) % 13 == 0:
        list.append(matchobj.group())
```

Aby wielokrotnie użyć tego samego wyrażenia regularnego, należy zastosować skompilowany obiekt:

```python
list = []
reobj = re.compile(r"\d+")
for matchobj in reobj.finditer(subject):
    if int(matchobj.group()) % 13 == 0:
        list.append(matchobj.group())
```

Ruby

```ruby
list = []
subject.scan(/\d+/) {|match|
    list << match if (Integer(match) % 13 == 0)
}
```

Analiza

Wyrażenia regularne operują na tekście. Mimo że wyrażenie regularne <\d+> pasuje do czegoś, co zwykle określamy mianem liczb, z perspektywy modułu wyrażeń regularnych jest to raczej łańcuch złożony z jednej lub wielu cyfr.

Jeśli chcemy odnaleźć konkretne liczby, na przykład te podzielne przez 13, najprostszym roz-wiązaniem jest opracowanie uniwersalnego wyrażenia pasującego do wszystkich liczb oraz użycie prostego kodu proceduralnego, który będzie pomijał dopasowania niespełniające tego kryterium.

Rozwiązania zaproponowane w tej recepturze opracowano na podstawie rozwiązań z poprzed-niej receptury, w której iteracyjnie przeszukiwaliśmy wszystkie dopasowania. Wewnątrz naszej pętli konwertujemy dopasowanie znalezione przez wyrażenie regularne na liczbę.

Niektóre języki programowania robią to automatycznie, inne wymagają użycia dodatkowej funkcji konwertującej dopasowany łańcuch na liczbę całkowitą. Możemy następnie sprawdzić, czy dana liczba całkowita jest podzielna przez 13. Jeśli tak, dane dopasowanie do wyrażenia regularnego jest dodawane do listy; w przeciwnym razie bieżące dopasowanie jest ignorowane.

Patrz także

Receptury 3.7, 3.10 i 3.11.

3.13. Odnajdywanie dopasowania w ramach innego dopasowania

Problem

Chcemy znaleźć wszystkie fragmenty tekstu pasujące do określonego wyrażenia regularnego, ale tylko w pewnej części przetwarzanego łańcucha. Musimy więc użyć dwóch wyrażeń regularnych   jednego wyznaczającego część do przetworzenia i drugiego odpowiedzialnego za właściwe poszukiwanie dopasowań.

Przypuśćmy, że dysponujemy plikiem HTML, w którym pewne fragmenty wyróżniono pogrubioną czcionką (za pomocą znaczników <b>). Naszym celem jest znalezienie wszystkich liczb zawartych w pogrubionych fragmentach. Jeśli jakiś fragment zapisany pogrubioną czcionką zawiera wiele liczb, chcemy osobno dopasować każdą z nich. Na przykład w łańcuchu 1 <b> ↪2</b> 3 4 <b>5 6 7</b> nasze rozwiązanie powinno znaleźć cztery dopasowania: 2, 5, 6 i 7.

Rozwiązanie

C#

```
StringCollection resultList = new StringCollection();
Regex outerRegex = new Regex("<b>(.*?)</b>", RegexOptions.Singleline);
Regex innerRegex = new Regex(@"\d+");
// Odnajdujemy pogrubiony fragment.
Match outerMatch = outerRegex.Match(subjectString);
while (outerMatch.Success) {
    // Odnajdujemy dopasowania w ramach tego fragmentu.
    Match innerMatch = innerRegex.Match(outerMatch.Groups[1].Value);
    while (innerMatch.Success) {
        resultList.Add(innerMatch.Value);
        innerMatch = innerMatch.NextMatch();
    }
    // Odnajdujemy następny pogrubiony fragment.
    outerMatch = outerMatch.NextMatch();
}
```

VB.NET

```
Dim ResultList = New StringCollection
Dim OuterRegex As New Regex("<b>(.*?)</b>", RegexOptions.Singleline)
Dim InnerRegex As New Regex("\d+")
'Odnajdujemy pogrubiony fragment.
Dim OuterMatch = OuterRegex.Match(SubjectString)
While OuterMatch.Success
    'Odnajdujemy dopasowania w ramach tego fragmentu.
    Dim InnerMatch = InnerRegex.Match(OuterMatch.Groups(1).Value)
    While InnerMatch.Success
        ResultList.Add(InnerMatch.Value)
```

```
        InnerMatch = InnerMatch.NextMatch
    End While
    OuterMatch = OuterMatch.NextMatch
End While
```

Java

Iteracyjne przeszukiwanie z wykorzystaniem dwóch obiektów dopasowujących jest wyjątkowo proste (to rozwiązanie można stosować w Javie 4 i nowszych):

```
List<String> resultList = new ArrayList<String>();
Pattern outerRegex = Pattern.compile("<b>(.*?)</b>", Pattern.DOTALL);
Pattern innerRegex = Pattern.compile("\\d+");
Matcher outerMatcher = outerRegex.matcher(subjectString);
while (outerMatcher.find()) {
    Matcher innerMatcher = innerRegex.matcher(outerMatcher.group());
    while (innerMatcher.find()) {
        resultList.add(innerMatcher.group());
    }
}
```

Poniższy kod jest bardziej efektywny, ponieważ obiekt innerMatcher jest tworzony tylko raz, ale wymaga Javy 5 lub nowszej:

```
List<String> resultList = new ArrayList<String>();
Pattern outerRegex = Pattern.compile("<b>(.*?)</b>", Pattern.DOTALL);
Pattern innerRegex = Pattern.compile("\\d+");
Matcher outerMatcher = outerRegex.matcher(subjectString);
Matcher innerMatcher = innerRegex.matcher(subjectString);
while (outerMatcher.find()) {
    innerMatcher.region(outerMatcher.start(), outerMatcher.end());
    while (innerMatcher.find()) {
        resultList.add(innerMatcher.group());
    }
}
```

JavaScript

```
var result = [];
var outerRegex = /<b>([\s\S]*?)<\/b>/g;
var innerRegex = /\d+/g;
var outerMatch = null;
while (outerMatch = outerRegex.exec(subject)) {
    if (outerMatch.index == outerRegex.lastIndex)
        outerRegex.lastIndex++;
    var innerSubject = subject.substr(outerMatch.index,
                        outerMatch[0].length);
    var innerMatch = null;
    while (innerMatch = innerRegex.exec(innerSubject)) {
        if (innerMatch.index == innerRegex.lastIndex)
            innerRegex.lastIndex++;
        result.push(innerMatch[0]);
    }
}
```

PHP

```
$list = array();
preg_match_all('%<b>(.*?)</b>%s', $subject, $outermatches,
                PREG_PATTERN_ORDER);
for ($i = 0; $i < count($outermatches[0]); $i++) {
    if (preg_match_all('/\d+/', $outermatches[0][$i], $innermatches,
```

```
                    PREG_PATTERN_ORDER)) {
        $list = array_merge($list, $innermatches[0]);
    }
}
```

Perl

```
while ($subject =~ m!<b>(.*?)</b>!gs) {
    push(@list, ($& =~ m/\d+/g));
}
```

To rozwiązanie działa tylko wtedy, gdy wewnętrzne wyrażenie regularne (w tym przypadku `<\d+>`) nie zawiera grup przechwytujących. W przeciwnym razie musielibyśmy zastąpić te grupy grupami nieprzechwytującymi (patrz receptura 2.9).

Python

```
list = ⌊⌋
innerre = re.compile(r"\d+")
for outermatch in re.finditer("(?s)<b>(.*?)</b>", subject):
    list.extend(innerre.findall(outermatch.group(1)))
```

Ruby

```
list = []
subject.scan(/<b>(.*?)<\/b>/m) {|outergroups|
    list += outergroups[0].scan(/\d+/)
}
```

Analiza

Wyrażenia regularne wprost doskonale nadają się do dzielenia przetwarzanego tekstu na tokeny, ale nie sprawdzają się równie dobrze w procesie analizy składniowej tekstu. Dzielenie danych na tokeny wymaga identyfikowania różnych fragmentów łańcucha, jak liczby, wyrazy, symbole, znaczniki, komentarze itp. W tym celu tekst jest przeszukiwany od lewej do prawej strony pod kątem możliwości dopasowania określonych wzorców (opisujących rodzaj i liczbę interesujących nas znaków). Realizacja tego zadania za pomocą wyrażeń regularnych jest stosunkowo prosta.

Analiza składniowa wiąże się z koniecznością przetwarzania relacji łączących zidentyfikowane tokeny. Na przykład w językach programowania kombinacje poszczególnych tokenów tworzą wyrażenia, funkcje, klasy, przestrzenie nazw itp. Najlepszym rozwiązaniem jest przeniesienie zadań związanych ze śledzeniem znaczenia tokenów w szerszym kontekście na poziom kodu proceduralnego. W szczególności wyrażenia regularne nie zapewniają możliwości śledzenia kontekstu nieliniowego, na przykład konstrukcji zagnieżdżonych[1].

Wielu programistów próbuje realizować takie zadania jak poszukiwanie jednego rodzaju tokenu w ramach innego tokenu za pomocą samych wyrażeń regularnych. Dopasowanie pary znaczników pogrubienia tekstu za pomocą wyrażenia regularnego jest bardzo proste — wystarczy

---

[1] W kilku współczesnych odmianach wyrażeń regularnych próbowano wprowadzić mechanizmy obsługi zrównoważonego lub rekurencyjnego dopasowywania. Wyrażenia regularne korzystające z tych rozwiązań okazały się jednak na tyle skomplikowane, że tylko potwierdziły naszą tezę o wyższości elementów analizy składniowej implementowanych w kodzie proceduralnym.

użyć wyrażenia w postaci `<<b>(.*?)</b>>`[2]. Jeszcze prostsze jest dopasowanie liczby całkowitej — to zadanie można zrealizować za pomocą wyrażenia `<\d+>`. Jeśli jednak spróbujemy połączyć oba te rozwiązania w ramach pojedynczego wyrażenia regularnego, otrzymamy zupełnie inną konstrukcję:

```
\d+(?=(?:(?!<b>).)*</b>)
```

Opcje wyrażenia regularnego: Brak
Odmiany wyrażeń regularnych: .NET, Java, JavaScript, PCRE, Perl, Python, Ruby

Mimo że powyższe wyrażenie regularne skutecznie rozwiązuje interesujący nas problem, trudno je uznać za intuicyjne. Nawet ekspert od wyrażeń regularnych musiałby poświęcić sporo czasu na jego analizę i jednoznaczne stwierdzenie, do czego służy (być może musiałby się posłużyć jakimś narzędziem wyróżniającym dopasowania w tekście). Co ciekawe, mamy w tym przypadku do czynienia z kombinacją zaledwie dwóch prostych wyrażeń regularnych.

Lepszym rozwiązaniem jest zachowanie dwóch oryginalnych wyrażeń regularnych i wykorzystanie do ich połączenia kodu proceduralnego. Gotowy kod będzie co prawda nieco dłuższy, ale jego zrozumienie i konserwacja będą nieporównanie prostsze, a przecież dążenie do prostszego kodu jest jednym z głównych powodów stosowania wyrażeń regularnych. Interpretacja wyrażenia regularnego `<<b>(.*?)</b>>` nie stanowi problemu nawet dla programistów bez dużego doświadczenia w świecie wyrażeń regularnych. Co więcej, wyrażenie w tej formie błyskawicznie realizuje zadanie, które bez wyrażeń regularnych wymagałoby napisania wielu wierszy kodu.

Mimo że rozwiązania zaproponowane w tej recepturze należą do najbardziej złożonych w całym rozdziale, w rzeczywistości są dość proste. W każdym z tych rozwiązań wykorzystujemy po dwa wyrażenia regularne. Wyrażenie zewnętrzne pasuje do znaczników pogrubienia języka HTML oraz tekstu znajdującego się pomiędzy tymi znacznikami (sam tekst, bez otaczających go znaczników pogrubienia, jest dopasowywany do grupy przechwytującej). W implementacji tego wyrażenia regularnego wykorzystano część kodu z receptury 3.11. Jedyna różnica polega na zastąpieniu komentarza (wskazującego miejsce użycia znalezionego dopasowania) kodem dopasowującym wewnętrzne wyrażenie regularne.

Drugie wyrażenie regularne pasuje do liczb. To wyrażenie zaimplementowano, stosując ten sam kod, który opracowaliśmy na potrzeby receptury 3.10. Jedyna różnica polega na stosowaniu drugiego wyrażenia regularnego tylko dla części przetwarzanego łańcucha dopasowanego (przez pierwsze wyrażenie regularne) do pierwszej grupy przechwytującej zamiast — jak we wspomnianej recepturze — dla całego przetwarzanego łańcucha.

Istnieją dwa sposoby ograniczania tekstu, do którego ma być dopasowywane wewnętrzne wyrażenie regularne, do fragmentu pasującego do zewnętrznego wyrażenia regularnego (a konkretnie jego grupy przechwytującej). Niektóre języki programowania udostępniają funkcję umożliwiającą stosowanie wyrażenia regularnego dla części łańcucha. Takie rozwiązanie eliminuje konieczność stosowania dodatkowej operacji kopiowania łańcucha w sytuacji, gdy funkcja dopasowująca nie wypełnia automatycznie struktury z tekstem pasującym do grup przechwytujących. Z drugiej strony zawsze istnieje możliwość wyodrębnienia podłańcucha pasującego do grupy przechwytującej i zastosowania wewnętrznego wyrażenia regularnego tylko dla tego podłańcucha.

---

[2] Aby umożliwić obsługę znaczników pogrubienia obejmujących wiele wierszy, należy włączyć tryb dopasowywania znaków podziału wiersza do kropki. W JavaScripcie należałoby użyć wyrażenia `<<b>([\s\S]*?)</b>>`.

W obu przypadkach użycie dwóch wyrażeń regularnych w jednej pętli jest bardziej efektywne niż zastosowanie jednego wyrażenia regularnego z zagnieżdżonymi grupami wyszukiwania w przód. Drugie rozwiązanie wymusza na module wyrażeń regularnych wykonywanie ogromnej liczby nawrotów. W przypadku wielkich plików dopasowywanie jednego wyrażenia przebiegałoby nieporównanie wolniej z uwagi na konieczność określania granic sekcji (znaczników pogrubienia) dla każdej liczby znalezionej w przetwarzanym łańcuchu, w tym dla liczb spoza znaczników <b>. Rozwiązanie, w którym wykorzystano dwa wyrażenia regularne, nawet nie przystępuje do wyszukiwania liczb do czasu znalezienia odpowiedniego znacznika otwierającego (którego lokalizowanie jest realizowane w czasie liniowym).

Patrz także

Receptury 3.8, 3.10 i 3.11.

3.14. Zastępowanie wszystkich dopasowań

Problem

Chcemy zastąpić wszystkie dopasowania do wyrażenia regularnego <before> tekstem docelowym «after».

Rozwiązanie

C#

Jeśli chcemy przetworzyć niewielką liczbę łańcuchów z wykorzystaniem tego samego wyrażenia regularnego, możemy posłużyć się wywołaniem statycznym:

```
string resultString = Regex.Replace(subjectString, "before", "after");
```

Jeśli korzystamy z wyrażenia regularnego wpisanego przez użytkownika końcowego, powinniśmy otoczyć to wywołanie statyczne kodem obsługującym ewentualne wyjątki:

```
string resultString = null;
try {
    resultString = Regex.Replace(subjectString, "before", "after");
} catch (ArgumentNullException ex) {
    // W roli wyrażenia regularnego, łańcucha do przetworzenia i tekstu docelowego
    // nie można stosować wartości null.
} catch (ArgumentException ex) {
    // W wyrażeniu regularnym wystąpił błąd składniowy.
}
```

Jeśli chcemy użyć tego samego wyrażenia regularnego do przetworzenia dużej liczby łańcuchów, powinniśmy skonstruować obiekt klasy Regex:

```
Regex regexObj = new Regex("before");
string resultString = regexObj.Replace(subjectString, "after");
```

Jeśli wielokrotnie korzystamy z wyrażenia regularnego wpisanego przez użytkownika końcowego, powinniśmy stosować obiekt klasy Regex w ramach kodu obsługującego ewentualne wyjątki:

```
string resultString = null;
try {
    Regex regexObj = new Regex("before");
    try {
        resultString = regexObj.Replace(subjectString, "after");
    } catch (ArgumentNullException ex) {
        // W roli łańcucha do przetworzenia i tekstu docelowego nie można stosować wartości null.
    }
} catch (ArgumentException ex) {
    // W wyrażeniu regularnym wystąpił błąd składniowy.
}
```

VB.NET

Jeśli chcemy przetworzyć niewielką liczbę łańcuchów z wykorzystaniem tego samego wyrażenia regularnego, możemy posłużyć się wywołaniem statycznym:

```
Dim ResultString = Regex.Replace(SubjectString, "before", "after")
```

Jeśli korzystamy z wyrażenia regularnego wpisanego przez użytkownika końcowego, powinniśmy otoczyć to wywołanie statyczne kodem obsługującym ewentualne wyjątki:

```
Dim ResultString As String = Nothing
Try
    ResultString = Regex.Replace(SubjectString, "before", "after")
Catch ex As ArgumentNullException
    'W roli wyrażenia regularnego, łańcucha do przetworzenia i tekstu docelowego
    'nie można stosować wartości null.
Catch ex As ArgumentException
    'W wyrażeniu regularnym wystąpił błąd składniowy.
End Try
```

Jeśli chcemy użyć tego samego wyrażenia regularnego do przetworzenia dużej liczby łańcuchów, powinniśmy skonstruować obiekt klasy `Regex`:

```
Dim RegexObj As New Regex("before")
Dim ResultString = RegexObj.Replace(SubjectString, "after")
```

Jeśli wielokrotnie korzystamy z wyrażenia regularnego wpisanego przez użytkownika końcowego, powinniśmy stosować obiekt klasy `Regex` w ramach kodu obsługującego ewentualne wyjątki:

```
Dim ResultString As String = Nothing
Try
    Dim RegexObj As New Regex("before")
    Try
        ResultString = RegexObj.Replace(SubjectString, "after")
    Catch ex As ArgumentNullException
        'W roli łańcucha do przetworzenia i tekstu docelowego nie można stosować wartości null.
    End Try
Catch ex As ArgumentException
    'W wyrażeniu regularnym wystąpił błąd składniowy.
End Try
```

Java

Jeśli chcemy przetworzyć niewielką liczbę łańcuchów z wykorzystaniem tego samego wyrażenia regularnego, możemy posłużyć się wywołaniem statycznym:

```
String resultString = subjectString.replaceAll("before", "after");
```

Jeśli korzystamy z wyrażenia regularnego lub tekstu docelowego wpisanego przez użytkownika końcowego, powinniśmy otoczyć to wywołanie statyczne kodem obsługującym ewentualne wyjątki:

```
try {
    String resultString = subjectString.replaceAll("before", "after");
} catch (PatternSyntaxException ex) {
    // W wyrażeniu regularnym wystąpił błąd składniowy.
} catch (IllegalArgumentException ex) {
    // W tekście docelowym wystąpił błąd składniowy (na przykład symbol $ bez sekwencji ucieczki).
} catch (IndexOutOfBoundsException ex) {
    // W tekście docelowym użyto nieistniejącego odwołania wstecz.
}
```

Jeśli chcemy użyć tego samego wyrażenia regularnego do przetworzenia dużej liczby łańcuchów, powinniśmy skonstruować obiekt klasy Matcher:

```
Pattern regex = Pattern.compile("before");
Matcher regexMatcher = regex.matcher(subjectString);
String resultString = regexMatcher.replaceAll("after");
```

Jeśli wielokrotnie korzystamy z wyrażenia regularnego lub tekstu docelowego wpisanego przez użytkownika końcowego, powinniśmy stosować obiekt klasy Matcher w ramach kodu obsługującego ewentualne wyjątki:

```
String resultString = null;
try {
    Pattern regex = Pattern.compile("before");
    Matcher regexMatcher = regex.matcher(subjectString);
    try {
        resultString = regexMatcher.replaceAll("after");
    } catch (IllegalArgumentException ex) {
        // W tekście docelowym wystąpił błąd składniowy (na przykład symbol $ bez sekwencji ucieczki).
    } catch (IndexOutOfBoundsException ex) {
        // W tekście docelowym użyto nieistniejącego odwołania wstecz.
    }
} catch (PatternSyntaxException ex) {
    // W wyrażeniu regularnym wystąpił błąd składniowy.
}
```

JavaScript

```
result = subject.replace(/before/g, "after");
```

PHP

```
$result = preg_replace('/before/', 'after', $subject);
```

Perl

Jeśli łańcuch do przetworzenia jest reprezentowany przez zmienną specjalną $_, wynik jest przypisywany ponownie tej zmiennej:

```
s/before/after/g;
```

Jeśli łańcuch do przetworzenia jest reprezentowany przez zmienną $subject, wynik jest przypisywany ponownie tej zmiennej:

```
$subject =~ s/before/after/g;
```

Tym razem łańcuch do przetworzenia jest reprezentowany przez zmienną $subject, a wynik jest przypisywany zmiennej $result:

```
($result = $subject) =~ s/before/after/g;
```

Python

Jeśli dysponujemy tylko kilkoma łańcuchami do przetworzenia, możemy użyć funkcji globalnej:

```
result = re.sub("before", "after", subject)
```

Jeśli jednak planujemy wielokrotnie użyć tego samego wyrażenia regularnego, powinniśmy posłużyć się skompilowanym obiektem:

```
reobj = re.compile("before")
result = reobj.sub("after", subject)
```

Ruby

```
result = subject.gsub(/before/, 'after')
```

Analiza

.NET

We frameworku .NET do przeszukiwania i zastępowania tekstu z wykorzystaniem wyrażenia regularnego zawsze używa się metody Regex.Replace(). Istnieje dziesięć przeciążonych wersji tej metody. Połowa z nich otrzymuje na wejściu łańcuch reprezentujący tekst docelowy operacji zastępowania — właśnie na nich skoncentrujemy się w tym punkcie. Pozostałe wersje otrzymują delegację MatchEvaluator reprezentującą tekst docelowy — omówimy je w recepturze 3.16.

Pierwszym parametrem metody Replace() zawsze jest łańcuch z tekstem, który chcemy przeszukać i w którym chcemy zastąpić pasujące fragmenty. Za pośrednictwem tego parametru nie należy przekazywać wartości null — wówczas bowiem metoda Replace() wygeneruje wyjątek ArgumentNullException. Metoda Replace() zawsze zwraca otrzymany łańcuch już po zastosowaniu operacji przeszukiwania i zastępowania.

Jeśli planujemy użycie danego wyrażenia regularnego zaledwie kilka razy, możemy skorzystać z wywołania statycznego. Drugi parametr reprezentuje wówczas nasze wyrażenie regularne. Za pośrednictwem trzeciego parametru należy przekazać tekst docelowy operacji przeszukiwania i zastępowania. Opcjonalny, czwarty parametr umożliwia nam przekazanie ewentualnych opcji przetwarzania tego wyrażenia regularnego. W razie wykrycia błędu składniowego w użytym wyrażeniu metoda Replace() generuje wyjątek ArgumentException.

Jeśli chcemy użyć tego samego łańcucha dla wielu łańcuchów, możemy podnieść efektywność kodu, konstruując obiekt klasy Regex i wywołując metodę Replace() dla tego obiektu. Za pośrednictwem pierwszego parametru tej metody należy wówczas przekazać tekst do przetworzenia; tekst docelowy operacji przeszukiwania i zastępowania należy przekazać za pośrednictwem drugiego parametru — są to jedyne wymagane parametry tej wersji metody Replace().

Jeśli wywołujemy metodę `Replace()` dla skonstruowanego wcześniej obiektu klasy `Regex`, możemy użyć dodatkowych, opcjonalnych parametrów ograniczających zakres stosowania operacji przeszukiwania i zastępowania. Jeśli zrezygnujemy z tych parametrów, zostaną zastąpione wszystkie dopasowania znalezione przez dane wyrażenie regularne w przetwarzanym tekście. Stosowanie tych parametrów nie jest możliwe w przypadku statycznych wersji przeciążonej metody `Replace()`, które zawsze zastępują wszystkie dopasowania.

Za pośrednictwem opcjonalnego, trzeciego parametru (po tekście do przetworzenia i tekście docelowym) można przekazać liczbę dopasowań, które mają zostać zastąpione. Jeśli przekażemy wartość większą niż jeden, będzie to maksymalna liczba dopasowań, które zostaną zastąpione w przetwarzanym tekście. Na przykład wywołanie `Replace(subject, replacement, 3)` zastąpi tylko pierwsze trzy fragmenty pasujące do danego wyrażenia regularnego (ewentualne dalsze dopasowania zostaną zignorowane). W razie występowania mniejszej liczby dopasowań wszystkie te dopasowania zostaną zatwierdzone. Nie otrzymamy jednak żadnej informacji o mniejszej od żądanej liczbie wykonanych operacji zastępowania. Jeśli za pośrednictwem trzeciego parametru przekażemy zero, żadne dopasowanie nie zostanie zastąpione, a metoda `Replace()` zwróci niezmieniony łańcuch. Przekazanie wartości -1 spowoduje zastąpienie wszystkich znalezionych dopasowań. Przekazanie wartości mniejszej niż -1 spowoduje wygenerowanie przez metodę `Replace()` wyjątku `ArgumentOutOfRangeException`.

Jeśli za pośrednictwem trzeciego parametru przekażemy liczbę żądanych operacji zastępowania, będziemy mogli użyć także czwartego, również opcjonalnego parametru, określającego indeks znaku, od którego ma się rozpocząć operacja przeszukiwania danego łańcucha. Liczba przekazana za pośrednictwem tego parametru jest w istocie liczbą znaków z początku przetwarzanego łańcucha, które mają być ignorowane przez nasze wyrażenie regularne. Takie rozwiązanie bywa przydatne w sytuacji, gdy przetworzyliśmy już dany łańcuch do pewnego punktu i chcemy wznowić operację przeszukiwania i zastępowania dla pozostałej części tekstu. Liczba przekazana za pośrednictwem tego parametru musi się mieścić w przedziale od zera do długości przetwarzanego łańcucha. W przeciwnym razie metoda `Replace()` wygeneruje wyjątek `ArgumentOutOfRangeException`. W przeciwieństwie do metody `Match()` metoda `Replace()` nie obsługuje parametru określającego długość podłańcucha, do którego ma być dopasowywane dane wyrażenie regularne.

Java

Jeśli planujemy wykonanie operacji przeszukiwania i zastępowania z wykorzystaniem tego samego wyrażenia regularnego na zaledwie jednym łańcuchu, możemy wywołać albo metodę `replaceFirst()`, albo metodę `replaceAll()` bezpośrednio na tym łańcuchu. Obie metody otrzymują na wejściu dwa parametry: łańcuch z wyrażeniem regularnym oraz łańcuch z tekstem docelowym. Wymienione funkcje są bardziej wygodnymi odpowiednikami wywołań `Pattern.compile("before").matcher(subjectString).replaceFirst("after")` i `Pattern.↪compile("before").matcher(subjectString).replaceAll("after")`.

Jeśli chcemy zastosować to samo wyrażenie regularne dla wielu łańcuchów, powinniśmy skonstruować obiekt klasy `Matcher` (patrz receptura 3.3). Możemy następnie wywołać metodę `replaceFirst()` lub `replaceAll()` dla gotowego obiektu dopasowującego, przekazując na jej wejściu (za pośrednictwem jedynego parametru) tekst docelowy operacji zastępowania.

Istnieją trzy różne klasy wyjątków, które należy mieć na uwadze, jeśli wyrażenie regularne i tekst docelowy operacji zastępowania są wpisywane przez użytkownika końcowego aplikacji.

Wyjątek typu `PatternSyntaxException` jest generowany przez metody `Pattern.compile()`, `String.replaceFirst()` oraz `String.replaceAll()`, jeśli w danym wyrażeniu regularnym występuje błąd składniowy. Wyjątek `IllegalArgumentException` jest generowany przez metody `replaceFirst()` i `replaceAll()`, jeśli błąd składniowy występuje w tekście docelowym. Jeśli tekst docelowy będzie poprawny składniowo, ale będzie zawierał odwołania do nieistniejącej grupy przechwytującej, zostanie wygenerowany wyjątek `IndexOutOfBoundsException`.

JavaScript

Aby wykonać operację przeszukiwania i zastępowania z wykorzystaniem wyrażenia regularnego, należy wywołać funkcję `replace()` dla łańcucha do przetworzenia. Za pośrednictwem pierwszego parametru należy przekazać wyrażenie regularne; za pośrednictwem drugiego parametru należy przekazać tekst docelowy. Funkcja `replace()` zwraca nowy łańcuch zmieniony przez operację zastępowania.

Jeśli chcemy zastąpić wszystkie dopasowania danego wyrażenia regularnego w przetwarzanym łańcuchu, podczas tworzenia obiektu wyrażenia regularnego powinniśmy użyć flagi `/g`. Działanie tej flagi wyjaśniono w recepturze 3.4. Jeśli nie użyjemy tej flagi, zostanie zastąpione tylko pierwsze dopasowanie.

PHP

Operację przeszukiwania i zastępowania można łatwo wykonać na łańcuchu za pomocą funkcji `preg_replace()`. Za pośrednictwem pierwszego parametru tej funkcji należy przekazać wyrażenie regularne, za pośrednictwem drugiego parametru powinniśmy przekazać tekst docelowy, a za pośrednictwem trzeciego parametru należy przekazać łańcuch do przetworzenia. Funkcja `preg_replace()` zwraca łańcuch po wprowadzeniu żądanych zmian.

Za pośrednictwem opcjonalnego, czwartego parametru możemy ograniczyć liczbę operacji zastępowania. Jeśli nie przekażemy tego parametru lub przekażemy wartość -1, zostaną zastąpione wszystkie znalezione dopasowania. Jeśli przekażemy wartość 0, nie zostanie zastąpione żadne dopasowanie. Jeśli przekażemy liczbę dodatnią, funkcja `preg_replace()` zastąpi tyle dopasowań do danego wyrażenia regularnego, ile zażądaliśmy. W razie znalezienia mniejszej liczby dopasowań, wszystkie te dopasowania zostaną zastąpione, a funkcja `preg_replace()` nie wygeneruje żadnego błędu.

Jeśli chcemy dowiedzieć się, ile dopasowań zostało zastąpionych, możemy użyć piątego parametru wywołania funkcji `preg_replace()`. Zmiennej przekazanej za pośrednictwem tego parametru zostanie przypisana wartość określająca liczbę rzeczywiście wykonanych operacji zastępowania.

Jedną z unikatowych cech funkcji `preg_replace()` jest możliwość przekazywania na jej wejściu tablic zamiast łańcuchów wykorzystywanych w roli trzech pierwszych parametrów. Jeśli za pośrednictwem trzeciego parametru przekażemy tablicę łańcuchów (zamiast pojedynczego łańcucha), funkcja `preg_replace()` zwróci tablicę z wynikami operacji przeszukiwania i zastępowania wykonanych na wszystkich tych łańcuchach.

Jeśli za pośrednictwem pierwszego parametru przekażemy tablicę wyrażeń regularnych (w formie łańcuchów), funkcja `preg_replace()` użyje kolejno tych wyrażeń w procesie przeszukiwania i zastępowania przetwarzanego łańcucha. Jeśli dodatkowo przekażemy tablicę łańcuchów do przetworzenia, wszystkie wyrażenia regularne zostaną zastosowane dla wszystkich przetwarzanych łańcuchów. W przypadku przekazania tablicy wyrażeń regularnych istnieje możliwość przekazania albo pojedynczego łańcucha z tekstem docelowym (stosowanego przez wszystkie wyrażenia regularne), albo tablicy łańcuchów. Jeśli użyjemy dwóch tablic, funkcja `preg_replace()` zastosuje dla kolejnych wyrażeń regularnych odpowiednie łańcuchy docelowe, stosując inny łańcuch dla każdego z tych wyrażeń. Warto pamiętać, że funkcja `preg_replace()` przeszukuje te tablice w porządku zgodnym z ich reprezentacją w pamięci, która nie zawsze jest zgodna z porządkiem numerycznym indeksów. Jeśli więc konstruowaliśmy nasze tablice w innej kolejności, powinniśmy wywołać dla nich funkcję `ksort()` przed ich przekazaniem na wejściu funkcji `preg_replace()`.

W poniższym przykładzie konstruujemy tablicę `$replace` w odwrotnej kolejności:

```
$regex[0] = '/a/';
$regex[1] = '/b/';
$regex[2] = '/c/';
$replace[2] = '3';
$replace[1] = '2';
$replace[0] = '1';

echo preg_replace($regex, $replace, "abc");
ksort($replace);
echo preg_replace($regex, $replace, "abc");
```

Pierwsze wywołanie funkcji `preg_replace()` zwróci łańcuch 321, który nie jest do końca zgodny z naszymi oczekiwaniami. Dopiero po użyciu funkcji `ksort()` zostanie zwrócony właściwy łańcuch 123. Funkcja `ksort()` modyfikuje otrzymywaną zmienną, zatem nie należy przekazywać jej wyniku (`true` lub `false`) na wejściu funkcji `preg_replace()`.

Perl

W Perlu konstrukcja `s///` jest w istocie operatorem podstawiania. Jeśli użyjemy tego operatora, operacja przeszukiwania i zastępowania zostanie wykonana na zmiennej `$_`, która będzie też reprezentowała wynik tego działania.

Gdybyśmy chcieli zastosować operator podstawiania dla innej zmiennej, powinniśmy użyć operatora wiązania `=~`, aby kojarzyć operator podstawiania z właściwą zmienną. Związanie operatora podstawiania z łańcuchem powoduje natychmiastowe wykonanie operacji przeszukiwania i zastępowania. Wynik tej operacji jest przypisywany zmiennej, która zawierała oryginalny łańcuch do przetworzenia.

Operator `s///` zawsze modyfikuje zmienną, którą z tym operatorem związaliśmy. Jeśli chcemy przypisać wynik operacji przeszukiwania i zastępowania nowej zmiennej bez modyfikowania oryginalnego łańcucha, powinniśmy najpierw przypisać oryginalny łańcuch tej zmiennej wynikowej, po czym związać operator podstawiania właśnie z tą zmienną. W zaproponowanym rozwiązaniu pokazano, jak wykonać oba te kroki w zaledwie jednym wierszu kodu.

Aby zastąpić wszystkie dopasowania do wyrażenia regularnego, należy użyć modyfikatora `/g` (patrz receptura 3.4). Bez tego modyfikatora Perl zastąpiłby tylko pierwsze dopasowanie.

Python

Funkcja `sub()` modułu `re` wykonuje operację przeszukiwania i zastępowania z wykorzystaniem wyrażenia regularnego. Za pośrednictwem pierwszego parametru tej funkcji należy przekazać wyrażenie regularne, za pośrednictwem drugiego parametru powinniśmy przekazać tekst docelowy, a za pośrednictwem trzeciego parametru należy przekazać łańcuch do przetworzenia. Funkcja globalna sub() nie akceptuje parametru z opcjami przetwarzania wyrażenia regularnego.

Funkcja re.sub() wywołuje kolejno funkcję re.compile() i metodę sub() (już dla obiektu reprezentującego skompilowane wyrażenie regularne). Na wejściu metody sub() należy przekazać dwa wymagane parametry: tekst docelowy oraz łańcuch do przetworzenia.

Obie formy funkcji sub() zwracają łańcuch z zastąpionymi wszystkimi fragmentami pasującymi do danego wyrażenia regularnego. Obie wersje obsługują też opcjonalny parametr, za którego pośrednictwem możemy ograniczyć liczbę wykonywanych operacji zastępowania. Jeśli pominiemy ten parametr lub przekażemy wartość zero, zostaną zastąpione wszystkie dopasowania. Przekazana wartość dodatnia będzie reprezentowała maksymalną liczbę zastępowanych dopasowań. W razie znalezienia mniejszej liczby dopasowań zostaną zastąpione wszystkie dopasowania, a funkcja (metoda) sub() nie wygeneruje żadnego błędu.

Ruby

Metoda gsub() klasy String wykonuje operację przeszukiwania i zastępowania z wykorzystaniem wyrażenia regularnego. Za pośrednictwem pierwszego parametru tej metody należy przekazać wyrażenie regularne, za pośrednictwem drugiego parametru należy przekazać łańcuch z tekstem docelowym operacji przeszukiwania i zastępowania. Metoda gsub() zwraca nowy łańcuch z zastąpionymi dopasowaniami. Jeśli nie zostanie znalezione żadnego dopasowanie do danego wyrażenia regularnego, metoda gsub() zwróci oryginalny łańcuch.

Metoda gsub() nie modyfikuje łańcucha, dla którego jest wywoływana. Jeśli więc chcemy zmienić oryginalny łańcuch, powinniśmy wywołać metodę gsub!(). W razie braku dopasowań do danego wyrażenia regularnego metoda gsub!() zwraca wartość nil. Jeśli w przetwarzanym łańcuchu występują dopasowania, metoda gsub!() zwraca łańcuch, dla którego została wywołana, z zastąpionymi dopasowaniami.

Patrz także

Podrozdział „Przeszukiwanie i zastępowanie tekstu z wykorzystaniem wyrażeń regularnych" w rozdziale 1. oraz receptury 3.15 i 3.16.

3.15. Zastępowanie dopasowań z wykorzystaniem ich fragmentów

Problem

Chcemy wykonać operację przeszukiwania i zastępowania, której tekst docelowy będzie zawierał fragmenty dopasowania do danego wyrażenia regularnego. Ponownie wstawiane fragmenty należy wyodrębnić z dopasowania za pomocą grup przechwytujących (patrz receptura 2.9).

Wyobraźmy sobie na przykład, że chcemy dopasować parę wyrazów oddzielonych znakiem równości i zmienić ich kolejność w tekście docelowym.

Rozwiązanie

C#

Jeśli chcesz przetworzyć niewielką liczbę łańcuchów z wykorzystaniem tego samego wyrażenia regularnego, możesz posłużyć się wywołaniem statycznym:

```
string resultString = Regex.Replace(subjectString, @"(\w+)=(\w+)", "$2=$1");
```

Jeśli chcesz zastosować to samo wyrażenie regularne dla wielu łańcuchów, powinieneś raczej skonstruować obiekt klasy Regex:

```
Regex regexObj = new Regex(@"(\w+)=(\w+)");
string resultString = regexObj.Replace(subjectString, "$2=$1");
```

VB.NET

Jeśli chcesz przetworzyć niewielką liczbę łańcuchów z wykorzystaniem tego samego wyrażenia regularnego, możesz posłużyć się wywołaniem statycznym:

```
Dim ResultString = Regex.Replace(SubjectString, "(\w+)=(\w+)", "$2=$1")
```

Jeśli chcesz zastosować to samo wyrażenie regularne dla wielu łańcuchów, powinieneś raczej skonstruować obiekt klasy Regex:

```
Dim RegexObj As New Regex("(\w+)=(\w+)")
Dim ResultString = RegexObj.Replace(SubjectString, "$2=$1")
```

Java

Jeśli planujesz przetworzenie tylko jednego łańcucha z wykorzystaniem tego samego wyrażenia regularnego, możesz skorzystać z metody String.replaceAll():

```
String resultString = subjectString.replaceAll("(\\w+)=(\\w+)", "$2=$1");
```

Jeśli chcesz użyć tego samego wyrażenia regularnego dla dużej liczby łańcuchów, powinieneś skonstruować obiekt klasy Matcher:

```
Pattern regex = Pattern.compile("(\\w+)=(\\w+)");
Matcher regexMatcher = regex.matcher(subjectString);
String resultString = regexMatcher.replaceAll("$2=$1");
```

JavaScript

```
result = subject.replace(/(\w+)=(\w+)/g, "$2=$1");
```

PHP

```
$result = preg_replace('/(\w+)=(\w+)/', '$2=$1', $subject);
```

Perl

```
$subject =~ s/(\w+)=(\w+)/$2=$1/g;
```

Python

Jeśli chcesz przetworzyć zaledwie kilka łańcuchów, możesz użyć funkcji globalnej:

```
result = re.sub(r"(\w+)=(\w+)", r"\2=\1", subject)
```

Jeśli planujesz wielokrotnie użyć tego samego wyrażenia regularnego, powinieneś posłużyć się skompilowanym obiektem:

```
reobj = re.compile(r"(\w+)=(\w+)")
result = reobj.sub(r"\2=\1", subject)
```

Ruby

```
result = subject.gsub(/(\w+)=(\w+)/, '\2=\1')
```

Analiza

Wyrażenie regularne <(\w+)=(\w+)> pasuje do pary wyrazów oddzielonych znakiem równości i przechwytuje każdy z tych wyrazów, korzystając z dwóch odrębnych grup przechwytujących. Słowo sprzed znaku równości jest przechwytywane przez pierwszą grupę, a słowo za tym znakiem jest przechwytywane przez drugą grupę.

W tekście docelowym musimy określić, że chcemy kolejno użyć tekstu dopasowanego do drugiej grupy przechwytującej, znaku równości oraz tekstu dopasowanego do pierwszej grupy przechwytującej. Możemy to łatwo zrobić, korzystając ze specjalnych symboli zastępczych w tekście docelowym. W różnych językach programowania obowiązuje odmienna składnia tekstu docelowego. Poszczególne odmiany tekstu docelowego wyjaśniono w podrozdziale „Przeszukiwanie i zastępowanie tekstu z wykorzystaniem wyrażeń regularnych" w rozdziale 1., a w recepturze 2.21 pokazano, jak w tekście docelowym odwoływać się do grup przechwytujących.

.NET

We frameworku .NET można użyć tej samej metody Regex.Replace(), którą posługiwaliśmy się w poprzedniej recepturze (z tekstem docelowym reprezentowanym przez łańcuch). Do dodania odwołań wstecz do tekstu docelowego można użyć konstrukcji składniowej opisanej w recepturze 2.21.

Java

W Javie możemy użyć tych samych metod replaceFirst() i replaceAll(), którymi posługiwaliśmy się w poprzedniej recepturze. Do dodania odwołań wstecz do tekstu docelowego można użyć konstrukcji składniowej właściwej opisanej wcześniej w tej książce odmianie tekstu docelowego Javy.

JavaScript

W JavaScripcie możemy użyć tej samej metody string.replace(), którą posługiwaliśmy się w poprzedniej recepturze. Do dodania odwołań wstecz do tekstu docelowego można użyć konstrukcji składniowej właściwej opisanej wcześniej w tej książce odmianie tekstu docelowego JavaScriptu.

PHP

W języku PHP możemy użyć tej samej funkcji `preg_replace()`, którą posługiwaliśmy się w poprzedniej recepturze. Do dodania odwołań wstecz do tekstu docelowego można użyć konstrukcji składniowej właściwej opisanej wcześniej w tej książce odmianie tekstu docelowego języka PHP.

Perl

W Perlu część *replace* konstrukcji `s/regex/replace/` jest interpretowana tak jak łańcuch otoczony cudzysłowami. W łańcuchu docelowym można więc korzystać ze zmiennych specjalnych `$&`, `$1`, `$2` itd., których znaczenie wyjaśniono w recepturach 3.7 i 3.9. Wspomniane zmienne są ustawiane bezpośrednio po znalezieniu dopasowania wyrażenia regularnego, ale przed zastąpieniem pasującego fragmentu. Te same zmienne można z powodzeniem stosować także w zwykłym kodzie Perla. Wartości tych zmiennych są utrzymywane do momentu, w którym nakażemy Perlowi znalezienie innego dopasowania wyrażenia regularnego.

Wszystkie pozostałe języki programowania opisywane w tej książce udostępniają funkcje, na których wejściu można przekazywać tekst docelowy operacji przeszukiwania i zastępowania w formie łańcucha. W ramach tych funkcji łańcuch jest poddawany analizie składniowej niezbędnej do przetworzenia odwołań wstecz `$1` lub `\1`. Warto jednak pamiętać, że poza tekstem docelowym takie konstrukcje jak `$1` nie mają w tych językach żadnego znaczenia.

Python

W Pythonie możemy użyć tej samej funkcji `sub()`, którą posługiwaliśmy się w poprzedniej recepturze. Do dodania odwołań wstecz do tekstu docelowego można użyć konstrukcji składniowej właściwej opisanej wcześniej w tej książce odmianie tekstu docelowego Pythona.

Ruby

W języku Ruby możemy użyć tej samej metody `string.gsub()`, którą posługiwaliśmy się w poprzedniej recepturze. Do dodania odwołań wstecz do tekstu docelowego można użyć konstrukcji składniowej właściwej opisanej wcześniej w tej książce odmianie tekstu docelowego języka Ruby.

W tekście docelowym operacji przeszukiwania i zastępowania nie można stosować takich zmiennych jak `$1`. Brak takiej możliwości wynika z tego, że Ruby interpretuje zmienne przed wykonaniem wywołania metody `gsub()`. Przed tym wywołaniem metoda `gsub()` z natury rzeczy nie może odnaleźć żadnych dopasowań, zatem nie jest możliwe także podstawianie odwołań wstecz. Oznacza to, że gdybyśmy spróbowali użyć zmiennej `$1`, otrzymalibyśmy tekst dopasowany do pierwszej grupy przechwytującej w ramach ostatniego dopasowania danego wyrażenia regularnego, tyle że sprzed danego wywołania metody `gsub()`.

Zamiast tych zmiennych powinniśmy korzystać z takich tokenów tekstu docelowego jak «\1». Funkcja `gsub()` podstawia właściwe wartości w miejsce tych tokenów dla każdego dopasowania wyrażenia regularnego. Zalecamy zapisywanie tekstu docelowego w formie łańcucha otoczonego apostrofami. W łańcuchach otoczonych cudzysłowami lewy ukośnik pełni funkcję symbolu ucieczki, a cyfry poprzedzone tym znakiem są traktowane jako szesnastkowe sekwencje ucieczki. O ile konstrukcje `'\1'` i `"\\1"` reprezentują tekst dopasowany do pierwszej grupy przechwytującej, o tyle konstrukcja `"\1"` reprezentuje pojedynczą stałą znakową 0x01.

Przechwyty nazwane

Jeśli nasze wyrażenie regularne zawiera nazwane grupy przechwytujące, w łańcuchu docelowym możemy odwoływać się do odpowiednich dopasowań, posługując się nazwami tych grup.

C#

Jeśli przetwarzamy niewielką liczbę łańcuchów z wykorzystaniem tego samego wyrażenia regularnego, możemy użyć wywołania statycznego:

```
string resultString = Regex.Replace(subjectString,
                      @"(?<left>\w+)=(?<right>\w+)", "${right}=${left}");
```

Jeśli planujemy użycie tego samego wyrażenia regularnego dla dużej liczby łańcuchów, powinniśmy skonstruować obiekt klasy `Regex`:

```
Regex regexObj = new Regex(@"(?<left>\w+)=(?<right>\w+)");
                        string resultString = regexObj.Replace(subjectString,
"${right}=${left}");
```

VB.NET

Jeśli przetwarzamy niewielką liczbę łańcuchów z wykorzystaniem tego samego wyrażenia regularnego, możemy użyć wywołania statycznego:

```
Dim ResultString = Regex.Replace(SubjectString,
 "(?<left>\w+)=(?<right>\w+)", "${right}=${left}")
```

Jeśli planujemy użycie tego samego wyrażenia regularnego dla dużej liczby łańcuchów, powinniśmy skonstruować obiekt klasy `Regex`:

```
Dim RegexObj As New Regex("(?<left>\w+)=(?<right>\w+)")
Dim ResultString = RegexObj.Replace(SubjectString, "${right}=${left}")
```

PHP

```
$result = preg_replace('/(?P<left>\w+)=(?P<right>\w+)/', '$2=$1', $subject);
```

Funkcje z rodziny `preg` języka PHP korzystają z biblioteki PCRE, która obsługuje przechwyty nazwane. Funkcje `preg_match()` i `preg_match_all()` dodają nazwane grupy przechwytujące do tablicy z wynikami dopasowania. Okazuje się jednak, że funkcja `preg_replace()` nie oferuje możliwości stosowania nazwanych odwołań wstecz w tekście docelowym operacji przeszukiwania i zastępowania. Jeśli więc nasze wyrażenie zawiera nazwane grupy przechwytujące, powinniśmy policzyć zarówno nazwane, jak i numerowane grupy przechwytujące od lewej strony, aby prawidłowo określić ich indeksy. Właśnie te numery powinniśmy wykorzystać w tekście docelowym.

Perl

```
$subject =~ s/(?<left>\w+)=(?<right>\w+)/$+{right}=$+{left}/g;
```

Nazwane grupy przechwytujące są obsługiwane w Perlu, począwszy od wersji 5.10. Skrót `$+` reprezentuje tekst dopasowany do wszystkich nazwanych grup przechwytujących składających się na ostatnio użyte wyrażenie regularne. Możemy z tego skrótu korzystać zarówno w łańcuchu z tekstem docelowym, jak i w dowolnym innym miejscu kodu.

Python

Jeśli dysponujemy niewielką liczbą łańcuchów do przetworzenia, możemy użyć funkcji globalnej:

```
result = re.sub(r"(?P<left>\w+)=(?P<right>\w+)", r"\g<right>=\g<left>", subject)
```

Jeśli planujemy wielokrotnie wykorzystać to samo wyrażenie regularne, powinniśmy posłużyć się skompilowanym obiektem:

```
reobj = re.compile(r"(?P<left>\w+)=(?P<right>\w+)")
result = reobj.sub(r"\g<right>=\g<left>", subject)
```

Ruby

```
result = subject.gsub(/(?<left>\w+)=(?<right>\w+)/, '\k<left>=\k<right>')
```

Patrz także

W podrozdziale „Przeszukiwanie i zastępowanie tekstu z wykorzystaniem wyrażeń regularnych" w rozdziale 1. wyjaśniono odmiany tekstu docelowego operacji przeszukiwania i zastępowania.

W recepturze 2.21 opisano, jak odwoływać się do grup przechwytujących w tekście docelowym.

3.16. Zastępowanie dopasowań tekstem docelowym generowanym na poziomie kodu proceduralnego

Problem

Chcemy zastąpić wszystkie dopasowania pewnego wyrażenia regularnego nowym łańcuchem konstruowanym w kodzie proceduralnym. Chcemy mieć możliwość zastępowania każdego dopasowania innym łańcuchem generowanym na podstawie dopasowanego tekstu.

Przypuśćmy na przykład, że chcemy zastąpić wszystkie liczby w jakimś łańcuchu ich dwukrotnościami.

Rozwiązanie

C#

Jeśli chcemy przetworzyć niewielką liczbę łańcuchów z wykorzystaniem tego samego wyrażenia regularnego, możemy posłużyć się wywołaniem statycznym:

```
string resultString = Regex.Replace(subjectString, @"\d+",
                                    new MatchEvaluator(ComputeReplacement));
```

Jeśli jednak planujemy użycie tego samego wyrażenia regularnego dla dużej liczby łańcuchów, powinniśmy skonstruować obiekt klasy Regex:

```
Regex regexObj = new Regex(@"\d+");
string resultString = regexObj.Replace(subjectString,
                                new MatchEvaluator(ComputeReplacement));
```

W obu fragmentach kodu wywołujemy funkcję ComputeReplacement. Oznacza to, że należy dodać tę metodę do klasy, w ramach której implementujemy to rozwiązanie:

```
public String ComputeReplacement(Match matchResult) {
    int twiceasmuch = int.Parse(matchResult.Value) * 2;
    return twiceasmuch.ToString();
}
```

VB.NET

Jeśli chcemy przetworzyć niewielką liczbę łańcuchów z wykorzystaniem tego samego wyrażenia regularnego, możemy posłużyć się wywołaniem statycznym:

```
Dim MyMatchEvaluator As New MatchEvaluator(AddressOf ComputeReplacement)
Dim ResultString = Regex.Replace(SubjectString, "\d+", MyMatchEvaluator)
```

Jeśli jednak planujemy użycie tego samego wyrażenia regularnego dla dużej liczby łańcuchów, powinniśmy skonstruować obiekt klasy Regex:

```
Dim RegexObj As New Regex("\d+")
Dim MyMatchEvaluator As New MatchEvaluator(AddressOf ComputeReplacement)
Dim ResultString = RegexObj.Replace(SubjectString, MyMatchEvaluator)
```

W obu fragmentach kodu wywołujemy funkcję ComputeReplacement. Oznacza to, że należy dodać tę metodę do klasy, w ramach której implementujemy to rozwiązanie:

```
Public Function ComputeReplacement(ByVal MatchResult As Match) As String
    Dim TwiceAsMuch = Int.Parse(MatchResult.Value) * 2;
    Return TwiceAsMuch.ToString();
End Function
```

Java

```
StringBuffer resultString = new StringBuffer();
Pattern regex = Pattern.compile("\\d+");
Matcher regexMatcher = regex.matcher(subjectString);
while (regexMatcher.find()) {
    Integer twiceasmuch = Integer.parseInt(regexMatcher.group()) * 2;
    regexMatcher.appendReplacement(resultString, twiceasmuch.toString());
}
regexMatcher.appendTail(resultString);
```

JavaScript

```
var result = subject.replace(/\d+/g,
                        function(match) { return match * 2; }
                    );
```

PHP

Możemy użyć funkcji zwrotnej:

```
$result = preg_replace_callback('/\d+/', compute_replacement, $subject);

function compute_replacement($groups) {
    return $groups[0] * 2;
}
```

Istnieje też możliwość wykorzystania anonimowej funkcji zwrotnej:

```
$result = preg_replace_callback(
    '/\d+/',
    create_function(
        '$groups',
        'return $groups[0] * 2;'
    ),
    $subject
);
```

Perl

```
$subject =~ s/\d+/$& * 2/eg;
```

Python

Jeśli dysponujemy zaledwie kilkoma łańcuchami do przetworzenia, możemy użyć funkcji globalnej:

```
result = re.sub(r"\d+", computereplacement, subject)
```

Jeśli jednak planujemy wielokrotne wykorzystanie tego samego wyrażenia regularnego, powinniśmy skorzystać ze skompilowanego obiektu:

```
reobj = re.compile(r"\d+")
result = reobj.sub(computereplacement, subject)
```

W obu fragmentach kodu wywołujemy funkcję computereplacement, którą należy zadeklarować jeszcze przed jej przekazaniem na wejściu funkcji sub():

```
def computereplacement(matchobj):
    return str(int(matchobj.group()) * 2)
```

Ruby

```
result = subject.gsub(/\d+/) {|match|
    Integer(match) * 2
}
```

Analiza

Jeśli stosujemy tekst docelowy operacji przeszukiwania i zastępowania w formie łańcucha, możemy korzystać tylko z podstawowych mechanizmów podstawiania tekstu. Aby zastępować każde dopasowanie innym tekstem, który dodatkowo jest zależny od zastępowanego dopasowania, musimy tworzyć tekst docelowy we własnym kodzie proceduralnym.

C#

W recepturze 3.14 omówiono rozmaite sposoby wywoływania metody Regex.Replace(), z których każdy polegał na przekazywaniu tekstu docelowego w formie łańcucha. W przypadku użycia wywołania statycznego tekst docelowy jest reprezentowany przez trzeci parametr (przekazywany po tekście do przetworzenia i wyrażeniu regularnym). Jeśli wyrażenie regularne przekazaliśmy już na wejściu konstruktora Regex(), w wywołaniu metody Replace() dla istniejącego obiektu powinniśmy przekazać tekst docelowy za pośrednictwem drugiego parametru.

Zamiast przekazywać łańcuch za pośrednictwem drugiego lub trzeciego parametru, możemy przekazać delegację MatchEvaluator. Wspomniana delegacja jest w istocie odwołaniem do funkcji składowej — należy tę funkcję dodać do klasy, w której wykonujemy operację przeszukiwania i zastępowania. Aby utworzyć tę delegację, należy wywołać konstruktor MatchEva ↪luator() ze słowem kluczowym new. Jedynym parametrem tego konstruktora powinna być nasza funkcja składowa.

Funkcja wykorzystywana przez tę delegację powinna zwracać łańcuch i otrzymywać na wejściu (za pośrednictwem jedynego parametru) obiekt klasy System.Text.RegularExpressions.Match. Będzie to obiekt tej samej klasy, która jest zwracana przez metodę Regex.Match() wykorzystywaną w niemal wszystkich dotychczasowych recepturach w tym rozdziale.

Jeśli wywołujemy metodę Replace() z delegacją MatchEvaluator reprezentującą tekst docelowy, nasza funkcja jest wywoływana dla każdego dopasowania wyrażenia regularnego, które wymaga zastąpienia. Nasza funkcja musi więc zwracać tekst docelowy operacji zastępowania. Do wygenerowania tego tekstu możemy wykorzystać dowolne właściwości obiektu klasy Match. W jednym ze wcześniejszych przykładów użyliśmy właściwości matchResult.Value do uzyskania łańcucha z dopasowaniem całego wyrażenia regularnego. Do konstruowania tekstu docelowego nierzadko wykorzystuje się także właściwość matchResult.Groups[] reprezentującą fragmenty łańcucha dopasowane do grup przechwytujących użytych w ramach danego wyrażenia regularnego.

Jeśli nie chcemy zastępować części dopasowań do danego wyrażenia regularnego, w każdym takim przypadku nasza funkcja powinna zwracać wartość właściwości matchResult.Value. Gdyby zwracała wartość null lub łańcuch pusty, odpowiednie dopasowania nie byłyby niczym zastępowane, czyli byłyby po prostu usuwane.

VB.NET

W recepturze 3.14 omówiono różne sposoby wywoływania metody Regex.Replace(), na której wejściu przekazywano łańcuch reprezentujący tekst docelowy operacji przeszukiwania i zastępowania. Jeśli korzystamy z wywołania statycznego, tekst docelowy powinniśmy przekazać za pośrednictwem trzeciego parametru (za tekstem do przetworzenia i wyrażeniem regularnym). Jeśli do utworzenia zmiennej z wyrażeniem regularnym użyjemy słowa kluczowego Dim, będziemy mogli wywołać metodę Replace() dla tego obiektu i przekazać tekst docelowy za pośrednictwem drugiego parametru.

Zamiast przekazywać łańcuch za pośrednictwem drugiego lub trzeciego parametru, możemy przekazać delegację MatchEvaluator. Wspomniana delegacja jest w istocie odwołaniem do pewnej funkcji — należy tę funkcję dodać do klasy, w której wykonujemy operację przeszukiwania i zastępowania. Aby utworzyć nową zmienną typu MatchEvaluator, należy użyć słowa kluczowego Dim. Powinniśmy przekazać jeden parametr ze słowem kluczowym AddressOf oraz nazwę naszej funkcji składowej. Operator AddressOf zwraca odwołanie do wskazanej funkcji, ale nie wywołuje tej funkcji.

Funkcja wykorzystywana przez tę delegację powinna zwracać łańcuch i otrzymywać na wejściu (za pośrednictwem jedynego parametru) obiekt klasy System.Text.RegularExpressions.Match. Będzie to obiekt tej samej klasy, która jest zwracana przez metodę Regex.Match() wykorzystywaną w niemal wszystkich dotychczasowych recepturach w tym rozdziale. Parametr ten jest przekazywany przez wartość, zatem musimy go zadeklarować ze słowem kluczowym ByVal.

Jeśli wywołujemy metodę `Replace()` z delegacją `MatchEvaluator` reprezentującą tekst docelowy, nasza funkcja jest wywoływana dla każdego dopasowania wyrażenia regularnego, które wymaga zastąpienia. Nasza funkcja musi więc zwracać tekst docelowy operacji zastępowania. Do wygenerowania tego tekstu możemy wykorzystać dowolne właściwości obiektu klasy `Match`. W jednym z wcześniejszych przykładów użyliśmy właściwości `matchResult.Value` do uzyskania łańcucha z dopasowaniem całego wyrażenia regularnego. Do konstruowania tekstu docelowego nierzadko wykorzystuje się także właściwość `matchResult.Groups[]` reprezentującą fragmenty łańcucha dopasowane do grup przechwytujących użytych w ramach danego wyrażenia regularnego.

Jeśli nie chcemy zastępować części dopasowań do danego wyrażenia regularnego, w każdym takim przypadku nasza funkcja powinna zwracać wartość właściwości `matchResult.Value`. Gdyby zwracała wartość `Nothing` lub łańcuch pusty, odpowiednie dopasowania nie byłyby niczym zastępowane, czyli byłyby po prostu usuwane.

Java

Zaproponowane rozwiązanie dla Javy jest bardzo proste. Iteracyjnie przeszukujemy wszystkie dopasowania do danego wyrażenia regularnego zgodnie z procedurą opisaną w recepturze 3.11. Wewnątrz tej pętli wywołujemy metodę `appendReplacement()` dla naszego obiektu klasy `Matcher`. Kiedy metoda `find()` odnajduje dalsze dopasowania, wywołujemy metodę `appendTail()`. Wspomniane metody, czyli `appendReplacement()` i `appendTail()`, bardzo ułatwiają korzystanie z różnych tekstów docelowych operacji przeszukiwania i zastępowania dla dopasowań poszczególnych wyrażeń regularnych.

Metoda `appendReplacement()` otrzymuje na wejściu dwa parametry. Pierwszy z nich ma postać obiektu klasy `StringBuffer`, w którym (tymczasowo) przechowujemy wynik wykonywanej operacji przeszukiwania i zastępowania. Drugi parametr reprezentuje tekst docelowy, który ma zostać użyty dla ostatniego dopasowania odnalezionego przez metodę `find()`. Tekst docelowy może obejmować odwołania do grup przechwytujących, na przykład `"$1"`. W razie występowania błędu składniowego w tym tekście zostanie wygenerowany wyjątek `IllegalArgument ↪Exception`. Jeśli tekst docelowy zawiera odwołania do nieistniejących grup przechwytujących, zostanie wygenerowany wyjątek `IndexOutOfBoundsException`. Gdybyśmy spróbowali wywołać metodę `appendReplacement()`, mimo że wcześniej nie wywołano metody `find()`, metoda `appendReplacement()` wygenerowałaby wyjątek `IllegalStateException`.

Prawidłowo wywołana metoda `appendReplacement()` realizuje dwa zadania. Po pierwsze kopiuje tekst znajdujący się pomiędzy poprzednim a bieżącym dopasowaniem wyrażenia regularnego do bufora łańcuchowego, nie wprowadzając jednak żadnych modyfikacji w tym tekście. Jeśli dopasowanie bieżące jest jednocześnie pierwszym dopasowaniem, metoda `appendRepla ↪cement()` kopiuje cały tekst sprzed tego dopasowania. Zaraz potem metoda `appendReplace ↪ment()` dopisuje nasz tekst docelowy, podstawiając za ewentualne odwołania wstecz tekst dopasowany do odpowiednich grup przechwytujących.

Gdybyśmy chcieli usunąć dane dopasowanie, powinniśmy po prostu zastąpić je łańcuchem pustym. Gdybyśmy chcieli pozostawić to dopasowanie w niezmienionej formie, powinniśmy pominąć wywołanie metody `appendReplacement()` dla tego dopasowania. Kiedy mówimy o „poprzednim dopasowaniu do wyrażenia regularnego", mamy na myśli poprzednie dopasowanie, dla którego wywołano metodę `appendReplacement()`. Jeśli dla pewnych dopasowań nie wywołamy metody `appendReplacement()`, wywołania te wejdą w skład zastępowanego tekstu pomiędzy dopasowaniami, które są kopiowane w niezmienionej formie do docelowego bufora łańcuchowego.

Po zakończeniu zastępowania dopasowań należy wywołać metodę `appendTail()`, która kopiuje tekst na koniec łańcucha, za ostatnim dopasowaniem wyrażenia regularnego (dla którego wywołaliśmy metodę `appendReplacement()`).

JavaScript

W JavaScripcie funkcja jest w istocie pewnym obiektem, który można przypisać zmiennej. Oznacza to, że zamiast przekazywać na wejściu funkcji `string.replace()` stałą łańcuchową lub zmienną zawierającą łańcuch, możemy przekazać funkcję zwracającą odpowiedni łańcuch. Tak przekazana funkcja jest następnie wywoływana za każdym razem, gdy należy zastąpić znalezione dopasowanie.

Funkcja zastępująca może otrzymywać na wejściu jeden lub wiele parametrów. W takim przypadku pierwszemu parametrowi zostanie przypisany tekst dopasowany do danego wyrażenia regularnego. Jeśli nasze wyrażenie regularne zawiera grupy przechwytujące, drugi parametr będzie zawierał tekst dopasowany do pierwszej grupy przechwytującej, trzeci parametr będzie zawierał tekst dopasowany do drugiej grupy przechwytującej itd. Możemy wykorzystać te parametry w procesie konstruowania tekstu docelowego z uwzględnieniem pewnych elementów ostatniego dopasowania.

Funkcja zastępująca wykorzystana w rozwiązaniu zaproponowanym w tej recepturze dla JavaScriptu otrzymuje na wejściu tylko tekst dopasowany do wyrażenia regularnego i zwraca dwukrotność tej wartości. W JavaScripcie konwersje łańcuchów na liczby i liczb na łańcuchy są wykonywane automatycznie.

PHP

Funkcja `preg_replace_callback()` działa niemal dokładnie tak samo jak funkcja `preg_replace()`, którą opisano w recepturze 3.14. Na jej wejściu należy przekazać wyrażenie regularne, tekst docelowy, łańcuch do przetworzenia oraz opcjonalny limit operacji zastępowania i opcjonalny licznik operacji zastępowania. Wyrażenie regularne i łańcuch do przetworzenia mogą mieć postać pojedynczych łańcuchów lub całych tablic.

Jedyna różnica polega na tym, że na wejściu funkcji `preg_replace_callback()` nie można przekazywać łańcuchów ani tablic łańcuchów reprezentujących tekst docelowy — funkcja akceptuje w tej roli tylko inną funkcję. Możemy albo zadeklarować tę funkcję w naszym kodzie, albo użyć funkcji `create_function()` do utworzenia tzw. funkcji anonimowej. Odpowiednia funkcja powinna otrzymywać na wejściu jeden parametr i zwracać łańcuch (lub coś, co można przekonwertować na łańcuch).

Za każdym razem gdy funkcja `preg_replace_callback()` odnajduje dopasowanie do wyrażenia regularnego, wywołuje naszą funkcję zwrotną. Za pośrednictwem jej jedynego parametru jest przekazywana tablica łańcuchów. Zerowy element tej tablicy zawiera dopasowanie do całego wyrażenia regularnego; dalsze elementy (począwszy od pierwszego) zawierają tekst dopasowany do kolejnych grup przechwytujących. Możemy więc wykorzystać tę tablicę do skonstruowania właściwego tekstu docelowego (z użyciem tekstu dopasowanego do wyrażenia regularnego bądź jednej lub wielu grup przechwytujących).

Perl

Operator s/// obsługuje pewien dodatkowy modyfikator, który jest ignorowany przez operator m//. Modyfikator /e (od ang. *execute*) wymusza na operatorze podstawiania przetworzenie (wykonanie) części docelowej jako kodu Perla zamiast jego interpretowania jako zawartości łańcucha otoczonego cudzysłowami. Za pomocą tego modyfikatora możemy więc łatwo uzyskać dopasowany tekst w zmiennej $&, po czym pomnożyć go przez dwa. Wynik tego kodu można następnie wykorzystać w roli tekstu docelowego.

Python

Funkcja sub() języka Python umożliwia nam przekazanie nazwy funkcji (zamiast łańcucha) w miejsce parametru reprezentującego tekst docelowy. Wskazana funkcja jest następnie wywoływana dla każdego dopasowania wymagającego zastąpienia. Musimy tę funkcję zadeklarować przed jej użyciem. Nasza funkcja powinna otrzymywać pojedynczy parametr reprezentujący obiekt klasy MatchObject (ten sam, który jest zwracany przez funkcję search()). Możemy ten obiekt wykorzystać do uzyskania dopasowania (lub jego części) do wyrażenia regularnego i skonstruowania na tej podstawie tekstu docelowego. Szczegółowe informacje na ten temat można znaleźć w recepturach 3.7 i 3.9.

Nasza funkcja powinna zwracać łańcuch z tekstem docelowym operacji przeszukiwania i zastępowania.

Ruby

W dwóch poprzednich recepturach korzystaliśmy z metody gsub() klasy String, na której wejściu przekazywaliśmy dwa parametry: wyrażenie regularne oraz tekst docelowy. Okazuje się, że istnieje także blokowa forma wspomnianej metody.

W wersji blokowej metoda gsub() otrzymuje na wejściu (za pośrednictwem jedynego parametru) nasze wyrażenie regularne i umieszcza w pojedynczej zmiennej iteratora łańcuch z tekstem dopasowanym do tego wyrażenia. Ewentualnym dodatkowym zmiennym iteratorów byłaby przypisywana wartość nil, nawet gdyby nasze wyrażenie regularne obejmowało grupy przechwytujące.

Wewnątrz bloku powinniśmy umieścić wyrażenie konstruujące łańcuch, który ma być użyty w roli tekstu docelowego operacji przeszukiwania i zastępowania. Możemy w tym bloku korzystać ze specjalnych zmiennych dopasowania wyrażenia regularnego, jak $~, $& czy $1. Wartości tych zmiennych zmieniają się przy okazji każdego wykonywania tego bloku, dzięki czemu na ich podstawie każdorazowo możemy skonstruować inny tekst docelowy. Więcej szczegółowych informacji można znaleźć w recepturach 3.7, 3.8 i 3.9.

W proponowanym rozwiązaniu nie jest możliwe korzystanie z takich tokenów tekstu docelowego jak «\1». Tokeny tego typu byłyby traktowane dosłownie.

Patrz także

Receptury 3.9 i 3.15.

3.17. Zastępowanie wszystkich dopasowań w ramach dopasowań do innego wyrażenia regularnego

Problem

Chcemy zastąpić wszystkie dopasowania do określonego wyrażenia regularnego, ale tylko w ramach pewnej części przetwarzanego łańcucha. Do poszczególnych sekcji tego łańcucha powinny być dopasowane różne wyrażenia regularne.

Przypuśćmy, że dysponujemy plikiem w formacie HTML, którego fragmenty oznaczono znacznikami pogrubienia (<b>). Pomiędzy każdą parą tych znaczników chcemy zastąpić wszystkie dopasowania do wyrażenia regularnego <before> tekstem docelowym <after>. Na przykład po przetworzeniu łańcucha before <b>first before</b> before <b>before before</b> powinniśmy otrzymać łańcuch w postaci: before <b>first after</b> before <b>after after</b>.

Rozwiązanie

C#

```
Regex outerRegex = new Regex("<b>.*?</b>", RegexOptions.Singleline);
Regex innerRegex = new Regex("before");
string resultString = outerRegex.Replace(subjectString,
                    new MatchEvaluator(ComputeReplacement));

public String ComputeReplacement(Match matchResult) {
    // Dla każdego dopasowania zewnętrznego wyrażenia regularnego wykonujemy
    // wewnętrzną operację przeszukiwania i zastępowania.
    return innerRegex.Replace(matchResult.Value, "after");
}
```

VB.NET

```
Dim OuterRegex As New Regex("<b>.*?</b>", RegexOptions.Singleline)
Dim InnerRegex As New Regex("before")
Dim MyMatchEvaluator As New MatchEvaluator(AddressOf ComputeReplacement)
Dim ResultString = OuterRegex.Replace(SubjectString, MyMatchEvaluator)

Public Function ComputeReplacement(ByVal MatchResult As Match) As String
    'Dla każdego dopasowania zewnętrznego wyrażenia regularnego wykonujemy
    'wewnętrzną operację przeszukiwania i zastępowania.
    Return InnerRegex.Replace(MatchResult.Value, "after")
End Function
```

Java

```
StringBuffer resultString = new StringBuffer();
Pattern outerRegex = Pattern.compile("<b>.*?</b>");
Pattern innerRegex = Pattern.compile("before");
Matcher outerMatcher = outerRegex.matcher(subjectString);
while (outerMatcher.find()) {
```

```
        outerMatcher.appendReplacement(resultString,
            innerRegex.matcher(outerMatcher.group()).replaceAll("after"));
    }
    outerMatcher.appendTail(resultString);
```

JavaScript

```
var result = subject.replace(/<b>.*?<\/b>/g,
                        function(match) {
                            return match.replace(/before/g, "after");
                        }
                    );
```

PHP

```
$result = preg_replace_callback('%<b>.*?</b>%',
                            replace_within_tag, $subject);

function replace_within_tag($groups) {
    return preg_replace('/before/', 'after', $groups[0]);
}
```

Perl

```
$subject =~ s%<b>.*?</b>%($match = $&) =~ s/before/after/g; $match;%eg;
```

Python

```
innerre = re.compile("before")
def replacewithin(matchobj):
    return innerre.sub("after", matchobj.group())

result = re.sub("<b>.*?</b>", replacewithin, subject)
```

Ruby

```
innerre = /before/
result = subject.gsub(/<b>.*?<\/b>/) {|match|
    match.gsub(innerre, 'after')
}
```

Analiza

Ponownie mamy do czynienia z rozwiązaniem, które jest w istocie połączeniem dwóch wcześniejszych rozwiązań i które wymaga użycia dwóch wyrażeń regularnych. Wyrażenie zewnętrzne, czyli <<b>.*?</b>>, pasuje do znaczników pogrubienia i tekstu znajdującego się pomiędzy nimi. Wewnętrzne wyrażenie regularne pasuje do słowa before, które zastępujemy słowem after.

W recepturze 3.16 wyjaśniono, jak wykonywać operacje przeszukiwania i zastępowania z wykorzystaniem tekstu docelowego konstruowanego (w kodzie proceduralnym) osobno dla każdego dopasowania do wyrażenia regularnego. Tym razem wykorzystaliśmy do tego celu zewnętrzne wyrażenie regularne. Za każdym razem gdy wspomniane wyrażenie odnajduje parę otwierającego i zamykającego znacznika pogrubienia (odpowiednio <b> i </b>), wykonujemy operację przeszukiwania i zastępowania z użyciem wewnętrznego wyrażenia regularnego (tak jak w recepturze 3.14). W roli tekstu przetwarzanego przez operację przeszukiwania i zastępowania (z wykorzystaniem wewnętrznego wyrażenia regularnego) wykorzystujemy tekst dopasowany do zewnętrznego wyrażenia regularnego.

Patrz także

Receptury 3.11, 3.13 i 3.16.

3.18. Zastępowanie wszystkich dopasowań pomiędzy dopasowaniami do innego wyrażenia regularnego

Problem

Chcemy zastąpić wszystkie dopasowania do danego wyrażenia regularnego, ale tylko w pewnych sekcjach przetwarzanego łańcucha. Do dopasowania tekstu pomiędzy tymi sekcjami należy użyć innego wyrażenia regularnego. Innymi słowy, chcemy wykonać operację przeszukiwania i zastępowania na wszystkich tych fragmentach przetwarzanego łańcucha, które nie pasują do innego wyrażenia regularnego.

Przypuśćmy, że dysponujemy plikiem w formacie HTML, w ramach którego chcemy zastąpić cudzysłowy proste tzw. cudzysłowami drukarskimi, ale chcemy zastosować te zmiany tylko dla cudzysłowów użytych poza znacznikami HTML-a. Cudzysłowy proste w ramach tych znaczników muszą zachować formę cudzysłowów prostych ASCII — w przeciwnym razie nasza przeglądarka internetowa nie mogłaby prawidłowo przetwarzać i wyświetlać tego pliku. Na przykład fragment kodu "text" <span class="middle">"text"</span> "text" powinien zostać zmieniony na „text" <span class="middle">„text"</span> „text".

Rozwiązanie

C#

```
string resultString = null;
Regex outerRegex = new Regex("<[^<>]*>");
Regex innerRegex = new Regex("\"([^\"]*)\"");
// Odnajdujemy pierwszą sekcję.
int lastIndex = 0;
Match outerMatch = outerRegex.Match(subjectString);
while (outerMatch.Success) {
    // Wykonujemy operację przeszukiwania i zastępowania na tekście pomiędzy
    // bieżącym a poprzednim dopasowaniem.
    string textBetween =
        subjectString.Substring(lastIndex, outerMatch.Index - lastIndex);
    resultString = resultString +
        innerRegex.Replace(textBetween, "\u201E$1\u201D");
    lastIndex = outerMatch.Index + outerMatch.Length;
    // Tekst z tej sekcji kopiujemy w niezmienionej formie.
    resultString = resultString + outerMatch.Value;
```

```
        // Odnajdujemy następną sekcję.
        outerMatch = outerMatch.NextMatch();
    }
    // Wykonujemy operację przeszukiwania i zastępowania na pozostałym tekście (za ostatnim dopasowaniem).
    string textAfter = subjectString.Substring(lastIndex,
                       subjectString.Length - lastIndex);
    resultString = resultString + innerRegex.Replace(textAfter,
                                              "\u201E$1\u201D");
```

VB.NET

```
Dim ResultString As String = Nothing
Dim OuterRegex As New Regex("<[^<>]*>")
Dim InnerRegex As New Regex("""([^""]*)""")
'Odnajdujemy pierwszą sekcję.
Dim LastIndex = 0
Dim OuterMatch = OuterRegex.Match(SubjectString)
While OuterMatch.Success
    'Wykonujemy operację przeszukiwania i zastępowania na tekście pomiędzy
    'bieżącym a poprzednim dopasowaniem.
    Dim TextBetween = SubjectString.Substring(LastIndex,
                      OuterMatch.Index - LastIndex)
    ResultString = ResultString + InnerRegex.Replace(TextBetween,
                   ChrW(&H201E) + "$1" + ChrW(&H201D))
    LastIndex = OuterMatch.Index + OuterMatch.Length
    'Tekst z tej sekcji kopiujemy w niezmienionej formie.
    ResultString = ResultString + OuterMatch.Value
    'Odnajdujemy następną sekcję.
    OuterMatch = OuterMatch.NextMatch
End While
'Wykonujemy operację przeszukiwania i zastępowania na pozostałym tekście (za ostatnim dopasowaniem).
Dim TextAfter = SubjectString.Substring(LastIndex,
                                SubjectString.Length - LastIndex)
ResultString = ResultString +
    InnerRegex.Replace(TextAfter, ChrW(&H201E) + "$1" + ChrW(&H201D))
```

Java

```
StringBuffer resultString = new StringBuffer();
Pattern outerRegex = Pattern.compile("<[^<>]*>");
Pattern innerRegex = Pattern.compile("\"([^\"]*)\"");
Matcher outerMatcher = outerRegex.matcher(subjectString);
int lastIndex = 0;
while (outerMatcher.find()) {
    // Wykonujemy operację przeszukiwania i zastępowania na tekście pomiędzy
    // bieżącym a poprzednim dopasowaniem.
    String textBetween = subjectString.substring(lastIndex,
                                      outerMatcher.start());
    Matcher innerMatcher = innerRegex.matcher(textBetween);
    resultString.append(innerMatcher.replaceAll("\u201E$1\u201D"));
    lastIndex = outerMatcher.end();
    // Dopisujemy dopasowanie do wyrażenia regularnego w niezmienionej formie.
    resultString.append(outerMatcher.group());
}
// Wykonujemy operację przeszukiwania i zastępowania na pozostałym tekście (za ostatnim dopasowaniem).
String textAfter = subjectString.substring(lastIndex);
Matcher innerMatcher = innerRegex.matcher(textAfter);
resultString.append(innerMatcher.replaceAll("\u201E$1\u201D"));
```

JavaScript

```
var result = "";
var outerRegex = /<['"<>]^>/g;
var innerRegex = /"([^"]*)"/g;
var outerMatch = null;
var lastIndex = 0;
while (outerMatch = outerRegex.exec(subject)) {
    if (outerMatch.index == outerRegex.lastIndex) outerRegex.lastIndex++;
    // Wykonujemy operację przeszukiwania i zastępowania na tekście pomiędzy
    // bieżącym a poprzednim dopasowaniem.
    var textBetween = subject.substring(lastIndex, outerMatch.index);
    result = result + textBetween.replace(innerRegex, "\u201E$1\u201D");
    lastIndex = outerMatch.index + outerMatch[0].length;
    // Dopisujemy dopasowanie do wyrażenia regularnego w niezmienionej formie.
    result = result + outerMatch[0];
}
// Wykonujemy operację przeszukiwania i zastępowania na pozostałym tekście (za ostatnim dopasowaniem).
var textAfter = subject.substr(lastIndex);
result = result + textAfter.replace(innerRegex, "\u201E$1\u201D");
```

PHP

```
$result = '';
$lastindex = 0;
while (preg_match('/<[^<>]*>/', $subject, $groups, PREG_OFFSET_CAPTURE,
        $lastindex)) {
    $matchstart = $groups[0][1];
    $matchlength = strlen($groups[0][0]);
    // Wykonujemy operację przeszukiwania i zastępowania na tekście pomiędzy
    // bieżącym a poprzednim dopasowaniem.
    $textbetween = substr($subject, $lastindex, $matchstart-$lastindex);
    $result .= preg_replace('/"([^"]*)"/', '"$1"', $textbetween);
    // Dopisujemy dopasowanie do wyrażenia regularnego w niezmienionej formie.
    $result .= $groups[0][0];
    // Przechodzimy do pozycji początkowej następnego dopasowania.
    $lastindex = $matchstart + $matchlength;
    if ($matchlength == 0) {
        // W ten sposób unikamy wejścia w pętlę nieskończoną w razie
        // występowania dopasowań zerowej długości.
        $lastindex++;
    }
}
// Wykonujemy operację przeszukiwania i zastępowania na pozostałym tekście (za ostatnim dopasowaniem).
$textafter = substr($subject, $lastindex);
$result .= preg_replace('/"([^"]*)"/', '"$1"', $textafter);
```

Perl

```
use encoding "utf-8";
$result = '';
while ($subject =~ m/<[^<>]*>/g) {
    $match = $&;
    $textafter = $';
    ($textbetween = $`) =~ s/"([^"]*)"/\x{201E}$1\x{201D}/g;
    $result .= $textbetween . $match;
}
$textafter =~ s/"([^"]*)"/\x{201E}$1\x{201D}/g;
$result .= $textafter;
```

Python

```
innerre = re.compile('"([^"]*)"')
result = "";
lastindex = 0;
for outermatch in re.finditer("<[^<>]*>", subject):
    # Wykonujemy operację przeszukiwania i zastępowania na tekście pomiędzy
    # bieżącym a poprzednim dopasowaniem.
    textbetween = subject[lastindex:outermatch.start()]
    result += innerre.sub(u"\u201E\\1\u201D", textbetween)
    lastindex = outermatch.end()
    # Dopisujemy dopasowanie do wyrażenia regularnego w niezmienionej formie.
    result += outermatch.group()
# Wykonujemy operację przeszukiwania i zastępowania na pozostałym tekście (za ostatnim dopasowaniem).
textafter = subject[lastindex:]
result += innerre.sub(u"\u201E\\1\u201D", textafter)
```

Ruby

```
result = '';
textafter = ''
subject.scan(/<[^<>]*>/) {|match|
    textafter = $'
    textbetween = $`.gsub(/"([^"]*)"/, '"\1"')
    result += textbetween + match
}
result += textafter.gsub(/"([^"]*)"/, '"\1"')
```

Analiza

W recepturze 3.13 wyjaśniono, jak korzystać z dwóch wyrażeń regularnych do odnajdywania dopasowań (drugiego wyrażenia) tylko w ramach określonych sekcji przetwarzanego pliku (dopasowanych do pierwszego wyrażenia). W rozwiązaniu dla tej receptury wykorzystano tę samą technikę do wykonywania operacji przeszukiwania i zastępowania tylko na pewnych fragmentach przetwarzanego łańcucha.

W tym przypadku ważne jest, aby wyrażenie regularne wykorzystywane do odnajdywania właściwych sekcji stale było dopasowywane do oryginalnego łańcucha. Gdybyśmy zmodyfikowali oryginalny łańcuch, musielibyśmy każdorazowo modyfikować pozycję początkową wyrażenia odpowiedzialnego za odnajdywanie właściwych sekcji, ponieważ wyrażenie wewnętrzne mogłoby dodawać lub usuwać pewne znaki. Co więcej, tego rodzaju modyfikacje mogą powodować niezamierzone skutki uboczne. Jeśli na przykład zewnętrzne wyrażenie regularne wykorzystuje kotwicę <^> do odnajdywania tekstu rozpoczynającego kolejne wiersze i jeśli wewnętrzne wyrażenie regularne wstawia znak podziału wiersza na końcu sekcji odnajdywanej przez wyrażenie zewnętrzne, nowo dodany znak podziału każdorazowo będzie powodował dopasowanie kotwicy <^> bezpośrednio za poprzednią sekcją.

Mimo że rozwiązania zaproponowane w tej recepturze są dość długie, w rzeczywistości ich zrozumienie nie stanowi większego problemu. Wykorzystano tutaj dwa wyrażenia regularne. Wyrażenie zewnętrzne, czyli <<[^<>]*>>, pasuje do par nawiasów ostrych i wszystkiego, co znajduje się pomiędzy nimi (oczywiście z wyjątkiem samych nawiasów ostrych). To bodaj najprostszy sposób dopasowywania dowolnych znaczników HTML-a. Nasze wyrażenie działa prawidłowo, dopóki przetwarzany plik HTML nie zawiera żadnych interpretowanych dosłownie nawiasów ostrych (których stosowanie w tej formie uważa się za nieprawidłowe). Zaimplementowaliśmy to wyrażenie regularne, korzystając z kodu opisanego już w recepturze 3.11. Jedyna różnica polega na zastąpieniu komentarza wskazującego miejsce, w którym można wykorzystać informacje o dopasowaniu, kodem realizującym właściwą operację przeszukiwania i zastępowania.

Operację przeszukiwania i zastępowania (wykonywaną w pętli) zaczerpnęliśmy z kodu pokazanego w recepturze 3.14. Operację przeszukiwania i zastępowania wykonujemy tutaj na tekście znajdującym się pomiędzy poprzednim a bieżącym dopasowaniem do zewnętrznego wyrażenia regularnego. Wynik tej operacji dopisujemy do zbiorczego łańcucha wynikowego, który zostanie na końcu użyty w roli gotowego tekstu (po zmianach). Do tego samego łańcucha dopisujemy bieżące dopasowanie do zewnętrznego wyrażenia regularnego.

Kiedy okazuje się, że zewnętrzne wyrażenie regularne nie może znaleźć żadnych dalszych dopasowań, raz jeszcze wykonujemy wewnętrzną operację przeszukiwania i zastępowania na tekście znajdującym się za ostatnim dopasowaniem wyrażenia zewnętrznego.

Wyrażenie regularne `<"([^"]*)">`, które wykorzystujemy dla naszej operacji przeszukiwania i zastępowania wewnątrz pętli, jest dopasowywane do pary cudzysłowów prostych i wszystkiego, co znajduje się między nimi (poza innymi cudzysłowami prostymi). Tekst spomiędzy tych cudzysłowów jest dodatkowo przechwytywany przez pierwszą grupę przechwytującą.

W tekście docelowym operacji przeszukiwania i zastępowania wykorzystujemy odwołanie do pierwszej grupy otoczone dwoma cudzysłowami drukarskimi. Cudzysłowy drukarskie są reprezentowane odpowiednio przez punkty kodowe U+201E i U+201D standardu Unicode. W normalnych warunkach należałoby po prostu wkleić te cudzysłowy w kodzie źródłowym, jednak na przykład środowisko Visual Studio 2008 jest na tyle „inteligentne", że automatycznie zastępuje stałe cudzysłowy drukarskie cudzysłowami prostymi.

W wyrażeniu regularnym możemy co prawda dopasowywać te punkty kodowe standardu Unicode za pomocą tokenów `<\u201E>` i `<\x{201E}>`, jednak żaden z omawianych w tej książce języków programowania nie obsługuje podobnych tokenów w tekście docelowym. Jeśli więc użytkownik końcowy chce umieścić cudzysłowy drukarskie w tekście docelowym, powinien te symbole skopiować bezpośrednio z mapy znaków. W kodzie źródłowym (na potrzeby tekstu docelowego) można wykorzystać sekwencje ucieczki standardu Unicode, pod warunkiem że nasz język programowania dopuszcza stosowanie takich sekwencji w stałych łańcuchowych. O ile języki C# i Java obsługują konstrukcję \u201E na poziomie łańcucha, o tyle VB.NET w ogóle nie oferuje możliwości stosowania sekwencji ucieczki standardu Unicode w łańcuchach. Z drugiej strony programiści języka VB.NET mogą użyć funkcji ChrW do przekonwertowania punktów kodowych standardu Unicode na znaki.

Perl i Ruby

W rozwiązaniach dla języków Perl i Ruby wykorzystano dwie dostępne w tych językach zmienne specjalne, których znaczenia do tej pory nie wyjaśniliśmy. Zmienna $` (dolar-lewy apostrof) reprezentuje fragment tekstu na lewo od dopasowania, natomiast zmienna $' (dolar-apostrof prosty) reprezentuje fragment tekstu na prawo od dopasowania. Zamiast iteracyjnie poszukiwać kolejnych dopasowań w oryginalnym łańcuchu, każde nowe poszukiwanie rozpoczynamy od części tekstu następującej po poprzednim dopasowaniu. W ten sposób możemy łatwo uzyskać tekst spomiędzy bieżącego i poprzedniego dopasowania.

Python

Wynik zaproponowanego kodu Pythona ma postać łańcucha standardu Unicode, ponieważ taką strukturę zastosowano dla tekstu docelowego. Wyświetlenie tego łańcucha może więc wymagać wywołania metody encode():

```
print result.encode('1252')
```

Patrz także

Receptury 3.11, 3.13 i 3.16.

3.19. Dzielenie łańcucha

Problem

Chcemy podzielić pewien łańcuch, korzystając z wyrażenia regularnego. Po dokonaniu podziału będziemy dysponowali tablicą lub listą łańcuchów z fragmentami tekstu wyodrębnionymi spomiędzy dopasowań do użytego wyrażenia.

Wyobraźmy sobie na przykład, że chcemy tak podzielić łańcuch ze znacznikami języka HTML, aby jednocześnie pozbyć się tych znaczników. Na przykład w wyniku podziału łańcucha Lubię ↪•czcionki•pogrubione•i•czcionki•pisane•<i>kursywą</i> powinniśmy otrzymać tablicę czterech łańcuchów: Lubię•czcionki•, pogrubione, •i•czcionki•pisane• oraz kursywą.

Rozwiązanie

C#

Jeśli chcemy przetworzyć niewielką liczbę łańcuchów za pomocą tego samego wyrażenia regularnego, możemy posłużyć się wywołaniem statycznym:

```
string[] splitArray = Regex.Split(subjectString, "<[^<>]*>");
```

Jeśli wyrażenie regularne wpisuje użytkownik końcowy naszej aplikacji, powinniśmy użyć wywołania statycznego z pełną obsługą ewentualnych wyjątków:

```
string[] splitArray = null;
try {
    splitArray = Regex.Split(subjectString, "<[^<>]*>");
} catch (ArgumentNullException ex) {
    // W roli wyrażenia regularnego i tekstu do przetworzenia nie należy przekazywać wartości null.
} catch (ArgumentException ex) {
    // Wyrażenie regularne zawiera błąd składniowy.
}
```

Jeśli chcemy użyć tego samego wyrażenia regularnego dla dużej liczby łańcuchów, powinniśmy skonstruować obiekt klasy Regex:

```
Regex regexObj = new Regex("<[^<>]*>");
string[] splitArray = regexObj.Split(subjectString);
```

Jeśli wyrażenie regularne wpisuje użytkownik końcowy naszej aplikacji, powinniśmy otoczyć kod korzystający z obiektu klasy `Regex` konstrukcjami obsługi ewentualnych wyjątków:

```
string[] splitArray = null;
try {
    Regex regexObj = new Regex("<[^<>]*>");
    try {
        splitArray = regexObj.Split(subjectString);
    } catch (ArgumentNullException ex) {
        // W roli wyrażenia regularnego i tekstu do przetworzenia nie należy przekazywać wartości null.
    }
} catch (ArgumentException ex) {
    // Wyrażenie regularne zawiera błąd składniowy.
}
```

VB.NET

Jeśli chcemy przetworzyć niewielką liczbą łańcuchów za pomocą tego samego wyrażenia regularnego, możemy posłużyć się wywołaniem statycznym:

```
Dim SplitArray = Regex.Split(SubjectString, "<[^<>]*>")
```

Jeśli wyrażenie regularne wpisuje użytkownik końcowy naszej aplikacji, powinniśmy użyć wywołania statycznego z pełną obsługą ewentualnych wyjątków:

```
Dim SplitArray As String()
Try
    SplitArray = Regex.Split(SubjectString, "<[^<>]*>")
Catch ex As ArgumentNullException
    'W roli wyrażenia regularnego i tekstu do przetworzenia nie należy przekazywać wartości null.
Catch ex As ArgumentException
    'Wyrażenie regularne zawiera błąd składniowy.
End Try
```

Jeśli chcemy użyć tego samego wyrażenia regularnego dla dużej liczby łańcuchów, powinniśmy skonstruować obiekt klasy `Regex`:

```
Dim RegexObj As New Regex("<[^<>]*>")
Dim SplitArray = RegexObj.Split(SubjectString)
```

Jeśli wyrażenie regularne wpisuje użytkownik końcowy naszej aplikacji, powinniśmy otoczyć kod korzystający z obiektu klasy `Regex` konstrukcjami obsługi ewentualnych wyjątków:

```
Dim SplitArray As String()
Try
    Dim RegexObj As New Regex("<[^<>]*>")
    Try
        SplitArray = RegexObj.Split(SubjectString)
    Catch ex As ArgumentNullException
        'W roli wyrażenia regularnego i tekstu do przetworzenia nie należy przekazywać wartości null.
    End Try
Catch ex As ArgumentException
    'Wyrażenie regularne zawiera błąd składniowy.
End Try
```

Java

Jeśli planujemy podzielić tylko jeden łańcuch z wykorzystaniem tego samego wyrażenia regularnego, możemy bezpośrednio wywołać metodę `String.Split()`:

```
String[] splitArray = subjectString.split("<[^<>]*>");
```

Jeśli wyrażenie regularne jest wpisywane przez użytkownika końcowego, powinniśmy otoczyć to wywołanie kodem obsługującym wyjątki:

```
try {
    String[] splitArray = subjectString.split("<[^<>]*>");
} catch (PatternSyntaxException ex) {
    // Wyrażenie regularne zawiera błąd składniowy.
}
```

Jeśli chcemy użyć tego samego wyrażenia regularnego dla dużej liczby łańcuchów, powinniśmy skonstruować obiekt klasy `Pattern`:

```
Pattern regex = Pattern.compile("<[^<>]*>");
String[] splitArray = regex.split(subjectString);
```

Jeśli wyrażenie regularne jest wpisywane przez użytkownika końcowego, powinniśmy korzystać z tego obiektu w ramach konstrukcji obsługującej ewentualne wyjątki:

```
String[] splitArray = null;
try {
    Pattern regex = Pattern.compile("<[^<>]*>");
    splitArray = regex.split(subjectString);
} catch (ArgumentException ex) {
    // Wyrażenie regularne zawiera błąd składniowy.
}
```

JavaScript

Funkcja `string.split()` oferuje możliwość dzielenia łańcucha z wykorzystaniem wyrażenia regularnego:

```
result = subject.split(/<[^<>]*>/);
```

Ze stosowaniem funkcji `string.split()` w tej wersji wiąże się jednak sporo problemów wynikających z różnic pomiędzy poszczególnymi przeglądarkami internetowymi. Konstruowanie listy we własnym kodzie proceduralnym jest więc pewniejszym rozwiązaniem:

```
var list = [];
var regex = /<[^<>]*>/g;
var match = null;
var lastIndex = 0;
while (match = regex.exec(subject)) {
    // W ten sposób eliminujemy ryzyko wejścia w nieskończoną pętlę przez niektóre przeglądarki (na przykład Firefox).
    if (match.index == regex.lastIndex) regex.lastIndex++;
    // Dodajemy tekst sprzed dopasowania.
    list.push(subject.substring(lastIndex, match.index));
    lastIndex = match.index + match[0].length;
}
// Dodajemy tekst zza ostatniego dopasowania.
list.push(subject.substr(lastIndex));
```

PHP

```
$result = preg_split('/<[^<>]*>/', $subject);
```

Perl

```
@result = split(m/<[^<>]*>/, $subject);
```

Python

Jeśli chcemy podzielić zaledwie kilka łańcuchów, możemy użyć funkcji globalnej:

```
result = re.split("<[^<>]*>", subject))
```

Jeśli jednak planujemy wielokrotne użycie tego samego wyrażenia regularnego, powinniśmy zastosować skompilowany obiekt:

```
reobj = re.compile("<[^<>]*>")
result = reobj.split(subject)
```

Ruby

```
result = subject.split(/<[^<>]*>/)
```

Analiza

Dzielenie łańcucha z wykorzystaniem wyrażenia regularnego prowadzi do wygenerowania wyniku odwrotnego niż ten, który otrzymaliśmy w recepturze 3.10. Zamiast uzyskiwać listę wszystkich dopasowań do wyrażenia regularnego, otrzymujemy listę fragmentów tekstu spomiędzy dopasowań, w tym tekstu znajdującego się przed pierwszym i za ostatnim dopasowaniem. Same dopasowania są pomijane w danych wynikowych funkcji dzielącej łańcuch.

C# i VB.NET

Do dzielenia łańcucha z wykorzystaniem wyrażenia regularnego we frameworku .NET zawsze używamy metody Regex.Split(). Pierwszym parametrem oczekiwanym przez metodę Split() zawsze jest łańcuch zawierający oryginalny tekst do przetworzenia (podziału). Za pośrednictwem tego parametru nie należy przekazywać wartości null — metoda Split() wygeneruje wówczas wyjątek ArgumentNullException. Metoda Split() zawsze zwraca tablicę łańcuchów.

Jeśli chcemy użyć danego wyrażenia regularnego zaledwie kilka razy, możemy posłużyć się wywołaniem statycznym. Za pośrednictwem drugiego parametru należy wówczas przekazać wyrażenie regularne. Za pośrednictwem trzeciego parametru można dodatkowo przekazać opcje przetwarzania wyrażenia regularnego. W razie występowania błędu składniowego w tym wyrażeniu metoda Split() generuje wyjątek ArgumentException.

Jeśli chcemy użyć tego samego wyrażenia regularnego dla wielu łańcuchów, możemy znacznie podnieść efektywność naszego kodu, konstruując obiekt klasy Regex i wywołując metodę Split() dla tego obiektu. Łańcuch do przetworzenia jest wówczas jedynym wymaganym parametrem tej metody.

Kiedy wywołujemy metodę Split() dla obiektu klasy Regex, możemy przekazać dodatkowe parametry ograniczające zakres stosowania operacji podziału. Jeśli nie przekażemy tych opcjonalnych parametrów, łańcuch zostanie podzielony w miejscach wszystkich dopasowań przetwarzanego łańcucha do danego wyrażenia regularnego. Wspomniane parametry nie są obsługiwane przez wersje statyczne przeciążonej metody Split(), które zawsze dzielą cały łańcuch we wszystkich dopasowaniach.

Za pośrednictwem opcjonalnego, drugiego parametru (po łańcuchu do przetworzenia) można przekazać maksymalną liczbę żądanych operacji podziału łańcucha. Jeśli na przykład użyjemy wywołania `regexObj.Split(subject, 3)`, otrzymamy tablicę złożoną z co najwyżej trzech łańcuchów. Metoda `Split()` spróbuje odnaleźć tylko dwa dopasowania do danego wyrażenia regularnego, po czym zwróci tekst sprzed pierwszego dopasowania, tekst spomiędzy obu dopasowań oraz tekst zza drugiego dopasowania. Ewentualne dalsze dopasowania do tego wyrażenia regularnego w pozostałej części przetwarzanego łańcucha zostaną zignorowane, a cała reszta łańcucha zostanie umieszczona w ostatnim elemencie zwróconej tablicy.

Jeśli liczba możliwych dopasowań jest mniejsza od wyznaczonego limitu, metoda `Split()` podzieli dany łańcuch według wszystkich tych dopasowań i zwróci tablicę złożoną z mniejszej od określonej liczby elementów. Wywołanie `regexObj.Split(subject, 1)` w ogóle nie podzieli łańcucha i zwróci tablicę złożoną wyłącznie z oryginalnego łańcucha. Wywołanie `regexObj.Split(subject, 0)` podzieli łańcuch według wszystkich możliwych dopasowań (tak jak wywołanie metody `Split()` bez drugiego parametru). Przekazanie wartości ujemnej spowoduje, że metoda `Split()` wygeneruje wyjątek `ArgumentOutOfRangeException`.

Jeśli zdecydujemy się przekazać drugi parametr z maksymalną liczbą łańcuchów w zwróconej tablicy, będziemy mogli przekazać także trzeci, również opcjonalny parametr, określający indeks znaku, od którego ma się rozpocząć poszukiwanie dopasowań do danego wyrażenia regularnego. W praktyce wartość przekazana za pośrednictwem tego parametru reprezentuje liczbę znaków z początku przetwarzanego łańcucha, które mają być ignorowane przez dane wyrażenie regularne. Takie rozwiązanie jest korzystne w sytuacji, gdy przetworzyliśmy już dany łańcuch do pewnego punktu i chcemy wznowić proces podziału reszty tego łańcucha.

Warto pamiętać, że znaki pominięte przez wyrażenie regularne są dodawane do zwracanej tablicy. Pierwszy łańcuch tej tablicy reprezentuje cały podłańcuch sprzed pierwszego dopasowania znalezionego za wyznaczonym punktem początkowym, w tym znaki sprzed tego punktu. Wartość trzeciego parametru musi się mieścić w przedziale od zera do długości przetwarzanego łańcucha. W przeciwnym razie metoda `Split()` wygeneruje wyjątek `ArgumentOut ↪OfRangeException`. Inaczej niż metoda `Match()`, metoda `Split()` nie oferuje możliwości określenia parametru ograniczającego długość podłańcucha, do którego będzie dopasowywane dane wyrażenie regularne.

Jeśli dopasowanie występuje na samym początku przetwarzanego łańcucha, pierwszy element zwracanej tablicy zawiera łańcuch pusty. Kiedy dwa dopasowania do danego wyrażenia regularnego występują bezpośrednio obok siebie (nie są przedzielone żadnym tekstem), odpowiedni element tablicy będzie zawierał łańcuch pusty. Jeśli dopasowanie występuje na samym końcu przetwarzanego łańcucha, łańcuch pusty zostanie przypisany ostatniemu elementowi tablicy wynikowej.

Java

Jeśli dysponujemy tylko jednym łańcuchem do podziału, możemy wywołać metodę `split()` bezpośrednio dla naszego łańcucha do przetworzenia. Wyrażenie regularne należy wówczas przekazać za pośrednictwem jedynego parametru tej metody. Działanie tej metody sprowadza się do wywołania funkcji `Pattern.compile("regex").split(subjectString)`.

Jeśli chcemy podzielić wiele łańcuchów, powinniśmy użyć fabryki `Pattern.compile()` do utworzenia obiektu klasy `Pattern`. Takie rozwiązanie powoduje, że nasze wyrażenie regularne jest kompilowane zaledwie raz. Możemy następnie wywoływać metodę `split()` dla istniejącego obiektu klasy `Pattern` i przekazywać na jej wejściu łańcuch do przetworzenia. Tym razem nie musimy tworzyć obiektu klasy `Matcher`, która zresztą nie definiuje metody `split()`.

Na wejściu metody Pattern.split() można przekazać opcjonalny, drugi parametr; takiej możliwości nie oferuje metoda String.split(). Możemy wykorzystać ten drugi parametr do określenia maksymalnej liczby łańcuchów, które chcemy otrzymać w wyniku podziału. Jeśli na przykład użyjemy wywołania Pattern.split(subject, 3), otrzymamy tablicę złożoną z co najwyżej trzech łańcuchów. Metoda split() spróbuje odnaleźć tylko dwa dopasowania do danego wyrażenia regularnego, po czym zwróci tekst sprzed pierwszego dopasowania, tekst spomiędzy obu dopasowań oraz tekst zza drugiego dopasowania. Ewentualne dalsze dopasowania do tego wyrażenia regularnego w pozostałej części przetwarzanego łańcucha zostaną zignorowane, a cała reszta łańcucha zostanie umieszczona w ostatnim elemencie zwróconej tablicy. Jeśli liczba możliwych dopasowań jest mniejsza od wyznaczonego limitu, metoda split() podzieli dany łańcuch według wszystkich tych dopasowań i zwróci tablicę złożoną z mniejszej liczby elementów. Wywołanie Pattern.split(subject, 1) w ogóle nie podzieli łańcucha i zwróci tablicę złożoną wyłącznie z oryginalnego łańcucha.

Jeśli dopasowanie występuje na samym początku przetwarzanego łańcucha, pierwszy element zwracanej tablicy zawiera łańcuch pusty. Kiedy dwa dopasowania do danego wyrażenia regularnego występują bezpośrednio obok siebie (nie są przedzielone żadnym tekstem), odpowiedni element tablicy będzie zawierał łańcuch pusty. Jeśli dopasowanie występuje na samym końcu przetwarzanego łańcucha, łańcuch pusty zostanie przypisany ostatniemu elementowi tablicy wynikowej.

Warto jednak pamiętać, że Java automatycznie eliminuje łańcuchy puste z końca tej tablicy. Jeśli więc chcemy włączyć ten łańcuch do naszej tablicy wynikowej, powinniśmy na wejściu metody Pattern.split(), za pośrednictwem drugiego parametru, przekazać wartość ujemną. W ten sposób wymusimy na Javie zastosowanie możliwie dużej liczby podziałów i zachowanie ewentualnych pustych łańcuchów na końcu skonstruowanej tablicy. Jeśli za pośrednictwem drugiego parametru przekażemy liczbę ujemną, wielkość tej liczby nie będzie miała żadnego znaczenia. Nie możemy więc zmusić Javy do podzielenia łańcucha określoną liczbę razy i jednocześnie do pozostawienia łańcuchów pustych na końcu tablicy wynikowej.

JavaScript

W JavaScripcie powinniśmy wywołać metodę split() dla łańcucha, który chcemy podzielić. Na wejściu tej metody (za pośrednictwem jedynego wymaganego parametru) należy przekazać wyrażenie regularne, które zostanie dopasowane do danego łańcucha możliwie wiele razy (na tej podstawie ten łańcuch zostanie podzielony). Możemy też przekazać drugi, opcjonalny parametr określający maksymalną liczbę łańcuchów, które chcemy otrzymać w tablicy wynikowej. Jeśli pominiemy drugi parametr lub przekażemy za jego pośrednictwem liczbę ujemną, łańcuch zostanie podzielony tyle razy, ile uda się znaleźć dopasowań. Na działanie tego mechanizmu nie ma wpływu ewentualna flaga /g użyta dla danego wyrażenia regularnego (patrz receptura 3.4).

Okazuje się niestety, że żadna z popularnych przeglądarek internetowych nie implementuje wszystkich aspektów działania metody split() zgodnie z zapisami oficjalnego standardu JavaScriptu. W szczególności niektóre przeglądarki umieszczają w tablicy wynikowej tekst dopasowany do grup przechwytujących, inne pomijają te fragmenty. Co więcej, przeglądarki umieszczające dopasowania do grup przechwytujących w odmienny sposób obsługują grupy, które nie uczestniczyły w dopasowaniu. Aby uniknąć tych problemów, w wyrażeniach regularnych przekazywanych na wejściu metody split() należy korzystać wyłącznie z grup nieprzechwytujących (patrz receptura 2.9).

Niektóre implementacje JavaScriptu nie umieszczają łańcuchów zerowej długości w zwracanej tablicy. Takie łańcuchy powinny się znaleźć w tej tablicy w sytuacji, gdy dwa dopasowania do wyrażenia regularnego występują bezpośrednio obok siebie bądź gdy dopasowanie do wyrażenia rozpoczyna lub kończy przetwarzany (dzielony) łańcuch. Ponieważ nie możemy obejść tego problemu, wprowadzając drobną poprawkę w samym wyrażeniu regularnym, bezpieczniejszym wyjściem jest użycie nieco dłuższego kodu JavaScriptu, który gwarantuje nam umieszczenie w tablicy wynikowej wszystkich łańcuchów zerowej długości (choć pozostawia możliwość ich łatwego wyeliminowania).

W dłuższej wersji rozwiązania wykorzystano zmieniony kod z receptury 3.12. Tym razem dodajemy do tablicy tekst spomiędzy dopasowań do wyrażenia regularnego oraz same dopasowania. Tekst spomiędzy dopasowań uzyskujemy, korzystając z rozwiązań wyjaśnionych w recepturze 3.8.

Gdybyśmy potrzebowali implementacji metody String.prototype.split() w pełni zgodnej ze standardem JavaScriptu i jednocześnie działającej we wszystkich przeglądarkach, powinniśmy skorzystać z rozwiązania zaproponowanego przez Stevena Levithana na wpisie *http://blog.stevenlevithan.com/archives/cross-browser-split*.

PHP

Aby podzielić łańcuch na tablicę łańcuchów według dopasowań do określonego wyrażenia regularnego, należy wywołać funkcję preg_split(). Za pośrednictwem pierwszego parametru tej funkcji powinniśmy przekazać wyrażenie regularne; za pośrednictwem drugiego parametru należy przekazać łańcuch do przetworzenia. Jeśli nie przekażemy drugiego parametru, w roli łańcucha do przetworzenia zostanie użyta zmienna $_.

Na wejściu funkcji preg_split() możemy przekazać opcjonalny, trzeci parametr określający maksymalną liczbę łańcuchów, które chcemy otrzymać po podziale. Jeśli na przykład użyjemy wywołania preg_split($regex, $subject, 3), otrzymamy tablicę złożoną z co najwyżej trzech łańcuchów. Funkcja preg_split() spróbuje odnaleźć tylko dwa dopasowania do danego wyrażenia regularnego, po czym zwróci tekst sprzed pierwszego dopasowania, tekst spomiędzy obu dopasowań oraz tekst zza drugiego dopasowania. Ewentualne dalsze dopasowania do tego wyrażenia regularnego w pozostałej części przetwarzanego łańcucha zostaną zignorowane, a cała reszta łańcucha zostanie umieszczona w ostatnim elemencie zwróconej tablicy. Jeśli liczba możliwych dopasowań jest mniejsza od wyznaczonego limitu, funkcja preg_split() podzieli dany łańcuch według wszystkich tych dopasowań i zwróci tablicę złożoną z mniejszej liczby elementów. Jeśli nie przekażemy trzeciego parametru lub przekażemy za jego pośrednictwem wartość -1, łańcuch zostanie podzielony możliwie wiele razy.

Jeśli dopasowanie występuje na samym początku przetwarzanego łańcucha, pierwszy element zwracanej tablicy zawiera łańcuch pusty. Kiedy dwa dopasowania do danego wyrażenia regularnego występują bezpośrednio obok siebie (nie są przedzielone żadnym tekstem), odpowiedni element tablicy będzie zawierał łańcuch pusty. Jeśli dopasowanie występuje na samym końcu przetwarzanego łańcucha, łańcuch pusty zostanie przypisany ostatniemu elementowi tablicy wynikowej. Funkcja preg_split() uwzględnia te łańcuchy puste w generowanej i zwracanej przez siebie tablicy. Jeśli nie chcemy, aby konstruowana tablica zawierała te łańcuchy puste, powinniśmy za pośrednictwem czwartego parametru tej funkcji przekazać stałą PREG_SPLIT_NO_EMPTY.

Perl

Do podzielenia łańcucha na tablicę podłańcuchów według dopasowań do wyrażeń regularnych możemy użyć funkcji split(). Za pośrednictwem pierwszego parametru należy przekazać operator wyrażenia regularnego; za pośrednictwem drugiego parametru należy przekazać łańcuch do przetworzenia.

Na wejściu funkcji split() można przekazać opcjonalny, trzeci parametr określający maksymalną liczbę łańcuchów, które chcemy uzyskać po dokonaniu podziału. Jeśli na przykład użyjemy wywołania split(/regex/, subject, 3), otrzymamy tablicę złożoną z co najwyżej trzech łańcuchów. Funkcja split() spróbuje odnaleźć tylko dwa dopasowania do danego wyrażenia regularnego, po czym zwróci tekst sprzed pierwszego dopasowania, tekst spomiędzy obu dopasowań oraz tekst zza drugiego dopasowania. Ewentualne dalsze dopasowania do tego wyrażenia regularnego w pozostałej części przetwarzanego łańcucha zostaną zignorowane, a cała reszta łańcucha zostanie umieszczona w ostatnim elemencie zwróconej tablicy. Jeśli liczba możliwych dopasowań jest mniejsza od wyznaczonego limitu, funkcja split() podzieli dany łańcuch według wszystkich tych dopasowań i zwróci tablicę złożoną z mniejszej liczby elementów.

Jeśli pominiemy trzeci parametr, Perl sam określi właściwy limit. Jeśli wynik funkcji split() przypisujemy jakiejś zmiennej tablicowej (jak w rozwiązaniu zaproponowanym na początku tej receptury), łańcuch zostanie podzielony możliwie wiele razy. Jeśli przypisujemy ten wynik jakiejś liście zmiennych skalarnych, Perl ustali liczbę operacji podziału równą liczbie tych zmiennych powiększonej o jeden. Innymi słowy, Perl spróbuje wypełnić wszystkie te zmienne i nie będzie próbował dzielić reszty przetwarzanego tekstu. Na przykład wyrażenie ($one, $two, $three) = split(/,/) podzieli łańcuch reprezentowany przez zmienną $_ na maksymalnie cztery części.

Jeśli dopasowanie występuje na samym początku przetwarzanego łańcucha, pierwszy element zwracanej tablicy zawiera łańcuch pusty. Kiedy dwa dopasowania do danego wyrażenia regularnego występują bezpośrednio obok siebie (nie są przedzielone żadnym tekstem), odpowiedni element tablicy będzie zawierał łańcuch pusty. Jeśli dopasowanie występuje na samym końcu przetwarzanego łańcucha, łańcuch pusty zostanie przypisany ostatniemu elementowi tablicy wynikowej.

Python

Funkcja split() modułu re dzieli łańcuch według dopasowań do wyrażenia regularnego. Za pośrednictwem pierwszego parametru tej funkcji należy przekazać wyrażenie regularne; za pośrednictwem drugiego parametru należy przekazać łańcuch do przetworzenia (podziału). Globalna funkcja split() nie akceptuje parametru reprezentującego opcje przetwarzania danego wyrażenia regularnego.

Funkcja re.split() wywołuje funkcję re.compile(), po czym wywołuje metodę split() już dla obiektu reprezentującego skompilowane wyrażenie regularne. Metoda split() otrzymuje na wejściu tylko jeden wymagany parametr — łańcuch do przetworzenia.

Obie formy funkcji split() zwracają listę fragmentów tekstu odnalezionych pomiędzy kolejnymi dopasowaniami do danego wyrażenia regularnego. Na wejściu obu wersji można przekazać jeden opcjonalny parametr ograniczający liczbę żądanych operacji podziału. Jeśli pominiemy ten parametr lub przekażemy za jego pośrednictwem wartość zero, łańcuch zostanie podzielony możliwie wiele razy. Jeśli przekażemy wartość dodatnią, wyznaczymy w ten sposób maksymalną liczbę dopasowań do danego wyrażenia regularnego, które będą wyznaczały punkty podziału naszego łańcucha. Lista wynikowa będzie zawierała łańcuchy w liczbie równej tej wartości powiększonej o jeden. Ostatni łańcuch zawiera wówczas końcową, niepodzieloną część oryginalnego łańcucha (zza ostatniego dopasowania). W razie występowania mniejszej od wyznaczonego limitu liczby dopasowań łańcuch zostanie podzielony w miejscach odnalezienia wszystkich istniejących dopasowań, a funkcja `split()` nie wygeneruje żadnego błędu.

Ruby

Aby podzielić łańcuch na tablicę łańcuchów według dopasowań do wyrażenia regularnego, należy wywołać metodę `split()` dla przetwarzanego łańcucha i przekazać na jej wejściu odpowiednie wyrażenie.

Na wejściu metody `split()` można też przekazać drugi, opcjonalny parametr określający liczbę oczekiwanych łańcuchów po podziale. Jeśli na przykład użyjemy wywołania `subject.split` ↪`(re, 3)`, otrzymamy tablicę złożoną z co najwyżej trzech łańcuchów. Funkcja `split()` spróbuje odnaleźć tylko dwa dopasowania do danego wyrażenia regularnego, po czym zwróci tekst sprzed pierwszego dopasowania, tekst spomiędzy obu dopasowań oraz tekst zza drugiego dopasowania. Ewentualne dalsze dopasowania do tego wyrażenia regularnego w pozostałej części przetwarzanego łańcucha zostaną zignorowane, a cała reszta łańcucha zostanie umieszczona w ostatnim elemencie zwróconej tablicy. Jeśli liczba możliwych dopasowań jest mniejsza od wyznaczonego limitu, funkcja `split()` podzieli dany łańcuch według wszystkich tych dopasowań i zwróci tablicę złożoną z mniejszej liczby elementów. Wywołanie `split(re, 1)` w ogóle nie dzieli danego łańcucha i zwraca tablicę, której jedynym elementem jest oryginalny łańcuch.

Jeśli dopasowanie występuje na samym początku przetwarzanego łańcucha, pierwszy element zwracanej tablicy zawiera łańcuch pusty. Kiedy dwa dopasowania do danego wyrażenia regularnego występują bezpośrednio obok siebie (nie są przedzielone żadnym tekstem), odpowiedni element tablicy będzie zawierał łańcuch pusty. Jeśli dopasowanie występuje na samym końcu przetwarzanego łańcucha, łańcuch pusty zostanie przypisany ostatniemu elementowi tablicy wynikowej.

Warto przy tej okazji wspomnieć, że język Ruby automatycznie eliminuje łańcuchy puste z końca tej tablicy. Jeśli więc chcemy włączyć ten łańcuch do naszej tablicy wynikowej, powinniśmy na wejściu metody `split()`, za pośrednictwem drugiego parametru, przekazać wartość ujemną. W ten sposób wymusimy na języku Ruby zastosowanie możliwie dużej liczby podziałów i zachowanie ewentualnych pustych łańcuchów na końcu skonstruowanej tablicy. Jeśli za pośrednictwem drugiego parametru przekażemy liczbę ujemną, wielkość tej liczby nie będzie miała żadnego znaczenia. Nie możemy więc zmusić języka Ruby do podzielenia łańcucha określoną liczbę razy i jednocześnie do pozostawienia łańcuchów pustych na końcu tablicy wynikowej.

Patrz także

Receptura 3.20.

3.20. Dzielenie łańcucha z zachowaniem dopasowań do wyrażenia regularnego

Problem

Chcemy podzielić łańcuch z wykorzystaniem pewnego wyrażenia regularnego. Po podziale chcemy otrzymać tablicę lub listę łańcuchów z tekstem zawartym zarówno pomiędzy dopasowaniami do tego wyrażenia, jak i z tekstem samych dopasowań.

Przypuśćmy, że chcemy podzielić łańcuch ze znacznikami HTML-a i zachować te znaczniki w strukturze wynikowej. Dla łańcucha wejściowego Lubię•czcionki•pogrubione•i• ↳czcionki•pisane•<i>kursywą</i> powinniśmy otrzymać tablicę ośmiu łańcuchów: Lubię• ↳czcionki•, , pogrubione, , •i•czcionki•pisane•, <i>, kursywą oraz </i>.

Rozwiązanie

C#

Jeśli planujemy przetworzenie niewielkiej liczby łańcuchów z wykorzystaniem tego samego wyrażenia regularnego, możemy użyć wywołania statycznego:

```
string[] splitArray = Regex.Split(subjectString, "(<[^<>]*>)");
```

Jeśli jednak chcemy użyć tego samego wyrażenia regularnego dla wielu łańcuchów, powinniśmy skonstruować obiekt klasy Regex:

```
Regex regexObj = new Regex("(<[^<>]*>)");
string[] splitArray = regexObj.Split(subjectString);
```

VB.NET

Jeśli planujemy przetworzenie niewielkiej liczby łańcuchów z wykorzystaniem tego samego wyrażenia regularnego, możemy użyć wywołania statycznego:

```
Dim SplitArray = Regex.Split(SubjectString, "(<[^<>]*>)")
```

Jeśli jednak chcemy użyć tego samego wyrażenia regularnego dla wielu łańcuchów, powinniśmy skonstruować obiekt klasy Regex:

```
Dim RegexObj As New Regex("(<[^<>]*>)")
Dim SplitArray = RegexObj.Split(SubjectString)
```

Java

```
List<String> resultList = new ArrayList<String>();
Pattern regex = Pattern.compile("<[^<>]*>");
Matcher regexMatcher = regex.matcher(subjectString);
int lastIndex = 0;
while (regexMatcher.find()) {
    resultList.add(subjectString.substring(lastIndex,
                                 regexMatcher.start()));
    resultList.add(regexMatcher.group());
```

```
        lastIndex = regexMatcher.end();
    }
    resultList.add(subjectString.substring(lastIndex));
```

JavaScript

```
var list = [];
var regex = /<[^<>]*>/g;
var match = null;
var lastIndex = 0;
while (match = regex.exec(subject)) {
    // Eliminujemy ryzyko wejścia przeglądarki (na przykład Firefoksa) w nieskończoną pętlę.
    if (match.index == regex.lastIndex) regex.lastIndex++;
    // Dodajemy tekst sprzed dopasowania oraz tekst samego dopasowania.
    list.push(subject.substring(lastIndex, match.index), match[0]);
    lastIndex = match.index + match[0].length;
}
// Dodajemy resztę łańcucha zza ostatniego dopasowania.
list.push(subject.substr(lastIndex));
```

PHP

```
$result = preg_split('/(<[^<>]*>)/', $subject, -1,
                     PREG_SPLIT_DELIM_CAPTURE);
```

Perl

```
@result = split(m/(<[^<>]*>)/, $subject);
```

Python

Jeśli dysponujemy zaledwie kilkoma łańcuchami do podziału, możemy użyć funkcji globalnej:

```
result = re.split("(<[^<>]*>)", subject))
```

Jeśli planujemy wielokrotne użycie tego samego wyrażenia regularnego, powinniśmy skorzystać ze skompilowanego obiektu:

```
reobj = re.compile("(<[^<>]*>)")
result = reobj.split(subject)
```

Ruby

```
list = []
lastindex = 0;
subject.scan(/<[^<>]*>/) {|match|
    list << subject[lastindex..$~.begin(0)-1];
    list << $&
    lastindex = $~.end(0)
}
list << subject[lastindex..subject.length()]
```

Analiza

.NET

Metoda Regex.Split() dostępna we frameworku .NET włącza do generowanej tablicy wynikowej tekst dopasowany do grup przechwytujących. We frameworkach .NET 1.0 i 1.1 wspomniana tablica obejmowała tylko fragment dopasowany do pierwszej grupy przechwytującej. We frameworku .NET 2.0 i nowszych tablica wynikowa zawiera tekst dopasowany do wszystkich grup przechwytujących (w formie odrębnych łańcuchów). Gdybyśmy chcieli umieścić w tej tablicy także dopasowanie do całego wyrażenia regularnego, powinniśmy umieścić to wyrażenie w dodatkowej grupie przechwytującej. We frameworku .NET 2.0 i nowszych wszystkie pozostałe grupy powinny mieć postać grup nieprzechwytujących — w przeciwnym razie zostaną włączone do generowanej tablicy.

Grupy przechwytujące nie są uwzględniane podczas liczenia łańcuchów w kontekście ograniczenia przekazanego na wejściu funkcji Split(). Oznacza to, że jeśli użyjemy wywołania regexObj.Split(subject, 4) dla przykładowego łańcucha z początku tej receptury, otrzymamy tablicę złożoną z siedmiu łańcuchów. Nasza tablica będzie obejmowała cztery łańcuchy z tekstem sprzed, spomiędzy i zza pierwszych trzech dopasowań oraz trzy łańcuchy dopasowane do wyrażenia regularnego i przechwycone przez jedyną grupę przechwytującą tego wyrażenia. Krótko mówiąc, otrzymamy tablicę elementów Lubię•czcionki•, , pogrubione, , •i•czcionki•pisane•, <i> oraz kursywą</i>. Gdyby nasze wyrażenie regularne zawierało dziesięć grup przechwytujących i gdybyśmy korzystali z frameworku .NET 2.0 lub nowszego, wywołanie regexObj.Split(subject, 4) zwróciłoby tablicę złożoną z 34 łańcuchów.

Framework .NET nie oferuje opcji, która wyłączałaby z tej tablicy tekst dopasowany do grup przechwytujących. Jedynym rozwiązaniem jest zastąpienie wszystkich nazwanych i numerowanych grup przechwytujących grupami nieprzechwytującymi. Najprostszym wyjściem jest użycie opcji RegexOptions.ExplicitCapture i zastąpienie w wyrażeniu regularnym wszystkich nazwanych grup przechwytujących grupami normalnymi (otoczonymi parą zwykłych nawiasów).

Java

Metoda Pattern.split() Javy nie oferuje opcji, która wymuszałaby dodanie do tablicy wynikowej dopasowań do wyrażenia regularnego. W tej sytuacji możemy przebudować rozwiązanie z receptury 3.12, aby dodać do listy zarówno tekst spomiędzy dopasowań do wyrażenia regularnego, jak i same dopasowania. Do uzyskiwania tekstu spomiędzy dopasowań wykorzystujemy właściwości opisujące dopasowania (patrz receptura 3.8).

JavaScript

Funkcja string.split() JavaScriptu nie oferuje opcji, która dawałaby nam kontrolę nad dodawaniem do tablicy wynikowej dopasowań do wyrażenia regularnego. Zgodnie ze standardem JavaScriptu wszystkie dopasowania do grup przechwytujących powinny zostać dodane do tablicy generowanej i zwracanej przez funkcję string.split(). Okazuje się jednak, że najbardziej popularne przeglądarki internetowe albo realizują to zadanie w sposób niespójny, albo nie realizują go wcale.

Aby nasze rozwiązanie działało prawidłowo we wszystkich przeglądarkach, możemy posłużyć się odpowiednio zmienionym rozwiązaniem z receptury 3.12 — w ten sposób dodamy do listy zarówno tekst spomiędzy dopasowań, jak i tekst samych dopasowań do danego wyrażenia regularnego. Do uzyskania tekstu spomiędzy dopasowań wykorzystujemy właściwości opisujące dopasowania (patrz receptura 3.8).

PHP

Aby do tablicy zwracanej przez funkcję `preg_split()` włączyć tekst dopasowany do grup przechwytujących, za pośrednictwem czwartego parametru tej funkcji należy przekazać stałą `PREG_SPLIT_DELIM_CAPTURE`. Opcję `PREG_SPLIT_DELIM_CAPTURE` możemy połączyć z opcją `PREG_SPLIT_NO_EMPTY` za pomocą operatora `|`.

Grupy przechwytujące nie są uwzględniane podczas liczenia łańcuchów w kontekście ograniczenia przekazanego za pośrednictwem trzeciego argumentu funkcji `preg_split()`. Oznacza to, że jeśli dla przykładowego łańcucha z początku tej receptury ustawimy ograniczenie na poziomie 4, otrzymamy tablicę złożoną z siedmiu łańcuchów. Nasza tablica będzie obejmowała cztery łańcuchy z tekstem sprzed, spomiędzy i zza pierwszych trzech dopasowań oraz trzy łańcuchy dopasowane do wyrażenia regularnego i przechwycone przez jedyną grupę przechwytującą tego wyrażenia. Krótko mówiąc, otrzymamy tablicę elementów `Lubię•czcionki•`, `<b>`, `pogrubione`, `</b>`, `•i•czcionki•pisane•`, `<i>` oraz `kursywą</i>`.

Perl

Funkcja `split()` języka Perl włącza do generowanej tablicy wynikowej fragmenty tekstu dopasowane do wszystkich grup przechwytujących. Gdybyśmy chcieli, aby generowana tablica dodatkowo zawierała dopasowanie do całego wyrażenia regularnego, powinniśmy to wyrażenie umieścić w grupie przechwytującej.

Grupy przechwytujące nie są uwzględniane podczas liczenia łańcuchów w kontekście ograniczenia przekazanego na wejściu funkcji `split()`. Oznacza to, że jeśli dla przykładowego łańcucha z początku tej receptury użyjemy wywołania `split(/(<[^<>]*>)/, $subject, 4)`, otrzymamy tablicę złożoną z siedmiu łańcuchów. Nasza tablica będzie obejmowała cztery łańcuchy z tekstem sprzed, spomiędzy i zza pierwszych trzech dopasowań oraz trzy łańcuchy dopasowane do wyrażenia regularnego i przechwycone przez jedyną grupę przechwytującą tego wyrażenia. Krótko mówiąc, otrzymamy tablicę elementów `Lubię•czcionki•`, `<b>`, `pogrubione`, `</b>`, `•i•czcionki•pisane•`, `<i>` oraz `kursywą</i>`. Gdyby nasze wyrażenie regularne zawierało dziesięć grup przechwytujących, wywołanie `split($regex, $subject, 4)` zwróciłoby tablicę złożoną z 34 łańcuchów.

Perl nie oferuje opcji, która wyłączałaby z tej tablicy tekst dopasowany do grup przechwytujących. Jedynym rozwiązaniem jest zastąpienie wszystkich nazwanych i numerowanych grup przechwytujących grupami nieprzechwytującymi.

Python

Funkcja `split()` języka Python włącza do generowanej tablicy wynikowej fragmenty tekstu dopasowane do wszystkich grup przechwytujących. Gdybyśmy chcieli, aby generowana tablica dodatkowo zawierała dopasowanie do całego wyrażenia regularnego, powinniśmy to wyrażenie umieścić w grupie przechwytującej.

Grupy przechwytujące nie są uwzględniane podczas liczenia łańcuchów w kontekście ograniczenia przekazanego na wejściu funkcji `split()`. Oznacza to, że jeśli dla przykładowego łańcucha z początku tej receptury użyjemy wywołania `split(/(<[^<>]*>)/, $subject, 4)`, otrzymamy tablicę złożoną z siedmiu łańcuchów. Łańcuch zostanie podzielony trzykrotnie, a tablica wynikowa będzie obejmowała cztery łańcuchy z tekstem spomiędzy dopasowań oraz trzy łańcuchy dopasowane do grupy przechwytującej. Krótko mówiąc, otrzymamy tablicę elementów Lubię•czcionki•, , pogrubione, , •i•czcionki•pisane•, <i> oraz kursywą ↪</i>. Gdyby nasze wyrażenie regularne zawierało dziesięć grup przechwytujących, wywołanie split($regex, $subject, 4) zwróciłoby tablicę złożoną z 34 łańcuchów.

Python nie oferuje opcji, która wyłączałaby z tej tablicy tekst dopasowany do grup przechwytujących. Jedynym rozwiązaniem jest zastąpienie wszystkich nazwanych i numerowanych grup przechwytujących grupami nieprzechwytującymi.

Ruby

Metoda String.split() języka Ruby nie obsługuje opcji, która wymuszałaby dodawanie do tablicy wynikowej dopasowań do wyrażenia regularnego. W tej sytuacji zdecydowaliśmy się zastosować zmienione rozwiązanie z receptury 3.11, aby skonstruować listę obejmującą zarówno dopasowania do wyrażenia regularnego, jak i tekst spomiędzy tych dopasowań. Do uzyskania tekstu spomiędzy dopasowań wykorzystujemy właściwości opisujące dopasowania (patrz receptura 3.8).

Patrz także

W recepturze 2.9 wyjaśniono działanie grup przechwytujących i grup nieprzechwytujących.

W recepturze 2.11 wyjaśniono działanie grup nazwanych.

3.21. Przeszukiwanie kolejnych wierszy

Problem

Tradycyjne narzędzia przetwarzające wyrażenia regularne (na przykład grep) stosują te wyrażenia dla kolejnych wierszy i wyświetlają właśnie dopasowane (lub niedopasowane) wiersze. Wyobraźmy sobie, że dysponujemy tablicą łańcuchów lub łańcuchem wielowierszowym, który chcemy przetworzyć w ten sposób.

Rozwiązanie

C#

Jeśli dysponujemy łańcuchem wielowierszowym, powinniśmy go najpierw podzielić na tablicę łańcuchów, której elementy będą reprezentowały poszczególne wiersze tekstu:

```
string[] lines = Regex.Split(subjectString, "\r?\n");
```

Możemy teraz iteracyjnie przeszukać elementy tablicy lines:

```
Regex regexObj = new Regex("wzorzec wyrażenia regularnego");
for (int i = 0; i < lines.Length; i++) {
    if (regexObj.IsMatch(lines[i])) {
        // Wyrażenie regularne pasuje do elementu lines[i].
    } else {
        // Wyrażenie regularne nie pasuje do elementu lines[i].
    }
}
```

VB.NET

Jeśli dysponujemy łańcuchem wielowierszowym, powinniśmy go najpierw podzielić na tablicę łańcuchów, której elementy będą reprezentowały poszczególne wiersze tekstu:

```
Dim Lines = Regex.Split(SubjectString, "\r?\n")
```

Możemy teraz iteracyjnie przeszukać elementy tablicy lines:

```
Dim RegexObj As New Regex("wzorzec wyrażenia regularnego")
For i As Integer = 0 To Lines.Length - 1
    If RegexObj.IsMatch(Lines(i)) Then
        'Wyrażenie regularne pasuje do elementu lines[i].
    Else
        'Wyrażenie regularne nie pasuje do elementu lines[i].
    End If
Next
```

Java

Jeśli dysponujemy łańcuchem wielowierszowym, powinniśmy go najpierw podzielić na tablicę łańcuchów, której elementy będą reprezentowały poszczególne wiersze tekstu:

```
String[] lines = subjectString.split("\r?\n");
```

Możemy teraz iteracyjnie przeszukać elementy tablicy lines:

```
Pattern regex = Pattern.compile("wzorzec wyrażenia regularnego");
Matcher regexMatcher = regex.matcher("");
for (int i = 0; i < lines.length; i++) {
    regexMatcher.reset(lines[i]);
    if (regexMatcher.find()) {
        // Wyrażenie regularne pasuje do elementu lines[i].
    } else {
        // Wyrażenie regularne nie pasuje do elementu lines[i].
    }
}
```

JavaScript

Jeśli dysponujemy łańcuchem wielowierszowym, powinniśmy go najpierw podzielić na tablicę łańcuchów, której elementy będą reprezentowały poszczególne wiersze tekstu. Jak już wspomniano w recepturze 3.19, niektóre przeglądarki usuwają puste wiersze z tablic:

```
var lines = subject.split(/\r?\n/);
```

Możemy teraz iteracyjnie przeszukać elementy tablicy lines:

```
var regexp = /wzorzec wyrażenia regularnego/;
for (var i = 0; i < lines.length; i++) {
    if (lines[i].match(regexp)) {
        // Wyrażenie regularne pasuje do elementu lines[i].
    } else {
        // Wyrażenie regularne nie pasuje do elementu lines[i].
    }
}
```

PHP

Jeśli dysponujemy łańcuchem wielowierszowym, powinniśmy go najpierw podzielić na tablicę łańcuchów, której elementy będą reprezentowały poszczególne wiersze tekstu:

```
$lines = preg_split('/\r?\n/', $subject)
```

Możemy teraz iteracyjnie przeszukać elementy tablicy $lines:

```
foreach ($lines as $line) {
    if (preg_match('/wzorzec wyrażenia regularnego/', $line)) {
        // Wyrażenie regularne pasuje do zmiennej $line.
    } else {
        // Wyrażenie regularne nie pasuje do zmiennej $line.
    }
}
```

Perl

Jeśli dysponujemy łańcuchem wielowierszowym, powinniśmy go najpierw podzielić na tablicę łańcuchów, której elementy będą reprezentowały poszczególne wiersze tekstu:

```
@lines = split(m/\r?\n/, $subject)
```

Możemy teraz iteracyjnie przeszukać elementy tablicy $lines:

```
foreach $line (@lines) {
    if ($line =~ m/wzorzec wyrażenia regularnego/) {
        # Wyrażenie regularne pasuje do zmiennej $line.
    } else {
        # Wyrażenie regularne nie pasuje do zmiennej $line.
    }
}
```

Python

Jeśli dysponujemy łańcuchem wielowierszowym, powinniśmy go najpierw podzielić na tablicę łańcuchów, której elementy będą reprezentowały poszczególne wiersze tekstu:

```
lines = re.split("\r?\n", subject);
```

Możemy teraz iteracyjnie przeszukać elementy tablicy lines:

```
reobj = re.compile("wzorzec wyrażenia regularnego")
for line in lines[:]:
    if reobj.search(line):
        # Wyrażenie regularne pasuje do zmiennej $line.
    else:
        # Wyrażenie regularne nie pasuje do zmiennej $line.
```

Ruby

Jeśli dysponujemy łańcuchem wielowierszowym, powinniśmy go najpierw podzielić na tablicę łańcuchów, której elementy będą reprezentowały poszczególne wiersze tekstu:

```
lines = subject.split(/\r?\n/)
```

Możemy teraz iteracyjnie przeszukać elementy tablicy lines:

```
re = /wzorzec wyrażenia regularnego/
lines.each { |line|
    if line =~ re
        # Wyrażenie regularne pasuje do zmiennej line.
    else
        # Wyrażenie regularne nie pasuje do zmiennej line.
}
```

Analiza

Kiedy operujemy na danych wielowierszowych, możemy sobie oszczędzić sporo pracy, dzieląc te dane na tablicę wierszy (zamiast przetwarzać jeden długi łańcuch zawierający liczne znaki podziału wiersza). Taka zmiana umożliwia nam stosowanie właściwego wyrażenia regularnego dla poszczególnych łańcuchów tej tablicy i eliminuje problemy związane z dopasowywaniem wielu wierszy. Takie rozwiązanie dodatkowo ułatwia nam śledzenie relacji pomiędzy wierszami. Możemy na przykład iteracyjnie przeszukać tę tablicę z wykorzystaniem wyrażeń regularnych odnajdujących odpowiednio wiersz nagłówka i wiersz stopki. Po odnalezieniu wierszy oddzielających nagłówek i stopkę od właściwego tekstu możemy użyć trzeciego wyrażenia regularnego do znalezienia interesujących nas wierszy danych. Chociaż z pozoru opisany scenariusz sprawia wrażenie dość złożonego, jego implementacja jest zadziwiająco prosta, a odpowiedni kod dość wydajny. Próba opracowania pojedynczego wyrażenia regularnego odnajdującego nagłówek, dane i stopkę byłaby nieporównanie trudniejsza, a gotowe wyrażenie przetwarzałoby tekst dużo wolniej.

Osobne przetwarzanie kolejnych wierszy łańcucha ułatwia też negowanie wyrażeń regularnych. Model wyrażeń regularnych nie oferuje prostego sposobu wyrażania takich celów jak „dopasuj wiersz, który nie zawiera tego słowa". Jedynymi elementami, których negowanie jest naprawdę proste, są klasy znaków. Jeśli jednak podzieliliśmy już nasz łańcuch na poszczególne wiersze, odnalezienie wierszy, które nie zawierają określonego wyrazu, sprowadza się do zwykłego przeszukiwania tekstu we wszystkich tych wierszach i eliminowania wierszy zawierających interesujący nas wyraz.

W recepturze 3.19 zaproponowano kod, który umożliwia łatwe dzielenie łańcucha na tablicę podłańcuchów. Wyrażenie regularne <\r\n> pasuje do pary znaków `CR` i `LF`, czyli sekwencji wykorzystywanej na platformach Microsoft Windows w roli podziału wiersza. Wyrażenie <\n> pasuje do znaku `LF`, który pełni funkcję podziału wiersza w systemach UNIX i jego systemach potomnych, jak Linux czy OS X. Ponieważ wymienione wyrażenia regularne mają postać zwykłego tekstu, do ich stosowania w ogóle nie potrzebujemy modułu wyrażeń regularnych. Jeśli tylko nasz język programowania oferuje możliwość podziału łańcuchów według stałej tekstowej, koniecznie powinniśmy skorzystać z tej możliwości.

Jeśli nie jesteśmy pewni, który styl podziału wierszy jest stosowany w naszym systemie, możemy podzielić łańcuch na poszczególne wiersze, korzystając z wyrażenia regularnego <\r?\n>. Opcjonalne dopasowywanie znaku `CR` powoduje, że wyrażenie regularne będzie pasowało zarówno do sekwencji `CRLF` (podziału wiersza w systemie Windows), jak i do samego znaku `LF` (podziału wiersza w systemach UNIX).

Po podzieleniu łańcucha i umieszczeniu poszczególnych wierszy w elementach tablicy możemy te podłańcuchy łatwo przeszukać w pętli. W ramach tej pętli możemy zastosować rozwiązanie z receptury 3.5, aby sprawdzić, które wiersze pasują do naszego wyrażenia, a które nie.

Patrz także

Receptury 3.11 i 3.19.

## ROZDZIAŁ 4

Weryfikacja i formatowanie danych

Ten rozdział zawiera receptury weryfikacji i formatowania typowych rodzajów danych wejściowych wpisywanych przez użytkowników. Niektóre z tych rozwiązań ilustrują obsługę różnych wariantów danych wejściowych, w tym obowiązujących w Stanach Zjednoczonych kodów pocztowych złożonych z pięciu lub dziewięciu cyfr. Inne rozwiązania stworzono z myślą o standaryzacji powszechnie znanych formatów dla takich danych, jak numery telefonów, daty czy numery kart kredytowych.

Oprócz eliminowania nieprawidłowych danych wejściowych poniższe receptury mogą też poprawić oceny naszych aplikacji wystawiane przez ich użytkowników. Ogólne, często niezrozumiałe komunikaty, jak informacja *Nie należy stosować spacji ani myślników* obok pola numeru telefonu lub karty kredytowej, zwykle denerwują użytkowników i są po prostu ignorowane. Okazuje się jednak, że w wielu sytuacjach wyrażenia regularne umożliwiają użytkownikom wpisywanie danych w formatach wybranych przez nich samych — wystarczą wówczas bardzo proste zabiegi dostosowujące te dane do oczekiwań naszych aplikacji.

Niektóre języki programowania oferują w ramach swoich rdzennych klas lub bibliotek funkcje, które od razu realizują zadania opisane w części poniższych receptur. Ponieważ w pewnych sytuacjach korzystanie z tych wbudowanych rozwiązań jest wygodniejsze, w każdym takim przypadku zasygnalizujemy istnienie odpowiednich gotowych elementów.

4.1. Weryfikacja adresów poczty elektronicznej

Problem

Nasza witryna internetowa lub okno dialogowe naszej aplikacji zawiera formularz, za którego pośrednictwem użytkownik powinien wpisać adres poczty elektronicznej. Zanim wyślemy wiadomość pod ten adres, chcemy użyć wyrażenia regularnego weryfikującego jego poprawność. W ten sposób możemy łatwo ograniczyć liczbę wiadomości poczty elektronicznej odrzucanych jako niemożliwe do dostarczenia.

Rozwiązanie

Proste

Nasze pierwsze rozwiązanie dokonuje bardzo prostego sprawdzenia. Jego działanie sprowadza się do sprawdzenia, czy dany adres zawiera pojedynczy znak @ i czy nie zawiera znaków białych:

```
^\S+@\S+$
```
   Opcje wyrażenia regularnego: Brak
   Odmiany wyrażeń regularnych: .NET, Java, JavaScript, PCRE, Perl, Python

```
\A\S+@\S+\Z
```
   Opcje wyrażenia regularnego: Brak
   Odmiany wyrażeń regularnych: .NET, Java, PCRE, Perl, Python, Ruby

Proste z ograniczeniami odnośnie do znaków

Nazwa domeny (ang. *domain name*), czyli część adresu za znakiem @, nie może zawierać dowolnych znaków. **Nazwa użytkownika** (ang. *username*), czyli część adresu przed znakiem @, może zawierać znaki z jeszcze bardziej ograniczonego zbioru (węższego od tego akceptowanego przez większość klientów i serwerów poczty elektronicznej):

```
^[A-Z0-9+_.-]+@[A-Z0-9.-]+$
```
   Opcje wyrażenia regularnego: Ignorowanie wielkości liter
   Odmiany wyrażeń regularnych: .NET, Java, JavaScript, PCRE, Perl, Python

```
\A[A-Z0-9+_.-]+@[A-Z0-9.-]+\Z
```
   Opcje wyrażenia regularnego: Ignorowanie wielkości liter
   Odmiany wyrażeń regularnych: .NET, Java, PCRE, Perl, Python, Ruby

Proste ze wszystkimi znakami

Poniższe wyrażenie regularne rozszerza poprzednie wyrażenie i dopuszcza stosowanie szerszego zbioru znaków (rzadziej spotykanych w tym kontekście) w nazwie użytkownika. Nie wszystkie te znaki są obsługiwane przez typowe oprogramowanie poczty elektronicznej, mimo że taką możliwość przewidziano w standardzie RFC 2822 opisującym format wiadomości poczty elektronicznej. W zbiorze dopuszczalnych znaków występują znaki powodujące pewne zagrożenia, jeśli będą kopiowane bezpośrednio do wyrażenia języka SQL (tak jest na przykład w przypadku znaków ' oraz |). Jeśli więc umieszczamy adres poczty elektronicznej wpisywany przez użytkownika w łańcuchu przekazywanym do innego programu, koniecznie powinniśmy zastosować dla tych znaków sekwencje ucieczki, aby uniemożliwić atak z wykorzystaniem luk w zabezpieczeniach, na przykład atak poprzez wstrzykiwanie kodu SQL-a:

```
^[\w!#$%&'*+/=?`{|}~^.-]+@[A-Z0-9.-]+$
```
   Opcje wyrażenia regularnego: Ignorowanie wielkości liter
   Odmiany wyrażeń regularnych: .NET, Java, JavaScript, PCRE, Perl, Python

```
\A[\w!#$%&'*+/=?`{|}~^.-]+@[A-Z0-9.-]+\Z
```
   Opcje wyrażenia regularnego: Ignorowanie wielkości liter
   Odmiany wyrażeń regularnych: .NET, Java, PCRE, Perl, Python, Ruby

Bez początkowych, końcowych i następujących po sobie kropek

Zarówno nazwa użytkownika, jak i nazwa domeny może zawierać jedną lub wiele kropek, ale nigdy dwie kropki nie mogą występować bezpośrednio obok siebie. Co więcej, kropka nie może rozpoczynać ani kończyć nazwy użytkownika czy nazwy domeny:

```
^[\w!#$%&'*+/=?`{|}~^-]+(?:\.[\w!#$%&'*+/=?`{|}~^-]+)*@[A-Z0-9-]+(?:\.[A-Z0-9-]+)*$
```
Opcje wyrażenia regularnego: Ignorowanie wielkości liter
Odmiany wyrażeń regularnych: .NET, Java, JavaScript, PCRE, Perl, Python

```
\A[\w!#$%&'*+/=?`{|}~^-]+(?:\.[\w!#$%&'*+/=?`{|}~^-]+)*@[A-Z0-9-]+(?:\.[A-Z0-9-]+)*\Z
```
Opcje wyrażenia regularnego: Ignorowanie wielkości liter
Odmiany wyrażeń regularnych: .NET, Java, PCRE, Perl, Python, Ruby

Domena najwyższego poziomu musi składać się z co najmniej dwóch, ale nie więcej niż sześciu liter

Poniższe wyrażenie regularne uzupełnia wcześniejsze wersje o mechanizm sprawdzający, czy nazwa domeny zawiera przynajmniej jedną wymaganą kropkę i czy część nazwy domeny za tą kropką składa się z samych liter. Każda domena musi obejmować przynajmniej dwa poziomy, jak *drugipoziom.com* czy *trzecipoziom.drugipoziom.com*. Domena najwyższego poziomu, w tym przypadku *.com*, musi się składać z nie mniej niż dwóch i nie więcej niż sześciu liter. Wszystkie domeny najwyższego poziomu reprezentujące kody państw składają się z dwóch liter. Pozostałe domeny najwyższego poziomu składają się z trzech (*.com*) do sześciu liter (*.museum*):

```
^[\w!#$%&'*+/=?`{|}~^-]+(?:\.[\w!#$%&'*+/=?`{|}~^-]+)*@(?:[A-Z0-9-]+\.)+[A-Z]{2,6}$
```
Opcje wyrażenia regularnego: Ignorowanie wielkości liter
Odmiany wyrażeń regularnych: .NET, Java, JavaScript, PCRE, Perl, Python

```
\A[\w!#$%&'*+/=?`{|}~^-]+(?:\.[\w!#$%&'*+/=?`{|}~^-]+)*@(?:[A-Z0-9-]+\.)+[A-Z]{2,6}\Z
```
Opcje wyrażenia regularnego: Ignorowanie wielkości liter
Odmiany wyrażeń regularnych: .NET, Java, PCRE, Perl, Python, Ruby

Analiza

Wprowadzenie do adresów poczty elektronicznej

Jeśli sądziłeś, że dla tak prostych zadań jak weryfikacja poprawności adresu poczty elektronicznej istnieje jedno uniwersalne wyrażenie regularne pasujące do każdego scenariusza, byłeś w błędzie. Ta receptura jest doskonałym przykładem tego, że przed przystąpieniem do pisania wyrażenia regularnego należy **precyzyjnie** określić, co ma do tego wyrażenia pasować. Nie istnieje jedna reguła określająca, które adresy poczty elektronicznej są, a które nie są prawidłowe. Wszystko zależy od tego, co rozumiemy przez słowo **prawidłowe**.

Adres *asdf@asdf.asdf* jest prawidłowy w myśl zapisów standardu RFC 2822 definiującego składnię adresów poczty elektronicznej. Ten sam adres nie byłby jednak zgodny z definicją, która uwzględniałaby możliwość dostarczenia wiadomości adresatowi — nie istnieje domena najwyższego poziomu *asdf*.

Problem w tym, że określenie, czy *john.doe@somewhere.com* jest prawidłowym adresem poczty elektronicznej, tj. takim, na który można skutecznie wysyłać wiadomości, nie jest możliwe do czasu wysłania choć jednej wiadomości. Co więcej, nawet po wysłaniu takiej wiadomości nie możemy być pewni, czy brak odpowiedzi ze strony domeny *somewhere.com* nie wynika po prostu z ignorowania wiadomości wysyłanych do nieistniejących skrzynek, błyskawicznego usunięcia wiadomości przez odbiorcę lub jej odrzucenia przez filtr antyspamowy.

Skoro ostatecznym testem poprawności adresu poczty elektronicznej jest wysłanie pod ten adres jakiejś wiadomości, możemy nieco osłabić definicję tej poprawności wyrażoną przez nasze wyrażenie regularne. Akceptacja niewielkiej liczby nieprawidłowych adresów bywa lepszym rozwiązaniem niż podejmowanie ryzyka zniechęcania użytkowników poprzez blokowanie poprawnych adresów. Właśnie dlatego w niektórych przypadkach warto rozważyć zastosowanie wyrażenia regularnego zaproponowanego w podpunkcie „Proste ze wszystkimi znakami". Mimo że wspomniane wyrażenie regularne pasuje do wielu łańcuchów, które z pewnością nie zawierają adresów poczty elektronicznej, jak #$%@.-, jest szybkie i proste oraz nigdy nie odrzuca prawidłowych adresów poczty elektronicznej.

Gdybyśmy jednak chcieli uniknąć wysyłania zbyt wielu wiadomości poczty elektronicznej, których dostarczenie nie byłoby możliwe, ale bez ryzyka blokowania prawidłowych adresów poczty elektronicznej, powinniśmy wybrać wyrażenie regularne zaproponowane w podpunkcie „Domena najwyższego poziomu musi składać się z co najmniej dwóch, ale nie więcej niż sześciu liter".

Musisz zdecydować, na ile złożone wyrażenie regularne najlepiej pasuje do Twojej aplikacji. Jeśli weryfikujesz dane wejściowe użytkownika, najprawdopodobniej wybierzesz bardziej skomplikowane wyrażenie, ponieważ użytkownik może wpisać w odpowiednim polu formularza dosłownie cokolwiek. Z drugiej strony jeśli analizujesz pliki bazy danych, o której wiesz, że zawiera tylko prawidłowe adresy poczty elektronicznej, możesz użyć bardzo prostego wyrażenia regularnego, którego jedynym zadaniem będzie wyodrębnianie tych adresów spośród innych danych. W takim przypadku nawet rozwiązanie z podpunktu „Proste" może się okazać wystarczające.

I wreszcie musisz rozważyć, na ile niezawodne ma być Twoje wyrażenie regularne w przyszłości. O ile w przeszłości ograniczanie liczby znaków domeny najwyższego poziomu do dwóch w przypadku kodów państw oraz do listy <com|net|org|mil|edu> było w pełni uzasadnione, o tyle obserwowany ostatnio trend w zakresie dodawania nowych domen najwyższego poziomu szybko uniemożliwiłby prawidłowe filtrowanie adresów z wykorzystaniem takiego wyrażenia.

Składnia wyrażenia regularnego

Wyrażenia regularne zaproponowane w tej recepturze obejmują wszystkie podstawowe konstrukcje składniowe. Jeśli przeczytałeś odpowiednie fragmenty rozdziału 2., najprawdopodobniej już teraz potrafisz rozwiązać 90% problemów wymagających użycia wyrażeń regularnych.

Wszystkie wyrażenia regularne wymagają włączenia trybu ignorowania wielkości liter. W przeciwnym razie byłyby akceptowane adresy poczty elektronicznej złożone z samych wielkich liter. Włączenie tego trybu umożliwia nam stosowanie klasy znaków <[A-Z]> zamiast klasy <[A-Za-z]>. Jeśli korzystamy tylko z jednego z dwóch ostatnich wyrażeń regularnych, opcja ignorowania wielkości liter jest jeszcze cenniejsza — bez tej opcji musielibyśmy zastąpić każdą literę <X> klasą znaków <[Xx]>.

Tokeny <\S> i <\w> są skróconymi zapisami klas znaków opisanych w recepturze 2.3. Token <\S> pasuje do dowolnego znaku spoza zbioru znaków białych, natomiast token <\w> pasuje do znaku wyrazu.

Konstrukcje <@> i <\.> pasują odpowiednio do znaku @ i kropki. Ponieważ kropka stosowana poza klasami znaków jest metaznakiem, musimy poprzedzić ją symbolem ucieczki, czyli lewym ukośnikiem. Znak @ nigdy nie ma specjalnego znaczenia w żadnej z prezentowanych w tej książce odmian wyrażeń regularnych. Listę metaznaków wymagających stosowania sekwencji ucieczki można znaleźć w recepturze 2.1.

<[A-Z0-9.-]> i inne sekwencje umieszczane pomiędzy nawiasami kwadratowymi to tzw. klasy znaków. Ta klasa pasuje do wszystkich liter z przedziału od *A* do *Z*, wszystkich cyfr z przedziału od *0* do *9* oraz kropki i myślnika. Mimo że myślnik użyty w klasie znaków zwykle tworzy przedział, jeśli umieścimy go na końcu tej klasy, będzie dopasowywany dosłownie do myślników w przetwarzanym tekście.

W recepturze 2.3 szczegółowo opisano klasy znaków włącznie z technikami ich łączenia ze skróconymi zapisami, jak w klasie <[\w!#$%&'*+/=?`{|}~^.-]>. Przytoczona klasa pasuje zarówno do znaków wyrazów, jak i do każdego z wymienionych dziewiętnastu znaków interpunkcyjnych.

Konstrukcje <+> i <*> stosowane poza klasami znaków pełnią funkcję kwantyfikatorów. Znak plusa powtarza token poprzedzający jeden raz lub wiele razy, natomiast znak gwiazdki powtarza token poprzedzający zero razy, raz lub wiele razy. W naszych wyrażeniach regularnych w roli kwantyfikowanych tokenów zwykle wykorzystujemy klasy znaków (czasem także grupy). Oznacza to, że zapis <[A-Z0-9.-]+> pasuje do jednej lub wielu liter, cyfr, kropek i (lub) myślników.

Przykładem grupy jest konstrukcja <(?:[A-Z0-9-]+\.)+>, która pasuje do jednej lub wielu liter, cyfr i (lub) myślników poprzedzających pojedynczą kropkę. Znak plusa powtarza tę grupę jeden lub wiele razy. Grupa musi więc występować w dopasowywanym tekście przynajmniej raz, ale też liczba tych wystąpień nie jest ograniczona. Konstrukcję podobną do przytoczonej szczegółowo omówiono w recepturze 2.12.

<(?:*grupa*)> jest grupą nieprzechwytującą. Tego rodzaju konstrukcji możemy używać do grupowania pewnych fragmentów wyrażenia regularnego i łącznego stosowania dla tych fragmentów kwantyfikatorów. Grupa przechwytująca <(*grupa*)> działa tak samo, ale cechuje się prostszą składnią, zatem we wszystkich prezentowanych dotychczas wyrażeniach zapis <(?:> można by zastąpić zapisem <(> — taka zmiana nie miałaby wpływu na dopasowanie do całego wyrażenia regularnego.

Ponieważ jednak nie jesteśmy zainteresowani odrębnym przechwytywaniem fragmentów adresów poczty elektronicznej, stosujemy bardziej efektywne grupy nieprzechwytujące (choć zdajemy sobie sprawę z mniejszej czytelności wyrażeń regularnych w tej formie). Grupy przechwytujące i nieprzechwytujące szczegółowo omówiono w recepturze 2.9.

Kotwice <^> i <$> wymuszają dopasowanie danego wyrażenia regularnego odpowiednio do początku i końca przetwarzanego tekstu. Umieszczenie całego wyrażenia pomiędzy tymi kotwicami w praktyce oznacza, że nasze wyrażenie musi pasować do całego przetwarzanego tekstu.

Wspomniane kotwice bywają bardzo przydatne podczas weryfikacji danych wejściowych użytkownika. Nie chcemy przecież, by nasza aplikacja traktowała tekst *drop database; -- joe@server.com haha!* jako prawidłowy adres poczty elektronicznej. Bez kotwic <^> i <$> wszystkie zaproponowane powyżej wyrażenia regularne pasowałyby do tego tekstu, ponieważ odnajdywałyby w jego środku prawidłowo adres *joe@server.com*. Więcej informacji o kotwicach można znaleźć w recepturze 2.5. We wspomnianej recepturze wyjaśniono też, dlaczego należy wyłączyć tryb dopasowywania symboli karety i dolara do znaków podziału wiersza.

W języku Ruby symbole karety i dolara zawsze są dopasowywane do znaków podziału wierszy. Oznacza to, że warunkiem prawidłowego działania wyrażeń regularnych zawierających te kotwice jest brak znaków podziału wiersza w przetwarzanym łańcuchu. Jeśli dany łańcuch zawiera te znaki, wszystkie wyrażenia regularne z kotwicami <^> i <$> będą pasować do adresu poczty elektronicznej w tekście *drop database; -- LF joe@server.com LF haha!* (gdzie *LF* jest znakiem podziału wiersza).

Aby tego uniknąć, należy stosować kotwice <\A> i <\Z>, które we wszystkich omawianych w tej książce odmianach wyrażeń regularnych (poza odmianą JavaScript) pasują tylko do początku i końca całego łańcucha, niezależnie od wszelkich pozostałych opcji. JavaScript w ogóle nie obsługuje kotwic <\A> i <\Z>. Ich znaczenie szczegółowo wyjaśniono w recepturze 2.5.

> Problem związany z kotwicami <^> i <$> oraz <\A> i <\Z> dotyczy wszystkich wyrażeń regularnych wykorzystywanych do weryfikacji danych wejściowych. Chociaż od czasu do czasu będziemy wracali do tego zagadnienia, nie będziemy kazdorazowo powtarzać powyższej analizy ani prezentować odrębnych rozwiązań dla języków JavaScript i Ruby. W wielu przypadkach ograniczymy się do omówienia pojedynczego rozwiązania z karetą i dolarem oraz wskazania języka Ruby jako zgodnej odmiany wyrażeń regularnych. Jeśli więc pracujesz w tym języku, pamiętaj o konieczności stosowania kotwic <\A> i <\Z> pozwalających uniknąć dopasowywania do kolejnych wierszy łańcucha wielowierszowego.

Konstruowanie wyrażenia regularnego krok po kroku

Ta receptura dobrze ilustruje, jak konstruować wyrażenie regularne krok po kroku. Zaproponowana technika jest szczególnie wygodna podczas korzystania z interaktywnego testera wyrażeń regularnych, na przykład narzędzia RegexBuddy.

Najpierw należy zgromadzić i zapisać w tym narzędziu zbiór prawidłowych i nieprawidłowych przykładów danych. W tym przypadku byłyby to listy prawidłowych i nieprawidłowych adresów poczty elektronicznej.

Następnie możemy napisać proste wyrażenie regularne pasujące do wszystkich prawidłowych adresów poczty elektronicznej. Na tym etapie można ignorować nieprawidłowe adresy. Wyrażenie <^\S+@\S+$> definiuje podstawową strukturę każdego adresu złożonego z nazwy użytkownika, znaku @ oraz nazwy domeny.

Po zdefiniowaniu podstawowej struktury naszego wzorca tekstowego możemy przystąpić do doskonalenia jego poszczególnych części — tak długo, aż nasze wyrażenie nie będzie pasowało do żadnego nieprawidłowego adresu. Jeśli nasze wyrażenie regularne ma operować tylko na już istniejących danych, zwykle może realizować to zadanie wyjątkowo szybko. Jeśli jednak nasze wyrażenie musi przetwarzać dane wejściowe wpisywane przez użytkownika, doskonalenie tego wyrażenia do czasu osiągnięcia odpowiedniego poziomu restrykcyjności (zdolności do akceptacji wyłącznie prawidłowych danych) będzie dużo trudniejsze.

Warianty

Gdybyśmy chcieli odnajdywać adresy poczty elektronicznej w większych blokach tekstu, zamiast sprawdzać, czy wpisywane dane w całości reprezentują poprawne adresy, nie mogliByśmy skorzystać z kotwic <^> i <$>. Samo usunięcie tych kotwic z wyrażenia regularnego nie doprowadzi nas jednak do właściwego rozwiązania. Gdybyśmy usunęli te kotwice na przykład z ostatniej wersji naszego wyrażenia, która ogranicza domeny najwyższego poziomu, wyrażenie to pasowałoby do adresu *asdf@asdf.as* w łańcuchu *asdf@asdf.as99*. Zamiast stosować kotwice pasujące do początku i końca przetwarzanego tekstu, powinniśmy określić, że początek nazwy użytkownika i domena najwyższego poziomu nie mogą wchodzić w skład innych, dłuższych słów.

Można ten cel łatwo osiągnąć, stosując parę granic wyrazów. Kotwice <^> i <$> należy zastąpić tokenem <\b>. Oznacza to, że zamiast wyrażenia <^[A-Z0-9+_.-]+@(?:[A-Z0-9-]+\.)+[A-Z]↪{2,6}$> powinniśmy użyć wyrażenia <\b[A-Z0-9+_.-]+@(?:[A-Z0-9-]+\.)+[A-Z]{2,6}\b>.

Wyrażenie regularne w tej formie łączy część dopasowującą nazwę użytkownika z wyrażenia zaproponowanego w podpunkcie „Proste z ograniczeniami odnośnie do znaków" oraz część dopasowującą domenę z wyrażenia zaproponowanego w podpunkcie „Domena najwyższego poziomu musi składać się z co najmniej dwóch, ale nie więcej niż sześciu liter". Okazuje się, że nasze nowe wyrażenie regularne zadziwiająco dobrze sprawdza się w praktyce.

Patrz także

W dokumencie RFC 2822 zdefiniowano strukturę i składnię wiadomości poczty elektronicznej, w tym adresów poczty elektronicznej. Tekst tego dokumentu jest dostępny pod adresem *http://www.ietf.org/rfc/rfc2822.txt*.

4.2. Weryfikacja i formatowanie numerów telefonów stosowanych w Ameryce Północnej[1]

Problem

Chcemy określić, czy użytkownik wpisał prawidłowy numer telefonu w typowym formacie stosowanym w Ameryce Północnej (łącznie z numerem kierunkowym). Za prawidłowe uważamy formaty *1234567890*, *123-456-7890*, *123.456.7890*, *123 456 7890*, *(123) 456 7890* i wszystkie ich kombinacje. Jeśli wpisany numer telefonu jest prawidłowy, chcemy przekonwertować go na standardowy format *(123) 456-7890*, aby wszystkie rekordy z numerami były formatowane w ten sam sposób.

Rozwiązanie

Za pomocą wyrażenia regularnego możemy łatwo sprawdzić, czy to, co wpisał użytkownik naszej aplikacji, rzeczywiście wygląda jak prawidłowy numer telefonu. Użycie grup przechwytujących, które zapamiętają kolejne zbiory cyfr, pozwala nam wykorzystać to samo wyrażenie regularne do zastąpienia istniejącego formatu właściwym formatem docelowym.

---

[1] Proponowane rozwiązanie można bez trudu tak przebudować, aby weryfikowało i formatowało numery telefonów stosowane w Polsce — *przyp. tłum.*

Wyrażenie regularne

```
^\(?([0-9]{3})\)?[-.•]?([0-9]{3})[-.•]?([0-9]{4})$
```
Opcje wyrażenia regularnego: Brak
Odmiany wyrażeń regularnych: .NET, Java, JavaScript, PCRE, Perl, Python, Ruby

Tekst docelowy

```
($1)•$2-$3
```
Odmiany tekstu docelowego: .NET, Java, JavaScript, Perl, PHP

```
(\1)•\2-\3
```
Odmiany tekstu docelowego: Python, Ruby

C#

```csharp
Regex regexObj =
    new Regex(@"^\(?([0-9]{3})\)?[-. ]?([0-9]{3})[-. ]?([0-9]{4})$");
if (regexObj.IsMatch(subjectString)) {
    string formattedPhoneNumber =
        regexObj.Replace(subjectString, "($1) $2-$3");
} else {
    // Nieprawidłowy numer telefonu.
}
```

JavaScript

```javascript
var regexObj = /^\(?([0-9]{3})\)?[-. ]?([0-9]{3})[-. ]?([0-9]{4})$/;
if (regexObj.test(subjectString)) {
    var formattedPhoneNumber =
        subjectString.replace(regexObj, "($1) $2-$3");
} else {
    // Nieprawidłowy numer telefonu.
}
```

Pozostałe języki programowania

W recepturach 3.5 i 3.15 znajdziesz sugestie, które powinny Ci pomóc w zaimplementowaniu tego wyrażenia regularnego w pozostałych językach programowania.

Analiza

Nasze wyrażenie regularne jest dopasowywane do trzech grup cyfr. Pierwsza grupa może być otoczona opcjonalnymi nawiasami okrągłymi, a po pierwszych dwóch grupach może (choć nie musi) występować jeden z trzech separatorów: myślnik, kropka lub spacja. W poniższym kodzie podzieliliśmy to wyrażenie regularne na poszczególne elementy składowe, pomijając nadmiarowe grupy cyfr:

```
^          # Pasuje do pozycji na początku przetwarzanego łańcucha.
\(         # Pasuje do znaku "("...
   ?       #    występującego zero razy lub jeden raz.
(          # Przechwytuje dopasowanie, które będzie reprezentowane przez pierwsze odwołanie wstecz.
  [0-9]    #    Dopasowuje pojedynczą cyfrę...
    {3}    #       dokładnie trzy razy.
)          # Kończy pierwszą grupę przechwytującą.
```

```
\)          # Pasuje do znaku ")"...
  ?         #   występującego zero razy lub jeden raz.
[-. ]       # Pasuje do jednego znaku ze zbioru "-. "...
  ?         #   występującego zero razy lub jeden raz.
...         # [Pasuje do pozostałych cyfr i separatora.]
$           # Pasuje do pozycji na końcu przetwarzanego łańcucha.
```

Przyjrzyjmy się nieco bliżej poszczególnym fragmentom tego wyrażenia.

Konstrukcje <^> i <$> użyte odpowiednio na początku i końcu naszego wyrażenia regularnego pełnią funkcję specjalnych metaznaków określanych mianem **kotwic** (ang. *anchors*) lub **asercji** (ang. *assertions*). Zamiast do tekstu asercje są dopasowywane do pozycji w ramach tego tekstu. W szczególności kotwica <^> pasuje do początku przetwarzanego tekstu, a kotwica <$> pasuje do jego końca. Takie rozwiązanie daje nam więc pewność, że wyrażenie regularne weryfikujące format numeru telefonu nie będzie dopasowywane do dłuższych fragmentów tekstu, jak *123-456-78901*.

Jak wielokrotnie mogliśmy się przekonać, nawiasy okrągłe stosowane w wyrażeniach regularnych mają specjalne znaczenie, jednak w tym przypadku chcemy umożliwić użytkownikowi wpisywanie tych nawiasów i ich dosłowne dopasowywanie do wyrażenia. Mamy tutaj do czynienia z podręcznikowym przykładem tego, kiedy należy stosować lewy ukośnik w roli symbolu ucieczki poprzedzającego znak specjalny i wymuszającego na wyrażeniu regularnym traktowanie tego znaku dosłownie. Oznacza to, że sekwencje <\(> i <\)> otaczające pierwszą grupę cyfr są dopasowywane do nawiasów okrągłych w przetwarzanym tekście. Obie te sekwencje zakończono znakiem zapytania, który powoduje ich opcjonalność. Zagadnienia związane z opcjonalnością dopasowywanych elementów omówimy już po dokonaniu analizy pozostałych rodzajów tokenów użytych w tym wyrażeniu regularnym.

Nawiasy okrągłe bez lewych ukośników definiują grupy przechwytujące, które umożliwiają nam zapamiętywanie dopasowywanych wartości i ich wykorzystywanie w dalszej części danego wyrażenia regularnego. W tym przypadku odwołania wstecz do przechwytywanych wartości stosujemy w tekście docelowym operacji przeszukiwania i zastępowania tekstu, aby zmienić formatowanie danego numeru telefonu.

W omawianym wyrażeniu regularnym wykorzystano jeszcze dwa rodzaje tokenów: klasy znaków oraz kwantyfikatory. Klasy znaków umożliwiają nam dopasowywanie dowolnego znaku spośród pewnego zbioru. Na przykład <[0-9]> jest klasą znaków pasującą do dowolnej cyfry. Wszystkie odmiany wyrażeń regularnych omawiane w tej książce obsługują skrócony zapis tej klasy znaków, czyli <\d>, jednak w niektórych odmianach token <\d> pasuje do cyfry ze zbioru znaków dowolnego języka lub alfabetu, co w tym przypadku byłoby niepożądane. Więcej informacji na temat klasy znaków <\d> można znaleźć w recepturze 2.3.

<[-.●]> to kolejna klasa znaków użyta w naszym wyrażeniu regularnym i pasująca do jednego z trzech akceptowanych separatorów. Umieszczenie myślnika na początku tej klasy znaków jest o tyle ważne, że myślnik użyty pomiędzy innymi znakami definiuje przedział, jak w klasie <[0-9]>. Alternatywnym sposobem wymuszania dosłownego dopasowywania myślnika użytego w klasie znaków jest poprzedzenie go lewym ukośnikiem. Zapis <[.\-●]> jest więc równoważny klasie znaków <[-.●]>.

I wreszcie kwantyfikatory umożliwiają nam powtarzanie tokenów lub grup. Kwantyfikator <{3}> powoduje powtórzenie poprzedzającego go elementu dokładnie trzy razy. Wyrażenie regularne <[0-9]{3}> jest więc odpowiednikiem wyrażenia <[0-9][0-9][0-9]>, jednak jest krótsze i — jak się wydaje — bardziej czytelne. Znak zapytania (o czym już wspomniano) jest specjalnym kwantyfikatorem powodującym powtórzenie poprzedzającego elementu zero razy lub jeden raz. Zamiast znaku zapytania można by użyć kwantyfikatora <{0,1}>. Każdy kwantyfikator, który dopuszcza zerową liczbę powtórzeń poprzedzającego go elementu, w praktyce powoduje jego opcjonalność. Ponieważ po każdym separatorze następuje znak zapytania, cyfry składające się na numer telefonu mogą występować bezpośrednio obok siebie.

Warto podkreślić, że chociaż na początku tej receptury zapowiedzieliśmy obsługę numerów telefonów obowiązujących w Ameryce Północnej, w rzeczywistości zaprojektowaliśmy nasze wyrażenie z myślą o dopasowywaniu numerów planu numeracji NANP (od ang. *North American Numbering Plan*). Plan NANP został uzgodniony przez kraje, którym przypisano kod państwa równy 1, czyli przez Stany Zjednoczone, Kanadę, Bermudy oraz szesnaście państw leżących na Karaibach. Wspomniany plan nie obejmuje Meksyku i państw Ameryki Centralnej.

Warianty

Eliminowanie nieprawidłowych numerów telefonów

Do tej pory nasze wyrażenie regularne było dopasowywane wyłącznie do numerów dziesięciocyfrowych. Gdybyśmy chcieli tak ograniczyć dopasowania, aby uwzględniały tylko numery zgodne z planem NANP, powinniśmy dodatkowo zaimplementować następujące reguły:

- Numery kierunkowe (tzw. kody obszarów) rozpoczynają się od cyfry 2 – 9, po której następuje cyfra 0 – 8 oraz dowolna trzecia.
- Druga grupa złożona z trzech cyfr, znana jako numer centrali, rozpoczyna się od cyfry 2 – 9, po której następują dwie dowolne cyfry.
- I wreszcie z ostatnimi czterema cyframi, określanymi mianem kodu stacji, nie wiążą się żadne specjalne ograniczenia.

Wymienione reguły można bez trudu zaimplementować za pomocą kilku klas znaków.

```
^\(?([2-9][0-8][0-9])\)?[-.•]?([2-9][0-9]{2})[-.•]?([0-9]{4})$
```
Opcje wyrażenia regularnego: Brak
Odmiany wyrażeń regularnych: .NET, Java, JavaScript, PCRE, Perl, Python, Ruby

Oprócz wymienionych powyżej podstawowych reguł istnieją najróżniejsze zastrzeżone, nieużywane i zarezerwowane numery telefonów. Jeśli nie musisz implementować specjalnych wymagań w zakresie odrzucania możliwie wielu numerów telefonów, nie powinieneś tracić czasu na próby eliminowania nieużywanych numerów. Do planu NANP dość regularnie dodaje się nowe kody obszarów, a to, że obecnie jakiś numer jest prawidłowy, wcale nie musi oznaczać, że w przeszłości był prawidłowy ani że jest już aktywny.

Odnajdywanie numerów telefonów w dokumentach

Dwie proste zmiany wystarczą, by umożliwić dopasowywanie naszego wcześniejszego wyrażenia regularnego do numerów telefonów w ramach dłuższego tekstu:

```
\(?\b([0-9]{3})\)?[-.•]?([0-9]{3})[-.•]?([0-9]{4})\b
```
Opcje wyrażenia regularnego: Brak
Odmiany wyrażeń regularnych: .NET, Java, JavaScript, PCRE, Perl, Python, Ruby

Tym razem usunięto asercje <^> i <$>, które wcześniej wiązały nasze wyrażenie regularne odpowiednio z początkiem i końcem przetwarzanego tekstu. W ich miejsce zastosowano tokeny granic wyrazów (<\b>), aby zagwarantować, że dopasowywany tekst nie jest częścią dłuższych numerów lub słów.

Podobnie jak kotwice <^> i <$>, token <\b> jest asercją dopasowywaną do pozycji, nie do właściwego tekstu. W szczególności token <\b> pasuje do pozycji pomiędzy znakiem wyrazu a znakiem spoza zbioru znaków wyrazów bądź początkiem lub końcem tekstu. Za znaki wyrazów uważa się litery, cyfry i znak podkreślenia (patrz receptura 2.6).

Warto zwrócić uwagę na umieszczenie pierwszego tokenu granicy wyrazu za opcjonalnym, okrągłym nawiasem otwierającym. Takie rozwiązanie jest o tyle ważne, że dopasowanie granicy wyrazu nie jest możliwe pomiędzy dwoma znakami spoza znaków wyrazów, na przykład nawiasem otwierającym i poprzedzającą go spacją. Pierwsza granica wyrazu jest dla nas istotna tylko podczas dopasowywania numeru pozbawionego nawiasów, ponieważ granica wyrazu zawsze pasuje do pozycji pomiędzy nawiasem otwierającym a pierwszą cyfrą numeru telefonu.

Dopuszczanie początkowego kodu równego 1

Możemy też dopuścić opcjonalną cyfrę przedrostka 1 reprezentującą kod kraju (wspólną dla całego obszaru objętego planem numeracji NANP), uzupełniając nasze wyrażenie regularne w następujący sposób:

```
^(?:\+?1[-.•]?)?\(?(?([0-9]{3})\)?[-.•]?([0-9]{3})[-.•]?([0-9]{4})$
```
Opcje wyrażenia regularnego: Brak
Odmiany wyrażeń regularnych: .NET, Java, JavaScript, PCRE, Perl, Python, Ruby

Oprócz opisanych wcześniej formatów numerów telefonów wyrażenie regularne w tej formie będzie dodatkowo pasowało do takich łańcuchów, jak *+1 (123) 456-7890* czy *1-123-456-7890*. W tej wersji naszego wyrażenia wykorzystano grupę nieprzechwytująca <(?:...)>. Znak zapytania umieszczony za lewym nawiasem okrągłym bez sekwencji ucieczki nie jest kwantyfikatorem — ma na celu identyfikację określonego sposobu grupowania. Standardowe grupy przechwytujące zmuszają moduł wyrażeń regularnych do śledzenia odwołań wstecz, zatem stosowanie grup nieprzechwytujących jest bardziej efektywne wszędzie tam, gdzie tekst dopasowywany do grupy nie jest potrzebny w dalszej części wyrażenia (w formie wspomnianych odwołań). Innym powodem stosowania grup nieprzechwytujących jest dążenie do zachowania tego samego łańcucha docelowego co w poprzednich przykładach. Gdybyśmy użyli kolejnej grupy przechwytującej, musielibyśmy zmienić w tekście docelowym odwołanie $1 na $2 (to samo należałoby zrobić ze wszystkimi dalszymi odwołaniami).

Nową wersję naszego wyrażenia regularnego uzupełniliśmy o następujący zapis: <(?:\+?1[-.•] ↪?)?>. Interesujący nas kod kraju (1) poprzedziliśmy w tym wzorcu opcjonalnym znakiem plusa, zaś po tym kodzie może występować jeden z trzech separatorów: myślnik, kropka lub spacja. Także cała nasza grupa nieprzechwytująca ma opcjonalny charakter. Ponieważ jednak w ramach tej grupy kod kraju jest elementem wymaganym, poprzedzający go znak plusa ani następujący po nim separator nie mogą występować w razie braku kodu 1.

Dopuszczanie siedmiocyfrowych numerów telefonów

Aby umożliwić dopasowywanie numerów telefonów pozbawionych lokalnych kodów obszarów, należy umieścić pierwszą grupę cyfr pomiędzy nawiasami okrągłymi wraz z następującym po nich separatorem w dodatkowej grupie nieprzechwytującej:

```
^(?:\(?([0-9]{3})\)?[-.•]?)?([0-9]{3})[-.•]?([0-9]{4})$
```
Opcje wyrażenia regularnego: Brak
Odmiany wyrażeń regularnych: .NET, Java, JavaScript, PCRE, Perl, Python, Ruby

Ponieważ kod obszaru nie jest już wymaganym składnikiem dopasowania, samo zastępowanie wszystkich dopasowań tekstem «($1)•$2-$3» mogłoby doprowadzić do wygenerowania łańcucha () 123-4567 z pustym zbiorem wewnątrz nawiasów. Można ten problem łatwo obejść, stosując poza wyrażeniem regularnym kod sprawdzający, czy pierwsza grupa została dopasowana do jakiegokolwiek tekstu, i uzależniając kształt tekstu docelowego od wyniku tego testu.

Patrz także

W recepturze 4.3 wyjaśnimy, jak weryfikować międzynarodowe numery telefonów.

Plan numeracji telefonicznej NANP obowiązuje w Stanach Zjednoczonych, Kanadzie, na Bermudach i w szesnastu krajach na Karaibach. Więcej informacji na temat tego standardu można znaleźć na witrynie internetowej *http://www.nanpa.com*.

4.3. Weryfikacja międzynarodowych numerów telefonów

Problem

Chcemy sprawdzać poprawność międzynarodowych numerów telefonów. Numery powinny rozpoczynać się od znaku plusa, po którym ma następować kod państwa i numer planu numeracyjnego tego państwa.

Rozwiązanie

Wyrażenie regularne

```
^\+(?:[0-9]•?){6,14}[0-9]$
```
Opcje wyrażenia regularnego: Brak
Odmiany wyrażeń regularnych: .NET, Java, JavaScript, PCRE, Perl, Python, Ruby

JavaScript

```javascript
function validate (phone) {
    var regex = /^\+(?:[0-9] ?){6,14}[0-9]$/;

    if (regex.test(phone)) {
        // Prawidłowy międzynarodowy numer telefonu.
    } else {
        // Nieprawidłowy międzynarodowy numer telefonu.
    }
}
```

Pozostałe języki programowania

Lektura receptury 3.5 powinna Ci pomóc w zaimplementowaniu tego wyrażenia regularnego w pozostałych językach programowania.

Analiza

Reguły i konwencje formatowania numerów telefonów w poszczególnych krajach istotnie różnią się od siebie, zatem trudno przyjąć jeden schemat ich weryfikacji w oderwaniu od konkretnego formatu. Okazuje się jednak, że istnieje prosta, standardowa notacja opisana w standardzie notacji ITU-T E.123. Notacja przewiduje obowiązek poprzedzania międzynarodowych numerów telefonów znakiem plusa (znanym jako **międzynarodowy symbol prefiksu**) i dopuszcza możliwość stosowania znaków spacji jako jedynych separatorów. Mimo że wspomniany standard przewiduje też możliwość występowania znaku tyldy (~) w numerach telefonów (wskazującego na występowanie dodatkowego sygnału), w naszym wyrażeniu regularnym nie uwzględniamy tej możliwości, ponieważ jest to tylko element proceduralny (nie jest wpisywany na klawiaturze telefonu) i jest stosowany wyjątkowo rzadko. Międzynarodowy plan numeracji ITU-T E.164 określa, że numery telefonów nie mogą obejmować więcej niż piętnaście cyfr. Najkrótsze międzynarodowe numery telefonów składają się z siedmiu cyfr.

Skoro znamy już podstawowe zalecenia planu numeracji ITU-T E.164, możemy przystąpić do analizy poszczególnych elementów naszego wyrażenia regularnego. Ponieważ tę wersję wyrażenia napisano w trybie swobodnego stosowania znaków białych, stały znak spacji musimy zastąpić konstrukcją <\x20>:

```
^            # Pasuje do pozycji na początku przetwarzanego łańcucha.
\+           # Pasuje do znaku "+".
(?:          # Grupuje, ale nie przechwytuje...
   [0-9]     #   Pasuje do pojedynczej cyfry.
   \x20      #   Pasuje do spacji...
      ?      #      występującej zero razy lub raz.
)            # Koniec grupy przechwytującej.
   {6,14}    # Powtarza poprzedzającą grupę od 6 do 14 razy.
[0-9]        # Pasuje do pojedynczej cyfry.
$            # Pasuje do pozycji na końcu przetwarzanego łańcucha.
```
Opcje wyrażenia regularnego: Swobodne stosowanie znaków białych
Odmiany wyrażeń regularnych: .NET, Java, PCRE, Perl, Python, Ruby

Kotwice <^> i <$> użyte odpowiednio na początku i końcu tego wyrażenia regularnego gwarantują nam, że wyrażenie to zostanie dopasowane do całego przetwarzanego tekstu. Grupa nieprzechwytująca (zapisana jako <(?:...)>) pasuje do pojedynczej cyfry, po której następuje opcjonalna spacja. Powtórzenie tej grupy z wykorzystaniem kwantyfikatora interwałowego <{6,14}> wyraża reguły ograniczające minimalną i maksymalną liczbę cyfr, a jednocześnie dopuszcza stosowanie separatora (spacji) w dowolnym miejscu dopasowywanego numeru. Drugie wystąpienie klasy znaków <[0-9]> nie tylko dopełnia regułę ograniczającą liczbę cyfr (w praktyce zastępuje przedział 6 – 14 przedziałem 7 – 15), ale też gwarantuje, że cały numer telefonu nie kończy się spacją.

Warianty

Weryfikacja międzynarodowych numerów telefonów w formacie EPP

```
^\+[0-9]{1,3}\.[0-9]{4,14}(?:x.+)?$
```
Opcje wyrażenia regularnego: Brak
Odmiany wyrażeń regularnych: .NET, Java, JavaScript, PCRE, Perl, Python, Ruby

Wyrażenie regularne w tej formie pasuje do notacji międzynarodowych numerów telefonów opisanych w protokole EPP (od ang. *Extensible Provisioning Protocol*). Protokół EPP jest stosunkowo nowym standardem (prace nad nim zakończono w 2004 roku) zaprojektowanym z myślą o komunikacji pomiędzy instytucjami utrzymującymi rejestry domen a podmiotami wnoszącymi o takie rejestracje. Protokół EPP jest wykorzystywany do utrzymywania coraz większej liczby rejestrów, w tym dla tak popularnych domen, jak *.com*, *.info*, *.net*, *.org* czy *.us*. Wspomniany protokół jest dla nas o tyle ważny, że numery telefonów zapisywane zgodnie z notacją w nim zaproponowaną cieszą się coraz większą popularnością, zatem stanowią dobry format alternatywny dla przechowywania (i weryfikacji) międzynarodowych numerów telefonów.

Numery telefonów protokołu EPP zapisujemy w formacie +*CCC*.*NNNNNNNNNN*x*EEEE*, gdzie część *C* jest jedno-, dwu- lub trzycyfrowym kodem państwa, część *N* składa się z maksymalnie czternastu cyfr, a część *E* jest opcjonalnym rozszerzeniem. Początkowo znak plusa i kropka następująca po kodzie państwa są składowymi wymaganymi. Litera x jest wymagana tylko w razie stosowania rozszerzenia.

Patrz także

W recepturze 4.2 opisano kilka rozwiązań w zakresie weryfikacji numerów telefonów obowiązujących w Ameryce Północnej. Dokument ITU-T Recommendation E.123 (zatytułowany *Notation for national and international telephone numbers, e-mail addresses and Web addresses*) można pobrać ze strony internetowej *http://www.itu.int/rec/T-REC-E.123*.

Plan numeracji ITU-T E.164 (zatytułowany *The international public telecommunication numbering plan*) można pobrać ze strony internetowej *http://www.itu.int/rec/T-REC-E.164*.

Narodowy plan numeracji jest dostępny na stronie *http://www.itu.int/ITU-T/inr/nnp*.

Dokument RFC 4933 definiuje składnię i semantykę identyfikatorów kontaktowych protokołu EPP, w tym międzynarodowych numerów telefonów. Dokument jest dostępny na stronie internetowej *http://tools.ietf.org/html/rfc4933*.

4.4. Weryfikacja tradycyjnych formatów zapisu daty

Problem

Chcemy weryfikować poprawność dat zapisywanych w tradycyjnych formatach *mm/dd/yy*, *mm/dd/yyyy*, *dd/mm/yy* oraz *dd/mm/yyyy*. Chcemy zastosować możliwie proste wyrażenie regularne sprawdzające, czy dane wejściowe przypominają datę — nie chcemy tracić czasu na odrzucanie takich danych jak na przykład nieistniejący dzień 31 lutego.

Rozwiązanie

Dopasowuje wszystkie wymienione formaty dat z możliwością pomijania początkowych zer:

```
^[0-3]?[0-9]/[0-3]?[0-9]/(?:[0-9]{2})?[0-9]{2}$
```
Opcje wyrażenia regularnego: Brak
Odmiany wyrażeń regularnych: .NET, Java, JavaScript, PCRE, Perl, Python, Ruby

Dopasowuje wszystkie wymienione formaty dat, ale wymaga stosowania początkowych zer:

```
^[0-3][0-9]/[0-3][0-9]/(?:[0-9][0-9])?[0-9][0-9]$
```
Opcje wyrażenia regularnego: Brak
Odmiany wyrażeń regularnych: .NET, Java, JavaScript, PCRE, Perl, Python, Ruby

Dopasowuje formaty *m/d/yy* oraz *mm/dd/yyyy*, dopuszczając dowolne kombinacje wartości jedno- i dwucyfrowych dla dni i miesięcy oraz wartości dwu- i czterocyfrowych dla lat:

```
^(1[0-2]|0?[1-9])/(3[01]|[12][0-9]|0?[1-9])/(?:[0-9]{2})?[0-9]{2}$
```
Opcje wyrażenia regularnego: Brak
Odmiany wyrażeń regularnych: .NET, Java, JavaScript, PCRE, Perl, Python, Ruby

Dopasowuje format *mm/dd/yyyy* i wymaga początkowych zer:

```
^(1[0-2]|0[1-9])/(3[01]|[12][0-9]|0[1-9])/[0-9]{4}$
```
Opcje wyrażenia regularnego: Brak
Odmiany wyrażeń regularnych: .NET, Java, JavaScript, PCRE, Perl, Python, Ruby

Dopasowuje *d/m/yy* oraz *dd/mm/yyyy*, dopuszczając dowolne kombinacje wartości jedno- i dwucyfrowych- dla dni i miesięcy oraz wartości dwu- i czterocyfrowych dla lat:

```
^(3[01]|[12][0-9]|0?[1-9])/(1[0-2]|0?[1-9])/(?:[0-9]{2})?[0-9]{2}$
```
Opcje wyrażenia regularnego: Brak
Odmiany wyrażeń regularnych: .NET, Java, JavaScript, PCRE, Perl, Python, Ruby

Dopasowuje format *dd/mm/yyyy* i wymaga początkowych zer:

```
^(3[01]|[12][0-9]|0[1-9])/(1[0-2]|0[1-9])/[0-9]{4}$
```
Opcje wyrażenia regularnego: Brak
Odmiany wyrażeń regularnych: .NET, Java, JavaScript, PCRE, Perl, Python, Ruby

Bardziej precyzyjnie dopasowuje wszystkie wymienione formaty dat z możliwością pomijania początkowych zer:

```
^(?:(1[0-2]|0?[1-9])/(3[01]|[12][0-9]|0?[1-9])|(3[01]|[12][0-9]|0?[1-9])/(1[0-2]|0?
↪[1-9]))/(?:[0-9]{2})?[0-9]{2}$
```
Opcje wyrażenia regularnego: Brak
Odmiany wyrażeń regularnych: .NET, Java, JavaScript, PCRE, Perl, Python, Ruby

Bardziej precyzyjnie dopasowuje wszystkie wymienione formaty dat, ale wymaga stosowania początkowych zer:

```
^(?:(1[0-2]|0[1-9])/(3[01]|[12][0-9]|0[1-9])|(3[01]|[12][0-9]|0[1-9])/(1[0-2]|0
↪[1-9]))/[0-9]{4}$
```
Opcje wyrażenia regularnego: Brak
Odmiany wyrażeń regularnych: .NET, Java, JavaScript, PCRE, Perl, Python, Ruby

Tryb swobodnego stosowania znaków białych zwiększa czytelność dwóch ostatnich wyrażeń regularnych:

```
^(?:
  # m/d lub mm/dd
  (1[0-2]|0?[1-9])/(3[01]|[12][0-9]|0?[1-9])
|
  # d/m lub dd/mm
  (3[01]|[12][0-9]|0?[1-9])/(1[0-2]|0?[1-9])
)
# /yy lub /yyyy
/(?:[0-9]{2})?[0-9]{2}$
```
Opcje wyrażenia regularnego: Swobodne stosowanie znaków białych
Odmiany wyrażeń regularnych: .NET, Java, PCRE, Perl, Python, Ruby

```
^(?:
  # mm/dd
  (1[0-2]|0[1-9])/(3[01]|[12][0-9]|0[1-9])
|
  # dd/mm
  (3[01]|[12][0-9]|0[1-9])/(1[0-2]|0[1-9])
)
# /yyyy
/[0-9]{4}$
```

Opcje wyrażenia regularnego: Swobodne stosowanie znaków białych
Odmiany wyrażeń regularnych: .NET, Java, PCRE, Perl, Python, Ruby

Analiza

Na pierwszy rzut oka może się wydawać, że realizacja takiego zadania jak weryfikacja poprawności dat za pomocą wyrażenia regularnego jest dziecinnie prosta. Okazuje się jednak, że jest inaczej — z dwóch powodów. Ponieważ daty każdy z nas codziennie zapisuje w różny sposób, a większość ludzi podchodzi do tego zagadnienia wyjątkowo niedbale. Dla części ludzi zapis *4/1* może reprezentować prima aprilis, dla innych może oznaczać pierwszy dzień roboczy roku, jeśli Nowy Rok przypada na piątek. W tej sytuacji rozwiązania zaproponowane w tej recepturze pasują tylko do kilku najbardziej popularnych formatów dat.

Innym poważnym problemem jest to, że wyrażenia regularne nie operują bezpośrednio na liczbach. Nie możemy na przykład określić, że nasze wyrażenie ma pasować do liczby z przedziału od 1 do 31. Wyrażenia regularne operują bowiem na znakach. Stosujemy więc konstrukcję <3[01]|[12][0-9]|0?[1-9]>, która pasuje do cyfry 3, po której następuje cyfra 0 lub 1, cyfry 1 lub 2, po której następuje dowolna cyfra, bądź opcjonalnej cyfry 0, po której następuje cyfra z przedziału od 1 do 9. W klasach znaków możemy korzystać z przedziałów dopasowywanych do pojedynczych cyfr, na przykład <[1-9]>. Takie rozwiązanie jest możliwe tylko dlatego, że znaki reprezentujące cyfry od 0 do 9 zajmują następujące po sobie pozycje w tablicach znaków ASCII i Unicode. Szczegółowe omówienie zagadnień związanych z dopasowywaniem wszystkich rodzajów liczb z wykorzystaniem wyrażeń regularnych można znaleźć w rozdziale 6.

Właśnie dlatego musimy zdecydować, na ile proste bądź precyzyjne ma być nasze wyrażenie regularne. Jeśli na przykład wiemy z góry, że przetwarzany tekst nie zawiera żadnych nieprawidłowych dat, możemy użyć wyrażenia regularnego w postaci <\d{2}/\d{2}/\d{4}>. To, że wyrażenie w tej formie pasuje do takich „dat" jak *99/99/9999*, jest nieistotne, jeśli podobne ciągi znaków nie występują w przetwarzanym tekście. Skonstruowanie takiego wyrażenia jest dziecinnie proste, a jego wykonywanie będzie wyjątkowo efektywne.

Pierwsze dwa rozwiązania dla tej receptury są co prawda szybkie i proste, ale też pasują do nieprawidłowych dat, jak *0/0/00* czy *31/31/2008*. W rozwiązaniach tych wykorzystano stałe znakowe dla separatorów, klasy znaków dla cyfr (patrz receptura 2.3) oraz znak zapytania powodujący, że część cyfr jest opcjonalna (patrz receptura 2.12). Konstrukcja <(?:[0-9]{2}) ↪?[0-9]{2}> pasuje do roku składającego się z dwóch lub czterech cyfr. Zapis <[0-9]{2}> pasuje do dokładnie dwóch cyfr, natomiast zapis <(?:[0-9]{2})?> pasuje do zera lub dwóch cyfr. Grupa nieprzechwytująca (patrz receptura 2.9) jest w tym przypadku wymagana, ponieważ znak zapytania chcemy stosować jednocześnie dla klasy znaków i dla kwantyfikatora <{2}>. Konstrukcja <[0-9]{2}?> pasuje dokładnie do dwóch znaków (podobnie jak konstrukcja <[0-9]{2}>). Gdyby nie wspomniana grupa nieprzechwytująca, znak zapytania zmieniłby użyty kwantyfikator w tzw. kwantyfikator leniwy, co w tym przypadku nie miałoby wpływu na przebieg procesu dopasowywania, ponieważ element poprzedzający kwantyfikator <{2}> nie może powtarzać się więcej ani mniej niż dwa razy.

W rozwiązaniach od trzeciego do szóstego wprowadzono ograniczenie, zgodnie z którym numer miesiąca musi się mieścić w przedziale od 1 do 12, a numer dnia musi się mieścić w przedziale od 1 do 31. W ramach grupy zastosowaliśmy wyrażenia alternatywne (parz receptura 2.8), aby dopasowywać różne pary cyfr tworzące liczby dwucyfrowe. Tym razem wykorzystaliśmy grupy przechwytujące, ponieważ numery dnia i miesiąca najprawdopodobniej będziemy chcieli wykorzystać w przyszłości.

Ostatnie dwa rozwiązania są bardziej złożone, stąd decyzja o ich prezentacji zarówno w formie skondensowanej, jak i w trybie swobodnego stosowania znaków białych. Jedyną różnicą dzielącą obie formy jest większa czytelność tej drugiej. Warto pamiętać, że opcja swobodnego stosowania znaków białych nie jest dostępna w JavaScripcie. Podobnie jak pierwsze dwa rozwiązania, ostatnie dwa wyrażenia akceptują wszystkie interesujące nas formaty zapisu dat. Ostatnie rozwiązania różnią się jednak dodatkowym poziomem wyrażeń alternatywnych, który dopuszcza stosowanie dat *12/31* i *31/12*, ale odrzuca nieprawidłowe numery miesiąca, jak w „dacie” *31/31*.

Warianty

Gdybyśmy chcieli odnajdywać daty w większych fragmentach tekstu, zamiast sprawdzać, czy cały tekst wejściowy składa się z prawidłowej daty, powinniśmy zrezygnować z kotwic <^> i <$>. Samo ich usunięcie z wyrażenia regularnego nie wystarczyłoby jednak do otrzymania prawidłowego rozwiązania — w ten sposób dopuścilibyśmy na przykład do dopasowania daty *12/12/2001* w tekście *9912/12/200199*. Powinniśmy więc zastąpić kotwice wiążące nasze wyrażenie z początkiem i końcem przetwarzanego łańcucha konstrukcją uniemożliwiającą dopasowywanie dat, które wchodzą w skład dłuższych sekwencji cyfr.

Można to łatwo zrobić, stosując parę granic wyrazów. W wyrażeniach regularnych cyfry są traktowane jako znaki, które mogą tworzyć wyrazy. Wystarczy więc zastąpić kotwice <^> i <$> tokenem <\b>. Przykład takiego rozwiązania pokazano poniżej:

```
\b(1[0-2]|0[1-9])/(3[01]|[12][0-9]|0[1-9])/[0-9]{4}\b
```
Opcje wyrażenia regularnego: Brak
Odmiany wyrażeń regularnych: .NET, Java, JavaScript, PCRE, Perl, Python, Ruby

Patrz także

Receptury 4.5, 4.6 i 4.7.

4.5. Bardziej restrykcyjna weryfikacja tradycyjnych formatów zapisu daty

Problem

Chcemy weryfikować daty w tradycyjnych formatach *mm/dd/yy*, *mm/dd/yyyy*, *dd/mm/yy* oraz *dd/mm/yyyy*. Tym razem jednak chcemy odrzucać nieprawidłowe daty, jak 31 lutego.

Rozwiązanie

C#

Numer miesiąca przed numerem dnia:

```
DateTime foundDate;
Match matchResult = Regex.Match(SubjectString,
    "^(?<month>[0-3]?[0-9])/(?<day>[0-3]?[0-9])/" +
    "(?<year>(?:[0-9]{2})?[0-9]{2})$");
if (matchResult.Success) {
    int year = int.Parse(matchResult.Groups["year"].Value);
    if (year < 50) year += 2000;
    else if (year < 100) year += 1900;
    try {
        foundDate = new DateTime(year,
            int.Parse(matchResult.Groups["month"].Value),
            int.Parse(matchResult.Groups["day"].Value));
    } catch {
        // Nieprawidłowa data.
    }
}
```

Numer dnia przed numerem miesiąca:

```
DateTime foundDate;
Match matchResult = Regex.Match(SubjectString,
    "^(?<day>[0-3]?[0-9])/(?<month>[0-3]?[0-9])/" +
    "(?<year>(?:[0-9]{2})?[0-9]{2})$");
if (matchResult.Success) {
    int year = int.Parse(matchResult.Groups["year"].Value);
    if (year < 50) year += 2000;
    else if (year < 100) year += 1900;
    try {
        foundDate = new DateTime(year,
            int.Parse(matchResult.Groups["month"].Value),
            int.Parse(matchResult.Groups["day"].Value));
    } catch {
        // Nieprawidłowa data.
    }
}
```

Perl

Numer miesiąca przed numerem dnia:

```
@daysinmonth = (31, 28, 31, 30, 31, 30, 31, 31, 30, 31, 30, 31);
$validdate = 0;
```

```
if ($subject =~ m!^([0-3]?[0-9])/([0-3]?[0-9])/((?:[0-9]{2})?[0-9]{2})$!) {
    $month = $1;
    $day = $2;
    $year = $3;
    $year += 2000 if $year < 50;
    $year += 1900 if $year < 100;
    if ($month == 2 && $year % 4 == 0 && ($year % 100 != 0 ||
                                          $year % 400 == 0)) {
        $validdate = 1 if $day >= 1 && $day <= 29;
    } elsif ($month >= 1 && $month <= 12) {
        $validdate = 1 if $day >= 1 && $day <= $daysinmonth[$month-1];
    }
}
```

Numer dnia przed numerem miesiąca:

```
@daysinmonth = (31, 28, 31, 30, 31, 30, 31, 31, 30, 31, 30, 31);
$validdate = 0;
if ($subject =~ m!^([0-3]?[0-9])/([0-3]?[0-9])/((?:[0-9]{2})?[0-9]{2})$!) {
    $day = $1;
    $month = $2;
    $year = $3;
    $year += 2000 if $year < 50;
    $year += 1900 if $year < 100;
    if ($month == 2 && $year % 4 == 0 && ($year % 100 != 0 ||
                                          $year % 400 == 0)) {
        $validdate = 1 if $day >= 1 && $day <= 29;
    } elsif ($month >= 1 && $month <= 12) {
        $validdate = 1 if $day >= 1 && $day <= $daysinmonth[$month-1];
    }
}
```

Same wyrażenia regularne

Numer miesiąca przed numerem dnia:

```
^(?:
  # Luty (maksymalnie 29 dni):
  (?<month>0?2)/(?<day>[12][0-9]|0?[1-9])
|
  # Miesiące 30-dniowe:
  (?<month>0?[469]|11)/(?<day>30|[12][0-9]|0?[1-9])
|
  # Miesiące 31-dniowe:
  (?<month>0?[13578]|1[02])/(?<day>3[01]|[12][0-9]|0?[1-9])
)
# Rok:
/(?<year>(?:[0-9]{2})?[0-9]{2})$
```
   Opcje wyrażenia regularnego: Swobodne stosowanie znaków białych
   Odmiany wyrażeń regularnych: .NET

```
^(?:
  # Luty (maksymalnie 29 dni):
  (0?2)/([12][0-9]|0?[1-9])
|
  # Miesiące 30-dniowe:
  (0?[469]|11)/(30|[12][0-9]|0?[1-9])
|
  # Miesiące 31-dniowe:
  (0?[13578]|1[02])/(3[01]|[12][0-9]|0?[1-9])
)
```

Rok:
```
/((?:[0-9]{2})?[0-9]{2})$
```
Opcje wyrażenia regularnego: Swobodne stosowanie znaków białych

Odmiany wyrażeń regularnych: .NET, Java, PCRE, Perl, Python, Ruby

```
^(?:(0?2)/([12][0-9]|0?[1-9])|(0?[469]|11)/(30|[12][0-9]|0?[1-9])|(0?[13578]|1[02])/
↪(3[01]|[12][0-9]|0?[1-9]))/((?:[0-9]{2})?[0-9]{2})$
```
Opcje wyrażenia regularnego: Brak

Odmiany wyrażeń regularnych: .NET, Java, JavaScript, PCRE, Perl, Python, Ruby

Numer dnia przed numerem miesiąca:

```
^(?:
    # Luty (maksymalnie 29 dni):
    (?<day>[12][0-9]|0?[1-9])/(?<month>0?2)
|
    # Miesiące 30-dniowe:
    (?<day>30|[12][0-9]|0?[1-9])/(?<month>0?[469]|11)
|
    # Miesiące 31-dniowe:
    (?<day>3[01]|[12][0-9]|0?[1-9])/(?<month>0?[13578]|1[02])
)
# Rok:
/(?<year>(?:[0-9]{2})?[0-9]{2})$
```
Opcje wyrażenia regularnego: Swobodne stosowanie znaków białych

Odmiany wyrażeń regularnych: .NET

```
^(?:
    # Luty (maksymalnie 29 dni):
    ([12][0-9]|0?[1-9])/(0?2)
|
    # Miesiące 30-dniowe:
    (30|[12][0-9]|0?[1-9])/([469]|11)
|
    # Miesiące 31-dniowe:
    (3[01]|[12][0-9]|0?[1-9])/(0?[13578]|1[02])
)
# Rok:
/((?:[0-9]{2})?[0-9]{2})$
```
Opcje wyrażenia regularnego: Swobodne stosowanie znaków białych

Odmiany wyrażeń regularnych: .NET, Java, PCRE, Perl, Python, Ruby

```
^(?:([12][0-9]|0?[1-9])/(0?2)|(30|[12][0-9]|0?[1-9])/([469]|11)|(3[01]|[12][0-9]|0?
↪[1-9])/(0?[13578]|1[02]))/((?:[0-9]{2})?[0-9]{2})$
```
Opcje wyrażenia regularnego: Brak

Odmiany wyrażeń regularnych: .NET, Java, JavaScript, PCRE, Perl, Python, Ruby

Analiza

Istnieją dwa sposoby restrykcyjnego weryfikowania dat za pomocą wyrażeń regularnych. Jedna z metod polega na użyciu prostego wyrażenia regularnego, którego zadanie sprowadza się do przechwytywania grup liczb przypominających kombinację dnia/miesiąca/roku oraz wykorzystania kodu proceduralnego do sprawdzenia poprawności tak zidentyfikowanej daty. Wykorzystaliśmy do tego celu pierwsze wyrażenie regularne z poprzedniej receptury, które akceptuje w roli numeru dnia i miesiąca liczby z przedziału od 0 do 39. Tak szeroki zakres dopuszczalnych wartości znacznie ułatwia przechodzenie pomiędzy formatami *mm/dd/yy* i *dd/mm/yy* — wystarczy określić, która grupa przechwytująca jest traktowana jako miesiąc.

Największą zaletą tej metody jest możliwość łatwego dodawania kolejnych ograniczeń, na przykład zawężających akceptowane daty do określonych okresów. Wiele języków programowania oferuje funkcje stworzone specjalnie z myślą o operacjach na datach. W rozwiązaniu dla języka C# użyliśmy struktury danych DateTime frameworku .NET, aby sprawdzić, czy dana data jest prawidłowa, i zwrócić ją we właściwym formacie (wszystko w jednym kroku).

Alternatywna metoda polega na realizacji wszystkich zadań za pomocą pojedynczego wyrażenia regularnego. Takie rozwiązanie jest dość proste, pod warunkiem że traktujemy wszystkie lata jak lata przestępne. Możemy tutaj zastosować tę samą technikę wyrażania alternatyw, z której korzystaliśmy w ostatnich rozwiązaniach zaproponowanych w poprzedniej recepturze.

Ze stosowaniem pojedynczego wyrażenia regularnego wiąże się jednak pewien problem — w zaproponowanym rozwiązaniu nie możemy użyć pojedynczej grupy do przechwytywania dnia i miesiąca. Tym razem musimy zastosować po trzy grupy przechwytujące dla miesiąca i dla dnia. W przypadku dopasowania daty do naszego wyrażenia regularnego zaledwie trzy z siedmiu grup tego wyrażenia przechwytują składniki tej daty. Jeśli dopasowanym miesiącem jest luty, pierwsza i druga grupa przechwytują odpowiednio miesiąc i dzień. Jeśli dopasowany miesiąc ma 30 dni, trzecia i czwarta grupa przechwytują odpowiednio miesiąc i dzień. Jeśli dopasowany miesiąc ma 31 dni, miesiąc i dzień są przechwytywane odpowiednio przez piątą i szóstą grupę. Siódma grupa zawsze przechwytuje rok.

Jedyną odmianą wyrażeń regularnych, która oferuje rozwiązania ułatwiające realizację tego zadania, jest framework .NET. Okazuje się, że we frameworku .NET istnieje możliwość nadawania tej samej nazwy wielu nazwanym grupom przechwytującym (patrz receptura 2.11) i stosowania dla tych grup wspólnej przestrzeni pamięciowej. Oznacza to, że jeśli we frameworku .NET zastosujemy rozwiązanie z przechwytami nazwanymi, będziemy mogli uzyskiwać tekst dopasowany do grup „miesiąc" i „dzień" bez analizowania liczby dni w danym miesiącu. Pozostałe odmiany wyrażeń regularnych omawiane w tej książce albo w ogóle nie obsługują przechwytów nazwanych, albo nie dopuszczają możliwości nadawania dwóm grupom tej samej nazwy, albo zwracają tekst przechwycony tylko do ostatniej grupy z daną nazwą. W tych odmianach jedynym możliwym rozwiązaniem jest użycie numerowanych grup przechwytujących.

Rozwiązanie polegające na użyciu samego wyrażenia regularnego jest warte rozważenia tylko wtedy, gdy użycie pojedynczego wyrażenia regularnego jest jedyną możliwością lub gdy korzystamy z aplikacji oferującej zaledwie jedno pole dla wyrażenia regularnego. Podczas programowania powinniśmy dążyć do maksymalnej prostoty — zwykle można ten cel osiągnąć, stosując odrobinę dodatkowego kodu. Takie rozwiązanie może nam w przyszłości ułatwić uzupełnianie naszego rozwiązania o dodatkowe mechanizmy weryfikujące daty. Poniżej pokazano rozwiązanie złożone z samego wyrażenia regularnego pasującego do dat z przedziału od 2 maja 2007 roku do 29 sierpnia 2008 roku w formacie $d/m/yy$ lub $dd/mm/yyyy$:

```
# Od 2 maja 2007 do 29 sierpnia 2008:
^(?:
  # Od 2 maja 2007 do 31 grudnia 2007:
  (?:
    # Od 2 maja do 31 maja:
    (?<day>3[01]|[12][0-9]|0?[2-9])/(?<month>0?5)/(?<year>2007)
  |
    # Od 1 czerwca do 31 grudnia:
    (?:
      # Miesiące 30-dniowe:
      (?<day>30|[12][0-9]|0?[1-9])/(?<month>0?[69]|11)
    |
```

```
      # Miesiące 31-dniowe:
      (?<day>3[01]|[12][0-9]|0?[1-9])/(?<month>0?[78]|1[02])
    )
    /(?<year>2007)
  )
|
  # Od 1 stycznia 2008 do 29 sierpnia 2008:
  (?:
    # Od 1 sierpnia do 29 sierpnia:
    (?<day>[12][0-9]|0?[1-9])/(?<month>0?8)/(?<year>2008)
  |
    # Od 1 stycznia do 30 czerwca:
    (?:
      # Luty:
      (?<day>[12][0-9]|0?[1-9])/(?<month>0?2)
    |
      # Miesiące 30-dniowe:
      (?<day>30|[12][0-9]|0?[1-9])/(?<month>0?[46])
    |
      # Miesiące 31-dniowe:
      (?<day>3[01]|[12][0-9]|0?[1-9])/(?<month>0?[1357])
    )
    /(?<year>2008)
  )
)$
```
Opcje wyrażenia regularnego: Swobodne stosowanie znaków białych
Odmiany wyrażeń regularnych: .NET, Java, PCRE, Perl, Python, Ruby

Patrz także

Receptury 4.4, 4.6 i 4.7.

4.6. Weryfikacja tradycyjnych formatów godziny

Problem

Chcemy weryfikować godziny zapisywane w tradycyjnych formatach, czyli *hh:mm* oraz *hh:mm:ss* (zarówno zegara 12-godzinnego, jak i zegara 24-godzinnego).

Rozwiązanie

Godziny i minuty zegara 12-godzinnego:

```
^(1[0-2]|0?[1-9]):([0-5]?[0-9])$
```
Opcje wyrażenia regularnego: Brak
Odmiany wyrażeń regularnych: .NET, Java, JavaScript, PCRE, Perl, Python, Ruby

Godziny i minuty zegara 24-godzinnego:

```
^(2[0-3]|[01]?[0-9]):([0-5]?[0-9])$
```
Opcje wyrażenia regularnego: Brak
Odmiany wyrażeń regularnych: .NET, Java, JavaScript, PCRE, Perl, Python, Ruby

Godziny, minuty i sekundy zegara 12-godzinnego:

```
^(1[0-2]|0?[1-9]):([0-5]?[0-9]):([0-5]?[0-9])$
```
Opcje wyrażenia regularnego: Brak
Odmiany wyrażeń regularnych: .NET, Java, JavaScript, PCRE, Perl, Python, Ruby

Godziny, minuty i sekundy zegara 24-godzinnego:

```
^(2[0-3]|[01]?[0-9]):([0-5]?[0-9]):([0-5]?[0-9])$
```
Opcje wyrażenia regularnego: Brak
Odmiany wyrażeń regularnych: .NET, Java, JavaScript, PCRE, Perl, Python, Ruby

Znaki zapytania we wszystkich powyższych wyrażeniach regularnych powodują, że początkowe zera są opcjonalne. Aby wymusić stosowanie poprzedzających zer, wystarczy usunąć te znaki zapytania.

Analiza

Weryfikacja godziny jest znacznie prostsza niż weryfikacja daty. Każda godzina składa się z 60 minut, a każda minuta składa się z 60 sekund. Oznacza to, że w naszym wyrażeniu regularnym nie musimy stosować skomplikowanych alternatyw. Dla minut i sekund w ogóle nie stosujemy konstrukcji alternatywnych. Wyrażenie <[0-5]?[0-9]> pasuje do cyfry z przedziału od 0 do 5, po której następuje cyfra z przedziału od 0 do 9. W ten sposób możemy łatwo dopasować liczby z przedziału od 0 do 59. Znak zapytania użyty po pierwszej klasie znaków powoduje opcjonalność tej klasy. Takie rozwiązanie powoduje, że pojedyncza cyfra z przedziału od 0 do 9 jest akceptowana jako prawidłowa liczba minut lub sekund. Gdybyśmy chcieli wymusić zapisywanie pierwszych 10 minut i sekund w formie 00–09, powinniśmy usunąć ten znak zapytania. Szczegółowe omówienie klas znaków i kwantyfikatorów (w tym znaku zapytania) można znaleźć w recepturach 2.3 i 2.12.

Wyrażenia alternatywne (patrz receptura 2.8) stosujemy dla godzin. Dopuszczalny przedział, w którym musi się mieścić druga cyfra, zależy od pierwszej cyfry. W przypadku zegara 12-godzinnego pierwsza cyfra równa 0 oznacza możliwość występowania dowolnej (jednej z dziesięciu) cyfry na drugiej pozycji. Jeśli jednak pierwszą cyfrą jest 1, druga cyfra musi się mieścić w przedziale od 0 do 2. W wyrażeniu regularnym zapisujemy te reguły w następujący sposób: <1[0-2]|0?[1-9]>. W przypadku zegara 24-godzinnego pierwsza cyfra równa 0 lub 1 oznacza możliwość występowania dowolnej (jednej z dziesięciu) cyfry na drugiej pozycji. Jeśli pierwszą cyfrą jest 2, druga cyfra musi należeć do przedziału od 0 do 3. W składni wyrażenia regularnego zapisaliśmy te reguły w następującej formie: 2[0-3]|[01]?[0-9]. Także w tym przypadku znak zapytania powoduje, że pierwsze 10 godzin można zapisywać zarówno w notacji jednocyfrowej, jak i w notacji dwucyfrowej (z poprzedzającym zerem). Aby wymusić stosowanie zapisu dwucyfrowego, wystarczy usunąć ten kwantyfikator.

Fragmenty naszego wyrażenia regularnego pasujące do godzin, minut i sekund otoczyliśmy nawiasami okrągłymi. Takie rozwiązanie znacznie ułatwia uzyskiwanie cyfr składających się na godziny, minuty i sekundy bez dzielących je dwukropków. Sposób tworzenia grup przechwytujących z wykorzystaniem nawiasów wyjaśniono w recepturze 2.9. W recepturze 3.9 opisano, jak w kodzie proceduralnym uzyskiwać tekst dopasowywany do tych grup.

Nawiasy wokół części pasującej do godziny grupują dwie alternatywy. Gdybyśmy zrezygnowali z tych nawiasów, nasze wyrażenie nie działałoby prawidłowo. Jedynym skutkiem usunięcia nawiasów otaczających fragmenty pasujące do minut i sekund byłby brak możliwości odrębnego uzyskiwania odpowiednich cyfr.

Warianty

Gdybyśmy chcieli odnajdywać godzinę w większych fragmentach tekstu, zamiast sprawdzać, czy cały tekst wejściowy zawiera godzinę, musielibyśmy zrezygnować z kotwic <^> i <$>. Samo usunięcie tych kotwic nie wystarczy jednak do opracowania prawidłowego rozwiązania — tak zmienione wyrażenie regularne pasowałoby na przykład do godziny *12:12* w ramach tekstu *9912:1299*. Kotwice wiążące nasze wyrażenie regularne z początkiem i końcem przetwarzanego tekstu powinniśmy raczej zastąpić konstrukcją, która wyklucza możliwość występowania godziny w sekwencji innych cyfr.

Cel ten można łatwo osiągnąć, stosując parę granic wyrazów. Warto pamiętać, że w wyrażeniach regularnych cyfry traktuje się jak znaki, które mogą wchodzić w skład wyrazów. Powinniśmy więc zastąpić zarówno kotwicę <^>, jak i kotwicę <$> tokenem <\b>. Efekt tych zmian pokazano w poniższym przykładzie:

```
\b(2[0-3]|[01]?[0-9]):([0-5]?[0-9])\b
```
Opcje wyrażenia regularnego: Brak
Odmiany wyrażeń regularnych: .NET, Java, JavaScript, PCRE, Perl, Python, Ruby

Granice wyrazów nie odrzucają wszystkich znaków — pasują do pozycji dzielącej literę, cyfrę lub znak podkreślenia od znaku spoza tego zbioru. Oznacza to, że powyższe wyrażenie regularne pasujące do godzin i minut zegara 24-godzinnego zostanie dopasowane do godziny *16:08* w zdaniu *Mamy dokładnie godzinę 16:08:42*. Ponieważ cyfra *1* jest, a spacja nie jest znakiem wyrazu, token granicy wyrazu pasuje do pozycji pomiędzy tymi znakami. Podobnie, ponieważ cyfra *8* jest, a dwukropek nie jest znakiem wyrazu, token <\b> pasuje do pozycji pomiędzy tymi znakami.

Gdybyśmy chcieli, aby dwukropek był traktowany na równi ze znakami wyrazów, musielibyśmy zastosować operację wyszukiwania w przód (patrz receptura 2.16). Poniższe wyrażenie regularne nie zostanie dopasowane do żadnego fragmentu zdania *Mamy dokładnie godzinę 16:08:42*. Warto jednak pamiętać, że wyrażenie w tej formie nie będzie działało w odmianach, które nie obsługują wyszukiwania wstecz:

```
(?<![:\w])(2[0-3]|[01]?[0-9]):([0-5]?[0-9])(?![:\w])
```
Opcje wyrażenia regularnego: Brak
Odmiany wyrażeń regularnych: .NET, Java, PCRE, Perl, Python, Ruby 1.9

Patrz także

Receptury 4.4, 4.5 i 4.7.

4.7. Weryfikacja zgodności daty i godziny ze standardem ISO 8601

Problem

Chcemy dopasowywać daty i (lub) godziny zgodne z oficjalnym standardem ISO 8601, czyli podstawą dla wielu ustandaryzowanych formatów daty i godziny. Standard ISO 8601 wykorzystano na przykład podczas projektowania wbudowanych typów danych date, time i date ↪Time standardu XML Schema.

Rozwiązanie

Poniższe wyrażenia regularne pasują do daty reprezentującej rok i miesiąc, na przykład *2008-08*. Myślnik dzielący rok od miesiąca jest wymagany:

```
^([0-9]{4})-(1[0-2]|0[1-9])$
```
Opcje wyrażenia regularnego: Brak
Odmiany wyrażeń regularnych: .NET, Java, JavaScript, PCRE, Perl, Python, Ruby

```
^(?<year>[0-9]{4})-(?<month>1[0-2]|0[1-9])$
```
Opcje wyrażenia regularnego: Brak
Odmiany wyrażeń regularnych: .NET, PCRE 7, Perl 5.10, Ruby 1.9

```
^(?P<year>[0-9]{4})-(?P<month>1[0-2]|0[1-9])$
```
Opcje wyrażenia regularnego: Brak
Odmiany wyrażeń regularnych: PCRE, Python

Poniższe wyrażenia pasują do pełnych dat, na przykład *2008-08-30*. Myślniki są opcjonalne, zatem nasze wyrażenia pasują do dat w formatach *YYYYMMDD* i *YYYYMM-DD*, które nie są zgodne ze standardem ISO 8601:

```
^([0-9]{4})-?(1[0-2]|0[1-9])-?(3[0-1]|0[1-9]|[1-2][0-9])$
```
Opcje wyrażenia regularnego: Brak
Odmiany wyrażeń regularnych: .NET, Java, JavaScript, PCRE, Perl, Python, Ruby

```
^(?<year>[0-9]{4})-?(?<month>1[0-2]|0[1-9])-?(?<day>3[0-1]|0[1-9]|[1-2][0-9])$
```
Opcje wyrażenia regularnego: Brak
Odmiany wyrażeń regularnych: .NET, PCRE 7, Perl 5.10, Ruby 1.9

Poniższe wyrażenie pasuje do pełnych dat, na przykład *2008-08-30*. Myślniki są opcjonalne. W wyrażeniu zastosowaliśmy konstrukcję warunkową wykluczającą możliwość dopasowania do dat w formatach *YYYY-MMDD* i *YYYYMM-DD*. Dla pierwszego myślnika użyto dodatkowej grupy przechwytującej:

```
^([0-9]{4})(-)?(1[0-2]|0[1-9])(?(2)-)(3[0-1]|0[1-9]|[1-2][0-9])$
```
Opcje wyrażenia regularnego: Brak
Odmiany wyrażeń regularnych: .NET, PCRE, Perl, Python

Poniższe wyrażenie pasuje do pełnych dat, na przykład *2008-08-30*. Myślniki są opcjonalne. W wyrażeniu zastosowaliśmy konstrukcję warunkową wykluczającą możliwość dopasowania do dat w formatach *YYYY-MMDD* i *YYYYMM-DD*. Dla numeru miesiąca użyliśmy dwóch grup przechwytujących:

```
^([0-9]{4})(?:(1[0-2]|0[1-9])|-?(1[0-2]|0[1-9])-?)(3[0-1]|0[1-9]|[1-2][0-9])$
```
Opcje wyrażenia regularnego: Brak
Odmiany wyrażeń regularnych: .NET, Java, JavaScript, PCRE, Perl, Python, Ruby

Poniższe wyrażenia pasują do daty reprezentującej tydzień roku, na przykład *2008-W35*. Myślnik jest opcjonalny:

```
^([0-9]{4})-?W(5[0-3]|[1-4][0-9]|0[1-9])$
```
Opcje wyrażenia regularnego: Brak
Odmiany wyrażeń regularnych: .NET, Java, JavaScript, PCRE, Perl, Python, Ruby

```
^(?<year>[0-9]{4})-?W(?<week>5[0-3]|[1-4][0-9]|0[1-9])$
```
Opcje wyrażenia regularnego: Brak
Odmiany wyrażeń regularnych: .NET, PCRE 7, Perl 5.10, Ruby 1.9

Poniższe wyrażenia pasują do daty reprezentującej tydzień roku i dzień tygodnia, na przykład *2008-W35-6*. Myślniki są opcjonalne:

```
^([0-9]{4})-?W(5[0-3]|[1-4][0-9]|0[1-9])-?([1-7])$
```
Opcje wyrażenia regularnego: Brak
Odmiany wyrażeń regularnych: .NET, Java, JavaScript, PCRE, Perl, Python, Ruby

```
^(?<year>[0-9]{4})-?W(?<week>5[0-3]|[1-4][0-9]|0[1-9])-?(?<day>[1-7])$
```
Opcje wyrażenia regularnego: Brak
Odmiany wyrażeń regularnych: .NET, PCRE 7, Perl 5.10, Ruby 1.9

Poniższe wyrażenia pasują do daty reprezentującej dzień roku, na przykład *2008-243*. Myślnik jest opcjonalny:

```
^([0-9]{4})-?(36[0-6]|3[0-5][0-9]|[12][0-9]{2}|0[1-9][0-9]|00[1-9])$
```
Opcje wyrażenia regularnego: Brak
Odmiany wyrażeń regularnych: .NET, Java, JavaScript, PCRE, Perl, Python, Ruby

```
^(?<year>[0-9]{4})-?(?<day>36[0-6]|3[0-5][0-9]|[12][0-9]{2}|0[1-9][0-9]|00[1-9])$
```
Opcje wyrażenia regularnego: Brak
Odmiany wyrażeń regularnych: .NET, PCRE 7, Perl 5.10, Ruby 1.9

Poniższe wyrażenia pasują do godzin i minut, na przykład *17:21*. Dwukropek jest opcjonalny:

```
^(2[0-3]|[01]?[0-9]):?([0-5]?[0-9])$
```
Opcje wyrażenia regularnego: Brak
Odmiany wyrażeń regularnych: .NET, Java, JavaScript, PCRE, Perl, Python, Ruby

```
^(?<hour>2[0-3]|[01]?[0-9]):?(?<minute>[0-5]?[0-9])$
```
Opcje wyrażenia regularnego: Brak
Odmiany wyrażeń regularnych: .NET, PCRE 7, Perl 5.10, Ruby 1.9

Poniższe wyrażenia pasują do godzin, minut i sekund, na przykład *17:21:59*. Dwukropki są opcjonalne:

```
^(2[0-3]|[01]?[0-9]):?([0-5]?[0-9]):?([0-5]?[0-9])$
```
Opcje wyrażenia regularnego: Brak
Odmiany wyrażeń regularnych: .NET, Java, JavaScript, PCRE, Perl, Python, Ruby

```
^(?<hour>2[0-3]|[01]?[0-9]):?(?<minute>[0-5]?[0-9]):?(?<second>[0-5]?[0-9])$
```
Opcje wyrażenia regularnego: Brak
Odmiany wyrażeń regularnych: .NET, PCRE 7, Perl 5.10, Ruby 1.9

Poniższe wyrażenie pasuje do wskaźnika strefy czasowej, na przykład *Z, +07* lub *+07:00*. Dwukropek i część reprezentująca minuty są opcjonalne:

```
^(Z|[+-](?:2[0-3]|[01]?[0-9])(?::?(?:[0-5]?[0-9]))?)$
```
Opcje wyrażenia regularnego: Brak
Odmiany wyrażeń regularnych: .NET, Java, JavaScript, PCRE, Perl, Python, Ruby

Poniższe wyrażenia pasują do godzin, minut i sekund oraz wskaźnika strefy czasowej, na przykład *17:21:59+07:00*. Zarówno wszystkie dwukropki, jak i minuty we wskaźniku strefy czasowej są opcjonalne:

```
^(2[0-3]|[01]?[0-9]):?([0-5]?[0-9]):?([0-5]?[0-9])(Z|[+-](?:2[0-3]|[01]?[0-9])
↪(?::?(?:[0-5]?[0-9]))?)?$
```
Opcje wyrażenia regularnego: Brak
Odmiany wyrażeń regularnych: .NET, Java, JavaScript, PCRE, Perl, Python, Ruby

```
^(?<hour>2[0-3]|[01]?[0-9]):?(?<minute>[0-5]?[0-9]):?(?<sec>[0-5]?[0-9])(?<timezone>Z|
↪[+-](?:2[0-3]|[01]?[0-9])(?::?(?:[0-5]?[0-9]))?)?$
```
Opcje wyrażenia regularnego: Brak
Odmiany wyrażeń regularnych: .NET, PCRE 7, Perl 5.10, Ruby 1.9

Poniższe wyrażenia pasują do dat z opcjonalnymi strefami czasowymi, czyli na przykład do *2008-08-30* lub *2008-08-30+07:00*. Myślniki są wymagane. Właśnie w ten sposób daty są reprezentowane przez typ `date` standardu XML Schema:

```
^(-?(?:[1-9][0-9]*)?[0-9]{4})-(1[0-2]|0[1-9])-(3[0-1]|0[1-9]|[1-2][0-9])(Z|[+-](?:2
↪[0-3]|[0-1][0-9]):[0-5][0-9])?$
```
Opcje wyrażenia regularnego: Brak
Odmiany wyrażeń regularnych: .NET, Java, JavaScript, PCRE, Perl, Python, Ruby

```
^(?<year>-?(?:[1-9][0-9]*)?[0-9]{4})-(?<month>1[0-2]|0[1-9])-(?<day>3[0-1]|0[1-9]|
↪[1-2][0-9])(?<timezone>Z|[+-](?:2[0-3]|[0-1][0-9]):[0-5][0-9])?$
```
Opcje wyrażenia regularnego: Brak
Odmiany wyrażeń regularnych: .NET, PCRE 7, Perl 5.10, Ruby 1.9

Poniższe wyrażenia pasują do godzin z opcjonalnymi częściami sekundy i strefami czasowymi, na przykład *01:45:36* lub *01:45:36.123+07:00*. Właśnie w ten sposób godziny są reprezentowane przez typ `time` standardu XML Schema:

```
^(2[0-3]|[0-1][0-9]):([0-5][0-9]):([0-5][0-9])(\.[0-9]+)?(Z|[+-](?:2[0-3]|[0-1]
↪[0-9]):[0-5][0-9])?$
```
Opcje wyrażenia regularnego: Brak
Odmiany wyrażeń regularnych: .NET, Java, JavaScript, PCRE, Perl, Python, Ruby

```
^(?<hour>2[0-3]|[0-1][0-9]):(?<minute>[0-5][0-9]):(?<second>[0-5][0-9])(?<ms>\.
↪[0-9]+)?(?<timezone>Z|[+-](?:2[0-3]|[0-1][0-9]):[0-5][0-9])?$
```
Opcje wyrażenia regularnego: Brak
Odmiany wyrażeń regularnych: .NET, PCRE 7, Perl 5.10, Ruby 1.9

Poniższe wyrażenia pasują do dat i godzin z opcjonalnymi częściami sekundy i strefami czasowymi, na przykład *2008-08-30T01:45:36* lub *2008-08-30T01:45:36.123Z*. Właśnie w ten sposób daty i godziny są reprezentowane przez typ `dateTime` standardu XML Schema:

```
^(-?(?:[1-9][0-9]*)?[0-9]{4})-(1[0-2]|0[1-9])-(3[0-1]|0[1-9]|[1-2][0-9])T(2[0-3]|
↪[0-1][0-9]):([0-5][0-9]):([0-5][0-9])(\.[0-9]+)?(Z|[+-](?:2[0-3]|[0-1][0-9]):
↪[0-5][0-9])?$
```
Opcje wyrażenia regularnego: Brak
Odmiany wyrażeń regularnych: .NET, Java, JavaScript, PCRE, Perl, Python, Ruby

```
^(?<year>-?(?:[1-9][0-9]*)?[0-9]{4})-(?<month>1[0-2]|0[1-9])-(?<day>3[0-1]|0[1-9]|
↪[1-2][0-9])T(?<hour>2[0-3]|[0-1][0-9]):(?<minute>[0-5][0-9]):(?<second>[0-5]
↪[0-9])(?<ms>\.[0-9]+)?(?<timezone>Z|[+-](?:2[0-3]|[0-1][0-9]):[0-5][0-9])?$
```
Opcje wyrażenia regularnego: Brak
Odmiany wyrażeń regularnych: .NET, PCRE 7, Perl 5.10, Ruby 1.9

Analiza

Standard ISO 8601 definiuje wiele formatów daty i godziny. Wyrażenia regularne zaproponowane w tej recepturze pasują do większości typowych formatów tego standardu. Z drugiej strony większość systemów zgodnych ze standardem ISO 8601 obsługuje zaledwie podzbiór tych formatów. Na przykład w datach i godzinach obowiązujących w XML Schema myślniki i dwukropki są wymagane. Aby wymusić stosowanie tych znaków w dopasowywanych datach i godzinach, wystarczy usunąć z naszych wyrażeń regularnych znaki zapytania. Aby wykluczyć możliwość stosowania myślników i dwukropków, należy usunąć je z wyrażeń regularnych wraz z następującymi po nich znakami zapytania. Warto jednak zwrócić uwagę na grupy nieprzechwytujące definiowane za pomocą konstrukcji składniowej <(?: grupa)> — jeśli znak zapytania i dwukropek występują za nawiasem otwierającym, wszystkie te trzy znaki rozpoczynają grupę nieprzechwytującą.

Wyrażenia regularne pasują do dat i godzin, w których ewentualne myślniki i dwukropki są znakami opcjonalnymi, co nie jest do końca zgodne z zaleceniami standardu ISO 8601. Na przykład zapis *1733:26* nie jest prawidłową godziną standardu ISO 8601, a mimo to zostanie zaakceptowany przez nasze wyrażenia dopasowywane do godzin. Implementacja wymagania, zgodnie z którym myślniki i dwukropki muszą albo występować na wszystkich pozycjach, albo nie występować wcale, znacznie skomplikowałaby te wyrażenia regularne. Zastosowaliśmy to rozwiązanie w wyrażeniu dopasowywanym do dat, jednak w praktycznych zastosowaniach (na przykład w typach danych standardu XML Schema) separatory zwykle są albo wymagane, albo odrzucane (nie mają opcjonalnego charakteru).

Wszystkie fragmenty dopasowywane do liczb otoczyliśmy nawiasami okrągłymi. Takie rozwiązanie znacznie ułatwia uzyskiwanie liczb reprezentujących lata, miesiące, dni, godziny, minuty, sekundy i strefy czasowe. W recepturze 2.9 wyjaśniono, jak za pomocą nawiasów okrągłych można tworzyć grupy przechwytujące. W recepturze 3.9 omówiono sposób uzyskiwania na poziomie kodu proceduralnego tekstu dopasowywanego do tych grup przechwytujących.

Dla większości wyrażeń regularnych zaproponowaliśmy rozwiązania alternatywne z wykorzystaniem przechwytów nazwanych. Niektóre z tych formatów dat i godzin mogą wydać się dziwne Tobie lub Twoim współpracownikom, ale przechwyty nazwane powinny ułatwić ich interpretację. Odmiany frameworku .NET, biblioteki PCRE 7 oraz języków Perl 5.10 i Ruby 1.9 obsługują konstrukcję składniową <(?<*nazwa*>*grupa*)>. Wszystkie omawiane w tej książce wersje biblioteki PCRE i Pythona obsługują też alternatywną składnię <(?P<*name*>*group*)> z dodatkową literą <P>. Więcej informacji na ten temat można znaleźć w recepturach 2.11 i 3.9.

Przedziały liczbowe zdefiniowane we wszystkich wyrażeniach regularnych są dość precyzyjne. Na przykład dzień miesiąca musi się mieścić w przedziale od 01 do 31. Nie jest więc możliwe dopasowanie 32. dnia miesiąca bądź 13. miesiąca roku. Żadne z naszych wyrażeń nie próbuje jednak eliminować nieprawidłowych kombinacji dni i miesięcy, jak 31 lutego (omówiliśmy to zagadnienie w recepturze 4.5).

Mimo że część tych wyrażeń regularnych jest dość długa, zastosowane rozwiązania w rzeczywistości są dość proste i wykorzystują te same techniki, które opisano już w recepturach 4.4 i 4.6.

Patrz także

Receptury 4.4, 4.5 i 4.6.

4.8. Ograniczanie danych wejściowych do znaków alfanumerycznych

Problem

Przyjmijmy, że nasza aplikacja wymaga od użytkowników wpisywania odpowiedzi w formie jednego lub wielu znaków alfanumerycznych alfabetu angielskiego.

Rozwiązanie

Wyrażenia regularne powodują, że opracowanie rozwiązania dla tego problemu jest dziecinnie proste. Interesujący nas przedział znaków można dopasowywać, stosując prostą klasę znaków. Po dodaniu odpowiedniego kwantyfikatora klasa znaków będzie powtarzana jeden lub wiele razy, a kotwice wiążą dopasowanie z początkiem i końcem przetwarzanego łańcucha.

Wyrażenie regularne

```
^[A-Z0-9]+$
```
Opcje wyrażenia regularnego: Ignorowanie wielkości liter
Odmiany wyrażeń regularnych: .NET, Java, JavaScript, PCRE, Perl, Python, Ruby

Ruby

```
if subject =~ /^[A-Z0-9]+$/i
    puts "Przetwarzany tekst składa się ze znaków alfanumerycznych."
else
    puts "Przetwarzany tekst zawiera znaki inne niż alfanumeryczne."
end
```

Pozostałe języki programowania

W zaimplementowaniu tego wyrażenia regularnego w pozostałych językach programowania powinien Ci pomóc materiał zawarty w recepturach 3.4 i 3.5.

Analiza

Przeanalizujmy teraz cztery elementy składowe tego wyrażenia regularnego:

```
^            # Pasuje do pozycji na początku przetwarzanego łańcucha.
[A-Z0-9]     # Pasuje do litery z przedziału od "A" do "Z" bądź cyfry z przedziału od "0" do "9"...
```

```
    +        #  raz lub nieskończenie wiele razy.
    $        #  Pasuje do pozycji na końcu przetwarzanego łańcucha.
```
Opcje wyrażenia regularnego: Ignorowanie wielkości liter, swobodne stosowanie znaków białych

Odmiany wyrażeń regularnych: .NET, Java, PCRE, Perl, Python, Ruby

Asercje <^> i <$> użyte na początku i końcu zaproponowanego wyrażenia regularnego dają nam pewność, że zostanie przetestowany cały łańcuch wejściowy. Bez tych kotwic wyrażenie mogłoby zostać dopasowane do dowolnego fragmentu dłuższego łańcucha i — tym samym — zaakceptować nieprawidłowe znaki. Kwantyfikator <+> powtarza poprzedzający go element jeden lub wiele razy. Gdybyśmy chcieli, aby nasze wyrażenie regularne było dopasowywane także do łańcuchów pustych, powinniśmy zastąpić kwantyfikator <+> kwantyfikatorem <*>, który pasuje do zera, jednego lub wielu powtórzeń i — tym samym — przekształca poprzedzający go element w element opcjonalny.

Warianty

Ograniczanie danych wejściowych do znaków ASCII

Poniższe wyrażenie regularne ogranicza dane wejściowe do 128 znaków siedmiobitowej tablicy znaków ASCII, w tym 33 niewidocznych znaków kontrolnych:

```
^[\x00-\x7F]+$
```
Opcje wyrażenia regularnego: Brak

Odmiany wyrażeń regularnych: .NET, Java, JavaScript, PCRE, Perl, Python, Ruby

Ograniczanie danych wejściowych do niekontrolnych znaków ASCII oraz znaków podziału wiersza

Za pomocą poniższego wyrażenia regularnego możemy ograniczyć dane wejściowe do znaków widocznych oraz znaków białych reprezentowanych w tablicy znaków ASCII, a więc z wyłączeniem znaków kontrolnych. Znaki nowego wiersza i powrotu karetki (odpowiednio na pozycjach 0x0A i 0x0D w tablicy znaków) należą do najczęściej stosowanych znaków kontrolnych, stąd decyzja o ich włączeniu do pasującego zbioru — sekwencja <\n> reprezentuje znak nowego wiersza, a sekwencja <\r> reprezentuje znak powrotu karetki:

```
^[\n\r\x20-\x7E]+$
```
Opcje wyrażenia regularnego: Brak

Odmiany wyrażeń regularnych: .NET, Java, JavaScript, PCRE, Perl, Python, Ruby

Ograniczanie danych wejściowych do wspólnych znaków stron kodowych ISO-8859-1 i Windows-1252

ISO-8859-1 i Windows-1252 (określany zwykle mianem standardu ANSI) to dwa popularne, 8-bitowe schematy kodowania znaków zaprojektowane na bazie standardu Latin-1 (a mówiąc precyzyjnie, standardu ISO/IEC 8859-1). Okazuje się jednak, że odwzorowanie przez te standardy znaków na pozycjach od 0x80 do 0x9F nie jest ze sobą zgodne. W standardzie ISO-8859-1 na wymienionych pozycjach są reprezentowane kody kontrolne, natomiast w standardzie Windows-1252 wykorzystano je do reprezentowania rozszerzonego zbioru liter i znaków interpunkcyjnych.

Wspomniane różnice prowadzą czasem do poważnych utrudnień podczas wyświetlania znaków, szczególnie w przypadku dokumentów, które nie deklarują stosowanego schematu kodowania, oraz w przypadku odbiorców korzystających z systemów innych niż Windows. Poniższe wyrażenie regularne ogranicza dane wejściowe do znaków wspólnych dla schematów kodowania ISO-8859-1 i Windows-1252 (w tym wspólnych znaków kontrolnych).

```
^[\x00-\x7F\xA0-\xFF]+$
```
Opcje wyrażenia regularnego: Brak
Odmiany wyrażeń regularnych: .NET, Java, JavaScript, PCRE, Perl, Python, Ruby

Notacja szesnastkowa może obniżać czytelność tego wyrażenia regularnego, ale w praktyce działa tak samo jak stosowana wcześniej klasa znaków <[A-Z0-9]>. Klasa znaków <[A-Z0-9]> pasuje do znaków z dwóch przedziałów: od \x00 do \x7F i od \xA0 do \xFF.

Ograniczanie danych wejściowych do znaków alfanumerycznych dowolnego języka

Poniższe wyrażenie regularne ogranicza dane wejściowe do liter i cyfr dowolnego języka lub alfabetu. Wykorzystano tutaj klasę znaków obejmującą właściwości punktów kodowych wszystkich liter i cyfr standardu Unicode:

```
^[\p{L}\p{N}]+$
```
Opcje wyrażenia regularnego: Brak
Odmiany wyrażeń regularnych: .NET, Java, PCRE, Perl, Ruby 1.9

Okazuje się jednak, że właściwości standardu Unicode nie są obsługiwane przez wszystkie omawiane w tej książce odmiany wyrażeń regularnych. W szczególności wyrażenie regularne w tej formie nie działa w językach JavaScript, Python oraz Ruby 1.8. Co więcej, przetwarzanie tego wyrażenia regularnego z wykorzystaniem biblioteki PCRE wymaga jej uprzedniego skompilowania z obsługą standardu UTF-8. W języku PHP do właściwości standardu Unicode można się odwoływać za pośrednictwem funkcji preg (korzystających z biblioteki PCRE), pod warunkiem że do danego wyrażenia regularnego dopisano opcję /u.

Poniższe wyrażenie regularne ilustruje obejście tego problemu na potrzeby języka Python:

```
^[^\W_]+$
```
Opcje wyrażenia regularnego: Unicode
Odmiana wyrażeń regularnych: Python

W tym przypadku problem braku dostępu do właściwości standardu Unicode w języku Python rozwiązano, stosując podczas tworzenia wyrażenia regularnego flagę UNICODE (lub U). W ten sposób tak zmieniamy znaczenie niektórych tokenów wyrażenia regularnego, aby korzystały z tablicy znaków Unicode. Do oczekiwanego rozwiązania najbardziej zbliża nas token <\w>, który pasuje do znaków alfanumerycznych oraz znaku podkreślenia. Użycie odwrotności tego tokenu (<\W>) w zanegowanej klasie znaków pozwala wyeliminować z tego zbioru znak podkreślenia. Tego rodzaju podwójne negacje bywają przydatne w świecie wyrażeń regularnych, choć bez wątpienia ograniczają ich czytelność[2].

---

[2] Aby było jeszcze śmieszniej (jeśli oczywiście podzielasz tę specyficzną definicję śmieszności), warto spróbować utworzyć trzy, cztery i więcej poziomów negacji, wprowadzając operację negatywnego wyszukiwania (patrz receptura 2.16) i operację odejmowania klas znaków (patrz punkt „Rozwiązania właściwe poszczególnym odmianom" w recepturze 2.3).

Patrz także

W recepturze 4.9 pokażemy, jak ograniczać dopasowywany tekst według długości, nie według zbioru znaków.

4.9. Ograniczanie długości dopasowywanego tekstu

Problem

Chcemy sprawdzić, czy dany łańcuch składa się z 1 – 10 liter ze zbioru od *A* do *Z*.

Rozwiązanie

Wszystkie omawiane w tej książce języki programowania oferują prosty, wygodny sposób weryfikacji długości tekstu. Na przykład programiści JavaScriptu mają do dyspozycji właściwość length, która reprezentuje liczbę całkowitą określającą długość danego łańcucha. Okazuje się jednak, że w pewnych sytuacjach lepszym rozwiązaniem jest wykorzystanie wyrażenia regularnego do sprawdzenia długości tekstu, szczególnie jeśli ta długość jest tylko jedną z wielu reguł określających, czy przetwarzany tekst pasuje do żądanego wzorca. Poniższe wyrażenie regularne pasuje do tekstu złożonego z co najmniej jednego i maksymalnie dziesięciu znaków, obejmującego wyłącznie wielkie litery z przedziału od *A* do *Z*. Możemy łatwo zmodyfikować to wyrażenie, dostosowując minimalną i maksymalną długość tekstu do określonych potrzeb i (lub) zmieniając zakres pasujących znaków.

Wyrażenie regularne

```
^[A-Z]{1,10}$
```
   Opcje wyrażenia regularnego: Brak
   Odmiany wyrażeń regularnych: .NET, Java, JavaScript, PCRE, Perl, Python, Ruby

Perl

```
if ($ARGV[0] =~ /^[A-Z]{1,10}$/) {
    print "Dane wejściowe są prawidłowe.\n";
} else {
    print " Dane wejściowe są nieprawidłowe.\n";
}
```

Pozostałe języki programowania

Materiał zawarty w recepturze 3.5 powinien Ci pomóc w implementacji tego wyrażenia regularnego w pozostałych językach programowania.

Analiza

Poniżej pokazano to bardzo proste wyrażenie regularne po rozbiciu na poszczególne elementy składowe:

```
^          # Pasuje do pozycji na początku przetwarzanego łańcucha.
[A-Z]      # Pasuje do pojedynczej litery z przedziału od "A" do "Z"...
  {1,10}   #   od jednego do dziesięciu razy.
$          # Pasuje do pozycji na końcu przetwarzanego łańcucha.
```
Opcje wyrażenia regularnego: Swobodne stosowanie znaków białych
Odmiany wyrażeń regularnych: .NET, Java, PCRE, Perl, Python, Ruby

Kotwice <^> i <$> gwarantują nam, że dane wyrażenie regularne pasuje do całego przetwarzanego łańcucha; w przeciwnym razie mogłoby zostać dopasowane do dziesięciu znaków w ramach dłuższego tekstu. Klasa znaków <[A-Z]> pasuje do dowolnej wielkiej litery z przedziału od *A* do *Z*, a kwantyfikator interwałowy <{1,10}> powtarza tę klasę 1 – 10 razy. Połączenie kwantyfikatora interwałowego z otaczającymi kotwicami początku i końca tekstu powoduje, że nie jest możliwe dopasowanie tego wyrażenia do łańcucha, którego długość przekracza wyznaczoną długość.

Warto zwrócić uwagę na to, że klasa znaków <[A-Z]> wprost ogranicza zakres znaków pasujących do wielkich liter. Gdybyśmy chcieli dodatkowo akceptować małe litery od *a* do *z*, musielibyśmy albo zastąpić tę klasę klasą <[A-Za-z]>, albo zastosować opcję ignorowania wielkości liter. Sposób realizacji tego zadania opisano w recepturze 3.4.

Typowym błędem popełnianym przez niedoświadczonych programistów korzystających z wyrażeń regularnych jest podejmowanie prób oszczędzania sobie konieczności wpisywania kilku dodatkowych znaków poprzez stosowanie przedziału <[A-z]>. Na pierwszy rzut oka taki zapis może sprawiać wrażenie sprytnego zabiegu, który umożliwia błyskawiczne zdefiniowanie klasy pasującej zarówno do wielkich, jak i do małych liter. Okazuje się jednak, że tablica znaków ASCII zawiera kilka znaków interpunkcyjnych pomiędzy przedziałem *A* – *Z* a przedziałem *a* – *z*. Oznacza to, że klasa <[A-z]> jest w istocie odpowiednikiem klasy <[A-Z[\]^_`a-z]>.

Warianty

Ograniczanie długości dowolnego wzorca

Ponieważ takie kwantyfikatory jak <{1,10}> są stosowane tylko dla elementów bezpośrednio je poprzedzających, ograniczenie liczby znaków dopasowywanych do wzorca złożonego z więcej niż jednego tokenu wymaga nieco innego rozwiązania.

Jak wyjaśniono w recepturze 2.16, operacje wyszukiwania w przód (i odwrotne operacje wyszukiwania wstecz) to specjalne formy asercji, które — podobnie jak asercje <^> i <$> — pasują do pewnych pozycji w przetwarzanym łańcuchu i nie konsumują żadnych znaków. Operacje wyszukiwania w przód mogą być albo pozytywne, albo negatywne, tj. mogą sprawdzać, czy dany wzorzec odpowiednio pasuje, czy nie pasuje do bieżącej pozycji w dopasowaniu. Pozytywne wyszukiwanie w przód, zapisywane jako <(?=...)>, można wykorzystać na początku wzorca do zagwarantowania, że długość dopasowywanego łańcucha mieści się w określonym przedziale. Dalsza część wyrażenia regularnego może dodatkowo weryfikować zgodność tego tekstu ze wzorcem już bez analizowania jego długości. Poniżej przedstawiono prosty przykład takiego rozwiązania:

```
^(?=.{1,10}$).*
```
Opcje wyrażenia regularnego: Dopasowywanie kropki do znaków podziału wiersza
Odmiany wyrażeń regularnych: .NET, Java, PCRE, Perl, Python, Ruby

```
^(?=[\S\s]{1,10}$)[\S\s]*
```
Opcje wyrażenia regularnego: Brak
Odmiana wyrażeń regularnych: JavaScript

Umieszczenie kotwicy <$> wewnątrz operacji wyszukiwania w przód jest o tyle ważne, że warunkiem prawidłowej realizacji testu długości dopasowywanego tekstu jest upewnienie się co do braku dalszych znaków po osiągnięciu założonego limitu. Ponieważ operacja wyszukiwania w przód użyta na początku tego wyrażenia reprezentuje ograniczenia długości tekstu, następujący po niej wzorzec może uwzględniać ewentualne dodatkowe reguły. W tym przypadku wzorzec <.*> (lub <[\S\s]*> w wersji dla JavaScriptu) pasuje do całego przetwarzanego tekstu bez dodatkowych ograniczeń.

Dla tego wyrażenia zastosowano tryb dopasowywania kropki do znaków podziału wiersza, aby kropka użyta w wyrażeniu regularnym pasowała do wszystkich znaków, w tym znaków podziału wiersza. W recepturze 3.4 szczegółowo opisano, jak stosować odpowiedni modyfikator trybu w poszczególnych językach programowania. Wyrażenie regularne dla JavaScriptu skonstruowano nieco inaczej, ponieważ JavaScript nie oferuje opcji dopasowywania kropki do znaków podziału wiersza. Więcej informacji na ten temat można znaleźć w podpunkcie „Dowolny znak (włącznie z podziałem wiersza)" w recepturze 2.4.

Ograniczanie długości łańcucha pozbawionego znaków białych

Poniższe wyrażenie regularne pasuje do dowolnego łańcucha złożonego z dziesięciu do stu znaków innych niż białe:

```
^\s*(?:\S\s*){10,100}$
```
Opcje wyrażenia regularnego: Brak
Odmiany wyrażeń regularnych: .NET, Java, JavaScript, PCRE, Perl, Python, Ruby

W bibliotece PCRE oraz językach Java, Python i Ruby token <\s> pasuje tylko do znaków białych standardu ASCII, natomiast token <\S> pasuje do wszystkich pozostałych znaków. W Pythonie można wymusić dopasowywanie tokenu <\s> do wszystkich znaków białych standardu Unicode — wystarczy podczas tworzenia wyrażenia regularnego przekazać flagę UNICODE lub U. Programiści korzystający z biblioteki PCRE oraz języków Java i Ruby 1.9, którzy chcą uniknąć uwzględniania znaków białych standardu Unicode w kontekście ograniczonej długości tekstu, mogą skorzystać z właściwości tego standardu (opisanych w recepturze 2.7):

```
^[\p{Z}\s]*(?:[^\p{Z}\s][\p{Z}\s]*){10,100}$
```
Opcje wyrażenia regularnego: Brak
Odmiany wyrażeń regularnych: .NET, Java, PCRE, Perl, Ruby 1.9

Aby wyrażenie w tej formie działało prawidłowo, bibliotekę PCRE należy skompilować z włączoną obsługą kodowania UTF-8. W języku PHP obsługę kodowania UTF-8 można włączyć za pomocą modyfikatora /u.

Nasze ostatnie wyrażenie regularne łączy właściwość separatora (<\p{Z}>) standardu Unicode z tokenem <\s> dopasowywanym do znaków białych. Zdecydowano się na taki krok, ponieważ zbiory znaków pasujących do konstrukcji <\p{Z}> i <\s> nie pokrywają się w 100%. Token <\s> pasuje do znaków na pozycjach od 0x09 do 0x0D (czyli tabulacji, nowego wiersza, pionowej linii, nowego formularza i powrotu karetki), które nie mają przypisanej właściwości separatora standardu Unicode. Oznacza to, że dopiero połączenie właściwości <\p{Z}> i skrótu <\s> w ramach jednej klasy znaków gwarantuje nam dopasowanie wszystkich znaków białych.

W obu wyrażeniach regularnych zastosowano kwantyfikator interwałowy <{10,100}> dla poprzedzającej go grupy nieprzechwytującej, nie dla pojedynczego tokenu. Wspomniana grupa pasuje do dowolnego znaku spoza zbioru znaków białych, po którym następuje zero, jeden lub wiele znaków białych. Kwantyfikator interwałowy <{10,100}> wystarczy do wiarygodnego określania liczby dopasowanych znaków spoza zbioru znaków białych, ponieważ w każdej iteracji jest dopasowywany dokładnie jeden taki znak.

Ograniczanie liczby wyrazów

Poniższe wyrażenie regularne bardzo przypomina wyrażenie z poprzedniego przykładu, które ograniczało liczbę znaków spoza zbioru znaków białych — tym razem jednak w każdej iteracji dopasowujemy cały wyraz (zamiast pojedynczego znaku). Wyrażenie w tej formie pasuje do co najmniej dziesięciu i maksymalnie stu wyrazów, pomijając przy tym wszystkie znaki spoza zbioru znaków wyrazów, w tym znaki interpunkcyjne i znaki białe:

```
^\W*(?:\w+\b\W*){10,100}$
```
Opcje wyrażenia regularnego: Brak
Odmiany wyrażeń regularnych: .NET, Java, JavaScript, PCRE, Perl, Python, Ruby

W bibliotece PCRE oraz językach Java, JavaScript i Ruby token znaków wyrazów <\w>, który wykorzystano w tym wyrażeniu regularnym, pasuje tylko do znaków $A – Z, a – z, 0 – 9$ i _ standardu ASCII. Oznacza to, że wyrażenie w tej formie nie może być wykorzystywane do prawidłowego zliczania wyrazów zawierających litery i cyfry spoza zbioru ASCII. We frameworku .NET i języku Perl token <\w> operuje na tablicy znaków standardu Unicode (podobnie jak jego odwrotność, czyli token <\W>, oraz token granicy wyrazu <\b>), zatem pasuje do liter i cyfr ze wszystkich alfabetów tego standardu. W Pythonie możemy wybrać, czy wymienione tokeny mają operować na znakach Unicode, czy na zbiorze znaków ASCII — w pierwszym przypadku podczas tworzenia wyrażenia regularnego należy przekazać flagę UNICODE lub U \.

Gdybyśmy chcieli policzyć wyrazy zawierające litery i cyfry spoza zbioru ASCII, powinniśmy użyć poniższych wyrażeń regularnych, opracowanych specjalnie z myślą o zapewnieniu zgodności z dodatkowymi odmianami:

```
^[^\p{L}\p{N}_]*(?:[\p{L}\p{N}_]+\b[^\p{L}\p{N}_]*){10,100}$
```
Opcje wyrażenia regularnego: Brak
Odmiany wyrażeń regularnych: .NET, Java, Perl

```
^[^\p{L}\p{N}_]*(?:[\p{L}\p{N}_]+(?:[^\p{L}\p{N}_]+|$)){10,100}$
```
Opcje wyrażenia regularnego: Brak
Odmiany wyrażeń regularnych: .NET, Java, PCRE, Perl, Ruby 1.9

Warunkiem prawidłowego przetwarzania tego wyrażenia regularnego jest kompilacja biblioteki PCRE z obsługą schematu kodowania UTF-8. W języku PHP należy włączyć obsługę tego schematu za pomocą modyfikatora /u.

Jak już wspomniano, powodem stosowania odmiennych (choć równoważnych) wyrażeń regularnych jest różna obsługa tokenów znaków wyrazów i granicy wyrazów — zagadnienie to wyjaśniono w podpunkcie „Granice wyrazów" w recepturze 2.6.

W dwóch ostatnich wyrażeniach regularnych wykorzystano klasy obejmujące osobne właściwości standardu Unicode dla liter i liczb (odpowiednio <\p{L}> i <\p{N}>). Do każdej z tych klas ręcznie dodaliśmy znak podkreślenia, aby zapewnić równoważność tego rozwiązania z wcześniejszym wyrażeniem regularnym (zbudowanym na bazie tokenów <\w> i <\W>).

Każde powtórzenie grupy nieprzechwytującej w pierwszych dwóch wyrażeniach regularnych pasuje do całego słowa, po którym następuje zero, jeden lub wiele znaków spoza zbiorów znaków wyrazów. Token <\W> (lub jego odpowiednik w postaci <[^\p{L}\p{N}_]>) w ramach tej grupy może powtarzać się zero razy, jeśli dany łańcuch kończy się znakiem wyrazu. Ponieważ jednak takie rozwiązanie w praktyce oznacza opcjonalność sekwencji znaków spoza zbioru znaków wyrazów w skali całego procesu dopasowywania naszego wyrażenia, musimy zastosować asercję (kotwicę) granicy wyrazu (<\b>) pomiędzy tokenami <\w> i <\W> (lub <[\p{L}\p{N}_]> i <[^\p{L}\p{N}_]>). W ten sposób możemy zagwarantować, że każde powtórzenie tej grupy rzeczywiście pasuje do całego wyrazu. Gdyby nie granica wyrazu, pojedyncze powtórzenie mogłoby pasować do dowolnego fragmentu wyrazu — kolejne powtórzenia pasowałyby wówczas do dalszych fragmentów.

Nieco inaczej działa trzecia wersja tego wyrażenia regularnego (przystosowana do wymagań biblioteki PCRE i języka Ruby 1.9). Tym razem zamiast kwantyfikatora gwiazdki (zero, jeden lub wiele) zastosowaliśmy kwantyfikator plusa (jeden lub wiele) i wprost dopuściliśmy do dopasowania zera znaków w razie osiągnięcia końca łańcucha. W ten sposób unikamy konieczności stosowania tokenu granicy wyrazu (<\b>), który w odmianach biblioteki PCRE i języka Ruby nie obsługuje znaków standardu Unicode. Warto przy tej okazji wspomnieć, że w Javie token <\b> obsługuje znaki standardu Unicode, ale już token <\w> w tej samej odmianie nie obsługuje znaków tego standardu.

Okazuje się jednak, że żadna z tych opcji nie wystarczy do prawidłowej obsługi wyrazów ze znakami spoza zbioru ASCII w odmianach języków JavaScript i Ruby 1.8. Jednym z możliwych rozwiązań jest taka przebudowa naszego wyrażenia regularnego, aby zliczało znaki białe, nie sekwencje znaków wyrazów:

```
^\s*(?:\S+(?:\s+|$)){10,100}$
```
Opcje wyrażenia regularnego: Brak
Odmiany wyrażeń regularnych: .NET, Java, JavaScript, Perl, PCRE, Python, Ruby

W wielu przypadkach wyrażenie regularne w tej formie będzie dawało te same efekty co wcześniejsze rozwiązania, mimo że nie jest im równoważne. Przykładem różnic jest inne traktowanie wyrazów połączonych myślnikiem, które teraz będą traktowane jako pojedyncze słowa (wcześniej były zliczane osobno).

Patrz także

Receptury 4.8 i 4.10.

4.10. Ograniczanie liczby wierszy w przetwarzanym tekście

Problem

Musimy sprawdzić, czy dany łańcuch składa się z co najwyżej pięciu wierszy, niezależnie od łącznej liczby znaków wchodzących w skład tego łańcucha.

Rozwiązanie

Dokładne znaki lub sekwencje znaków stosowane w roli separatorów wierszy różnią się w zależności od konwencji przyjętej w naszym systemie operacyjnym, od rozwiązań zastosowanych w danej aplikacji bądź od preferencji samego użytkownika. Warunkiem opracowania prawidłowego rozwiązania jest więc wybór właściwej konwencji opisującej sposób dzielenia wierszy. Poniższe rozwiązania obsługują standardowe sekwencje podziału systemów MS-DOS i Windows (<\r\n>), znak wykorzystywany kiedyś w systemach Mac OS (<\r>) oraz znak stosowany w tej roli w systemach UNIX, Linux i OS X (<\n>).

Wyrażenie regularne

Poniżej zaproponowano trzy wyrażenia regularne stworzone z myślą o konkretnych odmianach. Przedstawione wyrażenia różnią się w dwóch aspektach. Pierwsze wyrażenie korzysta z grupy atomowej, zapisanej jako <(?>...)>, zamiast z grupy nieprzechwytującej <(?:...)>. Takie rozwiązanie może podnieść efektywność przetwarzania naszego wyrażenia regularnego w odmianach, które obsługują tego rodzaju konstrukcje. Ponieważ grupy atomowe nie są obsługiwane przez języki Python i JavaScript, dla tych odmian opracowaliśmy alternatywne rozwiązania. Druga istotna różnica dotyczy tokenów używanych w roli kotwic wiążących nasze wyrażenia z początkiem i końcem przetwarzanego łańcucha — do pozycji na początku łańcucha pasują asercje <\A> i <^>, natomiast do pozycji na końcu łańcucha pasują asercje <\z>, <\Z> i <$>. Powody stosowania różnych tokenów szczegółowo omówimy w dalszej części tej receptury. Mimo tych różnic wszystkie trzy wyrażenia regularne pasują do tych samych łańcuchów:

```
\A(?>(?>\r\n?|\n)?[^\r\n]*){0,5}\z
```
Opcje wyrażenia regularnego: Brak
Odmiany wyrażeń regularnych: .NET, Java, PCRE, Perl, Ruby

```
\A(?:(?:\r\n?|\n)?[^\r\n]*){0,5}\Z
```
Opcje wyrażenia regularnego: Brak
Odmiana wyrażeń regularnych: Python

```
^(?:(?:\r\n?|\n)?[^\r\n]*){0,5}$
```
Opcje wyrażenia regularnego: Brak
Odmiana wyrażeń regularnych: JavaScript

PHP (PCRE)

```
if (preg_match('/\A(?>(?>\r\n?|\n)?[^\r\n]*){0,5}\z/', $_POST['subject'])) {
    print 'Przetwarzany łańcuch zawiera pięć lub mniej wierszy.';
} else {
    print 'Przetwarzany łańcuch zawiera więcej niż pięć wierszy.';
}
```

Pozostałe języki programowania

W implementacji tych wyrażeń regularnych w pozostałych językach programowania powinien Ci pomóc materiał z receptury 3.5.

Analiza

We wszystkich wyrażeniach regularnych zaproponowanych do tej pory w tej recepturze wykorzystywaliśmy grupę pasującą do znaków (sekwencji znaków) podziału wiersza obowiązujących w systemach MS-DOS i Windows, Mac OS oraz UNIX, Linux i OS X, po których następowała dowolna liczba innych znaków. Wspomnianą grupę powtarzaliśmy od zera do pięciu razy, ponieważ interesują nas łańcuchy złożone z co najwyżej pięciu wierszy.

W poniższym przykładzie rozłożyliśmy wersję naszego wyrażenia regularnego dla JavaScriptu na poszczególne elementy składowe. Zdecydowaliśmy się wykorzystać wersję dla JavaScriptu, ponieważ elementy tej wersji powinny być zrozumiałe dla największej części Czytelników. Aspekty odróżniające to rozwiązanie od rozwiązań dla pozostałych odmian wyrażeń regularnych wyjaśnimy w dalszej części tego punktu.

```
^            # Pasuje do pozycji na początku przetwarzanego łańcucha.
(?:          # Grupuje, ale nie przechwytuje...
  (?:        #  Grupuje, ale nie przechwytuje...
    \r       #    Pasuje do znaku powrotu karetki (CR, na pozycji 0x0D w tablicy ASCII).
    \n       #    Pasuje do znaku nowego wiersza (LF, na pozycji 0x0A w tablicy ASCII)...
    ?        #      zero razy lub jeden raz.
  |          #  lub...
    \n       #    Pasuje do pojedynczego znaku nowego wiersza.
  )          #  Koniec grupy nieprzechwytującej.
  ?          #  Powtarza poprzedzającą grupę zero razy lub jeden raz.
  [^\r\n]    #  Pasuje do dowolnego znaku z wyjątkiem znaków CR i LF...
  *          #    zero razy, jeden raz lub dowolną liczbę razy.
)            # Koniec grupy nieprzechwytującej.
{0,5}        # Powtarza poprzedzającą grupę od zera do pięciu razy.
$            # Pasuje do pozycji na końcu przetwarzanego łańcucha.
```

Opcje wyrażenia regularnego: Swobodne stosowanie znaków białych

Odmiany wyrażeń regularnych: .NET, Java, PCRE, Perl, Python, Ruby

Użyta na początku tego wyrażenia kotwica <^> pasuje do pozycji na początku danego łańcucha. W ten sposób zyskujemy pewność, że cały łańcuch zawiera nie więcej niż pięć wierszy — bez tej kotwicy nasze wyrażenie mogłoby zostać dopasowane do dowolnych pięciu wierszy w ramach dłuższego łańcucha.

Zaraz po tej kotwicy następuje grupa nieprzechwytująca pasująca do kombinacji sekwencji podziału wiersza oraz dowolnej liczby znaków innych niż podział wiersza. Kwantyfikator umieszczony za tą grupą powtarza tę grupę od zera do pięciu razy (zero powtórzeń oznacza dopasowanie do pustego łańcucha). Wewnątrz tej grupy zewnętrznej umieszczono opcjonalną podgrupę pasującą do sekwencji podziału wiersza. Użyta następnie klasa znaków pasuje do dowolnej liczby znaków innych niż znak (sekwencja) podziału wiersza.

Warto poświęcić trochę uwagi porządkowi elementów w ramach zewnętrznej grupy nieprzechwytującej (czyli sekwencji podziału wiersza, po której następuje sekwencja znaków innych niż podział wiersza). Gdybyśmy odwrócili porządek tej grupy, czyli użyli konstrukcji <(?:[^\r\n]*(?:\r\n?|\n)?)>, piąte powtórzenie umożliwiłoby dopasowanie końcowego podziału wiersza, co w praktyce doprowadziłoby do akceptacji szóstego, pustego wiersza.

Opisywana podgrupa umożliwia dopasowywanie dowolnej z trzech sekwencji podziału wiersza:

- znak powrotu karetki, po którym następuje znak nowego wiersza (<\r\n>, czyli standardowa sekwencja podziału wiersza w systemach MS-DOS i Windows);

- sam znak powrotu karetki (<\r>, czyli znak podziału wiersza stosowany w przeszłości w systemie Mac OS);

- sam znak nowego wiersza (<\n>, czyli standardowy znak podziału wiersza w systemach UNIX, Linux i OS X).

Przeanalizujmy teraz różnice dzielące rozwiązania dla poszczególnych odmian wyrażeń regularnych.

Pierwsza wersja tego wyrażenia regularnego (opracowana z myślą o wszystkich odmianach z wyjątkiem Pythona i JavaScriptu) wykorzystuje grupy atomowe zamiast prostych grup nieprzechwytujących. O ile w pewnych sytuacjach stosowanie grup atomowych ma dużo większy wpływ na sposób przetwarzania wyrażeń, w tym przypadku grupy atomowe eliminują konieczność wykonywania niepotrzebnych nawrotów w reakcji na nieudane próby dopasowania (więcej informacji o grupach atomowych można znaleźć w recepturze 2.15).

Innym obszarem, w którym musimy uwzględnić różnice dzielące poszczególne odmiany wyrażeń regularnych, są kotwice dopasowujące nasze wyrażenie do początku i końca przetwarzanego łańcucha. W analizowanym wcześniej wyrażeniu regularnym wykorzystano do tego celu asercje <^> i <$>. Mimo że wymienione kotwice są obsługiwane przez wszystkie interesujące nas odmiany wyrażeń regularnych, w niektórych wyrażeniach zastąpiono je kotwicami <\A>, <\Z> i <\z>. Najprostszym wyjaśnieniem przyczyn wyboru innych kotwic jest odmienne traktowanie tych metaznaków w poszczególnych odmianach wyrażeń regularnych. Gdybyśmy chcieli dogłębnie omówić to zjawisko, musielibyśmy wrócić do historii wyrażeń regularnych.

Kiedy odczytujemy wiersz pliku tekstowego w Perlu, otrzymany łańcuch kończy się znakiem podziału wiersza. Oznacza to, że twórcy Perla wprowadzili swoiste „rozszerzenie" tradycyjnego znaczenia kotwicy <$> obowiązującego w większości odmian wyrażeń regularnych. Oprócz dopasowywania bezwzględnego końca łańcucha w Perlu kotwica <$> dodatkowo pasuje do pozycji bezpośrednio poprzedzającej końcowy znak podziału wiersza. Co więcej, w Perlu wprowadzono też dwie dodatkowe asercje końca łańcucha: <\Z> i <\z>. Kotwica <\Z> ma niemal identyczne znaczenie jak kotwica <$> — jedyna różnica polega na tym, że znaczenie kotwicy <\Z> nie zmienia się wskutek włączenia opcji dopasowywania symboli <^> i <$> do znaków podziału wiersza. Kotwica <\z> zawsze pasuje do bezwzględnego końca przetwarzanego łańcucha. Ponieważ w tej recepturze interesują nas znaki (sekwencje znaków) podziału wiersza, dzięki którym możemy zliczyć i ograniczyć liczbę wierszy w łańcuchu, stosujemy asercję <\z> we wszystkich odmianach wyrażeń regularnych, które oferują taką możliwość — w ten sposób eliminujemy ryzyko akceptacji ewentualnego szóstego, pustego wiersza.

Twórcy większości pozostałych odmian wyrażeń regularnych powielili zastosowane w Perlu kotwice końca wiersza i końca łańcucha. Odmiany frameworku .NET, biblioteki PCRE oraz języków Java i Ruby obsługują zarówno kotwicę <\Z>, jak i kotwicę <\z> — znaczenie obu tych kotwic jest takie samo jak w Perlu. Python obsługuje tylko kotwicę <\Z> (z wielką literą Z), jednak zmienia jej znaczenie w taki sposób, że pasuje do bezwzględnego końca łańcucha (podobnie jak kotwica <\z> w Perlu). JavaScript nie obsługuje ani kotwicy <\z>, ani kotwicy <\Z>, jednak w przeciwieństwie do pozostałych omawianych tutaj odmian kotwica <$> pasuje w tym języku tylko do bezwzględnego końca łańcucha (pod warunkiem że nie jest włączona opcja dopasowywania symboli <^> i <$> do znaków podziału wiersza).

W przypadku kotwicy <\A> nasza sytuacja jest nieco prostsza. <\A> zawsze pasuje tylko do początku łańcucha, zatem jej znaczenie jest identyczne we wszystkich omawianych tutaj odmianach wyrażeń regularnych, z wyjątkiem odmiany JavaScript (która w ogóle nie obsługuje tej kotwicy).

Sposób prezentowania wyrażeń regularnych w tej książce powoduje, że utrudnienia związane z różnicami dzielącymi poszczególne odmiany nie stanowią większego problemu. W każdym przypadku, który tego wymaga, szczegółowo omawiamy znaczenie interesujących nas konstrukcji.

Warianty

Praca z ezoterycznymi separatorami wierszy

Wyrażenia zaproponowane w poprzednim punkcie ograniczają zbiór obsługiwanych znaków i sekwencji znaków podziału wiersza do konstrukcji obowiązujących w systemach MS-DOS i Windows, UNIX, Linux i OS X, a także starszych systemach Mac OS. Okazuje się jednak, że istnieje wiele rzadziej stosowanych pionowych znaków białych, które w pewnych sytuacjach warto uwzględnić. Poniżej zaproponowano wyrażenia regularne ograniczające liczbę wierszy przetwarzanego tekstu do pięciu z uwzględnieniem wspomnianych znaków:

```
\A(?>\R?\V*){0,5}\z
```
Opcje wyrażenia regularnego: Brak
Odmiany wyrażeń regularnych: PCRE 7 (z włączoną opcją `PCRE_BSR_UNICODE`), Perl 5.10

```
\A(?>(?>\r\n?|[\n-\f\x85\x{2028}\x{2029}])?[^\n-\r\x85\x{2028}\x{2029}]*){0,5}\z
```
Opcje wyrażenia regularnego: Brak
Odmiany wyrażeń regularnych: PCRE, Perl

```
\A(?>(?>\r\n?|[\n-\f\x85\u2028\u2029])?[^\n-\r\x85\u2028\u2029]*){0,5}\z
```
Opcje wyrażenia regularnego: Brak
Odmiany wyrażeń regularnych: .NET, Java, Ruby

```
\A(?:(?:\r\n?|[\n-\f\x85\u2028\u2029])?[^\n-\r\x85\u2028\u2029]*){0,5}\Z
```
Opcje wyrażenia regularnego: Brak
Odmiana wyrażeń regularnych: Python

```
^(?:(?:\r\n?|[\n-\f\x85\u2028\u2029])?[^\n-\r\x85\u2028\u2029]*){0,5}$
```
Opcje wyrażenia regularnego: Brak
Odmiana wyrażeń regularnych: JavaScript

Wszystkie te wyrażenia regularne obsługują separatory wierszy opisane w tabeli 4.1, gdzie wymieniono odpowiednie pozycje w tablicy znaków Unicode oraz nazwy.

Patrz także

Receptura 4.9.

Tabela 4.1. Separatory wierszy

Sekwencja Unicode	Odpowiednik na poziomie wyrażenia regularnego	Nazwa	Zastosowanie
U+000D U+000A	`<\r\n>`	Powrót karetki i nowy wiersz (CRLF)	Pliki tekstowe systemów Windows i MS-DOS.
U+000A	`<\n>`	Nowy wiersz (LF)	Pliki tekstowe systemów UNIX, Linux i OS X.
U+000B	`<\v>`	Tabulacja pionowa (VT)	(rzadko)
U+000C	`<\f>`	Nowy formularz (FF)	(rzadko)
U+000D	`<\r>`	Powrót karetki (CR)	Pliki tekstowe systemu Mac OS.
U+0085	`<\x85>`	Następny wiersz (NEL)	Pliki tekstowe systemów mainframe firmy IBM (rzadko).
U+2028	`<\u2028>` lub `<\x{2028}>`	Separator wiersza	(rzadko)
U+2029	`<\u2029>` lub `<\x{2029}>`	Separator akapitu	(rzadko)

4.11. Weryfikacja pozytywnych odpowiedzi

Problem

Przyjmijmy, że musimy sprawdzić opcję konfiguracyjną lub wyrażenie wpisane w wierszu poleceń pod kątem pozytywnej odpowiedzi. Chcemy, aby nasze rozwiązanie było elastyczne i akceptowało takie odpowiedzi, jak `true`, `t`, `yes`, `y`, `okay`, `ok` czy `1` (pisane zarówno wielkimi, jak i małymi literami).

Rozwiązanie

Wykorzystanie wyrażenia regularnego łączącego w sobie wszystkie formy twierdzących odpowiedzi pozwala nam weryfikować otrzymywane komunikaty za pomocą jednego prostego testu.

Wyrażenie regularne

```
^(?:1|t(?:rue)?|y(?:es)?|ok(?:ay)?)$
```
Opcje wyrażenia regularnego: Ignorowanie wielkości liter
Odmiany wyrażeń regularnych: .NET, Java, JavaScript, PCRE, Perl, Python, Ruby

JavaScript

```
var yes = /^(?:1|t(?:rue)?|y(?:es)?|ok(?:ay)?)$/i;
if (yes.test(subject)) {
   alert("Tak");
} else {
   alert("Nie");
}
```

Pozostałe języki programowania

W implementowaniu tego wyrażenia regularnego w pozostałych językach programowania powinny Ci pomóc receptury 3.4 i 3.5.

Analiza

Poniżej rozłożono nasze wyrażenie regularne na poszczególne elementy, aby lepiej zrozumieć ich znaczenie. Te kombinacje tokenów, których łączna interpretacja nie stanowi problemu, pozostawiono w tych samych wierszach:

```
^              # Pasuje do pozycji na początku przetwarzanego łańcucha.
(?:            # Grupuje, ale nie przechwytuje...
  1            #   Pasuje do stałej "1".
  |            # lub...
  t(?:rue)?    #   Pasuje do litery "t" i opcjonalnej sekwencji "rue".
  |            # lub...
  y(?:es)?     #   Pasuje do litery "y" i opcjonalnej sekwencji "es".
  |            # lub...
  ok(?:ay)?    #   Pasuje do łańcucha "ok" i opcjonalnej sekwencji "ay".
)              # Koniec grupy nieprzechwytującej.
$              # Pasuje do pozycji na końcu przetwarzanego łańcucha.
```

Opcje wyrażenia regularnego: Ignorowanie wielkości liter, swobodne stosowanie znaków białych
Odmiany wyrażeń regularnych: .NET, Java, PCRE, Perl, Python, Ruby

Działanie tego wyrażenia regularnego sprowadza się do sprawdzania, czy przetwarzany tekst zawiera jedną z siedmiu stałych (bez względu na wielkość liter). Równie dobrym rozwiązaniem byłoby wyrażenie regularne <^(?:[1ty]|true|yes|ok(?:ay)?)$>. Także dopasowywanie wszystkich siedmiu wartości (za pomocą wyrażenia <^(?:1|t|true|y|yes|ok|okay)$>) przyniosłoby spodziewany efekt, jednak byłoby mniej efektywne. Właśnie dlatego zdecydowaliśmy się ograniczyć liczbę wyrażeń alternatywnych (operatorów <|>) na rzecz klas znaków i opcjonalnych przyrostków (z użyciem kwantyfikatora <?>). W tym przypadku różnica w czasie przetwarzania najprawdopodobniej nie przekroczy kilku mikrosekund, jednak warto dbać o właściwą efektywność wyrażeń regularnych choćby po to, by nabierać odpowiednich nawyków. W pewnych przypadkach różnice dzielące czas przetwarzania z pozoru podobnych wyrażeń regularnych bywają naprawdę zaskakujące.

We wszystkich powyższych przykładach umieszczono pasujące wartości w grupie nieprzechwytującej, aby ograniczyć zasięg operatora alternatywy. Gdybyśmy zrezygnowali z grupowania i użyli na przykład zapisu <^true|yes$>, nasze wyrażenie poszukiwałoby łańcucha rozpoczynającego się od wyrazu *true* **lub** łańcucha kończącego się wyrazem *yes*. Z drugiej strony wyrażenie regularne <^(?:true|yes)$> wymusza poszukiwanie łańcucha złożonego wyłącznie z wyrazu *true* bądź *yes*.

Patrz także

Receptury 5.2 i 5.3.

4.12. Weryfikacja numerów ubezpieczenia społecznego (SSN) stosowanych w Stanach Zjednoczonych

Problem

Chcemy sprawdzić, czy użytkownik wpisał prawidłowy numer ubezpieczenia społecznego (ang. *Social Security Number — SSN*).

Rozwiązanie

Gdybyśmy chcieli się ograniczyć do sprawdzenia, czy dany łańcuch jest zgodny z podstawowymi regułami formatowania numerów ubezpieczenia społecznego, najprostszym rozwiązaniem byłoby użycie poniższego wyrażenia regularnego. Gdybyśmy jednak chcieli opracować bardziej restrykcyjny mechanizm, który korzystałby na przykład z bazy danych określającej, czy weryfikowany numer należy do żyjącej osoby, powinniśmy postępować według rad zawartych w punkcie „Patrz także" na końcu tej receptury.

Wyrażenie regularne

```
^(?!000|666)(?:[0-6][0-9]{2}|7(?:[0-6][0-9]|7[0-2]))-(?!00)[0-9]{2}-(?!0000)[0-9]{4}$
```
Opcje wyrażenia regularnego: Brak
Odmiany wyrażeń regularnych: .NET, Java, JavaScript, PCRE, Perl, Python, Ruby

Python

```
if re.match(r"^(?!000|666)(?:[0-6][0-9]{2}|7(?:[0-6][0-9]|7[0-2]))-(?!00)[0-9]{2}-
↪(?!0000)[0-9]{4}$", sys.argv[1]):
    print "Numer SSN jest prawidłowy"
else:
    print "Numer SSN jest nieprawidłowy"
```

Pozostałe języki programowania

Materiał zawarty w recepturze 3.5 powinien Ci pomóc w zaimplementowaniu tego wyrażenia regularnego w pozostałych językach programowania.

Analiza

Stosowane w Stanach Zjednoczonych numery ubezpieczenia społecznego składają się z dziewięciu cyfr w formacie *OOO-GG-SSSS*:

- Pierwsze trzy cyfry reprezentują obszar geograficzny i są określane mianem **numeru obszaru** (ang. *area number*). Numer obszaru nie może mieć wartości 000 ani 666. W czasie kiedy pisano tę książkę, żaden prawidłowy numer SSN nie mógł zawierać numeru obszaru wyższego niż 772.

- Cyfry czwartą i piątą określa się mianem **numeru grupy** (ang. *group number*). Ta wartość musi się mieścić w przedziale od 01 do 99.
- Ostatnie cztery cyfry to tzw. **numer seryjny** (ang. *serial numbers*), który musi mieć wartość z przedziału od 0001 do 9999.

Rozwiązanie zaproponowane w tej recepturze uwzględnia wszystkie powyższe reguły. Poniżej ponownie pokazano to wyrażenie regularne, tym razem po rozłożeniu na poszczególne elementy składowe:

```
^                # Pasuje do pozycji na początku przetwarzanego łańcucha.
(?!000|666)      # Zapobiega dopasowaniu sekwencji "000" oraz "666" w tej części numeru SSN.
(?:              # Grupuje, ale nie przechwytuje...
   [0-6]         #   Pasuje do znaku z przedziału od "0" do "6".
   [0-9]{2}      #   Pasuje do dowolnych dwóch cyfr.
   |             #   lub...
   7             #   Pasuje do stałej "7".
   (?:           #   Grupuje, ale nie przechwytuje...
     [0-6]       #     Pasuje do znaku z przedziału od "0" do "6".
     [0-9]       #     Pasuje do pojedynczej cyfry.
     |           #     lub...
     7           #     Pasuje do cyfry "7".
     [0-2]       #     Pasuje do znaku z przedziału od "0" do "2".
   )             #   Koniec grupy nieprzechwytującej.
)                # Koniec grupy nieprzechwytującej.
-                # Pasuje do stałego znaku "-".
(?!00)           # Zapobiega dopasowaniu sekwencji "00" w tej części numeru SSN.
[0-9]{2}         # Pasuje do dowolnych dwóch cyfr.
-                # Pasuje do stałego znaku "-".
(?!0000)         # Zapobiega dopasowaniu sekwencji "0000" w tej części numeru SSN.
[0-9]{4}         # Pasuje do dowolnych czterech cyfr.
$                # Pasuje do pozycji na końcu przetwarzanego łańcucha.
```
Opcje wyrażenia regularnego: Swobodne stosowanie znaków białych
Odmiany wyrażeń regularnych: .NET, Java, PCRE, Perl, Python, Ruby

Oprócz tokenów <^> i <$> dopasowywanych odpowiednio do pozycji na początku i końcu przetwarzanego łańcucha nasze wyrażenie regularne można podzielić na trzy grupy cyfr oddzielone myślnikami. Pierwsza grupa jest najbardziej skomplikowana. W grupach drugiej i trzeciej, które są dopasowywane odpowiednio do liczb dwu- i czterocyfrowych, wykorzystano technikę negatywnego wyszukiwania w przód, aby wyeliminować ryzyko dopasowania samych zer.

Pierwsza grupa cyfr jest nieporównanie bardziej złożona i mniej czytelna od dwóch kolejnych grup, ponieważ może być dopasowywana tylko do określonego przedziału liczb. Wykorzystano w niej operację negatywnego wyszukiwania w przód <(?!000|666)>, aby uniknąć dopasowania podłańcuchów *000* i *666*. Kolejnym zadaniem, które musieliśmy zrealizować za pośrednictwem tej grupy, było wyeliminowanie liczb większych niż *772*.

Ponieważ wyrażenia regularne operują na tekście, nie na liczbach, musimy podzielić interesujący nas przedział liczbowy na odpowiednie kombinacje znaków. Ponieważ użyte przed tą grupą negatywne wyszukiwanie w przód eliminuje możliwość dopasowania nieprawidłowych liczb *000* i *666*, możemy bezpiecznie dopasować dowolną liczbę trzycyfrową rozpoczynającą się od cyfry *0 – 6*. Tę część zadania można łatwo zrealizować, stosując kilka klas znaków i kwantyfikator: <[0-6][0-9]{2}>. Ponieważ jednak musimy zadbać o obsługę liczb rozpoczynających się od cyfry *7*, cały dotychczasowy wzorzec umieszczamy w grupie <(?:[0-6][0-9] ↪{2}|7)>, aby ograniczyć zasięg operatora alternatywy.

Liczby rozpoczynające się od cyfry 7 muszą należeć do przedziału od *700* do *772*, zatem w kolejnym kroku musimy dalej podzielić te liczby zależnie od drugiej cyfry. Jeśli ta cyfra mieści się w przedziale od *0* do *6*, na trzeciej pozycji może występować dowolna cyfra. Jeśli drugą cyfrą jest *7*, trzecia cyfra musi należeć do przedziału od *0* do *2*. Po dodaniu reguł dla liczb rozpoczynających się od cyfry 7 otrzymujemy grupę `<7(?:[0-6][0-9]|7[0-2])>` pasującą do cyfry 7, po której następuje jeden z dwóch scenariuszy zależnych od drugiej cyfry.

I wreszcie umieszczamy to wyrażenie w grupie zewnętrznej (dopasowywanej do pierwszego zbioru cyfr) — w ten sposób otrzymujemy wyrażenie `<(?:[0-6][0-9]{2}|7(?:[0-6][0-9]`
`↪|7[0-2]))>`. To wszystko. Właśnie udało nam się utworzyć wyrażenie regularne pasujące do trzycyfrowej liczby z przedziału od *000* do *772*.

Warianty

Odnajdywanie numerów SSN w dokumentach

Gdybyśmy chcieli odnajdywać numery SSN w większych dokumentach lub łańcuchach wejściowych, powinniśmy zastąpić kotwice `<^>` i `<$>` granicami wyrazów. Warto pamiętać, że moduły wyrażeń regularnych traktują wszystkie znaki alfanumeryczne i znak podkreślenia jako znaki wyrazów:

```
\b(?!000|666)(?:[0-6][0-9]{2}|7(?:[0-6][0-9]|7[0-2]))-(?!00)[0-9]{2}-(?!0000)
↪[0-9]{4}\b
```
Opcje wyrażenia regularnego: Brak
Odmiany wyrażeń regularnych: .NET, Java, JavaScript, PCRE, Perl, Python, Ruby

Patrz także

Na witrynie internetowej urzędu Social Security Administration pod adresem *http://www. socialsecurity.gov* można znaleźć odpowiedzi na najczęściej zadawane pytania, a także aktualne listy obowiązujących numerów obszarów i grup.

Usługa Social Security Number Verification Service (SSNVS) pod adresem *http://www.socialsecurity. gov/employer/ssnv.htm* oferuje dwa sposoby weryfikacji za pośrednictwem internetu zgodności nazwisk i numerów SSN z rekordami bazy danych urzędu Social Security Administration.

Bardziej szczegółową analizę problemu dopasowywania przedziałów liczbowych, w tym przykłady dopasowywania przedziałów ze zmienną liczbą cyfr, można znaleźć w recepturze 6.5.

4.13. Weryfikacja numerów ISBN

Problem

Musimy sprawdzić poprawność numeru ISBN (od ang. *International Standard Book Number*) reprezentowanego albo w starszym formacie ISBN-10, albo w obowiązującym obecnie formacie ISBN-13. Chcemy dopasowywać opcjonalny przedrostek *ISBN* (z ewentualnym numerem standardu) oraz kolejne grupy cyfr oddzielone opcjonalnymi myślnikami lub spacjami. Nasze rozwiązanie powinno więc akceptować numery w następujących formatach: *ISBN 978-0-596--52068-7, ISBN-13: 978-0-596-52068-7, 978 0 596 52068 7, 9780596520687, ISBN-10 0-596-52068-9* i *0-596-52068-9*.

Rozwiązanie

Weryfikacja numerów ISBN za pomocą samego wyrażenia regularnego nie jest możliwa, ponieważ ostatnia cyfra jest wyznaczana z użyciem algorytmu sumy kontrolnej. Działanie wyrażeń regularnych pokazanych w poniższym podpunkcie ogranicza się do weryfikowania formatu numeru ISBN, natomiast fragmenty kodu z kolejnego podpunktu dodatkowo sprawdzają poprawność ostatniej cyfry.

Wyrażenia regularne

ISBN-10:

```
^(?:ISBN(?:-10)?:?●)?(?=[-0-9X●]{13}$|[0-9X]{10}$)[0-9]{1,5}[-●]?(?:[0-9]+[-●]?){2}
↪[0-9X]$
```
Opcje wyrażenia regularnego: Brak
Odmiany wyrażeń regularnych: .NET, Java, JavaScript, PCRE, Perl, Python, Ruby

ISBN-13:

```
^(?:ISBN(?:-13)?:?●)?(?=[-0-9●]{17}$|[0-9]{13}$)97[89][-●]?[0-9]{1,5}[-●]?(?:[0-9]+
↪[-●]?){2}[0-9]$
```
Opcje wyrażenia regularnego: Brak
Odmiany wyrażeń regularnych: .NET, Java, JavaScript, PCRE, Perl, Python, Ruby

ISBN-10 lub ISBN-13:

```
^(?:ISBN(?:-1[03])?:?●)?(?=[-0-9●]{17}$|[-0-9X●]{13}$|[0 9X]{10}$)(?:97[89][- ●]?)?
↪[0-9]{1,5}[-●]?(?:[0-9]+[-●]?){2}[0-9X]$
```
Opcje wyrażenia regularnego: Brak
Odmiany wyrażeń regularnych: .NET, Java, JavaScript, PCRE, Perl, Python, Ruby

JavaScript

```
// Wyrażenie przypisane zmiennej regex sprawdza zgodność z formatem ISBN-10 lub ISBN-13.
var regex = /^(?:ISBN(?:-1[03])?:? )?(?=[-0-9 ]{17}$|[-0-9X ]{13}$|[0-9X]{10}$)
↪(?:97[89][- ]?)?[0-9]{1,5}[- ]?(?:[0-9]+[- ]?){2}[0-9X]$/;

if (regex.test(subject)) {
  // Usuwa cyfry spoza numeru ISBN, po czym dzieli łańcuch na tablicę.
  var chars = subject.replace(/[^0-9X]/g, "").split("");
  // Usuwa ostatnią cyfrę numeru ISBN z tablicy chars i przypisuje ją zmiennej last.
  var last = chars.pop();
  var sum = 0;
  var digit = 10;
  var check;

  if (chars.length == 9) {
    // Wyznacza cyfrę sumy kontrolnej standardu ISBN-10.
    for (var i = 0; i < chars.length; i++) {
      sum += digit * parseInt(chars[i], 10);
      digit -= 1;
    }
    check = 11 - (sum % 11);
```

```
      if (check == 10) {
        check = "X";
      } else if (check == 11) {
        check = "0";
      }
    } else {
      // Wyznacza cyfrę sumy kontrolnej standardu ISBN-13.
      for (var i = 0; i < chars.length; i++) {
        sum += (i % 2 * 2 + 1) * parseInt(chars[i], 10);
      }
      check = 10 - (sum % 10);
      if (check == 10) {
        check = "0";
      }
    }

    if (check == last) {
      alert("Prawidłowy numer ISBN");
    } else {
      alert("Nieprawidłowa cyfra sumy kontrolnej numeru ISBN");
    }
  } else {
    alert("Nieprawidłowy numer ISBN");
  }
```

Python

```
import re
import sys

# Wyrażenie przypisane zmiennej regex sprawdza zgodność z formatem ISBN-10 lub ISBN-13.
regex = re.compile("^(?:ISBN(?:-1[03])?:? )?(?=[-0-9 ]{17}$|[-0-9X ]{13}$|[0-9X]
↪{10}$)(?:97[89][- ]?)?[0-9]{1,5}[- ]?(?:[0-9]+[- ]?){2}[0-9X]$")

subject = sys.argv[1]

if regex.search(subject):
    # Usuwa cyfry spoza numeru ISBN, po czym dzieli łańcuch na tablicę.
    chars = re.sub("[^0-9X]", "", subject).split("")
    # Usuwa ostatnią cyfrę numeru ISBN z tablicy chars i przypisuje ją zmiennej last.
    last = chars.pop()
    if len(chars) == 9:
        # Wyznacza cyfrę sumy kontrolnej standardu ISBN-10.
        val = sum((x + 2) * int(y) for x,y in enumerate(reversed(chars)))
        check = 11 - (val % 11)
        if check == 10:
            check = "X"
        elif check == 11:
            check = "0"
    else:
        # Wyznacza cyfrę sumy kontrolnej standardu ISBN-13.
        val = sum((x % 2 * 2 + 1) * int(y) for x,y in enumerate(chars))
        check = 10 - (val % 10)
        if check == 10:
            check = "0"

    if (str(check) == last):
        print "Prawidłowy numer ISBN"
    else:
        print "Nieprawidłowa cyfra sumy kontrolnej numeru ISBN"
else:
    print "Nieprawidłowy numer ISBN"
```

Pozostałe języki programowania

W implementacji tych wyrażeń regularnych w pozostałych językach programowania powinien Ci pomóc materiał z receptury 3.5.

Analiza

ISBN jest unikatowym identyfikatorem książek i innych podobnych publikacji wydanych przez wydawnictwa komercyjne. Dziesięciocyfrowy format ISBN opublikowano w formie międzynarodowego standardu (ISO 2108) w roku 1970. Wszystkie numery ISBN przypisywane od 1 stycznia 2007 roku składają się z 13 cyfr.

Numery ISBN-10 i ISBN-13 dzielą się odpowiednio na cztery i pięć elementów składowych. Długości trzech z tych elementów mogą się zmieniać; pozostały element lub dwa elementy zawsze mają tę samą długość. Wszystkie cztery lub pięć elementów zwykle oddziela się myślnikami lub spacjami. Poniżej w największym skrócie opisano reguły obowiązujące w poszczególnych elementach składowych numerów ISBN:

- Trzynastocyfrowe numery ISBN rozpoczynają się od przedrostka 978 lub 979.

- **Identyfikator grupy** (ang. *group identifier*) reprezentuje grupę państw, w których obowiązuje ten sam język. Identyfikator grupy składa się z co najmniej jednej i nie więcej niż pięciu cyfr.

- **Identyfikator wydawcy** (ang. *publisher identifier*) to liczba, której długość jest zmienna i która jest przypisywana wydawcom przez krajowe biura numerów ISBN.

- **Identyfikator tytułu** (ang. *title identifier*) także może mieć różną długość i jest wybierany przez samego wydawcę.

- Ostatni znak, który określa się mianem **cyfry kontrolnej** (ang. *check digit*), jest wyznaczany z wykorzystaniem algorytmu sumy kontrolnej. W numerach ISBN-10 cyfra kontrolna może mieć albo postać cyfry z przedziału od 0 do 9, albo litery X (czyli rzymskiej liczby 10). W numerach ISBN-13 cyfra kontrolna może mieć tylko postać cyfry z przedziału od 0 do 9. Różnica wynika z różnych algorytmów sum kontrolnych wykorzystywanych przez oba formaty numerów ISBN.

Poniżej pokazano wyrażenie regularne pasujące do numerów ISBN-10 i ISBN-13 w bardziej czytelnej formie, podzielone na poszczególne elementy. Ponieważ poniższe wyrażenie zapisano w trybie swobodnego stosowania znaków białych, spacje dopasowywane dosłownie musieliśmy poprzedzić lewymi ukośnikami. W tym trybie Java wymaga stosowania sekwencji ucieczki nawet dla spacji w ramach klas znaków:

```
^                      # Pasuje do pozycji na początku przetwarzanego łańcucha.
(?:                    # Grupuje, ale nie przechwytuje...
  ISBN                 #  Pasuje do łańcucha "ISBN".
  (?:-1[03])?          #  Pasuje do opcjonalnego przyrostka "-10" lub "-13".
  :?                   #  Pasuje do opcjonalnego znaku ":".
  \                    #  Pasuje do znaku spacji (poprzedzonego symbolem ucieczki).
)?                     # Powtarza tę grupę zero razy lub jeden raz.
(?=                    # Zakładamy, że w tym miejscu można dopasować następujący wzorzec...
  [-0-9\ ]{17}$        #  Pasuje do siedemnastu myślników, cyfr i spacji, po których
  |                    #   następuje koniec łańcucha. Lub...
  [-0-9X\ ]{13}$       #  Pasuje od trzynastu myślników, cyfr, liter X i spacji, po których
  |                    #   następuje koniec łańcucha. Lub...
  [0-9X]{10}$          #  Pasuje do dziesięciu cyfr i liter X, po których następuje koniec łańcucha.
)                      # Koniec operacji pozytywnego wyszukiwania w przód.
(?:                    # Grupuje, ale nie przechwytuje...
```

```
97[89]              #  Pasuje do sekwencji "978" lub "979".
[-\ ]?              #  Pasuje do opcjonalnego myślnika lub spacji.
)?                  # Powtarza tę grupę zero razy lub jeden raz.
[0-9]{1,5}          # Pasuje do pojedynczej cyfry od jednego do pięciu razy.
[-\ ]?              # Pasuje do opcjonalnego myślnika lub spacji.
(?:                 # Grupuje, ale nie przechwytuje...
  [0-9]+            #  Pasuje do pojedynczej cyfry raz lub nieskończenie wiele razy.
  [-\ ]?            #  Pasuje do opcjonalnego myślnika lub spacji.
){2}                # Powtarza tę grupę dokładnie dwa razy.
[0-9X]              # Pasuje do pojedynczej cyfry lub wielkiej litery "X".
$                   # Pasuje do pozycji na początku przetwarzanego łańcucha.
```

Opcje wyrażenia regularnego: Swobodne stosowanie znaków białych
Odmiany wyrażeń regularnych: .NET, Java, PCRE, Perl, Python, Ruby

Początkowy fragment naszego wyrażenia, czyli <(?:ISBN(?:-1[03])?:?•)?>, obejmuje trzy opcjonalne elementy, które umożliwiają nam dopasowanie jednego z siedmiu łańcuchów (wszystkie te łańcuchy poza ostatnim, czyli łańcuchem pustym, kończą się spacją):

- ISBN•
- ISBN-10•
- ISBN-13•
- ISBN:•
- ISBN-10:•
- ISBN-13:•
- Łańcuch pusty (brak przedrostka).

Stosujemy następnie operację pozytywnego wyszukiwania w przód, czyli konstrukcję <(?=[-↪0-9•]{17}$|[-0-9X•]{13}$|[0-9X]{10}$)>, która wymusza dopasowanie jednej z trzech możliwych kombinacji (oddzielonych operatorem alternatywy <|>) długości i zbioru znaków. Wszystkie te kombinacje (opisane poniżej) kończą się kotwicą <$>, która daje nam pewność, że za tekstem pasującym do jednego z tych wzorców nie występują żadne znaki:

<[-0-9•]{17}$>

Pasuje do numerów ISBN-13 z czterema separatorami (złożonych łącznie z siedemnastu znaków).

<[-0-9X•]{13}$>

Pasuje do numerów ISBN-13 bez żadnych separatorów lub numerów ISBN-10 z trzema separatorami (złożonych łącznie z trzynastu znaków).

<[0-9X]{10}$>

Pasuje do numerów ISBN-10 bez żadnych separatorów (złożonych z dziesięciu znaków).

Po sprawdzeniu długości i zbioru znaków za pomocą opisanej powyżej operacji wyszukiwania w przód możemy dopasować poszczególne elementy numeru ISBN (już bez konieczności weryfikacji ich łącznej długości). Wyrażenie <(?:97[89][-•]?)?> pasuje do wymaganego przedrostka *978* lub *979* numerów ISBN-13. Zdecydowaliśmy się na zastosowanie grupy nieprzechwytującej, ponieważ wspomniany przedrostek nie występuje w łańcuchu z numerem ISBN-10. Wyrażenie <[0-9]{1,5}[-•]?> pasuje do sekwencji złożonej z co najmniej jednej i maksymalnie pięciu cyfr, reprezentującej identyfikator grupy oraz do opcjonalnego separatora. Wyrażenie <(?:[0-9]+[-•]?){2}> pasuje do identyfikatorów wydawcy i tytułu (zmiennej długości) oraz opcjonalnych separatorów. I wreszcie wyrażenie <[0-9X]$> pasuje do cyfry kontrolnej na końcu przetwarzanego łańcucha.

Wyrażenie regularne może co prawda weryfikować prawidłowość znaku użytego w roli ostatniej cyfry (lub litery X) numeru ISBN, jednak za pomocą tego wyrażenia nie możemy sprawdzić poprawności samej sumy kontrolnej reprezentowanej przez ten znak. Do wyznaczania znaku do pewnego stopnia gwarantującego, że wszystkie cyfry numeru ISBN wpisano prawidłowo, służy jeden z dwóch algorytmów sumy kontrolnej (stosowany w zależności od tego, czy mamy do czynienia z numerem ISBN-10, czy numerem ISBN-13). Pokazane wcześniej przykłady kodu JavaScriptu i Pythona implementowały oba algorytmy. W poniższych podpunktach opisano reguły wyznaczania sum kontrolnych, które powinny Ci ułatwić implementowanie tych algorytmów w pozostałych językach programowania.

Suma kontrolna numeru ISBN-10

Cyfra kontrolna numeru ISBN-10 musi się mieścić w przedziale od 0 do 10, gdzie liczba 10 jest reprezentowana przez cyfrę rzymską X. Cyfra kontrolna jest wyznaczana na podstawie następujących reguł:

1. Mnożymy każdą z pierwszych dziewięciu cyfr przez odpowiednią liczbę ciągu malejącego od 10 do 2, po czym sumujemy otrzymane iloczyny.

2. Dzielimy tę sumę przez 11.

3. Odejmujemy resztę z dzielenia (nie jego wynik) od 11.

4. Jeśli otrzymaliśmy wartość 11, zastępujemy ją cyfrą 0; wartość 10 zastępujemy literą X.

Poniżej pokazano przykład wyznaczania cyfry kontrolnej numeru 0-596-52068-? standardu ISBN-10:

```
Krok 1:
    suma = 10×0 + 9×5 + 8×9 + 7×6 + 6×5 + 5×2 + 4×0 + 3×6 + 2×8
         = 0 + 45 + 72 + 42 + 30 + 10 + 0 + 18 + 16
         = 233
Krok 2:
    233 ÷ 11 = 21, reszta 2
Krok 3:
    11   2 = 9
Krok 4:
    9 [zastępowanie cyfrą 0 lub literą X nie jest konieczne]
```

Cyfra kontrolna ma wartość 9, zatem kompletna sekwencja powinna mieć postać *ISBN 0-596-52068-9*.

Suma kontrolna numeru ISBN-13

Cyfra kontrolna numeru ISBN-13 zawsze należy do przedziału od 0 do 9, a proces jej wyznaczania składa się z następujących kroków:

1. Mnożymy każdą z pierwszych dwunastu cyfr przez 1 lub 3 (stosując naprzemiennie oba mnożniki dla kolejnych cyfr numeru ISBN), po czym sumujemy otrzymane iloczyny.

2. Dzielimy tę sumę przez 10.

3. Odejmujemy resztę z dzielenia (nie jego wynik) od 10.

4. Jeśli otrzymaliśmy wartość 10, zastępujemy ją cyfrą 0.

Poniżej pokazano przykład wyznaczania cyfry kontrolnej numeru *978-0-596-52068-?* standardu ISBN-13:

```
Krok 1:
    suma = 1×9 + 3×7 + 1×8 + 3×0 + 1×5 + 3×9 + 1×6 + 3×5 + 1×2 + 3×0 + 1×6 + 3×8
         = 9 + 21 + 8 + 0 + 5 + 27 + 6 + 15 + 2 + 0 + 6 + 24
         = 123
Krok 2:
    123 ÷ 10 = 12, reszta 3
Krok 3:
    10   3 = 7
Krok 4:
    7 [cyfry 7 nie musimy niczym zastępować]
```

Cyfra kontrolna ma wartość 7, zatem kompletna sekwencja powinna mieć postać *ISBN 978-0-596-52068-7*.

Warianty

Odnajdywanie numerów ISBN w dokumentach

W poniższej wersji wyrażenia regularnego pasującego do numerów ISBN-10 i ISBN-13 zastosowaliśmy granice wyrazów zamiast wykorzystywanych wcześniej kotwic, aby odnajdywać numery ISBN w ramach dłuższego tekstu i jednocześnie gwarantować ich odrębność. W tej wersji przedrostek *ISBN* jest wymagany z dwóch powodów. Po pierwsze w ten sposób możemy wyeliminować ryzyko występowania fałszywych dopasowań (bez tego przedrostka nasze wyrażenie pasowałoby do dowolnych numerów dziesięcio- i trzynastocyfrowych); po drugie tego rodzaju identyfikatory są wymagane w drukowanych numerach ISBN:

```
\bISBN(?:-1[03])?:?•(?=[-0-9•]{17}$|[-0-9X•]{13}$|[0-9X]{10}$)(?:97[89][-•]?)?
↳[0-9]{1,5}[-•]?(?:[0-9]+[-•]?){2}[0-9X]\b
```
Opcje wyrażenia regularnego: Brak
Odmiany wyrażeń regularnych: .NET, Java, JavaScript, PCRE, Perl, Python, Ruby

Eliminowanie nieprawidłowych numerów ISBN

Wadą wcześniejszych wyrażeń regularnych jest możliwość dopasowania numeru ISBN-10 rozpoczynającego się od identyfikatora *ISBN-13* (i odwrotnie). W poniższym wyrażeniu regularnym wykorzystaliśmy konstrukcje warunkowe (patrz receptura 2.17) do zagwarantowania, że po identyfikatorze *ISBN-10* lub *ISBN-13* następuje właściwy numer ISBN. W razie braku tego przedrostka nasze wyrażenie pasuje zarówno do numerów ISBN-10, jak i do numerów ISBN-13. W większości przypadków wyrażenie regularne w tej formie byłoby zbyt złożone — ten sam efekt można by osiągnąć, stosując dwa wyspecjalizowane wyrażenia dopasowywane odpowiednio do numerów ISBN-10 i ISBN-13. Prezentujemy to rozwiązanie tylko po to, by zademonstrować przykład ciekawego zastosowania wyrażeń regularnych:

```
^
(?:ISBN(-1(?:(0)|3))?:?\ )?
(?(1)
  (?(2)
    (?=[-0-9X ]{13}$|[0-9X]{10}$)
    [0-9]{1,5}[- ]?(?:[0-9]+[- ]?){2}[0-9X]$
  |
    (?=[-0-9 ]{17}$|[0-9]{13}$)
    97[89][- ]?[0-9]{1,5}[- ]?(?:[0-9]+[- ]?){2}[0-9]$
  )
|
  (?=[-0-9 ]{17}$|[-0-9X ]{13}$|[0-9X]{10}$)
```

```
(?:97[89][- ]?)?[0-9]{1,5}[- ]?(?:[0-9]+[- ]?){2}[0-9X]$
)
$
```
Opcje wyrażenia regularnego: Swobodne stosowanie znaków białych
Odmiany wyrażeń regularnych: .NET, PCRE, Perl, Python

Patrz także

Najbardziej aktualne informacje o numerach ISBN można znaleźć na witrynie internetowej międzynarodowego biura numerów ISBN (ang. *International ISBN Agency*) pod adresem *http://www.↪isbn-international.org*.

Lista identyfikatorów grup dostępna na stronie internetowej *http://www.isbn-international.org↪/en/identifiers/allidentifiers.html* może nam pomóc w identyfikacji kraju pochodzenia książki oraz obszaru reprezentowanego przez pierwszych 1 – 5 cyfr numeru ISBN.

4.14. Weryfikacja amerykańskich kodów pocztowych

Problem

Chcemy sprawdzać poprawność kodów pocztowych stosowanych w Stanach Zjednoczonych (tzw. kodów ZIP). Nasze wyrażenie powinno akceptować zarówno kody pięciocyfrowe, jak i kody dziewięciocyfrowe (w formacie ZIP+4). Oznacza to, że wyrażenie regularne powinno pasować do kodów *12345* i *12345-6789*, ale nie do sekwencji *1234*, *123456*, *123456789* czy *1234-56789*.

Rozwiązanie

Wyrażenie regularne

```
^[0-9]{5}(?:-[0-9]{4})?$
```
Opcje wyrażenia regularnego: Brak
Odmiany wyrażeń regularnych: .NET, Java, JavaScript, PCRE, Perl, Python, Ruby

VB.NET

```
If Regex.IsMatch(subjectString, "^[0-9]{5}(?:-[0-9]{4})?$") Then
    Console.WriteLine("Prawidłowy kod ZIP")
Else
    Console.WriteLine("Nieprawidłowy kod ZIP")
End If
```

Pozostałe języki programowania

Materiał zawarty w recepturze 3.5 powinien Ci pomóc w zaimplementowaniu tego wyrażenia regularnego w pozostałych językach programowania.

Analiza

Poniżej pokazano to samo wyrażenie regularne pasujące do kodów ZIP z poszczególnymi elementami umieszczonymi w odrębnych wierszach:

```
^              # Pasuje do pozycji na początku przetwarzanego łańcucha.
[0-9]{5}       # Pasuje do pojedynczej cyfry dokładnie pięć razy.
(?:            # Grupuje, ale nie przechwytuje...
 -             #  Pasuje do stałego znaku "-".
  [0-9]{4}     #  Pasuje do pojedynczej cyfry dokładnie cztery razy.
)              # Koniec grupy nieprzechwytującej.
 ?             # Pasuje do poprzedzającej grupy zero razy lub jeden raz.
$              # Pasuje do pozycji na końcu przetwarzanego łańcucha.
```

Opcje wyrażenia regularnego: Swobodne stosowanie znaków białych
Odmiany wyrażeń regularnych: .NET, Java, PCRE, Perl, Python, Ruby

Powyższe wyrażenie regularne jest na tyle proste, że nie wymaga dodatkowych wyjaśnień. Aby odnajdywać kody ZIP w ramach dłuższego łańcucha wejściowego, wystarczy zastąpić kotwice <^> i <$> granicami wyrazów — nasze wyrażenie regularne będzie wówczas miało postać <\b[0-9]{5}(?:-[0-9]{4})?\b>.

Patrz także

Receptury 4.15, 4.16 i 4.17.

4.15. Weryfikacja kanadyjskich kodów pocztowych

Problem

Chcemy sprawdzić, czy dany łańcuch zawiera prawidłowy kod pocztowy obowiązujący w Kanadzie.

Rozwiązanie

```
^(?!.*[DFIOQU])[A-VXY][0-9][A-Z]•[0-9][A-Z][0-9]$
```
Opcje wyrażenia regularnego: Brak
Odmiany wyrażeń regularnych: .NET, Java, JavaScript, PCRE, Perl, Python, Ruby

Analiza

Operacja negatywnego wyszukiwania w przód na początku tego wyrażenia regularnego zapobiega dopasowywaniu łańcuchów zawierających na którejkolwiek pozycji literę *D, F, I, O, Q* lub *U*. Klasa znaków <[A-VXY]> dodatkowo zapobiega występowaniu liter *W* lub *Z* na pierwszej pozycji. Poza tymi dwoma wyjątkami kanadyjskie kody pocztowe składają się z sześciu znaków alfanumerycznych oddzielonych jedną spacją (w środku). Nasze wyrażenie pasuje na przykład do kodu *K1A 0B1*, czyli kodu pocztowego centrali Poczty Kanadyjskiej w Ottawie.

Patrz także

Receptury 4.14, 4.16 i 4.17.

4.16. Weryfikacja brytyjskich kodów pocztowych

Problem

Potrzebujemy wyrażenia regularnego pasującego do kodów pocztowych stosowanych w Wielkiej Brytanii.

Rozwiązanie

```
^[A-Z]{1,2}[0-9R][0-9A-Z]?•[0-9][ABD-HJLNP-UW-Z]{2}$
```
Opcje wyrażenia regularnego: Brak
Odmiany wyrażeń regularnych: .NET, Java, JavaScript, PCRE, Perl, Python, Ruby

Analiza

Kody pocztowe stosowane w Wielkiej Brytanii składają się z co najmniej pięciu i maksymalnie siedmiu znaków alfanumerycznych oddzielonych spacjami. Reguły określające, które znaki można stosować na poszczególnych pozycjach, są dość skomplikowane i pełne rozmaitych wyjątków. Nasze wyrażenie regularne uwzględnia więc tylko kilka podstawowych reguł.

Patrz także

Reguły dotyczące kodów pocztowych stosowanych w Zjednoczonym Królestwie określa brytyjski standard BS7666 dostępny na stronie internetowej *http://www.govtalk.gov.uk/gdsc/html/ frames/PostCode.htm*.

Receptury 4.14, 4.15 i 4.17.

4.17. Odnajdywanie adresów wskazujących skrytki pocztowe

Problem

Chcemy identyfikować adresy skrytek pocztowych i ostrzegać użytkowników o konieczności podawania adresu dostawy z nazwą ulicy i numerem domu.

Rozwiązanie

Wyrażenie regularne

```
^(?:Post•(?:Office•)?|P[.•]?O\.?•)?Box\b
```

Opcje wyrażenia regularnego: Ignorowanie wielkości liter, dopasowywanie symboli ^ i $ do znaków podziału wiersza

Odmiany wyrażeń regularnych: .NET, Java, JavaScript, PCRE, Perl, Python, Ruby

C#

```
Regex regexObj = new Regex(
    @"^(?:Post (?:Office )?|P[. ]?O\.? )?Box\b",
    RegexOptions.IgnoreCase | RegexOptions.Multiline
);
if (regexObj.IsMatch(subjectString) {
    Console.WriteLine("Podany adres nie zawiera nazwy ulicy.");
} else {
    Console.WriteLine("Wszystko w porządku.");
}
```

Pozostałe języki programowania

Materiał zawarty w recepturze 3.5 powinien Ci pomóc w zaimplementowaniu tego wyrażenia regularnego w pozostałych językach programowania.

Analiza

Poniżej pokazano to samo wyrażenie zapisane w trybie swobodnego stosowania znaków białych i z komentarzami wyjaśniającymi poszczególne jego elementy. W tym trybie wszystkie spacje w ramach wyrażenia regularnego należy poprzedzić lewymi ukośnikami.

```
^                      # Pasuje do pozycji na początku wiersza.
(?:                    # Grupuje, ale nie przechwytuje...
  Post\                #  Pasuje do sekwencji "Post ".
  (?:Office\ )?        #  Pasuje do sekwencji "Office ".
|                      # lub...
  P[.\ ]?              #  Pasuje do litery "P" i opcjonalnej kropki bądź spacji.
  O\.?\                #  Pasuje do litery "O", opcjonalnej kropki oraz spacji.
)?                     # Powtarza tę grupę zero razy lub jeden raz.
Box                    # Pasuje do sekwencji "Box".
\b                     # Pasuje do pozycji w miejscu granicy wyrazu.
```

Opcje wyrażenia regularnego: Ignorowanie wielkości liter, dopasowywanie symboli ^ i $ do znaków podziału wiersza

Odmiany wyrażeń regularnych: .NET, Java, PCRE, Perl, Python, Ruby

Nasze wyrażenie regularne pasuje do wszystkich poniższych sekwencji znaków znajdujących się na początku wiersza:

- *Post Office Box*
- *post box*
- *P.O. box*

- *P O Box*
- *Po. box*
- *PO Box*
- *Box.*

Mimo zastosowanych rozwiązań może się okazać, że wyrażenie regularne w tej formie zostanie dopasowane do nieprawidłowych łańcuchów lub nie zostanie dopasowane do prawidłowych łańcuchów, ponieważ wielu użytkowników dość niedbale wpisuje adresy skrzynek pocztowych. Aby uniknąć ryzyka nieprawidłowych dopasowań, najlepszym rozwiązaniem jest odrzucanie adresów rozpoczynających się od przedrostka *P.O.* W razie odnalezienia dopasowania do tego wyrażenia regularnego warto poinformować użytkownika o podejrzeniu wykrycia adresu skrytki pocztowej (ale z możliwością zachowania wpisanego adresu).

Patrz także

Receptury 4.14, 4.15 i 4.16.

4.18. Zmiana formatów nazwisk z „imię nazwisko" na „nazwisko, imię"

Problem

Chcemy konwertować imiona i nazwiska z formatu „imię nazwisko" na format „nazwisko, imię", aby ułatwić sobie sortowanie tych danych według nazwisk. Chcemy też uwzględniać pozostałe składniki nazwisk, aby prawidłowo konwertować nazwiska z formatu „imię imiona junior/senior nazwisko numer" na format „nazwisko, imię imiona junior/senior numer".

Rozwiązanie

Okazuje się jednak, że do analizy składniowej nazwisk nie wystarczy samo wyrażenie regularne. Wyrażenia regularne są nieelastyczne, a imiona i nazwiska bywają na tyle nieprzewidywalne, że nawet ludzie popełniają błędy w ich pisowni. Określenie struktury nazwiska czy sposobu alfabetycznego porządkowania nazwisk wymaga zwykle uwzględnienia lokalnych tradycji i konwencji obowiązujących w danym języku, a czasem nawet osobistych preferencji. Tak czy inaczej, jeśli planujemy przyjęcie pewnych założeń odnośnie do przetwarzanych danych i godzimy się na ryzyko pewnych błędów, zastosowanie wyrażenia regularnego może się okazać najprostszym rozwiązaniem.

Poniższe wyrażenie regularne celowo zaprojektowano z myślą o zachowaniu możliwie dużej prostoty, a więc z pominięciem wielu skrajnych przypadków.

Wyrażenie regularne

```
^(.+?)•([^\s,]+)(,?•(?:[JS]r\.?|III?|IV))?$
```
Opcje wyrażenia regularnego: Ignorowanie wielkości liter
Odmiany wyrażeń regularnych: .NET, Java, JavaScript, PCRE, Perl, Python, Ruby

Tekst docelowy

```
$2,•$1$3
```
Odmiany tekstu docelowego: .NET, Java, JavaScript, Perl, PHP

```
\2,•\1\3
```
Odmiany tekstu docelowego: Python, Ruby

JavaScript

```
function formatName (name) {
    return name.replace(/^(.+?) ([^\s,]+)(,? (?:[JS]r\.?|III?|IV))?$/i, "$2, $1$3");
}
```

Pozostałe języki programowania

Tekst receptury 3.15 może Ci pomóc w implementacji tego wyrażenia regularnego w pozostałych językach programowania.

Analiza

Rozpocznijmy naszą analizę od przeglądu kolejnych elementów tego wyrażenia regularnego. Dodane komentarze wyjaśniają, które składowe nazwiska są dopasowywane do kolejnych elementów naszego wyrażenia. Ponieważ wyrażenie to zapisano w trybie swobodnego stosowania znaków białych, stałe spacje w jego ramach musieliśmy poprzedzić lewymi ukośnikami:

```
^            # Pasuje do pozycji na początku przetwarzanego łańcucha.
(            # Przechwytuje dane dopasowanie celem jego wykorzystania za pomocą odwołania wstecz nr 1...
  .+?        #   Pasuje do jednego lub możliwie wielu znaków.
)            # Koniec grupy przechwytującej.
\            # Pasuje do spacji.
(            # Przechwytuje dane dopasowanie celem jego wykorzystania za pomocą odwołania wstecz nr 2...
  [^\s,]+    #   Pasuje do jednego lub wielu znaków innych niż znaki białe i przecinki.
)            # Koniec grupy przechwytującej.
(            # Przechwytuje dane dopasowanie celem jego wykorzystania za pomocą odwołania wstecz nr 3...
  ,?\        #   Pasuje do sekwencji ", " lub spacji " ".
  (?:        #   Grupuje, ale nie przechwytuje...
    [JS]r\.? #     Pasuje do sekwencji "Jr", "Jr.", "Sr" lub "Sr.".
  |          #   lub...
    III?     #     Pasuje do sekwencji "II" lub "III".
  |          #   lub...
    IV       #     Pasuje do sekwencji "IV".
  )          #   Koniec grupy nieprzechwytującej.
)?           # Powtarza tę grupę zero razy lub jeden raz.
$            # Pasuje do pozycji na końcu przetwarzanego łańcucha.
```

Opcje wyrażenia regularnego: Ignorowanie wielkości liter, swobodne stosowanie znaków białych

Odmiany wyrażeń regularnych: .NET, Java, PCRE, Perl, Python, Ruby

W powyższym wyrażeniu regularnym przyjęliśmy następujące założenia odnośnie do przetwarzanych danych:

- Dane składają się z przynajmniej jednego imienia i jednego nazwiska (pozostałe elementy są opcjonalne).
- Imię występuje przed nazwiskiem.

- W razie występowania dodatkowego przyrostka, musi to być jedna z następujących sekwencji znaków: *Jr, Jr., Sr, Sr., II, III* lub *IV*. Każdy z tych przyrostków może być poprzedzony opcjonalnym przecinkiem.

Poniżej opisano kilka dodatkowych aspektów, które warto mieć na uwadze:

- Wyrażenie regularne w tej formie nie może identyfikować nazwisk wieloczłonowych, których elementy nie zostały oddzielone myślnikami. Oznacza to, że na przykład nazwisko *Sacha Baron Cohen* zostałoby zastąpione zapisem *Cohen, Sacha Baron*, nie — co byłoby zgodne z wymaganiami stawianymi generowanej liście — zapisem *Baron Cohen, Sacha*.

- Nasze wyrażenie regularne nie jest przystosowane do obsługi imion i nazwisk z partykułami poprzedzającymi nazwiska, mimo że taki zapis pojawia się zarówno w pewnych konwencjach, jak i wskutek osobistych preferencji. Na przykład nazwisko *Charles de Gaulle* należałoby zastąpić zapisem *de Gaulle, Charles* (zgodnie z 15. wydaniem *Chicago Manual of Style*, które akurat w tym punkcie różni się od słownika *Biographical Dictionary* wydawnictwa Merriam-Webster).

- Kotwice `<^>` i `<$>` powodują, że dopasowanie jest ściśle związane z początkiem i końcem przetwarzanego łańcucha, co uniemożliwia zmianę formatu nazwiska, jeśli cały przetwarzany tekst nie pasuje do naszego wzorca. W razie braku odpowiedniego dopasowania (jeśli na przykład przetwarzany tekst zawiera tylko nazwisko) łańcuch nie zostanie zmieniony.

Nasze wyrażenie regularne wykorzystuje trzy grupy przechwytujące do podziału oryginalnego nazwiska na części składowe. Poszczególne części są następnie ponownie łączone w pożądanej kolejności z wykorzystaniem odwołań wstecz użytych w tekście docelowym operacji przeszukiwania i zastępowania. Pierwsza grupa przechwytująca wykorzystuje wyjątkowo elastyczny wzorzec `<.+?>` do uzyskania pierwszego imienia, dowolnej liczby kolejnych imion oraz ewentualnych partykuł nazwiska, czyli na przykład stosowanej w języku niemieckim partykuły *von* czy stosowanej w nazwiskach francuskich, portugalskich i hiszpańskich partykuły *de*. Zdecydowaliśmy się na dopasowanie tych elementów nazwiska do jednej grupy przechwytującej, ponieważ w generowanym nazwisku wynikowym ich kolejność nie ulega zmianie. Łączne grupowanie pierwszego i kolejnych imion pozwala też uniknąć pewnych błędów, ponieważ nasze wyrażenie nie odróżnia imion złożonych, jak *Mary Lou* czy *Norma Jeane*, od pierwszego i drugiego imienia. Z prawidłową interpretacją tego rodzaju przypadków miewają problemy nawet ludzie.

Druga grupa przechwytująca, z wyrażeniem `<[^\s,]+>`, pasuje do nazwiska. Podobnie jak w przypadku kropki użytej w pierwszej grupie przechwytującej, klasa znaków zastosowana w drugiej grupie umożliwia jej dopasowywanie do liter z akcentami i innych znaków spoza podstawowego alfabetu łacińskiego. Trzecia grupa przechwytująca pasuje do opcjonalnego przyrostka, jak *Jr.* czy *III* (ze zdefiniowanej wcześniej listy możliwych wartości). Przyrostek dopasowujemy i przechwytujemy niezależnie od nazwiska, ponieważ w zapisie wynikowym powinien występować na końcu nazwiska (za imionami).

Wróćmy na chwilę do pierwszej grupy przechwytującej. Dlaczego w ramach tej grupy po kropce użyliśmy leniwego kwantyfikatora `<+?>`, skoro w drugiej grupie przechwytującej zastosowaliśmy zachłanny kwantyfikator `<+>`? Gdybyśmy w pierwszej grupie przechwytującej (pasującej do zmiennej liczby elementów i — tym samym — do możliwie dużej części przetwarzanego nazwiska) użyli kwantyfikatora zachłannego, trzecia grupa przechwytująca (dopasowywana do przyrostka) w ogóle nie uczestniczyłaby w dopasowaniu. Kropka z pierwszej grupy byłaby wówczas dopasowywana aż do osiągnięcia końca łańcucha, a ponieważ trzecia grupa przechwytująca jest opcjonalna, moduł wyrażeń regularnych musiałby wykonać nawrót tylko do drugiej grupy przechwytującej przed zadeklarowaniem udanego dopasowania. Druga grupa przechwytująca może zawierać kwantyfikator zachłanny, ponieważ użyta tam klasa znaków jest węższa i pasuje tylko do nazwiska.

W tabeli 4.2 wymieniono kilka przykładów formatowania nazwisk z wykorzystaniem naszego wyrażenia regularnego i łańcucha docelowego operacji przeszukiwania i zastępowania.

Tabela 4.2. Sformatowane nazwiska

Wejście	Wyjście
Robert Downey, Jr.	*Downey, Robert, Jr.*
John F. Kennedy	*Kennedy, John F.*
Scarlett O'Hara	*O'Hara, Scarlett*
Pepé Le Pew	*Pew, Pepé Le*
J.R.R. Tolkien	*Tolkien, J.R.R.*
Catherine Zeta-Jones	*Zeta-Jones, Catherine*

Warianty

Partykuły nazwisk z predefiniowanej listy umieszczane na początku generowanego łańcucha

Poniższe wyrażenie regularne uzupełniono o zapis umożliwiający poprzedzanie nazwiska wynikowego jedną z partykuł wymienionych na predefiniowanej liście. W szczególności nasze wyrażenie wykrywa i umieszcza przed nazwiskiem takie partykuły, jak *de, du, la, le, st, st., ste, ste., van* czy *von*. W ramach pojedynczego nazwiska można stosować całe sekwencje tych partykuł (na przykład *de la*).

```
^(.+?)•((?:(?:d[eu]|l[ae]|ste?\.?|v[ao]n)•)*[^\s,]+)(,?•(?:[JS]r\.?|III?|IV))?$
```
Opcje wyrażenia regularnego: Ignorowanie wielkości liter
Odmiany wyrażeń regularnych: .NET, Java, JavaScript, PCRE, Perl, Python, Ruby

```
$2,•$1$3
```
Odmiany tekstu docelowego: .NET, Java, JavaScript, Perl, PHP

```
\2,•\1\3
```
Odmiany tekstu docelowego: Python, Ruby

4.19. Weryfikacja numerów kart kredytowych

Problem

Otrzymaliśmy zadanie zaimplementowania formularza potwierdzenia zamówienia. Jedną z możliwych form płatności za zamawiany towar ma być płatność kartą kredytową. Ponieważ każda próba (także nieudana) dokonania takiej płatności obciąża usługę tzw. agenta rozliczeniowego (ang. *card processor charges*), chcemy użyć wyrażenia regularnego eliminującego nieprawidłowe numery kart kredytowych już na etapie wstępnego przetwarzania danych formularza.

W ten sposób można też podnieść jakość danej aplikacji internetowej z perspektywy jej użytkownika (klienta sklepu internetowego). Wyrażenie regularne może natychmiast wykrywać oczywiste błędy we wpisywanych numerach — oznacza to, że na komunikat o ewentualnym błędzie nie trzeba czekać 10 – 30 sekund, czyli czas potrzebny do wygenerowania odpowiedzi przez agenta rozliczeniowego.

Rozwiązanie

Eliminowanie spacji i myślników

Po uzyskaniu numeru karty kredytowej wpisanego przez użytkownika przypisujemy ten numer pewnej zmiennej. Zanim przystąpimy do właściwej weryfikacji otrzymanego numeru, wykonujemy prostą operację przeszukiwania i zastępowania, aby wyeliminować spacje i myślniki. Wystarczy zastąpić wszystkie dopasowania do poniższego wyrażenia regularnego pustym tekstem docelowym:

```
[●-]
```
Opcje wyrażenia regularnego: Brak
Odmiany wyrażeń regularnych: .NET, Java, JavaScript, PCRE, Perl, Python, Ruby

W recepturze 3.14 szczegółowo wyjaśniono przebieg podobnych operacji wstępnego przeszukiwania i zastępowania.

Weryfikacja numeru

Po wyeliminowaniu spacji i myślników z danych wejściowych możemy użyć poniższego wyrażenia regularnego do sprawdzenia, czy format danego numeru karty kredytowej jest zgodny z formatem jednego z sześciu najważniejszych systemów kart kredytowych. Dla każdego z tych systemów zastosowano odrębną, nazwaną grupę przechwytującą.

```
^(?:
  (?<visa>4[0-9]{12}(?:[0-9]{3})?) |
  (?<mastercard>5[1-5][0-9]{14}) |
  (?<discover>6(?:011|5[0-9][0-9])[0-9]{12}) |
  (?<amex>3[47][0-9]{13}) |
  (?<diners>3(?:0[0-5]|[68][0-9])[0-9]{11}) |
  (?<jcb>(?:2131|1800|35\d{3})\d{11})
)$
```
Opcje wyrażenia regularnego: Swobodne stosowanie znaków białych
Odmiany wyrażeń regularnych: .NET, PCRE 7, Perl 5.10, Ruby 1.9

```
^(?:
  (?P<visa>4[0-9]{12}(?:[0-9]{3})?) |
  (?P<mastercard>5[1-5][0-9]{14}) |
  (?P<discover>6(?:011|5[0-9][0-9])[0-9]{12}) |
  (?P<amex>3[47][0-9]{13}) |
  (?P<diners>3(?:0[0-5]|[68][0-9])[0-9]{11}) |
  (?P<jcb>(?:2131|1800|35\d{3})\d{11})
)$
```
Opcje wyrażenia regularnego: Swobodne stosowanie znaków białych
Odmiany wyrażeń regularnych: PCRE, Python

Java, Perl 5.6, Perl 5.8 i Ruby 1.8 nie obsługują nazwanych grup przechwytujących. W wymienionych odmianach wyrażeń regularnych powinniśmy więc użyć numerowanych grup przechwytujących. Pierwsza grupa będzie przechwytywała numery kart Visa, druga grupa będzie przechwytywała numery kart MasterCard itd.:

```
^(?:
  (4[0-9]{12}(?:[0-9]{3})?) |         # Visa
  (5[1-5][0-9]{14}) |                 # MasterCard
  (6(?:011|5[0-9][0-9])[0-9]{12}) |   # Discover
  (3[47][0-9]{13}) |                  # AMEX
  (3(?:0[0-5]|[68][0-9])[0-9]{11}) |  # Diners Club
  ((?:2131|1800|35\d{3})\d{11})       # JCB
)$
```

Opcje wyrażenia regularnego: Swobodne stosowanie znaków białych
Odmiany wyrażeń regularnych: .NET, Java, PCRE, Perl, Python, Ruby

JavaScript nie obsługuje trybu swobodnego stosowania znaków białych — po usunięciu tych znaków i komentarzy otrzymujemy wyrażenie w postaci:

```
^(?:(4[0-9]{12}(?:[0-9]{3})?)|(5[1-5][0-9]{14})|(6(?:011|5[0-9][0-9])[0-9]{12})|
↪(3[47][0-9]{13})|(3(?:0[0-5]|[68][0-9])[0-9]{11})|((?:2131|1800|35\d{3})\d{11}))$
```

Opcje wyrażenia regularnego: Brak
Odmiany wyrażeń regularnych: .NET, Java, JavaScript, PCRE, Perl, Python, Ruby

Jeśli nie musimy określać typu danej karty kredytowej, możemy po prostu zrezygnować z niepotrzebnych grup przechwytujących:

```
^(?:
  4[0-9]{12}(?:[0-9]{3})? |         # Visa
  5[1-5][0-9]{14} |                 # MasterCard
  6(?:011|5[0-9][0-9])[0-9]{12} |   # Discover
  3[47][0-9]{13} |                  # AMEX
  3(?:0[0-5]|[68][0-9])[0-9]{11} |  # Diners Club
  (?:2131|1800|35\d{3})\d{11}       # JCB
)$
```

Opcje wyrażenia regularnego: Swobodne stosowanie znaków białych
Odmiany wyrażeń regularnych: .NET, Java, PCRE, Perl, Python, Ruby

W JavaScripcie należałoby usunąć znaki białe i komentarze:

```
^(?:4[0-9]{12}(?:[0-9]{3})?|5[1-5][0-9]{14}|6(?:011|5[0-9][0-9])[0-9]{12}|3[47]
↪[0-9]{13}|3(?:0[0-5]|[68][0-9])[0-9]{11}|(?:2131|1800|35\d{3})\d{11})$
```

Opcje wyrażenia regularnego: Brak
Odmiany wyrażeń regularnych: .NET, Java, JavaScript, PCRE, Perl, Python, Ruby

W recepturze 3.6 wyjaśniono, jak dodać to wyrażenie regularne do formularza zamówienia, aby weryfikować wpisywane numery kart kredytowych. Jeśli korzystamy z różnych agentów rozliczeniowych dla różnych rodzajów kart kredytowych lub jeśli chcemy rejestrować jakieś statystyki, możemy zastosować rozwiązanie z receptury 3.9, aby sprawdzić, które grupy przechwytujące (nazwane lub numerowane) reprezentują dane dopasowanie. W ten sposób moglibyśmy łatwo określać rodzaj karty, którą dysponuje dany klient naszego sklepu internetowego.

Przykład strony internetowej z kodem JavaScriptu

```
<html>
<head>
<title>Test kart kredytowych</title>
</head>
```

```html
<body>
<h1>Test kart kredytowych</h1>

<form>
<p>Proszę wpisać numer karty kredytowej:</p>

<p><input type="text" size="20" name="cardnumber"
        onkeyup="validatecardnumber(this.value)"></p>

<p id="notice">(nie wpisano żadnego numeru karty kredytowej)</p>
</form>

<script>
function validatecardnumber(cardnumber) {
    // Eliminujemy spacje i myślniki:
    cardnumber = cardnumber.replace(/[ -]/g, '');
    // Sprawdzamy poprawność numeru karty kredytowej.
    // Poniższe wyrażenie przechwytuje numer karty kredytowej za pomocą jednej z grup przechwytujących:
    var match = /^(?:(4[0-9]{12}(?:[0-9]{3})?)|(5[1-5][0-9]{14})|(6(?:011|5[0-9]
    ↳[0-9])[0-9]{12})|(3[47][0-9]{13})|(3(?:0[0-5]|[68][0-9])[0-9]{11})|
    ↳((?:2131|1800|35\d{3})\d{11}))$/.exec(cardnumber);
    if (match) {
        // Lista typów kart kredytowych w kolejności zgodnej z porządkiem grup przechwytujących wyrażenia regularnego:
        var types = ['Visa', 'MasterCard', 'Discover', 'American Express',
                    'Diners Club', 'JCB'];
        // Odnajdujemy grupę przechwytującą, która została dopasowana do danego numeru.
        // Pomijamy zerowy element tablicy dopasowań (reprezentujący dopasowanie do całego wyrażenia):
        for (var i = 1; i < match.length; i++) {
            if (match[i]) {
                // Wyświetlamy typ karty kredytowej właściwy danej grupie:
                document.getElementById('notice').innerHTML = types[i - 1];
                break;
            }
        }
    } else {
        document.getElementById('notice').innerHTML = '(nieprawidłowy numer karty)';
    }
}
</script>
</body>
</html>
```

Analiza

Eliminowanie spacji i myślników

Numery wytłaczane na prawdziwych kartach kredytowych zwykle dzieli się na czterocyfrowe grupy. Takie rozwiązanie znacznie podnosi czytelność tych numerów. W tej sytuacji jest czymś zupełnie naturalnym, że także w formularzu zamówienia wielu użytkowników będzie próbowało wpisywać numery swoich kart kredytowych w ten sam sposób, a więc ze spacjami dzielącymi poszczególne grupy cyfr.

Okazuje się jednak, że opracowanie wyrażenia regularnego weryfikującego numery kart kredytowych ze spacjami, myślnikami itp. byłoby nieporównanie trudniejsze niż napisanie wyrażenia operującego na samych cyfrach. Jeśli więc nie chcemy denerwować użytkowników żądaniami ponownego wpisywania numerów bez spacji czy myślników, powinniśmy użyć prostej operacji przeszukiwania i zastępowania, która skutecznie wyeliminuje te znaki jeszcze przed przystąpieniem do weryfikacji danego numeru (oraz ewentualnym przesłaniem do agenta rozliczeniowego).

Wyrażenie regularne <[• -]> pasuje do spacji lub myślnika. Zastąpienie wszystkich dopasowań do tego wyrażenia regularnego łańcuchem pustym powoduje więc usunięcie wszystkich spacji i myślników.

Numery kart kredytowych mogą się składać wyłącznie z cyfr. Oznacza to, że zamiast wyrażenia <[• -]> eliminującego same spacje i myślniki można by z powodzeniem użyć skrótu klasy znaków <\D>, aby usunąć wszystkie znaki niebędące cyframi.

Weryfikacja numeru

Każda z firm oferujących własny system kart kredytowych stosuje nieco inny format ich numerów. W naszym rozwiązania wykorzystujemy te różnice, aby zwolnić użytkowników z konieczności dodatkowego wybierania właściwego systemu — można bowiem określić ten system na podstawie samego numeru. Poniżej opisano formaty obowiązujące w poszczególnych systemach:

Visa
13 lub 16 cyfr z cyfrą *4* na początku.

MasterCard
16 cyfr z liczbą od *51* do *55* na początku.

Discover
16 cyfr z liczbą *6011* lub *65* na początku.

American Express
15 cyfr z liczbą *34* lub *37* na początku.

Diners Club
14 cyfr z liczbą od *300* do *305* bądź *36* lub *38* na początku.

JCB
15 cyfr z liczbą *2131* lub *1800* na początku bądź 16 cyfr z liczbą *35* na początku.

Gdybyśmy chcieli ograniczyć zbiór akceptowanych kart kredytowych, powinniśmy po prostu usunąć pozostałe systemy kart z naszego wyrażenia regularnego. Jeśli na przykład zdecydujemy się zrezygnować z obsługi kart JCB, koniecznie powinniśmy usunąć z naszego wyrażenia także ostatni operator <|>. Gdybyśmy pozostawili w tym wyrażeniu zapis <||> lub <|)>, nasze wyrażenie akceptowałoby łańcuch pusty jako prawidłowy numer karty kredytowej.

Poniżej pokazano wyrażenie regularne akceptujące tylko numery kart kredytowych systemów Visa, MasterCard i AMEX:

```
^(?:
4[0-9]{12}(?:[0-9]{3})?  |    # Visa
5[1-5][0-9]{14}  |           # MasterCard
3[47][0-9]{13}               # AMEX
)$
```
Opcje wyrażenia regularnego: Swobodne stosowanie znaków białych
Odmiany wyrażeń regularnych: .NET, Java, PCRE, Perl, Python, Ruby

To samo wyrażenie można też zapisać w następującej formie:

```
^(?:4[0-9]{12}(?:[0-9]{3})?|5[1-5][0-9]{14}|3[47][0-9]{13})$
```
Opcje wyrażenia regularnego: Brak
Odmiany wyrażeń regularnych: .NET, Java, JavaScript, PCRE, Perl, Python, Ruby

Gdybyśmy chcieli odnajdywać numery kart kredytowych w większych fragmentach tekstu, powinniśmy zastąpić obie kotwice (początku i końca łańcucha) granicami wyrazów (`<\b>`).

Integracja tego rozwiązania z kodem strony internetowej

Przykład pokazany w podpunkcie „Przykład strony internetowej z kodem JavaScriptu" dobrze ilustruje możliwy sposób wykorzystania tych dwóch wyrażeń regularnych w implementacji formularza zamówienia. Dla pola tekstowego, w którym użytkownik wpisuje numer karty kredytowej, zdefiniowano procedurę obsługującą zdarzenie `onkeyup`, która wywołuje funkcję `validatecardnumber()`. Funkcja `validatecardnumber()` otrzymuje na wejściu numer karty kredytowej (wpisany we wspomnianym polu tekstowym), usuwa z tego numeru ewentualne spacje i myślniki, po czym sprawdza poprawność tego numeru (z wykorzystaniem naszego wyrażenia regularnego z grupami przechwytującymi). Wynik procesu weryfikacji jest wyświetlany w ostatnim akapicie na tej stronie.

Jeśli dopasowanie naszego wyrażenia regularnego jest niemożliwe, funkcja `regexp.exec()` zwraca wartość `null`, a na stronie pojawia się komunikat *(nieprawidłowy numer karty)*. W razie znalezienia dopasowania funkcja `regexp.exec()` zwraca tablicę łańcuchów. Zerowy element tej tablicy zawiera łączne dopasowanie do całego wyrażenia regularnego. Kolejnych sześć elementów reprezentuje tekst dopasowany do każdej z sześciu grup przechwytujących.

Nasze wyrażenie regularne składa się z sześciu grup przechwytujących oddzielonych operatorem alternatywy. Oznacza to, że w dopasowaniu może uczestniczyć tylko jedna z tych grup przechwytujących — właśnie ta grupa przechwytuje cały numer karty kredytowej. Pozostałe grupy będą puste (w zależności od przeglądarki będą zawierały albo wartość `undefined`, albo łańcuch pusty). Nasza funkcja sprawdza kolejno każdą z tych sześciu grup przechwytujących — po odnalezieniu grupy, która nie jest pusta, numer karty kredytowej jest rozpoznawany i wyświetlany.

Dodatkowa weryfikacja z wykorzystaniem algorytmu Luhna

Istnieje możliwość zastosowania dodatkowego mechanizmu sprawdzania poprawności numeru karty kredytowej przed przystąpieniem do właściwego przetwarzania zamówienia. Ostatnia cyfra numeru karty kredytowej reprezentuje sumę kontrolną wyznaczoną z użyciem **algorytmu Luhna**. Ponieważ wyznaczenie tej sumy wymaga użycia prostych operacji arytmetycznych, nie możemy zaimplementować wspomnianego algorytmu za pomocą wyrażenia regularnego.

Mechanizm weryfikacji sumy kontrolnej można dodać do wcześniejszego przykładu strony internetowej, umieszczając wywołanie `luhn(cardnumber);` przed wierszem `else` w ramach funkcji `validatecardnumber()`. Algorytm Luhna będzie więc wykonywany tylko wtedy, gdy wyrażenie regularne znajdzie prawidłowe dopasowanie i już po określeniu systemu karty kredytowej. Warto jednak pamiętać, że określenie rodzaju karty kredytowej nie jest konieczne do wykonania algorytmu Luhna (metoda wyznaczania sumy kontrolnej jest identyczna dla wszystkich kart kredytowych).

W JavaScripcie algorytm Luhna można zaimplementować w następujący sposób:

```
function luhn(cardnumber) {
    // Konstruuje tablicę złożoną z cyfr numeru karty kredytowej:
    var getdigits = /\d/g;
    var digits = [];
```

```
  while (match = getdigits.exec(cardnumber)) {
    digits.push(parseInt(match[0], 10));
  }
  // Wykonuje algorytm Luhna na tej tablicy:
  var sum = 0;
  var alt = false;
  for (var i = digits.length - 1; i >= 0; i--) {
    if (alt) {
      digits[i] *= 2;
      if (digits[i] > 9) {
        digits[i] -= 9;
      }
    }
    sum += digits[i];
    alt = !alt;
  }
  // Wynik weryfikacji numeru karty kredytowej jest dopisywany do wcześniejszego komunikatu:
  if (sum % 10 == 0) {
    document.getElementById("notice").innerHTML += '; test Luhna prawidłowy';
  } else {
    document.getElementById("notice").innerHTML += '; test Luhna nieprawidłowy';
  }
}
```

Powyższa funkcja otrzymuje na wejściu łańcuch z numerem karty kredytowej. Numer karty powinien składać się wyłącznie z cyfr. W tym przypadku funkcja validatecardnumber() wyeliminowała już z przetwarzanego łańcucha ewentualne spacje i myślniki oraz określiła, czy dany numer obejmuje prawidłową liczbę cyfr.

Funkcja luhn() wykorzystuje wyrażenie regularne <\d> do iteracyjnego przeszukania wszystkich cyfr w ramach danego łańcucha. Warto zwrócić uwagę na zastosowany modyfikator trybu /g. W każdej iteracji naszej pętli dopasowana cyfra jest przypisywana elementowi match[0]. Ponieważ wyrażenia regularne operują na tekście (łańcuchach), wywołujemy funkcję parseInt(), aby nasza zmienna była reprezentowana jako liczba całkowita (nie łańcuch znaków). Gdybyśmy nie użyli tej funkcji, zmienna sum zawierałaby wynik konkatenacji cyfr zamiast ich sumy.

Właściwy algorytm Luhna operuje właśnie na tej tablicy — wyznacza sumę kontrolną dla jej elementów. Jeśli modulo tej sumy i liczby 10 wynosi zero, numer karty jest prawidłowy; w przeciwnym razie numer należy uznać za błędny.

4.20. Europejskie numery płatników podatku VAT

Problem

Otrzymaliśmy zadanie zaimplementowania internetowego formularza, który będzie wykorzystywany przez klientów biznesowych z obszaru Unii Europejskiej.

Zgodnie ze wspólnymi regulacjami podatkowymi obowiązującymi w Unii Europejskiej, kiedy jeden płatnik VAT-u (nasz klient) z państwa należącego do Wspólnoty kupuje towar od producenta z innego państwa Wspólnoty (naszej firmy), producent nie obciąża kupującego podatkiem od wartości dodanej (ang. *Value-Added Tax* — *VAT*). Jeśli jednak kupujący nie jest zarejestrowanym płatnikiem VAT-u, producent musi obciążyć go tym podatkiem i odprowadzić odpowiednią kwotę do właściwego (lokalnego) urzędu skarbowego. W przeciwnym razie producent musi dysponować numerem płatnika podatku VAT przypisanym firmie kupującej, aby uzasadnić przed własnym urzędem skarbowym przyczyny odstąpienia od naliczenia podatku kontrahentowi. W tej sytuacji dla producentów niezwykle ważna jest możliwość weryfikacji numerów płatników przed przystąpieniem do procedury sprzedaży bez podatku VAT.

Najczęstszą przyczyną przekazywania nieprawidłowych numerów płatników podatku VAT są zwykłe błędy popełniane podczas wpisywania tych numerów przez klientów. Aby przyspieszyć i usprawnić proces składania zamówień, powinniśmy użyć wyrażenia regularnego błyskawicznie sprawdzającego wpisywane numery (już na etapie wypełniania formularza). Możemy to zadanie zrealizować, stosując albo kod kliencki JavaScriptu, albo skrypt CGI wykonywany przez serwer WWW bezpośrednio po otrzymaniu formularza. Jeśli przekazany numer nie pasuje do naszego wyrażenia regularnego, klient może od razu poprawić usterkę.

Rozwiązanie

Eliminowanie znaków białych i znaków interpunkcyjnych

Uzyskujemy numer płatnika podatku VAT wpisywany przez klienta i umieszczamy go w zmiennej. Przed przystąpieniem do weryfikacji tego numeru wykonujemy prostą operacje przeszukiwania i zastępowania, aby usunąć (zastąpić pustym tekstem docelowym) ewentualne myślniki, kropki i spacje:

```
[-.•]
```
Opcje wyrażenia regularnego: Brak
Odmiany wyrażeń regularnych: .NET, Java, JavaScript, PCRE, Perl, Python, Ruby

W recepturze 3.14 pokazano, jak skutecznie implementować operacje przeszukiwania i zastępowania przed przystąpieniem do właściwego dopasowania łańcucha. W tym przypadku zakładamy, że klient nie wpisuje żadnych innych znaków interpunkcyjnych niż kropki, myślniki czy spacje. Wszystkie pozostałe znaki spowodują odrzucenie numeru podatnika przez nasz mechanizm weryfikujący.

Weryfikacja numeru płatnika

Po usunięciu znaków białych i znaków interpunkcyjnych możemy użyć poniższego wyrażenia regularnego do sprawdzenia, czy format danego numeru płatnika podatku VAT jest zgodny z formatem obowiązującym w którymś z 27 państw Unii Europejskiej:

```
^(
  (AT)?U[0-9]{8} |                         # Austria
  (BE)?0?[0-9]{9} |                        # Belgia
  (BG)?[0-9]{9,10} |                       # Bułgaria
  (CY)?[0-9]{8}L |                         # Cypr
  (CZ)?[0-9]{8,10} |                       # Czechy
  (DE)?[0-9]{9} |                          # Niemcy
  (DK)?[0-9]{8} |                          # Dania
  (EE)?[0-9]{9} |                          # Estonia
  (EL|GR)?[0-9]{9} |                       # Grecja
  (ES)?[0-9A-Z][0-9]{7}[0-9A-Z] |          # Hiszpania
  (FI)?[0-9]{8} |                          # Finlandia
  (FR)?[0-9A-Z]{2}[0-9]{9} |               # Francja
  (GB)?([0-9]{9}([0-9]{3})?|[A-Z]{2}[0-9]{3}) |   # Zjednoczone Królestwo
  (HU)?[0-9]{8} |                          # Węgry
  (IE)?[0-9]S[0-9]{5}L |                   # Irlandia
```

```
    (IT)?[0-9]{11} |                                  # Włochy
    (LT)?([0-9]{9}|[0-9]{12}) |                        # Litwa
    (LU)?[0-9]{8} |                                    # Luksemburg
    (LV)?[0-9]{11} |                                   # Łotwa
    (MT)?[0-9]{8} |                                    # Malta
    (NL)?[0-9]{9}B[0-9]{2} |                           # Holandia
    (PL)?[0-9]{10} |                                   # Polska
    (PT)?[0-9]{9} |                                    # Portugalia
    (RO)?[0-9]{2,10} |                                 # Rumunia
    (SE)?[0-9]{12} |                                   # Szwecja
    (SI)?[0-9]{8} |                                    # Słowenia
    (SK)?[0-9]{10}                                     # Słowacja
  )$
```

Opcje wyrażenia regularnego: Swobodne stosowanie znaków białych, ignorowanie wielkości liter

Odmiany wyrażeń regularnych: .NET, Java, PCRE, Perl, Python, Ruby

Powyższe wyrażenie regularne zapisano w trybie swobodnego stosowania znaków białych, aby ułatwić jego ewentualną edycję. Unia Europejska jest stale rozszerzana o nowe państwa, a istniejącym państwom członkowskim zdarza się zmieniać reguły formatowania numerów płatników VAT-u. Ponieważ JavaScript nie obsługuje trybu swobodnego stosowania znaków białych, na potrzeby tego języka musimy zapisać całe nasze wyrażenie w jednym wierszu:

```
^((AT)?U[0-9]{8}|(BE)?0?[0-9]{9}|(BG)?[0-9]{9,10}|(CY)?[0-9]{8}L|(CZ)?[0-9]{8,10}|
↳(DE)?[0-9]{9}|(DK)?[0-9]{8}|(EE)?[0-9]{9}|(EL|GR)?[0-9]{9}|(ES)?[0-9A-Z][0-9]{7}
↳[0-9A-Z]|(FI)?[0-9]{8}|(FR)?[0-9A-Z]{2}[0-9]{9}|(GB)?([0-9]{9}([0-9]{3})?|[A-Z]
↳{2}[0-9]{3})|(HU)?[0-9]{8}|(IE)?[0-9]S[0-9]{5}L|(IT)?[0-9]{11}|(LT)?([0-9]{9}|
↳[0-9]{12})|(LU)?[0-9]{8}|(LV)?[0-9]{11}|(MT)?[0-9]{8}|(NL)?[0-9]{9}B[0-
9]{2}|(PL)?[0-9]{10}|(PT)?[0-9]{9}|(RO)?[0-9]{2,10}|(SE)?[0-9]{12}|(SI)?[0-9]{8}|
↳(SK)?[0-9]{10})$
```

Opcje wyrażenia regularnego: Ignorowanie wielkości liter

Odmiany wyrażeń regularnych: .NET, Java, JavaScript, PCRE, Perl, Python, Ruby

W recepturze 3.6 wyjaśniono, jak dodawać podobne wyrażenia regularne do formularza zamówienia.

Analiza

Eliminowanie znaków białych i znaków interpunkcyjnych

Aby ułatwić ludziom czytanie numerów płatników podatku VAT, często zapisuje się je z dodatkowymi znakami interpunkcyjnymi dzielącymi cyfry na grupy. Na przykład klient z Niemiec najprawdopodobniej wpisze swój numer podatnika *DE123456789* w następującej formie: *DE 123.456.789*.

Opracowanie jednego wyrażenia regularnego pasującego do numerów płatników podatku VAT w formatach i notacjach obowiązujących we wszystkich 27 państwach Wspólnoty byłoby niemożliwe — dużo prostszym rozwiązaniem jest wyeliminowanie wszystkich znaków interpunkcyjnych i sprawdzenie samego numeru płatnika.

Wyrażenie regularne <[-.●]> pasuje do pojedynczego myślnika, kropki lub spacji. Zastąpienie wszystkich dopasowań do tego wyrażenia regularnego łańcuchem pustym w praktyce oznacza usunięcie znaków interpunkcyjnych najczęściej stosowanych w numerach podatników.

Numery płatników podatku VAT składają się tylko z liter i cyfr. Zamiast usuwać typowe znaki interpunkcyjne z wykorzystaniem wyrażenia regularnego `<[-.●]>`, moglibyśmy użyć wyrażenia `<[^A-ZO-9]>` do wyeliminowania wszystkich nieprawidłowych znaków.

Weryfikacja numeru płatnika

Oba wyrażenia regularne weryfikujące prawidłowość numerów płatników VAT-u są niemal identyczne. Jedyna różnica polega na włączeniu trybu swobodnego stosowania znaków białych, który znacznie poprawia czytelność pierwszego wyrażenia regularnego. Drugie wyrażenie opracowaliśmy przede wszystkim z myślą o JavaScripcie, który nie oferuje trybu swobodnego stosowania znaków białych.

Nasze wyrażenie regularne obejmuje wiele wyrażeń alternatywnych pasujących do notacji numerów płatników podatku VAT obowiązujących w każdym z 27 państw Unii Europejskiej. Notacje te wymieniono poniżej:

Austria
U99999999

Belgia
999999999 lub *0999999999*

Bułgaria
999999999 lub *9999999999*

Cypr
99999999L

Czechy
99999999, *999999999* lub *9999999999*

Niemcy
999999999

Dania
99999999

Estonia
999999999

Grecja
999999999

Hiszpania
X9999999X

Finlandia
99999999

Francja
XX999999999

Wielka Brytania
999999999, *999999999999* lub *XX999*

Węgry
99999999

Irlandia
9S99999L

Włochy
99999999999

Litwa
999999999 lub *99999999999*

Luksemburg
99999999

Łotwa
99999999999

Malta
99999999

Holandia
999999999B99

Polska
999999999

Portugalia
999999999

Rumunia
99, 999, 9999, 99999, 999999, 9999999, 99999999, 999999999 lub *9999999999*

Szwecja
99999999999

Słowenia
99999999

Słowacja
999999999

Precyzyjnie mówiąc, dwuliterowy kod państwa wchodzi w skład numeru płatnika VAT-u. Wiele osób rezygnuje jednak ze stosowania tego przedrostka, ponieważ kraj pochodzenia przedsiębiorstwa i tak jest widoczny w adresie na fakturze. Nasze wyrażenie regularne akceptuje numery płatników zarówno z kodami państw, jak i bez nich. Gdybyśmy chcieli, aby kody państw były wymagane, powinniśmy usunąć z tego wyrażenia wszystkie znaki zapytania. Warto wówczas wspomnieć o obowiązku wpisywania kodów państw w ewentualnym komunikacie o błędzie, aby użytkownicy rozumieli, dlaczego nasza aplikacja żąda poprawienia numeru.

Jeśli chcemy akceptować zamówienia tylko z pewnych państw Wspólnoty, możemy usunąć pozostałe kraje z listy zdefiniowanej w ramach naszego wyrażenia regularnego. Należy wówczas pamiętać o usunięciu ewentualnych nadmiarowych operatorów alternatywy (<|>). Jeśli tego nie zrobimy, nasze wyrażenie regularne będzie zawierało operator <||> wprowadzający alternatywę, która pasuje do łańcucha pustego — tak zmieniony formularz akceptowałby brak numeru płatnika VAT-u jako prawidłowy numer podatnika.

Wszystkie 27 wyrażeń alternatywnych umieszczono w jednej grupie. Samą grupę umieszczono pomiędzy symbolami karety i dolara, czyli kotwicami pasującymi odpowiednio do pozycji na początku i końcu przetwarzanego (weryfikowanego) łańcucha. Oznacza to, że cały łańcuch wejściowy musi zawierać prawidłowy numer płatnika podatku VAT.

Gdybyśmy chcieli odnajdywać numery płatników VAT-u w ramach dłuższego tekstu, powinniśmy zastąpić wspomniane kotwice granicami wyrazów, czyli tokenami <\b>.

Warianty

Użycie pojedynczego wyrażenia regularnego do sprawdzania numerów płatników ze wszystkich 27 państw Unii Europejskiej ma tę zaletę, że wymaga dodania tylko jednego mechanizmu weryfikacji do formularza zamówienia. Istnieje też możliwość rozszerzenia tego formularza o mechanizm korzystający z 27 odrębnych wyrażeń regularnych — należy wówczas określić państwo pochodzenia na podstawie adresu, po czym odnaleźć i zastosować właściwe wyrażenie regularne:

Austria
    `<^(AT)?U[0-9]{8}$>`

Belgia
    `<^(BE)?0?[0-9]{9}$>`

Bułgaria
    `<^(BG)?[0-9]{9,10}$>`

Cypr
    `<^(CY)?[0-9]{8}L$>`

Czechy
    `<^(CZ)?[0-9]{8,10}$>`

Niemcy
    `<^(DE)?[0-9]{9}$>`

Dania
    `<^(DK)?[0-9]{8}$>`

Estonia
    `<^(EE)?[0-9]{9}$>`

Grecja
    `<^(EL|GR)?[0-9]{9}$>`

Hiszpania
    `<^(ES)?[0-9A-Z][0-9]{7}[0-9A-Z]$>`

Finlandia
    `<^(FI)?[0-9]{8}$>`

Francja
    `<^(FR)?[0-9A-Z]{2}[0-9]{9}$>`

Wielka Brytania
    `<^(GB)?([0-9]{9}([0-9]{3})?|[A-Z]{2}[0-9]{3})$>`

Węgry
```
<^(HU)?[0-9]{8}$>
```

Irlandia
```
<^(IE)?[0-9]S[0-9]{5}L$>
```

Włochy
```
<^(IT)?[0-9]{11}$>
```

Litwa
```
<^(LT)?([0-9]{9}|[0-9]{12})$>
```

Luksemburg
```
<^(LU)?[0-9]{8}$>
```

Łotwa
```
<^(LV)?[0-9]{11}$>
```

Malta
```
<^(MT)?[0-9]{8}$>
```

Holandia
```
<^(NL)?[0-9]{9}B[0-9]{2}$>
```

Polska
```
<^(PL)?[0-9]{10}$>
```

Portugalia
```
<^(PT)?[0-9]{9}$>
```

Rumunia
```
<^(RO)?[0-9]{2,10}$>
```

Szwecja
```
<^(SE)?[0-9]{12}$>
```

Słowenia
```
<^(SI)?[0-9]{8}$>
```

Słowacja
```
<^(SK)?[0-9]{10}$>
```

Rozwiązanie pozwalające weryfikować numer płatnika podatku VAT z wykorzystaniem właściwego wyrażenia regularnego opisano w recepturze 3.6. W ten sposób możemy sprawdzać, czy wpisany numer ma format zgodny z notacją obowiązującą w kraju, w którym — jak twierdzi sam klient — znajduje się siedziba płatnika.

Największą zaletą stosowania odrębnych wyrażeń regularnych jest możliwość wymuszania stosowania właściwych kodów państw na początku numeru płatnika VAT-u (bez konieczności wpisywania tego kodu przez samego klienta). Kiedy wyrażenie regularne pasuje do wpisanego numeru, należy sprawdzić zawartość pierwszej grupy przechwytującej. Działanie tego mechanizmu wyjaśniono w recepturze 3.9. Jeśli pierwsza grupa przechwytująca jest pusta, możemy być pewni, że użytkownik nie wpisał kodu państwa na początku numeru płatnika podatku. Możemy wówczas sami dopisać ten kod przed ostatecznym zatwierdzeniem numeru i zapisaniem go w bazie danych zamówień.

Numery płatników podatku VAT z Grecji mogą rozpoczynać się od dwóch kodów państw. Numery podatników w tym kraju tradycyjnie rozpoczynają się od kodu EL, a kod Grecji zgodnie ze standardem ISO ma postać GR.

Patrz także

Działanie tego wyrażenia regularnego sprowadza się do sprawdzenia, czy dany numer przypomina prawidłowy numer płatnika podatku VAT. Wyrażenie regularne w tej formie wystarczy więc tylko do wyeliminowania najbardziej typowych pomyłek. Nasze wyrażenie z oczywistych względów nie może sprawdzać, czy wpisany numer podatnika rzeczywiście należy do podmiotu składającego zamówienia. Unia Europejska udostępnia jednak stronę internetową (patrz *http://ec.europa.eu/taxation_customs/vies/vieshome.do*) stworzoną specjalnie z myślą o identyfikacji właścicieli numerów płatników VAT-u.

Techniki zastosowane podczas tworzenia tego wyrażenia regularnego wprowadzono w recepturach 2.3, 2.5 oraz 2.8.

## ROZDZIAŁ 5

Wyrazy, wiersze i znaki specjalne

Ten rozdział zawiera receptury prezentujące techniki odnajdywania i przetwarzania tekstu w rozmaitych kontekstach. Niektóre z tych receptur opisują sposób realizacji zadań, które zwykle są wykonywane przez zaawansowane mechanizmy przeszukiwania, jak odnajdywanie jednego spośród wielu wyrazów czy odnajdywanie wyrazów występujących w pobliżu innych wyrazów. Inne przykłady pomogą Ci odnajdywać całe wiersze zawierające określone słowa, usuwać powtarzające się wyrazy bądź stosować symbole ucieczki dla metaznaków wyrażeń regularnych.

Cechą wspólną wszystkich receptur z tego rozdziału jest prezentacja rozmaitych konstrukcji wyrażeń regularnych i technik ich stosowania w praktyce. Lektura tego rozdziału jest więc doświadczeniem zbliżonym do samodzielnych eksperymentów z licznymi konstrukcjami składniowymi, które w przyszłości mogą Ci bardzo ułatwić rozwiązywanie podobnych problemów z użyciem wyrażeń regularnych. W wielu przypadkach to, czego szukamy, jest stosunkowo proste, jednak proponowane szablony umożliwiają łatwe dostosowywanie tych rozwiązań do trudniejszych problemów.

5.1. Odnajdywanie określonego wyrazu

Problem

Otrzymaliśmy proste zadanie odnalezienia wszystkich wystąpień wyrazu *cat* w danym tekście (bez względu na wielkość liter). Problem w tym, że musi to być kompletny, odrębny wyraz. Nie chcemy więc odnajdywać fragmentów dłuższych słów, jak *hellcat*, *application* czy *Catwoman*.

Rozwiązanie

Dzięki granicom wyrazów rozwiązanie tego problemu jest dziecinnie proste:

```
\bcat\b
```

Opcje wyrażenia regularnego: Ignorowanie wielkości liter
Odmiany wyrażeń regularnych: .NET, Java, JavaScript, PCRE, Perl, Python, Ruby

W recepturze 3.7 pokazano, jak można użyć tego wyrażenia regularnego do odnalezienia wszystkich dopasowań. W recepturze 3.14 opisano sposób zastępowania dopasowań innym tekstem.

Analiza

Granice wyrazów na obu końcach wyrażenia regularnego gwarantują nam, że wyraz *cat* zostanie dopasowany tylko wtedy, gdy będzie miał postać odrębnego słowa. Precyzyjnie mówiąc, granice wyrazów wymuszają występowanie słowa *cat* pomiędzy początkiem i końcem łańcucha, znakami białymi, znakami interpunkcyjnymi lub innymi znakami spoza zbioru znaków wyrazów.

Moduły wyrażeń regularnych interpretują litery, cyfry i znak podkreślenia jako znaki wyrazów. Granice wyrazów szczegółowo omówiono w recepturze 2.6.

Pewien problem może wystąpić w sytuacji, gdy spróbujemy zastosować to rozwiązanie w odmianach biblioteki PCRE bądź języków Ruby lub JavaScript i gdy przetwarzany tekst będzie zawierał znaki spoza podstawowego alfabetu łacińskiego. Okazuje się bowiem, że wymienione odmiany uwzględniają podczas interpretacji granic wyrazów tylko litery tablicy znaków ASCII. Innymi słowy, granice wyrazów są odnajdywane tylko na pozycjach pomiędzy znakami pasującymi do wyrażeń <^|[^A-Za-z0-9_]> i <[A-Za-z0-9_]> oraz <[A-Za-z0-9_]> i <[^A-Za-z0-9_]|$>. To samo dotyczy języka Python w sytuacji, gdy nie zostanie ustawiona flaga UNICODE ani U. Oznacza to, że token <\b> nie nadaje się do odnajdywania całych wyrazów w tekście z akcentowanymi literami lub wyrazami spoza alfabetu łacińskiego. W odmianach biblioteki PCRE oraz języków Ruby i JavaScript na przykład wyrażenie <\büber\b> zostanie dopasowane do fragmentu słowa *darüber*, ale już nie do słowa *über* w wyrażeniu *dar über*. W większości przypadków takie działanie jest odwrotne niż nasze zamierzenia. Źródłem problemu jest to, że litera *ü* nie jest traktowana jako znak wyrazu, zatem token granicy wyrazu jest dopasowywany do pozycji pomiędzy znakami *rü*. Co więcej, ten sam token nie jest dopasowywany do pozycji pomiędzy spacją a znakiem *ü*, ponieważ oba znaki są traktowane jako sekwencja znaków spoza zbioru znaków wyrazów.

Można ten problem rozwiązać, stosując operacje wyszukiwania w przód oraz wyszukiwania wstecz (zamiast granic wyrazów). Podobnie jak granice wyrazów, operacje wyszukiwania znajdują dopasowania zerowej długości, czyli pasują do pozycji, nie do znaków. W bibliotece PCRE skompilowanej z obsługą standardu UTF-8 oraz w języku Ruby 1.9 istnieje możliwość emulacji granic wyrazów z uwzględnieniem liter standardu Unicode w formie konstrukcji <(?<=\P{L} ↪|^)cat(?=\P{L}|$)>. W przytoczonym wyrażeniu regularnym dodatkowo użyto zanegowanej właściwości Letter standardu Unicode (<\P{L}>), którą omówiono w recepturze 2.7. Operacje wyszukiwania omówiliśmy w recepturze 2.16. Gdybyśmy chcieli, aby zaproponowane rozwiązanie dodatkowo traktowało cyfry i znak podkreślenia jako znaki wyrazów (podobnie jak w przypadku tokenu <\b>), powinniśmy zastąpić oba wystąpienia konstrukcji <\P{L}> klasą znaków <[^\p{L}\p{N}_]>.

JavaScript i Ruby 1.8 nie obsługują ani operacji wyszukiwania wstecz, ani właściwości standardu Unicode. Brak obsługi operacji wyszukiwania wstecz można obejść, dopasowując znaki spoza zbioru znaków wyrazów przed każdym właściwym dopasowaniem, po czym usuwając te znaki z dopasowania lub umieszczając je ponownie w tekście docelowym operacji przeszukiwania i zastępowania (przykłady użycia fragmentów dopasowań w łańcuchu docelowym można znaleźć w recepturze 3.15). Brak obsługi właściwości standardu Unicode (oraz to, że w obu językach programowania tokeny <\w> i <\W> pasują tylko do znaków ASCII) może oznaczać konieczność zastosowania bardziej restrykcyjnego rozwiązania. W tej sytuacji dobrym kompromisem może być zastosowanie klasy znaków <[A-Za-z\xAA\xB5\xBA\xC0-\xD6\xD8-\ ↪xF6\xF8-\xFF]> pasującej do wszystkich liter ośmiobitowej przestrzeni adresowej standardu

Unicode, tj. do pierwszych 256 punktów kodowych na pozycjach od 0x0 do 0xFF (listę pasujących znaków pokazano na rysunku 5.1). Przytoczona klasa umożliwia nam dopasowanie (lub — w zanegowanej formie — wyłączenie) rozmaitych często stosowanych znaków z akcentami spoza siedmiobitowej przestrzeni adresowej ASCII.

	0	1	2	3	4	5	6	7	8	9	A	B	C	D	E	F
⋮																
4		A	B	C	D	E	F	G	H	I	J	K	L	M	N	O
5	P	Q	R	S	T	U	V	W	X	Y	Z					
6		a	b	c	d	e	f	g	h	i	j	k	l	m	n	o
7	p	q	r	s	t	u	v	w	x	y	z					
⋮																
A											ª					
B						µ					º					
C	À	Á	Â	Ã	Ä	Å	Æ	Ç	È	É	Ê	Ë	Ì	Í	Î	Ï
D	Ð	Ñ	Ò	Ó	Ô	Õ	Ö	'	Ø	Ù	Ú	Û	Ü	Ý	Þ	ß
E	à	á	â	ã	ä	å	æ	ç	è	é	ê	ë	ì	í	î	ï
F	ð	ñ	ò	ó	ô	õ	ö	'	ø	ù	ú	û	ü	ý	þ	ÿ

Rysunek 5.1. Litery standardu Unicode w ośmiobitowej przestrzeni adresowej

Poniżej pokazano przykład zaimplementowanego w JavaScripcie rozwiązania zastępującego wszystkie wystąpienia wyrazu *cat* wyrazem *dog*. Kod w tej formie prawidłowo interpretuje typowe znaki z akcentami, zatem na przykład wyraz *ёcat* nie zostanie zastąpiony. Osiągnięcie tego celu było możliwe dzięki zastąpieniu tokenów <\b> i <\w> odpowiednią klasą znaków:

```
// Litery ośmiobitowej przestrzeni adresowej:
var L = 'A-Za-z\xAA\xB5\xBA\xC0-\xD6\xD8-\xF6\xF8-\xFF';
var pattern = '([^{L}]|^)cat([^{L}]|$)'.replace(/{L}/g, L);
var regex = new RegExp(pattern, 'gi');

// Zastępujemy wyraz cat wyrazem dog i umieszczamy w tekście
// wszystkie dodatkowo dopasowane znaki:
subject = subject.replace(regex, '$1dog$2');
```

Warto pamiętać, że w stałych łańcuchowych JavaScriptu wykorzystuje się konstrukcje \xHH (gdzie *HH* jest dwucyfrową liczbą szesnastkową) do wstawiania znaków specjalnych. Oznacza to, że zmienna L stosowana w naszym wyrażeniu regularnym w rzeczywistości zawiera stałe wersje odpowiednich znaków. Gdybyśmy chcieli stosować metasekwencje \xHH bezpośrednio w wyrażeniu regularnym, musielibyśmy poprzedzić je lewymi ukośnikami (w ten sposób otrzymalibyśmy sekwencje \\xHH). W tym przypadku wybór konkretnej techniki w żaden sposób nie zmieniałby działania naszego wyrażenia ani dopasowywanych wyrazów.

Patrz także

Receptury 5.2, 5.3 i 5.4.

5.2. Odnajdywanie dowolnego wyrazu ze zbioru słów

Problem

Chcemy odnaleźć dowolny wyraz ze zdefiniowanej wcześniej listy wyrazów bez konieczności wielokrotnego przeszukiwania danego łańcucha.

Rozwiązanie

Z wykorzystaniem wyrażeń alternatywnych

Problem ten można łatwo rozwiązać, stosując operator alternatywy oddzielający interesujące nas wyrazy:

```
\b(?:one|two|three)\b
```
Opcje wyrażenia regularnego: Ignorowanie wielkości liter
Odmiany wyrażeń regularnych: .NET, Java, JavaScript, PCRE, Perl, Python, Ruby

Bardziej złożone przykłady dopasowywania podobnych wyrazów zostaną pokazane w recepturze 5.3.

Przykład rozwiązania dla JavaScriptu

```javascript
var subject = 'One times two plus one equals three.';

var regex = /\b(?:one|two|three)\b/gi;

subject.match(regex);
// Zwraca tablicę z czterema dopasowaniami: ['One','two','one','three'].

// Funkcja match_words realizuje to samo zadanie, tyle że otrzymuje na wejściu tablicę
// wyrazów do dopasowania. Wszystkie metaznaki wyrażeń regularnych w zbiorze akceptowanych
// wyrazów są poprzedzane lewym ukośnikiem przed przystąpieniem do właściwego przeszukiwania.

function match_words (subject, words) {
    var regex_metachars = /[()\{}[\]*+?.\\^$|,\-]/g;

    for (var i = 0; i < words.length; i++) {
        words[i] = words[i].replace(regex_metachars, '\\$&');
    }

    var regex = new RegExp('\\b(?:' + words.join('|') + ')\\b', 'gi');

    return subject.match(regex) || [];
}

match_words(subject, ['one','two','three']);
// Zwraca tablicę z czterema dopasowaniami: ['One','two','one','three'].
```

Analiza

Z wykorzystaniem wyrażeń alternatywnych

Nasze wyrażenie regularne składa się z trzech zasadniczych części: granic wyrazów na obu końcach, grupy nieprzechwytującej oraz listy wyrazów oddzielonych operatorem alternatywy (<|>). Granice wyrazów dają nam pewność, że wyrażenie regularne nie zostanie dopasowane do części dłuższego wyrazu. Grupa nieprzechwytująca ogranicza zasięg operatorów alternatywy — ten sam efekt (bez tej grupy) można by osiągnąć, stosując zapis <\bone\b|\btwo\b| ↪\bthree\b>. Każdy z wyrazów umieszczonych na naszej liście pasuje do odpowiedniego wyrazu w przetwarzanym tekście.

Ponieważ moduł wyrażeń regularnych próbuje dopasowywać wyrazy z listy kolejno od lewej do prawej strony, umieszczenie wyrazów, których występowanie w przetwarzanym tekście jest bardziej prawdopodobne, na początku tej listy może nieznacznie podnieść wydajność naszego wyrażenia. Otoczenie tych słów granicami wyrazów (z obu stron) powoduje, że mogą występować na liście w dowolnej kolejności. Gdybyśmy zrezygnowali z granic wyrazów, koniecznie powinniśmy umieścić dłuższe słowa na początku listy — w przeciwnym razie wyrażenie <awe|awesome> nigdy nie zostałoby dopasowane do słowa *awesome*, ponieważ zawsze byłoby dopasowywane do początkowej sekwencji *awe*.

Warto podkreślić, że powyższe wyrażenie regularne ma za zadanie wyłącznie demonstrować technikę dopasowywania jednego wyrazu z listy. Ponieważ w pokazanym przykładzie wyrażenia <two> i <three> rozpoczynają się od tej samej litery, można by nieznacznie przyspieszyć działanie tego mechanizmu, przebudowując całe wyrażenie do postaci <\b(?:one|t(?:wo| ↪hree))\b>. Więcej przykładów efektywnego dopasowywania jednego z wielu podobnych wyrazów zostanie pokazanych w recepturze 5.3.

Przykład rozwiązania dla JavaScriptu

W przykładzie rozwiązania dla JavaScriptu dopasowujemy tę samą listę wyrazów na dwa różne sposoby. Pierwsze rozwiązanie polega na utworzeniu wyrażenia regularnego i przeszukaniu łańcucha z użyciem metody match() dostępnej dla łańcuchów JavaScriptu. Jeśli na wejściu tej metody przekazujemy wyrażenie regularne z flagą /g (dopasowania globalnego), otrzymujemy tablicę wszystkich dopasowań znalezionych w danym łańcuchu lub wartość null, jeśli nie zostało znalezione żadne dopasowanie.

W drugim rozwiązaniu wykorzystano funkcję nazwaną match_words(), na której wejściu należy przekazać łańcuch do przetworzenia oraz tablicę poszukiwanych wyrazów. W pierwszym kroku nasza funkcja poprzedza symbolami ucieczki wszystkie metaznaki wyrażenia regularnego występujące w przekazanych słowach, po czym umieszcza wyrazy z listy w nowym wyrażeniu regularnym (wykorzystywanym do właściwego przeszukania danego łańcucha). Funkcja match_words() zwraca tablicę wszystkich znalezionych dopasowań lub tablicę pustą (w razie braku dopasowań). Flaga ignorowania wielkości liter (/i) umożliwia nam poszukiwanie wyrazów złożonych zarówno z wielkich, jak i z małych liter.

Patrz także

Receptury 5.1, 5.3 i 5.4.

5.3. Odnajdywanie podobnych wyrazów

Problem

W tej recepturze chcemy rozwiązać kilka problemów:

- Chcemy znaleźć wszystkie wystąpienia wyrazów *color* i *colour* w przetwarzanym łańcuchu.
- Chcemy znaleźć jeden z trzech wyrazów zakończonych literami *at*: *bat*, *cat* lub *rat*.
- Chcemy znaleźć dowolny wyraz zakończony sekwencją *phobia*.
- Chcemy znaleźć najbardziej popularne odmiany imienia Steven: *Steve*, *Steven* oraz *Stephen*.
- Chcemy dopasować dowolną formę angielskiego terminu *regular expression*.

Rozwiązanie

Poniżej pokazano wyrażenia regularne rozwiązujące każdy z wymienionych problemów. Dla wszystkich tych rozwiązań należy zastosować opcję ignorowania wielkości liter.

Color lub colour

```
\bcolou?r\b
```
Opcje wyrażenia regularnego: Ignorowanie wielkości liter
Odmiany wyrażeń regularnych: .NET, Java, JavaScript, PCRE, Perl, Python, Ruby

Bat, cat lub rat

```
\b[bcr]at\b
```
Opcje wyrażenia regularnego: Ignorowanie wielkości liter
Odmiany wyrażeń regularnych: .NET, Java, JavaScript, PCRE, Perl, Python, Ruby

Słowa zakończone sekwencją „phobia"

```
\b\w*phobia\b
```
Opcje wyrażenia regularnego: Ignorowanie wielkości liter
Odmiany wyrażeń regularnych: .NET, Java, JavaScript, PCRE, Perl, Python, Ruby

Steve, Steven lub Stephen

```
\bSte(?:ven?|phen)\b
```
Opcje wyrażenia regularnego: Ignorowanie wielkości liter
Odmiany wyrażeń regularnych: .NET, Java, JavaScript, PCRE, Perl, Python, Ruby

Różne formy zapisu „regular expression"

```
\breg(?:ular expressions?|ex(?:ps?|e[sn])?)\b
```
Opcje wyrażenia regularnego: Ignorowanie wielkości liter
Odmiany wyrażeń regularnych: .NET, Java, JavaScript, PCRE, Perl, Python, Ruby

Analiza

Użycie granic wyrazów wymuszających dopasowywanie całych słów

We wszystkich pięciu wyrażeniach regularnych zastosowano granice wyrazów (<\b>), aby wymusić dopasowywanie tych wyrazów tylko do całych słów. W poszczególnych wzorcach wykorzystaliśmy różne modele wyznaczania wariantów dopasowywanych wyrazów.

W poniższych podpunktach szczegółowo przeanalizujemy każde z tych rozwiązań.

Color lub colour

To wyrażenie regularne pasuje do wyrazów *color* i *colour*, ale nie do wystąpień żadnego z tych słów w ramach dłuższego wyrazu, na przykład *colorblind*. Zastosowaliśmy tutaj kwantyfikator <?>, który powoduje opcjonalność litery *u*. Warto pamiętać, że znaczenie kwantyfikatorów takich jak <?> nie jest w pełni zgodne ze znaczeniem popularnych symboli wieloznacznych. Kwantyfikatory wyrażeń regularnych są ściśle związane z poprzedzającymi elementami, które mogą mieć postać albo pojedynczego tokenu (w tym przypadku litery *u*), albo grupy tokenów otoczonych nawiasami. Kwantyfikator <?> powtarza poprzedzający go element zero razy lub raz. Moduł wyrażeń regularnych próbuje dopasować element związany z kwantyfikatorem, ale w razie braku takiej możliwości akceptuje dopasowanie bez tego elementu. Każdy kwantyfikator, który dopuszcza zerową liczbę powtórzeń, w praktyce powoduje, że poprzedzający go element jest opcjonalny, co w tym przypadku jest w pełni zgodne z naszymi oczekiwaniami.

Bat, cat lub rat

W tym wyrażeniu regularnym wykorzystano klasę znaków pasującą do litery *b*, *c* lub *r*, po której następuje stała sekwencja znaków *at*. Ten sam efekt można by osiągnąć, stosując wyrażenie regularne <\b(?:b|c|r)at\b>, <\b(?:bat|cat|rat)\b> lub <\bbat\b|\bcat\b|\brat\b>. Jeśli jednak różnica pomiędzy dopuszczalnymi dopasowaniami ma postać znaku z pewnej listy, lepszym wyjściem jest zastosowanie klasy znaków. Klasy znaków nie tylko skracają i podnoszą czytelność wyrażenia regularnego (wskutek braku konieczności stosowania operatora alternatywy i możliwości stosowania przedziałów, na przykład A–Z), ale też są dość dobrze optymalizowane przez większość modułów wyrażeń regularnych. Wyrażenia alternatywne zmuszają te moduły do stosowania kosztownego obliczeniowo algorytmu nawrotów (klasy znaków wymagają dużo prostszego i bardziej efektywnego mechanizmu przeszukiwania).

Warto jeszcze poświęcić kilka słów kwestii klas znaków. Okazuje się, że klasy znaków należą do konstrukcji wyrażeń regularnych, które najczęściej są stosowane w niewłaściwy sposób. Być może nie we wszystkich dokumentach i publikacjach prawidłowo opisano klasy znaków. A może część czytelników nie zadała sobie trudu doczytania szczegółów. Tak czy inaczej, nie popełniaj błędów typowych dla niedoświadczonych programistów. Klasa znaków służy wyłącznie do dopasowywania pojedynczego znaku ze zdefiniowanego zbioru — nie ma wyjątków od tej reguły.

Poniżej opisano dwa najczęstsze błędy popełniane podczas korzystania z klas znaków:

Umieszczanie wyrazów w klasach znaków
Zapis <[cat]{3}> oczywiście zostanie dopasowany do wyrazu *cat*, ale też będzie pasował do sekwencji *act*, *ttt* i wszystkich innych trzyliterowych kombinacji wymienionych liter.

To samo dotyczy zanegowanych klas znaków, jak <[^cat]>, która pasuje do pojedynczego znaku innego niż *c*, *a* czy *t*.

Próba użycia operatora alternatywy w ramach klas znaków

Zgodnie z definicją klasa znaków jest dopasowywana do jednego spośród znaków wymienionych w ramach tej klasy. Oznacza to, że wyrażenie <[a|b|c]> pasuje do pojedynczego znaku ze zbioru *a*, *b*, *c* i |, co raczej nie jest zgodne z zamierzeniami programisty, który ją zdefiniował. Nawet jeśli właśnie o takie dopasowanie chodziło, programista popełnił błąd, stosując nadmiarowy znak |.

W recepturze 2.3 można znaleźć wszystkie szczegóły niezbędne do prawidłowego i efektywnego korzystania z klas znaków. '

Słowa zakończone sekwencją „phobia"

Podobnie jak w poprzednim wyrażeniu regularnym, w tym wyrażeniu użyliśmy kwantyfikatora umożliwiającego dopasowywanie różnych wariantów interesujących nas słów. Wyrażenie regularne w tej formie pasuje na przykład do wyrazów *arachnophobia* czy *hexakosioihexekontahexaphobia*, a ponieważ kwantyfikator <*> dopuszcza możliwość zerowej liczby powtórzeń, nasze wyrażenie pasuje też do samego słowa *phobia*. Gdybyśmy chcieli, aby wyrażenie wymagało występowania przynajmniej jednego znaku przed przyrostkiem *phobia*, powinniśmy zastąpić kwantyfikator <*> kwantyfikatorem <+>.

Steve, Steven lub Stephen

To wyrażenie regularne łączy w sobie kilka konstrukcji składniowych, których użyliśmy w poprzednich przykładach. Grupa nieprzechwytująca (zapisana jako <(?:...)>) ogranicza zasięg operatora alternatywy <|>. Kwantyfikator <?> użyty w pierwszym wyrażeniu alternatywnym (w ramach wspomnianej grupy) powoduje, że poprzedzający go znak <n> jest opcjonalny. Takie rozwiązanie skraca nasze wyrażenie i podnosi jego efektywność w porównaniu z równoważnym (pod względem znaczenia) wyrażeniem <\bSte(?:ve|ven|phen)\b>. Z tych samych powodów umieściliśmy stałą łańcuchową <Ste> na początku tego wyrażenia regularnego, zamiast powtarzać ją trzy razy, jak w wyrażeniach <\b(?:Steve|Steven|
↳Stephen)\b> czy <\bSteve\b|\bSteven\b|\bStephen\b>. Niektóre mechanizmy nawrotów stosowane przez moduły wyrażeń regularnych nie potrafią z góry określić, że tekst dopasowywany do obu tych wyrażeń musiałby rozpoczynać się od sekwencji *Ste*. Przeciwnie — kiedy moduł wyrażenia regularnego analizuje przetwarzany tekst w poszukiwaniu dopasowania, napotyka najpierw granicę wyrazu, po czym sprawdza, czy następujący po niej znak to litera *S*. Jeśli nie, moduł musi sprawdzić wszystkie trzy ścieżki alternatywne w ramach tego wyrażenia regularnego, zanim będzie mógł przejść do następnej pozycji w danym łańcuchu. O ile dla ludzi stwierdzenie, że takie działanie jest stratą czasu nie stanowi problemu (ponieważ wszystkie alternatywne ścieżki i tak rozpoczynają się od sekwencji *Ste*), moduł wyrażeń regularnych nie potrafi tego odkryć. Jeśli jednak zapiszemy to wyrażenie w formie <\bSte(?:ven?|phen)\b>, moduł wyrażeń regularnych natychmiast określi, że dopasowanie jakiegokolwiek wyrazu rozpoczynającego się od znaku innego niż *S* jest niemożliwe.

Szczegółowe omówienie wewnętrznego działania mechanizmu nawrotów wyrażeń regularnych można znaleźć w recepturze 2.13.

Różne formy zapisu „regular expression"

Ostatni przykład w tej recepturze łączy w sobie operatory alternatywy, klasy znaków oraz kwantyfikatory, aby na tej podstawie dopasowywać różne angielskie formy terminu *regular expression*. Ponieważ na pierwszy rzut oka zrozumienie tego wyrażenia regularnego nie jest łatwe, warto rozbić je na poszczególne elementy składowe.

Poniższe wyrażenie napisano w trybie swobodnego stosowania znaków białych, który nie jest dostępny w JavaScripcie. Ponieważ w tym trybie znaki białe są ignorowane, wszystkie stałe spacje należy poprzedzić symbolami ucieczki (lewymi ukośnikami):

```
\b              # Pasuje do pozycji na granicy wyrazu.
reg             # Pasuje do sekwencji "reg".
(?:             # Grupuje, ale nie przechwytuje...
  ular\         # Pasuje do sekwencji "ular ".
  expressions?  # Pasuje do wyrazu "expression" lub "expressions".
  |             # lub...
  ex            # Pasuje do sekwencji "ex".
  (?:           # Grupuje, ale nie przechwytuje...
    ps?         #   Pasuje do litery "p" lub sekwencji "ps".
    |           #   lub...
    e           #   Pasuje do litery "e".
    [sn]        #   Pasuje do jednego znaku ze zbioru "sn".
  )             # Koniec grupy nieprzechwytującej.
  ?             #   Powtarza poprzedzającą grupę zero razy lub raz.
)               # Koniec grupy nieprzechwytującej.
\b              # Pasuje do pozycji na granicy wyrazu.
```

Opcje wyrażenia regularnego: Swobodne stosowanie znaków białych, ignorowanie wielkości liter

Odmiany wyrażeń regularnych: .NET, Java, PCRE, Perl, Python, Ruby

Wzorzec w tej formie pasuje do dowolnego z wymienionych poniżej siedmiu łańcuchów:

- *regular expressions*
- *regular expression*
- *regexps*
- *regexp*
- *regexes*
- *regexen*
- *regex.*

Patrz także

Receptury 5.1, 5.2 i 5.4.

5.4. Odnajdywanie wszystkich wyrazów z wyjątkiem określonego słowa

Problem

Chcemy użyć wyrażenia regularnego do dopasowania dowolnego pełnego wyrazu z wyjątkiem słowa *cat*. Nasze wyrażenie powinno pasować do wyrazu *Catwoman* i innych słów, które zawierają słowo *cat*, ale nie do samego słowa *cat*.

Rozwiązanie

Do dopasowywania słów z wyłączeniem określonego wyrazu można użyć operacji negatywnego wyszukiwania w przód — właśnie ta konstrukcja jest kluczem do rozwiązania tego problemu:

```
\b(?!cat\b)\w+
```
Opcje wyrażenia regularnego: Ignorowanie wielkości liter
Odmiany wyrażeń regularnych: .NET, Java, JavaScript, PCRE, Perl, Python, Ruby

Analiza

Mimo że zanegowana klasa znaków (zapisywana jako <[^...]>) znacznie ułatwia dopasowywanie wszystkiego z wyjątkiem określonego znaku, nie możemy użyć konstrukcji <[^cat]> do dopasowania wszystkich wyrazów z wyjątkiem słowa *cat*. <[^cat]> jest co prawda prawidłowym wyrażeniem regularnym, tyle że pasuje do dowolnego znaku oprócz *c*, *a* czy *t*. Oznacza to, że oprócz słowa *cat* wyrażenie <\b[^cat]+\b> nie pasowałoby także do słowa *cup* (z powodu występowania w nim zabronionej litery *c*). Właściwym rozwiązaniem nie byłoby także wyrażenie regularne <\b[^c][^a][^t]\w*>, które odrzuca wszystkie wyrazy z literą *c* na początku, z literą *a* na drugiej pozycji oraz z literą *t* na trzecim miejscu. Co więcej, wyrażenie w tej formie nie ogranicza zbioru akceptowanych pierwszych trzech znaków do znaków wyrazów i pasuje do słów złożonych z co najmniej trzech znaków (ponieważ żadna z zanegowanych klas znaków nie jest opcjonalna).

Mając to wszystko na uwadze, warto poświęcić chwilę na analizę sposobu, w jaki wyrażenie regularne z początku tej receptury rozwiązuje interesujący nas problem:

```
\b      # Pasuje do pozycji na granicy wyrazu.
(?!     # Zakładamy, że poniższe wyrażenie regularne nie zostanie dopasowane, począwszy od tego miejsca...
  cat   # Pasuje do słowa "cat".
  \b    # Pasuje do pozycji na granicy wyrazu.
)       # Koniec negatywnego wyszukiwania w przód.
\w+     # Pasuje do pozycji na granicy wyrazu.
```
Opcje wyrażenia regularnego: Swobodne stosowanie znaków białych, ignorowanie wielkości liter
Odmiany wyrażeń regularnych: .NET, Java, PCRE, Perl, Python, Ruby

---

Kluczem do rozwiązania tego problemu jest zastosowanie operacji negatywnego wyszukiwania w przód, czyli konstrukcji <(?!...)>. Negatywne wyszukiwanie w przód eliminuje możliwość występowania sekwencji *cat* po granicy wyrazu, ale nie wyklucza dopasowania do tych samych liter w innej kolejności lub do tej samej sekwencji w ramach dłuższego lub krótszego słowa. Na końcu tego wyrażenia regularnego nie użyliśmy granicy wyrazu, ponieważ i tak nie miałoby to wpływu na dopasowywane fragmenty. Kwantyfikator <+> w wyrażeniu <\w+> powtarza token znaku wyrazu możliwie wiele razy, co w praktyce oznacza dopasowanie jak najdłuższego fragmentu aż do osiągnięcia następnej granicy wyrazu.

Jeśli zastosujemy to wyrażenie dla łańcucha *categorically match any word except cat*, zostanie znalezionych pięć dopasowań: *categorically*, *match*, *any*, *word* oraz *except*.

Warianty

Odnajdywanie wyrazów, które nie zawierają innego słowa

Gdybyśmy — zamiast szukać wyrazów innych niż *cat* — próbowali dopasowywać dowolne słowa, które nie zawierają sekwencji *cat*, musielibyśmy zastosować nieco inne rozwiązanie:

```
\b(?:(?!cat)\w)+\b
```
   Opcje wyrażenia regularnego: Ignorowanie wielkości liter
   Odmiany wyrażeń regularnych: .NET, Java, JavaScript, PCRE, Perl, Python, Ruby

W poprzednim punkcie tej receptury granica wyrazu umieszczona na początku wyrażenia regularnego stanowiła wygodną kotwicę, dzięki której mogliśmy umieścić operację negatywnego wyszukiwania w przód na początku danego wyrazu. Rozwiązanie zastosowane w powyższym wyrażeniu nie jest co prawda równie efektywne, ale korzysta z popularnej konstrukcji pasującej do wszystkiego, co nie pasuje do określonego wyrazu czy wzorca. Osiągamy zamierzony cel, powtarzając grupę zawierającą negatywne wyszukiwanie w przód i pojedynczy znak wyrazu. Przed przystąpieniem do dopasowywania kolejnych znaków moduł wyrażeń regularnych upewnia się, że począwszy od bieżącej pozycji, nie jest możliwe dopasowanie sekwencji *cat*.

Inaczej niż w poprzednim wyrażeniu regularnym tym razem musimy zakończyć nasze wyrażenie granicą wyrazu. W przeciwnym razie nasze wyrażenie mogłoby zostać dopasowane do początkowej części dłuższego wyrazu (do miejsca występowania sekwencji *cat*).

Patrz także

Bardziej szczegółowe omówienie operacji wyszukiwania (zarówno pozytywnego, jak i negatywnego wyszukiwania w przód i wstecz) można znaleźć w recepturze 2.16.

Receptury 5.1, 5.5, 5.6 i 5.11.

5.5. Odnajdywanie dowolnego słowa, po którym nie występuje pewien wyraz

Problem

Chcemy dopasować dowolny wyraz, po którym nie następuje bezpośrednio słowo *cat* (ignorujemy przy tym dzielące oba wyrazy znaki białe, znaki interpunkcyjne i wszystkie znaki inne niż znaki wyrazów występujące pomiędzy tymi wyrazami).

Rozwiązanie

Sekretem skuteczności tego wyrażenia regularnego jest negatywne wyszukiwanie w przód:

```
\b\w+\b(?!\W+cat\b)
```

Opcje wyrażenia regularnego: Ignorowanie wielkości liter
Odmiany wyrażeń regularnych: .NET, Java, JavaScript, PCRE, Perl, Python, Ruby

Przykłady ilustrujące możliwe sposoby implementacji tego wyrażenia regularnego w kodzie źródłowym można znaleźć w recepturach 3.7 i 3.14.

Analiza

Jak w wielu recepturach w tym rozdziale, także tym razem wykorzystaliśmy granice wyrazów (`<\b>`) i token znaku wyrazu (`<\w>`) do dopasowywania kompletnych (odrębnych) słów. Szczegółowe omówienie tych konstrukcji można znaleźć w recepturze 2.6.

Konstrukcja `<(?!...)>` otaczająca drugą część tego wyrażenia regularnego definiuje negatywne wyszukiwanie w przód. Operacja wyszukiwania w przód wymusza na module wyrażeń regularnych analizę dalszej części łańcucha (począwszy od bieżącej pozycji) pod kątem możliwości dopasowania do wzorca zdefiniowanego w ramach tej operacji. Wyszukiwanie w przód nie konsumuje żadnych dopasowywanych znaków — zadaniem tej operacji jest tylko określenie, czy takie dopasowanie jest możliwe. Ponieważ w tym przypadku korzystamy z negatywnego wyszukiwania w przód, wynik tego testu jest odwrotny. Innymi słowy, jeśli wzorzec wewnątrz konstrukcji negatywnego wyszukiwania w przód może zostać dopasowany do łańcucha, począwszy od bieżącej pozycji, próba dopasowania kończy się niepowodzeniem, a moduł wyrażeń powtarza tę procedurę dla kolejnego znaku przetwarzanego łańcucha. Wyszukiwanie w przód (i jego przeciwieństwo, czyli wyszukiwanie wstecz) szczegółowo omówiono w recepturze 2.16.

We wzorcu w ramach naszej operacji wyszukiwania w przód konstrukcja `<\W+>` pasuje do jednego lub wielu znaków spoza zbioru znaków wyrazów, które występują przed słowem `<cat>`. Użyta na końcu granica wyrazu daje nam pewność, że będziemy pomijali tylko wyrazy, po których nie występuje całe słowo *cat* (ale nie słowa rozpoczynające się od sekwencji *cat*).

Co ciekawe, wyrażenie regularne w tej formie pasuje nawet do słowa *cat*, jeśli tylko kolejnym wyrazem w tekście nie jest drugie słowo *cat*. Gdybyśmy chcieli uniknąć dopasowywania słowa *cat*, powinniśmy połączyć to wyrażenie regularne z wyrażeniem zaproponowanym w recepturze 5.4 — otrzymalibyśmy wówczas następującą konstrukcję: `\b(?!cat\b)\w+\b` ↪`(?!\W+cat\b)>`.

Warianty

Gdybyśmy chcieli dopasowywać tylko wyrazy, po których następuje słowo *cat* (ale bez włączania do dopasowania samego słowa *cat* i poprzedzających go znaków spoza zbioru znaków wyrazów), powinniśmy zmienić tę operację wyszukiwania w przód z negatywnej na pozytywną, aby odwrócić jej działanie:

```
\b\w+\b(?=\W+cat\b)
```

Opcje wyrażenia regularnego: Ignorowanie wielkości liter
Odmiany wyrażeń regularnych: .NET, Java, JavaScript, PCRE, Perl, Python, Ruby

Patrz także

Bardziej szczegółowe omówienie operacji wyszukiwania (zarówno pozytywnego, jak i negatywnego wyszukiwania w przód i wstecz) można znaleźć w recepturze 2.16.

Receptury 5.4 i 5.6.

5.6. Odnajdywanie dowolnego słowa, przed którym nie występuje pewien wyraz

Problem

Chcemy dopasować dowolny wyraz, który nie jest bezpośrednio poprzedzany przez słowo *cat* (ignorujemy przy tym dzielące oba wyrazy znaki białe, znaki interpunkcyjne i wszystkie znaki inne niż znaki wyrazów występujące pomiędzy tymi wyrazami).

Rozwiązanie

Wyszukiwanie wstecz

Wyszukiwanie wstecz umożliwia nam sprawdzanie, czy interesujący nas tekst nie występuje w przetwarzanym łańcuchu przed bieżącą pozycją. Konstrukcja wyszukiwania wstecz wymusza więc na module wyrażeń regularnych tymczasowe cofnięcie pozycji w łańcuchu i przeanalizowanie jego fragmentu (kończącego się na bieżącej pozycji) pod kątem możliwości dopasowania do danego wzorca. Bardziej szczegółowe omówienie tego zagadnienia można znaleźć w recepturze 2.16.

Konstrukcję negatywnego wyszukiwania wstecz (zapisywaną jako `<(?<!...)>`) zastosowano we wszystkich trzech poniższych wyrażeniach regularnych. Okazuje się jednak, że różne odmiany wyrażeń regularnych prezentowane w tej książce akceptują różne rodzaje wzorców, które można stosować w operacjach wyszukiwania wstecz. Właśnie dlatego każde z tych trzech rozwiązań działa nieco inaczej. Aby zrozumieć te różnice, koniecznie powinieneś zapoznać się z punktem „Analiza" w dalszej części tej receptury.

Słowa, przed którymi nie występuje „cat"

```
(?<!\bcat\W+)\b\w+
```
   Opcje wyrażenia regularnego: Ignorowanie wielkości liter
   Odmiana wyrażeń regularnych: .NET

```
(?<!\bcat\W{1,9})\b\w+
```
   Opcje wyrażenia regularnego: Ignorowanie wielkości liter
   Odmiany wyrażeń regularnych: .NET, Java, PCRE

```
(?<!\bcat)(?:\W+|^)(\w+)
```
   Opcje wyrażenia regularnego: Ignorowanie wielkości liter
   Odmiany wyrażeń regularnych: .NET, Java, PCRE, Perl, Python, Ruby 1.9

Symulowanie wyszukiwania wstecz

Języki JavaScript i Ruby 1.8 w ogóle nie obsługują operacji wyszukiwania wstecz, mimo że obsługują wyszukiwanie w przód. Ponieważ jednak w rozwiązaniu dla tej receptury konstrukcję wyszukiwania wstecz stosujemy na samym początku naszego wyrażenia regularnego, możemy stosunkowo łatwo symulować działanie tego mechanizmu, dzieląc to wyrażenie na dwie części. Poniżej pokazano przykład takiego rozwiązania dla JavaScriptu:

```
var subject = 'My cat is furry.',
    main_regex = /\b\w+/g,
    lookbehind = /\bcat\W+$/i,
    lookbehind_type = false,   // negatywne wyszukiwanie wstecz
    matches = [],
    match,
    left_context;

while (match = main_regex.exec(subject)) {
    left_context = subject.substring(0, match.index);
    if (lookbehind_type == lookbehind.test(left_context)) {
        matches.push(match[0]);
    } else {
        main_regex.lastIndex = match.index + 1;
    }
}

// matches = ['My','cat','furry']
```

Analiza

Wyszukiwanie wstecz stałej, skończonej i nieskończonej długości

W pierwszym wyrażeniu regularnym wykorzystano konstrukcję negatywnego wyszukiwania wstecz <(?<!\bcat\W+)>. Ponieważ użyty w ramach tej konstrukcji kwantyfikator <+> nie definiuje maksymalnej liczby znaków, do których poprzedzający go element może zostać dopasowany, ta wersja naszego wyrażenia działa tylko w odmianie frameworku .NET. Żadna inna odmiana wyrażeń regularnych (przynajmniej spośród odmian omawianych w tej książce) nie zezwala na umieszczanie w konstrukcjach wyszukiwania wstecz wzorców nieograniczonej długości (muszą to być albo wzorce stałej, albo skończonej długości).

W drugim wyrażeniu regularnym (w ramach konstrukcji wyszukiwania wstecz) zastąpiliśmy kwantyfikator <+> kwantyfikatorem interwałowym <{1,9}>. Taka zmiana powoduje, że można to wyrażenie z powodzeniem stosować w takich odmianach, jak .NET, Java czy PCRE, które obsługują wzorce wyszukiwania wstecz zmiennej długości pod warunkiem istnienia górnego ograniczenia liczby dopasowywanych znaków. W tym przypadku zdecydowaliśmy się na ograniczenie tej liczby do dziewięciu znaków spoza zbioru znaków białych (równie dobrze moglibyśmy wybrać inną liczbę). Oznacza to, że wyrazy mogą być oddzielone kilkoma znakami interpunkcyjnymi i na przykład kilkoma pustymi wierszami. Jeśli nie operujemy na nietypowym tekście, wyrażenie w tej formie najprawdopodobniej będzie działało dokładnie tak samo jak poprzednie rozwiązanie (stworzone tylko z myślą o frameworku .NET). Warto przy tej okazji wspomnieć, że nawet we frameworku .NET, który tego nie wymaga, określenie maksymalnej liczby powtórzeń kwantyfikatora w ramach wzorca wyszukiwania wstecz może podnieść efektywność naszego wyrażenia choćby poprzez ograniczenie liczby niepotrzebnych nawrotów w ramach tej konstrukcji.

W trzecim wyrażeniu regularnym wprowadzono dodatkowe ograniczenie polegające na dopasowywaniu wzorca wyszukiwania wstecz do łańcucha stałej długości — wyrażenie w tej formie jest zgodne z jeszcze większą liczbą odmian wyrażeń regularnych. W tym celu przenieśliśmy skrót klasy znaków spoza zbioru znaków wyrazów (<\W>) poza konstrukcję wyszukiwania wstecz. Oznacza to, że znaki pasujące do tej klasy (a więc na przykład znaki interpunkcyjne i znaki białe), które poprzedzają interesujące nas wyrazy, wejdą w skład dopasowywanego łańcucha i zostaną zwrócone przez wyrażenie regularne jako część dopasowania. Aby ułatwić ignorowanie tej części dopasowania, ostatnią sekwencję znaków wyrazów umieszczono w grupie przechwytującej. Za pomocą niewielkiej ilości dodatkowego kodu możemy odczytać tylko wartość przypisaną do pierwszego odwołania wstecz (zamiast całego dopasowania), która będzie identyczna jak wyniki zwracane przez dwa poprzednie wyrażenia regularne. Kod umożliwiający operowanie na odwołaniach wstecz pokazano w recepturze 3.9.

Symulowanie wyszukiwania wstecz

JavaScript co prawda nie obsługuje wyszukiwania wstecz, jednak pokazany w tej recepturze przykład kodu tego języka dowodzi, że można stosunkowo łatwo symulować wyszukiwanie wstecz z początku wyrażenia regularnego, stosując dwa wyrażenia regularne. Zaproponowane rozwiązanie nie wprowadza żadnych ograniczeń odnośnie do długości tekstu dopasowywanego do wzorca (symulowanego) wyszukiwania wstecz.

Budowę tego wyrażenia rozpoczynamy od podziału oryginalnego rozwiązania, czyli wyrażenia regularnego <(?<!\bcat\W+)\b\w+>, na dwie części: wzorzec wyszukiwania wstecz (<\bcat\W+>) oraz wzorzec występujący za tą konstrukcją (<\b\w+>). Na końcu pierwszego wyrażenia umieszczamy kotwicę <$>. Jeśli musimy pracować w trybie dopasowywania karety i znaku dolara do znaków podziału wierszy (z włączoną opcją /m), zamiast kotwicy <$> powinniśmy użyć konstrukcji <$(?!\s)>, aby mieć pewność, że nasz zapis będzie pasował tylko do końca całego przetwarzanego tekstu. Zmienna lookbehind_type określa, czy emulujemy pozytywne (true), czy negatywne (false) wyszukiwanie wstecz.

Po ustawieniu niezbędnych zmiennych wykorzystujemy wyrażenie main_regex i metodę exec() do iteracyjnego przeszukania przetwarzanego łańcucha (przebieg tego procesu opisano w recepturze 3.11). Po znalezieniu dopasowania część przetwarzanego tekstu sprzed tego dopasowania jest kopiowana do nowej zmiennej łańcuchowej (`left_context`), która jest dopasowywana do wyrażenia regularnego `lookbehind`. Kotwica umieszczona na końcu wyrażenia `lookbehind` powoduje umieszczenie drugiego dopasowania bezpośrednio na lewo od pierwszego dopasowania. Na podstawie dopasowania do wyrażenia `lookbehind` i wartości zmiennej `lookbehind_type` możemy łatwo określić, czy jest spełnione kryterium udanego dopasowania.

Możemy teraz wykonać jeden z dwóch kroków. Jeśli udało się znaleźć prawidłowe dopasowanie, możemy dołączyć dopasowany tekst do tablicy dopasowań. W przeciwnym razie powinniśmy zmienić pozycję w przetwarzanym tekście i kontynuować poszukiwanie dopasowania (na podstawie właściwości `main_regex.lastIndex`). Nowa pozycja wskazuje na znak następujący po pozycji początkowej ostatniego dopasowania do wyrażenia reprezentowanego przez obiekt `main_regex` — w ten sposób unikamy sytuacji, w której kolejna iteracja metody `exec()` rozpoczyna się od końca bieżącego dopasowania. Uf! Udało się.

W tym zaawansowanym rozwiązaniu wykorzystano właściwość `lastIndex`, która jest dynamicznie aktualizowana przez wyrażenia regularne JavaScriptu z włączoną flagą `/g` (przetwarzania globalnego). W większości przypadków aktualizacja i zerowanie właściwości `lastIndex` odbywają się automatycznie. W tym rozwiązaniu wykorzystujemy tę właściwość do przejęcia kontroli nad ścieżką przetwarzania łańcucha przez wyrażenie regularne poprzez przenoszenie bieżącej pozycji w przód i w tył. Zastosowany zabieg pozwala emulować tylko wyszukiwanie wstecz występujące na początku wyrażenia regularnego. Po wprowadzeniu paru zmian w tym kodzie można by także emulować wyszukiwanie wstecz z końca wyrażenia regularnego. Warto jednak pamiętać, że nasze rozwiązanie nie może w pełni zrekompensować braku obsługi konstrukcji wyszukiwania wstecz w JavaScripcie. Wzajemne oddziaływanie operacji wyszukiwania wstecz i mechanizmu nawrotów uniemożliwia pełną emulację zachowań konstrukcji wyszukiwania wstecz występującej w środku wyrażenia regularnego.

Warianty

Gdybyśmy chcieli dopasowywać tylko wyrazy, przed którymi występuje słowo *cat* (ale bez samego słowa *cat* i następujących po nim znaków innych niż znaki wyrazów w tekście dopasowania), powinniśmy zastąpić negatywne wyszukiwanie wstecz pozytywnym wyszukiwaniem wstecz:

```
(?<=\bcat\W+)\b\w+
```
Opcje wyrażenia regularnego: Ignorowanie wielkości liter
Odmiana wyrażeń regularnych: .NET

```
(?<=\bcat\W{1,9})\b\w+
```
Opcje wyrażenia regularnego: Ignorowanie wielkości liter
Odmiany wyrażeń regularnych: .NET, Java, PCRE

```
(?<=\bcat)(?:\W+|^)(\w+)
```
Opcje wyrażenia regularnego: Ignorowanie wielkości liter
Odmiany wyrażeń regularnych: .NET, Java, PCRE, Perl, Python, Ruby 1.9

Patrz także

Bardziej szczegółowe omówienie operacji wyszukiwania (zarówno pozytywnego, jak i negatywnego wyszukiwania w przód i wstecz) można znaleźć w recepturze 2.16.

Receptury 5.4 i 5.5.

5.7. Odnajdywanie wyrazów znajdujących się w pobliżu

Problem

Chcemy emulować operator NEAR z wykorzystaniem wyrażenia regularnego. Zapewne część Czytelników nie spotkała się z tym operatorem — niektóre narzędzia przeszukujące, które udostępniają takie operatory logiczne, jak NOT czy OR, często udostępniają też operator NEAR. Poszukiwanie wyrażenia word1 NEAR word2 odnajduje oba wyrazy (*word1* i *word2*) w dowolnej kolejności, pod warunkiem że występują w pewnej odległości od siebie (nieprzekraczającej pewnego progu).

Rozwiązanie

Jeśli szukamy zaledwie dwóch różnych wyrazów, możemy połączyć dwa wyrażenia regularne — jedno pasujące do słowa *word1* przed słowem *word2* oraz drugie pasujące do słowa *word2* przed słowem *word1*. Poniższe wyrażenie akceptuje dwa interesujące nas wyrazy przedzielone maksymalnie pięcioma innymi słowami:

```
\b(?:word1\W+(?:\w+\W+){0,5}?word2|word2\W+(?:\w+\W+){0,5}?word1)\b
```
Opcje wyrażenia regularnego: Ignorowanie wielkości liter
Odmiany wyrażeń regularnych: .NET, Java, JavaScript, PCRE, Perl, Python, Ruby

```
\b(?:
  word1                  # pierwszy wyraz
  \W+ (?:\w+\W+){0,5}?   # maksymalnie osiem wyrazów
  word2                  # drugi wyraz
|                        #   lub ten sam wzorzec po odwróceniu...
  word2                  # drugi wyraz
  \W+ (?:\w+\W+){0,5}?   # maksymalnie osiem wyrazów
  word1                  # pierwszy wyraz
)\b
```
Opcje wyrażenia regularnego: Swobodne stosowanie znaków białych, ignorowanie wielkości liter
Odmiany wyrażeń regularnych: .NET, Java, PCRE, Perl, Python, Ruby

Drugie wyrażenie regularne zapisaliśmy w trybie swobodnego stosowania znaków białych — umieściliśmy poszczególne elementy tego wyrażenia w osobnych wierszach; znaczenie tych składników opisaliśmy w dodatkowych komentarzach. Poza tymi zmianami oba wyrażenia regularne są identyczne. Jedyną opisywaną w tej książce odmianą wyrażeń regularnych, która nie oferuje obsługi trybu swobodnego stosowania znaków białych, jest JavaScript. Przykłady dodawania wyrażeń regularnych do formularzy przeszukiwania lub innych fragmentów kodu pokazano w recepturach 3.5 i 3.7.

Analiza

Zaproponowane wyrażenie regularne łączy w sobie dwa lustrzane odbicia tego samego wzorca i otacza całość granicami wyrazów. Pierwszy podwzorzec pasuje do słowa *word1*, po którym następuje od zera do pięciu innych wyrazów oraz słowo *word2*. Drugi podwzorzec pasuje do słowa *word2*, po którym następuje od zera do pięciu innych wyrazów oraz słowo *word1*.

W obu podwzorcach zastosowano leniwy kwantyfikator `<{0,5}?>`. Użycie leniwego kwanty-fikatora powoduje, że nasze wyrażenie regularne dopasowuje możliwie niewiele wyrazów pomiędzy dwoma interesującymi nas słowami. Gdybyśmy więc zastosowali to wyrażenie regu-larne dla tekstu *word1 word2 word2*, dopasowany zostałby fragment *word1 word2*, ponieważ w tym fragmencie wyraz początkowy i końcowy dzieli mniejsza liczba słów (zero). Aby zmo-dyfikować konfigurację odległości dzielącej oba interesujące nas słowa, należy odpowiednio zmienić wartości 0 i 5 w obu zastosowanych kwantyfikatorach interwałowych. Gdybyśmy na przykład użyli kwantyfikatorów `<{1,15}?>`, poszukiwane wyrazy musiałyby być przedzielone co najmniej jednym i maksymalnie piętnastoma słowami.

Skróty klas znaków, które wykorzystano do dopasowywania znaków wyrazów i znaków spoza tego zbioru (odpowiednio `<\w>` i `<\W>`), reprezentują przyjętą w świecie wyrażeń regularnych, dość dziwaczną definicję znaków składających się na wyrazy — w myśl tej definicji wyrazy składają się z liter, cyfr i znaków podkreślenia.

Warianty

Użycie wyrażenia warunkowego

W wielu przypadkach to samo wyrażenie regularne można zapisać na wiele sposobów. W tej książce robimy, co w naszej mocy, aby zrównoważyć takie cele, jak przenośność, czytelność czy efektywność. Zdarza się jednak, że pewne rozwiązania — choć dalekie od ideału — mają wartość edukacyjną. Dwa wyrażenia regularne prezentowane w tym podpunkcie ilustrują alternatywne rozwiązania problemu poszukiwania wyrazów znajdujących się w pobliżu. Mimo że wspomniane wyrażenia działają dokładnie tak samo jak wyrażenia zaproponowane na początku tej receptury, nie zalecamy ich stosowania z uwagi na niższą efektywność. Co więcej, poniższe rozwiązania są zgodne z mniejszą liczbą odmian wyrażeń regularnych.

W pierwszym wyrażeniu regularnym wykorzystaliśmy wyrażenie warunkowe do określenia, czy na końcu całego wyrażenia regularnego należy dopasować wyraz *word1*, czy wyraz *word2* (zamiast użyć symetrycznych podwzorców). Wspomniane wyrażenie warunkowe sprawdza, czy pierwsza grupa przechwytująca uczestniczyła w dopasowaniu — wówczas możemy być pewni, że dopasowanie rozpoczęło się od wyrazu *word2*:

```
\b(?:word1|(word2))\W+(?:\w+\W+){0,5}?(?(1)word1|word2)\b
```
Opcje wyrażenia regularnego: Brak
Odmiany wyrażeń regularnych: .NET, PCRE, Perl, Python

Także w poniższej wersji wykorzystano wyrażenie warunkowe do określenia, które słowo należy dopasować jako drugie, jednak tym razem uzupełniliśmy to rozwiązanie o dwie kolejne konstrukcje wyrażeń regularnych:

```
\b(?:(?<w1>word1)|(?<w2>word2))\W+(?:\w+\W+){0,5}?(?(w2)(?&w1)|(?&w2))\b
```
Opcje wyrażenia regularnego: Brak
Odmiany wyrażeń regularnych: PCRE 7, Perl 5.10

Tym razem pierwsze wystąpienia wyrażeń `<word1>` i `<word2>` umieszczono w nazwanych grupach przechwytujących (zapisywanych jako `<(?<name>...)>`). Takie rozwiązanie umoż-liwia nam korzystanie ze składni `<(?&name)>`, aby ponownie wykorzystywać podwzorzec skojarzony z daną nazwą. Nie jest to jednak rozwiązanie tożsame z odwołaniami wstecz do grup nazwanych. Nazwane odwołania wstecz, jak `<\k<nazwa>>` (.NET, PCRE 7, Perl 5.10) czy

`<(?P=nazwa)>` (PCRE 4 i nowsze, Perl 5.10, Python), umożliwiają nam ponowne dopasowywanie tekstu, który został już dopasowany przez nazwaną grupę przechwytującą. Z drugiej strony konstrukcja `<(?&name)>` umożliwia nam ponowne wykorzystanie samego wzorca zdefiniowanego w ramach odpowiedniej grupy. Nie możemy więc używać odwołań wstecz, ponieważ w ten sposób wymuszalibyśmy ponowne dopasowywanie już dopasowanych wyrazów. Konstrukcja `<(?&name)>` w ramach wyrażenia warunkowego na końcu naszego wyrażenia regularnego pasuje do tego spośród dwóch wskazanych wyrazów, który nie został jeszcze dopasowany (ale bez konieczności ponownego wskazywania tego wyrazu). Oznacza to, że w razie zmiany dopasowywanych wyrazów, musielibyśmy zmienić to wyrażenie tylko w jednym miejscu.

Dopasowywanie trzech lub większej liczby wyrazów znajdujących się w pobliżu

Wykładniczo rosnąca liczba permutacji. Dopasowywanie dwóch wyrazów znajdujących się niedaleko od siebie jest stosunkowo prostym zadaniem. W takim przypadku interesujące nas wyrazy mogą występować w jednej z zaledwie dwóch możliwych kolejności. Co będzie, jeśli otrzymamy zadanie dopasowania trzech wyrazów w dowolnym porządku? Liczba możliwych kolejności wzrośnie wówczas do sześciu (patrz rysunek 5.2). Liczba możliwych sposobów uporządkowania zbioru wyrazów wynosi $n!$ (n silnia), czyli jest równa iloczynowi kolejnych liczb całkowitych od 1 do n. Cztery wyrazy można uporządkować aż na 24 sposoby. Już przy dziesięciu wyrazach możliwe kolejności liczymy w milionach. W tej sytuacji dopasowywanie więcej niż kilku wyrazów znajdujących się w swoim sąsiedztwie za pomocą opisanych do tej pory technik jest po prostu niewykonalne.

```
Dwie wartości:
  [ 12, 21 ]
  = 2 możliwe kolejności

Trzy wartości:
  [ 123, 132,
    213, 231,
    312, 321 ]
  = 6 możliwych kolejności

Cztery wartości:
  [ 1234, 1243, 1324, 1342, 1423, 1432,
    2134, 2143, 2314, 2341, 2413, 2432,
    3124, 3142, 3214, 3241, 3412, 3421,
    4123, 4132, 4213, 4231, 4312, 4321 ]
  = 24 możliwe kolejności

Silnie:
  2! = 2 × 1                      = 2
  3! = 3 × 2 × 1                  = 6
  4! = 4 × 3 × 2 × 1              = 24
  5! = 5 × 4 × 3 × 2 × 1          = 120
  ...
  10! = 10 × 9 × 8 × 7 × 6 × 5 × 4 × 3 × 2 × 1 = 3628800
```

Rysunek 5.2. Liczba możliwych kolejności elementów zbioru

Brzydkie rozwiązanie. Problem ten można rozwiązać, powtarzając grupę pasującą do interesujących nas wyrazów lub dowolnych innych słów (już po dopasowaniu interesującego nas wyrazu) i stosując wyrażenia warunkowe uniemożliwiające akceptację dopasowania do momentu odnalezienia wszystkich wymaganych wyrazów. Poniżej pokazano przykład wyrażenia pasującego do trzech wyrazów w dowolnej kolejności przedzielonych nie więcej niż pięcioma innymi wyrazami:

```
\b(?:(?>(word1)|(word2)|(word3)|(?(1)|(?(2)|(?(3)|(?!)))))\w+)\b\W*?){3,8}(?(1)(?(2)
↪(?(3)|(?!)))|(?!))|(?!))
```
Opcje wyrażenia regularnego: Ignorowanie wielkości liter
Odmiany wyrażeń regularnych: .NET, PCRE, Perl

W poniższym wyrażeniu zastąpiono grupę atomową (patrz receptura 2.14) standardową grupą nieprzechwytującą, aby zapewnić zgodność z odmianą wyrażeń regularnych Pythona:

```
\b(?:(?:(word1)|(word2)|(word3)|(?(1)|(?(2)|(?(3)|(?!)))))\w+)\b\W*?){3,8}(?(1)(?(2)
↪(?(3)|(?!)))|(?!))|(?!))
```
Opcje wyrażenia regularnego: Ignorowanie wielkości liter
Odmiany wyrażeń regularnych: .NET, PCRE, Perl, Python

Kwantyfikatory `<{3,8}>` w obu zaproponowanych powyżej wyrażeniach regularnych wprowadzają wymaganie występowania co najmniej trzech wyrazów, pomiędzy którymi może występować od zera do pięciu innych słów. Puste, negatywne wyszukiwanie w przód, czyli konstrukcja `<(?!)>`, nigdy nie jest dopasowywane — w ten sposób blokujemy pewne ścieżki przetwarzania wyrażenia regularnego do czasu dopasowania jednego lub wielu wymaganych wyrazów. Logikę kontrolującą te ścieżki zaimplementowano z wykorzystaniem dwóch zbiorów zagnieżdżonych wyrażeń warunkowych. Pierwszy zbiór zapobiega dopasowywaniu innych wyrazów (`<\w+>`) do momentu dopasowania przynajmniej jednego wymaganego słowa. Drugi zbiór wyrażeń warunkowych wymusza na module wyrażeń regularnych wykonywanie nawrotów do momentu dopasowania wszystkich wymaganych wyrazów.

Działanie tych wyrażeń omówiliśmy dość ogólnie — zamiast zagłębiać się w szczegóły i zastanawiać się, jak nasze wyrażenia wyglądałyby po dodaniu kolejnych wymaganych wyrazów, przyjrzyjmy się udoskonalonej implementacji przystosowanej do wymogów większej liczby odmian wyrażeń regularnych (i korzystającej z pewnego ciekawego zabiegu).

Wykorzystanie pustych odwołań wstecz. Opisane powyżej rozwiązanie co prawda działa prawidłowo, ale też najprawdopodobniej mogłoby startować w konkursie na najmniej czytelne wyrażenie regularne. Gdybyśmy dodali do tego rozwiązania więcej wymaganych wyrazów, jego struktura stałaby się jeszcze bardziej zagmatwana.

Okazuje się jednak, że istnieje możliwość zastosowania zabiegu, który znacznie uprości nasze wyrażenie regularne i który może być z powodzeniem stosowany w odmianach języków Java i Ruby (które nie obsługują wyrażeń warunkowych).

Proponowane tutaj rozwiązania należy stosować wyjątkowo ostrożnie w aplikacjach produkcyjnych. Opieramy się na pewnych oczekiwaniach i założeniach odnośnie do zachowań wyrażeń regularnych, których w żaden sposób nie udokumentowano w odpowiednich bibliotekach.

```
\b(?:(?>word1()|word2()|word3()|(?>\1|\2|\3)\w+)\b\W*?){3,8}\1\2\3
```
Opcje wyrażenia regularnego: Ignorowanie wielkości liter
Odmiany wyrażeń regularnych: .NET, Java, PCRE, Perl, Ruby

```
\b(?:(?:word1()|word2()|word3()|(?:\1|\2|\3)\w+)\b\W*?){3,8}\1\2\3
```
Opcje wyrażenia regularnego: Ignorowanie wielkości liter
Odmiany wyrażeń regularnych: .NET, Java, PCRE, Perl, Python, Ruby

---

Zastosowanie tej konstrukcji znacznie ułatwia dodawanie kolejnych wymaganych wyrazów. Poniżej pokazano przykład wyrażenia dopasowywanego do czterech wymaganych słów w dowolnej kolejności, oddzielonych łącznie maksymalnie pięcioma innymi wyrazami:

```
\b(?:(?>word1()|word2()|word3()|word4()|(?>\1|\2|\3|\4)\w+)\b\W*?){4,9}\1\2\3\4
```
Opcje wyrażenia regularnego: Ignorowanie wielkości liter
Odmiany wyrażeń regularnych: .NET, Java, PCRE, Perl, Ruby

```
\b(?:(?:word1()|word2()|word3()|word4()|(?:\1|\2|\3|\4)\w+)\b\W*?){4,9}\1\2\3\4
```
Opcje wyrażenia regularnego: Ignorowanie wielkości liter
Odmiany wyrażeń regularnych: .NET, Java, PCRE, Perl, Python, Ruby

W powyższych wyrażeniach regularnych celowo użyliśmy pustych grup przechwytujących umieszczonych po wszystkich wymaganych wyrazach. Ponieważ każda próba dopasowania odwołania wstecz (na przykład <\1>) kończy się powodzeniem, jeśli odpowiednia grupa przechwytująca nie uczestniczyła jeszcze w dopasowaniu, odwołania do pustych grup przechwytujących dają nam kontrolę nad ścieżką przetwarzania tego wzorca (podobnie jak wyrażenia warunkowe stosowane we wcześniejszych przykładach). Jeśli w momencie osiągnięcia danego odwołania wstecz okazuje się, że odpowiednia grupa uczestniczyła w danej próbie dopasowania, moduł wyrażeń regularnych dopasowuje pusty łańcuch i kontynuuje przetwarzanie.

Grupa <(?>\1|\2|\3)> zapobiega dopasowaniu słowa (reprezentowanego przez <\w+>) do momentu dopasowania przynajmniej jednego wymaganego wyrazu. Te odwołania wstecz powtórzono na końcu całego opisywanego wzorca, aby zapobiec akceptacji dopasowania przed odnalezieniem wszystkich interesujących nas wyrazów.

Ponieważ język Python nie obsługuje grup atomowych, w przykładzie przystosowanym do tej odmiany wyrażeń regularnych ponownie zastąpiono tego rodzaju grupy standardowymi grupami nieprzechwytującymi. Takie rozwiązanie obniża co prawda wydajność wyrażenia regularnego, jednak w żaden sposób nie zmienia dopasowywanego tekstu. Skrajnie zewnętrzna grupa nie może być grupą atomową w żadnej z odmian, ponieważ warunkiem działania tego wyrażenia jest możliwość wykonywania nawrotów do grupy zewnętrznej (w sytuacji gdy odwołania wstecz z końca wzorca nie uczestniczyły w dopasowaniu).

Odwołania wstecz w formie dostępnej tylko w JavaScripcie. Mimo że JavaScript obsługuje wszystkie konstrukcje składniowe użyte w wersji tego wzorca dla języka Python, dwie reguły obowiązujące w JavaScripcie zmieniają znaczenie naszego wyrażenia. Pierwsza różnica ma związek z tym, co jest dopasowywane przez odwołania wstecz do tych grup przechwytujących, które jeszcze nie uczestniczyły w dopasowaniu. Zgodnie ze specyfikacją JavaScriptu tego rodzaju odwołania wstecz pasują do łańcucha pustego, co w praktyce oznacza, że zawsze są skutecznie dopasowywane. W niemal wszystkich pozostałych odmianach wyrażeń regularnych mamy do czynienia z odwrotnym działaniem — takie odwołania nigdy nie są dopasowywane, co z kolei zmusza moduł wyrażeń regularnych do wykonywania nawrotów albo do momentu stwierdzenia niepowodzenia całego dopasowania, albo do chwili, w której odpowiednia grupa będzie uczestniczyła w dopasowaniu (co umożliwi dopasowanie także odwołania wstecz).

Druga różnica dzieląca JavaScript od pozostałych odmian wyrażeń regularnych ma związek z wartością zapamiętywaną przez grupy przechwytujące zagnieżdżone w powtórzonej grupie zewnętrznej, na przykład w ramach konstrukcji <((a)|(b))+>. W większości odmian wyrażeń regularnych grupa przechwytująca w ramach powtórzonej grupy zapamiętuje tekst dopasowany w ostatniej próbie, w której dana grupa uczestniczyła w dopasowaniu. Oznacza to, że po dopasowaniu wyrażenia <((a)|(b))+> do sekwencji *ab*, pierwsze odwołanie wstecz będzie reprezentowało literę *a*. Okazuje się jednak, że zgodnie ze specyfikacją JavaScriptu wartości odwołań wstecz do grup zagnieżdżonych są zerowane przy okazji każdego powtórzenia grupy zewnętrznej. Oznacza to, że po dopasowaniu wyrażenia `<(?:(a)|(b))+>` do sekwencji *ab* odwołanie wstecz do pierwszej grupy przechwytującej będzie wskazywało na grupę, która nie uczestniczyła w dopasowaniu. Jak wiemy, w JavaScripcie takie odwołanie jest dopasowywane do pustego łańcucha, a w tablicy zwracanej na przykład przez metodę `RegExp.prototype.exec()` jest reprezentowane przez wartość `undefined`.

Każda z tych różnic dzielących JavaScript od pozostałych odmian wyrażeń regularnych powinna nas skutecznie zniechęcać do emulowania wyrażeń warunkowych z wykorzystaniem pustych grup przechwytujących.

Wiele wyrazów w dowolnej odległości od siebie

Gdybyśmy w jednym wyrażeniu regularnym chcieli tylko sprawdzić, czy wyrazy z naszej listy występują gdziekolwiek w przetwarzanym łańcuchu (bez względu na dzielącą je odległość), powinniśmy użyć konstrukcji wyszukiwania w przód.

 W wielu przypadkach prostszym i bardziej efektywnym rozwiązaniem jest odrębne poszukiwanie każdego z interesujących nas wyrazów i sprawdzenie, czy wszystkie te testy przyniosły pozytywny wynik.

`\A(?=.*?\bword1\b)(?=.*?\bword2\b).*\Z`
Opcje wyrażenia regularnego: Ignorowanie wielkości liter, dopasowywanie kropki do znaków podziału wiersza
Odmiany wyrażeń regularnych: .NET, Java, PCRE, Perl, Python, Ruby

`^(?=[\s\S]*?\bword1\b)(?=[\s\S]*?\bword2\b)[\s\S]*$`
Opcje wyrażenia regularnego: Ignorowanie wielkości liter (tryb dopasowywania symboli ^ i $ do znaków podziału wiersza nie może być włączony)
Odmiana wyrażeń regularnych: JavaScript

Powyższe wyrażenia regularne pasują do całego przetwarzanego łańcucha, jeśli tylko łańcuch ten zawiera wszystkie interesujące nas wyrazy; w przeciwnym razie zaproponowane wyrażenia nie znajdują żadnego dopasowania. Programiści JavaScriptu nie mogą korzystać z pierwszej wersji, ponieważ JavaScript nie obsługuje kotwic `<\A>` i `<\Z>` ani opcji dopasowywania kropki do znaków podziału wiersza.

Zaproponowane powyżej wyrażenia regularne można zaimplementować, korzystając z kodu pokazanego w recepturze 3.6. Aby odnaleźć interesujące nas wyrazy, wystarczy zastąpić wyrażenia `<word1>` i `<word2>` właściwymi słowami. Jeśli chcemy sprawdzić występowanie większej liczby wyrazów, możemy uzupełnić ten wzorzec o kolejne konstrukcje wyszukiwania w przód (na początku tego wyrażenia regularnego). Na przykład wyrażenie `<\A(?=.*?\bword1\b)(?=.*` ↪`?\bword2\b)(?=.*?\bword3\b).*\Z>` sprawdza, czy przetwarzany łańcuch zawiera trzy słowa na dowolnych pozycjach.

Patrz także

Receptury 5.5 i 5.6.

5.8. Odnajdywanie powtarzających się wyrazów

Problem

Edytujemy dokument i chcemy sprawdzić, czy nie występują w nim nieprawidłowo powtórzone wyrazy. Chcemy odnaleźć wszystkie podwójne wystąpienia słów niezależnie od ewentualnych różnic w wielkości liter, jak w przypadku sekwencji *The the*. Chcemy też, aby pomiędzy powtarzającymi się wyrazami mogła występować dowolna liczba znaków białych, nawet jeśli powtórzenie będzie występowało w wielu wierszach.

Rozwiązanie

Odwołanie wstecz pasuje do czegoś, co zostało już wcześniej dopasowane, zatem stanowi podstawowy element składowy tej receptury:

```
\b([A-Z]+)\s+\1\b
```
Opcje wyrażenia regularnego: Ignorowanie wielkości liter
Odmiany wyrażeń regularnych: .NET, Java, JavaScript, PCRE, Perl, Python, Ruby

Chcemy użyć tego wyrażenia regularnego do zachowania pierwszego wystąpienia każdego słowa i jednocześnie usunięcia wszystkich ewentualnych powtórzeń — wystarczy zastąpić łańcuchem pustym wszystkie dopasowania do pierwszego odwołania wstecz. Alternatywnym rozwiązaniem byłoby wyróżnienie pasujących (powtórzonych) wyrazów poprzez ich otoczenie innymi znakami (na przykład znacznikami HTML-a), aby można je było łatwo zidentyfikować w tekście. Sposób wykorzystywania odwołań wstecz w tekście docelowym operacji wyszukiwania i zastępowania (niezbędny do implementacji obu rozwiązań) pokazano w recepturze 3.15.

Gdybyśmy chcieli tylko odnaleźć powtarzające się wyrazy, aby samodzielnie wprowadzić ewentualne poprawki, powinniśmy skorzystać z kodu zaproponowanego w recepturze 3.7. Edytory tekstu oraz narzędzia z rodziny grep, o których wspomniano w podrozdziale „Narzędzia do pracy z wyrażeniami regularnymi" w rozdziale 1., mogą nam pomóc w odnajdywaniu powtórzonych słów z możliwością analizy kontekstu tych powtórzeń — na tej podstawie możemy sami stwierdzić, czy pasujące sekwencje wyrazów rzeczywiście są wynikiem błędów.

Analiza

Do dopasowania czegoś, co zostało już wcześniej dopasowane, potrzebujemy dwóch elementów: grupy przechwytującej oraz odwołania wstecz. Tekst, który ma być dopasowany więcej niż raz, należy umieścić w grupie przechwytującej, aby można go było dopasować ponownie z wykorzystaniem odwołania wstecz. Opisana konstrukcja działa inaczej niż token bądź grupa powtórzona z użyciem kwantyfikatora. Przeanalizujmy na przykład różnice dzielące następującą parę uproszczonych wyrażeń regularnych: `<(\w)\1>` i `<\w{2}>`. W pierwszym z tych wyrażeń wykorzystano grupę przechwytującą i odwołanie wstecz do dwukrotnego dopasowania tego samego znaku; w drugim wyrażeniu użyto kwantyfikatora do dopasowania dwóch dowolnych znaków wyrazów. Mechanizm odwołań wstecz szczegółowo wyjaśniono w recepturze 2.10.

Wróćmy teraz do interesującego nas problemu. W tej recepturze odnajdujemy tylko wyrazy złożone z liter od *A* do *Z* oraz od *a* do *z* (ponieważ włączono tryb ignorowania wielkości liter). Gdybyśmy chcieli dodatkowo obsługiwać litery z akcentami i litery innych alfabetów, powinniśmy użyć właściwości Letter standardu Unicode ((<\p{L}>; patrz podpunkt „Właściwość (kategoria) standardu Unicode" w rozdziale 2.).

Pomiędzy grupą przechwytującą a odwołaniem wstecz konstrukcja <\s+> pasuje do dowolnych znaków białych, jak spacje, tabulacje czy znaki podziału wiersza. Gdybyśmy chcieli, aby za powtórzenia były uważane tylko te same wyrazy oddzielone poziomymi znakami białymi (a więc z wyłączeniem znaków podziału wiersza), powinniśmy zastąpić token <\s> konstrukcją <[^\S\r\n]>. W ten sposób uniemożliwimy dopasowywanie powtarzających się wyrazów, które występują w wielu wierszach. PCRE 7 i Perl 5.10 oferują odpowiednie skróty klasy znaków w formie <\h>, które stworzono specjalnie z myślą o dopasowywaniu poziomych znaków białych.

I wreszcie granice wyrazów użyte na początku i końcu naszego wyrażenia regularnego dają nam pewność, że nie będą dopasowywane powtarzające się sekwencje znaków w ramach innych wyrazów, jak w przypadku *this thistle*.

Warto pamiętać, że nie zawsze dwukrotne występowanie tego samego wyrazu w bezpośrednim sąsiedztwie oznacza błąd, zatem bezrefleksyjne usuwanie wszystkich powtórzeń stanowi potencjalne zagrożenie. Na przykład w języku angielskim sekwencje *that that* czy *had had* są w pełni poprawne. Powtarzające się wyrazy mogą występować także w homonimach, nazwach własnych czy wyrażeniach onomatopeicznych (jak *ha ha*). Oznacza to, że w większości przypadków powinniśmy samodzielnie oceniać każdą dopasowaną sekwencję i decydować o ewentualnych poprawkach.

Patrz także

Receptura 2.10, w której szczegółowo omówiono odwołania wstecz.

Receptura 5.9, w której pokażemy, jak dopasowywać powtarzające się wiersze tekstu.

5.9. Usuwanie powtarzających się wierszy

Problem

Dysponujemy plikiem dziennika, wynikiem zapytania wykonanego na bazie danych bądź innym plikiem lub łańcuchem z powtarzającymi się wierszami. Chcemy usunąć wszystkie powtarzające się wiersze poza jednym, korzystając z edytora tekstu lub innego podobnego narzędzia.

Rozwiązanie

Istnieje wiele programów (w tym polecenie *uniq* dostępne w systemie UNIX oraz *cmdlet* Windows PowerShell *Get-Unique*), które mogą nam pomóc w eliminowaniu powtarzających się wierszy w pliku lub łańcuchu. W poniższych podpunktach prezentujemy trzy rozwiązania wykorzystujące wyrażenia regularne, dzięki którym można zrealizować to zadanie w nie-skryptowym edytorze tekstu z obsługą operacji przeszukiwania i zastępowania (na podstawie dopasowań).

Podczas pracy nad oprogramowaniem produkcyjnym powinniśmy unikać rozwiązań proponowanych jako druga i trzecia opcja, ponieważ są mniej efektywne od innych możliwych implementacji, jak użycie obiektu skrótu śledzącego unikatowe wiersze. Z drugiej strony pierwsza opcja (wymagająca uprzedniego posortowania wierszy, chyba że chcemy wyeliminować tylko przylegające do siebie powtórzenia) może jest o tyle możliwa do zaakceptowania, że jej opracowanie i opanowanie nie stanowi najmniejszego problemu.

Pierwsza opcja: Sortowanie wierszy i usuwanie sąsiadujących powtórzeń

Jeśli mamy możliwość posortowania wierszy pliku lub łańcucha, nad którym pracujemy, aby ewentualne powtarzające się wiersze występowały obok siebie, powinniśmy skorzystać z tej sposobności (chyba że musimy zachować oryginalny porządek wierszy). Możemy wówczas użyć dużo prostszej i bardziej efektywnej operacji przeszukiwania i zastępowania (usuwania) powtarzających się wierszy niż w jakimkolwiek innym rozwiązaniu.

Po posortowaniu wierszy przetwarzanego tekstu należy użyć następującego wyrażenia regularnego i tekstu docelowego do wyeliminowania powtórzeń:

```
^(.*)(?:(?:\r?\n|\r)\1)+$
```
Opcje wyrażenia regularnego: Dopasowywanie symboli ^ i $ do znaków podziału wiersza (tryb dopasowywania kropki do znaków podziału wiersza musi być wyłączony)
Odmiany wyrażeń regularnych: .NET, Java, JavaScript, PCRE, Perl, Python, Ruby

Dopasowania zastępowane tekstem:

```
$1
```
Odmiany tekstu docelowego: .NET, Java, JavaScript, Perl, PHP

```
\1
```
Odmiany tekstu docelowego: Python, Ruby

W tym wyrażeniu regularnym zastosowaliśmy między innymi grupę przechwytującą i odwołanie wstecz, aby dopasowywać dwa lub większą liczbę powtarzających się wierszy. Użyte w tekście docelowym operacji przeszukiwania i zastępowania odwołanie wstecz ma na celu ponowne umieszczenie w przetwarzanym łańcuch pierwszego wiersza. Przykład kodu, który po wprowadzeniu niezbędnych zmian może implementować to samo działanie, pokazano w recepturze 3.15.

Druga opcja: Zachowywanie ostatniego wystąpienia każdego powtarzającego się wiersza w nieposortowanym pliku

Jeśli pracujemy w edytorze tekstu, który nie oferuje wbudowanej funkcji sortowania wierszy, lub jeśli musimy zachować oryginalny porządek wierszy, możemy użyć poniższego rozwiązania do usunięcia powtarzających się wierszy nawet wtedy, gdy są przedzielone innymi wierszami:

```
^([^\r\n]*)(?:\r?\n|\r)(?=.*^\1$)
```
Opcje wyrażenia regularnego: Dopasowywanie kropki do znaków podziału wiersza, dopasowywanie symboli ^ i $ do znaków podziału wiersza
Odmiany wyrażeń regularnych: .NET, Java, PCRE, Perl, Python, Ruby

Poniżej pokazano analogiczne wyrażenie regularne przystosowane do odmiany wyrażeń JavaScriptu, a więc bez opcji dopasowywania kropki do znaków podziału wiersza:

```
^(.*)(?:\r?\n|\r)(?=[\s\S]*^\1$)
```
Opcje wyrażenia regularnego: Dopasowywanie symboli ^ i $ do znaków podziału wiersza
Odmiana wyrażeń regularnych: JavaScript

Dopasowania zastępowane tekstem:

(Łańcuch pusty, czyli zastępowanie niczym.)

Odmiany tekstu docelowego: Brak

Trzecia opcja: Zachowywanie pierwszego wystąpienia każdego powtarzającego się wiersza w nieposortowanym pliku

Gdybyśmy chcieli zachować pierwsze wystąpienie każdego z powtarzających się wierszy, musielibyśmy zastosować nieco inne rozwiązanie. Niezbędne wyrażenie regularne i tekst docelowy operacji przeszukiwania i zastępowania przedstawiono poniżej:

```
^([^\r\n]*)$(.*?)(?:(?:\r?\n|\r)\1$)+
```
Opcje wyrażenia regularnego: Dopasowywanie kropki do znaków podziału wiersza, dopasowywanie symboli ^ i $ do znaków podziału wiersza
Odmiany wyrażeń regularnych: .NET, Java, PCRE, Perl, Python, Ruby

Ponownie musimy wprowadzić kilka zmian, aby dostosować nasze rozwiązanie do ograniczeń odmiany wyrażeń regularnych JavaScriptu, w której nie jest obsługiwana opcja dopasowywania kropki do znaków podziału wiersza:

```
^(.*)$([\s\S]*?)(?:(?:\r?\n|\r)\1$)+
```
Opcje wyrażenia regularnego: Dopasowywanie symboli ^ i $ do znaków podziału wiersza
Odmiany wyrażeń regularnych: JavaScript

Dopasowania zastępowane tekstem:

```
$1$2
```
Odmiany tekstu docelowego: .NET, Java, JavaScript, Perl, PHP

```
\1\2
```
Odmiany tekstu docelowego: Python, Ruby

Inaczej niż w wyrażeniach regularnych w dwóch pierwszych opcjach ta wersja wyklucza możliwość usuwania wszystkich powtarzających się wierszy w ramach jednej operacji przeszukiwania i zastępowania. Oznacza to, że będziemy musieli wielokrotnie stosować operację „zamień wszystko" — aż do momentu, w którym dopasowanie naszego wyrażenia do przetwarzanego tekstu nie będzie możliwe (co będzie równoznaczne z barakiem powtarzających się wierszy do usunięcia). Więcej informacji na ten temat znajdziesz w punkcie „Analiza".

Analiza

Pierwsza opcja: Sortowanie wierszy i usuwanie sąsiadujących powtórzeń

Nasze pierwsze wyrażenie regularne usuwa wszystkie powtarzające się wiersze (poza pierwszym) znajdujące się bezpośrednio obok siebie. Wyrażenie w tej formie nie usuwa powtórzeń oddzielonych innymi wierszami. Przyjrzymy się nieco bliżej całej tej operacji.

Po pierwsze znak karety (`<^>`) na początku naszego wyrażenia regularnego pasuje do początku wiersza. W normalnych warunkach wspomniana kotwica pasuje tylko do początku całego przetwarzanego łańcucha, stąd konieczność włączenia trybu dopasowywania symboli `^` i `$` do znaków podziału wiersza (sposób ustawiania opcji wyrażeń regularnych opisano w recepturze 3.4). Konstrukcja `<.*>` otoczona nawiasami grupy przechwytującej pasuje do całej zawartości wiersza (nawet jeśli jest to wiersz pusty); dopasowany łańcuch jest reprezentowany przez pierwsze odwołanie wstecz. Warunkiem prawidłowego działania tego wyrażenia jest wyłączenie opcji dopasowywania kropki do znaków podziału wiersza; w przeciwnym razie kombinacja kropka-gwiazdka byłaby dopasowywana aż do osiągnięcia końca łańcucha.

W ramach zewnętrznej grupy nieprzechwytującej użyliśmy konstrukcji `<(?:\r?\n|\r)>` pasującej do separatora wiersza w plikach tekstowych systemu Windows (`<\r\n>`), systemów UNIX, Linux i OS X (`<\n>`) oraz systemów Mac OS (`<\r>`). Odwołanie wstecz `<\1>` próbuje następnie dopasować wiersz, którego dopasowanie właśnie się zakończyło. Jeśli w kolejnym wierszu nie uda się znaleźć dopasowania, dana próba kończy się niepowodzeniem, a moduł wyrażeń regularnych przechodzi do następnego wiersza. W razie znalezienia dopasowania powtarzamy tę grupę (złożoną ze znaku podziału wiersza i pierwszego odwołania wstecz) za pomocą kwantyfikatora `<+>`, aby dopasować ewentualne dodatkowe powtórzenia danego wiersza.

I wreszcie na końcu naszego wyrażenia regularnego użyliśmy znaku dolara pasującego do pozycji na końcu danego wiersza. W ten sposób możemy zagwarantować, że prezentowane wyrażenie będzie pasowało tylko do identycznych (całych) wierszy, nie wierszy, które tylko rozpoczynają się od tych samych znaków.

Ponieważ korzystamy tutaj z operacji wyszukiwania i zastępowania, każde kompletne dopasowanie (obejmujące oryginalny wiersz i separatory wierszy) jest usuwane z przetwarzanego łańcucha. Aby zachować oryginalny wiersz, w roli tekstu docelowego tej operacji wykorzystujemy pierwsze odwołanie wstecz.

Druga opcja: Zachowywanie ostatniego wystąpienia każdego powtarzającego się wiersza w nieposortowanym pliku

W tym rozwiązaniu wprowadzono wiele zmian w porównaniu z pierwszym wyrażeniem regularnym, którego zadanie sprowadzało się do odnajdywania powtórzonych wierszy występujących w bezpośrednim sąsiedztwie. Po pierwsze w wersji dla wszystkich odmian poza Java-Scriptem w ramach grupy przechwytującej zastąpiono kropkę klasą znaków `<[^\r\n]>` (pasującą do dowolnego znaku poza znakiem lub sekwencją podziału wiersza) i włączono opcję dopasowywania kropki do znaków podziału wiersza. Zdecydowano się na ten tryb, ponieważ w dalszej części naszego wyrażenia kropka jest dopasowywana do dowolnego znaku, w tym znaku podziału wiersza. Po drugie dodaliśmy do tego rozwiązania konstrukcję wyszukiwania w przód, aby przeszukiwać przetwarzany tekst pod kątem występowania powtórzonych wierszy, począwszy od bieżącej pozycji. Ponieważ operacja wyszukiwania w przód nie konsumuje żadnych znaków, nasze wyrażenie zawsze pasuje do pojedynczego wiersza (wraz z następującym po nim znakiem podziału wiersza), o którym wiadomo, że występuje w dalszej części przetwarzanego łańcucha. Zastąpienie wszystkich dopasowań łańcuchem pustym w praktyce powoduje usunięcie powtarzających się wierszy i pozostawienie ostatniego wystąpienia każdego z nich.

Trzecia opcja: Zachowywanie pierwszego wystąpienia każdego powtarzającego się wiersza w nieposortowanym pliku

Ponieważ wyszukiwanie wstecz nie jest obsługiwane przez tyle odmian co wyszukiwanie w przód (a w tych odmianach, które obsługują wyszukiwanie wstecz, nie zawsze można sięgać tak daleko, jak byśmy oczekiwali), trzecie rozwiązanie znacznie różni się od drugiego. Zamiast dopasowywać wiersze, o których wiadomo, że występowały już we wcześniejszej części przetwarzanego łańcucha (ta taktyka byłaby porównywalna z modelem przyjętym w drugim rozwiązaniu), to wyrażenie regularne pasuje do wiersza, pierwszego powtórzenia tego wiersza w dalszej części łańcucha oraz wszystkich wierszy dzielących te identyczne wiersze. Oryginalny wiersz jest reprezentowany przez pierwsze odwołanie wstecz, a ewentualne wiersze pomiędzy powtórzeniami są reprezentowane przez drugie odwołanie wstecz. Zastąpienie każdego dopasowania oboma odwołaniami (pierwszym i drugim) oznacza, że zachowujemy w tekście właściwe elementy, eliminując powtórzenia znajdujące się poniżej (wraz z następującymi po nich znakami podziału wiersza).

To alternatywne rozwiązanie stwarza szereg problemów. Po pierwsze, ponieważ każde dopasowanie zbioru powtarzających się wierszy może obejmować dodatkowe wiersze (dzielące identyczne wiersze), nie można wykluczyć, że w ramach tych wierszy występują inne powtórzenia, które zostaną pominięte przez naszą operację *zamień wszystko*. Po drugie, jeśli jakiś wiersz powtarza się więcej niż dwukrotnie, nasze wyrażenie początkowo dopasuje tylko pierwsze dwa wystąpienia, dopasowując dla kolejnych powtórzeń (w dalszej części łańcucha) zupełnie nowy zbiór wierszy. Oznacza to, że pojedyncza operacja *zamień wszystko* w najlepszym razie wyeliminuje co drugie powtórzenie tego samego wiersza. Rozwiązanie tych problemów i zyskanie pewności, że wszystkie powtórzenia zostały usunięte, wymaga wielokrotnego zastosowania operacji przeszukiwania i zastępowania na całym przetwarzanym łańcuchu aż do momentu, w którym nasze wyrażenie nie będzie znajdowało dopasowań. Przeanalizujmy teraz działanie tego wyrażenia dla następującego łańcucha:

```
wartość1
wartość2
wartość2
wartość3
wartość3
wartość1
wartość2
```

Wyeliminowanie wszystkich powtarzających się wierszy wymaga działania w trzech etapach. Wyniki wszystkich tych etapów pokazano w tabeli 5.1.

Tabela 5.1. Kolejne etapy procesu zastępowania

Pierwszy etap	Drugi etap	Trzeci etap	Łańcuch końcowy
wartość1	wartość1	wartość1	wartość1
wartość2	wartość2	wartość2	wartość2
wartość2	~~wartość2~~	wartość3	wartość3
wartość3	wartość3	wartość2	
wartość3	~~wartość3~~		
~~wartość1~~	wartość2		
wartość2			
Jedno dopasowanie/zastąpienie	Dwa dopasowania/zastąpienia	Jedno dopasowanie/zastąpienie	Brak powtarzających się wierszy

Patrz także

Receptura 2.10, w której szczegółowo omówiono mechanizm odwołań wstecz.

Receptura 5.8, w której pokazano, jak dopasowywać powtarzające się wyrazy.

5.10. Dopasowywanie kompletnych wierszy zawierających określony wyraz

Problem

Chcemy dopasować wszystkie wiersze zawierające (na dowolnej pozycji) wyraz *ninja*.

Rozwiązanie

```
^.*\bninja\b.*$
```

Opcje wyrażenia regularnego: Ignorowanie wielkości liter, dopasowywanie symboli ^ i $ do znaków podziału wiersza (tryb dopasowywania kropki do znaków podziału wiersza musi być wyłączony)

Odmiany wyrażeń regularnych: .NET, Java, JavaScript, PCRE, Perl, Python, Ruby

Analiza

W wielu przypadkach warto dopasowywać kompletne wiersze, aby uzyskać ich listę bądź wyeliminować je z przetwarzanego tekstu. Budowę wyrażenia regularnego pasującego do wiersza zawierającego słowo *ninja* rozpoczynamy od zapisu <\bninja\b>. Granice wyrazów na obu końcach tego słowa dają nam pewność, że nasze wyrażenie będzie pasowało tylko do całego interesującego nas wyrazu (patrz receptura 2.6).

Aby nasze wyrażenie było dopasowywane do kompletnych wierszy, na obu jego końcach należy umieścić konstrukcje <.*>. Sekwencja kropka-gwiazdka pasuje do zera, jednego lub wielu znaków w ramach bieżącego wiersza. Kwantyfikator gwiazdki jest zachłanny, zatem wspomniana sekwencja jest dopasowywana do możliwie długiego tekstu. Pierwsza sekwencja kropka-gwiazdka pasuje do fragmentu poprzedzającego pierwsze wystąpienie wyrazu *ninja* w danym wierszu; druga sekwencja pasuje do wszystkich znaków (poza znakiem podziału wiersza) po tym słowie.

I wreszcie na początku i końcu naszego wyrażenia regularnego umieszczamy odpowiednio karetę (^) i symbol dolara ($), aby zagwarantować, że dopasowywane będą tylko całe wiersze. Precyzyjnie mówiąc, kotwica dolara z końca tego wyrażenia jest nadmiarowa, ponieważ kropka i zachłanny kwantyfikator gwiazdki zawsze pasują do wszystkich znaków do końca danego wiersza. Ponieważ jednak wspomniana kotwica niczego nie zmienia, warto jej użyć choćby z uwagi na większą czytelność tego wyrażenia. Dodawanie do wyrażeń regularnych kotwic wierszy lub łańcuchów (oczywiście tam, gdzie jest to uzasadnione) często pozwala nam uniknąć nieoczekiwanych problemów, zatem należy to uznać za pożądany nawyk. Warto też pamiętać, że w przeciwieństwie do znaku dolara, kareta z początku naszego wyrażenia nie jest nadmiarowa, ponieważ gwarantuje dopasowywanie tego wyrażenia tylko do całych wierszy, nawet jeśli operacja przeszukiwania z jakiegoś powodu rozpoczyna się w środku wiersza.

Musimy pamiętać, że znaczenie trzech najważniejszych metaznaków wymuszających dopasowywanie całych wierszy (czyli kotwic <^> i <$> oraz kropki) nie jest stałe. Aby wymienione symbole rzeczywiście dotyczyły tylko wiersza, powinniśmy włączyć opcję dopasowywania symboli <^> i <$> do znaków podziału wiersza i upewnić się, że tryb dopasowywania kropek do znaków podziału wiersza jest wyłączony. Sposób włączania i wyłączania tych opcji na poziomie kodu źródłowego opisano w recepturze 3.4. Jeśli pracujesz w języku JavaScript lub Ruby, musisz pamiętać tylko o jednej opcji, ponieważ JavaScript nie oferuje opcji dopasowywania kropki do znaków podziału wiersza, a w języku Ruby kotwice karety i znaku dolara zawsze pasują do znaków podziału wiersza.

Warianty

Aby odnajdywać wiersze zawierające dowolny wyraz z listy interesujących nas słów, należy użyć operatora alternatywy:

```
^.*\b(one|two|three)\b.*$
```
Opcje wyrażenia regularnego: Ignorowanie wielkości liter, dopasowywanie symboli ^ i $ do znaków podziału wiersza (tryb dopasowywania kropki do znaków podziału wiersza musi być wyłączony)
Odmiany wyrażeń regularnych: .NET, Java, JavaScript, PCRE, Perl, Python, Ruby

Powyższe wyrażenie regularne pasuje do dowolnego wiersza zawierającego przynajmniej jeden z wyrazów: *one*, *two* lub *three*. Nawiasy okrągłe wokół listy tych słów zastosowano w dwóch celach. Po pierwsze ograniczamy w ten sposób zasięg operatorów alternatywy; po drugie definiujemy grupę przechwytującą pasujący wyraz (reprezentowany przez pierwsze odwołanie wstecz). Jeśli dany wiersz zawiera więcej niż jeden wyraz z naszej listy, odwołanie wstecz będzie reprezentowało wyraz dopasowany jako ostatni (najbliżej końca tego wiersza). Takie działanie wynika wprost z zachłanności kwantyfikatora gwiazdki użytego przed tą grupą przechwytującą, który wymusza dopasowanie kropki do możliwie długiego fragmentu tekstu. Gdybyśmy użyli leniwego kwantyfikatora gwiazdki, jak w wyrażeniu <^.*?\b(one|two|↳three)\b.*$>, pierwsze odwołanie wstecz reprezentowałoby wyraz z naszej listy występujący najbliżej początku danego wiersza (dopasowany jako pierwszy).

Aby odnaleźć wiersze zawierające wszystkie interesujące nas słowa, należałoby użyć konstrukcji wyszukiwania w przód:

```
^(?=.*?\bone\b)(?=.*?\btwo\b)(?=.*?\bthree\b).+$
```
Opcje wyrażenia regularnego: Ignorowanie wielkości liter, dopasowywanie symboli ^ i $ do znaków podziału wiersza (tryb dopasowywania kropki do znaków podziału wiersza musi być wyłączony)
Odmiany wyrażeń regularnych: .NET, Java, JavaScript, PCRE, Perl, Python, Ruby

W tym wyrażeniu użyliśmy pozytywnego wyszukiwania w przód, aby dopasować wiersze zawierające trzy wymagane wyrazy (na dowolnych pozycjach). Konstrukcja <.+> umieszczona na końcu tego wyrażenia ma na celu dopasowanie całego wiersza po tym, jak operacje wyszukiwania w przód potwierdzą jego zgodność z naszymi wymaganiami.

Patrz także

W recepturze 5.11 pokażemy, jak dopasowywać kompletne wiersze, które nie zawierają określonego wyrazu.

5.11. Dopasowywanie kompletnych wierszy, które nie zawierają określonego słowa

Problem

Chcemy dopasowywać całe wiersze, które nie zawierają wyrazu *ninja*.

Rozwiązanie

```
^(?:(?!\bninja\b).)*$
```

Opcje wyrażenia regularnego: Ignorowanie wielkości liter, dopasowywanie symboli ^ i $ do znaków podziału wiersza (tryb dopasowywania kropki do znaków podziału wiersza musi być wyłączony)
Odmiany wyrażeń regularnych: .NET, Java, JavaScript, PCRE, Perl, Python, Ruby

Analiza

Aby dopasować wiersz, który nie zawiera określonego słowa, należy zastosować konstrukcję negatywnego wyszukiwania w przód (opisaną w recepturze 2.16). Warto zwrócić uwagę na łączne powtórzenie (z wykorzystaniem grupy nieprzechwytującej) negatywnego wyszukiwania w przód oraz kropki. Takie rozwiązanie daje nam pewność, że wiersz ze słowem <\bninja\b> nie zostanie dopasowany, niezależnie od pozycji tego słowa. Na początku i końcu tego wyrażenia dodatkowo użyliśmy odpowiednio kotwic <^> i <$>, aby wymusić dopasowywanie całych wierszy.

Opcje zastosowane dla tego wyrażenia regularnego określają, czy nasze wyrażenie ma być od razu dopasowywane do całego przetwarzanego łańcucha, czy raczej do poszczególnych wierszy. Włączenie trybu dopasowywania symboli <^> i <$> do znaków podziału wiersza i wyłączenie opcji dopasowywania kropki do znaków podziału wiersza jest warunkiem działania tego wyrażenia zgodnie z powyższym opisem (dopasowywania kolejnych wierszy). Gdybyśmy zmienili ustawienia obu tych opcji, nasze wyrażenie regularne pasowałoby do dowolnego łańcucha, który nie zawiera wyrazu *ninja*.

 Testowanie każdej pozycji w wierszu lub łańcuchu pod kątem możliwości dopasowania do konstrukcji negatywnego wyszukiwania w przód jest dość nieefektywne. Zaproponowane w tej recepturze rozwiązanie ma więc sens tylko wtedy, gdy jedynym wyjściem jest użycie pojedynczego wyrażenia (na przykład w przypadku aplikacji, której kodu nie możemy modyfikować). Jeśli mamy możliwość wykorzystania kodu proceduralnego, powinniśmy skorzystać z nieporównanie bardziej efektywnego rozwiązania zaproponowanego w recepturze 3.21.

Patrz także

W recepturze 5.10 opisano sposób dopasowywania kompletnych wierszy zawierających okreśłony wyraz.

5.12. Obcinanie początkowych i końcowych znaków białych

Problem

Chcemy usunąć z łańcucha początkowe i końcowe znaki białe.

Rozwiązanie

Dla prostoty i możliwie dużej szybkości tego rozwiązania należy użyć dwóch wyrażeń — usuwających znaki białe odpowiednio z początku i końca przetwarzanego łańcucha:

```
^\s+
```

> **Opcje wyrażenia regularnego:** Brak (tryb dopasowywania symboli ^ i $ do znaków podziału wiersza musi być wyłączony)
>
> **Odmiany wyrażeń regularnych:** .NET, Java, JavaScript, PCRE, Perl, Python, Ruby

```
\s+$
```

> **Opcje wyrażenia regularnego:** Brak (tryb dopasowywania symboli ^ i $ do znaków podziału wiersza musi być wyłączony)
>
> **Odmiany wyrażeń regularnych:** .NET, Java, JavaScript, PCRE, Perl, Python, Ruby

Wystarczy zastąpić dopasowania znalezione przez oba powyższe wyrażenia regularne łańcuchem pustym. Odpowiednie rozwiązanie pokazano w recepturze 3.14. W obu przypadkach należy zastąpić tylko pierwsze znalezione dopasowanie, ponieważ nasze wyrażenia pasują do znaków białych znajdujących się odpowiednio na początku i końcu przetwarzanego łańcucha.

Analiza

Usuwanie początkowych i końcowych znaków białych jest prostym, ale dość typowym zadaniem. Oba zaproponowane wyrażenia regularne składają się z trzech części: kotwicy pasującej do pozycji na początku lub końcu przetwarzanego łańcucha (odpowiednio <^> i <$>), skrótu klasy znaków pasującej do dowolnego znaku białego (<\s>) oraz kwantyfikatora powtarzającego tę klasę jeden lub wiele razy (<+>).

Wiele języków programowania oferuje wbudowane funkcje (zwykle nazwane trim lub strip), które błyskawicznie usuwają początkowe i końcowe znaki białe. W tabeli 5.2 opisano, jak korzystać z tych funkcji lub metod wbudowanych w różnych językach programowania.

Standardowe biblioteki JavaScriptu i Perla nie oferują odpowiedników opisanych funkcji, jednak odpowiednie rozwiązania można bez trudu zaimplementować we własnym kodzie:

Tabela 5.2. Standardowe funkcje usuwające początkowe i końcowe znaki białe

Język(i) programowania	Przykład użycia
C#, VB.NET	`String.Trim([chars])`
Java	`string.trim()`
PHP	`trim($string)`
Python, Ruby	`string.strip()`

Rozwiązanie dla Perla:

```perl
sub trim {
    my $string = shift;
    $string =~ s/^\s+//;
    $string =~ s/\s+$//;
    return $string;
}
```

Rozwiązanie dla JavaScriptu:

```javascript
function trim (string) {
    return string.replace(/^\s+/, '').replace(/\s+$/, '');
}
```

```javascript
// Można też zdefiniować metodę trim() dostępną dla wszystkich łańcuchów:
String.prototype.trim = function () {
    return this.replace(/^\s+/, '').replace(/\s+$/, '');
};
```

Zarówno w Perlu, jak i w JavaScripcie token `<\s>` pasuje do dowolnego znaku zdefiniowanego jako znak biały w standardzie Unicode, a więc nie tylko do spacji, tabulacji, znaku nowego wiersza i znaku powrotu karetki (czyli najbardziej znanych znaków białych).

Warianty

W rzeczywistości istnieje wiele sposobów, na które można napisać wyrażenie regularne usuwające znaki białe z początku i końca łańcucha. Wszystkie te alternatywne rozwiązania są jednak wolniejsze od dwóch operacji przeszukiwania i zastępowania zaproponowanych na początku tej receptury (szczególnie w przypadku długich łańcuchów). Poniżej opisano kilka najczęściej stosowanych rozwiązań alternatywnych, z którymi możesz się zetknąć w rozmaitych publikacjach. Wszystkie te wyrażenia zapisano w formie wywołania metody `replace()` JavaScriptu, a ponieważ JavaScript nie oferuje opcji dopasowywania kropki do znaków podziału wiersza, do dopasowywania dowolnych, pojedynczych znaków (w tym znaków podziału wiersza) wykorzystujemy klasę znaków `<[\s\S]>`. W pozostałych językach programowania należałoby użyć w miejsce tej konstrukcji kropki i włączyć tryb dopasowywania kropki do znaków podziału wiersza.

`string.replace(/^\s+|\s+$/g, '');`

Rozwiązanie w tej formie najprawdopodobniej nie jest zbyt popularne. Połączyliśmy w nim dwa proste wyrażenia regularne za pomocą operatora alternatywy (patrz receptura 2.8) i zastosowaliśmy opcję `/g` (przetwarzania globalnego), aby zastąpić wszystkie dopasowania zamiast samego pierwszego dopasowania (w razie występowania zarówno początkowych, jak i końcowych znaków białych nasze wyrażenie zostanie dopasowane dwukrotnie). Zaproponowane rozwiązanie nie jest złe, jednak w przypadku długich łańcuchów z pewnością jest wolniejsze od dwóch prostych operacji wyszukiwania i zastępowania.

```
string.replace(/^\s*([\s\S]*?)\s*$/, '$1')
```

Działanie tego wyrażenia regularnego sprowadza się do dopasowania całego łańcucha i przechwycenia sekwencji od pierwszego do ostatniego znaku spoza zbioru znaków białych (reprezentowanej przez pierwsze odwołanie wstecz). Po zastąpieniu całego łańcucha pierwszym odwołaniem wstecz otrzymujemy jego wersję po usunięciu początkowych i końcowych znaków białych.

Na poziomie koncepcyjnym opisane rozwiązanie sprawia wrażenie wyjątkowo prostego, jednak leniwy kwantyfikator w ramach naszej grupy przechwytującej powoduje, że moduł wyrażeń regularnych musi wykonywać mnóstwo dodatkowych zadań, co znacznie spowalnia przetwarzanie długich łańcuchów. Po wejściu przez moduł wyrażeń regularnych do wspomnianej grupy przechwytującej w trakcie procesu dopasowywania leniwy kwantyfikator wymusza możliwie niewiele powtórzeń klasy znaków <[\s\S]>. W tej sytuacji moduł wyrażeń regularnych dopasowuje kolejno pojedyncze znaki — po każdym takim dopasowaniu próbuje dopasować do reszty łańcucha pozostałą część wzorca (<\s*$>). Kiedy ta próba dopasowania kończy się niepowodzeniem z powodu występowania w łańcuchu (począwszy od bieżącej pozycji) znaków innych niż białe, moduł wyrażeń regularnych dopasowuje do klasy <[\s\S]> kolejny znak, po czym ponownie sprawdza wszystkie pozostałe znaki.

```
string.replace(/^\s*([\s\S]*\S)?\s*$/, '$1')
```

To rozwiązanie pod wieloma względami przypomina poprzednie wyrażenie regularne, tyle że leniwy kwantyfikator zastąpiono zachłannym kwantyfikatorem — w ten sposób podnosimy efektywność przetwarzania. Aby zagwarantować, że grupa przechwytująca nadal pasuje tylko do ostatnich znaków spoza zbioru znaków białych, zastosowaliśmy wymagany token <\S>. Ponieważ jednak nasze wyrażenie regularne musi pasować do łańcuchów złożonych z samych znaków białych, cała grupa przechwytująca jest opcjonalna (poprzez zastosowanie kwantyfikatora znaku zapytania). Przeanalizujmy teraz działanie tego wzorca. Zachłanny kwantyfikator gwiazdki w konstrukcji <[\s\S]*> powtarza wzorzec pasujący do dowolnego znaku aż do końca łańcucha. Moduł wyrażeń regularnych wykonuje następnie nawroty, począwszy od końca łańcucha, po jednym znaku w każdym nawrocie. Procedura nawracania trwa do momentu dopasowania tokenu <\S> lub osiągnięcia pierwszego znaku dopasowanego do grupy przechwytującej. Jeśli liczba końcowych znaków białych nie przekracza liczby znaków spoza tego zbioru, przetwarzanie tego wyrażenia regularnego przebiega szybciej niż w poprzednim rozwiązaniu z leniwym kwantyfikatorem. Efektywność tego rozwiązania wciąż jest jednak nieporównywalna z wydajnością dwóch prostych operacji przeszukiwania i zastępowania.

```
string.replace(/^\s*(\S*(?:\s+\S+)*)\s*$/, '$1')
```

To rozwiązanie jest stosunkowo popularne — nasza analiza powinna Cię jednak zniechęcić do jego stosowania. Nie ma żadnego powodu, by stosować wyrażenie regularne w tej formie, ponieważ jest wolniejsze od wszystkich opisanych powyżej rozwiązań. To wyrażenie regularne o tyle przypomina dwa poprzednie wyrażenia, że jest dopasowywane do całego łańcucha i zastępuje go fragmentem, który chcemy zachować. Z drugiej strony wewnętrzna grupa nieprzechwytująca jest dopasowywana tylko do kolejnych wyrazów, co zmusza moduł wyrażeń regularnych do wykonywania dużej liczby kroków. Związany z tym spadek wydajności w przypadku krótkich łańcuchów będzie co prawda niezauważalny, jednak podczas przetwarzania bardzo długich łańcuchów z dużą liczbą wyrazów wyrażenie w tej formie może stanowić wąskie gardło naszej aplikacji.

Niektóre implementacje wyrażeń regularnych dysponują inteligentnymi mechanizmami optymalizacji, które zmieniają opisane powyżej, wewnętrzne procesy dopasowywania, powodując nieznaczny wzrost lub spadek efektywności poszczególnych rozwiązań. Tak czy inaczej, najprostsze rozwiązanie polegające na użyciu dwóch operacji wyszukiwania i zastępowania cechuje się najwyższą wydajnością niezależnie od długości i zawartości łańcuchów.

Patrz także

Receptura 5.13.

5.13. Zastępowanie powtarzających się znaków białych pojedynczą spacją

Problem

W ramach procedury porządkowania danych wejściowych użytkownika lub innego tekstu chcemy zastąpić wszystkie powtarzające się znaki białe pojedynczymi spacjami. Każda sekwencja złożona z tabulacji, znaków podziału wiersza i innych znaków białych powinna zostać zastąpiona jedną spacją.

Rozwiązanie

Implementacja tego rozwiązania wymaga zastąpienia wszystkich dopasowań znalezionych przez jedno z poniższych wyrażeń regularnych pojedynczymi spacjami. Przykład odpowiedniego kodu pokazano w recepturze 3.14.

Porządkowanie wszystkich znaków białych

```
\s+
```
Opcje wyrażenia regularnego: Brak
Odmiany wyrażeń regularnych: .NET, Java, JavaScript, PCRE, Perl, Python, Ruby

Porządkowanie poziomych znaków białych

```
[ \t]+
```
Opcje wyrażenia regularnego: Brak
Odmiany wyrażeń regularnych: .NET, Java, JavaScript, PCRE, Perl, Python, Ruby

Analiza

Zastępowanie powtarzających się znaków białych pojedynczą spacją należy do najpopularniejszych procedur porządkowania danych tekstowych. Na przykład w kodzie języka HTML powtarzające się znaki białe są ignorowane podczas wizualizowania stron (z paroma wyjątkami), zatem ich usunięcie pozwala zmniejszyć rozmiar plików stron bez wpływu na ich wygląd w przeglądarce internetowej.

Porządkowanie wszystkich znaków białych

W tym rozwiązaniu każda sekwencja znaków białych (podziału wiersza, tabulacji, spacji itp.) jest zastępowana pojedynczą spacją. Ponieważ kwantyfikator <+> powtarza klasę znaków białych (<\s>) jeden lub wiele razy, zastąpiona zostanie nawet pojedyncza tabulacja (lub inny znak biały). Gdybyśmy zastąpili kwantyfikator <+> kwantyfikatorem <{2,}>, zastępowane byłyby tylko sekwencje dwóch lub większej liczby znaków białych. Takie rozwiązanie mogłoby doprowadzić do mniejszej liczby operacji zastępowania i — tym samym — wyższej wydajności, jednak pozostawiłoby w przetwarzanym tekście tabulacje i znaki białe, które były zastępowane spacjami przez nasze oryginalne wyrażenie regularne. Wybór właściwego rozwiązania zależy więc od tego, co chcemy osiągnąć.

Porządkowanie poziomych znaków białych

To rozwiązanie działa niemal dokładnie tak jak poprzednie — jedyna różnica polega na pozostawianiu w przetwarzanym tekście znaków podziału wiersza. Każda sekwencja tabulacji i spacji nadal jest zastępowana pojedyncza spacją.

Patrz także

Receptura 5.12.

5.14. Stosowanie znaków ucieczki dla metaznaków wyrażeń regularnych

Problem

Chcemy wykorzystać stałą łańcuchową wpisaną przez użytkownika lub uzyskaną z innego źródła jako część pewnego wyrażenia regularnego. Zanim jednak włączymy ten łańcuch do wyrażenia regularnego, powinniśmy zastosować sekwencje ucieczki dla wszystkich metaznaków, aby uniknąć niepożądanych konsekwencji ich specjalnego znaczenia.

Rozwiązanie

Umieszczając lewy ukośnik przed każdym znakiem, który w wyrażeniu regularnym może mieć jakieś specjalne znaczenie, możemy bezpiecznie użyć tekstu wynikowego w roli wzorca dopasowywanego do stałej sekwencji znaków. Spośród wszystkich języków programowania opisanych w tej książce tylko JavaScript nie oferuje funkcji ani metody wbudowanej, która realizowałaby to zadanie. Aby nasza analiza była kompletna, pokażemy, jak zrealizować to zadanie z wykorzystaniem własnych wyrażeń regularnych, także w językach, które udostępniają gotowe rozwiązania.

Rozwiązania wbudowane

W tabeli 5.3 wymieniono funkcje wbudowane stworzone z myślą o rozwiązywaniu tego problemu.

Tabela 5.3. Funkcje wbudowane stosujące sekwencje ucieczki dla metaznaków wyrażeń regularnych

Język(i)	Funkcja
C#, VB.NET	`Regex.Escape(str)`
Java	`Pattern.quote(str)`
Perl	`quotemeta(str)`
PHP	`preg_quote(str, [delimiter])`
Python	`re.escape(str)`
Ruby	`Regexp.escape(str)`

Nietrudno zauważyć, że na tej liście brakuje JavaScriptu, który nie oferuje funkcji wbudowanej realizującej interesujące nas zadanie.

Wyrażenie regularne

Chociaż najlepszym rozwiązaniem jest użycie funkcji wbudowanej (jeśli taka jest dostępna), możemy osiągnąć ten sam efekt, korzystając z poniższego wyrażenia regularnego i odpowiedniego łańcucha docelowego (pokazanego w kolejnym podpunkcie). Musimy się tylko upewnić, że zastępujemy wszystkie dopasowania, nie tylko pierwsze. W recepturze 3.15 opisano kod zastępujący dopasowania do wyrażenia regularnego łańcuchem obejmującym odwołanie wstecz. Także w tym przypadku będziemy musieli posłużyć się odwołaniem wstecz, aby umieścić w przetwarzanym tekście zarówno dopasowany znak specjalny, jak i poprzedzający go lewy ukośnik:

```
[[\]{}()*+?.\\|^$\-,&#\s]
```
Opcje wyrażenia regularnego: Brak
Odmiany wyrażeń regularnych: .NET, Java, JavaScript, PCRE, Perl, Python, Ruby

Tekst docelowy

Poniższe łańcuchy docelowe zawierają stały znak lewego ukośnika (interpretowanego dosłownie). W prezentowanych łańcuchach nie uwzględniono jednak dodatkowych ukośników, które w niektórych językach programowania mogą być niezbędne jako symbole ucieczki. Więcej informacji o odmianach tekstu docelowego można znaleźć w recepturze 2.19.

```
\$&
```
Odmiany tekstu docelowego: .NET, JavaScript

```
\\$&
```
Odmiana tekstu docelowego: Perl

```
\\$0
```
Odmiany tekstu docelowego: Java, PHP

```
\\\0
```
Odmiany tekstu docelowego: PHP, Ruby

```
\\\&
```
Odmiana tekstu docelowego: Ruby

```
\\\g<0>
```
Odmiana tekstu docelowego: Python

Przykład funkcji JavaScriptu

Poniżej pokazano przykład użycia tego wyrażenia regularnego i łańcucha docelowego w metodzie statycznej JavaScriptu nazwanej `RegExp.escape()`:

```
RegExp.escape = function (str) {
    return str.replace(/[[\]{}()*+?.\\|^$\-,&#\s]/g, "\\$&");
};

// Testujemy nasze rozwiązanie...
var str = "Witaj.świecie?";
var escaped_str = RegExp.escape(str);
alert(escaped_str == "Witaj\\.świecie\\?"); // -> true
```

Analiza

Wyrażenie regularne zaproponowane w tej recepturze stosuje dla wszystkich metaznaków jedną klasę znaków. Przeanalizujmy teraz każdy z interesujących nas znaków, wskazując, dlaczego powinien zostać poprzedzony symbolem ucieczki. Niektóre przykłady są dość oczywiste, inne wymagają wyjaśnienia:

[] {} ()
> Nawiasy kwadratowe (`<[>` i `<]>`) tworzą klasy znaków. Nawiasy klamrowe (`<{>` i `<}>`) nie tylko tworzą kwantyfikatory interwałowe, ale też mogą być wykorzystywane w innych konstrukcjach specjalnych, na przykład w odwołaniach do właściwości standardu Unicode. Nawiasy okrągłe (`<(>` i `<)>`) służą do grupowania i przechwytywania oraz wchodzą w skład innych konstrukcji specjalnych.

* + ?
> Te trzy znaki pełnią funkcje kwantyfikatorów powtarzających poprzedzające je elementy odpowiednio: zero, raz lub wiele razy; raz lub wiele razy; bądź zero razy lub raz. Znak zapytania użyty bezpośrednio za nawiasem otwierającym dodatkowo tworzy specjalną grupę lub inną konstrukcję (to samo dotyczy gwiazdki w odmianach języka Perl 5.10 oraz biblioteki PCRE 7).

. \ |
> Kropka pasuje do dowolnego znaku w ramach wiersza lub łańcucha; lewy ukośnik użyty przed znakiem specjalnym pełni funkcję symbolu ucieczki; pionowa kreska jest operatorem alternatywy dzielącym dwie opcje.

^ $
> Symbole karety i dolara to kotwice dopasowywane do początku i końca wiersza bądź przetwarzanego łańcucha. Kareta może też negować klasę znaków.

Pozostałe znaki dopasowywane do tego wyrażenia regularnego mają specjalne znaczenie tylko w określonych okolicznościach. Włączyliśmy je do naszej listy, aby uniknąć ryzyka pominięcia znaków specjalnych:

-

Myślnik użyty w klasie znaków tworzy przedział. W naszym rozwiązaniu poprzedzamy go symbolem ucieczki, aby uniknąć przypadkowego tworzenia przedziałów w sytuacji, gdy przetwarzany tekst jest umieszczany w środku klasy znaków. Warto pamiętać, że w razie umieszczania tekstu wewnątrz klasy znaków powstałe w ten sposób wyrażenie regularne nie będzie dopasowywane do osadzonego łańcucha, tylko do dowolnego spośród znaków składających się na ten łańcuch.

,

Przecinek wykorzystuje się w kwantyfikatorach interwałowych, na przykład `<{1,5}>`. Większość odmian wyrażeń regularnych traktuje nawiasy klamrowe jako stałe znaki (dopasowywane dosłownie) — oczywiście pod warunkiem że nie definiują prawidłowych kwantyfikatorów. Brak symbolu ucieczki przed przecinkiem teoretycznie oznaczałby możliwość (choć jest to mało prawdopodobne) powstania nowego (nieistniejącego wcześniej) kwantyfikatora w wyrażeniu regularnym uzupełnionym o nasz tekst.

&

Nasza lista zawiera znak &, ponieważ w Javie te dwa znaki bezpośrednio obok siebie pełnią funkcję operatora iloczynu (części wspólnej) klas znaków. W pozostałych językach programowania można by bezpiecznie usunąć ten znak z listy symboli wymagających użycia sekwencji ucieczki (z drugiej strony jego zachowanie niczego nie zmienia).

i znak biały

Znak krzyżyka (#) i znak biały (dopasowywany do tokenu `<\s>`) są traktowane jako metaznaki tylko w trybie swobodnego stosowania znaków białych. Także w tym przypadku nie zaszkodzi na wszelki wypadek poprzedzać ich symbolem ucieczki niezależnie od trybu.

W tekście docelowym operacji przeszukiwania i zastępowania jeden z pięciu tokenów («$&», «\&», «$0», «\0» lub «\g<0>») służy do odtwarzania dopasowanego znaku wraz z poprzedzającym go lewym ukośnikiem. W Perlu sekwencja $& reprezentuje zmienną, zatem jej użycie w dowolnym wyrażeniu regularnym powodowałoby opóźnienie przetwarzania wszystkich wyrażeń regularnych. Jeśli odwołanie do zmiennej $& znajduje się w innej części naszego programu Perla, możemy korzystać z niej dowolną liczbę razy, ponieważ i tak ponosimy koszt związany z jej użyciem. W przeciwnym razie lepszym rozwiązaniem jest otoczenie całego wyrażenia regularnego grupą przechwytującą i wykorzystanie w tekście docelowym odwołania wstecz $1 (zamiast zmiennej $&).

Warianty

Jak napisano w podpunkcie „Blokowe sekwencje ucieczki" w recepturze 2.1, istnieje możliwość utworzenia blokowej sekwencji ucieczki w formie konstrukcji `<\Q...\E>`. Warto jednak pamiętać, że blokowe sekwencje ucieczki są obsługiwane tylko w językach Java i Perl oraz w bibliotece PCRE — co więcej, nawet w tych odmianach opisane rozwiązanie nie jest niezawodne. Dla zapewnienia pełnego bezpieczeństwa należałoby stosować symbol ucieczki dla każdego wystąpienia sekwencji `\E` w tekście umieszczanym w wyrażeniu regularnym. W większości przypadków prostszym rozwiązaniem jest stosowanie uniwersalnego, przenośnego schematu używania symbolu ucieczki dla wszystkich metaznaków wyrażeń regularnych.

Patrz także

W recepturze 2.1 wyjaśniono, jak dopasowywać stałe znakowe; w tamtym rozwiązaniu lista znaków wymagających zastosowania sekwencji ucieczki była nieco krótsza. Różnica wynika z tego, że nie braliśmy tam pod uwagę znaków mających specjalne znaczenie w trybie swobodnego stosowania znaków białych ani wtedy, gdy tekst był umieszczany w ramach dowolnego, dłuższego wzorca.

## ROZDZIAŁ 6

Liczby

Wyrażenia regularne stworzono z myślą o przetwarzania tekstu, zatem wyrażenia „nie rozumieją" numerycznego znaczenia liczb, które ludzie odruchowo przypisują łańcuchom cyfr. Wyrażenie regularne <56> nie reprezentuje liczby pięćdziesiąt sześć, tylko łańcuch złożony z dwóch znaków, które akurat mają postać cyfr 5 i 6. Moduł wyrażeń regularnych potrafi rozpoznawać cyfry — istnieje nawet skrót klasy znaków <\d> pasujący właśnie do cyfr (patrz receptura 2.3). Na tym jednak kończą się możliwości tego modułu. Moduł wyrażeń regularnych nie potrafi interpretować znaczenia liczby 56, tak jak nie potrafi stwierdzić, że zapis :-) to coś więcej niż trzy kolejne znaki interpunkcyjne pasujące do wzorca <\p{P}{3}>.

Z drugiej strony liczby należą do najważniejszych danych wejściowych, na których operują tworzone przez nas aplikacje, a czasem musimy je przetwarzać za pomocą wyrażeń regularnych zamiast w konwencjonalnym języku programowania (choćby po to, by odpowiedzieć sobie na pytanie: „Czy dana liczba należy do przedziału od 1 do 100?"). Właśnie dlatego zdecydowaliśmy się poświęcić cały rozdział technikom dopasowywania rozmaitych rodzajów liczb za pomocą wyrażeń regularnych. Zaczniemy od kilku receptur, które z początku mogą sprawiać wrażenie dziecinnie prostych, jednak w rzeczywistości wyjaśniają ważne pojęcia podstawowe. W dalszych recepturach przyjrzymy się bardziej złożonym wyrażeniom regularnym, których zrozumienie będzie wymagało opanowania tych pojęć.

6.1. Liczby całkowite

Problem

Chcemy odnajdywać rozmaite rodzaje dziesiętnych liczb całkowitych w dłuższym tekście lub sprawdzić, czy dana zmienna łańcuchowa zawiera tylko jedną dziesiętną liczbę całkowitą.

Rozwiązanie

Odnajdujemy dowolną dziesiętną, dodatnią liczbę całkowitą w ramach dłuższego tekstu:

```
\b[0-9]+\b
```
   Opcje wyrażenia regularnego: Brak
   Odmiany wyrażeń regularnych: .NET, Java, JavaScript, PCRE, Perl, Python, Ruby

Sprawdzamy, czy dany łańcuch zawiera tylko dziesiętną, dodatnią liczbę całkowitą:

```
\A[0-9]+\Z
```
Opcje wyrażenia regularnego: Brak
Odmiany wyrażeń regularnych: .NET, Java, PCRE, Perl, Python, Ruby

```
^[0-9]+$
```
Opcje wyrażenia regularnego: Brak
Odmiany wyrażeń regularnych: .NET, Java, JavaScript, PCRE, Perl, Python

Odnajdujemy dowolną dziesiętną, dodatnią liczbę całkowitą, która występuje sama w ramach dłuższego tekstu:

```
(?<=^|\s)[0-9]+(?=$|\s)
```
Opcje wyrażenia regularnego: Brak
Odmiany wyrażeń regularnych: .NET, Java, PCRE, Perl, Python, Ruby 1.9

Odnajdujemy dowolną dziesiętną, dodatnią liczbę całkowitą, która występuje sama w ramach dłuższego tekstu (dopasowanie może obejmować znaki białe otaczające tę liczbę):

```
(^|\s)([0-9]+)(?=$|\s)
```
Opcje wyrażenia regularnego: Brak
Odmiany wyrażeń regularnych: .NET, Java, JavaScript, PCRE, Perl, Python, Ruby

Dopasowujemy dowolną dziesiętną liczbę całkowitą z opcjonalnym znakiem plusa lub minusa na początku:

```
[+-]?\b[0-9]+\b
```
Opcje wyrażenia regularnego: Brak
Odmiany wyrażeń regularnych: .NET, Java, JavaScript, PCRE, Perl, Python, Ruby

Sprawdzamy, czy dany łańcuch zawiera tylko dziesiętną liczbę całkowitą z opcjonalnym znakiem plusa lub minusa:

```
\A[+-]?[0-9]+\Z
```
Opcje wyrażenia regularnego: Brak
Odmiany wyrażeń regularnych: .NET, Java, PCRE, Perl, Python, Ruby

```
^[+-]?[0-9]+$
```
Opcje wyrażenia regularnego: Brak
Odmiany wyrażeń regularnych: .NET, Java, JavaScript, PCRE, Perl, Python

Odnajdujemy dowolną dziesiętną liczbę całkowitą z opcjonalnym znakiem plusa lub minusa, ale bez znaków białych otaczających liczbę bez znaku:

```
([+-] *)?\b[0-9]+\b
```
Opcje wyrażenia regularnego: Brak
Odmiany wyrażeń regularnych: .NET, Java, JavaScript, PCRE, Perl, Python, Ruby

Analiza

Liczba całkowita jest w istocie sekwencją złożoną z jednej lub wielu cyfr, z których każda musi należeć do przedziału od zera do dziewięciu. Możemy ten wzorzec łatwo zapisać w formie klasy znaków (patrz receptura 2.3) oraz kwantyfikatora (patrz receptura 2.12): <[0-9]+>.

Jak widać, wolimy korzystać z definiowanego wprost przedziału `<[0-9]>` zamiast ze skrótu klasy `<\d>`. We frameworku .NET i języku Perl skrót `<\d>` pasuje do dowolnej cyfry, a klasa `<[0-9]>` pasuje do dziesięciu cyfr z tablicy ASCII. Jeśli więc wiemy, że przetwarzany tekst nie zawiera cyfr spoza zbioru ASCII, możemy oszczędzić sobie konieczności wpisywania kilku dodatkowych znaków, stosując skrót `<\d>` zamiast pełnego zapisu `<[0-9]>`.

Jeśli nie wiemy, czy przetwarzany tekst zawiera cyfry spoza tablicy ASCII, musimy zdecydować, do czego nasze wyrażenie regularne ma być dopasowywane i jakie są oczekiwania użytkowników naszej aplikacji — na tej podstawie powinniśmy wybrać skrót `<\d>` lub pełną klasę znaków `<[0-9]>`. Jeśli planujemy konwersję dopasowywanego tekstu na liczbę całkowitą, powinniśmy sprawdzić, czy funkcja konwertująca zaimplementowana w naszym języku programowania potrafi interpretować cyfry spoza zbioru ASCII. Użytkownicy piszący dokumenty w swoich ojczystych alfabetach zapewne będą oczekiwali od naszego oprogramowania sprawnej obsługi tych alfabetów.

Występowanie sekwencji cyfr nie jest jedynym warunkiem dopasowywania liczby — liczba musi też stanowić odrębny ciąg znaków. Na przykład sekwencja *A4* reprezentuje format papieru, ale nie jest liczbą. Istnieje wiele sposobów wymuszania dopasowywania do wyrażenia regularnego tylko prawidłowych liczb.

Gdybyśmy chcieli sprawdzić, czy dany łańcuch zawiera tylko liczbę, powinniśmy otoczyć nasze wyrażenie regularne kotwicami początku i końca łańcucha. Najlepszym rozwiązaniem jest użycie odpowiednio kotwic `<\A>` i `<\Z>`, których znaczenie nie zmienia się w zależności od ustawionych opcji przetwarzania wyrażeń regularnych. Okazuje się jednak, że wymienione kotwice nie są obsługiwane w JavaScripcie. Programiści tego języka powinni więc użyć kotwic `<^>` i `<$>` oraz upewnić się, że nie użyto flagi `/m` (powodującej dopasowywanie symboli karety i dolara do znaków podziału wiersza). W języku Ruby kareta i znak dolara zawsze pasują do znaków podziału wiersza, zatem nie możemy stosować tych kotwic do dopasowywania wyrażenia regularnego do całych łańcuchów.

Jeśli chcemy odnajdywać liczby w ramach dłuższego tekstu, najprostszym rozwiązaniem jest użycie granic wyrazów (patrz receptura 2.6). Jeśli umieścimy token granicy wyrazu bezpośrednio przed lub za wzorcem pasującym do cyfry, będziemy mieli pewność, że odpowiednio przed lub za dopasowywaną cyfrą nie występuje żaden znak wyrazu. Na przykład wyrażenie `<4>` pasuje do cyfry *4* w sekwencji *A4*. W tym kontekście tak samo będzie działało wyrażenie `<4\b>`, ponieważ po cyfrze *4* nie występuje żaden znak wyrazu. Z drugiej strony wyrażenia `<\b4>` ani `<\b4\b>` nie zostaną dopasowane do żadnego znaku tej sekwencji, ponieważ token `<\b>` nie pasuje do pozycji pomiędzy dwoma znakami wyrazów (w tym przypadku *A* i *4*). W świecie wyrażeń regularnych zbiór znaków wyrazów obejmuje litery, cyfry i znak podkreślenia.

Jeśli zdecydujemy się użyć w naszym wyrażeniu regularnym znaku plusa lub minusa bądź znaku białego, powinniśmy ostrożnie wybrać miejsce dla granic wyrazów. Aby dopasowywać na przykład liczbę *+4*, ale unikać dopasowywania takich sekwencji jak *+4B*, powinniśmy posłużyć się wyrażeniem `<\+4\b>` (nie `<\b\+4\b>`). Wyrażenie `<\b\+4\b>` nie pasuje do liczby *+4*, ponieważ przed znakiem plusa nie występuje znak wyrazu, co jest warunkiem dopasowania granicy wyrazu. Wyrażenie `<\+4\b>` pasuje do liczby *+4* w ramach sekwencji *3+4*, ponieważ *3* jest, a *+* nie jest znakiem wyrazu.

Wyrażenie `<\+4\b>` wymaga użycia tylko jednej granicy wyrazu. Pierwsza granica w wyrażeniu `<\+\b4\b>` jest o tyle zbędna, że token `<\b>` zawsze pasuje do pozycji dzielącej znak plusa od cyfry *4* (zatem wspomniany token nie wyklucza żadnych sekwencji). Pierwszy token

`<\b>` zyskuje na znaczeniu dopiero wtedy, gdy znak plusa staje się opcjonalny. W przeciwieństwie do wyrażenia `<\+?4\b>`, wyrażenie regularne `<\+?\b4\b>` nie pasuje co cyfry *4* w ramach sekwencji *A4*.

Stosowanie granic wyrazów nie zawsze jest prawidłowym rozwiązaniem. Wyobraźmy sobie, że przetwarzany łańcuch zawiera sekwencję znaków *$123,456.78*. Okazuje się, że wyrażenie regularne `<\b[0-9]+\b>` zostanie dopasowane kolejno do liczb *123*, *456* i *78* w ramach tej sekwencji. Znak dolara, przecinek i punkt dziesiętny nie są prawidłowymi znakami wyrazów, zatem granica wyrazów zostanie dopasowana do pozycji pomiędzy cyframi a tymi trzema znakami. W pewnych okolicznościach takie działanie może być zgodne z naszymi oczekiwaniami, ale są też sytuacje, w których spodziewalibyśmy się zupełnie innego przebiegu procesu dopasowywania.

Gdyby interesowały nas wyłącznie liczby całkowite otoczone znakami białymi lub znajdujące się na początku bądź końcu przetwarzanych łańcuchów, zamiast granic wyrazów powinniśmy zastosować konstrukcję wyszukiwania. Wyrażenie `<(?=$|\s)>` pasuje do końca łańcucha lub pozycji sprzed znaku białego (do znaków białych zalicza się także znaki podziału wiersza). `<(?<=^|\s)>` pasuje albo do początku łańcucha, albo do pozycji za znakiem białym. Token (skrót) `<\s>` można zastąpić klasą znaków pasującą do dowolnych znaków, które mogą występować przed lub za liczbą. Działanie operacji wyszukiwania wyjaśniono w recepturze 2.16.

JavaScript i Ruby 1.8 nie obsługują wyszukiwania wstecz. Okazuje się jednak, że do sprawdzenia, czy dana liczba występuje na początku łańcucha lub czy znajduje się przed nią znak biały, można użyć zwykłej grupy. Wadą tego rozwiązania jest włączanie wspomnianego znaku białego do całego dopasowania (jeśli liczba nie rozpoczyna przetwarzanego łańcucha). Z drugiej strony można ten problem obejść, umieszczając część wyrażenia regularnego dopasowywaną do samej liczby w grupie przechwytującej. Piąte wyrażenie regularne zaproponowane w punkcie „Rozwiązanie" zawiera dwie grupy przechwytujące dopasowywane odpowiednio do znaku białego oraz właściwej liczby całkowitej.

Patrz także

Receptury 2.3 i 2.12.

6.2. Liczby szesnastkowe

Problem

Chcemy odnajdywać liczby szesnastkowe w dłuższym tekście lub sprawdzać, czy dana zmienna łańcuchowa zawiera tylko jedną liczbę szesnastkową.

Rozwiązanie

Odnajdujemy dowolną liczbę szesnastkową w ramach dłuższego tekstu:

```
\b[0-9A-F]+\b
```
Opcje wyrażenia regularnego: Ignorowanie wielkości liter
Odmiany wyrażeń regularnych: .NET, Java, JavaScript, PCRE, Perl, Python, Ruby

```
\b[0-9A-Fa-f]+\b
```
Opcje wyrażenia regularnego: Brak
Odmiany wyrażeń regularnych: .NET, Java, JavaScript, PCRE, Perl, Python, Ruby

Sprawdzamy, czy dany łańcuch zawiera wyłącznie liczbę szesnastkową:

```
\A[0-9A-F]+\Z
```
Opcje wyrażenia regularnego: Ignorowanie wielkości liter
Odmiany wyrażeń regularnych: .NET, Java, PCRE, Perl, Python, Ruby

```
^[0-9A-F]+$
```
Opcje wyrażenia regularnego: Ignorowanie wielkości liter
Odmiany wyrażeń regularnych: .NET, Java, JavaScript, PCRE, Perl, Python

Odnajdujemy liczbę szesnastkową poprzedzoną przedrostkiem 0x:

```
\b0x[0-9A-F]+\b
```
Opcje wyrażenia regularnego: Ignorowanie wielkości liter
Odmiany wyrażeń regularnych: .NET, Java, JavaScript, PCRE, Perl, Python, Ruby

Odnajdujemy liczbę szesnastkową poprzedzoną przedrostkiem &H:

```
&H[0-9A-F]+\b
```
Opcje wyrażenia regularnego: Ignorowanie wielkości liter
Odmiany wyrażeń regularnych: .NET, Java, JavaScript, PCRE, Perl, Python, Ruby

Odnajdujemy liczbę szesnastkową zakończona przyrostkiem H:

```
\b[0-9A-F]+H\b
```
Opcje wyrażenia regularnego: Ignorowanie wielkości liter
Odmiany wyrażeń regularnych: .NET, Java, JavaScript, PCRE, Perl, Python, Ruby

Odnajdujemy szesnastkowy bajt (czyli szesnastkową reprezentację liczby 8-bitowej):

```
\b[0-9A-F]{2}\b
```
Opcje wyrażenia regularnego: Ignorowanie wielkości liter
Odmiany wyrażeń regularnych: .NET, Java, JavaScript, PCRE, Perl, Python, Ruby

Odnajdujemy szesnastkowe słowo (czyli szesnastkową reprezentację liczby 16-bitowej):

```
\b[0-9A-F]{4}\b
```
Opcje wyrażenia regularnego: Ignorowanie wielkości liter
Odmiany wyrażeń regularnych: .NET, Java, JavaScript, PCRE, Perl, Python, Ruby

Odnajdujemy szesnastkowe podwójne słowo (czyli szesnastkową reprezentację liczby 32-bitowej):

```
\b[0-9A-F]{8}\b
```
Opcje wyrażenia regularnego: Ignorowanie wielkości liter
Odmiany wyrażeń regularnych: .NET, Java, JavaScript, PCRE, Perl, Python, Ruby

Odnajdujemy szesnastkowe poczwórne słowo (czyli szesnastkową reprezentację liczby 64-bitowej):

```
\b[0-9A-F]{16}\b
```
Opcje wyrażenia regularnego: Ignorowanie wielkości liter
Odmiany wyrażeń regularnych: .NET, Java, JavaScript, PCRE, Perl, Python, Ruby

Odnajdujemy łańcuch szesnastkowych bajtów (czyli złożony z parzystej liczby cyfr szesnastkowych):

```
\b(?:[0-9A-F]{2})+\b
```
Opcje wyrażenia regularnego: Ignorowanie wielkości liter
Odmiany wyrażeń regularnych: .NET, Java, JavaScript, PCRE, Perl, Python, Ruby

Analiza

Techniki dopasowywania wyrażeń regularnych do szesnastkowych liczb całkowitych są takie same jak w przypadku dziesiętnych liczb całkowitych. Jedyna różnica polega na tym, że klasa znaków dopasowywana do pojedynczej cyfry obejmuje teraz litery od *A* do *F*. Musimy więc zdecydować, czy w roli cyfr można stosować wielkie, czy małe litery oraz czy dopuszczamy możliwość mieszania wielkich i małych liter. Wyrażenia regularne zaproponowane w tej recepturze akceptują znaki dowolnej wielkości.

Wyrażenia regularne domyślnie uwzględniają wielkość liter. Oznacza to, że wyrażenie <[0-9a-f]> pasuje tylko do małych cyfr szesnastkowych, a wyrażenie <[0-9A-F]> pasuje tylko do wielkich cyfr szesnastkowych. Aby dopuścić dopasowywanie cyfr różnej wielkości, należy albo użyć klasy znaków <[0-9a-fA-F]>, albo włączyć tryb ignorowania wielkości liter przez wyrażenie regularne. W recepturze 3.4 wyjaśniliśmy, jak można ten tryb włączyć w językach programowania omawianych w tej książce. Pierwsze wyrażenie regularne pokazano w dwóch wersjach, aby zademonstrować dwa możliwe sposoby uniezależniania dopasowań od wielkości liter. Wszystkie pozostałe wyrażenia przedstawiono tylko w wersji stworzonej dla trybu ignorowania wielkości liter.

Gdybyśmy chcieli dopasowywać tylko wielkie litery składające się na liczby szesnastkowe, powinniśmy użyć zaproponowanych wyrażeń regularnych z wyłączonym trybem ignorowania wielkości liter. Gdybyśmy chcieli dopasowywać tylko małe litery, powinniśmy wyłączyć tryb ignorowania wielkości liter i zastąpić przedział <A-F> przedziałem <a-f>.

Wyrażenie <(?:[0-9A-F]{2})+> pasuje do parzystej liczby cyfr szesnastkowych. Wyrażenie <[0-9A-F]{2}> pasuje do dokładnie dwóch cyfr szesnastkowych. Wyrażenie <(?:[0-9A-F]↵{2})+> powtarza to dopasowanie jeden lub wiele razy. Grupa nieprzechwytująca (patrz receptura 2.9) jest w tym przypadku niezbędna, ponieważ kwantyfikator plusa musi powtarzać zarówno klasę znaków, jak i kwantyfikator <{2}>. Konstrukcja <[0-9]{2}+> byłaby poprawna składniowo w językach Java i Perl 5.10 oraz bibliotece PCRE, ale jej znaczenie byłoby inne, niż można by się spodziewać. Dodatkowy znak <+> powodowałby bowiem zachłanność kwantyfikatora <{2}>, co w tym przypadku mija się z celem, ponieważ kwantyfikator <{2}> i tak nie powtarza poprzedzających go klas więcej niż dwa razy.

Kilka spośród zaproponowanych powyżej przykładów ilustruje, jak dopasowywać liczby szesnastkowe obejmujące najbardziej popularne przedrostki i przyrostki wykorzystywane do identyfikacji tego rodzaju wartości. W ten sposób można łatwo odróżniać liczby dziesiętne od liczb szesnastkowych złożonych z samych cyfr dziesiętnych. Na przykład wartość *10* może reprezentować albo liczbę dziesiętną pomiędzy *9* a *11*, albo liczbę szesnastkową pomiędzy *F* a *11*.

W większości pokazanych rozwiązań zastosowano granice wyrazów (patrz receptura 2.6). Granice wyrazów w tej formie pozwalają nam odnajdywać liczby szesnastkowe w dłuższym tekście. Warto zwrócić uwagę na brak granicy wyrazu na początku wyrażenia dopasowywanego do liczb z przedrostkiem &H. Zdecydowaliśmy się na takie rozwiązanie, ponieważ znak & nie jest traktowany jako znak wyrazu. Gdybyśmy umieścili granicę wyrazu na początku tego wyrażenia, byłoby ono dopasowywanie tylko do liczb szesnastkowych znajdujących się bezpośrednio za znakiem wyrazu.

Gdybyśmy chcieli sprawdzić, czy dany łańcuch zawiera tylko liczbę szesnastkową, powinniśmy otoczyć nasze wyrażenie regularne kotwicami początku i końca łańcucha. Najlepszym rozwiązaniem jest użycie odpowiednio kotwic <\A> i <\Z>, których znaczenie nie zmienia się w zależności od ustawionych opcji przetwarzania wyrażeń regularnych. Okazuje się jednak, że wymienione kotwice nie są obsługiwane w JavaScripcie. Programiści tego języka powinni więc użyć kotwic <^> i <$> oraz upewnić się, że nie użyto flagi /m (powodującej dopasowywanie symboli karety i dolara do znaków podziału wiersza). W języku Ruby kareta i znak dolara zawsze pasują do znaków podziału wiersza, zatem nie możemy stosować tych kotwic do dopasowywania wyrażenia regularnego do całych łańcuchów.

Patrz także

Receptury 2.3 i 2.12.

6.3. Liczby binarne

Problem

Chcemy odnajdywać liczby binarne występujące w ramach dłuższego tekstu. Chcemy też sprawdzać, czy dana zmienna łańcuchowa zawiera wyłącznie liczbę binarną.

Rozwiązanie

Odnajdujemy dowolną liczbę binarną w ramach dłuższego tekstu:

```
\b[01]+\b
```
Opcje wyrażenia regularnego: Brak
Odmiany wyrażeń regularnych: .NET, Java, JavaScript, PCRE, Perl, Python, Ruby

Sprawdzamy, czy dany łańcuch zawiera wyłącznie liczbę binarną:

```
\A[01]+\Z
```
Opcje wyrażenia regularnego: Brak
Odmiany wyrażeń regularnych: .NET, Java, PCRE, Perl, Python, Ruby

```
^[01]+$
```
Opcje wyrażenia regularnego: Brak
Odmiany wyrażeń regularnych: .NET, Java, JavaScript, PCRE, Perl, Python

Odnajdujemy liczbę binarną zakończona przyrostkiem B:

```
\b[01]+B\b
```
Opcje wyrażenia regularnego: Ignorowanie wielkości liter
Odmiany wyrażeń regularnych: .NET, Java, JavaScript, PCRE, Perl, Python, Ruby

Odnajdujemy binarny bajt (czyli binarną reprezentację liczby 8-bitowej):

```
\b[01]{8}\b
```
Opcje wyrażenia regularnego: Brak
Odmiany wyrażeń regularnych: .NET, Java, JavaScript, PCRE, Perl, Python, Ruby

Odnajdujemy binarne słowo (czyli binarną reprezentację liczby 16-bitowej):

```
\b[01]{16}\b
```
Opcje wyrażenia regularnego: Brak
Odmiany wyrażeń regularnych: .NET, Java, JavaScript, PCRE, Perl, Python, Ruby

Odnajdujemy łańcuch z bajtami (czyli ósemkami bitów):

```
\b(?:[01]{8})+\b
```
Opcje wyrażenia regularnego: Brak
Odmiany wyrażeń regularnych: .NET, Java, JavaScript, PCRE, Perl, Python, Ruby

Analiza

We wszystkich tych wyrażeniach regularnych zastosowano techniki wyjaśnione w dwóch poprzednich recepturach. Jedyna różnica sprowadza się do tego, że tym razem każda cyfra ma albo wartość *0*, albo wartość *1*. Możemy te cyfry bez trudu dopasowywać za pomocą klasy znaków obejmującej te dwa znaki: <[01]>.

Patrz także

Receptury 2.3 i 2.12.

6.4. Usuwanie początkowych zer

Problem

Chcemy dopasowywać liczby całkowite i albo zwracać te liczby bez początkowych zer, albo usuwać początkowe zera z przetwarzanego łańcucha.

Rozwiązanie

Wyrażenie regularne

```
\b0*([1-9][0-9]*|0)\b
```
Opcje wyrażenia regularnego: Brak
Odmiany wyrażeń regularnych: .NET, Java, JavaScript, PCRE, Perl, Python, Ruby

Tekst docelowy

```
$1
```
Odmiany tekstu docelowego: .NET, Java, JavaScript, PHP, Perl

```
\1
```
Odmiany tekstu docelowego: PHP, Python, Ruby

Uzyskiwanie liczb w Perlu

```
while ($subject =~ m/\b0*([1-9][0-9]*|0)\b/g) {
    push(@list, $1);
}
```

Eliminowanie początkowych zer w PHP

```php
$result = preg_replace('/\b0*([1-9][0-9]*|0)\b/', '$1', $subject);
```

Analiza

W zaproponowanym rozwiązaniu wykorzystaliśmy grupę przechwytującą do oddzielenia liczby od poprzedzających ją zer. Przed tą grupą zastosowano sekwencję <0*> pasującą do ewentualnych początkowych zer. W ramach naszej grupy konstrukcja <[1-9][0-9]*> pasuje do liczby złożonej z jednej lub wielu cyfr z pierwszą cyfrą różną od zera. Dopasowywana liczba może rozpoczynać się od zera, pod warunkiem że cała liczba jest równa zero. Granice wyrazów gwarantują nam, że nie będą dopasowywane liczby wchodzące w skład dłuższych sekwencji (patrz receptura 6.1).

Aby uzyskać listę wszystkich liczb zawartych w przetwarzanym tekście (bez początkowych zer), należy iteracyjnie przeszukać dopasowania zgodnie z procedurą opisaną w recepturze 3.11. W ramach tej pętli powinniśmy odczytać tekst dopasowany do pierwszej (i jedynej) grupy przechwytującej (patrz receptura 3.9). Rozwiązanie pokazane w poprzednim punkcie demonstruje możliwe rozwiązanie zaimplementowane w Perlu.

Usuwanie początkowych zer z wykorzystaniem operacji przeszukiwania i zastępowania jest wyjątkowo proste. Nasze wyrażenie regularne obejmuje grupę przechwytującą, która oddziela liczbę od ewentualnych zer występujących na jej początku. Jeśli zastąpimy dopasowanie do całego wyrażenia regularnego (a więc liczbę wraz z początkowymi zerami) tekstem dopasowanym do pierwszej grupy przechwytującej, w praktyce usuniemy te początkowe zera. W powyższym rozwiązaniu pokazano, jak można ten cel osiągnąć w języku PHP. W recepturze 3.15 opisano sposób realizacji tego zadania w pozostałych językach programowania.

Patrz także

Receptury 3.15 i 6.1.

6.5. Liczby należące do określonego przedziału

Problem

Chcemy dopasowywać liczbę całkowitą należącą do określonego przedziału. Chcemy określać odpowiedni przedział w samym wyrażeniu regularnym — tym razem naszym celem nie jest samo ograniczanie liczby cyfr.

Rozwiązanie

Od *1* do *12* (godzina zegara 12-godzinnego lub miesiąc):

```
^(1[0-2]|[1-9])$
```
Opcje wyrażenia regularnego: Brak
Odmiany wyrażeń regularnych: .NET, Java, JavaScript, PCRE, Perl, Python, Ruby

Od *1* do *24* (godzina zegara 24-godzinnego):

```
^(2[0-4]|1[0-9]|[1-9])$
```
Opcje wyrażenia regularnego: Brak
Odmiany wyrażeń regularnych: .NET, Java, JavaScript, PCRE, Perl, Python, Ruby

Od *1* do *31* (dzień miesiąca):

```
^(3[01]|[12][0-9]|[1-9])$
```
Opcje wyrażenia regularnego: Brak
Odmiany wyrażeń regularnych: .NET, Java, JavaScript, PCRE, Perl, Python, Ruby

Od *1* do *53* (tydzień roku):

```
^(5[0-3]|[1-4][0-9]|[1-9])$
```
Opcje wyrażenia regularnego: Brak
Odmiany wyrażeń regularnych: .NET, Java, JavaScript, PCRE, Perl, Python, Ruby

Od *0* do *59* (minuta lub sekunda):

```
^[1-5]?[0-9]$
```
Opcje wyrażenia regularnego: Brak
Odmiany wyrażeń regularnych: .NET, Java, JavaScript, PCRE, Perl, Python, Ruby

Od *0* do *100* (procent):

```
^(100|[1-9]?[0-9])$
```
Opcje wyrażenia regularnego: Brak
Odmiany wyrażeń regularnych: .NET, Java, JavaScript, PCRE, Perl, Python, Ruby

Od *1* do *100*:

```
^(100|[1-9][0-9]?)$
```
Opcje wyrażenia regularnego: Brak
Odmiany wyrażeń regularnych: .NET, Java, JavaScript, PCRE, Perl, Python, Ruby

Od *32* do *126* (kody znaków drukowanych zbioru ASCII):

```
^(12[0-6]|1[01][0-9]|[4-9][0-9]|3[2-9])$
```
Opcje wyrażenia regularnego: Brak
Odmiany wyrażeń regularnych: .NET, Java, JavaScript, PCRE, Perl, Python, Ruby

Od *0* do *127* (nieujemny bajt ze znakiem):

```
^(12[0-7]|1[01][0-9]|[1-9]?[0-9])$
```
Opcje wyrażenia regularnego: Brak
Odmiany wyrażeń regularnych: .NET, Java, JavaScript, PCRE, Perl, Python, Ruby

Od *–128* do *127* (bajt ze znakiem):

```
^(12[0-7]|1[01][0-9]|[1-9]?[0-9]|-(12[0-8]|1[01][0-9]|[1-9]?[0-9]))$
```
Opcje wyrażenia regularnego: Brak
Odmiany wyrażeń regularnych: .NET, Java, JavaScript, PCRE, Perl, Python, Ruby

Od *0* do *255* (bajt bez znaku):

```
^(25[0-5]|2[0-4][0-9]|1[0-9]{2}|[1-9]?[0-9])$
```
Opcje wyrażenia regularnego: Brak
Odmiany wyrażeń regularnych: .NET, Java, JavaScript, PCRE, Perl, Python, Ruby

Od *1* do *366* (dzień roku):

```
^(36[0-6]|3[0-5][0-9]|[12][0-9]{2}|[1-9][0-9]?)$
```
Opcje wyrażenia regularnego: Brak
Odmiany wyrażeń regularnych: .NET, Java, JavaScript, PCRE, Perl, Python, Ruby

Od *1900* do *2099* (rok):

```
^(19|20)[0-9]{2}$
```
Opcje wyrażenia regularnego: Brak
Odmiany wyrażeń regularnych: .NET, Java, JavaScript, PCRE, Perl, Python, Ruby

Od *0* do *32767* (nieujemne słowo ze znakiem):

```
^(3276[0-7]|327[0-5][0-9]|32[0-6][0-9]{2}|3[01][0-9]{3}|[12][0-9]{4}|[1-9][0-9]
↪{1,3}|[0-9])$
```
Opcje wyrażenia regularnego: Brak
Odmiany wyrażeń regularnych: .NET, Java, JavaScript, PCRE, Perl, Python, Ruby

Od *–32768* do *32767* (słowo ze znakiem):

```
^(3276[0-7]|327[0-5][0-9]|32[0-6][0-9]{2}|3[01][0-9]{3}|[12][0-9]{4}|[1-9][0-9]
↪{1,3}|[0-9]|-(3276[0-8]|327[0-5][0-9]|32[0-6][0-9]{2}|3[01][0-9]{3}|[12][0-9]
↪{4}|[1-9][0-9]{1,3}|[0-9]))$
```
Opcje wyrażenia regularnego: Brak
Odmiany wyrażeń regularnych: .NET, Java, JavaScript, PCRE, Perl, Python, Ruby

Od *0* do *65535* (słowo bez znaku):

```
^(6553[0-5]|655[0-2][0-9]|65[0-4][0-9]{2}|6[0-4][0-9]{3}|[1-5][0-9]{4}|[1-9][0-9]
↪{1,3}|[0-9])$
```
Opcje wyrażenia regularnego: Brak
Odmiany wyrażeń regularnych: .NET, Java, JavaScript, PCRE, Perl, Python, Ruby

Analiza

We wcześniejszych recepturach dopasowywaliśmy liczby całkowite złożone z dowolnej liczby cyfr lub tylko z określonej liczby cyfr. Nasze wyrażenia pasowały do pełnych przedziałów cyfr na wszystkich pozycjach w tych liczbach. Konstruowanie tego rodzaju wyrażeń regularnych jest wyjątkowo proste.

Wykorzystywanie wyrażeń regularnych do dopasowywania liczb należących do określonego przedziału, czyli na przykład liczb z przedziału od *0* do *255*, jest już dużo trudniejsze. Nie możemy po prostu napisać <[0-255]>. W rzeczywistości użycie takiego wyrażenia byłoby możliwe, tyle że z pewnością nie pasowałoby ono do liczb z interesującego nas przedziału. Klasa znaków w tej formie jest równoważna klasie <[0125]> i pasuje do pojedynczego znaku ze zbioru *0, 1, 2* lub *5*.

Wyrażenia regularne analizują kolejne znaki przetwarzanego łańcucha. Jeśli więc chcemy dopasować liczbę złożoną z więcej niż jednej cyfry, musimy wskazać wszystkie możliwe kombinacje cyfr. Najważniejszymi elementami składowymi tego rodzaju wyrażeń regularnych są klasy znaków (patrz receptura 2.3) oraz operator alternatywy (patrz receptura 2.8).

W klasach znaków możemy stosować przedziały dopasowywane do pojedynczych cyfr, na przykład w formie <[0-5]>. Możliwość definiowania przedziałów w tej formie wynika z tego, że

Ponieważ zaproponowane powyżej wyrażenia regularne są dłuższe od wcześniej prezentowanych wzorców, we wszystkich tych rozwiązaniach użyto kotwic weryfikujących, czy przetwarzany łańcuch (na przykład z danymi wejściowymi użytkownika) składa się z pojedynczej, interesującej nas liczby. W recepturze 6.1 wyjaśniono, jak za pomocą granic wyrazów lub konstrukcji wyszukiwania można dostosowywać wyrażenia regularne do innych schematów poszukiwania. W poniższej analizie będziemy omawiali wyrażenia regularne pozbawione jakichkolwiek kotwic, ponieważ chcemy koncentrować się na samych przedziałach liczbowych. Przed użyciem tych wyrażeń w rzeczywistych aplikacjach należałoby więc dodać albo kotwice, albo granice wyrazów, aby te wyrażenia nie były dopasowywane do cyfr wchodzących w skład dłuższych liczb.

znaki reprezentujące cyfry od *0* do *9* zajmują kolejne pozycje w tablicach znaków ASCII i Unicode. Oznacza to, że klasa znaków <[0-5]> pasuje do jednego z sześciu znaków, tak jak klasy <[j-o]> i <[\x09-\x0E]> pasują do znaków z innych przedziałów sześcioznakowych.

Kiedy przedział liczbowy jest reprezentowany w formie tekstowej, składa się z pewnej liczby pozycji. Na każdej z tych pozycji mogą występować cyfry z określonego przedziału. W niektórych przypadkach liczba pozycji jest stała — tak jest na przykład w przypadku przedziału od *12* do *24*. Inne przedziały cechują się zmienną liczbą pozycji — tak jest w przypadku przedziału od *1* do *12*. Przedziały cyfr, które mogą występować na poszczególnych pozycjach, mogą być albo niezależne, albo zależne od cyfr na pozostałych pozycjach. Na przykład w przedziale od *40* do *59* przedziały akceptowanych cyfr na obu pozycjach są niezależne od siebie, ale już w przypadku przedziału od *44* do *55* występuje taka zależność.

Z naszego punktu widzenia najprostsze są przedziały ze stałą liczbą niezależnych pozycji, na przykład od *40* do *59*. Kodowanie tego rodzaju przedziałów w formie wyrażeń regularnych wymaga tylko skonstruowania odpowiednich klas znaków. Dla każdej pozycji należy zdefiniować jedną klasę znaków opisującą przedział cyfr akceptowanych na tej pozycji.

    [45][0-9]

Opcje wyrażenia regularnego: Brak
Odmiany wyrażeń regularnych: .NET, Java, JavaScript, PCRE, Perl, Python, Ruby

Liczby należące do przedziału od *40* do *59* z natury rzeczy muszą składać się z dwóch cyfr. Potrzebujemy więc dwóch klas znaków. Na pierwszej pozycji musi występować cyfra 4 lub 5. Klasa znaków <[45]> pasuje właśnie do jednej z tych cyfr. Na drugiej pozycji może występować dowolna z dziesięciu cyfr — do cyfry na tej pozycji pasuje więc klasa znaków <[0-9]>.

Zamiast klasy znaków <[0-9]> moglibyśmy użyć skrótu <\d>. W tym przypadku zastosowaliśmy jednak wprost zdefiniowaną klasę <[0-9]>, aby zachować spójność z pozostałymi klasami i — tym samym — podnieść czytelność tego rozwiązania. Jeśli pracujemy w języku programowania, który wymaga stosowania sekwencji ucieczki dla lewych ukośników w stałych łańcuchowych, niezwykle pomocne jest także ograniczanie liczby lewych ukośników w definiowanych wyrażeniach regularnych.

Także liczby z przedziału od *44* do *55* wymagają dwóch pozycji, jednak tym razem cyfry na obu pozycjach nie są od siebie niezależne. Na pierwszej pozycji musi występować cyfra 4 lub 5. Jeśli na pierwszej pozycji występuje cyfra 4, druga cyfra musi się mieścić w przedziale od 4 do 9. W ten sposób dopasowujemy liczby z przedziału od *44* do *49*. Jeśli na pierwszej pozycji występuje cyfra *5*, druga cyfra musi się mieścić w przedziale od *0* do *5*. W ten sposób dopasowujemy liczby z przedziału od *50* do *55*. Skonstruowanie wyrażenia regularnego w tej formie sprowadza się do użycia operatora alternatywy łączącego oba przedziały:

```
4[4-9]|5[0-5]
```
Opcje wyrażenia regularnego: Brak
Odmiany wyrażeń regularnych: .NET, Java, JavaScript, PCRE, Perl, Python, Ruby

Operator alternatywy zmusza moduł wyrażeń regularnych do dopasowania wzorca `<4[4-9]>` lub `<5[0-5]>`. Ponieważ operator alternatywy ma najniższy priorytet spośród wszystkich operatorów wyrażeń regularnych, nie ma potrzeby grupowania konstrukcji dopasowywanych do obu pozycji, jak w wyrażeniu `<(4[4-9])|(5[0-5])>`.

Za pomocą operatorów alternatywy można łączyć dowolną liczbę takich przedziałów. Dla przedziału od *34* do *65* należy zdefiniować dwie zależne od siebie pozycje. Pierwsza cyfra musi się mieścić w przedziale od *3* do *6*. Jeśli tą cyfrą jest *3*, na drugiej pozycji musi występować cyfra od *4* do *9*. Jeśli pierwszą cyfrą jest *4* lub *5*, na drugiej pozycji może występować dowolna cyfra. Jeśli pierwszą cyfrą jest *6*, na drugiej pozycji musi występować cyfra z przedziału od *0* do *5*:

```
3[4-9]|[45][0-9]|6[0-5]
```
Opcje wyrażenia regularnego: Brak
Odmiany wyrażeń regularnych: .NET, Java, JavaScript, PCRE, Perl, Python, Ruby

Tak jak używamy operatora alternatywy do dzielenia przedziałów z zależnymi pozycjami na wiele przedziałów z niezależnymi pozycjami, tak możemy wykorzystać ten operator do dzielenia przedziałów ze zmienną liczbą pozycji na wiele przedziałów ze stałymi liczbami pozycji. Przedział od *1* do *12* obejmuje liczby jedno- i dwucyfrowe. Możemy więc podzielić nasze wyrażenie na wzorzec pasujący do przedziału od *1* do *9* (z jedną pozycją) oraz na wzorzec pasujący do przedziału od *10* do *12* (z dwiema pozycjami). Pozycje w obu tych przedziałach są niezależne od siebie, zatem nie ma potrzeby ich dalszego dzielenia:

```
1[0-2]|[1-9]
```
Opcje wyrażenia regularnego: Brak
Odmiany wyrażeń regularnych: .NET, Java, JavaScript, PCRE, Perl, Python, Ruby

Przedział liczb dwucyfrowych umieściliśmy przed przedziałem liczb jednocyfrowych. Zrobiliśmy to celowo, ponieważ moduł wyrażeń regularnych jest **zachłanny** (ang. *eager*). Zachłanność w działaniu tego modułu przejawia się poszukiwaniem alternatyw od lewej do prawej strony i wykorzystywaniem pierwszego pasującego wzorca alternatywnego. Gdyby przetwarzany łańcuch zawierał liczbę *12*, wyrażenie `<1[0-2]|[1-9]>` zostałoby dopasowane do całej tej liczby, natomiast wyrażenie `<[1-9]|1[0-2]>` zostałoby dopasowane tylko do cyfry *1*. Pierwszy wzorzec alternatywny drugiego z tych wyrażeń, czyli `<[1-9]>` zostałby początkowo dopasowany do samej cyfry *1*, a moduł wyrażeń regularnych nigdy nie sprawdziłby, czy drugi wzorzec, czyli `<1[0-2]>`, może pasować do „lepszej" sekwencji.

Przedział od *85* do *117* obejmuje liczby dwóch różnych długości. Przedział od *85* do *99* obejmuje liczby dwucyfrowe, a przedział od *100* do *117* obejmuje liczby trzycyfrowe. Pozycje w obu tych przedziałach są od siebie zależne, co wymaga wprowadzenia dalszego podziału. Jeśli w przedziale liczb dwucyfrowych pierwszą cyfrą jest *8*, druga cyfra musi należeć do przedziału od *5* do *9*. Jeśli w tym samym przedziale pierwszą cyfrą jest *9*, na drugiej pozycji może występować dowolna cyfra. W przedziale liczb trzycyfrowych pierwszą cyfrą może być tylko *1*. Jeśli drugą cyfrą w tym przedziale jest *0*, na trzeciej pozycji może występować dowolna cyfra. Jeśli jednak drugą cyfrą jest *1*, na trzeciej pozycji musi występować cyfra z przedziału od *0* do *7*. W ten sposób otrzymujemy następujące cztery przedziały: od *85* do *89*, od *90* do *99*, od *100* do *109* oraz od *110* do *117*. Chociaż opis tego wzorca jest dość złożony, samo wyrażenie regularne nie jest bardziej skomplikowane od wcześniejszych wyrażeń:

```
8[5-9]|9[0-9]|10[0-9]|11[0-7]
```
Opcje wyrażenia regularnego: Brak
Odmiany wyrażeń regularnych: .NET, Java, JavaScript, PCRE, Perl, Python, Ruby

To wszystko, czego potrzebujemy do dopasowywania przedziałów liczbowych za pomocą wyrażeń regularnych — wystarczy dzielić oryginalny przedział tak długo, aż otrzymamy same przedziały składowe ze stałą liczbą pozycji i niezależnymi cyframi. W ten sposób zawsze będziemy konstruować prawidłowe, czytelne i łatwe w konserwacji wyrażenia regularne, nawet jeśli w ostatecznej formie będziemy musieli stosować dość długie zapisy.

Istnieją jeszcze inne techniki umożliwiające konstruowanie krótszych wyrażeń regularnych. Przeanalizujmy na przykład wyrażenie pasujące do liczb z przedziału od *0* do *65535* opracowane zgodnie z opisanym powyżej schematem:

```
6553[0-5]|655[0-2][0-9]|65[0-4][0-9][0-9]|6[0-4][0-9][0-9][0-9]|[1-5][0-9][0-9][0-9]
↪[0-9]|[1-9][0-9][0-9][0-9]|[1-9][0-9][0-9]|[1-9][0-9]|[0-9]
```
Opcje wyrażenia regularnego: Brak
Odmiany wyrażeń regularnych: .NET, Java, JavaScript, PCRE, Perl, Python, Ruby

Wyrażenie regularne w tej formie działa zupełnie prawidłowo. Co więcej, trudno byłoby opracować wyrażenie działające zauważalnie szybciej. Wszystkie możliwe kroki optymalizujące (na przykład dobór właściwych alternatyw dla liczb rozpoczynających się od cyfry *6*) są stosowane przez moduł wyrażeń regularnych w trakcie kompilacji tego wzorca. W tej sytuacji dodatkowe komplikowanie tego wyrażenia w nadziei na nieznaczne przyspieszenie jego przetwarzania byłoby stratą czasu. Okazuje się jednak, że możemy skrócić to wyrażenie regularne, aby ograniczyć liczbę wpisywanych znaków i jednocześnie zachować jego czytelność.

Łatwo zauważyć, że wiele wzorców alternatywnych obejmuje te same klasy znaków występujące bezpośrednio obok siebie. Możemy więc wyeliminować powtórzenia tych klas, stosując kwantyfikatory. Więcej informacji o kwantyfikatorach można znaleźć w recepturze 2.12.

```
6553[0-5]|655[0-2][0-9]|65[0-4][0-9]{2}|6[0-4][0-9]{3}|[1-5][0-9]{4}|[1-9][0-9]{3}|
↪[1-9][0-9]{2}|[1-9][0-9]|[0-9]
```
Opcje wyrażenia regularnego: Brak
Odmiany wyrażeń regularnych: .NET, Java, JavaScript, PCRE, Perl, Python, Ruby

Fragment `<[1-9][0-9]{3}|[1-9][0-9]{2}|[1-9][0-9]>` tego wyrażenia regularnego zawiera trzy podobne wzorce, z których każdy obejmuje tę samą parę klas znaków. Jedyną różnicą jest liczba powtórzeń drugiej z tej pary klas. Możemy więc łatwo połączyć te konstrukcje, stosując następujący zapis: `<[1-9][0-9]{1,3}>`:

```
6553[0-5]|655[0-2][0-9]|65[0-4][0-9]{2}|6[0-4][0-9]{3}|[1-5][0-9]{4}|[1-9][0-9]
↪{1,3}|[0-9]
```
Opcje wyrażenia regularnego: Brak
Odmiany wyrażeń regularnych: .NET, Java, JavaScript, PCRE, Perl, Python, Ruby

Wszelkie inne zmiany ograniczyłyby czytelność tego wzorca. Moglibyśmy na przykład wyłączyć początkową cyfrę 6 z pierwszych czterech alternatyw:

```
6(?:553[0-5]|55[0-2][0-9]|5[0-4][0-9]{2}|[0-4][0-9]{3})|[1-5][0-9]{4}|[1-9][0-9]
↪{1,3}|[0-9]
```
Opcje wyrażenia regularnego: Brak
Odmiany wyrażeń regularnych: .NET, Java, JavaScript, PCRE, Perl, Python, Ruby

Okazuje się, że wyrażenie regularne w tej formie jest dłuższe o jeden znak, ponieważ musieliśmy dodać grupę nieprzechwytującą, aby oddzielić wzorce pasujące do początkowej cyfry 6 od pozostałych alternatyw. Przedstawione rozwiązanie nie spowoduje przyspieszenia przetwarzania w żadnej z odmian opisywanych w tej książce. Wszystkie te odmiany stosują wewnętrzne mechanizmy optymalizacji.

Patrz także

Receptury 2.8, 4.12 i 6.1.

6.6. Liczby szesnastkowe należące do określonego przedziału

Problem

Chcemy dopasowywać liczby szesnastkowe należące do pewnych przedziałów. Chcemy określać odpowiedni przedział w samym wyrażeniu regularnym — naszym celem nie jest samo ograniczanie liczby cyfr.

Rozwiązanie

Od 1 do C (od 1 do 12: godzina lub miesiąc):

```
^[1-9a-c]$
```
Opcje wyrażenia regularnego: Ignorowanie wielkości liter
Odmiany wyrażeń regularnych: .NET, Java, JavaScript, PCRE, Perl, Python, Ruby

Od *1* do *18* (od *1* do *24*: godzina):

```
^(1[0-8]|[1-9a-f])$
```
Opcje wyrażenia regularnego: Ignorowanie wielkości liter
Odmiany wyrażeń regularnych: .NET, Java, JavaScript, PCRE, Perl, Python, Ruby

Od *1* do *1F* (od *1* do *31*: dzień miesiąca):

```
^(1[0-9a-f]|[1-9a-f])$
```
Opcje wyrażenia regularnego: Ignorowanie wielkości liter
Odmiany wyrażeń regularnych: .NET, Java, JavaScript, PCRE, Perl, Python, Ruby

Od *1* do *35* (od *1* do *53*: tydzień roku):

```
^(3[0-5]|[12][0-9a-f]|[1-9a-f])$
```
Opcje wyrażenia regularnego: Ignorowanie wielkości liter
Odmiany wyrażeń regularnych: .NET, Java, JavaScript, PCRE, Perl, Python, Ruby

Od *0* do *3B* (od *0* do *59*: minuta lub sekunda):

```
^(3[0-9a-b]|[12]?[0-9a-f])$
```
Opcje wyrażenia regularnego: Ignorowanie wielkości liter
Odmiany wyrażeń regularnych: .NET, Java, JavaScript, PCRE, Perl, Python, Ruby

Od *0* do *64* (od *0* do *100*: procent):

```
^(6[0-4]|[1-5]?[0-9a-f])$
```
Opcje wyrażenia regularnego: Ignorowanie wielkości liter
Odmiany wyrażeń regularnych: .NET, Java, JavaScript, PCRE, Perl, Python, Ruby

Od *1* do *64* (od *1* do *100*):

```
^(6[0-4]|[1-5][0-9a-f]|[1-9a-f])$
```
Opcje wyrażenia regularnego: Ignorowanie wielkości liter
Odmiany wyrażeń regularnych: .NET, Java, JavaScript, PCRE, Perl, Python, Ruby

Od *20* do *7E* (od *32* do *126*: kody drukowanych znaków ASCII):

```
^(7[0-9a-e]|[2-6][0-9a-f])$
```
Opcje wyrażenia regularnego: Ignorowanie wielkości liter
Odmiany wyrażeń regularnych: .NET, Java, JavaScript, PCRE, Perl, Python, Ruby

Od *0* do *7F* (od *0* do *127*: liczba 7-bitowa):

```
^[1-7]?[0-9a-f]$
```
Opcje wyrażenia regularnego: Ignorowanie wielkości liter
Odmiany wyrażeń regularnych: .NET, Java, JavaScript, PCRE, Perl, Python, Ruby

Od *0* do *FF* (od *0* do *255*: liczba 8-bitowa):

```
^[1-9a-f]?[0-9a-f]$
```
Opcje wyrażenia regularnego: Ignorowanie wielkości liter
Odmiany wyrażeń regularnych: .NET, Java, JavaScript, PCRE, Perl, Python, Ruby

Od *1* do *16E* (od *1* do *366*: dzień roku):

```
^(16[0-9a-e]|1[0-5][0-9a-f]|[1-9a-f][0-9a-f]?)$
```
Opcje wyrażenia regularnego: Ignorowanie wielkości liter
Odmiany wyrażeń regularnych: .NET, Java, JavaScript, PCRE, Perl, Python, Ruby

Od *76C* do *833* (od *1900* do *2099*: rok):

```
^(83[0-3]|8[0-2][0-9a-f]|7[7-9a-f][0-9a-f]|76[c-f])$
```
Opcje wyrażenia regularnego: Ignorowanie wielkości liter
Odmiany wyrażeń regularnych: .NET, Java, JavaScript, PCRE, Perl, Python, Ruby

Od *0* do *7FFF*: (od *0* do *32767*: liczba 15-bitowa):

```
^([1-7][0-9a-f]{3}|[1-9a-f][0-9a-f]{1,2}|[0-9a-f])$
```
Opcje wyrażenia regularnego: Ignorowanie wielkości liter
Odmiany wyrażeń regularnych: .NET, Java, JavaScript, PCRE, Perl, Python, Ruby

Od *0* do *FFFF*: (od *0* do *65535*: liczba 16-bitowa):

```
^([1-9a-f][0-9a-f]{1,3}|[0-9a-f])$
```
Opcje wyrażenia regularnego: Ignorowanie wielkości liter
Odmiany wyrażeń regularnych: .NET, Java, JavaScript, PCRE, Perl, Python, Ruby

Analiza

W świecie wyrażeń regularnych dopasowywanie przedziałów dziesiętnych liczb całkowitych nie różni się od dopasowywania przedziałów liczb szesnastkowych. Jak wyjaśniono w poprzedniej recepturze, oryginalny przedział należy tak długo dzielić na mniejsze przedziały, aż wszystkie te przedziały będą obejmowały liczby stałej długości i niezależne cyfry szesnastkowe. Nasze zadanie sprowadza się wówczas do użycia klasy znaków dla każdej pozycji i połączenia tych przedziałów za pomocą operatora alternatywy.

Ponieważ litery i cyfry zajmują w tablicach znaków ASCII i Unicode odrębne obszary, do dopasowywania jednej z szesnastu cyfr szesnastkowych nie możemy użyć po prostu klasy znaków <[0-F]>. Mimo że klasa znaków w tej formie rzeczywiście pasuje do interesujących nas znaków, pasuje też do znaków interpunkcyjnych występujących w tablicy ASCII między cyframi a literami. Powinniśmy więc użyć dwóch przedziałów w jednej klasie znaków: [0-9A-F].

Innym problemem, który warto mieć na uwadze, jest kwestia uwzględniania lub ignorowania wielkości liter. Wyrażenia regularne domyślnie uwzględniają wielkość liter. Oznacza to, że klasa <[0-9A-F]> pasuje tylko do wielkich, a klasa <[0-9a-f]> pasuje tylko do małych cyfr szesnastkowych. Klasa <[0-9A-Fa-f]> pasuje do cyfr szesnastkowych w obu wersjach.

Wielokrotne wpisywanie zarówno przedziałów wielkich liter, jak i przedziałów małych liter we wszystkich tych klasach znaków szybko stałoby się uciążliwe. Dużo prostszym rozwiązaniem jest włączenie trybu ignorowania wielkości liter. W recepturze 3.4 wyjaśniono, jak można tę opcję włączyć w najbardziej popularnych językach programowania.

Patrz także

Receptury 2.8 i 6.2.

6.7. Liczby zmiennoprzecinkowe

Problem

Chcemy dopasowywać liczby zmiennoprzecinkowe i określać, czy znak, część całkowita, część ułamkowa oraz część wykładnicza mają być wymagane, opcjonalne, czy zabronione. Nie chcemy jednak, by nasze wyrażenie regularne w jakikolwiek sposób ograniczało zakres dopasowywanych liczb do określonych przedziałów — to zadanie możemy bez trudu zrealizować w kodzie proceduralnym (patrz receptura 3.12).

Rozwiązanie

Wymagany znak, część całkowita, część ułamkowa i część wykładnicza:

```
^[-+][0-9]+\.[0-9]+[eE][-+]?[0-9]+$
```
Opcje wyrażenia regularnego: Brak
Odmiany wyrażeń regularnych: .NET, Java, JavaScript, PCRE, Perl, Python, Ruby

Wymagany znak, część całkowita i część ułamkowa; brak części wykładniczej:

```
^[-+][0-9]+\.[0-9]+$
```
Opcje wyrażenia regularnego: Brak
Odmiany wyrażeń regularnych: .NET, Java, JavaScript, PCRE, Perl, Python, Ruby

Opcjonalny znak; wymagana część całkowita i ułamkowa; brak części wykładniczej:

```
^[-+]?[0-9]+\.[0-9]+$
```
Opcje wyrażenia regularnego: Brak
Odmiany wyrażeń regularnych: .NET, Java, JavaScript, PCRE, Perl, Python, Ruby

Opcjonalny znak i część całkowita; wymagana część ułamkowa; brak części wykładniczej:

```
^[-+]?[0-9]*\.[0-9]+$
```
Opcje wyrażenia regularnego: Brak
Odmiany wyrażeń regularnych: .NET, Java, JavaScript, PCRE, Perl, Python, Ruby

Opcjonalny znak, część całkowita i ułamkowa. W razie braku części całkowitej część ułamkowa jest wymagana. W razie braku części ułamkowej liczba nie może zawierać kropki. Brak części wykładniczej:

```
^[-+]?([0-9]+(\.[0-9]+)?|\.[0-9]+)$
```
Opcje wyrażenia regularnego: Brak
Odmiany wyrażeń regularnych: .NET, Java, JavaScript, PCRE, Perl, Python, Ruby

Opcjonalny znak, część całkowita i ułamkowa. W razie braku części całkowitej część ułamkowa jest wymagana. W razie braku części ułamkowej kropka jest opcjonalna. Brak części wykładniczej:

```
^[-+]?([0-9]+(\.[0-9]*)?|\.[0-9]+)$
```
Opcje wyrażenia regularnego: Brak
Odmiany wyrażeń regularnych: .NET, Java, JavaScript, PCRE, Perl, Python, Ruby

Opcjonalny znak, część całkowita i ułamkowa. W razie braku części całkowitej część ułamkowa jest wymagana. W razie braku części ułamkowej liczba nie może zawierać kropki. Opcjonalna część wykładnicza:

```
^[-+]?([0-9]+(\.[0-9]+)?|\.[0-9]+)([eE][-+]?[0-9]+)?$
```
Opcje wyrażenia regularnego: Brak
Odmiany wyrażeń regularnych: .NET, Java, JavaScript, PCRE, Perl, Python, Ruby

Opcjonalny znak, część całkowita i ułamkowa. W razie braku części całkowitej część ułamkowa jest wymagana. W razie braku części ułamkowej kropka jest opcjonalna. Opcjonalna część wykładnicza:

```
^[-+]?([0-9]+(\.[0-9]*)?|\.[0-9]+)([eE][-+]?[0-9]+)?$
```
Opcje wyrażenia regularnego: Brak
Odmiany wyrażeń regularnych: .NET, Java, JavaScript, PCRE, Perl, Python, Ruby

Poniżej pokazano poprzednie wyrażenie przystosowane do odnajdywania liczb w ramach dłuższego tekstu:

```
[-+]?(\b[0-9]+(\.[0-9]*)?|\.[0-9]+)([eE][-+]?[0-9]+\b)?
```
Opcje wyrażenia regularnego: Brak
Odmiany wyrażeń regularnych: .NET, Java, JavaScript, PCRE, Perl, Python, Ruby

Analiza

Wszystkie zaproponowane powyżej wyrażenia regularne otoczono kotwicami (patrz receptura 2.5), aby zagwarantować, że cały tekst będzie sprawdzany pod kątem zawierania liczby zmiennoprzecinkowej (nie chcemy odnajdywać liczb zmiennoprzecinkowych w dłuższych łańcuchach). Gdybyśmy chcieli dopasowywać liczby zmiennoprzecinkowe występujące w dłuższych fragmentach tekstu, powinniśmy użyć albo granic wyrazów, albo konstrukcji wyszukiwania (patrz receptura 6.1).

Rozwiązania pozbawione opcjonalnych składników liczb zmiennoprzecinkowych są bardzo proste — proces ich konstruowania sprowadza się do wskazywania kolejnych elementów od lewej do prawej strony. Klasy znaków (patrz receptura 2.3) pasują do znaku (plusa lub minusa), cyfr i litery *e*. Kwantyfikatory plusa i znaku zapytania (patrz receptura 2.12) umożliwiają dopasowywanie dowolnej liczby cyfr i opcjonalnego znaku części wykładniczej.

Przekształcenie początkowego znaku i części całkowitej w składniki opcjonalne jest dość proste. Znak zapytania umieszczony bezpośrednio po klasie znaków ze znakiem analizowanej liczby powoduje opcjonalność tego znaku. Użycie gwiazdki w miejsce kwantyfikatora plusa (dla cyfr części całkowitej) powoduje, że odpowiednia klasa znaków jest powtarzana zero razy, raz lub wiele razy (zamiast raz lub wiele razy).

Sytuacja komplikuje się dopiero wtedy, gdy opcjonalne stają się wszystkie następujące składniki: znak, część całkowita i część ułamkowa. Mimo że każdy z tych elementów sam w sobie jest opcjonalny, wszystkie te elementy nie są opcjonalne jednocześnie, a łańcuch pusty nie jest traktowany jako prawidłowa liczba zmiennoprzecinkowa. Początkowe rozwiązanie, czyli wyrażenie <[-+]?[0-9]*\.?[0-9]*>, pasuje do wszystkich prawidłowych liczb zmiennoprzecinkowych, ale też do łańcucha pustego. Co więcej, ponieważ pominęliśmy kotwice, wyrażenie w tej formie zostanie dopasowane do łańcucha zerowej długości pomiędzy dwoma dowolnymi znakami przetwarzanego tekstu. Gdybyśmy wykorzystali to wyrażenie regularne w operacji przeszukiwania i zastępowania (z tekstem docelowym «{$&}») na łańcuchu *123abc456*, otrzymalibyśmy łańcuch *{123}{}a{}b{}c{456}{}*. Wyrażenie regularne co prawda dopasuje prawidłowo liczby *123* i *456*, ale też znajdzie dopasowania zerowej długości dla wszystkich pozostałych prób dopasowań.

Podczas tworzenia wyrażenia regularnego, którego wszystkie elementy mają być opcjonalne, niezwykle ważne jest sprawdzenie, czy brak któregoś z elementów nie powinien anulować opcjonalności pozostałych elementów. Na przykład liczby zmiennoprzecinkowe muszą składać się z przynajmniej jednej cyfry.

W rozwiązaniach zaproponowanych na początku tej receptury jasno określono, kiedy część całkowita i ułamkowa są opcjonalne, mimo że przynajmniej jedna z nich jest wymagana. Musimy zdecydować, czy sekwencja *123.* ma być traktowana jako liczba zmiennoprzecinkowa ze znakiem dziesiętnym, czy jako liczba całkowita, po której następuje kropka (nienależąca do tej liczby). Jeśli przetwarzanym tekstem jest kod źródłowy, powinniśmy brać pod uwagę konstrukcje, które mogą być stosowane w danym języku programowania — kropka może pełnić na przykład funkcję operatora konkatenacji lub być częścią operatora przedziału (złożonego z dwóch kropek).

Do zaimplementowania reguły, zgodnie z którą części całkowitej i ułamkowej nie można pomijać jednocześnie (dopasowywana liczba musi się składać z przynajmniej jednej z tych części), wykorzystujemy operator alternatywy (patrz receptura 2.8) w ramach grupy (patrz receptura 2.9); te dwie konstrukcje pozwalają nam opisać wszystkie akceptowane sytuacje. Wyrażenie `<[0-9]+(\.[0-9]+)?>` pasuje do liczby z wymaganą częścią całkowitą i opcjonalną częścią ułamkową, a wyrażenie `<\.[0-9]+>` pasuje do samej części ułamkowej.

Po połączeniu tych wzorców otrzymujemy wyrażenie `<[0-9]+(\.[0-9]+)?|\.[0-9]+>` dopasowywane do wszystkich trzech akceptowanych scenariuszy. Pierwsze wyrażenie alternatywne pasuje do liczb złożonych z części całkowitej i części ułamkowej oraz do liczb pozbawionych części ułamkowej. Drugie wyrażenie alternatywne pasuje do samej części ułamkowej. Ponieważ operator alternatywy ma najniższy priorytet ze wszystkich konstrukcji wyrażeń regularnych, zanim użyjemy tej konstrukcji w dłuższym wyrażeniu regularnym, musimy umieścić wszystkie trzy alternatywne wzorce w jednej grupie.

Wyrażenie `<[0-9]+(\.[0-9]+)?|\.[0-9]+>` wyklucza możliwość występowania kropki w razie braku części ułamkowej. Gdyby liczba zmiennoprzecinkowa mogła zawierać kropkę mimo braku części ułamkowej, powinniśmy użyć wyrażenia `<[0-9]+(\.[0-9]*)?|\.[0-9]+>`. W pierwszym wzorcu alternatywnym w ramach tego wyrażenia grupujemy część ułamkową z kwantyfikatorem znaku zapytania powodującym opcjonalność tej części. Tym razem jednak opcjonalne są same cyfry części ułamkowej (bez kropki). Zastąpiliśmy więc kwantyfikator plusa (jeden lub wiele) kwantyfikatorem gwiazdki (zero, jeden lub wiele). W ten sposób otrzymaliśmy wyrażenie alternatywne pasujące do części całkowitej z opcjonalną częścią ułamkową, gdzie część ułamkowa może obejmować kropkę z cyframi lub samą kropkę. Drugie wyrażenie alternatywne pozostało niezmienione.

Ostatni przykład jest o tyle ciekawy, że zmiana wymagania odnośnie do jednej części zmusiła nas do modyfikacji kwantyfikatora dotyczącego innego elementu. Zmienione wymaganie dotyczyło kropki, która sama w sobie jest teraz opcjonalna (nie w ramach kombinacji z cyframi części ułamkowej). Osiągnęliśmy zamierzony cel, modyfikując kwantyfikator związany z klasą znaków dla cyfr części ułamkowej. Rozwiązanie w tej formie zdaje egzamin, ponieważ kropka i wspomniana klasa znaków wchodziły już w skład grupy powodującej opcjonalność obu tych elementów.

Patrz także

Receptury 2.3, 2.8, 2.9 i 2.12.

6.8. Liczby z separatorem tysiąca

Problem

Chcemy dopasowywać liczby z przecinkiem pełniącym funkcję separatora tysiąca oraz z kropką w roli separatora dziesiętnego (oddzielającego część całkowitą od ułamkowej)[1].

Rozwiązanie

Wymagana część całkowita i ułamkowa:

```
^[0-9]{1,3}(,[0-9]{3})*\.[0-9]+$
```
Opcje wyrażenia regularnego: Brak
Odmiany wyrażeń regularnych: .NET, Java, JavaScript, PCRE, Perl, Python, Ruby

Wymagana część całkowita i opcjonalna część ułamkowa. W razie braku części ułamkowej liczba nie może zawierać kropki:

```
^[0-9]{1,3}(,[0-9]{3})*(\.[0-9]+)?$
```
Opcje wyrażenia regularnego: Brak
Odmiany wyrażeń regularnych: .NET, Java, JavaScript, PCRE, Perl, Python, Ruby

Opcjonalna część całkowita i ułamkowa. W razie braku części ułamkowej liczba nie może zawierać kropki:

```
^([0-9]{1,3}(,[0-9]{3})*(\.[0-9]+)?|\.[0-9]+)$
```
Opcje wyrażenia regularnego: Brak
Odmiany wyrażeń regularnych: .NET, Java, JavaScript, PCRE, Perl, Python, Ruby

To wyrażenie różni się od poprzedniego wyrażenia tylko możliwością odnajdywania liczb w dłuższym tekście:

```
\b[0-9]{1,3}(,[0-9]{3})*(\.[0-9]+)?\b|\.[0-9]+\b
```
Opcje wyrażenia regularnego: Brak
Odmiany wyrażeń regularnych: .NET, Java, JavaScript, PCRE, Perl, Python, Ruby

Analiza

Ponieważ wszystkie te wyrażenia regularne mają być dopasowywane do liczb zmiennoprzecinkowych, podczas ich konstruowania zastosowaliśmy te same techniki co w poprzedniej recepturze. Tym razem jednak części całkowitej nie dopasowujemy do konstrukcji <[0-9]+>,

---

[1] W języku polskim znaczenie tych znaków jest odwrotne. Odpowiednie przebudowanie proponowanych tutaj wyrażeń regularnych nie stanowi jednak problemu — *przyp. tłum.*

tylko do bardziej złożonego wzorca konstrukcji `<[0-9]{1,3}(,[0-9]{3})*>`. Przytoczone wyrażenie pasuje do sekwencji 1 – 3 cyfr, po których następuje zero lub wiele grup złożonych z przecinka i trzech cyfr.

Do dopasowywania opcjonalnej części całkowitej nie możemy użyć wyrażenia `<[0-9]` `↪{0,3}(,[0-9]{3})*>`, ponieważ w ten sposób akceptowalibyśmy liczby zaczynające się od przecinka, na przykład *,123*. Mamy więc do czynienia z tą samą pułapką wielu opcjonalnych elementów, którą omówiliśmy w poprzedniej recepturze. Aby część całkowita była opcjonalna, nie zmieniamy fragmentu wyrażenia właściwego tej części — stosujemy konstrukcję opcjonalności dla całego wyrażenia regularnego. W dwóch ostatnich wyrażeniach regularnych osiągnęliśmy ten cel, stosując operator alternatywy. Wyrażenie regularne dla wymaganej części całkowitej i opcjonalnej części ułamkowej połączono operatorem alternatywy z wyrażeniem pasującym do części ułamkowej bez części całkowitej. W ten sposób otrzymaliśmy wyrażenie regularne pasujące do liczb z opcjonalną częścią całkowitą i opcjonalną częścią ułamkową, ale nigdy do liczb bez obu tych części jednocześnie.

Patrz także

Receptury 2.3, 2.9 i 2.12.

6.9. Liczby rzymskie

Problem

Chcemy dopasowywać liczby rzymskie, jak *IV*, *XIII* czy *MVIII*.

Rozwiązanie

Liczby rzymskie bez jakiejkolwiek weryfikacji:

```
^[MDCLXVI]+$
```
    Opcje wyrażenia regularnego: Ignorowanie wielkości liter
    Odmiany wyrażeń regularnych: .NET, Java, JavaScript, PCRE, Perl, Python, Ruby

Współczesne liczby rzymskie z weryfikacją poprawności:

```
^(?=[MDCLXVI])M*(C[MD]|D?C{0,3})(X[CL]|L?X{0,3})(I[XV]|V?I{0,3})$
```
    Opcje wyrażenia regularnego: Ignorowanie wielkości liter
    Odmiany wyrażeń regularnych: .NET, Java, JavaScript, PCRE, Perl, Python, Ruby

Współczesne liczby rzymskie z uproszczoną (bardziej elastyczną) weryfikacją poprawności:

```
^(?=[MDCLXVI])M*(C[MD]|D?C*)(X[CL]|L?X*)(I[XV]|V?I*)$
```
    Opcje wyrażenia regularnego: Ignorowanie wielkości liter
    Odmiany wyrażeń regularnych: .NET, Java, JavaScript, PCRE, Perl, Python, Ruby

Proste liczby rzymskie:

```
^(?=[MDCLXVI])M*D?C{0,4}L?X{0,4}V?I{0,4}$
```
    Opcje wyrażenia regularnego: Ignorowanie wielkości liter
    Odmiany wyrażeń regularnych: .NET, Java, JavaScript, PCRE, Perl, Python, Ruby

Analiza

Liczby rzymskie zapisujemy, korzystając z liter M, D, C, L, X, V oraz I reprezentujących odpowiednio wartości 1000, 500, 100, 50, 10, 5 i 1. Nasze pierwsze wyrażenie regularne pasuje do dowolnego łańcucha złożonego z wymienionych liter, ale nie sprawdza, czy porządek i liczba tych liter są prawidłowe (zgodne z regułami zapisywania liczb rzymskich).

Obecnie (czyli od kilkuset lat) liczby całkowite zapisuje się według ściśle określonych reguł. Zgodnie z tymi regułami każda liczba rzymska jest reprezentowana przez dokładnie jedną sekwencję liter — właśnie dlatego wartość 4 zawsze zapisujemy jako IV, nigdy jako IIII.

Drugie z zaproponowanych powyżej wyrażeń regularnych pasuje tylko do liczb rzymskich zgodnych ze wspomnianymi, współczesnymi regułami zapisu.

Każda cyfra różna od zera jest reprezentowana w liczbie rzymskiej przez odrębną sekwencję liter. Na przykład rok 1999 zapisujemy jako MCMXCIX, gdzie M reprezentuje 1000, CM reprezentuje 900, XC reprezentuje 90, a IX reprezentuje 9. Wartość 1999 nie może więc być reprezentowana przez sekwencje MIM ani IMM.

Dopasowywanie tysięcy jest wyjątkowo proste — każdy tysiąc jest reprezentowany przez literę M, zatem wystarczy użyć wyrażenia <M*>.

Istnieje dziesięć możliwych kombinacji dla setek — dopasowujemy je za pomocą dwóch wyrażeń alternatywnych. Wyrażenie <C[MD]> pasuje do sekwencji CM i CD reprezentujących odpowiednio wartości 900 i 400. Wyrażenie <D?C{0,3}> pasuje do sekwencji DCCC, DCC, DC, D, CCC, CC, C oraz łańcucha pustego, reprezentujących odpowiednio wartości 800, 700, 600, 500, 300, 200, 100 i zero. W ten sposób dopasowujemy wszystkie dziesięć możliwych cyfr na pozycji setek.

Dziesiątki dopasowujemy do wyrażenia <X[CL]|L?X{0,3}>, a do dopasowywania jednostek wykorzystujemy wyrażenie <I[XV]|V?I{0,3}>. W obu przypadkach zastosowano tę samą składnię — zmieniliśmy tylko dopasowywane litery.

Wszystkie cztery elementy naszego wyrażenia regularnego przewidują opcjonalność odpowiednich składników dopasowywanej liczby, ponieważ na każdej pozycji odpowiedniej liczby arabskiej może występować zero, które nie jest zapisywane wprost w liczbach rzymskich. Mimo że poszczególne części tego wyrażenia regularnego powinny być opcjonalne, nigdy nie mogą być opcjonalne jednocześnie. Musimy upewnić się, że nasze wyrażenie nie odnajduje dopasowań zerowej długości. Wykorzystujemy do tego celu konstrukcję wyszukiwania w przód <(?=[MDCLXVI])> umieszczoną na początku tego wyrażenia. Wspomniana konstrukcja (patrz receptura 2.16) gwarantuje nam, że wyrażenie zostanie dopasowane do przynajmniej jednej litery z interesującego nas zbioru cyfr rzymskich. Ponieważ wyszukiwanie w przód nie konsumuje dopasowanej litery, odpowiednia cyfra zostanie ponownie dopasowana do pozostałych elementów naszego wyrażenia regularnego.

Trzecie wyrażenie regularne jest nieco bardziej elastyczne. Wyrażenie w tej formie akceptuje zarówno zapis IIII, jak i zapis IV.

Czwarte wyrażenie regularne akceptuje tylko liczby rzymskie pozbawione odejmowanych cyfr — oznacza to, że wszystkie litery muszą występować w porządku malejącym. Wartość 4 musi więc być zapisana jako IIII, nie jako IV. Właśnie w ten sposób zapisywali liczby starożytni Rzymianie.

Wszystkie opisane powyżej wyrażenia regularne otoczono kotwicami (patrz receptura 2.5), aby mieć pewność, że sprawdzamy cały łańcuch wejściowy pod kątem zawierania liczby rzymskiej (inaczej niż w przypadku liczb zmiennoprzecinkowych, które mogły występować w dłuższym tekście). Gdybyśmy chcieli odnajdywać liczby rzymskie w ramach większego tekstu, powinniśmy zastąpić kotwice <^> i <$> tokenem <\b> (granicą wyrazu).

Konwersja liczb rzymskich na dziesiętne liczby arabskie

Pokazana poniżej funkcja Perla korzysta z zaproponowanego na początku tej receptury restrykcyjnego wyrażenia regularnego — na tej podstawie sprawdzamy, czy dane wejściowe zawierają prawidłową liczbę rzymską. Jeśli tak, posługujemy się wyrażeniem <[MDLV]|C[MD]?|X[CL]?
↪|I[XV]?> do iteracyjnego przeszukania kolejnych cyfr (liter) tej liczby i zsumowania ich wartości:

```
sub roman2decimal {
    my $roman = shift;
    if ($roman =~
        m/^(?=[MDCLXVI])
          (M*)              # 1000
          (C[MD]|D?C{0,3})  # 100
          (X[CL]|L?X{0,3})  # 10
          (I[XV]|V?I{0,3})  # 1
          $/ix)
    {
        # Znaleziono liczbę rzymską.
        my %r2d = ('I' =>    1, 'IV' =>    4, 'V' =>    5, 'IX' =>    9,
                   'X' =>   10, 'XL' =>   40, 'L' =>   50, 'XC' =>   90,
                   'C' =>  100, 'CD' =>  400, 'D' =>  500, 'CM' =>  900,
                   'M' => 1000);
        my $decimal = 0;
        while ($roman =~ m/[MDLV]|C[MD]?|X[CL]?|I[XV]?/ig) {
            $decimal += $r2d{uc($&)};
        }
        return $decimal;
    } else {
        # To nie jest liczba rzymska.
        return 0;
    }
}
```

Patrz także

Receptury 2.3, 2.8, 2.9, 2.12, 2.16, 3.9 i 3.11.

## ROZDZIAŁ 7

Adresy URL, ścieżki i adresy internetowe

Obok liczb, które omówiono w poprzednim rozdziale, istnieje jeszcze jeden ważny rodzaj danych, na których muszą operować współczesne aplikacje. W skład tego zbioru wchodzą rozmaite ścieżki i identyfikatory pozwalające lokalizować właściwe dane:

- adresy URL, URN i łańcuchy pokrewne;
- nazwy domen;
- adresy IP;
- nazwy plików i folderów systemu Microsoft Windows.

Szczególnie ciekawym przykładem jest format URL. Uniwersalność i przydatność tego formatu z czasem doprowadziły do wynalezienia zastosowań w obszarach, które nie mają nic wspólnego ze światem stron WWW. Właśnie dlatego techniki konstruowania wyrażeń regularnych operujących na adresach URL mogą stanowić cenną pomoc w zadziwiająco wielu sytuacjach.

7.1. Weryfikacja adresów URL

Problem

Chcemy sprawdzić, czy dany fragment tekstu zawiera prawidłowy adres URL.

Rozwiązanie

Akceptuje niemal każdy adres URL:

```
^(https?|ftp|file)://.+$
```
   Opcje wyrażenia regularnego: Ignorowanie wielkości liter
   Odmiany wyrażeń regularnych: .NET, Java, JavaScript, PCRE, Perl, Python

```
\A(https?|ftp|file)://.+\Z
```
   Opcje wyrażenia regularnego: Ignorowanie wielkości liter
   Odmiany wyrażeń regularnych: .NET, Java, PCRE, Perl, Python, Ruby

Wymaga nazwy domeny; odrzuca adresy z nazwą użytkownika i hasłem:

```
\A                         # Kotwica
(https?|ftp)://            # Schemat
[a-z0-9-]+(\.[a-z0-9-]+)+  # Domena
([/?].*)?                  # Ścieżka i (lub) parametry
\Z                         # Kotwica
```

Opcje wyrażenia regularnego: Swobodne stosowanie znaków białych, ignorowanie wielkości liter
Odmiany wyrażeń regularnych: .NET, Java, PCRE, Perl, Python, Ruby

```
^(https?|ftp)://[a-z0-9-]+(\.[a-z0-9-]+)+([/?].+)?$
```

Opcje wyrażenia regularnego: Ignorowanie wielkości liter
Odmiany wyrażeń regularnych: .NET, Java, JavaScript, PCRE, Perl, Python, Ruby

Wymaga nazwy domeny; odrzuca adresy z nazwą użytkownika i hasłem. Dopuszcza możliwość pomijania schematu (przedrostka *http* lub *ftp*), jeśli można ten schemat określić na podstawie poddomeny (odpowiednio *www* lub *ftp*):

```
\A                              # Kotwica
((https?|ftp)://|(www|ftp)\.)   # Schemat lub poddomena
[a-z0-9-]+(\.[a-z0-9-]+)+       # Domena
([/?].*)?                       # Ścieżka i (lub) parametry
\Z                              # Kotwica
```

Opcje wyrażenia regularnego: Swobodne stosowanie znaków białych, ignorowanie wielkości liter
Odmiany wyrażeń regularnych: .NET, Java, PCRE, Perl, Python, Ruby

```
^((https?|ftp)://|(www|ftp)\.)[a-z0-9-]+(\.[a-z0-9-]+)+([/?].*)?$
```

Opcje wyrażenia regularnego: Ignorowanie wielkości liter
Odmiany wyrażeń regularnych: .NET, Java, JavaScript, PCRE, Perl, Python

Wymaga nazwy domeny i ścieżki wskazującej na plik graficzny. Odrzuca adresy z nazwą użytkownika, hasłem i (lub) parametrami:

```
\A                         # Kotwica
(https?|ftp)://            # Schemat
[a-z0-9-]+(\.[a-z0-9-]+)+  # Domena
(/[\w-]+)*                 # Ścieżka
/[\w-]+\.(gif|png|jpg)     # Plik
\Z                         # Kotwica
```

Opcje wyrażenia regularnego: Swobodne stosowanie znaków białych, ignorowanie wielkości liter
Odmiany wyrażeń regularnych: .NET, Java, PCRE, Perl, Python, Ruby

```
^(https?|ftp)://[a-z0-9-]+(\.[a-z0-9-]+)+(/[\w-]+)*/[\w-]+\.(gif|png|jpg)$
```

Opcje wyrażenia regularnego: Ignorowanie wielkości liter
Odmiany wyrażeń regularnych: .NET, Java, JavaScript, PCRE, Perl, Python

Analiza

Opracowanie wyrażenia regularnego, które pasowałoby do wszystkich prawidłowych adresów URL i odrzucało wszystkie nieprawidłowe adresy URL, po prostu nie jest możliwe. Problem w tym, że wraz z wynajdywaniem i wprowadzaniem nowych schematów niemal wszystko może być uznane za prawidłowy element adresu URL.

Weryfikacja adresów URL ma sens tylko wtedy, gdy znamy kontekst, w którym te adresy powinny występować, i — tym samym — reguły obowiązujące w tym kontekście. Możemy wówczas ograniczyć zbiór akceptowanych adresów URL do schematów obsługiwanych przez nasze oprogramowanie. Wszystkie wyrażenia regularne zaproponowane w tej recepturze opracowano z myślą o adresach URL wpisywanych w przeglądarkach internetowych. Adresy URL tego typu mają następujący format:

```
schemat://użytkownik:hasło@nazwa.domeny:80/ścieżka/
↳plik.rozszerzenie?parametr=wartość&parametr2=wartość2#fragment
```

W praktyce wszystkie elementy tego formatu są opcjonalne. Adresy URL rozpoczynające się od przedrostka *file:* zawierają tylko ścieżki. Jedynym wymaganym elementem adresu rozpoczynającego się od przedrostka *http:* jest nazwa domeny.

Pierwsze z naszych wyrażeń regularnych sprawdza, czy adres URL rozpoczyna się od jednego z typowych schematów obsługiwanych przez przeglądarki internetowe: *http, https, ftp* lub *file*. Kotwica karety wymusza dopasowanie tego wyrażenia do początku przetwarzanego łańcucha (patrz receptura 2.5). Operator alternatywy (patrz receptura 2.8) pozwala nam skonstruować listę akceptowanych schematów. Konstrukcja <https?> jest w istocie skróconą formą zapisu <http|https>.

Ponieważ nasze pierwsze wyrażenie regularne pasuje do dość zróżnicowanych schematów, jak *http* czy *file*, nawet nie próbujemy weryfikować poprawności tekstu za schematem. Ograniczamy się do użycia konstrukcji <.+$> pasującej do całego tekstu aż do końca łańcucha (chyba że łańcuch zawiera jakieś znaki podziału wierszy).

Kropka domyślnie pasuje do wszystkich znaków poza znakami wiersza (patrz receptura 2.4). Ewentualne znaki podziału wierszy w ramach tekstu domyślnie nie są dopasowywane także do znaku dolara (patrz receptura 2.5). Wyjątkiem jest język Ruby, w którym symbole karety i dolara zawsze pasują do znaków podziału wiersza wewnątrz tekstu, zatem zamiast tych kotwic programiści tego języka powinni używać kotwic <\A> i <\Z> (patrz receptura 2.5). Czytelnicy pracujący w języku Ruby powinni wprowadzić te zmiany także we wszystkich pozostałych wyrażeniach regularnych zaproponowanych na początku tej receptury. Tego rodzaju modyfikacje nie są konieczne, jeśli dane wejściowe nigdy nie składają się z wielu wierszy lub jeśli nie przeszkadza nam dopasowywanie adresów URL złożonych z wielu wierszy.

Dwa kolejne wyrażenia regularne to tak naprawdę dwie wersje tego samego wyrażenia regularnego — w trybie swobodnego stosowania znaków białych (patrz receptura 2.18) oraz w standardowej notacji. Wyrażenia w trybie swobodnego stosowania znaków białych są bardziej czytelne, natomiast wyrażenia w tradycyjnej formie można konstruować nieporównanie szybciej. Warto pamiętać, że JavaScript w ogóle nie obsługuje wyrażeń regularnych w trybie swobodnego stosowania znaków białych.

Wyrażenia regularne w tej formie akceptują tylko adres URL usług WWW i FTP oraz wymagają, aby po schemacie *http* lub *ftp* następowała sekwencja przynajmniej przypominająca prawidłową nazwę domeny. Nazwa domeny musi się składać ze znaków ASCII — nasze wyrażenie nie akceptuje domen IDN (od ang. *internationalized domains*). Po domenie mogą występować ścieżka i (lub) lista parametrów oddzielona od poprzedzających elementów odpowiednio prawym ukośnikiem i znakiem zapytania. Ponieważ znaku zapytania użyliśmy w klasie znaków (patrz receptura 2.3), nie musimy poprzedzać go symbolem ucieczki — w ramach klas znaków znak zapytania jest zwykłym znakiem; prawy ukośnik jest zwykłym znakiem niezależnie od miejsca wyrażenia regularnego, w którym został użyty. (Poprzedzanie prawego ukośnika symbolem ucieczki w kodzie źródłowym wynika tylko z tego, że Perl i wiele innych języków programowania wykorzystuje prawy ukośnik w roli separatora stałych wyrażeń regularnych).

W opisywanych wyrażeniach nawet nie próbujemy weryfikować poprawności ścieżek ani parametrów. Konstrukcja <.*> pasuje do dowolnego tekstu dzielącego bieżącą pozycję od znaku podziału wiersza. Ponieważ zarówno ścieżka, jak i parametry są opcjonalne, sekwencję <[/?].*> umieszczono w grupie, dla której zastosowano kwantyfikator znaku zapytania (patrz receptura 2.12).

Zarówno te dwa wyrażenia regularne, jak i wszystkie kolejne omawiane w tej recepturze odrzucają adresy URL z nazwami użytkownika i hasłami. Umieszczanie tego rodzaju danych w adresach URL powszechnie uważa się za złą praktykę z uwagi na zagrożoną poufność tych informacji.

Większość przeglądarek internetowych akceptuje adresy URL wpisywane bez początkowego schematu i prawidłowo identyfikuje właściwy schemat na podstawie samej nazwy domeny. Na przykład adres *www.regexbuddy.com* jest uproszczoną formą adresu *http://www.regexbuddy. com*. Aby nasze wyrażenie było dopasowywane do tego rodzaju adresów, wystarczy rozszerzyć listę akceptowanych schematów o odpowiednie poddomeny (*www.* i *ftp.*).

Wykorzystujemy do tego celu wyrażenie <(https?|ftp)://|(www|ftp)\.>. Nasza lista obejmuje dwa wzorce alternatywne, z których każdy rozpoczyna się od dwóch sekwencji alternatywnych. Pierwszy wzorzec pasuje do sekwencji <https?> i <ftp>, po których musi następować sekwencja <://>. Drugi wzorzec pasuje do sekwencji <www> i <ftp>, po których musi następować kropka. W razie potrzeby można łatwo zmienić te listy, aby akceptowały dodatkowe schematy i poddomeny.

Dwa ostatnie wyrażenia regularne pasują do adresów URL poprzedzonych schematem, nazw domen złożonych ze znaków ASCII, ścieżek i nazw plików graficznych *GIF*, *PNG* lub *JPEG*. Ścieżki i nazwy plików mogą zawierać litery i cyfry ze wszystkich alfabetów oraz znaki podkreślenia i myślniki. Wszystkie te znaki (poza myślnikiem) są dopasowywane do skrótu klasy znaków <\w> (patrz receptura 2.3).

Którego z tych wyrażeń regularnych powinieneś użyć? Wszystko zależy od tego, co chcesz za jego pomocą osiągnąć. W wielu sytuacjach najwłaściwszym rozwiązaniem jest całkowita rezygnacja z wyrażeń regularnych i podjęcie próby odwołania się do zasobu reprezentowanego przez dany adres URL. Jeśli otrzymamy prawidłową odpowiedź, możemy ten adres zaakceptować. Jeśli otrzymamy kod 404 lub inny błąd, powinniśmy dany adres odrzucić. W praktyce właśnie na tym polega ostateczny, rozstrzygający test poprawności adresu URL.

Patrz także

Receptury 2.3, 2.8, 2.9 i 2.12.

7.2. Odnajdywanie adresów URL w dłuższym tekście

Problem

Chcemy odnajdywać adresy URL w dłuższym tekście. Dopasowywane adresy URL mogą, ale nie muszą być otoczone dodatkowymi znakami interpunkcyjnymi, na przykład nawiasami, które nie wchodzą w skład samych adresów.

Rozwiązanie

Adresy URL bez spacji:

```
\b(https?|ftp|file)://\S+
```
    Opcje wyrażenia regularnego: Ignorowanie wielkości liter
    Odmiany wyrażeń regularnych: .NET, Java, JavaScript, PCRE, Perl, Python, Ruby

Adresy URL bez spacji i końcowych znaków interpunkcyjnych:

```
\b(https?|ftp|file)://[-A-Z0-9+&@#/%?=~_|$!:,.;]*[A-Z0-9+&@#/%=~_|$]
```
    Opcje wyrażenia regularnego: Ignorowanie wielkości liter
    Odmiany wyrażeń regularnych: .NET, Java, JavaScript, PCRE, Perl, Python, Ruby

Adresy URL bez spacji i końcowych znaków interpunkcyjnych. Adresy z poddomenami *www* lub *ftp* nie muszą być poprzedzone identyfikatorami schematów:

```
\b((https?|ftp|file)://|(www|ftp)\.)[-A-Z0-9+&@#/%?=~_|$!:,.;]*[A-Z0-9+&@#/%=~_|$]
```
    Opcje wyrażenia regularnego: Ignorowanie wielkości liter
    Odmiany wyrażeń regularnych: .NET, Java, JavaScript, PCRE, Perl, Python, Ruby

Analiza

Mamy dany następujący tekst:

Odwiedź stronę http://www.somesite.com/page, gdzie znajdziesz więcej informacji.

Gdzie w tym tekście występuje adres URL?

Zanim odpowiesz, że tym adresem jest *http://www.somesite.com/page*, przypomnij sobie, że znaki interpunkcyjne i spacje wchodzą w skład adresów URL. Przecinki, kropki, a nawet spacje nie wymagają stosowania sekwencji ucieczki (na przykład w formie %20). Stałe spacje uważa się za prawidłowe składowe tego rodzaju adresów. Niektóre narzędzia typu WYSIWYG oferują nawet mechanizmy ułatwiające użytkownikom stosowanie spacji w nazwach plików i folderów oraz uwzględnianie tych spacji (w oryginalnej formie) w łączach do tych plików.

Oznacza to, że nasze wyrażenie regularne pasujące do wszystkich prawidłowych adresów URL zidentyfikowałoby w tym tekście następujący adres:

http://www.somesite.com/page, gdzie znajdziesz więcej informacji.

Jest mało prawdopodobne, by autor tego zdania chciał włączyć spacje i końcową jego część do adresu URL, ponieważ spacje w tej formie rzadko stosuje się w tego rodzaju adresach. Pierwsze wyrażenie regularne naszego rozwiązania wyklucza możliwość dopasowania tego tekstu za pomocą skrótu klasy znaków <\S> (pasującego do wszystkich znaków innych niż znaki białe). Mimo że włączyliśmy na potrzeby tego wyrażenia tryb ignorowania wielkości liter, litera S musi być wielka, ponieważ token <\S> to nie to samo co token <\s> (ich znaczenie jest dokładnie odwrotne). Szczegółowe informacje na ten temat można znaleźć w recepturze 2.3.

Nasze pierwsze wyrażenie regularne wciąż jest dalekie od doskonałości. Wyrażenie w tej formie włączy do dopasowanego adresu URL końcowy przecinek. Mimo że adresy URL nierzadko zawierają przecinki i inne znaki interpunkcyjne, tego rodzaju znaki zwykle nie występują na końcu tych adresów.

W kolejnym wyrażeniu regularnym wykorzystaliśmy dwie klasy znaków zamiast pojedynczego skrótu `<\S>`. Pierwsza klasa znaków obejmuje więcej znaków interpunkcyjnych od
drugiej. Druga klasa wyklucza znaki, które w zwykłym tekście mogą występować bezpośrednio po adresie URL wchodzącym w skład dłuższego zdania. Dla pierwszej klasy zastosowano kwantyfikator gwiazdki (patrz receptura 2.12), aby umożliwić dopasowywanie adresów
URL dowolnej długości. Dla drugiej klasy znaków nie zastosowano żadnego kwantyfikatora,
ponieważ zakładamy, że po adresie URL może występować tylko jeden znak z tej klasy. Nasze
klasy znaków nie obejmują małych liter — nie ma takiej potrzeby, ponieważ stosujemy opcję
ignorowania wielkości liter. Sposób ustawiania tego rodzaju opcji w najbardziej popularnych
językach programowania opisano w recepturze 3.4.

Nasze drugie wyrażenie regularne nie będzie prawidłowo dopasowywane do adresów URL
z nietypowym układem znaków interpunkcyjnych — będzie dopasowywane tylko do części
tych adresów. Z drugiej strony wyrażenie regularne w tej formie skutecznie rozwiązuje problem
przecinka lub kropki występującej bezpośrednio za adresem URL, a jednocześnie dopuszcza
przecinki i kropki w ramach tego adresu.

Większość przeglądarek internetowych akceptuje adresy URL, które nie zawierają przedrostka
identyfikującego schemat, i prawidłowo określa ten schemat na podstawie nazwy domeny.
Na przykład zapis *www.regexbuddy.com* jest skróconą wersją adresu *http://www.regexbuddy.com*.
Aby prawidłowo dopasowywać tego rodzaju adresy, w naszym ostatnim wyrażeniu regularnym
rozszerzono listę akceptowanych schematów o odpowiednie poddomeny (*www.* i *ftp.*).

Zrealizowaliśmy to zadanie za pomocą wyrażenia `<(https?|ftp)://|(www|ftp)\.>`. Nasza
lista zawiera dwa wzorce alternatywne, z których każdy rozpoczyna się od dwóch kolejnych
alternatyw. Pierwszy wzorzec obejmuje sekwencje `<https?>` i `<ftp>`, po których musi następ-
pować sekwencja `<://>`. Drugi wzorzec obejmuje sekwencje `<www>` i `<ftp>`, po których musi
następować kropka. Obie listy możemy też łatwo modyfikować, aby nasze wyrażenie akceptowało dodatkowe schematy i poddomeny.

Patrz także

Receptury 2.3 i 2.6.

7.3. Odnajdywanie w dłuższym tekście adresów URL otoczonych cudzysłowami

Problem

Chcemy odnajdywać adresy URL w dłuższym tekście. Dopasowywane adresy mogą, ale nie
muszą być otoczone znakami interpunkcyjnymi, które należy traktować jako część tekstu, nie
samych adresów URL. Chcemy też umożliwić użytkownikom umieszczanie adresów w cudzy-
słowach, aby mogli wprost określać, czy ewentualne znaki interpunkcyjne, a nawet spacje
powinny wchodzić w skład tych adresów.

Rozwiązanie

```
\b(?:(?:https?|ftp|file)://|(www|ftp)\.)[-A-Z0-9+&@#/%?=~_|$!:,.;]*
                                         [-A-Z0-9+&@#/%=~_|$]
|"(?:(?:https?|ftp|file)://|(www|ftp)\.)[^"\r\n]+"
|'(?:(?:https?|ftp|file)://|(www|ftp)\.)[^'\r\n]+'
```

Opcje wyrażenia regularnego: Swobodne stosowanie znaków białych, ignorowanie wielkości liter, dopasowywanie kropki do znaków podziału wiersza, dopasowywanie kotwic do znaków podziału wiersza

Odmiany wyrażeń regularnych: .NET, Java, JavaScript, PCRE, Perl, Python, Ruby

Analiza

W poprzedniej recepturze wyjaśniono problemy związane z występowaniem adresów URL w zwykłym tekście i zaproponowano technikę odróżniania tradycyjnych znaków interpunkcyjnych od tych samych znaków stosowanych w adresach. Mimo że rozwiązanie z poprzedniej receptury całkiem dobrze radzi sobie w większości przypadków, nie istnieje jedno wyrażenie regularne, które można by z powodzeniem stosować we wszystkich sytuacjach.

Jeśli nasze wyrażenie regularne ma być dopasowywane do tekstu, którym jeszcze nie dysponujemy, możemy zaoferować użytkownikom możliwość otaczania adresów URL cudzysłowami. W proponowanym rozwiązaniu akceptujemy adresy URL otoczone parą apostrofów lub parą cudzysłowów. Każdy zapisany w ten sposób adres URL musi rozpoczynać się od jednego z trzech schematów (`<https?|ftp|file>`) lub jednej z dwóch poddomen (`<www|ftp>`). W skład adresu wchodzą też dowolne znaki znajdujące się za schematem lub poddomeną, z wyjątkiem znaków podziału wiersza i końcowego apostrofu lub cudzysłowu.

Całe to wyrażenie regularne podzielono na trzy wzorce alternatywne. W roli pierwszego wzorca wykorzystano wyrażenie regularne z poprzedniej receptury, które pasuje do adresów URL nieotoczonych apostrofami ani cudzysłowami i które próbuje odróżniać zwykłe znaki interpunkcyjne od znaków wchodzących w skład tych adresów. Drugi wzorzec alternatywny pasuje do adresów URL otoczonych cudzysłowami. Trzeci wzorzec pasuje do adresów otoczonych apostrofami. Zdecydowaliśmy się na użycie dwóch wzorców alternatywnych (zamiast jednego wzorca z grupą przechwytującą wokół znaku otwierającego i odwołaniem wstecz dla znaku zamykającego), ponieważ nie jest możliwe stosowanie odwołań wstecz w ramach zanegowanych klas znaków (w tym przypadku używamy tej klasy do wyłączenia apostrofu lub cudzysłowu z dopasowywanego adresu URL).

Zdecydowaliśmy się użyć apostrofów i cudzysłowów w roli separatorów adresów, ponieważ właśnie w ten sposób adresy URL zapisuje się w plikach HTML i XHTML. Ta forma zapisywania adresów jest co prawda czymś zupełnie naturalnym dla programistów aplikacji internetowych, jednak w razie potrzeby można to wyrażenie regularne tak zmienić, aby pasowało także do innych znaków otaczających adresy URL.

Patrz także

Receptury 2.8 i 2.9.

7.4. Odnajdywanie w dłuższym tekście adresów URL z nawiasami okrągłymi

Problem

Chcemy odnajdywać adresy URL w dłuższym tekście. Dopasowywane adresy mogą, ale nie muszą być otoczone znakami interpunkcyjnymi wchodzącymi w skład tekstu (nie samych adresów URL). Chcemy też prawidłowo dopasowywać adresy URL zawierające pary nawiasów okrągłych (w ramach tych adresów), ale nawiasy otaczające całe adresy URL nie mają wchodzić w skład dopasowań.

Rozwiązanie

```
\b(?:(?:https?|ftp|file)://|www\.|ftp\.)
  (?:\([-A-Z0-9+&@#/%=~_|$?!:,.]*\)|[-A-Z0-9+&@#/%=~_|$?!:,.])*
  (?:\([-A-Z0-9+&@#/%=~_|$?!:,.]*\)|[A-Z0-9+&@#/%=~_|$])
```
Opcje wyrażenia regularnego: Swobodne stosowanie znaków białych, ignorowanie wielkości liter
Odmiany wyrażeń regularnych: .NET, Java, PCRE, Perl, Python, Ruby

```
\b(?:(?:https?|ftp|file)://|www\.|ftp\.)(?:\([-A-Z0-9+&@#/%=~_|$?!:,.]*\)|
↪[-A-Z0-9+&@#/%=~_|$?!:,.])*(?:\([-A-Z0-9+&@#/%=~_|$?!:,.]*\)|[A-Z0-9+&@#/%=~_|$])
```
Opcje wyrażenia regularnego: Ignorowanie wielkości liter
Odmiany wyrażeń regularnych: .NET, Java, JavaScript, PCRE, Perl, Python, Ruby

Analiza

W skład adresów URL mogą wchodzić niemal wszystkie znaki, włącznie z nawiasami okrągłymi. Nawiasy okrągłe występują w adresach wyjątkowo rzadko, stąd decyzja o ich pominięciu w wyrażeniach regularnych proponowanych we wszystkich wcześniejszych recepturach. Okazuje się jednak, że twórcy kilku ważnych witryn zaczęli używać tych znaków w adresach poszczególnych stron:

```
http://en.wikipedia.org/wiki/PC_Tools_(Central_Point_Software)
http://msdn.microsoft.com/en-us/library/aa752574(VS.85).aspx
```

Jednym z możliwych rozwiązań jest zmuszenie użytkowników do otaczania adresów URL apostrofami lub cudzysłowami. Innym rozwiązaniem jest taka zmiana wyrażenia regularnego, aby akceptowało adresy z nawiasami. Najtrudniejszym zadaniem jest wówczas określenie, czy nawias zamykający jest częścią adresu URL, czy znakiem interpunkcyjnym za tym adresem, jak w poniższym przykładzie:

```
Witryna internetowa narzędzia RegexBuddy (pod adresem http://www.regexbuddy.com) jest
↪naprawdę ciekawa.
```

Ponieważ nie można wykluczyć, że jeden z pary nawiasów bezpośrednio sąsiaduje z adresem URL, a drugi jest od niego oddzielony innymi słowami, nie możemy zastosować techniki, którą z powodzeniem wykorzystywaliśmy dla adresów otoczonych apostrofami lub cudzysłowami. Najprostszym wyjściem jest akceptacja nawiasów w ramach adresów URL, pod warunkiem że nie występują w zagnieżdżonych parach. To wymaganie spełniają adresy stron na witrynach Wikipedii i Microsoftu.

Wyrażenia regularne zaproponowane na początku tej receptury są identyczne. Pierwsze wyrażenie zapisano w trybie swobodnego stosowania znaków białych, aby podnieść jego czytelność.

Powyższe wyrażenia regularne niemal nie różnią się od ostatniego z wyrażeń zaproponowanych w rozwiązaniu dla receptury 7.2. Wszystkie te wyrażenia regularne składają się z trzech części: listy schematów, po której następuje właściwy adres URL (kwantyfikator gwiazdki powoduje, że długość pasujących adresów URL jest nieograniczona) oraz koniec adresu URL (bez kwantyfikatora, ponieważ musi występować dokładnie raz). W oryginalnym wyrażeniu z receptury 7.2 zarówno ciało adresu URL, jak i jego koniec są reprezentowane przez pojedyncze klasy znaków.

W rozwiązaniach dla tej receptury zastąpiono te klasy znaków bardziej rozbudowanymi konstrukcjami. Zamiast środkowej klasy znaków w postaci:

```
[-A-Z0-9+&@#/%=~_|$?!:,.]
```

użyliśmy następującego wzorca:

```
\(([-A-Z0-9+&@#/%=~_|$?!:,.]*\))|[-A-Z0-9+&@#/%=~_|$?!:,.]
```

Ostatnią klasę znaków:

```
[A-Z0-9+&@#/%=~_|$]
```

zastąpiliśmy konstrukcją:

```
\(([-A-Z0-9+&@#/%=~_|$?!:,.]*\))|[A-Z0-9+&@#/%=~_|$]
```

Obie klasy znaków zastąpiono konstrukcjami korzystającymi z operatora alternatywy (patrz receptura 2.8). Ponieważ operator alternatywy ma najniższy priorytet spośród wszystkich operatorów wyrażeń regularnych, musimy grupować te operatory za pomocą grup nieprzechwytujących (patrz receptura 2.9).

W analizowanym wyrażeniu pozostawiliśmy pierwszy wzorzec alternatywny z oryginalnego rozwiązania, natomiast do dwóch pozostałych klas znaków dodaliśmy następujący wzorzec alternatywny: <\(([-A-Z0-9+&@#/%=~_|$?!:,.]*\)>. Nowy wzorzec pasuje do pary nawiasów okrągłych, pomiędzy którymi mogą występować dowolne znaki składające się na adres URL.

Ten sam wzorzec alternatywny zastosowaliśmy w ostatniej klasie znaków, aby dopasowywać adresy URL zakończone tekstem pomiędzy nawiasami lub pojedynczym znakiem, który najprawdopodobniej nie jest znakiem interpunkcyjnym użytym za właściwym adresem.

Całe nasze wyrażenie (po połączeniu tych klas) pasuje do adresów URL zawierających dowolną liczbę nawiasów okrągłych, w tym do adresów całkowicie pozbawionych nawiasów, a nawet do adresów złożonych z samych nawiasów, pod warunkiem że te nawiasy występują w parach.

W części dopasowywanej do ciała adresu URL użyliśmy kwantyfikatora gwiazdki dla całej grupy nieprzechwytującej. Takie rozwiązanie umożliwia nam dopasowywanie dowolnej liczby par nawiasów występujących w danym adresie URL. Użycie gwiazdki dla całej grupy nieprzechwytującej eliminuje konieczność jej stosowania bezpośrednio dla klasy znaków (co więcej, pozostawienie tej gwiazdki byłoby poważnym błędem).

Środkowa część wyrażenia regularnego zaproponowanego w tej recepturze ma postać <(ab*c|
↳d)*>, gdzie <a> i <c> to stałe reprezentujące nawiasy, a <b> i <d> to klasy znaków. Zastąpienie tej konstrukcji zapisem <(ab*c|d*)*> byłoby błędem. Z początku taki zapis może wydawać się logiczny, ponieważ po <d> może występować dowolna liczba znaków. Warto jednak

pamiętać, że już zewnętrzny kwantyfikator <*> skutecznie powtarza <d>. Gdybyśmy użyli wewnętrznej gwiazdki bezpośrednio za <d>, złożoność tego wyrażenia regularnego rosłaby wykładniczo. Wyrażenie <(d*)*> może bowiem pasować do sekwencji *dddd* na wiele sposobów. Zewnętrzna gwiazdka może powtórzyć poprzedzający ją element cztery razy, podczas gdy wewnętrzna gwiazdka powtórzy <d> tylko po razie. Równie dobrze zewnętrzna gwiazdka może powtórzyć poprzedzający ją element trzykrotnie, podczas gdy wewnętrzna gwiazdka powtórzy <d> dwa razy, raz i raz; raz, dwa razy i raz bądź raz, raz i dwa razy. Jeśli gwiazdka zewnętrzna powtórzy poprzedzający ją element dwukrotnie, wewnętrzna gwiazdka będzie mogła powtórzyć <d> dwa razy i dwa razy, raz i trzy razy bądź trzy razy i raz. Nietrudno sobie wyobrazić, jak szybko będzie rosła liczba tych kombinacji wraz ze wzrostem długości przetwarzanego łańcucha. Zjawisko to nazywamy katastrofą nawrotów lub katastrofalnymi nawrotami (patrz receptura 2.15). Z problemem tym mamy do czynienia wtedy, gdy tak skonstruowane wyrażenie regularne nie może znaleźć prawidłowego dopasowania (na przykład wskutek dołączenia do całego wyrażenia dodatkowych zapisów zawężających zbiór pasujących fragmentów tekstu).

Patrz także

Receptury 2.8 i 2.9.

7.5. Umieszczanie adresów URL w łączach

Problem

Dysponujemy tekstem, który może zawierać jeden lub wiele adresów URL. Chcemy tak zmienić te adresy, aby miały postać łączy — w tym celu musimy otoczyć adresy URL odpowiednimi znacznikami HTML-a. Sam adres URL będzie pełnił jednocześnie funkcję adresu docelowego łącza, jak i wyświetlanego tekstu.

Rozwiązanie

Do odnajdywania adresów URL w tekście należy użyć jednego z wyrażeń regularnych zaproponowanych w recepturach 7.2 i 7.4. W roli tekstu docelowego powinniśmy użyć następujących konstrukcji:

```
<a•href="$&">$&</a>
```
Odmiany tekstu docelowego: .NET, JavaScript, Perl

```
<a•href="$0">$0</a>
```
Odmiany tekstu docelowego: .NET, Java, PHP

```
<a•href="\0">\0</a>
```
Odmiany tekstu docelowego: PHP, Ruby

```
<a•href="\&">\&</a>
```
Odmiana tekstu docelowego: Ruby

```
<a•href="\g<0>">\g<0></a>
```
Odmiana tekstu docelowego: Python

Operację wyszukiwania i zastępowania można też zaimplementować w kodzie źródłowym zgodnie z modelem opisanym w recepturze 3.15.

Analiza

Rozwiązanie tego problemu jest wyjątkowo proste. Wykorzystujemy wyrażenie regularne do odnalezienia adresów URL i zastępujemy każdy dopasowany adres tekstem docelowym «<a•href="*URL*">*URL*</a>», gdzie *URL* reprezentuje dopasowany adres. W różnych językach programowania obowiązuje odrębna składnia tekstu docelowego, stąd tak długa lista rozwiązań. Warto jednak pamiętać, że wszystkie te rozwiązania realizują dokładnie to samo zadanie. Składnię tekstu docelowego operacji przeszukiwania i zastępowania wyjaśniono w recepturze 2.20.

Patrz także

Receptury 2.21, 3.15, 7.2 i 7.4.

7.6. Weryfikacja nazw URN

Problem

Chcemy sprawdzić, czy dany łańcuch reprezentuje prawidłową nazwę URN (od ang. *Uniform Resource Name*), czyli nazwę zgodną ze standardem RFC 2141. Chcemy też odnajdywać numery URN w dłuższym tekście.

Rozwiązanie

Sprawdza, czy dany łańcuch składa się wyłącznie z prawidłowego numeru URN:

```
\Aurn:
# Identyfikator przestrzeni nazw:
[a-z0-9][a-z0-9-]{0,31}:
# Łańcuch właściwy danej przestrzeni nazw:
[a-z0-9()+,\-.:=@;$_!*'%/?#]+
\Z
```

> **Opcje wyrażenia regularnego:** Swobodne stosowanie znaków białych, ignorowanie wielkości liter
> **Odmiany wyrażeń regularnych:** .NET, Java, PCRE, Perl, Python, Ruby

```
^urn:[a-z0-9][a-z0-9-]{0,31}:[a-z0-9()+,\-.:=@;$_!*'%/?#]+$
```

> **Opcje wyrażenia regularnego:** Ignorowanie wielkości liter
> **Odmiany wyrażeń regularnych:** .NET, Java, JavaScript, PCRE, Perl, Python

Odnajduje numer URN w dłuższym tekście:

```
\burn:
# Identyfikator przestrzeni nazw:
[a-z0-9][a-z0-9-]{0,31}:
# Łańcuch właściwy danej przestrzeni nazw:
[a-z0-9()+,\-.:=@;$_!*'%/?#]+
```

> **Opcje wyrażenia regularnego:** Swobodne stosowanie znaków białych, ignorowanie wielkości liter
> **Odmiany wyrażeń regularnych:** .NET, Java, PCRE, Perl, Python, Ruby

```
\burn:[a-z0-9][a-z0-9-]{0,31}:[a-z0-9()+,\-.:=@;$_!*'%/?#]+
```
Opcje wyrażenia regularnego: Ignorowanie wielkości liter
Odmiany wyrażeń regularnych: .NET, Java, JavaScript, PCRE, Perl, Python, Ruby

Odnajduje numer URN w dłuższym tekście. Zakładamy, że znaki interpunkcyjne występujące bezpośrednio za tym numerem są częścią tekstu, w ramach którego odnaleziono ten numer (nie wchodzą w skład samego numeru URN):

```
\burn:
# Identyfikator przestrzeni nazw:
[a-z0-9][a-z0-9-]{0,31}:
# Łańcuch właściwy danej przestrzeni nazw:
[a-z0-9()+,\-.:=@;$_!*'%/?#]*[a-z0-9+=@$/]
```
Opcje wyrażenia regularnego: Swobodne stosowanie znaków białych, ignorowanie wielkości liter
Odmiany wyrażeń regularnych: .NET, Java, PCRE, Perl, Python, Ruby

```
\burn:[a-z0-9][a-z0-9-]{0,31}:[a-z0-9()+,\-.:=@;$_!*'%/?#]*[a-z0-9+=@$/]
```
Opcje wyrażenia regularnego: Ignorowanie wielkości liter
Odmiany wyrażeń regularnych: .NET, Java, JavaScript, PCRE, Perl, Python, Ruby

Analiza

Numer URN składa się z trzech części. Pierwsza część ma postać sekwencji czterech znaków *urn:*, które możemy dosłownie dopasowywać do naszego wyrażenia regularnego.

Druga część reprezentuje identyfikator przestrzeni nazw (ang. *Namespace Identifier — NID*). Ta część numeru URN składa się z 1 – 32 znaków. Pierwszym znakiem identyfikatora musi być litera lub cyfra. Na pozostałych pozycjach mogą występować litery, cyfry i myślniki. Dopasowujemy tę część z wykorzystaniem dwóch klas znaków (patrz receptura 2.3): pierwsza klasa pasuje do litery lub cyfry; druga klasa pasuje do 0 – 31 liter, cyfr i myślników. Identyfikator NID musi być oddzielony od kolejnej części dwukropkiem (który ponownie dopasowujemy wprost).

Trzecia część numeru URN reprezentuje łańcuch właściwy danej przestrzeni nazw (ang. *Namespace Specific String — NSS*). Ta część numeru URN może mieć dowolną długość i obejmować (oprócz liter i cyfr) pewne znaki interpunkcyjne. Dopasowujemy tę część, stosując kolejną klasę znaków. Znak plusa użyty za tą klasą powtarza ją jeden lub wiele razy (patrz receptura 2.12).

Jeśli chcemy sprawdzić, czy dany łańcuch zawiera wyłącznie prawidłowy numer URN, pozostaje nam już tylko dodanie na początku i końcu naszego wyrażenia regularnego kotwic pasujących odpowiednio do początku i końca przetwarzanego łańcucha. Możemy wykorzystać do tego celu albo kotwice <^> i <$> (we wszystkich odmianach poza językiem Ruby), albo kotwice <\A> i <\Z> (we wszystkich odmianach poza JavaScriptem). Kotwice szczegółowo omówiono w recepturze 2.5.

Nasze zadanie jest nieco trudniejsze, jeśli chcemy odnajdywać numery URN w dłuższym tekście. Okazuje się, że problem kojarzenia znaków interpunkcyjnych z adresami URL lub otaczającym je tekstem (patrz receptura 7.2) występuje także w przypadku numerów URN. Przypuśćmy na przykład, że dysponujemy tekstem:

Nazwa URN ma postać urn:nid:nss, prawda?

Problemem jest w tym przypadku określenie, czy przecinek jest częścią numeru URN. Numery URN zakończone przecinkami są poprawne składniowo, jednak zdecydowana większość

Czytelników tego tekstu uznałaby, że przecinek jest raczej częścią zdania otaczającego numer URN, nie samego numeru. Ostatnie wyrażenie regularne zaproponowane w punkcie „Rozwiązanie" radzi sobie z tym problemem, stosując nieco bardziej restrykcyjne reguły od tych zdefiniowanych w standardzie RFC 2141. Zbiór akceptowanych znaków na końcu numeru URN ograniczono tylko do tych znaków części NSS (według standardu), których stosowanie w roli znaków interpunkcyjnych jest stosunkowo mało prawdopodobne.

Możemy to łatwo zrobić, zastępując kwantyfikator plusa (jeden lub wiele) kwantyfikatorem gwiazdki (zero, jeden lub wiele) oraz dodając drugą klasę znaków dopasowywaną tylko do ostatniego znaku. Gdybyśmy dodali nową klasę bez zmiany tego kwantyfikatora, nasze wyrażenie pasowałoby tylko do nazw URN z co najmniej dwuznakowym łańcuchem NSS (byłoby więc zbyt restrykcyjne).

Patrz także

Receptury 2.3 i 2.12.

7.7. Weryfikacja poprawności adresów URL według ogólnych reguł

Problem

Chcemy sprawdzić, czy dany fragment tekstu zawiera prawidłowy adres URL, zgodny ze standardem RFC 3986.

Rozwiązanie

```
\A
(# Schemat
 [a-z][a-z0-9+\-.]*:
 (# Serwer i ścieżka
  //
  ([a-z0-9\-._~%!$&'()*+,;=]+@)?        # Użytkownik
  ([a-z0-9\-._~%]+                      # Nazwany host
  |\[[a-f0-9:.]+\]                      # Host IPv6
  |\[v[a-f0-9][a-z0-9\-._~%!$&'()*+,;=:]+\])  # Host IPvFuture
  (:[0-9]+)?                            # Port
  (/[a-z0-9\-._~%!$&'()*+,;=:@]+)*/?    # Ścieżka
 |# Ścieżka bez serwera
  (/?[a-z0-9\-._~%!$&'()*+,;=:@]+(/[a-z0-9\-._~%!$&'()*+,;=:@]+)*/?)?
 )
|# Względny adres URL (bez schematu i serwera)
 (# Ścieżka względna
  [a-z0-9\-._~%!$&'()*+,;=@]+(/[a-z0-9\-._~%!$&'()*+,;=:@]+)*/?
 |# Ścieżka bezwzględna
  (/[a-z0-9\-._~%!$&'()*+,;=:@]+)+/?
 )
)
# Zapytanie
(\?[a-z0-9\-._~%!$&'()*+,;=:@/?]*)?
```

```
# Fragment
(\#[a-z0-9\-._~%!$&'()*+,;=:@/?]*)?
\Z
```

Opcje wyrażenia regularnego: Swobodne stosowanie znaków białych, ignorowanie wielkości liter
Odmiany wyrażeń regularnych: .NET, Java, PCRE, Perl, Python, Ruby

```
\A
(# Schemat
 (?<scheme>[a-z][a-z0-9+\-.]*):
 (# Serwer i ścieżka
  //
  (?<user>[a-z0-9\-._~%!$&'()*+,;=]+@)?              # Użytkownik
  (?<host>[a-z0-9\-._~%]+                            # Nazwany host
  |       \[[a-f0-9:.]+\]                            # Host IPv6
  |       \[v[a-f0-9][a-z0-9\-._~%!$&'()*+,;=:]+\])  # Host IPvFuture
  (?<port>:[0-9]+)?                                  # Port
  (?<path>(/[a-z0-9\-._~%!$&'()*+,;=:@]+)*/?)        # Ścieżka
 |# Ścieżka bez serwera
  (?<path>/?[a-z0-9\-._~%!$&'()^+,,-:@]+
          (/[a-z0-9\-._~%!$&'()*+,;=:@]+)*/?)?
 )
|# Względny adres URL (bez schematu i serwera)
 (?<path>
  # Ścieżka względna
  [a-z0-9\-._~%!$&'()*+,;=@]+(/[a-z0-9\-._~%!$&'()*+,;=:@]+)*/?
 |# Ścieżka bezwzględna
  (/[a-z0-9\-._~%!$&'()*+,;=:@]+)+/?
 )
)
# Zapytanie
(?<query>\?[a-z0-9\-._~%!$&'()*+,;=:@/?]*)?
# Fragment
(?<fragment>\#[a-z0-9\-._~%!$&'()*+,;=:@/?]*)?
\Z
```

Opcje wyrażenia regularnego: Swobodne stosowanie znaków białych, ignorowanie wielkości liter
Odmiana wyrażeń regularnych: .NET

```
\A
(# Schemat
 (?<scheme>[a-z][a-z0-9+\-.]*):
 (# Serwer i ścieżka
  //
  (?<user>[a-z0-9\-._~%!$&'()*+,;=]+@)?              # Użytkownik
  (?<host>[a-z0-9\-._~%]+                            # Nazwany host
  |       \[[a-f0-9:.]+\]                            # Host IPv6
  |       \[v[a-f0-9][a-z0-9\-._~%!$&'()*+,;=:]+\])  # Host IPvFuture
  (?<port>:[0-9]+)?                                  # Port
  (?<hostpath>(/[a-z0-9\-._~%!$&'()*+,;=:@]+)*/?)    # Ścieżka
 |# Ścieżka bez serwera
  (?<schemepath>/?[a-z0-9\-._~%!$&'()*+,;=:@]+
          (/[a-z0-9\-._~%!$&'()*+,;=:@]+)*/?)?
 )
|# Względny adres URL (bez schematu i serwera)
 (?<relpath>
  # Ścieżka względna
  [a-z0-9\-._~%!$&'()*+,;=@]+(/[a-z0-9\-._~%!$&'()*+,;=:@]+)*/?
 |# Ścieżka bezwzględna
  (/[a-z0-9\-._~%!$&'()*+,;=:@]+)+/?
 )
)
```

```
# Zapytanie
(?<query>\?[a-z0-9\-._~%!$&'()*+,;=:@/?]*)?
# Fragment
(?<fragment>\#[a-z0-9\-._~%!$&'()*+,;=:@/?]*)?
\Z
```

Opcje wyrażenia regularnego: Swobodne stosowanie znaków białych, ignorowanie wielkości liter
Odmiany wyrażeń regularnych: .NET, PCRE 7, Perl 5.10, Ruby 1.9

```
\A
(# Schemat
 (?P<scheme>[a-z][a-z0-9+\-.]*):
 (# Serwer i ścieżka
  //
  (?P<user>[a-z0-9\-._~%!$&'()*+,;=]+@)?          # Użytkownik
  (?P<host>[a-z0-9\-._~%]+                         # Nazwany host
  |      \[[a-f0-9:.]+\]                           # Host IPv6
  |      \[v[a-f0-9][a-z0-9\-._~%!$&'()*+,;=:]+\]) # Host IPvFuture
  (?P<port>:[0-9]+)?                               # Port
  (?P<hostpath>(/[a-z0-9\-._~%!$&'()*+,;=:@]+)*/?) # Ścieżka
 |# Ścieżka bez serwera
  (?P<schemepath>/?[a-z0-9\-._~%!$&'()*+,;=:@]+
              (/[a-z0-9\-._~%!$&'()*+,;=:@]+)*/?)?
 )
|# Względny adres URL (bez schematu i serwera)
 (?P<relpath>
  # Ścieżka względna
  [a-z0-9\-._~%!$&'()*+,;=@]+(/[a-z0-9\-._~%!$&'()*+,;=:@]+)*/?
 |# Ścieżka bezwzględna
  (/[a-z0-9\-._~%!$&'()*+,;=:@]+)+/?
 )
)
# Zapytanie
(?P<query>\?[a-z0-9\-._~%!$&'()*+,;=:@/?]*)?
# Fragment
(?P<fragment>\#[a-z0-9\-._~%!$&'()*+,;=:@/?]*)?
\Z
```

Opcje wyrażenia regularnego: Swobodne stosowanie znaków białych, ignorowanie wielkości liter
Odmiany wyrażeń regularnych: PCRE 4 i nowsze, Perl 5.10, Python

```
^([a-z][a-z0-9+\-.]*:(\/\/([a-z0-9\-._~%!$&'()*+,;=]+@)?([a-z0-9\-._~%]+|\
↪[[a-f0-9:.]+\]|\[v[a-f0-9][a-z0-9\-._~%!$&'()*+,;=:]+\])(:[0-9]+)?(\/[a-z0-9\
↪-._~%!$&'()*+,;=:@]+)*\/?|(\/?[a-z0-9\-._~%!$&'()*+,;=:@]+(\/[a-z0-9\
↪-._~%!$&'()*+,;=:@]+)*\/?)?)|([a-z0-9\-._~%!$&'()*+,;=@]+(\/[a-z0-9\
↪-._~%!$&'()*+,;=:@]+)*\/?|(\/[a-z0-9\-._~%!$&'()*+,;=:@]+)+\/?))
(\?[a-z0-9\-._~%!$&'()*+,;=:@\/?]*)?(#[a-z0-9\-._~%!$&'()*+,;=:@\/?]*)?$
```

Opcje wyrażenia regularnegq: Ignorowanie wielkości liter
Odmiany wyrażeń regularnych: .NET, Java, JavaScript, PCRE, Perl, Python

Analiza

W większości wcześniejszych receptur w tym rozdziale operowaliśmy na adresach URL, a zaproponowane przez nas wyrażenia regularne były dopasowywane do konkretnych typów tego rodzaju adresów. Niektóre z tych wyrażeń dodatkowo przystosowano do konkretnych celów, jak określanie, czy znaki interpunkcyjne wchodzą w skład dopasowywanych adresów URL, czy tekstu otaczającego te adresy.

Wyrażenia regularne pokazane w tej recepturze operują na uniwersalnych adresach URL. Ich zadaniem nie jest odnajdywanie tych adresów w dłuższym tekście, a jedynie weryfikacja łańcuchów zawierających wyłącznie adresy URL oraz dzielenie tych adresów na poszczególne elementy składowe. Przetwarzamy w ten sposób wszystkie rodzaje adresów URL — w praktyce jednak najprawdopodobniej posłużylibyśmy się wyrażeniami przystosowanymi do konkretnych typów adresów. Przykłady takich wyrażeń przeanalizujemy w następnej recepturze.

Strukturę prawidłowego adresu URL opisano w dokumencie RFC 3986. Uwzględniono tam wszystkie możliwe formy adresów URL, w tym adresy względne oraz adresy dla schematów, których jeszcze nie wynaleziono. W efekcie standard RFC 3986 jest wyjątkowo szeroki, a implementujące go wyrażenie regularne dość długie. Wyrażenia regularne zaproponowane w tej recepturze implementują tylko podstawowe reguły tego standardu. Wykorzystane reguły wystarczą do skutecznego dzielenia adresów URL na części składowe, ale nie pozwalają weryfikować poprawności tych części. Sprawdzanie wszystkich tych części wymagałoby szczegółowej wiedzy o każdym możliwym schemacie URL.

RFC 3986 nie definiuje wszystkich adresów URL, z którymi możemy się zetknąć w rzeczywistych zastosowaniach. Na przykład wiele przeglądarek internetowych i serwerów WWW akceptuje adresy URL ze stałymi spacjami, mimo że dokument RFC 3986 wymaga stosowania w miejsce spacji sekwencji ucieczki %20.

Bezwzględny adres URL musi rozpoczynać się od schematu, czyli na przykład przedrostka *http:* lub *ftp:*. Pierwszym znakiem tego schematu musi być litera. Na kolejnych pozycjach mogą występować litery, cyfry i określone znaki interpunkcyjne. Schemat możemy więc łatwo dopasowywać do dwóch klas znaków: <[a-z][a-z0-9+\-.]*>.

Wiele schematów URL wymaga dodatkowego określenia serwera (w dokumencie RFC 3986 określanego mianem *authority*). Ta część adresu URL ma postać nazwy domeny lub adresu IP serwera. Przed i po nazwie lub adresie IP mogą występować odpowiednio opcjonalna nazwa użytkownika i numer portu.

Nazwa użytkownika może składać się z liter, cyfr i pewnych znaków interpunkcyjnych. Nazwa użytkownika musi być oddzielona od nazwy domeny lub adresu IP znakiem @. Wyrażenie <[a-z0-9\-._~%!$&'()*+,;=]+@> pasuje zarówno do nazwy użytkownika, jak i wspomnianego separatora.

W dokumencie RFC 3986 określono dość liberalne reguły odnośnie do nazw domen. Zagadnienia związane z doborem znaków wchodzących w skład typowych nazw domen, czyli liter, cyfr, myślników i kropek, omówimy w recepturze 7.15. Okazuje się, że RFC 3986 dodatkowo dopuszcza stosowanie tyld i innych znaków (z wykorzystaniem znaku procenta jako symbolu ucieczki). Nazwa domeny musi być reprezentowana w schemacie kodowania UTF-8, a każdy bajt niebędący literą, cyfrą, myślnikiem ani tyldą musi mieć postać *%FF*, gdzie *FF* jest szesnastkową reprezentacją tego bajta.

Aby zachować prostotę naszego wyrażenia regularnego, nie sprawdzamy, czy po każdym znaku procenta następują dokładnie dwie cyfry szesnastkowe. Lepszym rozwiązaniem jest weryfikacja tego rodzaju elementów już po wyodrębnieniu poszczególnych składowych adresu URL. Ograniczamy się więc do dopasowania nazwy hosta do wyrażenia <[a-z0-9\-._~%]+>, które pasuje też do adresów IPv4 (zgodnie ze standardem RFC 3986).

Zamiast nazwy domeny lub adresu IPv4 host może być reprezentowany także przez adres IPv6 otoczony nawiasami kwadratowymi, a nawet przez jakąś przyszłą wersję adresów IP. Adresy IPv6 dopasowujemy do wyrażenia <\[[a-f0-9:.]+\]>, natomiast ewentualne przyszłe adresy IP dopasowujemy do wyrażenia `<\[v[a-f0-9][a-z0-9\-._~%!$&'()*+,;=:]+\]>`. Chociaż nie istnieje możliwość weryfikacji poprawności adresów IP w wersji, której jeszcze nie zdefiniowano, moglibyśmy zastosować nieco bardziej restrykcyjne warunki akceptacji adresów IPv6. Z drugiej strony także w tym przypadku lepszym rozwiązaniem jest pozostawienie tego zadania drugiemu wyrażeniu regularnemu operującemu już na adresie wyodrębnionym z adresu URL. Jak przekonamy się w recepturze 7.17, weryfikacja adresów IPv6 wcale nie jest prosta.

Numer portu (jeśli został określony) ma postać liczby dziesiętnej oddzielonej od nazwy hosta dwukropkiem. Do dopasowania numeru portu potrzebujemy więc wyrażenia `<:[0-9]+>`.

Adres URL zawierający serwer może zawierać także ścieżkę bezwzględną (ale nie może zawierać ścieżki względnej). Ścieżka bezwzględna rozpoczyna się od prawego ukośnika, po którym następuje jeden lub wiele segmentów oddzielonych kolejnymi prawymi ukośnikami. Każdy taki segment składa się z jednej lub wielu liter, cyfr lub znaków interpunkcyjnych. Dwa prawe ukośniki nie mogą jednak następować bezpośrednio po sobie. Ścieżka może się za to kończyć prawym ukośnikiem. Ścieżki w opisanej formie dopasowujemy do wyrażenia regularnego `<(/[a-z0-9\-._~%!$&'()*+,;=:@]+)*/?>`.

Jeśli adres URL nie identyfikuje serwera, może zawierać ścieżkę bezwzględną, ścieżkę względną lub żadną. W przeciwieństwie do ścieżek względnych ścieżki bezwzględne rozpoczynają się od prawego ukośnika. Skoro początkowy prawy ukośnik jest opcjonalny, musimy użyć nieco dłuższego wyrażenia regularnego pasującego zarówno do ścieżek względnych, jak i ścieżek bezwzględnych: `</?[a-z0-9\-._~%!$&'()*+,;=:@]+(/[a-z0-9\-._~%!$&'()*+,;=:@]+)*/?>`.

Względne adresy URL nie określają schematu ani serwera. W takim przypadku ścieżka jest wymagana (może być względna lub bezwzględna). Ponieważ adresy URL w tej formie nie określają schematu, pierwszy segment ścieżki względnej nie może zawierać żadnych dwukropków. W przeciwnym razie dwukropek byłby traktowany jako separator schematu. Oznacza to, że do dopasowywania ścieżek w ramach względnych adresów URL potrzebujemy dwóch wyrażeń regularnych. Ścieżki względne dopasowujemy do wyrażenia `<[a-z0-9\-._~%!$&'()*+,;=@]` ↪`+(/[a-z0-9\-._~%!$&'()*+,;=:@]+)*/?>`. Przytoczone wyrażenie bardzo przypomina to, które wykorzystywaliśmy do dopasowywania adresów ze schematami, ale bez serwerów. Różnice dzielące oba wyrażenia sprowadzają się do braku początkowego, opcjonalnego prawego ukośnika oraz braku dwukropka w pierwszej klasie znaków. Ścieżki bezwzględne dopasowujemy do wyrażenia `<(/[a-z0-9\-._~%!$&'()*+,;=:@]+)+/?>`. Wykorzystujemy więc to samo wyrażenie, które stosowaliśmy dla ścieżek w ramach adresów URL obejmujących schematy i serwery (z wyjątkiem gwiazdki powtarzającej segmenty ścieżki, którą zastąpiono kwantyfikatorem plusa). Każdy względny adres URL musi obejmować przynajmniej jeden segment ścieżki.

Część zapytania (ang. *query*) jest opcjonalnym elementem adresu URL. Każde zapytanie rozpoczyna się od znaku zapytania. Zapytanie kończy się albo wraz z wystąpieniem pierwszego znaku krzyżyka, albo wraz z końcem całego adresu URL. Ponieważ krzyżyk nie należy do znaków interpunkcyjnych dopuszczalnych w części zapytania adresu URL, możemy łatwo dopasować tę część, stosując wyrażenie `<\?[a-z0-9\-._~%!$&'()*+,;=:@/?]*>`. Oba znaki zapytania użyte w tym wyrażeniu regularnym są dopasowywane dosłownie. Pierwszy znak zapytania wymaga poprzedzenia symbolem ucieczki, ponieważ znajduje się poza klasą znaków. Drugi znak zapytania umieszczono wewnątrz klasy znaków, gdzie zawsze jest interpretowany dosłownie (nie ma specjalnego znaczenia).

Ostatnim elementem adresu URL jest opcjonalne odwołanie do fragmentu. Odwołanie do fragmentu rozpoczyna się od znaku krzyżyka i kończy się wraz z końcem adresu URL. Odwołanie do fragmentu jest dopasowywane do wyrażenia <\#[a-z0-9\-._~%!$&'()*+,;=:@/?]*>.

Aby ułatwić sobie operowanie na wielu różnych elementach składowych adresu URL, wykorzystaliśmy nazwane grupy przechwytujące. Działanie nazwanych grup przechwytujących i różnice dzielące te grupy w poszczególnych odmianach wyrażeń regularnych opisano w recepturze 2.11. Framework .NET jest jedyną odmianą traktującą wiele grup z tą samą nazwą, jakby stanowiły pojedynczą grupę. W tej sytuacji takie działanie jest wyjątkowo wygodne, poniewaz nasze wyrażenie dopasowuje ścieżkę adresu URL na wiele sposobów (w zależności od tego, czy wskazano schemat i serwer). Jeśli wszystkim tym grupom nadamy tę samą nazwę, będziemy mogli uzyskać ścieżkę, odwołując się po prostu do grupy path (niezależnie od występowania schematu i serwera w danym adresie).

Pozostałe odmiany wyrażeń regularnych nie obsługują działania znanego z frameworku .NET, mimo że większość z nich obsługuje tę samą składnię przechwytów nazwanych. Właśnie dlatego we wszystkich tych odmianach każda z trzech grup przechwytujących ścieżkę ma przypisaną inną nazwę. Tylko jedna z tych grup reprezentuje ścieżkę dopasowaną w ramach adresu URL. Dwie pozostałe w ogóle nie uczestniczą w dopasowaniu.

Patrz także

Receptury 2.3, 2.8, 2.9 i 2.12.

7.8. Wyodrębnianie schematu z adresu URL

Problem

Chcemy wyodrębnić schemat adresu URL z łańcucha zawierającego cały adres. Oznacza to, że chcemy na przykład uzyskać podłańcuch *http* z łańcucha *http://www.regexcookbook.com*.

Rozwiązanie

Wyodrębnianie schematu z adresu URL, o którym wiadomo, że jest prawidłowy

```
^([a-z][a-z0-9+\-.]*):
```
Opcje wyrażenia regularnego: Ignorowanie wielkości liter
Odmiany wyrażeń regularnych: .NET, Java, JavaScript, PCRE, Perl, Python, Ruby

Wyodrębnianie schematu przy okazji weryfikacji adresu URL

```
\A
([a-z][a-z0-9+\-.]*):
(# Serwer i ścieżka
//
  ([a-z0-9\-._~%!$&'()*+,;=]+@)?        # Użytkownik
  ([a-z0-9\-._~%]+                      # Nazwany host
  |\[[a-f0-9:.]+\]                      # Host IPv6
  |\[v[a-f0-9][a-z0-9\-._~%!$&'()*+,;=:]+\])   # Host IPvFuture
```

```
    (:[0-9]+)?                                              # Port
    (/[a-z0-9\-._~%!$&'()*+,;=:@]+)*/?                       # Ścieżka
|# Ścieżka bez serwera
    (/?[a-z0-9\-._~%!$&'()*+,;=:@]+(/[a-z0-9\-._~%!$&'()*+,;=:@]+)*/?)?
)
# Zapytanie
(\?[a-z0-9\-._~%!$&'()*+,;=:@/?]*)?
# Fragment
(\#[a-z0-9\-._~%!$&'()*+,;=:@/?]*)?
\Z
```

Opcje wyrażenia regularnego: Ignorowanie wielkości liter
Odmiany wyrażeń regularnych: .NET, Java, PCRE, Perl, Python, Ruby

```
^([a-z][a-z0-9+\-.]*):(//([a-z0-9\-._~%!$&'()*+,;=]+@)?([a-z0-9\-._~%]+|\
↪[[a-f0-9:.]+\]]|\[v[a-f0-9][a-z0-9\-._~%!$&'()*+,;=:]+\])(:[0-9]+)?(/[a-z0-9\
↪-._~%!$&'()*+,;=:@]+)*/?|(/?[a-z0-9\-._~%!$&'()*+,;=:@]+(/[a-z0-9\
↪-._~%!$&'()*+,;=:@]+)*/?)?)(\?[a-z0-9\-._~%!$&'()*+,;=:@/?]*)?(#[a-z0-9\
↪-._~%!$&'()*+,;=:@/?]*)?$
```

Opcje wyrażenia regularnego: Ignorowanie wielkości liter
Odmiany wyrażeń regularnych: .NET, Java, JavaScript, PCRE, Perl, Python

Analiza

Wyodrębnianie schematu z adresu URL jest dość proste, jeśli tylko wiemy, że przetwarzany tekst zawiera prawidłowy adres URL. Schemat adresu zawsze występuje na jego samym początku. To wymaganie możemy wyrazić za pomocą znaku karety (patrz receptura 2.5). Nazwa schematu musi rozpoczynać się od litery, po której mogą następować kolejne litery, cyfry, znaki plusa, myślniki i kropki. Do dopasowania tych znaków wykorzystujemy dwie klasy znaków: <[a-z][a-z0-9+\-.]*> (patrz receptura 2.3).

Schemat jest oddzielony od reszty adresu URL dwukropkiem. Uwzględniliśmy ten dwukropek w naszym wyrażeniu regularnym, aby mieć pewność, że schemat zostanie dopasowany tylko wtedy, gdy dany adres URL rzeczywiście będzie się zaczynał od schematu. Schemat nie występuje we względnych adresach URL. Składnia URL opisana w dokumencie RFC 3986 nie przewiduje możliwości stosowania dwukropków w adresach względnych, chyba że te dwukropki są poprzedzone znakami, których stosowanie w schematach jest zabronione. Właśnie dlatego wyłączyliśmy dwukropek z jednej z klas znaków dopasowujących ścieżkę w recepturze 7.7. Oznacza to, że jeśli zastosujemy powyższe wyrażenia regularne dla prawidłowych, ale względnych adresów URL, nie zostaną znalezione żadne dopasowania.

Ponieważ nasze wyrażenie regularne pasuje do fragmentu, który nie ogranicza się do samego schematu (w tym do dwukropka), zdecydowaliśmy się je uzupełnić o dodatkową grupę przechwytującą. Kiedy opisywane wyrażenie odnajduje dopasowanie, możemy uzyskać interesujący nas schemat (bez dwukropka), odwołując się do tekstu dopasowanego do pierwszej (i jedynej) grupy przechwytującej. Działanie grup przechwytujących wyjaśniono w recepturze 2.9. W recepturze 3.9 pokazano, jak uzyskiwać tekst dopasowany do grup przechwytujących w wybranych językach programowania.

Jeśli nie mamy pewności, czy przetwarzany tekst zawiera prawidłowy adres URL, możemy użyć uproszczonej wersji wyrażenia regularnego z receptury 7.7. Ponieważ tym razem interesuje nas tylko schemat, możemy od razu odrzucać względne adresy URL, które nigdy nie określają schematów. W ten sposób można nieznacznie uprościć to wyrażenie regularne.

Ponieważ wyrażenie regularne w tej formie jest dopasowywane do całego adresu URL, uzupełniliśmy je o dodatkową grupę przechwytującą, która obejmuje część wyrażenia dopasowywaną do samego schematu. Aby uzyskać ten schemat, wystarczy odwołać się do pierwszej grupy przechwytującej.

Patrz także

Receptury 2.9, 3.9 i 7.7.

7.9. Wyodrębnianie nazwy użytkownika z adresu URL

Problem

Chcemy wyodrębniać nazwę użytkownika z łańcucha zawierającego adres URL. Na przykład w ramach adresu *ftp://jan@www.regexcookbook.com* powinna zostać dopasowana nazwa użytkownika *jan*.

Rozwiązanie

Wyodrębnianie nazwy użytkownika z adresu URL, o którym wiadomo, że jest prawidłowy

```
^[a-z0-9+\-.]+://([a-z0-9\-._~%!$&'()*+,;=]+)@
```
Opcje wyrażenia regularnego: Ignorowanie wielkości liter
Odmiany wyrażeń regularnych: .NET, Java, JavaScript, PCRE, Perl, Python, Ruby

Wyodrębnianie nazwy użytkownika przy okazji weryfikacji adresu URL

```
\A
[a-z][a-z0-9+\-.]*://              # Schemat
([a-z0-9\-._~%!$&'()*+,;=]+)@      # Użytkownik
([a-z0-9\-._~%]+                   # Nazwany host
|\[[a-f0-9:.]+\]                   # Host IPv6
|\[v[a-f0-9][a-z0-9\-._~%!$&'()*+,;=:]+\]) # Host IPvFuture
(:[0-9]+)?                         # Port
(/[a-z0-9\-._~%!$&'()*+,;=:@]+)*/? # Ścieżka
(\?[a-z0-9\-._~%!$&'()*+,;=:@/?]*)? # Zapytanie
(\#[a-z0-9\-._~%!$&'()*+,;=:@/?]*)? # Fragment
\Z
```
Opcje wyrażenia regularnego: Ignorowanie wielkości liter
Odmiany wyrażeń regularnych: .NET, Java, PCRE, Perl, Python, Ruby

```
^[a-z][a-z0-9+\-.]*://([a-z0-9\-._~%!$&'()*+,;=]+)@([a-z0-9\-._~%]+|\
↪[[a-f0-9:.]+\]|\[v[a-f0-9][a-z0-9\-._~%!$&'()*+,;=:]+\])(:[0-9]+)?(/[a-z0-9\
↪-._~%!$&'()*+,;=:@]+)*/?(\?[a-z0-9\-._~%!$&'()*+,;=:@/?]*)?(#[a-z0-9\
↪-._~%!$&'()*+,;=:@/?]*)?$
```
Opcje wyrażenia regularnego: Ignorowanie wielkości liter
Odmiany wyrażeń regularnych: .NET, Java, JavaScript, PCRE, Perl, Python

Analiza

Wyodrębnianie nazwy użytkownika z adresu URL jest dziecinnie proste, jeśli tylko wiemy, że przetwarzany tekst zawiera prawidłowy adres URL. Nazwa użytkownika, jeśli występuje w adresie URL, musi znajdować się na prawo od schematu i dwóch prawych ukośników rozpoczynających część serwera. Nazwa użytkownika jest oddzielona od następującej po niej nazwy hosta znakiem @. Ponieważ znak @ nie może występować w nazwie hosta, możemy być pewni, że tekst pomiędzy dwoma prawymi ukośnikami a znakiem @ (w części sprzed kolejnego prawego ukośnika) reprezentuje właśnie nazwę użytkownika. Ponieważ nazwy użytkowników nie mogą zawierać prawych ukośników, nie musimy stosować żadnych specjalnych mechanizmów ich weryfikacji.

Wszystkie te reguły oznaczają, że wyodrębnienie nazwy użytkownika z tekstu, o którym wiemy, że jest prawidłowym adresem URL, jest bardzo proste. Wystarczy pominąć schemat pasujący do wzorca <[a-zO-9+\-.]+> i następującą po nim sekwencję ://. Zaraz po tej sekwencji powinna następować nazwa użytkownika lub nazwa hosta — jeśli uda nam się odnaleźć znak @, możemy być pewni, że tekst dopasowany pomiędzy sekwencją :// a tym znakiem reprezentuje właśnie nazwę użytkownika. Klasa znaków <[a-zO-9\-._~%!$&'()*+,;=]> obejmuje wszystkich znaki, które mogą się składać na prawidłowe nazwy użytkowników.

Nasze wyrażenie regularne odnajduje dopasowanie, pod warunkiem że dany adres URL rzeczywiście zawiera nazwę użytkownika. W razie występowania nazwy użytkownika nasze wyrażenie jest dopasowywane zarówno do schematu, jak i do wspomnianej nazwy użytkownika. Właśnie dlatego zdecydowaliśmy się dodać do tego wyrażenia regularnego grupę przechwytującą. Po znalezieniu dopasowania wystarczy odczytać tekst dopasowany do pierwszej (i jedynej) grupy przechwytującej, aby uzyskać nazwę użytkownika bez separatorów czy innych fragmentów danego adresu. Działanie grup przechwytujących wyjaśniono w recepturze 2.9. W recepturze 3.9 pokazano, jak uzyskiwać tekst dopasowany do grup przechwytujących w wybranych językach programowania.

Jeśli nie mamy pewności, czy przetwarzany tekst zawiera prawidłowy adres URL, możemy użyć uproszczonej wersji wyrażenia regularnego z receptury 7.7. Ponieważ tym razem interesuje nas nazwa użytkownika, możemy od razu odrzucać adresy URL, które nie wskazują serwerów. Nasze wyrażenie regularne pasuje tylko do adresów URL wskazujących serwer wraz z nazwą użytkownika. Wymaganie odnośnie do występowania części serwera w pasujących adresach URL upraszcza nasze wyrażenie regularne. Proponowane wyrażenie jest prostsze nawet od rozwiązania wykorzystanego w recepturze 7.8.

Ponieważ wyrażenie regularne jest dopasowywane do całego adresu URL, uzupełniliśmy je o dodatkową grupę przechwytującą, która obejmuje część wyrażenia dopasowywaną do samej nazwy użytkownika. Aby uzyskać nazwę użytkownika, wystarczy odwołać się do tekstu dopasowanego do pierwszej (jedynej) grupy przechwytującej.

Gdybyśmy potrzebowali wyrażenia regularnego pasującego do dowolnych prawidłowych adresów URL, a więc także tych pozbawionych nazwy użytkownika, moglibyśmy użyć jednego z wyrażeń zaproponowanych w recepturze 7.7. Nazwa użytkownika (jeśli występowała w adresie URL) była przechwytywana przez trzecią grupę przechwytującą pierwszego wyrażenia regularnego w tamtej recepturze. Warto pamiętać, że wspomniana grupa przechwytywała także symbol @ — gdybyśmy chcieli przechwytywać nazwy użytkownika bez tego znaku, powinniśmy użyć dodatkowej grupy przechwytującej dla tekstu sprzed tego znaku.

Patrz także

Receptury 2.9, 3.9 i 7.7.

7.10. Wyodrębnianie nazwy hosta z adresu URL

Problem

Chcemy wyodrębnić nazwę hosta z łańcucha zawierającego adres URL. Na przykład z adresu URL *http://www.regexcookbook.com/* chcielibyśmy wyodrębnić fragment *www.regexcookbook.com*.

Rozwiązanie

Wyodrębnianie nazwy hosta z adresu URL, o którym wiadomo, że jest prawidłowy

```
\A
[a-z][a-z0-9+\-.]*://           # Schemat
([a-z0-9\-._~%!$&'()*+,;=]+@)?  # Użytkownik
([a-z0-9\-._~%]+               # Nazwany host lub host IPv4
|\[[a-z0-9\-._~%!$&'()*+,;=:]+\]) # Host IPv6+
```
Opcje wyrażenia regularnego: Swobodne stosowanie znaków białych, ignorowanie wielkości liter
Odmiany wyrażeń regularnych: .NET, Java, JavaScript, PCRE, Perl, Python, Ruby

```
^[a-z][a-z0-9+\-.]*://([a-z0-9\-._~%!$&'()*+,;=]+@)?([a-z0-9\-._~%]+|\[[a-z0-9\
↪-._~%!$&'()*+,;=:]+\])
```
Opcje wyrażenia regularnego: Ignorowanie wielkości liter
Odmiany wyrażeń regularnych: .NET, Java, JavaScript, PCRE, Perl, Python, Ruby

Wyodrębnianie nazwy hosta przy okazji weryfikacji adresu URL

```
\A
[a-z][a-z0-9+\-.]*://                      # Schemat
([a-z0-9\-._~%!$&'()*+,;=]+@)?             # Użytkownik
([a-z0-9\-._~%]+                           # Nazwany host
|\[[a-f0-9:.]+\]                           # Host IPv6
|\[v[a-f0-9][a-z0-9\-._~%!$&'()*+,;=:]+\]) # Host IPvFuture
(:[0-9]+)?                                 # Port
(/[a-z0-9\-._~%!$&'()*+,;=:@]+)*/?         # Ścieżka
(\?[a-z0-9\-._~%!$&'()*+,;=:@/?]*)?        # Zapytanie
(\#[a-z0-9\-._~%!$&'()*+,;=:@/?]*)?        # Fragment
\Z
```
Opcje wyrażenia regularnego: Ignorowanie wielkości liter
Odmiany wyrażeń regularnych: .NET, Java, PCRE, Perl, Python, Ruby

```
^[a-z][a-z0-9+\-.]*://([a-z0-9\-._~%!$&'()*+,;=]+@)?([a-z0-9\-._~%]+|\
↪[[a-f0-9:.]+\]|\[v[a-f0-9][a-z0-9\-._~%!$&'()*+,;=:]+\])(:[0-9]+)?(/[a-z0-9\
↪-._~%!$&'()*+,;=:@]+)*/?(\?[a-z0-9\-._~%!$&'()*+,;=:@/?]*)?(#[a-z0-9\
↪-._~%!$&'()*+,;=:@/?]*)?$
```
Opcje wyrażenia regularnego: Ignorowanie wielkości liter
Odmiany wyrażeń regularnych: .NET, Java, JavaScript, PCRE, Perl, Python

Analiza

Wyodrębnianie nazwy hosta z adresu URL jest wyjątkowo proste, jeśli tylko wiemy, że przetwarzany tekst zawiera prawidłowy adres URL. Do dopasowania początku i końca przetwarzanego łańcucha wykorzystujemy odpowiednio kotwice `<\A>` i `<^>`. Wyrażenie `<[a-z][az0-9+\-.]`↪`*://>` umożliwia nam pominięcie schematu, a za pomocą wyrażenia `<([a-z0-9\-._~%!$&'`↪`()*+,;=]+@)?>` pomijamy ewentualną nazwę użytkownika. Nazwa hosta musi występować za tymi elementami.

Standard RFC 3986 przewiduje możliwość stosowania dwóch notacji dla części hosta adresów URL. Nazwy domen i adresy IPv4 zapisujemy w tradycyjny sposób, natomiast adresy IPv6 i ewentualne przyszłe formaty zapisujemy w nawiasach kwadratowych. Dla obu dopuszczalnych form musimy stosować odrębne wzorce, ponieważ notacja z nawiasami kwadratowymi może zawierać więcej znaków interpunkcyjnych niż notacja bez tych nawiasów. W szczególności adres pomiędzy nawiasami kwadratowymi może zawierać dwukropek, co nie jest możliwe w przypadku nazw domen czy adresów IPv4. Dwukropek wykorzystuje się do oddzielania nazwy hosta (niezależnie od ewentualnych nawiasów kwadratowych) od numeru portu.

Wyrażenie `<[a-z0-9\-._~%]+>` pasuje do nazw domen i adresów IPv4. Wyrażenie `<\[[a-z0-9\`↪`-._~%!$&'()*+,;=:]+\]>` jest dopasowywane do adresów IPv6 i nowszych. Oba wyrażenia połączyliśmy za pomocą operatora alternatywy (patrz receptura 2.8) i umieściliśmy w jednej grupie. Użyta grupa przechwytująca dodatkowo umożliwia nam wyodrębnienie interesującej nas nazwy hosta.

Nasze wyrażenie regularne odnajduje dopasowanie tylko w adresie URL, który wskazuje komputer hosta. W takim przypadku wyrażenie jest dopasowywane do schematu, nazwy użytkownika i właśnie hosta. Oznacza to, że w razie odnalezienia dopasowania wystarczy odwołać się do drugiej grupy przechwytującej, aby uzyskać nazwę hosta bez separatorów i innych elementów składowych adresu. Wspomniana grupa przechwytująca jest dopasowywana także do nawiasów kwadratowych otaczających adresy IPv6. Zasady działania grup przechwytujących szczegółowo wyjaśniono w recepturze 2.9. W recepturze 3.9 pokazano, jak uzyskiwać tekst dopasowywany do tych grup z poziomu kodu źródłowego najpopularniejszych języków programowania.

Jeśli nie wiemy, czy przetwarzany tekst reprezentuje prawidłowy adres URL, możemy wykorzystać uproszczoną wersję wyrażenia regularnego z receptury 7.7. Ponieważ interesuje nas nazwa hosta, możemy od razu odrzucić adres URL pozbawiony części serwera. Takie rozwiązanie pozwala nieznacznie uprościć nasze wyrażenie regularne. Mamy więc do czynienia z bardzo podobnym wyrażeniem jak w recepturze 7.9. Jedyną różnicą dzielącą oba wyrażenia jest to, że część użytkownika jest teraz opcjonalna (jak w recepturze 7.7).

W zaproponowanym wyrażeniu dodatkowo wykorzystano wzorce alternatywne pasujące do różnych notacji hosta (wszystkie te wzorce umieszczono jednak w jednej grupie przechwytującej). Tekst dopasowany przez tę grupę reprezentuje nazwę (adres) hosta i jest dostępny za pośrednictwem drugiego odwołania wstecz.

Gdybyśmy potrzebowali wyrażenia regularnego pasującego do dowolnego prawidłowego adresu URL, w tym do adresów, które nie wskazują hosta, powinniśmy użyć jednego z wyrażeń zaproponowanych w recepturze 7.7. Pierwsze wyrażenie w tej recepturze przechwytuje nazwę lub adres hosta (jeśli istnieje) za pomocą czwartej grupy przechwytującej.

Patrz także

Receptury 2.9, 3.9 i 7.7.

7.11. Wyodrębnianie numeru portu z adresu URL

Problem

Chcemy wyodrębnić numer portu z łańcucha zawierającego adres URL. Na przykład dla adresu URL w postaci *http://www.regexcookbook.com:80/* chcielibyśmy uzyskać numer *80*.

Rozwiązanie

Wyodrębnianie numeru portu z adresu URL, o którym wiadomo, że jest prawidłowy

```
\A
[a-z][a-z0-9+\-.]*://          # Schemat
([a-z0-9\-._~%!$&'()*+,;=]+@)?  # Użytkownik
([a-z0-9\-._~%]+               # Host nazwany lub host IPv4
|\[[a-z0-9\-._~%!$&'()*+,;=:]+\])  # Host IPv6+
:(?<port>[0-9]+)              # Numer portu
```
Opcje wyrażenia regularnego: Swobodne stosowanie znaków białych, ignorowanie wielkości liter
Odmiany wyrażeń regularnych: .NET, Java, JavaScript, PCRE, Perl, Python, Ruby

```
^[a-z][a-z0-9+\-.]*://([a-z0-9\-._~%!$&'()*+,;=]+@)?([a-z0-9\-._~%]+|\[[a-z0-9\
↪-._~%!$&'()*+,;=:]+\]):([0-9]+)
```
Opcje wyrażenia regularnego: Ignorowanie wielkości liter
Odmiany wyrażeń regularnych: .NET, Java, JavaScript, PCRE, Perl, Python, Ruby

Wyodrębnianie numeru portu przy okazji weryfikacji adresu URL

```
\A
[a-z][a-z0-9+\-.]*://           # Schemat
([a-z0-9\-._~%!$&'()*+,;=]+@)?   # Użytkownik
([a-z0-9\-._~%]+                # Nazwany host
|\[[a-f0-9:.]+\]                # Host IPv6
|\[v[a-f0-9][a-z0-9\-._~%!$&'()*+,;=:]+\])  # Host IPvFuture
:([0-9]+)                      # Port
(/[a-z0-9\-._~%!$&'()*+,;=:@]+)*/?  # Ścieżka
(\?[a-z0-9\-._~%!$&'()*+,;=:@/?]*)?  # Zapytanie
(\#[a-z0-9\-._~%!$&'()*+,;=:@/?]*)?  # Fragment
\Z
```
Opcje wyrażenia regularnego: Ignorowanie wielkości liter
Odmiany wyrażeń regularnych: .NET, Java, PCRE, Perl, Python, Ruby

```
^[a-z][a-z0-9+\-.]*:\/\/([a-z0-9\-._~%!$&'()*+,;=]+@)?([a-z0-9\-._~%]+|\
↪[[a-f0-9:.]+\]|\[v[a-f0-9][a-z0-9\-._~%!$&'()*+,;=:]+\]):([0-9]+)(\/[a-z0-9\
↪-._~%!$&'()*+,;=:@]+)*\/?(\?[a-z0-9\-._~%!$&'()*+,;=:@\/?]*)?(#[a-z0-9\
↪-._~%!$&'()*+,;=:@\/?]*)?$
```
Opcje wyrażenia regularnego: Ignorowanie wielkości liter
Odmiany wyrażeń regularnych: .NET, Java, JavaScript, PCRE, Perl, Python

---

Analiza

Wyodrębnianie numeru portu z adresu URL jest wyjątkowo proste, jeśli tylko wiemy, że przetwarzany tekst zawiera prawidłowy adres URL. Do dopasowania początku i końca przetwarzanego łańcucha wykorzystujemy odpowiednio kotwice <\A> i <^>. Wyrażenie <[a-z][a-z0-9+↪\-.]*://> umożliwia nam pominięcie schematu, a za pomocą wyrażenia <([a-z0-9\-._~%↪!$&'()*+,;=]+@)?> pomijamy ewentualną nazwę użytkownika. Nazwę hosta pomijamy, korzystając z wyrażenia <([a-z0-9\-._~%]+|\[[a-z0-9\-._~%!$&'()*+,;=:]+\])>.

Numer portu jest oddzielony od nazwy hosta dwukropkiem, który w naszym wyrażeniu regularnym zapisano w formie stałego znaku. Sam numer portu ma postać łańcucha cyfr, który możemy bez trudu dopasować do konstrukcji <[0-9]+>.

Nasze wyrażenie regularne odnajduje dopasowanie, pod warunkiem że adres URL rzeczywiście określa numer portu. Jeśli adres URL wskazuje na konkretny port, opisywane wyrażenie jest dopasowywane do schematu, użytkownika, hosta i właśnie numeru portu. W razie odnalezienia dopasowania wystarczy odwołać się do tekstu dopasowanego do trzeciej grupy przechwytującej, aby uzyskać numer portu bez jakichkolwiek dodatkowych separatorów czy innych elementów adresu URL.

Dwie pozostałe grupy powodują opcjonalność nazwy użytkownika i łączą oba alternatywne wzorce dla nazwy hosta. Działanie grup przechwytujących szczegółowo wyjaśniono w recepturze 2.9. W recepturze 3.9 opisano sposób uzyskiwania tekstu dopasowanego do grup przechwytujących w najbardziej popularnych językach programowania.

Jeśli nie wiemy, czy przetwarzany tekst reprezentuje prawidłowy adres URL, możemy wykorzystać uproszczoną wersję wyrażenia regularnego z receptury 7.7. Ponieważ interesuje nas tylko numer portu, możemy od razu odrzucić adres URL pozbawiony części serwera. Takie rozwiązanie pozwala nieznacznie uprościć nasze wyrażenie regularne. Mamy więc do czynienia z wyrażeniem bardzo podobnym do tego z receptury 7.10.

Różnice dzielące oba wyrażenia sprowadzają się do tego, że tym razem numer portu nie jest opcjonalny oraz że grupa przechwytująca numer portu została przeniesiona w miejsce, które wyłącza z dopasowania dwukropek oddzielający ten numer od nazwy hosta. Numer portu jest przechwytywany przez trzecią grupę.

Gdybyśmy potrzebowali wyrażenia regularnego pasującego do dowolnego prawidłowego adresu URL, w tym do adresów, które nie identyfikują numeru portu, powinniśmy użyć jednego z wyrażeń zaproponowanych w recepturze 7.7. Pierwsze wyrażenie w tej recepturze przechwytuje numer portu (jeśli istnieje) za pomocą piątej grupy przechwytującej.

Patrz także

Receptury 2.9, 3.9 i 7.7.

7.12. Wyodrębnianie ścieżki z adresu URL

Problem

Chcemy wyodrębnić ścieżkę z łańcucha zawierającego adres URL. Na przykład z łańcuchów *http://www.regexcookbook.com/index.html* lub */index.html#fragment* nasze wyrażenie powinno wyodrębnić fragment */index.html*.

Rozwiązanie

Wyodrębnia ścieżkę z łańcucha, o którym wiadomo, że zawiera prawidłowy adres URL. Poniższe wyrażenie pasuje do wszystkich adresów URL, także tych, które nie definiują ścieżki:

```
\A
# Pomija ewentualne części schematu i serwera:
([a-z][a-z0-9+\-.]*:(//[^/?#]+)?)?
# Ścieżka:
([a-z0-9\-._~%!$&'()*+,;=:@/]*)
```
Opcje wyrażenia regularnego: Swobodne stosowanie znaków białych, ignorowanie wielkości liter
Odmiany wyrażeń regularnych: .NET, Java, PCRE, Perl, Python, Ruby

```
^([a-z][a-z0-9+\-.]*:(//[^/?#]+)?)?([a-z0-9\-._~%!$&'()*+,;=:@/]*)
```
Opcje wyrażenia regularnego: Ignorowanie wielkości liter
Odmiany wyrażeń regularnych: .NET, Java, JavaScript, PCRE, Perl, Python, Ruby

Wyodrębnia ścieżkę z łańcucha, o którym wiadomo, że zawiera prawidłowy adres URL. Pasuje tylko do adresów URL zawierających ścieżkę:

```
\A
# Pomija ewentualne części schematu i serwera:
([a-z][a-z0-9+\-.]*:(//[^/?#]+)?)?
# Ścieżka:
(/?[a-z0-9\-._~%!$&'()*+,;=@]+(/[a-z0-9\-._~%!$&'()*+,;=:@]+)*/?|/)
# Zapytanie, fragment lub koniec adresu URL:
([#?]|\Z)
```
Opcje wyrażenia regularnego: Swobodne stosowanie znaków białych, ignorowanie wielkości liter
Odmiany wyrażeń regularnych: .NET, Java, PCRE, Perl, Python, Ruby

```
^([a-z][a-z0-9+\-.]*:(//[^/?#]+)?)?(/?[a-z0-9\-._~%!$&'()*+,;=@]+(/[a-z0-9\
↪-._~%!$&'()*+,;=:@]+)*/?|/)([#?]|$)
```
Opcje wyrażenia regularnego: Ignorowanie wielkości liter
Odmiany wyrażeń regularnych: .NET, Java, JavaScript, PCRE, Perl, Python, Ruby

Wyodrębnia ścieżkę z łańcucha, o którym wiadomo, że zawiera prawidłowy adres URL. Wykorzystuje technikę grupowania atomowego do dopasowywania tylko tych adresów URL, które zawierają ścieżkę:

```
\A
# Pomija ewentualne części schematu i serwera:
(?>([a-z][a-z0-9+\-.]*:(//[^/?#]+)?)?)
# Ścieżka:
([a-z0-9\-._~%!$&'()*+,;=:@/]+)
```
Opcje wyrażenia regularnego: Swobodne stosowanie znaków białych, ignorowanie wielkości liter
Odmiany wyrażeń regularnych: .NET, Java, PCRE, Perl, Ruby

Analiza

Jeśli wiemy, że przetwarzany tekst reprezentuje prawidłowy adres URL, możemy posłużyć się nieporównanie prostszym wyrażeniem regularnym. O ile uniwersalne wyrażenie regularne z receptury 7.7 dopasowywało ścieżki aż na trzy sposoby (w zależności od tego, czy adres URL określa schemat i serwer), wyrażenie stworzone specjalnie z myślą o wyodrębnianiu ścieżek z prawidłowych adresów URL wymaga tylko jednego wzorca.

W pierwszym kroku stosujemy kotwicę `<\A>` i `<^>` do dopasowania początku przetwarzanego łańcucha. Wyrażenie `<[a-z][a-z0-9+\-.]*:>` pomija część schematu, a wyrażenie `<//[^/?#]+>` pomija część serwera. Dla części serwera możemy użyć tak prostego wzorca, ponieważ wiemy, że ta część (jak cały adres URL) jest prawidłowa, i ponieważ nie chcemy wyodrębniać z tej części nazwy użytkownika, nazwy hosta ani numeru portu.

Część serwera rozpoczyna się od dwóch prawych ukośników i kończy wraz z początkiem ścieżki (pojedynczego prawego ukośnika), zapytania (znaku zapytania) lub fragmentu (krzyżyka). Nasza zanegowana klasa znaków pasuje do całego tekstu zakończonego pierwszym prawym ukośnikiem, znakiem zapytania lub krzyżykiem (patrz receptura 2.3).

Ponieważ część serwera jest opcjonalna, umieszczamy ją w grupie, po której następuje kwantyfikator znaku zapytania: `<(//[^/?#]+)?>`. Część schematu także jest opcjonalna — jeśli adres URL nie identyfikuje schematu, nie powinien zawierać także części serwera. Aby wyrazić to wymaganie, część wzorca pasującą do schematu i opcjonalnego serwera umieszczamy w odrębnej grupie, dla której także zastosowano kwantyfikator znaku zapytania (powodujący jej opcjonalność).

Ponieważ wiemy, że przetwarzany adres URL jest prawidłowy, możemy łatwo dopasować ścieżkę (włącznie z prawym ukośnikiem) do pojedynczej klasy znaków `<[a-z0-9\-._~%!` ↪`$&'()*+,;=:@/]*>`. Nie musimy sprawdzać występowania prawych ukośników następujących bezpośrednio po sobie, ponieważ prawidłowa ścieżka nie może zawierać takiej sekwencji.

Dla klasy znaków dopasowywanej do ścieżki celowo zastosowano kwantyfikator gwiazdki zamiast kwantyfikatora plusa. Z początku może się wydawać dziwne, że w wyrażeniu regularnym, którego zadaniem jest wyodrębnianie ścieżki z adresu URL, sama ścieżka jest opcjonalna. Okazuje się jednak, że w tym przypadku takie rozwiązanie jest kluczem do prawidłowego dopasowania z uwagi na uproszczone procedury pomijania części schematu i serwera.

W uniwersalnym wyrażeniu regularnym pasującym do adresów URL, które zaproponowano w recepturze 7.7, dopasowywaliśmy ścieżki na trzy różne sposoby (w zależności od występowania w danym adresie URL schematu i serwera). Takie rozwiązanie daje nam pewność, że schemat nie zostanie przypadkowo dopasowany jako ścieżka.

Tym razem spróbujemy uprościć nasze rozwiązanie, stosując tylko jedną klasę znaków dla ścieżki. Przeanalizujmy przykład adresu *http://www.regexcookbook.com*, który zawiera część schematu i serwera, ale nie określa ścieżki. Pierwsza część tego wyrażenia dopasuje schemat i serwer. Moduł wyrażeń regularnych spróbuje następnie dopasować klasę znaków dla ścieżki i odkryje, że przetwarzany łańcuch nie zawiera już żadnych znaków. Jeśli ścieżka jest opcjonalna (wskutek użycia kwantyfikatora gwiazdki), moduł wyrażeń regularnych akceptuje adres w tej formie — po osiągnięciu końca wyrażenia regularnego deklaruje pozytywny wynik próby dopasowania.

Gdyby jednak klasa znaków dla ścieżki nie była opcjonalna, moduł wyrażeń regularnych wykonałby nawroty (więcej informacji o nawrotach można znaleźć w recepturze 2.13). Ponieważ moduł „pamięta", że części serwera i schematu naszego wyrażenia regularnego są opcjonalne, próbuje znaleźć inne dopasowanie — tym razem z pominięciem fragmentu pasującego do wzorca `<(//[^/?#]+)?>`. Wyrażenie `<[a-z0-9\-._~%!$&'()*+,;=:@/]+>` zostanie wówczas dopasowane do fragmentu //*www.regexcookbook.com*, który z pewnością nie reprezentuje ścieżki. Gdybyśmy użyli bardziej restrykcyjnego wyrażenia regularnego dla ścieżki, aby eliminować na przykład podwójne prawe ukośniki, moduł wyrażeń regularnych wykonałby kolejny nawrót i przyjąłby założenie, zgodnie z którym dany adres URL nie zawiera części schematu. Oznacza to, że w tym przypadku bardziej restrykcyjne wyrażenie dla ścieżki włączyłoby do niej przedrostek *http*. Aby temu zapobiec, musielibyśmy uzupełnić to wyrażenie o dodatkowy zapis wymuszający występowanie za ścieżką zapytania, fragmentu lub niczego (końca łańcucha). Po wprowadzeniu wszystkich tych zmian otrzymalibyśmy wyrażenie regularne pasujące tylko do adresów URL zawierających ścieżkę (które także pokazano w punkcie „Rozwiązanie"). Wyrażenie w tej formie jest nieporównanie bardziej złożone od dwóch wcześniejszych wyrażeń, mimo że jego działanie różni się tylko odmiennym sposobem traktowania adresów URL bez ścieżki.

Jeśli dana odmiana wyrażeń regularnych obsługuje grupowanie atomowe, możemy wykorzystać tę technikę do uproszczenia naszego rozwiązania. Grupowanie atomowe (patrz receptura 2.15) jest obsługiwane przez wszystkie omawiane w tej książce odmiany z wyjątkiem języków JavaScript i Python. W największym skrócie grupa atomowa wymusza na module wyrażeń regularnych rezygnację z nawrotów. Oznacza to, że jeśli umieścimy w grupie atomowej fragmenty wyrażenia regularnego dopasowywane do schematu i serwera, moduł wyrażeń będzie zmuszony zachować raz dopasowany schemat i serwer, nawet jeśli nie będzie możliwe dopasowanie następującej po nich klasy znaków dla ścieżki. Rozwiązanie w tej formie jest więc równie efektywne jak rozwiązanie z opcjonalną częścią ścieżki.

Niezależnie od tego, które spośród zaproponowanych wyrażeń regularnych wybierzemy, ścieżka będzie reprezentowana przez trzecią grupę przechwytującą. Jeśli zdecydujemy się użyć jednego z dwóch pierwszych wyrażeń regularnych (z opcjonalną częścią ścieżki), trzecia grupa przechwytująca będzie mogła zwrócić łańcuch pusty lub (w odmianie wyrażeń regularnych JavaScriptu) wartość `null`.

Jeśli nie wiemy, czy przetwarzany tekst zawiera prawidłowy adres URL, możemy wykorzystać wyrażenie regularne z receptury 7.7. Jeśli korzystamy z frameworku .NET, możemy użyć wyrażenia opracowanego specjalnie dla tej odmiany i obejmującego trzy grupy nazwane `path` dopasowywane do trzech fragmentów wzorca, które w różnych okolicznościach pasują do ścieżki w ramach adresu. Jeśli korzystamy z innej odmiany obsługującej nazwane grupy przechwytujące, możemy odwołać się do jednej z trzech grup nazwanych odpowiednio: `hostpath`, `schemepath` i `relpath`. Ponieważ tylko jedna z tych grup cokolwiek przechwyci, najprostszym rozwiązaniem jest zwykła konkatenacja łańcuchów zwróconych przez wszystkie te grupy — dwie grupy zwrócą łańcuchy puste, zatem w praktyce wynik tej konkatenacji będzie reprezentował tekst dopasowany tylko do jednej z nich.

Jeśli odmiana wyrażeń regularnych, z której korzystamy, nie obsługuje nazwanych grup przechwytujących, powinniśmy użyć pierwszego wyrażenia regularnego z receptury 7.7. Wspomniane wyrażenie regularne przechwytuje ścieżkę w grupie 6., 7. lub 8. Ponieważ dwie z tych grup zwrócą łańcuch pusty, możemy zastosować ten sam zabieg polegający na konkatenacji tekstu przechwyconego przez wszystkie te grupy. Takie rozwiązanie nie działa jednak w języku JavaScript, gdzie dla grup, które nie uczestniczyły w dopasowaniu, jest zwracana wartość `undefined`.

Więcej informacji o uzyskiwaniu tekstu dopasowanego do nazwanych lub numerowanych grup przechwytujących w kodzie popularnych języków programowania można znaleźć w recepturze 3.9.

Patrz także

Receptury 2.9, 3.9 i 7.7.

7.13. Wyodrębnianie zapytania z adresu URL

Problem

Chcemy wyodrębnić część zapytania z łańcucha zawierającego prawidłowy adres URL. Na przykład dla adresów *http://www.regexcookbook.com?param=value* lub */index.html?param=value* chcemy uzyskać podłańcuch *param=value*.

Rozwiązanie

```
^[^?#]+\?([^#]+)
```

Opcje wyrażenia regularnego: Ignorowanie wielkości liter
Odmiany wyrażeń regularnych: .NET, Java, JavaScript, PCRE, Perl, Python, Ruby

Analiza

Wyodrębnianie części zapytania z adresu URL jest dziecinnie proste, jeśli tylko wiemy, że przetwarzany tekst zawiera prawidłowy adres URL. Zapytanie jest oddzielone od poprzedzającej je części adresu URL znakiem zapytania. Wspomniany separator jest pierwszym znakiem zapytania, który może występować w adresach URL. Oznacza to, że możemy bezpiecznie pominąć całą początkową część adresu aż do pierwszego wystąpienia znaku zapytania za pomocą wyrażenia `<^[^?#]+\?>`. Znak zapytania ma specjalne znaczenie (pełni funkcję metaznaku) tylko poza klasami znaków, zatem w przytoczonym wzorcu tylko drugi znak zapytania musimy poprzedzić symbolem ucieczki. Pierwszy symbol karety (`<^>`) pełni funkcję kotwicy (patrz receptura 2.5); drugi symbol karety neguje klasę znaków (patrz receptura 2.3).

Znaki zapytania mogą występować w adresach URL w ramach (opcjonalnego) fragmentu już po zapytaniu. Musimy więc użyć wyrażenia `<^[^?#]+\?>` (zamiast prostej sekwencji `<\?>`), aby upewnić się, że dysponujemy pierwszym znakiem zapytania w ramach adresu URL i że znak ten nie wchodzi w skład części fragmentu (w adresie pozbawionym zapytania).

Zapytanie kończy się wraz z początkiem fragmentu lub wraz z końcem całego adresu URL (w razie braku części fragmentu). Fragment jest oddzielony od reszty adresu URL znakiem krzyżyka (#). Ponieważ znak krzyżyka nie może występować w żadnym innym miejscu adresu, do dopasowania zapytania potrzebujemy prostego wzorca `<[^#]+>`. Zanegowana klasa znaków pasuje do całego tekstu sprzed pierwszego znaku krzyżyka lub sprzed końca przetwarzanego łańcucha (w razie braku znaku krzyżyka).

Zaproponowane wyrażenie regularne będzie odnajdywało dopasowania tylko w przypadku adresów URL obejmujących zapytania. Ponieważ znalezione dopasowanie obejmuje cały tekst od początku adresu URL, wzorzec `<[^#]+>` (dopasowywany do samego zapytania) umieściliśmy w grupie przechwytującej. Po znalezieniu dopasowania możemy odczytać tekst dopasowany do pierwszej (i jedynej) grupy przechwytującej, aby uzyskać zapytanie bez jakichkolwiek separatorów i innych części danego adresu URL. Działanie grup przechwytujących szczegółowo wyjaśniono w recepturze 2.9. W recepturze 3.9 opisano techniki uzyskiwania tekstu dopasowywanego do grup przechwytujących na poziomie kodu źródłowego popularnych języków programowania.

Jeśli nie wiemy, czy przetwarzany tekst zawiera prawidłowy adres URL, możemy użyć jednego z wyrażeń regularnych zaproponowanych w recepturze 7.7. W pierwszym z tych wyrażeń ewentualne zapytanie jest przechwytywane przez dwunastą grupę.

Patrz także

Receptury 2.9, 3.9 i 7.7.

7.14. Wyodrębnianie fragmentu z adresu URL

Problem

Chcemy wyodrębnić z łańcucha zawierającego adres URL część wskazującą na fragment strony. Na przykład dla adresu *http://www.regexcookbook.com#top* albo */index.html#top* powinniśmy otrzymać podłańcuch *top*.

Rozwiązanie

```
#(.+)
```
Opcje wyrażenia regularnego: Ignorowanie wielkości liter
Odmiany wyrażeń regularnych: .NET, Java, JavaScript, PCRE, Perl, Python, Ruby

Analiza

Jeśli wiemy, że przetwarzany tekst zawiera prawidłowy adres URL, wyodrębnienie fragmentu z tego adresu jest dziecinnie proste. Fragment jest oddzielony od poprzedzającej go części adresu URL znakiem krzyżyka. Fragment jest jednocześnie jedyną częścią adresu URL, w której może występować krzyżyk, i zawsze (jeśli występuje) stanowi ostatnią część tego adresu. Oznacza to, że możemy łatwo wyodrębnić fragment, odnajdując pierwszy znak krzyżyka i dopasowując wszystko, począwszy od tego znaku aż do końca łańcucha. Realizujemy to zadanie za pomocą wyrażenia `<#.+>`. Musimy tylko wyłączyć tryb swobodnego stosowania znaków białych — w przeciwnym razie znak krzyżyka należałoby poprzedzić lewym ukośnikiem.

Nasze wyrażenie regularne odnajduje dopasowanie, pod warunkiem że dany adres URL zawiera część fragmentu. Dopasowanie składa się nie tylko z fragmentu, ale też ze znaku krzyżyka oddzielającego fragment od wcześniejszej części adresu URL. Właśnie dlatego stosujemy dodatkową grupę przechwytującą, która umożliwia nam łatwe odczytanie interesującego nas podłańcucha bez poprzedzającego go krzyżyka.

Jeśli nie wiemy, czy przetwarzany tekst zawiera prawidłowy adres URL, możemy użyć jednego z wyrażeń regularnych zaproponowanych w recepturze 7.7. W pierwszym z tych wyrażeń ewentualny fragment jest przechwytywany przez trzynastą grupę.

Patrz także

Receptury 2.9, 3.9 i 7.7.

7.15. Weryfikacja nazw domen

Problem

Chcemy sprawdzić, czy dany łańcuch wygląda jak prawidłowa, w pełni kwalifikowana nazwa domeny. Chcemy też odnajdywać nazwy domen w dłuższym tekście.

Rozwiązanie

Sprawdza, czy dany łańcuch przypomina prawidłową nazwę domeny:

```
^([a-z0-9]+(-[a-z0-9]+)*\.)+[a-z]{2,}$
```
Opcje wyrażenia regularnego: Ignorowanie wielkości liter
Odmiany wyrażeń regularnych: .NET, Java, JavaScript, PCRE, Perl, Python

```
\A([a-z0-9]+(-[a-z0-9]+)*\.)+[a-z]{2,}\Z
```
Opcje wyrażenia regularnego: Ignorowanie wielkości liter
Odmiany wyrażeń regularnych: .NET, Java, PCRE, Perl, Python, Ruby

Odnajduje prawidłowe nazwy domen w dłuższym tekście:

```
\b([a-z0-9]+(-[a-z0-9]+)*\.)+[a-z]{2,}\b
```
Opcje wyrażenia regularnego: Ignorowanie wielkości liter
Odmiany wyrażeń regularnych: .NET, Java, JavaScript, PCRE, Perl, Python, Ruby

Sprawdza, czy długość żadnej części domeny nie przekracza 63 znaków:

```
\b((?=[a-z0-9-]{1,63}\.)[a-z0-9]+(-[a-z0-9]+)*\.)+[a-z]{2,63}\b
```
Opcje wyrażenia regularnego: Ignorowanie wielkości liter
Odmiany wyrażeń regularnych: .NET, Java, JavaScript, PCRE, Perl, Python, Ruby

Dopuszcza międzynarodowe nazwy domen zapisane w notacji punycode:

```
\b((xn--)?[a-z0-9]+(-[a-z0-9]+)*\.)+[a-z]{2,}\b
```
Opcje wyrażenia regularnego: Ignorowanie wielkości liter
Odmiany wyrażeń regularnych: .NET, Java, JavaScript, PCRE, Perl, Python, Ruby

Sprawdza, czy długość żadnej części domeny nie przekracza 63 znaków, i dopuszcza między-narodowe nazwy domen zapisane w notacji punycode:

```
\b((?=[a-z0-9-]{1,63}\.)(xn--)?[a-z0-9]+(-[a-z0-9]+)*\.)+[a-z]{2,63}\b
```
Opcje wyrażenia regularnego: Ignorowanie wielkości liter
Odmiany wyrażeń regularnych: .NET, Java, JavaScript, PCRE, Perl, Python, Ruby

Analiza

Nazwa domeny ma postać *domena.dnp* lub *poddomena.domena.dnp* z dowolną liczbą dodatkowych poddomen. Domena najwyższego poziomu (*dnp*) składa się z dwóch lub większej liczby liter. To właśnie do niej pasuje najprostsza część naszego wyrażenia regularnego: `<[a-z]{2,}>`.

Domena i wszystkie poddomeny składają się z liter, cyfr i myślników. Myślniki nie mogą występować bezpośrednio obok siebie, nie mogą też rozpoczynać ani kończyć domeny. Wyrażamy te reguły za pomocą następującego wzorca: `<[a-z0-9]+(-[a-z0-9]+)*>`. Wyrażenie regularne w tej formie dopuszcza dowolną liczbę liter i cyfr, po których może następować dowolna liczba grup złożonych z myślnika oraz sekwencji liter i cyfr. Myślnik stosowany w klasach znaków jest co prawda metaznakiem (patrz receptura 2.3), jednak już poza klasami znaków (jak w tym przypadku) jest zwykłym znakiem, który nie wymaga stosowania symbolu ucieczki.

Domena i poddomeny są oddzielone kropkami, które w naszym wyrażeniu regularnym dopasowujemy za pomocą sekwencji `<\.>`. Ponieważ oprócz domeny może istnieć dowolna liczba dodatkowych poddomen, umieszczamy nazwę domeny i stałą kropkę w grupie, dla której stosujemy kwantyfikator plusa: `<([a-z0-9]+(-[a-z0-9]+)*\.)+>`. Poddomeny muszą spełniać te same reguły składniowe co domena, zatem nasza grupa z powodzeniem obsługuje oba elementy.

Gdybyśmy chcieli sprawdzić, czy dany łańcuch reprezentuje prawidłową nazwę domeny, pozostałoby nam już tylko dodanie na początku i końcu tego wyrażenia regularnego kotwic pasujących odpowiednio do początku i końca tego łańcucha. We wszystkich odmianach wyrażeń regularnych poza odmianą języka Ruby można do tego celu użyć kotwic `<^>` i `<$>`; we wszystkich odmianach poza JavaScriptem można wykorzystać kotwice `<\A>` i `<\Z>`. Zasady stosowania wspomnianych kotwic szczegółowo wyjaśniono w recepturze 2.5.

Gdybyśmy chcieli odnajdywać nazwy domen w dłuższym tekście, powinniśmy zastosować granice wyrazów `<\b>` (patrz receptura 2.6).

Nasze pierwsze wyrażenia regularne nie sprawdzają, czy długość poszczególnych elementów składowych domeny nie przekracza 63 znaków. Sprawdzanie tego warunku nie jest łatwe, ponieważ wyrażenie dopasowywane do poszczególnych części, `<[a-z0-9]+(-[a-z0-9]+)*>`, zawiera trzy kwantyfikatory. W tej sytuacji nie możemy wymusić na module wyrażeń regularnych ograniczania liczby znaków w każdej z tych części do 63.

Moglibyśmy użyć wyrażenia `<[-a-z0-9]{1,63}>` do dopasowania części domeny złożonej z 1 – 63 znaków oraz wyrażenia `<\b([-a-z0-9]{1,63}\.)+[a-z]{2,63}>` do dopasowania całej nazwy domeny. Przytoczone wzorce nie eliminowałyby jednak domen z myślnikami na nieprawidłowych pozycjach.

W tej sytuacji możemy zastosować operację przeszukiwania w przód, aby ten sam tekst dopasowywać dwukrotnie. Jeśli nie rozumiesz działania operacji przeszukiwania w przód, zapoznaj się z recepturą 2.16, gdzie szczegółowo wyjaśniono tego rodzaju konstrukcje. W tym przypadku wykorzystujemy wyrażenie `<[a-z0-9]+(-[a-z0-9]+)*\.>` do dopasowywania nazw domen z prawidłowo użytymi myślnikami, po czym dodajemy operację wyszukiwania w przód dopasowania do wzorca `<[-a-z0-9]{1,63}\.>`, aby sprawdzić, czy długość tych nazw nie przekracza 63 znaków. W ten sposób otrzymujemy gotowe wyrażenie `<(?=[-a-z0-9]{1,63}\.)` ↪`[a-z0-9]+(-[a-z0-9]+)*\.>`.

Wyszukiwanie w przód `<(?=[-a-z0-9]{1,63}\.)>` sprawdza, czy liczba znaków (liter, cyfr i myślników) poprzedzających kolejną kropkę nie przekracza 63. Uwzględnienie kropki w tej konstrukcji jest bardzo ważne. Bez niej domeny złożone z więcej niż 63 znaków byłyby akceptowane przez naszą operację wyszukiwania w przód. Dopiero umieszczenie w tej operacji stałej (dopasowywanej dosłownie) kropki ogranicza liczbę akceptowanych znaków do 63.

Operacja wyszukiwania w przód nie konsumuje dopasowanego tekstu. Oznacza to, że jeśli operacja wyszukiwania zakończy się pomyślnie, wyrażenie `<[a-z0-9]+(-[a-z0-9]+)*\.>` zostanie dopasowane do tekstu, który właśnie został dopasowany do tej operacji. Skoro właśnie potwierdziliśmy, że badany fragment nie zawiera więcej niż 63 znaki, możemy przystąpić do weryfikacji prawidłowego układu myślników i pozostałych znaków (liter i cyfr).

Międzynarodowe nazwy domen (IDN) teoretycznie mogą zawierać dowolne znaki. Lista akceptowanych znaków zależy od rejestru domen najwyższego poziomu. Na przykład domena *.es* ogranicza zakres dopuszczalnych znaków do cyfr, myślników i liter języka hiszpańskiego.

W praktyce międzynarodowe nazwy domen często koduje się z wykorzystaniem schematu punycode. Chociaż algorytm kodowania punycode jest dość skomplikowany, z naszego punktu widzenia najważniejsze jest to, że w wyniku stosowania tego algorytmu powstają nazwy będące kombinacjami liter, cyfr i myślników zgodnie z regułami obsługiwanymi przez nasze wyrażenie regularne. Jedyna różnica polega na tym, że nazwa domeny generowana przez algorytm punycode jest poprzedzona przedrostkiem *xn--*. Aby prawidłowo obsługiwać tego rodzaju domeny w naszym wyrażeniu regularnym, wystarczy dodać konstrukcję `<(xn--)?>` do wzorca dopasowywanego do poszczególnych części składowych domeny.

Patrz także

Receptury 2.3, 2.12 i 2.16.

7.16. Dopasowywanie adresów IPv4

Problem

Chcemy sprawdzić, czy dany łańcuch reprezentuje prawidłowy adres IPv4 w notacji *255.255.255.255*. Chcemy też dysponować mechanizmem konwersji tego adresu na 32-bitową liczbę całkowitą.

Rozwiązanie

Wyrażenie regularne

Proste wyrażenie regularne sprawdzające poprawność adresu IP:

```
^(?:[0-9]{1,3}\.){3}[0-9]{1,3}$
```
Opcje wyrażenia regularnego: Brak
Odmiany wyrażeń regularnych: .NET, Java, JavaScript, PCRE, Perl, Python, Ruby

Bardziej restrykcyjne wyrażenie regularne sprawdzające poprawność adresu IP:

```
^(?:(?:25[0-5]|2[0-4][0-9]|[01]?[0-9][0-9]?)\.){3}(?:25[0-5]|2[0-4][0-9]|[01]?[0-9]
↪[0-9]?)$
```
Opcje wyrażenia regularnego: Brak
Odmiany wyrażeń regularnych: .NET, Java, JavaScript, PCRE, Perl, Python, Ruby

Proste wyrażenie regularne wyodrębniające adres IP z dłuższego tekstu:

```
\b(?:[0-9]{1,3}\.){3}[0-9]{1,3}\b
```
Opcje wyrażenia regularnego: Brak
Odmiany wyrażeń regularnych: .NET, Java, JavaScript, PCRE, Perl, Python, Ruby

Bardziej restrykcyjne wyrażenie regularne wyodrębniające adres IP z dłuższego tekstu:

```
\b(?:(?:25[0-5]|2[0-4][0-9]|[01]?[0-9][0-9]?)\.){3}(?:25[0-5]|2[0-4][0-9]|[01]?
↪[0-9][0-9]?)\b
```
Opcje wyrażenia regularnego: Brak
Odmiany wyrażeń regularnych: .NET, Java, JavaScript, PCRE, Perl, Python, Ruby

Proste wyrażenie regularne przechwytujące cztery części składowe danego adresu IP:

```
^([0-9]{1,3})\.([0-9]{1,3})\.([0-9]{1,3})\.([0-9]{1,3})$
```
Opcje wyrażenia regularnego: Brak
Odmiany wyrażeń regularnych: .NET, Java, JavaScript, PCRE, Perl, Python, Ruby

Bardziej restrykcyjne wyrażenie regularne przechwytujące cztery części składowe danego adresu IP:

```
^(25[0-5]|2[0-4][0-9]|[01]?[0-9][0-9]?)\.(25[0-5]|2[0-4][0-9]|[01]?[0-9][0-9]?)\
↪.(25[0-5]|2[0-4][0-9]|[01]?[0-9][0-9]?)\.(25[0-5]|2[0-4][0-9]|[01]?[0-9][0-9]?)$
```
Opcje wyrażenia regularnego: Brak
Odmiany wyrażeń regularnych: .NET, Java, JavaScript, PCRE, Perl, Python, Ruby

Perl

```perl
if ($subject =~ m/^([0-9]{1,3})\.([0-9]{1,3})\.([0-9]{1,3})\.([0-9]{1,3})/)
{
    $ip = $1 << 24 | $2 << 16 | $3 << 8 | $4;
}
```

Analiza

Adresy IP czwartej wersji zwykle zapisuje się w notacji 255.255.255.255, gdzie każda z czterech liczb oddzielonych kropkami musi się mieścić w przedziale od 0 do 255. Dopasowywanie tego rodzaju adresów z wykorzystaniem wyrażenia regularnego jest więc wyjątkowo proste.

W punkcie „Rozwiązanie" zaproponowano sześć wyrażeń regularnych. Trzy z nich oznaczono jako proste; trzy pozostałe oznaczono jako bardziej restrykcyjne.

Proste wyrażenia regularne korzystają ze wzorca <[0-9]{1,3}> do dopasowywania każdego z czterech bloków cyfr składających się na adres IP. Przytoczony wzorzec pasuje do liczb z przedziału od 0 do 999 zamiast do dopuszczalnych w adresach liczb od 0 do 255. Proste wyrażenia regularne są bardziej efektywne i wystarczająco skuteczne, jeśli tylko wiemy, że dane wejściowe zawierają jedynie prawidłowe adresy IP, a naszym celem jest na przykład znalezienie tych adresów wśród innych danych.

Bardziej restrykcyjne wyrażenia regularne wykorzystują wzorzec `<25[0-5]|2[0-4][0-9]|[01]?` `[0-9][0-9]?>` do dopasowywania każdej z czterech liczb składających się na adres IP. Wspomniany wzorzec pasuje do liczby z przedziału od *0* do *255* z opcjonalnym zerem na początku (w przypadku liczb z przedziału od *0* do *99*) oraz opcjonalnymi dwoma zerami (w przypadku liczb z przedziału od *0* do *9*). Wzorzec `<25[0-5]>` pasuje do liczb z przedziału od *250* do *255*, wzorzec `<2[0-4][0-9]>` pasuje do liczb z przedziału od *200* do *249*, a wzorzec `<[01]?[0-9]` `[0-9]?>` pasuje do liczb z przedziału od *0* do *199* (z opcjonalnymi, początkowymi zerami). Zasady dopasowywania wyrażeń regularnych do przedziałów liczbowych szczegółowo wyjaśniono w recepturze 6.5.

Gdybyśmy chcieli sprawdzić, czy dany łańcuch składa się w całości z prawidłowego adresu IP, powinniśmy użyć jednego z wyrażeń regularnych zaczynających się od karety i zakończonego znakiem dolara. Wspomniane symbole pełnią funkcje kotwic dopasowywanych odpowiednio do początku i końca łańcucha (patrz receptura 2.5). Gdybyśmy chcieli odnajdywać adresy IP w dłuższym tekście, powinniśmy zastosować jedno z wyrażeń rozpoczynających się i kończących granicą wyrazu `<\b>` (patrz receptura 2.6).

W pierwszych czterech wyrażeniach regularnych zastosowano formułę `<(?:liczba\.){3}` `liczba>`. Pierwsze trzy liczby w ramach adresu IP są dopasowywane do grupy nieprzechwytującej (patrz receptura 2.9) powtarzanej trzy razy (patrz receptura 2.12). Wspomniana grupa pasuje do liczby wraz z następującą po niej kropką — każdy adres IP zawiera trzy takie sekwencje. Ostatnia część naszego wyrażenia regularnego pasuje do końcowej liczby w ramach adresu. Zastosowanie grupy nieprzechwytującej i jej trzykrotne powtórzenie powoduje, że nasze wyrażenie regularne jest krótsze i bardziej efektywne.

Konwersja tekstowej reprezentacji adresu IP na liczbę całkowitą wymaga odrębnego przechwycenia wszystkich czterech liczb. Zrealizowaliśmy to zadanie w ostatnich dwóch wyrażeniach zaproponowanych w punkcie „Rozwiązanie". Zamiast powtarzać tę samą grupę trzy razy, zastosowaliśmy cztery odrębne grupy przechwytujące, po jednej dla każdej liczby. Tylko w ten sposób możemy osobno przechwytywać wszystkie cztery liczby składające się na adres IP.

Po przechwyceniu kolejnych liczb połączenie ich w ramach jednej 32-bitowej liczby całkowitej jest już dość proste. W Perlu tekst dopasowany do czterech grup przechwytujących naszego wyrażenia regularnego jest reprezentowany przez zmienne specjalne $1, $2, $3 i $4. W recepturze 3.9 wyjaśniono, jak uzyskiwać tekst dopasowany do grup przechwytujących w pozostałych językach programowania. W Perlu zmienne łańcuchowe reprezentujące te dopasowania są automatycznie konwertowane na liczby w momencie zastosowania dla nich bitowej operacji przesunięcia w lewo (<<). W pozostałych językach możemy stanąć przed koniecznością użycia metody `String.toInteger()` (lub podobnej) przed zastosowaniem operatora przesunięcia i połączenia wszystkich czterech wartości za pomocą bitowego operatora alternatywy.

Patrz także

Receptury 2.3, 2.8, 2.9 i 2.12.

7.17. Dopasowywanie adresów IPv6

Problem

Chcemy sprawdzić, czy dany łańcuch reprezentuje prawidłowy adres IPv6 w notacji standardowej, skróconej i (lub) mieszanej.

Rozwiązanie

Notacja standardowa

Dopasowujemy adres IPv6 w notacji standardowej, złożonej z ośmiu słów 16-bitowych reprezentowanych przez liczby szesnastkowe i oddzielonych dwukropkami (na przykład *1762:0:0:0:0:B03:1:AF18*). Początkowe zera w poszczególnych liczbach są opcjonalne.

Sprawdza, czy cały przetwarzany tekst reprezentuje adres IPv6 zapisany w notacji standardowej:

```
^(?:[A-F0-9]{1,4}:){7}[A-F0-9]{1,4}$
```
Opcje wyrażenia regularnego: Ignorowanie wielkości liter
Odmiany wyrażeń regularnych: .NET, Java, JavaScript, PCRE, Perl, Python

```
\A(?:[A-F0-9]{1,4}:){7}[A-F0-9]{1,4}\Z
```
Opcje wyrażenia regularnego: Ignorowanie wielkości liter
Odmiany wyrażeń regularnych: .NET, Java, PCRE, Perl, Python, Ruby

Odnajduje adres IPv6 zapisany w notacji standardowej w ramach dłuższego tekstu:

```
(?<![:.\w])(?:[A-F0-9]{1,4}:){7}[A-F0-9]{1,4}(?![:.\w])
```
Opcje wyrażenia regularnego: Ignorowanie wielkości liter
Odmiany wyrażeń regularnych: .NET, Java, PCRE, Perl, Python, Ruby 1.9

Ponieważ języki JavaScript i Ruby 1.8 nie obsługują operacji wyszukiwania wstecz, musimy usunąć z początku naszego wyrażenia regularnego konstrukcję sprawdzającą, czy adresy IPv6 nie występują w dłuższych sekwencjach cyfr szesnastkowych i dwukropków. W miejsce tej konstrukcji stosujemy granicę wyrazu:

```
\b(?:[A-F0-9]{1,4}:){7}[A-F0-9]{1,4}\b
```
Opcje wyrażenia regularnego: Ignorowanie wielkości liter
Odmiany wyrażeń regularnych: .NET, Java, JavaScript, PCRE, Perl, Python, Ruby

Notacja mieszana

Dopasowujemy adres IPv6 w notacji mieszanej, czyli złożonej z sześciu słów 16-bitowych reprezentowanych przez liczby szesnastkowe, po których następują cztery bajty reprezentowane przez liczby dziesiętne. Słowa reprezentowane przez liczby szesnastkowe są oddzielone dwukropkami, a bajty reprezentowane przez liczby dziesiętne są oddzielone kropkami. Część słów jest oddzielona od części bajtów dwukropkiem. Początkowe zera są opcjonalne zarówno w przypadku szesnastkowych słów, jak i w przypadku dziesiętnych bajtów. Opisaną notację stosuje się podczas łączenia adresów IPv4 i IPv6 — adresy IPv6 pełnią wówczas funkcję rozszerzeń adresów IPv4. Przykładem adresu IPv6 w notacji mieszanej jest *1762:0:0:0:0:B03:127.32.67.15*.

Sprawdza, czy cały przetwarzany tekst zawiera adres IPv6 zapisany w notacji mieszanej:

```
^(?:[A-F0-9]{1,4}:){6}(?:(?:25[0-5]|2[0-4][0-9]|[01]?[0-9][0-9]?)\.){3}(?:25[0-5]|
↪2[0-4][0-9]|[01]?[0-9][0-9]?)$
```

Opcje wyrażenia regularnego: Ignorowanie wielkości liter
Odmiany wyrażeń regularnych: .NET, Java, JavaScript, PCRE, Perl, Python, Ruby

Odnajduje adres IPv6 zapisany w notacji mieszanej w ramach dłuższego tekstu:

```
(?<![:.\w])(?:[A-F0-9]{1,4}:){6}(?:(?:25[0-5]|2[0-4][0-9]|[01]?[0-9][0-9]?)\
↪.){3}(?:25[0-5]|2[0-4][0-9]|[01]?[0-9][0-9]?)(?![:.\w])
```

Opcje wyrażenia regularnego: Ignorowanie wielkości liter
Odmiany wyrażeń regularnych: .NET, Java, JavaScript, PCRE, Perl, Python, Ruby

Ponieważ języki JavaScript i Ruby 1.8 nie obsługują operacji wyszukiwania wstecz, musimy usunąć z początku naszego wyrażenia regularnego konstrukcję sprawdzającą, czy adresy IPv6 nie występują w dłuższych sekwencjach cyfr szesnastkowych i dwukropków. W miejsce tej konstrukcji stosujemy granicę wyrazu:

```
\b(?:[A-F0-9]{1,4}:){6}(?:(?:25[0-5]|2[0-4][0-9]|[01]?[0-9][0-9]?)\.){3}(?:25[0-5]|
↪2[0-4][0-9]|[01]?[0-9][0-9]?)\b
```

Opcje wyrażenia regularnego: Ignorowanie wielkości liter
Odmiany wyrażeń regularnych: .NET, Java, JavaScript, PCRE, Perl, Python, Ruby

Notacja standardowa lub mieszana

Dopasowujemy adres IPv6 w notacji standardowej lub mieszanej.

Sprawdza, czy cały przetwarzany tekst zawiera adres IPv6 zapisany w notacji standardowej lub mieszanej:

```
\A                                              # Początek łańcucha
(?:[A-F0-9]{1,4}:){6}                           # 6 słów
(?:[A-F0-9]{1,4}:[A-F0-9]{1,4}                  # 2 słowa
| (?:(?:25[0-5]|2[0-4][0-9]|[01]?[0-9][0-9]?)\.){3} # lub 4 bajty
(?:25[0-5]|2[0-4][0-9]|[01]?[0-9][0-9]?)
)\Z                                             # Koniec łańcucha
```

Opcje wyrażenia regularnego: Swobodne stosowanie znaków białych, ignorowanie wielkości liter
Odmiany wyrażeń regularnych: .NET, Java, PCRE, Perl, Python, Ruby

```
^(?:[A-F0-9]{1,4}:){6}(?:[A-F0-9]{1,4}:[A-F0-9]{1,4}|(?:(?:25[0-5]|2[0-4][0-9]|
↪[01]?[0-9][0-9]?)\.){3}(?:25[0-5]|2[0-4][0-9]|[01]?[0-9][0-9]?))$
```

Opcje wyrażenia regularnego: Ignorowanie wielkości liter
Odmiany wyrażeń regularnych: .NET, Java, JavaScript, PCRE, Perl, Python

Odnajduje adres IPv6 zapisany w notacji standardowej lub mieszanej w ramach dłuższego tekstu:

```
(?<![:.\w])                                     # Kotwica
(?:[A-F0-9]{1,4}:){6}                           # 6 słów
(?:[A-F0-9]{1,4}:[A-F0-9]{1,4}                  # 2 słowa
| (?:(?:25[0-5]|2[0-4][0-9]|[01]?[0-9][0-9]?)\.){3} # lub 4 bajty
(?:25[0-5]|2[0-4][0-9]|[01]?[0-9][0-9]?)
)(?![:.\w])                                     # Kotwica
```

Opcje wyrażenia regularnego: Swobodne stosowanie znaków białych, ignorowanie wielkości liter
Odmiany wyrażeń regularnych: .NET, Java, PCRE, Perl, Python, Ruby 1.9

Ponieważ języki JavaScript i Ruby 1.8 nie obsługują operacji wyszukiwania wstecz, musimy usunąć z początku naszego wyrażenia regularnego konstrukcję sprawdzającą, czy adresy IPv6 nie występują w dłuższych sekwencjach cyfr szesnastkowych i dwukropków. W miejsce tej konstrukcji stosujemy granicę wyrazu:

```
\b                                          # Granica wyrazu
(?:[A-F0-9]{1,4}:){6}                        # 6 słów
(?:[A-F0-9]{1,4}:[A-F0-9]{1,4}                # 2 słowa
| (?:(?:25[0-5]|2[0-4][0-9]|[01]?[0-9][0-9]?)\.){3}   # lub 4 bajty
(?:25[0-5]|2[0-4][0-9]|[01]?[0-9][0-9]?)
)\b                                          # Granica wyrazu
```
Opcje wyrażenia regularnego: Swobodne stosowanie znaków białych, ignorowanie wielkości liter
Odmiany wyrażeń regularnych: .NET, Java, PCRE, Perl, Python, Ruby

```
\b(?:[A-F0-9]{1,4}:){6}(?:[A-F0-9]{1,4}:[A-F0-9]{1,4}|(?:(?:25[0-5]|2[0-4][0-9]|
↪[01]?[0-9][0-9]?)\.){3}(?:25[0-5]|2[0-4][0-9]|[01]?[0-9][0-9]?))\b
```
Opcje wyrażenia regularnego: Ignorowanie wielkości liter
Odmiany wyrażeń regularnych: .NET, Java, JavaScript, PCRE, Perl, Python, Ruby

Notacja skompresowana

Dopasowujemy adres IPv6 zapisany w tzw. notacji skompresowanej. Notacja skompresowana różni się od notacji standardowej tylko możliwością pomijania sekwencji jednego lub wielu słów zerowych i zapisywania samych dwukropków otaczających te zera. Adresy zapisane w tej notacji można łatwo rozpoznać po dwóch dwukropkach znajdujących się bezpośrednio obok siebie. W ten sposób można pominąć tylko jedną sekwencję zer; w przeciwnym razie nie byłoby możliwe określenie liczby pominiętych słów w poszczególnych sekwencjach. Jeśli pominiemy sekwencję zer na początku lub końcu adresu IP, tak skompresowany adres będzie odpowiednio rozpoczynał się lub kończył dwoma dwukropkami. Jeśli adres IPv6 składa się z samych zer, po skompresowaniu będzie miał postać dwóch dwukropków (bez żadnych cyfr).

Na przykład adres *1762::B03:1:AF18* jest skompresowaną formą adresu *1762:0:0:0:0:B03:1:AF18*. Wyrażenia regularne proponowane w tym podpunkcie pasują do adresów IPv6 zarówno w notacji skompresowanej, jak i w notacji standardowej. Poniższe wyrażenie sprawdza, czy cały przetwarzany tekst składa się z adresu IPv6 w notacji standardowej lub skompresowanej:

```
\A(?:
# Notacja standardowa:
(?:[A-F0-9]{1,4}:){7}[A-F0-9]{1,4}
# Notacja skompresowana obejmująca co najwyżej siedem dwukropków...
|(?=(?:[A-F0-9]{0,4}:){0,7}[A-F0-9]{0,4}
   \Z)  # kotwicę...
# i nie więcej niż jeden podwójny dwukropek:
(([0-9A-F]{1,4}:){1,7}|:)((:[0-9A-F]{1,4}){1,7}|:)
)\Z
```
Opcje wyrażenia regularnego: Swobodne stosowanie znaków białych, ignorowanie wielkości liter
Odmiany wyrażeń regularnych: .NET, Java, PCRE, Perl, Python, Ruby

```
^(?:(?:[A-F0-9]{1,4}:){7}[A-F0-9]{1,4}|(?=(?:[A-F0-9]{0,4}:){0,7}[A-F0-9]{0,4}$)
↪(([0-9A-F]{1,4}:){1,7}|:)((:[0-9A-F]{1,4}){1,7}|:))$
```
Opcje wyrażenia regularnego: Ignorowanie wielkości liter
Odmiany wyrażeń regularnych: .NET, Java, JavaScript, PCRE, Perl, Python

Odnajduje adres IPv6 zapisany w notacji standardowej lub skompresowanej w ramach dłuższego tekstu:

```
(?<![:.\w])(?:
  # Notacja standardowa:
  (?:[A-F0-9]{1,4}:){7}[A-F0-9]{1,4}
  # Notacja skompresowana obejmująca co najwyżej siedem dwukropków...
|(?=(?:[A-F0-9]{0,4}:){0,7}[A-F0-9]{0,4}
    (?![:.\w]))  # kotwicę...
  # i nie więcej niż jeden podwójny dwukropek:
  (([0-9A-F]{1,4}:){1,7}|:)((:[0-9A-F]{1,4}){1,7}|:)
)(?![:.\w])
```

Opcje wyrażenia regularnego: Swobodne stosowanie znaków białych, ignorowanie wielkości liter
Odmiany wyrażeń regularnych: .NET, Java, PCRE, Perl, Python, Ruby 1.9

Ponieważ języki JavaScript i Ruby 1.8 nie obsługują operacji wyszukiwania wstecz, musimy usunąć z początku naszego wyrażenia regularnego konstrukcję sprawdzającą, czy adresy IPv6 nie występują w dłuższych sekwencjach cyfr szesnastkowych i dwukropków. Tym razem jednak nie możemy zastąpić tej konstrukcji granicą wyrazu, ponieważ adres może rozpoczynać się od dwukropka, który nie jest traktowany jako znak wyrazu:

```
(?:
  # Notacja standardowa:
  (?:[A-F0-9]{1,4}:){7}[A-F0-9]{1,4}
  # Notacja skompresowana obejmująca co najwyżej siedem dwukropków...
|(?=(?:[A-F0-9]{0,4}:){0,7}[A-F0-9]{0,4}
    (?![:.\w]))  # kotwicę...
  # i nie więcej niż jeden podwójny dwukropek:
  (([0-9A-F]{1,4}:){1,7}|:)((:[0-9A-F]{1,4}){1,7}|:)
)(?![:.\w])
```

Opcje wyrażenia regularnego: Swobodne stosowanie znaków białych, ignorowanie wielkości liter
Odmiany wyrażeń regularnych: .NET, Java, PCRE, Perl, Python, Ruby

```
(?:(?:[A-F0-9]{1,4}:){7}[A-F0-9]{1,4}|(?=(?:[A-F0-9]{0,4}:){0,7}[A-F0-9]{0,4}
↪(?![:.\w]))(([0-9A-F]{1,4}:){1,7}|:)((:[0-9A-F]{1,4}){1,7}|:))(?![:.\w])
```

Opcje wyrażenia regularnego: Ignorowanie wielkości liter
Odmiany wyrażeń regularnych: .NET, Java, JavaScript, PCRE, Perl, Python, Ruby

Skompresowana notacja mieszana

Dopasowujemy adres IPv6 zapisany w tzw. skompresowanej notacji mieszanej. Skompresowana notacja mieszana różni się od notacji mieszanej tylko możliwością pomijania sekwencji jednego lub wielu słów zerowych i zapisywania samych dwukropków otaczających te zera. Cztery bajty dziesiętne nie mogą być pomijane, nawet jeśli zawierają zera. Adresy zapisane w tej notacji można łatwo rozpoznać po dwóch dwukropkach znajdujących się bezpośrednio obok siebie (w pierwszej części) oraz trzech kropkach w drugiej części. W ten sposób można pominąć tylko jedną sekwencję zer; w przeciwnym razie nie byłoby możliwe określenie liczby pominiętych słów w poszczególnych sekwencjach. Jeśli pominiemy sekwencję zer na początku adresu IP, tak skompresowany adres będzie rozpoczynał się od dwóch dwukropków.

Na przykład adres *1762::B03:127.32.67.15* jest skompresowaną formą adresu *1762:0: 0:0:0:B03: 127.32.67.15*. Wyrażenia regularne proponowane w tym podpunkcie pasują do adresów IPv6 zarówno w notacji skompresowanej, jak i w notacji standardowej. Proponowane poniżej wyrażenia regularne pasują do adresów IPv6 zarówno w skompresowanej notacji mieszanej, jak i nieskompresowanej notacji mieszanej.

Sprawdza, czy cały przetwarzany tekst zawiera adres IPv6 zapisany w skompresowanej lub nieskompresowanej notacji mieszanej:

```
\A
(?:
# Adres nieskompresowany:
(?:[A-F0-9]{1,4}:){6}
# Adres skompresowany obejmujący nie więcej niż sześć dwukropków...
|(?=(?:[A-F0-9]{0,4}:){0,6}
   (?:[0-9]{1,3}\.){3}[0-9]{1,3}    # cztery bajty...
   \Z)                             # kotwicę...
# i co najwyżej jeden podwójny dwukropek:
(((([0-9A-F]{1,4}:){0,5}|:)((:[0-9A-F]{1,4}){1,5}:|:)
)
# 255.255.255.
(?:(?:25[0-5]|2[0-4][0-9]|[01]?[0-9][0-9]?)\.){3}
# 255
(?:25[0-5]|2[0-4][0-9]|[01]?[0-9][0-9]?)
\Z
```

Opcje wyrażenia regularnego: Swobodne stosowanie znaków białych, ignorowanie wielkości liter
Odmiany wyrażeń regularnych: .NET, Java, PCRE, Perl, Python, Ruby

```
^(?:(?:[A-F0-9]{1,4}:){6}|(?=(?:[A-F0-9]{0,4}:){0,6}(?:[0-9]{1,3}\.){3}[0-9]
↪{1,3}$)((([0-9A-F]{1,4}:){0,5}|:)((:[0-9A-F]{1,4}){1,5}:|:))(?:(?:25[0-5]|2[0-4]
↪[0-9]|[01]?[0-9][0-9]?)\.){3}(?:25[0-5]|2[0-4][0-9]|[01]?[0-9][0-9]?)$
```
Opcje wyrażenia regularnego: Ignorowanie wielkości liter
Odmiany wyrażeń regularnych: .NET, Java, JavaScript, PCRE, Perl, Python

Odnajduje adres IPv6 zapisany w skompresowanej lub nieskompresowanej notacji mieszanej w ramach dłuższego tekstu:

```
(?<![:.\w])
(?:
# Adres nieskompresowany:
(?:[A-F0-9]{1,4}:){6}
# Adres skompresowany obejmujący nie więcej niż sześć dwukropków...
|(?=(?:[A-F0-9]{0,4}:){0,6}
   (?:[0-9]{1,3}\.){3}[0-9]{1,3}    # cztery bajty...
   (?![:.\w]))                      # kotwicę...
# i co najwyżej jeden podwójny dwukropek:
(((([0-9A-F]{1,4}:){0,5}|:)((:[0-9A-F]{1,4}){1,5}:|:)
)
# 255.255.255.
(?:(?:25[0-5]|2[0-4][0-9]|[01]?[0-9][0-9]?)\.){3}
# 255
(?:25[0-5]|2[0-4][0-9]|[01]?[0-9][0-9]?)
(?![:.\w])
```
Opcje wyrażenia regularnego: Swobodne stosowanie znaków białych, ignorowanie wielkości liter
Odmiany wyrażeń regularnych: .NET, Java, PCRE, Perl, Python, Ruby 1.9

Ponieważ języki JavaScript i Ruby 1.8 nie obsługują operacji wyszukiwania wstecz, musimy usunąć z początku naszego wyrażenia regularnego konstrukcję sprawdzającą, czy adresy IPv6 nie występują w dłuższych sekwencjach cyfr szesnastkowych i dwukropków. Tym razem jednak nie możemy zastąpić tej konstrukcji granicą wyrazu, ponieważ adres może rozpoczynać się od dwukropka, który nie jest traktowany jako znak wyrazu:

```
(?:
# Adres nieskompresowany:
(?:[A-F0-9]{1,4}:){6}
# Adres skompresowany obejmujący nie więcej niż sześć dwukropków...
|(?=(?:[A-F0-9]{0,4}:){0,6}
   (?:[0-9]{1,3}\.){3}[0-9]{1,3}    # cztery bajty...
   (?![:.\w]))                      # kotwicę...
```

```
# i co najwyżej jeden podwójny dwukropek:
 ((([0-9A-F]{1,4}:){0,5}|:)((:[0-9A-F]{1,4}){1,5}:|:)
)
# 255.255.255.
(?:(?:25[0-5]|2[0-4][0-9]|[01]?[0-9][0-9]?)\.){3}
# 255
(?:25[0-5]|2[0-4][0-9]|[01]?[0-9][0-9]?)
(?![:.\w])
```

Opcje wyrażenia regularnego: Swobodne stosowanie znaków białych, ignorowanie wielkości liter

Odmiany wyrażeń regularnych: .NET, Java, PCRE, Perl, Python, Ruby

```
(?:(?:[A-F0-9]{1,4}:){6}|(?=(?:[A-F0-9]{0,4}:){0,6}(?:[0-9]{1,3}\.){3}[0-9]{1,3}
↪(?![:.\w]))((([0-9A-F]{1,4}:){0,5}|:)((:[0-9A-F]{1,4}){1,5}:|:))(?:(?:25[0-5]|2
↪[0-4][0-9]|[01]?[0-9][0-9]?)\.){3}(?:25[0-5]|2[0-4][0-9]|[01]?[0-9][0-9]?)(?![:.\w])
```

Opcje wyrażenia regularnego: Ignorowanie wielkości liter

Odmiany wyrażeń regularnych: .NET, Java, JavaScript, PCRE, Perl, Python, Ruby

Notacja standardowa, mieszana lub skompresowana

Dopasowujemy adres IPv6 zapisany w dowolnej z opisanych powyżej notacji: standardowej, mieszanej, skompresowanej lub skompresowanej mieszanej.

Sprawdza, czy cały przetwarzany tekst zawiera adres IPv6:

```
\A(?:
# Notacja mieszana:
 (?:
  # Notacja nieskompresowana:
  (?:[A-F0-9]{1,4}:){6}
  # Notacja skompresowana z nie więcej niż sześcioma dwukropkami...
  |(?=(?:[A-F0-9]{0,4}:){0,6}
      (?:[0-9]{1,3}\.){3}[0-9]{1,3}     # czterema bajtami...
      \Z)                               # kotwicą...
  # i nie więcej niż jednym podwójnym dwukropkiem:
  ((([0-9A-F]{1,4}:){0,5}|:)((:[0-9A-F]{1,4}){1,5}:|:)
  )
  # 255.255.255.
  (?:(?:25[0-5]|2[0-4][0-9]|[01]?[0-9][0-9]?)\.){3}
  # 255
  (?:25[0-5]|2[0-4][0-9]|[01]?[0-9][0-9]?)
 | # Notacja standardowa:
  (?:[A-F0-9]{1,4}:){7}[A-F0-9]{1,4}
 | # Notacja skompresowana z nie więcej niż siedmioma dwukropkami...
  (?=(?:[A-F0-9]{0,4}:){0,7}[A-F0-9]{0,4}
     \Z)  # kotwicą...
 # i nie więcej niż jednym podwójnym dwukropkiem:
 ((([0-9A-F]{1,4}:){1,7}|:)((:[0-9A-F]{1,4}){1,7}|:)
)\Z
```

Opcje wyrażenia regularnego: Swobodne stosowanie znaków białych, ignorowanie wielkości liter

Odmiany wyrażeń regularnych: .NET, Java, PCRE, Perl, Python, Ruby

```
^(?:(?:(?:[A-F0-9]{1,4}:){6}|(?=(?:[A-F0-9]{0,4}:){0,6}(?:[0-9]{1,3}\.){3}[0-9]
↪{1,3}$)((([0-9A-F]{1,4}:){0,5}|:)((:[0-9A-F]{1,4}){1,5}:|:))(?:(?:25[0-5]|2[0-4]
↪[0-9]|[01]?[0-9][0-9]?)\.){3}(?:25[0-5]|2[0-4][0-9]|[01]?[0-9][0-9]?)|(?:[A-F0-9]
↪{1,4}:){7}[A-F0-9]{1,4}|(?=(?:[A-F0-9]{0,4}:){0,7}[A-F0-9]{0,4}$)((([0-9A-F]
↪{1,4}:){1,7}|:)((:[0-9A-F]{1,4}){1,7}|:))$
```

Opcje wyrażenia regularnego: Ignorowanie wielkości liter

Odmiany wyrażeń regularnych: .NET, Java, JavaScript, PCRE, Perl, Python

Odnajduje adres IPv6 w ramach dłuższego tekstu:

```
(?<![:.\w])(?:
# Notacja mieszana:
(?:
  # Notacja nieskompresowana:
  (?:[A-F0-9]{1,4}:){6}
  # Notacja skompresowana z nie więcej niż sześcioma dwukropkami...
|(?=(?:[A-F0-9]{0,4}:){0,6}
    (?:[0-9]{1,3}\.){3}[0-9]{1,3}    # czterema bajtami...
    (?![:.\w]))                       # kotwicą...
  # i nie więcej niż jednym podwójnym dwukropkiem:
  (([0-9A-F]{1,4}:){0,5}|:)((:[0-9A-F]{1,4}){1,5}:|:)
)
# 255.255.255.
(?:(?:25[0-5]|2[0-4][0-9]|[01]?[0-9][0-9]?)\.){3}
# 255
(?:25[0-5]|2[0-4][0-9]|[01]?[0-9][0-9]?)
|  # Notacja standardowa:
(?:[A-F0-9]{1,4}:){7}[A-F0-9]{1,4}
|  # Notacja skompresowana z nie więcej niż siedmioma dwukropkami...
(?=(?:[A-F0-9]{0,4}:){0,7}[A-F0-9]{0,4}
    (?![:.\w]))    # kotwicą...
# i nie więcej niż jednym podwójnym dwukropkiem:
(([0-9A-F]{1,4}:){1,7}|:)((:[0-9A-F]{1,4}){1,7}|:)
)(?![:.\w])
```

Opcje wyrażenia regularnego: Swobodne stosowanie znaków białych, ignorowanie wielkości liter
Odmiany wyrażeń regularnych: .NET, Java, PCRE, Perl, Python, Ruby 1.9

Ponieważ języki JavaScript i Ruby 1.8 nie obsługują operacji wyszukiwania wstecz, musimy usunąć z początku naszego wyrażenia regularnego konstrukcję sprawdzającą, czy adresy IPv6 nie występują w dłuższych sekwencjach cyfr szesnastkowych i dwukropków. Nie możemy jednak zastąpić tej konstrukcji granicą wyrazu, ponieważ adres może rozpoczynać się od dwukropka, który nie jest traktowany jako znak wyrazu:

```
(?:
# Notacja mieszana:
(?:
  # Notacja nieskompresowana:
  (?:[A-F0-9]{1,4}:){6}
  # Notacja skompresowana z nie więcej niż sześcioma dwukropkami...
|(?=(?:[A-F0-9]{0,4}:){0,6}
    (?:[0-9]{1,3}\.){3}[0-9]{1,3}    # czterema bajtami...
    (?![:.\w]))                       # kotwicą...
  # i nie więcej niż jednym podwójnym dwukropkiem:
  (([0-9A-F]{1,4}:){0,5}|:)((:[0-9A-F]{1,4}){1,5}:|:)
)
# 255.255.255.
(?:(?:25[0-5]|2[0-4][0-9]|[01]?[0-9][0-9]?)\.){3}
# 255
(?:25[0-5]|2[0-4][0-9]|[01]?[0-9][0-9]?)
|  # Notacja standardowa:
(?:[A-F0-9]{1,4}:){7}[A-F0-9]{1,4}
|  # Notacja skompresowana z nie więcej niż siedmioma dwukropkami...
(?=(?:[A-F0-9]{0,4}:){0,7}[A-F0-9]{0,4}
    (?![:.\w]))    # kotwicą...
# i nie więcej niż jednym podwójnym dwukropkiem:
(([0-9A-F]{1,4}:){1,7}|:)((:[0-9A-F]{1,4}){1,7}|:)
)(?![:.\w])
```

Opcje wyrażenia regularnego: Swobodne stosowanie znaków białych, ignorowanie wielkości liter
Odmiany wyrażeń regularnych: .NET, Java, PCRE, Perl, Python, Ruby

```
(?:(?:(?:[A-F0-9]{1,4}:){6}|(?=(?:[A-F0-9]{0,4}:){0,6}(?:[0-9]{1,3}\.){3}[0-9]
↳{1,3}(?![:.\w]))((([0-9A-F]{1,4}:){0,5}|:)((:[0-9A-F]{1,4}){1,5}|:))(?:(?:25[0-5]|
↳2[0-4][0-9]|[01]?[0-9][0-9]?)\.){3}(?:25[0-5]|2[0-4][0-9]|[01]?[0-9][0-9]?)|(?:
↳[A-F0-9]{1,4}:){7}[A-F0-9]{1,4}|(?=(?:[A-F0-9]{0,4}:){0,7}[A-F0-9]{0,4}
↳(?![:.\w]))(([0-9A-F]{1,4}:){1,7}|:)((:[0-9A-F]{1,4}){1,7}|:))(?![:.\w])
```
Opcje wyrażenia regularnego: Ignorowanie wielkości liter
Odmiany wyrażeń regularnych: .NET, Java, JavaScript, PCRE, Perl, Python, Ruby

Analiza

Z uwagi na możliwość stosowania różnych notacji dopasowywanie adresów IPv6 nie jest tak proste jak w przypadku adresów IPv4. Na złożoność naszego wyrażenia regularnego wpływa przede wszystkim wybór notacji, które mają być dopasowywane do tego wzorca. Istnieją dwie notacje podstawowe: standardowa i mieszana. Możemy zdecydować o dopasowaniu jednej z tych notacji lub obu notacji jednocześnie. W ten sposób otrzymujemy trzy zbiory wyrażeń regularnych.

Zarówno dla notacji standardowej, jak i dla notacji mieszanej istnieje wersja skompresowana z pominięciem zer. Możliwość występowania notacji skompresowanej powoduje, że musimy skonstruować kolejne trzy zbiory wyrażeń regularnych.

Będziemy potrzebowali odmiennych wyrażeń regularnych do weryfikacji tego, czy dany łańcuch zawiera wyłącznie prawidłowy adres IPv6, oraz do odnajdywania adresów IP w dłuższym tekście. W wyrażeniach sprawdzających poprawność adresów IP wykorzystujemy kotwice opisane w recepturze 2.5. W JavaScripcie stosujemy kotwice <^> i <$>, natomiast w języku Ruby korzystamy z kotwic <\A> i <\Z>. Wszystkie pozostałe odmiany wyrażeń regularnych obsługują obie konstrukcje. Warto pamiętać, że także Ruby obsługuje kotwice <^> i <$>, tyle że dopasowuje do nich ewentualne znaki podziału wiersza w ramach przetwarzanego łańcucha. Oznacza to, że w języku Ruby karetę i znak dolara powinniśmy stosować tylko wtedy, gdy wiemy, że dany łańcuch nie zawiera znaków podziału wiersza.

Do odnajdywania adresów IPv6 w dłuższym tekście wykorzystujemy konstrukcje negatywnego wyszukiwania wstecz <(?<![:.\w])> oraz negatywnego wyszukiwania w przód <(?![:.\w])> — takie rozwiązanie daje nam pewność, że przed ani za adresem nie występuje żaden znak wyrazu (litera, cyfra bądź znak podkreślenia) ani kropka czy dwukropek. W ten sposób unikamy dopasowywania fragmentów dłuższych sekwencji cyfr i dwukropków. Działanie operacji wyszukiwania wstecz i wyszukiwania w przód wyjaśniono w recepturze 2.16. Jeśli odmiana wyrażeń regularnych, z której korzystamy, nie obsługuje operacji wyszukiwania, możemy użyć granic wyrazów do sprawdzenia, czy dany adres nie występuje w bezpośrednim sąsiedztwie znaków wyrazów. Wadą tego rozwiązania jest konieczność występowania cyfr (lub cyfr szesnastkowych) na początku i końcu adresu. Ponieważ adresy w notacji skompresowanej mogą rozpoczynać się i kończyć dwukropkiem, granica wyrazu pasowałaby tylko do pozycji dzielącej ten dwukropek od znajdującej się bezpośrednio obok litery lub cyfry, co nie byłoby zgodne z naszymi oczekiwaniami. Działanie granic wyrazów wyjaśniono w recepturze 2.6.

Notacja standardowa

Obsługa adresów IPv6 w notacji standardowej za pomocą wyrażeń regularnych jest wyjątkowo prosta. Nasze zadanie sprowadza się do dopasowania ośmiu słów w notacji szesnastkowej oddzielonych siedmioma dwukropkami. Wyrażenie <[A-F0-9]{1,4}> pasuje do 1 – 4 cyfr szesnastkowych, czyli 16-bitowego słowa z opcjonalnymi początkowymi zerami. Klasa znaków w tej formie (patrz receptura 2.3) pasuje tylko do wielkich liter. Dopasowywanie małych liter jest możliwe po włączeniu trybu ignorowania wielkości znaków. Sposoby włączania tego i innych trybów dopasowywania w różnych językach programowania opisano w recepturze 3.4.

Grupa nieprzechwytująca `<(?:[A-F0-9]{1,4}:){7}>` pasuje do słowa szesnastkowego wraz z następującym po tym słowie dwukropkiem. Użyty kwantyfikator powtarza tę grupę siedem razy. Pierwszy dwukropek w ramach naszego wyrażenia regularnego jest częścią składni grup nieprzechwytujących (patrz receptura 2.9). Drugi dwukropek jest dopasowywany do dwukropków w przetwarzanym tekście. Dwukropek stosowany w wyrażeniach regularnych nie jest metaznakiem, ale w przypadku kilku konstrukcji wchodzi w skład dłuższych tokenów. Oznacza to, że dwukropków dopasowywanych dosłownie nie musimy poprzedzać znakiem ucieczki (lewym ukośnikiem) — możemy to robić, jednak nie zmienimy w ten sposób znaczenia wyrażenia, a ograniczymy jego czytelność.

Notacja mieszana

Wyrażenie regularne dla adresów IPv6 w notacji mieszanej składa się z dwóch części. Wyrażenie `<(?:[A-F0-9]{1,4}:){6}>` pasuje do sześciu słów szesnastkowych, po których następują dwukropki (w ten sam sposób dopasowywaliśmy sekwencję siedmiu słów w ramach adresów IPv6 w notacji standardowej).

Zamiast dopasowywać pojedyncze słowo szesnastkowe (bez dwukropka) na końcu przetwarzanego adresu, tym razem musimy dopasować kompletny adres IPv4. Wykorzystujemy do tego celu restrykcyjne wyrażenie regularne z receptury 7.16.

Notacja standardowa lub mieszana

Dopasowywanie zarówno notacji standardowej, jak i notacji mieszanej wymaga zastosowania nieco dłuższego wyrażenia regularnego. Obie notacje różnią się tylko sposobem reprezentowania ostatnich 32 bitów adresu IPv6. W notacji standardowej ta część adresu jest reprezentowana przez dwa słowa 16-bitowe, natomiast w notacji mieszanej ostatnie 32 bity są reprezentowane przez cztery bajty dziesiętne (jak w adresach IPv4).

Pierwsza część tego wyrażenia regularnego pasuje do sześciu słów szesnastkowych (podobnie jak w wyrażeniu pasującym tylko do notacji mieszanej). Drugą część naszego wyrażenia (dla ostatnich 32 bitów) umieściliśmy w grupie nieprzechwytującej z dwiema alternatywami. Jak wyjaśniono w recepturze 2.8, operator alternatywy (|) ma najniższy priorytet spośród wszystkich operatorów wyrażeń regularnych, stąd konieczność użycia grupy nieprzechwytującej, która ogranicza zasięg tego operatora (wyłącza z tego zasięgu pierwsze sześć słów).

Pierwsza alternatywa (na lewo od operatora |) pasuje do dwóch słów szesnastkowych oddzielonych dwukropkiem. Druga alternatywa pasuje do adresu IPv4.

Notacja skompresowana

Sytuacja znacznie się komplikuje, kiedy chcemy dopasowywać adresy IPv6 w notacji skompresowanej. Powodem większej złożoności jest możliwość pomijania w notacji skompresowanej zmiennej liczby zer. Okazuje się, że ten sam adres IPv6 można zapisać na trzy sposoby: *1:0:0:0:0:6:0:0*, *1::6:0:0* lub *1:0:0:0:0:6::*. Adres może się składać z maksymalnie ośmiu słów, ale też nie musi obejmować żadnego słowa. Jeśli liczba słów jest mniejsza od ośmiu, adres musi zawierać sekwencję dwóch dwukropków reprezentujących pominięte zera.

Definiowanie zmiennej liczby powtórzeń w wyrażeniach regularnych jest dość proste. Jeśli adres IPv6 zawiera następujące bezpośrednio po sobie dwa dwukropki, przed i za tą sekwencją może występować co najwyżej siedem słów. Można to łatwo zapisać w następujący sposób:

```
(
   ([0-9A-F]{1,4}:){1,7}    # 1 – 7 słów na lewo...
 | :                        # lub podwójny dwukropek na początku.
)
(
   (:[0-9A-F]{1,4}){1,7}    # 1 – 7 słów na prawo...
 | :                        # lub podwójny dwukropek na końcu.
)
```

Opcje wyrażenia regularnego: Swobodne stosowanie znaków białych, ignorowanie wielkości liter
Odmiany wyrażeń regularnych: .NET, Java, PCRE, Perl, Python, Ruby

Powyższe wyrażenie regularne i wyrażenia opisane w dalszej części tego podpunktu można stosować także w JavaScripcie, ale dopiero po usunięciu komentarzy i znaków białych. JavaScript obsługuje wszystkie konstrukcje wykorzystane w tych wyrażeniach, nie obsługuje jednak trybu swobodnego stosowania znaków białych, który w tym przypadku ma na celu poprawę czytelności prezentowanych rozwiązań.

Wyrażenie regularne w tej formie pasuje do wszystkich skompresowanych adresów IPv6, ale nie pasuje do żadnego adresu w nieskompresowanej notacji standardowej.

Działanie tego wyrażenia jest dość proste. Pierwsza jego część pasuje do 1 – 7 słów, po których następuje dwukropek, lub do samego dwukropka (w przypadku adresów, które nie zawierają żadnych słów na lewo od podwójnego dwukropka).

Druga część tego wyrażenia pasuje do 1 – 7 słów poprzedzonych dwukropkiem lub do samego dwukropka (w przypadku adresów, które nie zawierają żadnych słów na prawo od podwójnego dwukropka). Oznacza to, że całe to wyrażenie pasuje do podwójnego dwukropka bez żadnych słów, do podwójnego dwukropka z 1 – 7 słowami na lewo od tej sekwencji, do podwójnego dwukropka z 1 – 7 słowami na prawo od tej sekwencji oraz do podwójnego dwukropka z 1 – 7 słowami na lewo i na prawo od tej sekwencji.

Ostatnia część tego wyrażenia jest najtrudniejsza. Nasze wyrażenie dopuszcza występowanie 1 – 7 słów zarówno na lewo, jak i na prawo od sekwencji dwóch dwukropków, ale w żaden sposób nie ogranicza łącznej liczby słów (po obu stronach), która także nie może przekraczać siedmiu. Adres IPv6 składa się z ośmiu słów. Podwójny dwukropek oznacza, że przynajmniej jedno z tych słów zostało pominięte, zatem tak skompresowany adres może obejmować co najwyżej siedem słów.

Wyrażenia regularne nie służą do wykonywania obliczeń matematycznych. W ramach wyrażeń możemy określić, że jakiś element powinien występować 1 – 7 razy, nie możemy jednak ograniczyć do siedmiu łącznej liczby różnych elementów (w dowolnej kombinacji).

Aby lepiej zrozumieć ten problem, przeanalizujmy nieco prostszy przykład analogicznej sytuacji. Przypuśćmy, że chcemy dopasowywać łańcuchy *aaaaxbbb* i podobne. Każdy pasujący łańcuch musi składać się z co najmniej jednego i maksymalnie ośmiu znaków, w tym 0 – 7 liter *a*, dokładnie jednej litery *x* oraz 0 – 7 liter *b*.

Problem ten można rozwiązać na dwa sposoby. Pierwszym z nich jest wskazanie wszystkich możliwych alternatyw. To rozwiązanie zastosujemy w następnym podpunkcie (poświęconym skompresowanej notacji mieszanej). Budowane w ten sposób wyrażenia mogą być dość długie, ale ich zrozumienie nie stanowi żadnego problemu:

```
\A(?:a{7}x
|   a{6}xb?
|   a{5}xb{0,2}
|   a{4}xb{0,3}
|   a{3}xb{0,4}
|   a{2}xb{0,5}
|   axb{0,6}
|   xb{0,7}
)\Z
```

Opcje wyrażenia regularnego: Swobodne stosowanie znaków białych
Odmiany wyrażeń regularnych: .NET, Java, PCRE, Perl, Python, Ruby

W powyższym wyrażeniu zdefiniowano po jednej alternatywie dla każdej możliwej liczby początkowych liter *a*. Każda alternatywa określa, ile liter *b* może występować po danej liczbie liter *a* i dzielącej obie sekwencje literze *x*. Drugie rozwiązanie polega na wykorzystaniu konstrukcji wyszukiwania w przód. Właśnie ten model zastosowano w punkcie „Rozwiązanie” dla adresów IPv6 w notacji skompresowanej. Działanie operacji wyszukiwania w przód wyjaśniono w recepturze 2.16. Wyszukiwanie w przód pozwala nam dwukrotnie dopasować ten sam tekst, aby sprawdzić kombinację dwóch interesujących nas sekwencji:

```
\A
(?=[abx]{1,8}\Z)
a{0,7}xb{0,7}
\Z
```

Opcje wyrażenia regularnego: Swobodne stosowanie znaków białych
Odmiany wyrażeń regularnych: .NET, Java, PCRE, Perl, Python, Ruby

Kotwica <\A> na początku tego wyrażenia regularnego wiąże nasz wzorzec z początkiem przetwarzanego tekstu. Zaraz po tej kotwicy następuje pozytywne wyszukiwanie w przód. W ten sposób sprawdzamy, czy można dopasować sekwencję 1 – 8 liter <a>, <b> i (lub) <x> oraz czy po dopasowaniu tych liter zostanie osiągnięty koniec łańcucha. Kotwica <\Z> w ramach tej konstrukcji wyszukiwania w przód jest bardzo ważna. Aby nasze wyrażenie było dopasowywane tylko do łańcuchów złożonych z co najwyżej ośmiu znaków, operacja wyszukiwania w przód musi sprawdzać, czy za dopasowaną sekwencją nie występują dalsze znaki.

W zależności od potrzeb kotwice <\A> i <\Z> można by zastąpić innym separatorem. Gdybyśmy na przykład chcieli dopasowywać tylko całe wyrazy *aaaaxbbb* i pokrewne, powinniśmy użyć granic wyrazów. Ponieważ naszym celem jest ograniczenie długości dopasowywanych łańcuchów, musimy zdecydować się na jakąś formę separatora. Co więcej, musi to być separator pasujący do końca łańcucha zarówno w ramach konstrukcji wyszukiwania w przód, jak i na końcu wyrażenia regularnego. W przeciwnym razie nasze wyrażenie byłoby dopasowywane tylko do części łańcucha złożonego z większej liczby znaków.

Po sprawdzeniu warunku wyrażonego w formie wyszukiwania w przód dopasowane znaki są zwracane do puli znaków do przetworzenia. Oznacza to, że po próbie dopasowania wzorca <a{0,7}> w ramach operacji wyszukiwania bieżąca pozycja jest przywracana na początek łańcucha. Właśnie to, że wyszukiwanie w przód nie konsumuje pasującego tekstu, odróżnia tę konstrukcję od grupy nieprzechwytującej i umożliwia nam stosowanie dwóch wzorców dla tego samego fragmentu tekstu.

Chociaż samo wyrażenie <a{0,7}xb{0,7}> mogłoby zostać dopasowane nawet do sekwencji 15 liter, w tym przypadku liczbę akceptowanych znaków udało nam się ograniczyć do ośmiu, ponieważ zastosowana przez nas operacja wyszukiwania gwarantuje nam, że dopasowywany łańcuch nie jest dłuższy. W tej sytuacji wyrażenie <a{0,7}xb{0,7}> ma na celu już tylko sprawdzenie, czy poszczególne litery występują we właściwej kolejności. W praktyce można by zastąpić to wyrażenie prostszą konstrukcją <a*xb*>.

Druga kotwica <\Z> na końcu tego wyrażenia regularnego ma zasadnicze znaczenie dla jego działania. Tak jak operacja wyszukiwania w przód musi sprawdzać, czy dopasowywana sekwencja nie obejmuje zbyt dużej liczby liter, drugi test (już po tej operacji) musi weryfikować porządek tych liter. W ten sposób unikamy dopasowywania takich łańcuchów jak *axba*, mimo że spełnia on warunek wyrażony przez konstrukcję wyszukiwania w przód (jego długość mieści się w przedziale od 1 do 8 znaków).

Skompresowana notacja mieszana

Podobnie jak notacja standardowa, także notacja mieszana może być kompresowana. Mimo że ostatnie cztery bajty nie podlegają kompresji (nawet jeśli zawierają zera), liczba słów szesnastkowych z początkowej części adresu jest zmienna. Jeśli wszystkie słowa szesnastkowe mają wartość zero, skompresowany adres IPv6 może składać się z samego adresu IPv4 poprzedzonego dwoma dwukropkami.

Konstruowanie wyrażenia regularnego dla skompresowanej notacji mieszanej wymaga rozwiązania tych samych problemów, które rozwiązywaliśmy w przypadku skompresowanej notacji standardowej (patrz poprzedni podpunkt).

Najważniejsza różnica dzieląca wyrażenie regularne dla skompresowanej notacji mieszanej od wyrażenia dla skompresowanej notacji standardowej polega na tym, że pierwsze z tych wyrażeń musi dodatkowo sprawdzać adres IPv4 występujący po początkowych sześciu słowach szesnastkowych. Weryfikujemy ten adres na końcu naszego wyrażenia, korzystając z tego samego restrykcyjnego wzorca (patrz receptura 7.16), którego użyliśmy w tej recepturze dla nieskompresowanej notacji mieszanej.

Oprócz dopasowania adresu IPv4 na końcu naszego wyrażenia regularnego musimy jeszcze użyć operacji wyszukiwania w przód do sprawdzenia, czy adres IPv6 nie zawiera więcej niż sześć dwukropków lub słów szesnastkowych. Ponieważ adres IPv4 jest szczegółowo weryfikowany przez końcowy wzorzec naszego wyrażenia regularnego, w operacji wyszukiwania w przód możemy zastosować dużo prostszy mechanizm weryfikacji. Operacja wyszukiwania nie musi co prawda sprawdzać poprawności adresu IPv4 (robi to właściwe wyrażenie regularne), ale musi pasować do tej części całego adresu, aby kotwica końca łańcucha na końcu tej operacji spełniała swoją rolę.

Notacja standardowa, mieszana lub skompresowana

Ostatni zbiór wyrażeń regularnych łączy w sobie wszystkie wcześniejsze rozwiązania. Wyrażenia z tego zbioru pasują do adresów IPv6 w dowolnej notacji: standardowej lub mieszanej oraz skompresowanej lub nieskompresowanej.

Skonstruowaliśmy te wyrażenia regularne, łącząc alternatywne wyrażenia dla skompresowanej notacji mieszanej oraz skompresowanej notacji standardowej. Zastosowane wyrażenia wykorzystują już operator alternatywy umożliwiający dopasowywanie zarówno skompresowanych, jak i nieskompresowanych adresów IPv6.

W ten sposób otrzymaliśmy wyrażenie regularne z trzema alternatywami najwyższego poziomu, gdzie pierwsza alternatywa składa się z dwóch innych alternatyw. Pierwszy wzorzec alternatywny pasuje do adresu IPv6 w notacji mieszanej (skompresowanej lub nieskompresowanej). Drugi wzorzec pasuje do adresu IPv6 w notacji standardowej. Trzecia alternatywa pasuje do skompresowanej notacji standardowej.

Mamy więc trzy alternatywy najwyższego poziomu zamiast dwóch alternatyw obejmujących po dwa wzorce alternatywne, ponieważ tym razem nie musimy grupować alternatyw dla notacji standardowej i skompresowanej. Tylko w przypadku notacji mieszanej musieliśmy zachować grupowanie alternatyw dla adresów skompresowanych i nieskompresowanych, aby uniknąć konieczności dwukrotnego zapisywania wzorca dla części IPv4.

Krótko mówiąc, połączyliśmy następujące wyrażenie regularne:

```
^(6_słów|6_słów_skompresowanych)ip4$
```

oraz wyrażenia:

```
^(8_słów|8_słów_skompresowanych)$
```

w ramach wyrażenia:

```
^((6_słów|6_słów_skompresowanych)ip4|8_słów|8_słów_skompresowanych)$
```

zamiast w ten sposób:

```
^((6_słów|6_słów_skompresowanych)ip4|(8_słów|8_słów_skompresowanych))$
```

Patrz także

Receptury 2.16 i 7.16.

7.18. Weryfikacja ścieżek systemu Windows

Problem

Chcemy sprawdzić, czy dany łańcuch zawiera prawidłową ścieżkę do folderu lub pliku systemu operacyjnego Microsoft Windows.

Rozwiązanie

Ścieżki z literami napędów

```
\A
[a-z]:\\                       # Napęd
(?:[^\\/:*?"<>|\r\n]+\\)*       # Folder
[^\\/:*?"<>|\r\n]*             # Plik
\Z
```
Opcje wyrażenia regularnego: Swobodne stosowanie znaków białych, ignorowanie wielkości liter
Odmiany wyrażeń regularnych: .NET, Java, PCRE, Perl, Python, Ruby

```
^[a-z]:\\(?:[^\\/:*?"<>|\r\n]+\\)*[^\\/:*?"<>|\r\n]*$
```
Opcje wyrażenia regularnego: Ignorowanie wielkości liter
Odmiany wyrażeń regularnych: .NET, Java, JavaScript, PCRE, Perl, Python

---

Ścieżki z literami napędów i ścieżki UNC

```
\A
(?:[a-z]·|\\\\[a-z0-9_.$]+\\[a-z0-9_.$]+)\\    # Napęd
(?:[^\\/:*?"<>|\r\n]+\\)*                       # Folder
[^\\/:*?"<>|\r\n]*                              # Plik
\Z
```

Opcje wyrażenia regularnego: Swobodne stosowanie znaków białych, ignorowanie wielkości liter
Odmiany wyrażeń regularnych: .NET, Java, PCRE, Perl, Python, Ruby

```
^(?:[a-z]:|\\\\[a-z0-9_.$]+\\[a-z0-9_.$]+)\\(?:[^\\/:*?"<>|\r\n]+\\)*
↳[^\\/:*?"<>|\r\n]*$
```

Opcje wyrażenia regularnego: Ignorowanie wielkości liter
Odmiany wyrażeń regularnych: .NET, Java, JavaScript, PCRE, Perl, Python

Ścieżki z literami napędów, ścieżki względne i ścieżki UNC

```
\A
(?:(?:[a-z]:|\\\\[a-z0-9_.$]+\\[a-z0-9_.$]+)\\|   # Napęd
  \\?[^\\/:*?"<>|\r\n]+\\?)                        # Ścieżka względna
(?:[^\\/:*?"<>|\r\n]+\\)*                          # Folder
[^\\/:*?"<>|\r\n]*                                 # Plik
\Z
```

Opcje wyrażenia regularnego: Swobodne stosowanie znaków białych, ignorowanie wielkości liter
Odmiany wyrażeń regularnych: .NET, Java, PCRE, Perl, Python, Ruby

```
^(?:(?:[a-z]:|\\\\[a-z0-9_.$]+\\[a-z0-9_.$]+)\\|\\?[^\\/:*?"<>|\r\n]+\\?)(?:
↳[^\\/:*?"<>|\r\n]+\\)*[^\\/:*?"<>|\r\n]*$
```

Opcje wyrażenia regularnego: Ignorowanie wielkości liter
Odmiany wyrażeń regularnych: .NET, Java, JavaScript, PCRE, Perl, Python

Analiza

Ścieżki z literami napędów

Dopasowywanie kompletnej ścieżki do pliku lub folderu obejmującej literę napędu jest bardzo proste. Katalog jest reprezentowany przez pojedynczą literę, po której następuje dwukropek i lewy ukośnik. Tę część ścieżki możemy łatwo dopasować za pomocą wyrażenia <[a-z]:\\>. Lewy ukośnik stosowany w wyrażeniach regularnych jest metaznakiem, zatem jego dosłowne dopasowywanie wymaga poprzedzenia drugim lewym ukośnikiem (symbolem ucieczki).

Nazwy folderów i plików systemu Windows mogą składać się z dowolnych znaków oprócz znaków z następującego zbioru: \/:*?"<>|. Nazwy folderów i plików nie mogą też zawierać znaków podziału wiersza. Sekwencję wszystkich znaków spoza wspomnianego zbioru możemy łatwo dopasowywać za pomocą zanegowanej klasy znaków <[^\\/:*?"<>|\r\n]+>. Ponieważ lewy ukośnik pełni funkcję metaznaku także w klasach znaków, musimy poprzedzić go symbolem ucieczki. Tokeny <\r> i <\n> reprezentują dwa znaki podziału wiersza. Znaczenie klas znaków (w tym klas zanegowanych) wyjaśniono w recepturze 2.3. Kwantyfikator plusa (patrz receptura 2.12) określa, że chcemy dopasować jeden lub wiele wskazanych znaków.

Foldery są oddzielone lewymi ukośnikami. Oznacza to, że sekwencję zera, jednego lub wielu folderów możemy dopasować do wyrażenia <(?:[^\\/:*?"<>|\r\n]+\\)*>. Wzorzec pasujący do nazwy folderu i stałego lewego ukośnika znajduje się w grupie nieprzechwytującej (patrz receptura 2.9) powtarzanej zero, raz lub wiele razy wskutek użycia kwantyfikatora gwiazdki (patrz receptura 2.12).

Do dopasowania nazwy pliku wykorzystujemy wyrażenie <[^\\/:*?"<>|\r\n]*>. Gwiazdka powoduje, że nazwa pliku jest opcjonalna — nasze wyrażenie pasuje więc do ścieżek zakończonych lewym ukośnikiem. Gdybyśmy chcieli, aby nasze wyrażenie pasowało tylko do ścieżek wskazujących na pliki, powinniśmy zastąpić ostatni kwantyfikator <*> kwantyfikatorem <+>.

Ścieżki z literami napędów i ścieżki UNC

Do ścieżek do plików na napędach sieciowych, których nie odwzorowano na lokalne litery napędów, można uzyskiwać dostęp, stosując ścieżki UNC (od ang. *Universal Naming Convention*). Ścieżki UNC mają postać *serwer**zasób**folder**plik*.

Możemy bez trudu przystosować nasze wyrażenie pasujące do ścieżek z literami napędów, aby obsługiwało także ścieżki UNC. Wystarczy zastąpić początkowy wzorzec <[a-z]:> (pasujący do litery napędu) czymś, co będzie dopasowywane albo do litery napędu, albo do nazwy serwera.

Możemy ten cel osiągnąć za pomocą wyrażenia <(?:[a-z]:|\\\\[a-z0-9_.$]+\\[a-z0-9_. ↪$]+)>. Pionowa kreska to operator alternatywy (patrz receptura 2.8). Oznacza to, że moduł wyrażeń regularnych może zdecydować, czy należy dopasować literę dysku do wzorca <[a-z]:>, czy nazwę serwera i zasobu (ang. *share*) do wzorca <\\\\[a-z0-9_.$]+\\[a-z0-9_. ↪$]+>. Warto pamiętać, że operator alternatywy ma najniższy priorytet spośród wszystkich operatorów wyrażeń regularnych. Do grupowania obu wzorców alternatywnych wykorzystano grupę nieprzechwytującą. Jak wyjaśniono w recepturze 2.9, sekwencja znaków <(?:> pełni funkcję dość skomplikowanego nawiasu otwierającego grupę nieprzechwytującą. Oznacza to, że znak zapytania użyty za lewym nawiasem okrągłym traci swoje standardowe znaczenie.

Pozostała część naszego wyrażenia regularnego nie wymaga zmian. Nazwa zasobu w ramach ścieżki UNC zostanie dopasowana do wzorca, który wcześniej wykorzystywaliśmy do dopasowywania nazw folderów.

Ścieżki z literami napędów, ścieżki względne i ścieżki UNC

Ścieżka względna to taka, która rozpoczyna się od nazwy folderu (być może od folderu specjalnego .. wskazującego folder macierzysty) lub która składa się z samej nazwy pliku. Obsługa ścieżek względnych wymaga uzupełnienia pierwszej części naszego wyrażenia regularnego o trzecią alternatywę. Nowy wzorzec pasuje do początku ścieżki względnej (zamiast do litery napędu lub nazwy serwera).

Wyrażenie <\\?[^\\/:*?"<>|\r\n]+\\?> pasuje do początku ścieżki względnej. Ścieżka może, ale nie musi rozpoczynać się od lewego ukośnika. Konstrukcja <\\?> pasuje właśnie do ewentualnego lewego ukośnika. Wyrażenie <[^\\/:*?"<>|\r\n]+> pasuje do nazwy folderu lub pliku. Jeśli ścieżka względna składa się z samej nazwy pliku, ostatnia sekwencja <\\?> nie zostanie dopasowana (podobnie jak części folderu i pliku, które także są opcjonalne). Jeśli ścieżka względna zawiera folder, końcowa sekwencja <\\?> zostanie dopasowana do lewego ukośnika oddzielającego pierwszy folder tej ścieżki od jej pozostałych składników. Część folderu zostanie wówczas dopasowana do ewentualnych pozostałych folderów ścieżki, a część pliku zostanie dopasowana do nazwy pliku.

Wyrażenie regularne dopasowywane do ścieżek względnych nie jest już tak eleganckim zbiorem odrębnych wzorców (jak w przypadku wyrażeń dopasowywanych do fragmentów przetwarzanego tekstu). Część oznaczona komentarzem *Ścieżka względna* w rzeczywistości jest dopasowywana do pojedynczego folderu lub nazwy pliku, jeśli dana ścieżka jest względna. Jeśli ścieżka względna wskazuje jeden lub wiele folderów, wspomniana część wyrażenia jest dopasowywana tylko do pierwszego folderu — pozostałe elementy ścieżki są dopasowywane do wzorców oznaczonych komentarzami *Folder* i *Plik*. Jeśli ścieżka względna składa się z samej nazwy pliku, nazwa zostanie dopasowana do części oznaczonej komentarzem *Ścieżka względna* (dwie pozostałe części nie będą brały udziału w procesie dopasowywania tekstu). Ponieważ w tej recepturze naszym celem jest tylko weryfikacja poprawności ścieżki, ten schemat działania nie ma większego znaczenia. Wspomniane komentarze mają ułatwić zrozumienie tego wyrażenia regularnego.

Gdybyśmy chcieli wyodrębnić poszczególne części przetwarzanej ścieżki za pomocą grup przechwytujących, musielibyśmy bardziej uważnie dopasowywać literę napędu, folder oraz nazwę pliku. Tym problemem zajmiemy się w następnej recepturze.

Patrz także

Receptury 2.3, 2.8, 2.9 i 2.12.

7.19. Dzielenie ścieżek systemu Windows na części składowe

Problem

Chcemy sprawdzić, czy dany łańcuch przypomina prawidłową ścieżkę do pliku lub folderu systemu operacyjnego Microsoft Windows. Jeśli przetwarzany łańcuch zawiera prawidłową ścieżkę tego systemu, chcemy dodatkowo wyodrębnić z tego adresu literę napędu, folder i nazwę pliku.

Rozwiązanie

Ścieżki z literami napędów

```
\A
(?<drive>[a-z]:)\\
(?<folder>(?:[^\\/:*?"<>|\r\n]+\\)*)
(?<file>[^\\/:*?"<>|\r\n]*)
\Z
```

Opcje wyrażenia regularnego: Swobodne stosowanie znaków białych, ignorowanie wielkości liter
Odmiany wyrażeń regularnych: .NET, PCRE 7, Perl 5.10, Ruby 1.9

```
\A
(?P<drive>[a-z]:)\\
(?P<folder>(?:[^\\/:*?"<>|\r\n]+\\)*)
(?P<file>[^\\/:*?"<>|\r\n]*)
\Z
```

Opcje wyrażenia regularnego: Swobodne stosowanie znaków białych, ignorowanie wielkości liter
Odmiany wyrażeń regularnych: PCRE 4 i nowsze, Perl 5.10, Python

```
\A
([a-z]:)\\
((?:[^\\/:*?"<>|\r\n]+\\)*)
([^\\/:*?"<>|\r\n]*)
\Z
```

Opcje wyrażenia regularnego: Swobodne stosowanie znaków białych, ignorowanie wielkości liter
Odmiany wyrażeń regularnych: .NET, Java, PCRE, Perl, Python, Ruby

```
^([a-z]:)\\((?:[^\\/:*?"<>|\r\n]+\\)*)([^\\/:*?"<>|\r\n]*)$
```

Opcje wyrażenia regularnego: Ignorowanie wielkości liter
Odmiany wyrażeń regularnych: .NET, Java, JavaScript, PCRE, Perl, Python

Ścieżki z literami napędów i ścieżki UNC

```
\A
(?<drive>[a-z]:|\\\\[a-z0-9_.$]+\\[a-z0-9_.$]+)\\
(?<folder>(?:[^\\/:*?"<>|\r\n]+\\)*)
(?<file>[^\\/:*?"<>|\r\n]*)
\Z
```

Opcje wyrażenia regularnego: Swobodne stosowanie znaków białych, ignorowanie wielkości liter
Odmiany wyrażeń regularnych: .NET, PCRE 7, Perl 5.10, Ruby 1.9

```
\A
(?P<drive>[a-z]:|\\\\[a-z0-9_.$]+\\[a-z0-9_.$]+)\\
(?P<folder>(?:[^\\/:*?"<>|\r\n]+\\)*)
(?P<file>[^\\/:*?"<>|\r\n]*)
\Z
```

Opcje wyrażenia regularnego: Swobodne stosowanie znaków białych, ignorowanie wielkości liter
Odmiany wyrażeń regularnych: PCRE 4 i nowsze, Perl 5.10, Python

```
\A
([a-z]:|\\\\[a-z0-9_.$]+\\[a-z0-9_.$]+)\\
((?:[^\\/:*?"<>|\r\n]+\\)*)
([^\\/:*?"<>|\r\n]*)
\Z
```

Opcje wyrażenia regularnego: Swobodne stosowanie znaków białych, ignorowanie wielkości liter
Odmiany wyrażeń regularnych: .NET, Java, PCRE, Perl, Python, Ruby

```
^([a-z]:|\\\\[a-z0-9_.$]+\\[a-z0-
9_.$]+)\\((?:[^\\/:*?"<>|\r\n]+\\)*)([^\\/:*?"<>|\r\n]*)$
```

Opcje wyrażenia regularnego: Ignorowanie wielkości liter
Odmiany wyrażeń regularnych: .NET, Java, JavaScript, PCRE, Perl, Python

Ścieżki z literami napędów, ścieżki względne i ścieżki UNC

Poniższe wyrażenia będą dopasowywane także do łańcuchów pustych. W punkcie „Analiza" znajdziesz szczegółowo omówione propozycje alternatywnych rozwiązań.

```
\A
(?<drive>[a-z]:\\|\\\\[a-z0-9_.$]+\\[a-z0-9_.$]+\\|\\?)
(?<folder>(?:[^\\/:*?"<>|\r\n]+\\)*)
(?<file>[^\\/:*?"<>|\r\n]*)
\Z
```

Opcje wyrażenia regularnego: Swobodne stosowanie znaków białych, ignorowanie wielkości liter
Odmiany wyrażeń regularnych: .NET, PCRE 7, Perl 5.10, Ruby 1.9

```
\A
(?P<drive>[a-z]:\\|\\\\[a-z0-9_.$]+\\[a-z0-9_.$]+\\|\\?)
(?P<folder>(?:[^\\/:*?"<>|\r\n]+\\)*)
(?P<file>[^\\/:*?"<>|\r\n]*)
\Z
```

Opcje wyrażenia regularnego: Swobodne stosowanie znaków białych, ignorowanie wielkości liter
Odmiany wyrażeń regularnych: PCRE 4 i nowsze, Perl 5.10, Python

```
\A
([a-z]:\\|\\\\[a-z0-9_.$]+\\[a-z0-9_.$]+\\|\\?)
((?:[^\\/:*?"<>|\r\n]+\\)*)
([^\\/:*?"<>|\r\n]*)
\Z
```

Opcje wyrażenia regularnego: Swobodne stosowanie znaków białych, ignorowanie wielkości liter
Odmiany wyrażeń regularnych: .NET, Java, PCRE, Perl, Python, Ruby

```
^([a-z]:\\|\\\\[a-z0-9_.$]+\\[a-z0-9_.$]+\\|\\?)((?:
↪[^\\/:*?"<>|\r\n]+\\)*)([^\\/:*?"<>|\r\n]*)$
```

Opcje wyrażenia regularnego: Ignorowanie wielkości liter
Odmiany wyrażeń regularnych: .NET, Java, JavaScript, PCRE, Perl, Python

Analiza

Wyrażenia regularne zaproponowane w tej recepturze bardzo przypominają wyrażenia z poprzedniej receptury. W poniższym materiale zakładamy, że uważnie przeczytałeś i zrozumiałeś treść punktu „Analiza" z tamtej receptury.

Ścieżki z literami napędów

W wyrażeniu regularnym dla ścieżek z literami napędów wprowadziliśmy tylko jedną zmianę (w porównaniu z wrażeniem z poprzedniej receptury). Dodaliśmy trzy grupy przechwytujące, które służą do wyodrębniania poszczególnych fragmentów ścieżki: <drive>, <folder> i <file>. Warunkiem korzystania z tych nazw jest obsługa przechwytów nazwanych przez daną odmianę wyrażeń regularnych (patrz receptura 2.11). W przeciwnym razie będziemy musieli odwoływać się do tych grup przechwytujących po numerach: odpowiednio 1, 2 i 3. W recepturze 3.9 wyjaśniono, jak uzyskiwać tekst dopasowywany do nazwanych i (lub) numerowanych grup przechwytujących w różnych językach programowania.

Ścieżki z literami napędów i ścieżki UNC

Te same trzy grupy przechwytujące dodaliśmy do wyrażeń regularnych dopasowywanych do ścieżek UNC.

Ścieżki z literami napędów, ścieżki względne i ścieżki UNC

Sytuacja komplikuje się, kiedy chcemy dodatkowo dopasowywać ścieżki względne. W poprzedniej recepturze wystarczyło dodać trzecią alternatywę do wzorca odpowiedzialnego za dopasowywanie litery napędu — nowy wzorzec alternatywny pasował do początku ścieżki względnej. Tym razem takie rozwiązanie nie jest możliwe. W razie dopasowania ścieżki względnej grupa przechwytująca dla litery napędu musi pozostać pusta.

Dopasowywany dosłownie lewy ukośnik, który w wyrażeniu z poprzedniego podpunktu następował bezpośrednio po części napędu, przenieśliśmy teraz do wnętrza tej grupy przechwytującej.

Lewy ukośnik kończy teraz wzorce alternatywne dla litery napędu oraz zasobu sieciowego. Trzeci wzorzec alternatywny zawiera opcjonalny lewy ukośnik, ponieważ ścieżki względne mogą, ale nie muszą rozpoczynać się od tego znaku. Opcjonalność całej trzeciej alternatywy powoduje, że opisana grupa (początkowo dopasowywana do litery napędu) także jest opcjonalna.

Tak skonstruowane wyrażenie regularne jest prawidłowo dopasowywane do wszystkich ścieżek systemu Windows. Jedynym problemem jest opcjonalność części reprezentującej napęd, która powoduje, że wszystkie elementy tego wyrażenia stały się opcjonalne. Części reprezentujące folder i plik były opcjonalne już w wyrażeniach dopasowywanych do ścieżek bezwzględnych. Innymi słowy, wyrażenie regularne w tej formie będzie pasowało także do łańcuchów pustych.

Gdybyśmy chcieli z całą pewnością wykluczyć ryzyko dopasowywania tego wyrażenia do łańcuchów pustych, powinniśmy uzupełnić je o dodatkowe alternatywy dopasowywane do ścieżek względnych wskazujących folder (wówczas nazwa pliku byłaby opcjonalna) oraz ścieżek względnych bez folderu (wówczas nazwa pliku byłaby wymagana):

```
\A
(?:
  (?<drive>[a-z]:|\\\\[a-z0-9_.$]+\\[a-z0-9_.$]+)\\
  (?<folder>(?:[^\\/:*?"<>|\r\n]+\\)*)
  (?<file>[^\\/:*?"<>|\r\n]*)
| (?<relativefolder>\\?(?:[^\\/:*?"<>|\r\n]+\\)+)
  (?<file2>[^\\/:*?"<>|\r\n]*)
| (?<relativefile>[^\\/:*?"<>|\r\n]+)
)
\Z
```
Opcje wyrażenia regularnego: Swobodne stosowanie znaków białych, ignorowanie wielkości liter
Odmiany wyrażeń regularnych: .NET, PCRE 7, Perl 5.10, Ruby 1.9

```
\A
(?:
  (?P<drive>[a-z]:|\\\\[a-z0-9_.$]+\\[a-z0-9_.$]+)\\
  (?P<folder>(?:[^\\/:*?"<>|\r\n]+\\)*)
  (?P<file>[^\\/:*?"<>|\r\n]*)
| (?P<relativefolder>\\?(?:[^\\/:*?"<>|\r\n]+\\)+)
  (?P<file2>[^\\/:*?"<>|\r\n]*)
| (?P<relativefile>[^\\/:*?"<>|\r\n]+)
)
\Z
```
Opcje wyrażenia regularnego: Swobodne stosowanie znaków białych, ignorowanie wielkości liter
Odmiany wyrażeń regularnych: PCRE 4 i nowsze, Perl 5.10, Python

```
\A
(?:
  ([a-z]:|\\\\[a-z0-9_.$]+\\[a-z0-9_.$]+)\\
  ((?:[^\\/:*?"<>|\r\n]+\\)*)
  ([^\\/:*?"<>|\r\n]*)
| (\\?(?:[^\\/:*?"<>|\r\n]+\\)+)
  ([^\\/:*?"<>|\r\n]*)
| ([^\\/:*?"<>|\r\n]+)
)
\Z
```
Opcje wyrażenia regularnego: Swobodne stosowanie znaków białych, ignorowanie wielkości liter
Odmiany wyrażeń regularnych: .NET, Java, PCRE, Perl, Python, Ruby

```
^(?:([a-z]:|\\\\[a-z0-9_.$]+\\[a-z0-9_.$]+)\\((?:[^\\/:*?"<>|\r\n]+\\)*)([^\\/:*?"<>|
↪\r\n]*)|(\\?(?:[^\\/:*?"<>|\r\n]+\\)+)([^\\/:*?"<>|\r\n]*)|([^\\/:*?"<>|\r\n]+))$
```
Opcje wyrażenia regularnego: Ignorowanie wielkości liter
Odmiany wyrażeń regularnych: .NET, Java, JavaScript, PCRE, Perl, Python

Ceną wykluczenia możliwości dopasowywania łańcuchów jest większa złożoność wyrażenia regularnego, które obejmuje teraz aż sześć grup przechwytujących dopasowywanych do trzech różnych składowych ścieżki. Warto więc uważnie przeanalizować bieżącą sytuację, aby na tej podstawie stwierdzić, czy opłaca się korzystać z bardziej skomplikowanego wyrażenia regularnego, które nie będzie dopasowywane do łańcuchów pustych — być może lepszym rozwiązaniem będzie sprawdzenie grup przechwytujących już po znalezieniu dopasowania.

Jeśli korzystasz z odmiany wyrażeń regularnych frameworku .NET, możesz nadać tę samą nazwę wielu grupom nazwanym. Framework .NET jest jedyną odmianą wyrażeń regularnych, w której tak samo nazwane grupy są traktowane jako jedna grupa przechwytująca. Poniżej zaproponowano wyrażenie umożliwiające uzyskanie dopasowania do grupy folderu lub pliku bez konieczności dodatkowego określania, które spośród dwóch grup folderu i trzech grup pliku faktycznie uczestniczyły w procesie dopasowywania naszego wyrażenia:

```
\A
(?:
  (?<drive>[a-z]:|\\\\[a-z0-9_.$]+\\[a-z0-9_.$]+)\\
  (?<folder>(?:[^\\/:*?"<>|\r\n]+\\)*)
  (?<file>[^\\/:*?"<>|\r\n]*)
| (?<folder>\\?(?:[^\\/:*?"<>|\r\n]+\\)+)
  (?<file>[^\\/:*?"<>|\r\n]*)
| (?<file>[^\\/:*?"<>|\r\n]+)
)
\Z
```
Opcje wyrażenia regularnego: Swobodne stosowanie znaków białych, ignorowanie wielkości liter
Odmiana wyrażeń regularnych: .NET

Patrz także

Receptury 2.9, 2.11, 3.9 i 7.18.

7.20. Wyodrębnianie litery dysku ze ścieżki systemu Windows

Problem

Dysponujemy łańcuchem zawierającym poprawną (przynajmniej składniowo) ścieżkę do pliku lub folderu systemu operacyjnego Windows lub zasobu sieciowego. Chcemy z tej ścieżki wyodrębnić ewentualną literę napędu. Chcemy na przykład wyodrębnić literę *c* ze ścieżki *c:\folder\file.ext*.

Rozwiązanie

```
^([a-z]):
```
Opcje wyrażenia regularnego: Ignorowanie wielkości liter
Odmiany wyrażeń regularnych: .NET, Java, JavaScript, PCRE, Perl, Python, Ruby

Analiza

Wyodrębnianie litery napędu z łańcucha, o którym wiadomo, że zawiera prawidłową ścieżkę do pliku lub folderu, jest dziecinnie proste, nawet jeśli nie wiemy, czy dana ścieżka rzeczywiście rozpoczyna się od tej litery. Możemy przecież mieć do czynienia ze ścieżką względną lub ścieżką UNC.

W ścieżkach systemu Windows nie można stosować dwukropków — jedynym wyjątkiem jest dwukropek oddzielający początkową literę napędu od dalszej części ścieżki. Oznacza to, że jeśli przetwarzany łańcuch rozpoczyna się od litery, po której następuje dwukropek, możemy być pewni, że jest to właśnie litera napędu.

Kotwica <^> pasuje do początku przetwarzanego łańcucha (patrz receptura 2.5). W tym przypadku nie ma znaczenia możliwość dopasowywania karety do znaków podziału wiersza w języku Ruby, ponieważ prawidłowe ścieżki systemu Windows nie mogą zawierać tego rodzaju znaków. Klasa znaków <[a-z]> pasuje do pojedynczej litery (patrz receptura 2.3). Otoczyliśmy tę klasę nawiasami okrągłymi (definiującymi grupę przechwytującą), aby móc uzyskać literę napędu bez następującego po niej dwukropka, który także jest dopasowywany do tego wyrażenia regularnego. Wspomniany dwukropek jest w tym przypadku bardzo ważny — daje nam pewność, że dopasowujemy literę napędu, nie pierwszą literę ścieżki względnej.

Patrz także

W recepturze 2.9 szczegółowo wyjaśniono działanie grup przechwytujących.

W recepturze 3.9 opisano, jak w różnych językach programowania można uzyskiwać tekst dopasowywany do grup przechwytujących.

Jeśli nie wiemy z wyprzedzeniem, czy dany łańcuch zawiera prawidłową ścieżkę systemu Windows, powinniśmy skorzystać z wyrażeń zaproponowanych w recepturze 7.19.

7.21. Wyodrębnianie serwera i zasobu ze ścieżki UNC

Problem

Dysponujemy łańcuchem zawierającym poprawną (przynajmniej składniowo) ścieżkę do pliku lub folderu systemu operacyjnego Windows lub zasobu sieciowego. Jeśli ten łańcuch zawiera ścieżkę UNC, chcemy z tej ścieżki wyodrębnić nazwę serwera sieciowego i zasobu na tym serwerze. Na przykład z łańcucha *server**share**folder**file.ext* chcemy wyodrębnić sekwencje *server* i *share*.

Rozwiązanie

```
^\\\\([a-z0-9_.$]+)\\([a-z0-9_.$]+)
```
Opcje wyrażenia regularnego: Ignorowanie wielkości liter
Odmiany wyrażeń regularnych: .NET, Java, JavaScript, PCRE, Perl, Python, Ruby

---

Analiza

Wyodrębnianie serwera sieciowego i nazwy zasobu z łańcucha, o którym wiadomo, że zawiera prawidłową ścieżkę, jest dziecinnie proste, nawet jeśli nie wiemy, czy dana ścieżka rzeczywiście ma postać ścieżki UNC. Możemy przecież mieć do czynienia ze ścieżką względną lub ścieżką obejmującą literę napędu.

Ścieżka UNC rozpoczyna się od dwóch lewych ukośników. Standardowe ścieżki do plików i folderów systemu Windows nie mogą zawierać dwóch następujących bezpośrednio po sobie lewych ukośników — jest to więc unikatowa cecha ścieżek UNC. Jeśli więc wiemy, że dysponujemy prawidłową ścieżką, i jeśli ta ścieżka rozpoczyna się od dwóch lewych ukośników, możemy być pewni, że po tych ukośnikach nastąpi serwer i nazwa zasobu.

Kotwica <^> pasuje do początku przetwarzanego łańcucha (patrz receptura 2.5). W tym przypadku nie ma znaczenia możliwość dopasowywania karety do znaków podziału wiersza w języku Ruby, ponieważ prawidłowe ścieżki systemu Windows nie mogą zawierać tego rodzaju znaków. Wzorzec <\\\\> pasuje do dwóch lewych ukośników w przetwarzanym tekście. Ponieważ w wyrażeniach regularnych lewy ukośnik jest metaznakiem, dosłowne dopasowanie pojedynczego lewego ukośnika wymaga jego poprzedzenia dodatkowym lewym ukośnikiem. Pierwsza klasa znaków, <[a-z0-9_.$]+>, pasuje do nazwy serwera sieciowego. Druga klasa znaków (po kolejnym dopasowanym dosłownie lewym ukośniku) pasuje do nazwy zasobu. Obie klasy znaków otoczyliśmy nawiasami okrągłymi definiującymi grupy przechwytujące. Takie rozwiązanie umożliwia nam odrębne uzyskanie nazwy serwera (dopasowanej do pierwszej grupy) oraz nazwy zasobu (dopasowanej do drugiej grupy). Całe wyrażenie regularne zostanie dopasowane do łańcucha *server**share*.

Patrz także

W recepturze 2.9 szczegółowo wyjaśniono działanie grup przechwytujących.

W recepturze 3.9 opisano, jak w różnych językach programowania można uzyskiwać tekst dopasowywany do grup przechwytujących.

Jeśli nie wiemy z wyprzedzeniem, czy dany łańcuch zawiera prawidłową ścieżkę systemu Windows, powinniśmy skorzystać z wyrażeń zaproponowanych w recepturze 7.19.

7.22. Wyodrębnianie folderu ze ścieżki systemu operacyjnego Windows

Problem

Dysponujemy łańcuchem zawierającym poprawną (przynajmniej składniowo) ścieżkę do pliku lub folderu systemu operacyjnego Windows lub zasobu sieciowego. Chcemy z tej ścieżki wyodrębnić sam folder. Chcemy na przykład wyodrębnić podłańcuch *folder**subfolder*\ ze ścieżki *c:**folder**subfolder**file.ext* lub *server**share**folder**subfolder**file.ext*.

Rozwiązanie

```
^([a-z]:|\\\\[a-z0-9_.$]+\\[a-z0-9_.$]+)?((?:\\|^)(?:[^\\/:*?"<>|\r\n]+\\)+)
```
Opcje wyrażenia regularnego: Ignorowanie wielkości liter
Odmiany wyrażeń regularnych: .NET, Java, JavaScript, PCRE, Perl, Python, Ruby

Analiza

Wyodrębnianie folderu ze ścieżki systemu Windows jest dość skomplikowane, jeśli chcemy dodatkowo obsługiwać ścieżki UNC, ponieważ nie wystarczy dopasowanie fragmentu zawartego pomiędzy lewymi ukośnikami. Gdybyśmy zdecydowali się na takie rozwiązanie, w przypadku ścieżek UNC otrzymywalibyśmy dodatkowo serwer i nazwę zasobu.

Pierwsza część naszego wyrażenia, czyli `<^([a-z]:|\\\\[a-z0-9_.$]+\\[a-z0-9_.$]+)?>`, pomija literę napędu lub nazwy serwera i zasobu sieciowego z początku przetwarzanej ścieżki. Ta część wyrażenia składa się z grupy przechwytującej, która obejmuje dwa wzorce alternatywne. Pierwsza alternatywa pasuje do litery napędu (jak w recepturze 7.20); druga alternatywa pasuje do serwera i zasobu w ramach ścieżki UNC (jak w recepturze 7.21). Działanie operatora alternatywy wyjaśniono w recepturze 2.8.

Znak zapytania umieszczony za tą grupą powoduje jej opcjonalność. Takie rozwiązanie umożliwia nam obsługę ścieżek względnych, które nie zawierają litery napędu ani tym bardziej zasobu sieciowego.

Same foldery można łatwo dopasowywać do wyrażenia regularnego `<(?:[^\\/:*?"<>|\r\n]+` `↪\\)+>`. Klasa znaków w ramach tego wyrażenia pasuje do nazwy folderu. Grupa nieprzechwytująca pasuje do nazwy folderu wraz z następującym po nim lewym ukośnikiem (oddzielającym od siebie nazwy kolejnych folderów oraz nazwy folderów od nazwy pliku). Powtarzamy tę grupę jeden lub wiele razy. Oznacza to, że nasze wyrażenie regularne będzie pasowało tylko do ścieżek, które rzeczywiście zawierają nazwę folderu. Ścieżki złożone z samych nazw plików, liter napędów i zasobów sieciowych nie będą więc dopasowywane.

Jeśli ścieżka rozpoczyna się od litery napędu lub zasobu sieciowego, bezpośrednio po tym elemencie musi występować lewy ukośnik. Ścieżka względna może, ale nie musi rozpoczynać się od lewego ukośnika. Oznacza to, że musimy dodać na początek grupy pasującej do części folderu opcjonalny lewy ukośnik. Ponieważ nasze wyrażenie stosujemy tylko dla ścieżek, o których wiadomo, że są prawidłowe, nie musimy zbyt restrykcyjnie weryfikować istnienia lewego ukośnika w przypadku litery napędu lub zasobu sieciowego. Wystarczy dopuścić jego występowanie.

Ponieważ nasze wyrażenie regularne ma pasować do przynajmniej jednego folderu, musimy mieć pewność, że nie zostanie dopasowane na przykład do sekwencji *e* w ramach łańcucha *\\server\share*. Właśnie dlatego użyliśmy konstrukcji `<(\\|^)>` zamiast konstrukcji `<\\?>` dla lewego ukośnika na początku grupy przechwytującej część folderu.

Jeśli zastanawiasz się, dlaczego część *\\server\shar* może zostać dopasowana jako napęd, a sekwencja *\e* dopasowana jako folder, zajrzyj do receptury 2.13. Moduły wyrażeń regularnych wykonują tzw. nawroty. Wyobraźmy sobie, że dysponujemy następującym wyrażeniem:

```
^([a-z]:|\\\\[a-z0-9_.$]+\\[a-z0-9_.$]+)?((?:\\?(?:[^\\/:*?"<>|\r\n]+\\)+)
```

Wyrażenie regularne w tej formie (podobnie jak wyrażenia zaproponowane w punkcie „Rozwiązanie") wymaga występowania w ścieżce przynajmniej jednego znaku innego niż lewy ukośnik oraz lewego ukośnika. Jeśli więc to wyrażenie dopasuje łańcuch *server**share* jako reprezentację napędu, po czym nie będzie mogło dopasować części folderu (wskutek wykorzystania wszystkich znaków), moduł wyrażeń nie zrezygnuje z dalszych prób — sprawdzi możliwość dopasowania innych permutacji.

W tym przypadku moduł wyrażeń regularnych pamięta, że klasa znaków `<[a-z0-9_.$]+>`, która w założeniu ma pasować do zasobu sieciowego, nie musi pasować do wszystkich dostępnych znaków. Kwantyfikator `<+>` oznacza bowiem, że wystarczy dopasowanie do zaledwie jednego znaku. Moduł wyrażeń regularnych wykonuje więc nawrót polegający na zmuszeniu tej klasy do zwrócenia jednego z dopasowanych znaków, po czym kontynuuje przetwarzanie.

Po odebraniu jednego znaku klasie `<[a-z0-9_.$]+>` moduł wyrażeń ma do dyspozycji dwa znaki przetwarzanego łańcucha, które może dopasować do części folderu: e\. Okazuje się, że te dwa znaki pasują do wzorca `<(?:[^\\/:*?"<>|\r\n]+\\)+>`, co pomyślnie kończy dopasowanie całego wyrażenia regularnego. Nie jest to jednak dopasowanie, którego oczekiwaliśmy.

Problem ten można rozwiązać, zastępując konstrukcję `<\\?>` konstrukcją `<(\\|^)>`. Lewy ukośnik nadal jest opcjonalny, jednak w razie braku tego ukośnika część folderu musi znajdować się na początku przetwarzanego łańcucha. Oznacza to, że w razie dopasowania części napędu i — tym samym — przetworzenia przez moduł wyrażeń regularnych początku łańcucha lewy ukośnik jest znakiem wymaganym. W razie braku możliwości dopasowania folderów moduł wyrażeń regularnych nadal będzie próbował wykonywać nawroty, jednak tym razem początkowe próby zakończą się niepowodzeniem, ponieważ nie będzie możliwe dopasowanie konstrukcji `<(\\|^)>`. Moduł wyrażeń regularnych będzie więc wykonywał nawroty aż do ponownego osiągnięcia początku łańcucha. Ponieważ grupa przechwytująca dla litery napędu i zasobu sieciowego jest opcjonalna, moduł wyrażeń podejmie próbę dopasowania folderu do początku przetwarzanego łańcucha. Na tym etapie istnieje co prawda możliwość dopasowania konstrukcji `<(\\|^)>`, jednak już dopasowanie pozostałej części wyrażenia regularnego nie jest możliwe, ponieważ wzorzec `<(?:[^\\/:*?"<>|\r\n]+\\)+>` odrzuca dwukropek występujący po literze napędu oraz dwa lewe ukośniki zasobu sieciowego.

Być może zastanawiasz się, dlaczego nie zastosowaliśmy tej techniki w recepturach 7.18 i 7.19. W tamtych recepturach takie rozwiązanie nie było konieczne, ponieważ proponowane tam wyrażenia nie wymagały istnienia części folderu. Skoro wszystkie składniki ścieżki po dopasowaniu litery napędu były opcjonalne, moduł wyrażeń regularnych nigdy nie był zmuszany do wykonywania nawrotów. Z drugiej strony opcjonalność tych elementów może prowadzić do rozmaitych problemów, o których wspomnieliśmy w recepturze 7.19.

Kiedy wyrażenie regularne w tej formie odnajduje dopasowanie, pierwsza grupa przechwytująca reprezentuje literę napędu lub zasób sieciowy, natomiast druga grupa przechwytująca reprezentuje folder. W razie dopasowania ścieżki względnej pierwsza grupa przechwytująca reprezentuje łańcuch pusty. Druga grupa zawsze reprezentuje przynajmniej jeden folder. Gdybyśmy zastosowali to wyrażenie regularne dla ścieżki, która nie wskazuje żadnego folderu, dopasowanie w ogóle nie zostałoby odnalezione.

Patrz także

W recepturze 2.9 szczegółowo wyjaśniono działanie grup przechwytujących.

W recepturze 3.9 opisano, jak w różnych językach programowania można uzyskiwać tekst dopasowywany do grup przechwytujących.

Jeśli nie wiemy z wyprzedzeniem, czy dany łańcuch zawiera prawidłową ścieżkę systemu Windows, powinniśmy skorzystać z wyrażeń zaproponowanych w recepturze 7.19.

7.23. Wyodrębnianie nazwy pliku ze ścieżki systemu Windows

Problem

Dysponujemy łańcuchem zawierającym poprawną (przynajmniej składniowo) ścieżkę do pliku lub folderu systemu operacyjnego Windows lub zasobu sieciowego. Chcemy z tej ścieżki wyodrębnić samą nazwę pliku. Chcemy na przykład wyodrębnić podłańcuch *file.ext* ze ścieżki *c:\folder\file.ext*.

Rozwiązanie

```
[^\\/:*?"<>|\r\n]+$
```
Opcje wyrażenia regularnego: Ignorowanie wielkości liter
Odmiany wyrażeń regularnych: .NET, Java, JavaScript, PCRE, Perl, Python, Ruby

Analiza

Wyodrębnianie nazwy pliku z łańcucha, o którym wiadomo, że zawiera prawidłową ścieżkę, jest dziecinnie proste, nawet jeśli nie wiemy, czy dana ścieżka rzeczywiście kończy się nazwą pliku.

Nazwa pliku zawsze występuje na końcu łańcucha. Nazwa pliku nie może obejmować żadnych dwukropków ani lewych ukośników, zatem nie można jej pomylić z folderami, literami napędów czy zasobami sieciowymi, które zawsze obejmują lewe ukośniki i (lub) dwukropki.

Kotwica <$> pasuje do końca przetwarzanego łańcucha (patrz receptura 2.5). W tym przypadku nie ma znaczenia możliwość dopasowywania symbolu dolara do znaków podziału wiersza w języku Ruby, ponieważ prawidłowe ścieżki systemu Windows nie mogą zawierać tego rodzaju znaków. Zanegowana klasa znaków <[^\\/:*?"<>|\r\n]+> (patrz receptura 2.3) pasuje do znaków, które mogą wchodzić w skład nazw plików. Mimo że moduł wyrażeń regularnych analizuje łańcuch od lewej do prawej strony, kotwica z końca naszego wyrażenia daje nam pewność, że zostanie dopasowana tylko ostatnia sekwencja prawidłowych znaków nazwy pliku — w ten sposób możemy łatwo wyodrębnić interesującą nas nazwę.

Jeśli przetwarzany łańcuch kończy się lewym ukośnikiem (tak jest w przypadku ścieżek, które nie wskazują nazw plików), nasze wyrażenie regularne w ogóle nie zostanie dopasowane. W razie znalezienia dopasowania jego przedmiotem będzie tylko nazwa pliku, zatem nie musimy stosować żadnych dodatkowych grup przechwytujących, które umożliwiałyby nam wyodrębnienie tej nazwy z dłuższego dopasowania.

Patrz także

W recepturze 3.9 opisano, jak w różnych językach programowania można uzyskiwać tekst dopasowywany do grup przechwytujących.

Jeśli nie wiemy z góry, czy dany łańcuch zawiera prawidłową ścieżkę systemu Windows, powinniśmy skorzystać z wyrażeń zaproponowanych w recepturze 7.19.

7.24. Wyodrębnianie rozszerzenia pliku ze ścieżki systemu Windows

Problem

Dysponujemy łańcuchem zawierającym poprawną (przynajmniej składniowo) ścieżkę do pliku lub folderu systemu operacyjnego Windows lub zasobu sieciowego. Chcemy z tej ścieżki wyodrębnić samo rozszerzenie pliku. Chcemy na przykład wyodrębnić podłańcuch *.ext* ze ścieżki *c:\folder\file.ext*.

Rozwiązanie

```
\.[^.\\/:*?"<>|\r\n]+$
```
Opcje wyrażenia regularnego: Ignorowanie wielkości liter
Odmiany wyrażeń regularnych: .NET, Java, JavaScript, PCRE, Perl, Python, Ruby

Analiza

Do wyodrębnienia rozszerzenia pliku wykorzystamy tę samą technikę, którą stosowaliśmy podczas wyodrębniania całej nazwy pliku w recepturze 7.23.

Jedyna różnica dzieląca oba rozwiązania ma związek ze sposobem obsługi kropek. Wyrażenie regularne z receptury 7.23 nie zawierało żadnych kropek. Użyta tam zanegowana klasa pasowała do wszystkich kropek występujących w nazwie pliku.

Rozszerzenie pliku musi rozpoczynać się od kropki. Właśnie dlatego na początku naszego wyrażenia regularnego umieściliśmy sekwencję <\.> dopasowywaną do stałej kropki.

Nazwy plików, na przykład *Version 2.0.txt*, mogą zawierać wiele kropek. Rozszerzenie jest oddzielane od właściwej nazwy zawsze przez ostatnie wystąpienie kropki. Samo rozszerzenie nie może więc zawierać żadnych kropek. Wyrażamy to w naszym wzorcu, umieszczając kropkę w klasie znaków. Wewnątrz klas znaków kropka nie ma żadnego specjalnego znaczenia (nie jest metaznakiem wyrażenia regularnego), zatem nie wymaga stosowania sekwencji ucieczki. Kotwica <$> na końcu tego wyrażenia regularnego daje nam pewność, że zostanie dopasowana sekwencja *.txt*, nie *.0*.

Jeśli łańcuch kończy się lewym ukośnikiem lub jeśli nazwa pliku nie zawiera żadnych kropek, nasze wyrażenie w ogóle nie zostanie dopasowane. W przeciwnym razie zostanie dopasowane rozszerzenie pliku włącznie z kropką oddzielającą to rozszerzenie od właściwej nazwy.

Patrz także

Jeśli nie wiemy z góry, czy dany łańcuch zawiera prawidłową ścieżkę systemu Windows, powinniśmy skorzystać z wyrażeń zaproponowanych w recepturze 7.19.

7.25. Usuwanie nieprawidłowych znaków z nazw plików

Problem

Chcemy usunąć z łańcucha znaki, które nie powinny występować w nazwach plików systemu Windows. Możemy na przykład dysponować łańcuchem z tytułem dokumentu, który chcemy wykorzystać w roli domyślnej nazwy pliku z tym dokumentem po tym, jak użytkownik po raz pierwszy kliknie przycisk *Zapisz*.

Rozwiązanie

Wyrażenie regularne

```
[\\/:"*?<>|]+
```

Opcje wyrażenia regularnego: Brak
Odmiany wyrażeń regularnych: .NET, Java, JavaScript, PCRE, Perl, Python, Ruby

Tekst docelowy

W roli tekstu docelowego wykorzystujemy łańcuch pusty.
Odmiany tekstu docelowego: .NET, Java, JavaScript, PHP, Perl, Python, Ruby

Analiza

W nazwach plików systemu Windows nie można stosować znaków \/:"*?<>|. Wymienione znaki pełnią funkcję separatorów napędów i folderów, cudzysłowów otaczających ścieżki, symboli wieloznacznych oraz przekierowań w wierszu poleceń.

Możemy te znaki łatwo dopasować, korzystając z klasy znaków <[\\/:"*?<>|]>. Ponieważ lewy ukośnik jest metaznakiem wyrażeń regularnych nawet w klasach znaków, musimy poprzedzić go drugim lewym ukośnikiem. Wszystkie pozostałe znaki stosowane w klasach znaków są dopasowywane dosłownie i jako takie nie wymagają stosowania sekwencji ucieczki.

Dla poprawy efektywności powtarzamy tę klasę znaków za pomocą kwantyfikatora <+>. Wspomniany kwantyfikator powoduje, że jeśli przetwarzany łańcuch zawiera sekwencję nieprawidłowych znaków, cała ta sekwencja jest usuwana jednocześnie (zamiast kolejno dopasowywać i usuwać poszczególne znaki). W przypadku krótkich łańcuchów, na przykład nazw plików, różnica w wydajności będzie niezauważalna; warto jednak przyzwyczajać się do stosowania podobnych technik, aby w razie konieczności przetworzenia wielkich zbiorów danych unikać niepotrzebnych opóźnień.

Ponieważ naszym celem jest usunięcie nieprawidłowych znaków, w roli tekstu docelowego operacji przeszukiwania i zastępowania wykorzystujemy łańcuch pusty.

Patrz także

W recepturze 3.14 wyjaśniono, jak w popularnych językach programowania wykonywać operacje przeszukiwania i zastępowania z użyciem stałego tekstu docelowego.

## ROZDZIAŁ 8

Języki znaczników i formaty wymiany danych

W ostatnim rozdziale tej książki skoncentrujemy się na typowych zadaniach związanych z przetwarzaniem rozmaitych języków znaczników i formatów wymiany danych: HTML, XHTML, XML, CSV oraz INI. Chociaż zakładamy, że dysponujesz już ogólną wiedzą o tych technologiach, zdecydowaliśmy się krótko opisać każdy z tych języków i formatów już na początku tego rozdziału, abyś mógł w dowolnej chwili wrócić do tych podstawowych informacji. W poniższych opisach koncentrujemy się na najważniejszych regułach składniowych, których znajomość jest niezbędna do przeszukiwania struktur danych w poszczególnych formatach. Bardziej szczegółowe aspekty będziemy wprowadzali na bieżąco — przy okazji omawiania konkretnych problemów.

Wbrew pozorom prawidłowe przetwarzanie i modyfikowanie danych reprezentowanych w części spośród interesujących nas formatów jest zadaniem dość skomplikowanym, przynajmniej jeśli chcemy je realizować z wykorzystaniem wyrażeń regularnych. W wielu przypadkach lepszym rozwiązaniem problemów prezentowanych w tym rozdziale jest stosowanie wyspecjalizowanych analizatorów składniowych i interfejsów API, szczególnie jeśli chcemy dysponować naprawdę niezawodnymi mechanizmami (na przykład wtedy, gdy wynik analizy danych ma wpływ na bezpieczeństwo naszego systemu). Tak czy inaczej, receptury zawarte w tym rozdziale ilustrują wiele przydatnych technik, które można z powodzeniem wykorzystywać podczas realizacji innych zadań.

Przeanalizujmy więc języki i formaty, z którymi będziemy się mierzyć w tym rozdziale. Większość problemów, które napotkamy w tym rozdziale, ma związek z obsługą odstępstw od poniższych reguł (część tych wyjątków można dość łatwo przewidzieć, inne są wyjątkowo trudne do przewidzenia).

Hipertekstowy język znaczników (HTML)

HTML (od ang. *Hypertext Markup Language*) służy do opisywania struktury, treści i wyglądu miliardów stron internetowych i innych dokumentów. Przetwarzanie danych w tym języku z wykorzystaniem wyrażeń regularnych należy do najczęstszych zadań w dzisiejszych aplikacjach. Warto więc od razu podkreślić, że HTML jest wyjątkowo niewdzięcznym obiektem przetwarzania za pomocą tego rodzaju wyrażeń, szczególnie jeśli oczekujemy wysokiej niezawodności i precyzji tego przetwarzania. Najbardziej kłopotliwe są dokumenty cechujące się niedbałą strukturą, co w przypadku stron internetowych zdarza się bardzo często (po części wskutek tolerowania przez współczesne przeglądarki internetowe nawet najgorzej skonstruowanych stron). W tym rozdziale skoncentrujemy się na regułach potrzebnych do przetwarzania najważniejszych składników prawidłowo sformatowanego kodu języka HTML: elementów (i zawartych w nich atrybutów), znaków specjalnych (odwołań do znaków), komentarzy oraz deklaracji typów dokumentów. W tej książce omówimy standard HTML 4.01, który ostatecznie zatwierdzono w 1999 roku i który w czasie pisania tego rozdziału był najnowszym obowiązującym standardem.

Podstawowe konstrukcje składowe kodu języka HTML określa się mianem **elementów**. Elementy zapisuje się z wykorzystaniem **znaczników** (ang. *tags*) otoczonych nawiasami ostrymi. Elementy dzieli się na blokowe (jak akapity, nagłówki, listy, tabele czy formularze) oraz wbudowane (jak hiperłącza, cytaty, kursywa czy kontrolki formularzy). Elementy zwykle obejmują zarówno znacznik początkowy (na przykład <html>), jak i znacznik końcowy (na przykład </html>). Znacznik początkowy elementu może zawierać **atrybuty**, które omówimy za chwilę. Pomiędzy tymi znacznikami znajduje się **treść** elementu, która może się składać z tekstu, innych elementów lub może być pusta. Elementy można zagnieżdżać, ale nie mogą się one częściowo pokrywać (zapis <div><div></div></div> jest prawidłowy, ale już zapis <div><span></div></span> jest błędny). W przypadku niektórych elementów (na przykład elementu <p> oznaczającego akapit) znacznik końcowy jest opcjonalny. Elementy z opcjonalnymi znacznikami końcowymi są automatycznie zamykane wraz z początkiem nowych elementów blokowych. Niektóre elementy (na przykład element <br> kończący wiersz) nie mogą zawierać żadnych wierszy i nigdy nie obejmują znaczników końcowych. Warto jednak pamiętać, że nawet pusty element może obejmować atrybuty. Nazwy elementów języka HTML rozpoczynają się od liter z przedziału A-Z. Na kolejnych pozycjach w nazwach elementów muszą występować litery lub cyfry. Wielkość liter w tych nazwach nie ma żadnego znaczenia.

Elementy <script> i <style> wymagają specjalnej uwagi, ponieważ umożliwiają odpowiednio umieszczanie w dokumentach kodu języków skryptowych i arkuszy stylów. Wspomniane elementy kończą się w momencie pierwszego wystąpienia znaczników zamykających </style> lub </script>, nawet jeśli te znaczniki występują w komentarzach lub łańcuchach w ramach stylu lub kodu języka skryptowego.

Atrybuty wchodzące w skład elementu należy zdefiniować w znaczniku początkowym, za nazwą danego elementu. Atrybuty są oddzielone jednym lub wieloma znakami białymi. Większość atrybutów zapisuje się w formie par nazwa-wartość. Poniżej pokazano przykładowy element <a> (kotwicy) z dwoma atrybutami i treścią *Kliknij mnie!*:

```
<a href="http://www.regexcookbook.com"
   title = 'Regex Cookbook'>Kliknij mnie!</a>
```

Jak widać, nazwy i wartości atrybutów oddzielono znakami równości i opcjonalnymi znakami białymi. Wartości atrybutów otoczono apostrofami lub cudzysłowami. Oznacza to, że ewentualne użycie apostrofu lub cudzysłowu w ramach wartości wymaga zastosowania znaku specjalnego (patrz kolejny akapit). Jeśli wartość atrybutu składa się z wielkich i małych liter, cyfr, znaku podkreślenia, kropek, dwukropków i myślników (czyli znaków pasujących do wzorca <^[-.0-9:A-Z_a-z]+$>), otaczanie jej apostrofami lub cudzysłowami nie jest konieczne. Niektóre atrybuty (na przykład selected i checked stosowane w niektórych elementach formularzy) wpływają na elementy zawierające tylko swoją obecnością, zatem nie wymagają definiowania wartości. W przypadku tych atrybutów z natury rzeczy nie stosuje się znaków równości dzielących ich nazwy od nieistniejących wartości. Alternatywny

zapis polega na przypisywaniu tym atrybutom ich nazwy (na przykład w formie `selected=`
↳`"selected"`). Nazwy atrybutów muszą rozpoczynać się od liter i mogą się składać wyłącznie z liter oraz myślników. Porządek atrybutów jest dowolny. Także wielkość liter składających się na nazwy atrybutów nie ma znaczenia.

Standard HTML 4 definiuje 252 **odwołania do znaków** (**znaków specjalnych**; ang. *character entity references*) i ponad milion **numerycznych odwołań do znaków** (ang. *numeric character references*). Numeryczne odwołania do znaków reprezentują znaki według ich punktów kodowych standardu Unicode i zwykle mają format `&#nnnn;` lub `&#xhhhh;`, gdzie *nnnn* jest sekwencją jednej lub wielu cyfr dziesiętnych z przedziału od 0 do 9, natomiast *hhhh* jest sekwencją jednej lub wielu cyfr szesnastkowych z przedziałów 0 – 9 i A – F (bez względu na wielkość liter). Odwołania do znaków mają postać `&nazwa;` (z uwzględnieniem wielkości znaków, co w formacie HTML jest rzadkością) i są wyjątkowo przydatne podczas wpisywania znaków szczególnie często występujących w określonych kontekstach, jak nawiasy ostre (`&lt;` i `&gt;`), cudzysłowy (`&quot;`) czy znak & (`&amp;`). Równie popularny jest znak specjalny ` ` (spacja nierozdzielająca na pozycji 0xA0), którego przydatność wynika w dużej mierze z wizualizowania wszystkich wystąpień, nawet jeśli pojawiają się bezpośrednio po sobie. Spacje, tabulacje i znaki podziału wiersza zwykle są reprezentowane na stronach przez pojedyncze spacje, nawet jeśli w kodzie tych stron występują w dłuższych sekwencjach. Znak & nie może być stosowany poza odwołaniami do znaków. Poniżej opisano dopuszczalne konstrukcje składniowe komentarzy HTML-a:

```
<!-- to jest komentarz -->
<!-- to też jest komentarz, tyle że
     obejmujący więcej niż jeden wiersz -->
```

Treść komentarzy nie ma żadnego specjalnego znaczenia i nie jest wizualizowana przez większość narzędzi prezentujących dokumenty w języku HTML. Pomiędzy parą myślników (`--`) a prawym nawiasem ostrym (`>`) mogą występować znaki białe. Dla zapewnienia zgodności ze starszymi przeglądarkami (sprzed 1995 roku) niektórzy programiści otaczają komentarzami HTML-a zawartość elementów `<script>` i `<style>`. Współczesne przeglądarki internetowe ignorują te komentarze i przetwarzają treść skryptów i stylów w standardowy sposób.

I wreszcie dokumenty HTML-a często rozpoczynają się od **deklaracji typów dokumentów** (ang. *document type declaration*; *doctype*), czyli specyfikacji dopuszczalnej i zabronionej treści w ramach tych dokumentów. Deklaracja typu dokumentu pod wieloma względami przypomina element HTML-a — poniżej pokazano przykład deklaracji dokumentu zgodnego z definicją *Strict* standardu HTML 4.01:

```
<!DOCTYPE html PUBLIC "-//W3C//DTD HTML 4.01//EN"
    "http://www.w3.org/TR/html4/strict.dtd">
```

Na tym możemy zakończyć to krótkie wprowadzenie do struktury dokumentów języka HTML. Musisz jednak mieć na uwadze, że współczesne dokumenty w tym formacie nierzadko naruszają opisane reguły i że większość tego rodzaju odstępstw jest akceptowana przez dzisiejsze przeglądarki internetowe. Poza wymienionymi zasadami dla każdego elementu istnieją szczegółowe ograniczenia odnośnie do dopuszczalnej treści i atrybutów — także od przestrzegania tych zasad zależy poprawność dokumentu języka HTML. Prezentacja tych reguł wykraczałaby poza zakres tematyczny tej książki — Czytelników zainteresowanych szczegółowymi informacjami na ten temat odsyłamy do książki *HTML & XHTML: The Definitive Guide* Chucka Musciano i Billa Kennedy'ego.

Ponieważ struktura dokumentów języka HTML bardzo przypomina strukturę obowiązującą w językach XHTML i XML (oba języki opisano poniżej), wiele wyrażeń regularnych proponowanych w tym rozdziale obsługuje wszystkie trzy języki znaczników.

Rozszerzalny hipertekstowy język znaczników (XHTML)

Język XHTML (od ang. *Extensible Hypertext Markup Language*) zaprojektowano jako następcę języka HTML 4.01 — nowy język miał być wolny od obciążeń związanych z dziedzictwem po SGML-u, ponieważ był tworzony na bazie XML-a. Ponieważ jednak równoległe prace nad rozwojem języka HTML wciąż trwają, XHTML traktuje się raczej jako alternatywę dla HTML-a. W tej książce koncentrujemy się na standardzie języka XHTML w wersjach 1.0 i 1.1. Mimo że wymienione wersje tego standardu w większości aspektów zapewniają zgodność wstecz z językiem HTML, istnieje kilka istotnych różnic względem opisanej powyżej struktury dokumentów HTML-a:

- Dokumenty w języku XHTML mogą rozpoczynać się od deklaracji XML-a, na przykład w formie `<?xml version="1.0" encoding="UTF-8"?>`.

- Elementy niepuste należy kończyć znacznikami zamykającymi. Elementy puste muszą być kończone albo znacznikami zamykającymi, albo sekwencją znaków `/>`.

- Wielkość liter w nazwach elementów i atrybutów jest istotna; nazwy elementów i atrybutów zapisuje się małymi literami.

- Z uwagi na możliwość stosowania przedrostków reprezentujących przestrzenie nazw XML-a, nazwy elementów i atrybutów mogą zawierać dwukropki (oprócz znaków dopuszczalnych w nazwach elementów i atrybutów HTML-a).

- Wartości atrybutów muszą być otoczone apostrofami lub cudzysłowami.

- Każdy atrybut musi mieć przypisaną wartość.

Istnieje jeszcze wiele innych różnic dzielących języki HTML i XHTML — większość ma związek z przypadkami skrajnymi bądź obsługą błędów i nie mają one zasadniczego wpływu na wyrażenia regularne prezentowane w tym rozdziale. Szczegółowe informacje o tych różnicach można znaleźć na stronach internetowych *http://www.w3.org/TR/xhtml1/#diffs* oraz *http://wiki.whatwg.org/wiki/HTML_vs._XHTML*.

Ponieważ składnia języka XHTML jest bardzo podobna do składni HTML-a i ponieważ zaprojektowano ją z wykorzystaniem rozwiązań obowiązujących w XML-u, wiele wyrażeń regularnych proponowanych w tym rozdziale obsługuje wszystkie trzy języki znaczników. Receptury, których tytuły wskazują na język „(X)HTML", dotyczą w równym stopniu języków HTML i XHTML. Zwykle nie możemy operować na dokumentach, posługując się regułami obowiązującymi tylko w jednym z tych języków (HTML albo XHTML), ponieważ twórcy stron bardzo często mieszają różne konwencje, a współczesne przeglądarki akceptują tak konstruowane strony.

Rozszerzalny język znaczników (XML)

XML (od ang. *Extensible Markup Language*) jest uniwersalnym językiem zaprojektowanym przede wszystkim z myślą o wymianie danych. XML jest wykorzystywany jako język bazowy dla rozmaitych języków znaczników, w tym omówionego przed chwilą XHTML-a. W tej książce skoncentrujemy się na języku XML w wersjach 1.0 i 1.1. Szczegółowe omawianie cech i gramatyki języka XML wykraczałoby poza zakres tematyczny tej książki — ograniczymy się więc do wskazania kilku najważniejszych różnic dzielących strukturę tego języka od opisanej wcześniej struktury dokumentów HTML-a:

- Dokumenty w języku XML mogą rozpoczynać się od deklaracji XML-a, na przykład `<?xml version="1.0" encoding="UTF-8"?>`, ale też mogą zawierać inne, podobnie sformatowane **instrukcje przetwarzania**. Na przykład zapis `<?xml-stylesheet type="text/xsl" href="transform.xslt"?>` określa, że dla danego dokumentu należy zastosować plik XSL nazwany *transform.xslt*.

- Część `DOCTYPE` może zawierać wewnętrzne deklaracje znaczników (otoczone nawiasami kwadratowymi). Przykład takiej deklaracji pokazano poniżej:

```
<!DOCTYPE example [
  <!ENTITY copy "&#169;">
  <!ENTITY copyright-notice "Copyright &copy; 2008, O'Reilly Media">
]>
```

- **Sekcje CDATA** służą do wyznaczania całych bloków tekstu, w ramach których ewentualne znaki specjalne nie wymagają stosowania sekwencji ucieczki. Każda taka sekcja rozpoczyna się od konstrukcji `<![CDATA[` i kończy pierwszym wystąpieniem konstrukcji `]]>`.

- Elementy niepuste należy kończyć znacznikami zamykającymi. Elementy puste muszą być kończone albo znacznikami zamykającymi, albo sekwencją znaków `/>`.

- Wielkość liter składających się na **nazwy** XML-a (czyli nazwy elementów, atrybutów i odwołań do znaków) jest istotna. Wszystkie te nazwy mogą się składać z licznych znaków standardu Unicode. W roli pierwszego znaku można stosować wielkie i małe litery, dwukropek (`:`) i znak podkreślenia (`_`); na kolejnych pozycjach można stosować także cyfry, myślnik (`-`) i kropkę (`.`). Omówimy to zagadnienie bardziej szczegółowo w recepturze 8.4.

- Wartości atrybutów muszą być otoczone apostrofami lub cudzysłowami.

- Każdy atrybut musi mieć przypisaną wartość.

Istnieje jeszcze wiele reguł, które musimy mieć na uwadze podczas przetwarzania prawidłowo skonstruowanych dokumentów w języku XML lub podczas tworzenia własnego analizatora składniowego tego języka. Z drugiej strony powyższe reguły (w połączeniu z opisaną wcześniej strukturą dokumentów w formacie HTML) powinny wystarczyć do prostego przeszukiwania danych z wykorzystaniem wyrażeń regularnych.

 Ponieważ struktura języka XML jest bardzo podobna do struktury języka HTML i ponieważ właśnie na bazie XML-a zaprojektowano język XHTML, wiele wyrażeń regularnych proponowanych w tym rozdziale obsługuje wszystkie trzy języki. Receptury wskazujące w tytule język „XML" w rzeczywistości zawierają rozwiązania zarówno dla XML-a, jak i dla języków XHTML oraz HTML.

Wartości oddzielone przecinkami (CSV)

CSV (od ang. *Comma-Separated Values*) jest starym, ale wciąż bardzo popularnym formatem plików z danymi arkuszy kalkulacyjnych (i podobnych narzędzi). Format CSV jest obsługiwany przez większość arkuszy kalkulacyjnych i systemów zarządzania bazami danych. Jednym z najczęstszych zastosowań tego formatu jest wymiana danych pomiędzy różnymi aplikacjami. Mimo że nie istnieje oficjalna specyfikacja formatu CSV, w październiku

2005 roku opublikowano proponowaną definicję w formie dokumentu RFC 4180 — organizacja IANA zaaprobowała właśnie tę specyfikację jako typ MIME `text/csv`. Przed wydaniem tego dokumentu RFC funkcję swoistego standardu pełniły konwencje przyjmowane przez twórców arkusza Microsoft Excel. Ponieważ wspomniany dokument RFC określa reguły bardzo podobne do tych obowiązujących w Excelu, jego wydanie nie doprowadziło do większych problemów.

W tym rozdziale omówimy formaty CSV zdefiniowane w dokumencie RFC 4180 i stosowane w arkuszu kalkulacyjnym Microsoft Excel 2003 i nowszych.

Jak nietrudno się domyślić, pliki CSV zawierają listy wartości, tzw. **pól** (ang. *fields*), oddzielonych przecinkami. Każdy wiersz, tzw. **rekord**, zajmuje osobną linię tekstu. Za ostatnim polem rekordu nie występuje przecinek. Za ostatnim rekordem pliku może, ale nie musi występować znak podziału wiersza. W skali całego pliku CVS wszystkie rekordy powinny składać się z tej samej liczby pól.

Wartość w każdym z pól pliku CSV może, ale nie musi być otoczona cudzysłowami. Pola mogą też być zupełnie puste. Warto pamiętać, że każde pole zawierające przecinki, cudzysłowy lub znaki podziału wiersza musi być otoczone cudzysłowami. Cudzysłów występujący w wartości pola musi być poprzedzony symbolem ucieczki — drugim cudzysłowem.

Pierwszy rekord pliku CSV bywa wykorzystywany w roli nagłówka z nazwami poszczególnych kolumn. Ponieważ w pewnych sytuacjach nie można tego programowo stwierdzić na podstawie samej zawartości pliku CSV, niektóre aplikacje żądają od użytkowników określania, czy pierwszy wiersz powinien być traktowany jako wiersz właściwych danych.

Zgodnie ze specyfikacją RFC 4180 początkowe i końcowe spacje w ramach pola wchodzą w skład wartości tego pola. Niektóre starsze wersje Excela ignorowały te spacje, jednak już Excel 2003 i nowsze są w tym aspekcie zgodne ze wspomnianym dokumentem RFC. Dokument RFC 4180 nie określa jednak zasad obsługi błędów, w tym zalecanej reakcji na brak symbolu ucieczki poprzedzającego cudzysłów. Właśnie dlatego sposób obsługi tego rodzaju usterek w Excelu w skrajnych przypadkach bywa dość nieprzewidywalny, zatem warto dbać o stosowanie właściwych sekwencji dla cudzysłowów, o otaczanie cudzysłowami pól zawierających cudzysłowy oraz o umieszczanie ewentualnych początkowych i końcowych spacji pomiędzy tymi cudzysłowami.

Poniżej pokazano przykład prostych danych w formacie CSV, który dobrze ilustruje wiele spośród opisanych reguł. Przedstawione dane składają się z dwóch rekordów po trzy pola każdy:

```
aaa,b b,"""c"" cc"
1,,"333, trzy,
i jeszcze więcej trójek"
```

W tabeli 8.1 pokazano, jak te dane wyglądałyby na przykład w arkuszu kalkulacyjnym.

Tabela 8.1. Przykładowe dane w formacie CSV

aaa	b b	"c" cc
1	(pole puste)	333, trzy, i jeszcze więcej trójek"

Mimo że opisane reguły formatowania plików CSV zyskały sporą popularność i status swoistego standardu, różne programy odczytują i zapisują pliki w tym formacie na rozmaite sposoby. Wiele aplikacji dopuszcza nawet stosowanie w plikach z rozszerzeniem *.csv* separatorów innych niż przecinki. Różnice dotyczą też sposobu interpretacji przecinków (lub innych separatorów pól), cudzysłowów i znaków podziału wiersza w ramach pól oraz ignorowania bądź uwzględniania początkowych i końcowych znaków białych w polach nieotoczonych cudzysłowami.

Pliki inicjalizacji (INI)

Lekki format plików INI jest powszechnie stosowany dla plików konfiguracyjnych. Ponieważ nie istnieje precyzyjna definicja tego formatu, można spotkać wiele różnych sposobów interpretacji tego rodzaju plików przez poszczególne programy i systemy. Wyrażenia regularne proponowane w tym rozdziale będą operowały na plikach INI zgodnych z opisanymi poniżej, najbardziej popularnymi konwencjami.

Parametry pliku INI mają postać par nazwa-wartość oddzielonych znakiem równości i opcjonalnymi spacjami lub tabulacjami. Wartości mogą być otoczone apostrofami lub cudzysłowami — mogą wówczas zawierać początkowe i końcowe spacje oraz inne znaki specjalne.

Parametry można grupować w ramach tzw. **sekcji**, które rozpoczynają się od nazw umieszczonych pomiędzy nawiasami kwadratowymi (każda nazwa sekcji zajmuje odrębny wiersz). Koniec sekcji wyznacza deklaracja kolejnej sekcji lub koniec pliku. Sekcji nie można zagnieżdżać.

Znak średnika rozpoczyna komentarz, który kończy się dopiero wraz z końcem wiersza. Komentarz może występować w tym samym wierszu co parametr lub deklaracja sekcji. Treść komentarza (w tym metaznaki) nie ma żadnego specjalnego znaczenia.

Poniżej pokazano przykład pliku INI z początkowym komentarzem (z informacją o dacie ostatniej modyfikacji), dwiema sekcjami (user i post) oraz trzema parametrami (name, title i content):

```
; ostatnia modyfikacja: 2008-12-25

[user]
name=J. Random Hacker

[post]
title = Regular Expressions Rock!
content = "Let me count the ways..."
```

8.1. Odnajdywanie znaczników XML-a

Problem

Chcemy dopasowywać dowolne znaczniki HTML-a, XHTML-a i XML-a występujące w przetwarzanym łańcuchu, aby je usuwać, modyfikować, zliczać lub wykonywać na nich dowolne inne operacje.

Rozwiązanie

Wybór najwłaściwszego rozwiązania zależy od wielu czynników, w tym od oczekiwanej precyzji dopasowań, efektywności oraz poziomu tolerancji dla nietypowych znaczników. Po zdefiniowaniu modelu, który w największym stopniu spełnia nasze oczekiwania, musimy wybrać jedną z wielu możliwych operacji, którą chcemy wykonać na znalezionych wynikach. Niezależnie jednak od tego, czy chcemy usuwać znaczniki, przeszukiwać ich zawartość, dodawać lub usuwać atrybuty czy zastępować znaczniki alternatywnymi konstrukcjami, pierwszym krokiem zawsze jest odnajdywanie znaczników.

Z góry ostrzegamy, że będzie to wyjątkowo długa receptura, pełna niuansów, wyjątków i zróżnicowanych wariantów. Jeśli interesuje Cię możliwie szybkie znalezienie rozwiązania i jeśli nie zamierzasz tracić czasu na żmudne poszukiwanie najlepszego wyrażenia dla określonego scenariusza, możesz od razu przejść do podpunktu „Znaczniki (X)HTML-a (rozwiązanie elastyczne)", który łączy w sobie wysoki poziom tolerancji i pewne środki ostrożności.

Uproszczone rozwiązanie

Pierwsze rozwiązanie, choć wyjątkowo proste, jest stosowane zadziwiająco często — w tej recepturze prezentujemy je głównie po to, by porównać je z innymi rozwiązaniami i wskazać jego wady. Rozwiązanie w tej formie może być stosowane w sytuacji, gdy potrafimy precyzyjnie określić rodzaj przetwarzanej treści i gdy nie musimy obawiać się konsekwencji nieprawidłowej obsługi ewentualnych błędów składniowych. Nasze wyrażenie rozpoczyna działanie od dopasowania znaku <; dopasowanie kończy się wraz z osiągnięciem znaku >:

```
<[^>]*>
```
Opcje wyrażeń regularnych: Brak
Odmiany wyrażeń regularnych: .NET, Java, JavaScript, PCRE, Perl, Python, Ruby

Dopuszczanie występowania znaku > w wartościach atrybutów

Także kolejne wyrażenie regularne jest mocno uproszczone i jako takie nie obsługuje prawidłowo wszystkich możliwych przypadków. Okazuje się jednak, że wyrażenie w tej formie może skutecznie przetwarzać fragmenty prawidłowego kodu (X)HTML-a. Zaletą tego wyrażenia w porównaniu z wyrażeniem z poprzedniego podpunktu jest prawidłowa obsługa (pomijanie) znaków > występujących w ramach wartości atrybutów:

```
<(?:[^>"']|"[^"]*"|'[^']*')*>
```
Opcje wyrażeń regularnych: Brak
Odmiany wyrażeń regularnych: .NET, Java, JavaScript, PCRE, Perl, Python, Ruby

Poniżej pokazano to samo wyrażenie regularne, tyle że z dodatkowymi znakami białymi i komentarzami ułatwiającymi jego zrozumienie:

```
<
(?: [^>"']    # Znak, którego nie otoczono cudzysłowami ani apostrofami lub...
  | "[^"]*"   # wartość atrybutu otoczona cudzysłowami lub...
  | '[^']*'   # wartość atrybutu otoczona apostrofami.
)*
>
```
Opcje wyrażeń regularnych: Swobodne stosowanie znaków białych
Odmiany wyrażeń regularnych: .NET, Java, PCRE, Perl, Python, Ruby

Oba pokazane powyżej wyrażenia regularne działają identycznie, zatem możesz stosować to, które bardziej Ci odpowiada. Programiści JavaScriptu muszą jednak korzystać z pierwszego wyrażenia, ponieważ JavaScript nie oferuje trybu swobodnego stosowania znaków białych.

Znaczniki (X)HTML-a (rozwiązanie elastyczne)

Oprócz obsługi prawego nawiasu ostrego (>) w ramach wartości atrybutów nasze kolejne wyrażenie regularne stosuje ogólne, niezbyt restrykcyjne reguły obowiązujące nazwy znaczników (X)HTML-a (podobne do tych implementowanych przez większość przeglądarek). Takie rozwiązanie pozwala nam unikać treści, która nie przypomina znaczników, czyli komentarzy, deklaracji DOCTYPE czy niezakodowanych znaków <. W poniższym wyrażeniu regularnym zastosowano te same konstrukcje obsługi atrybutów i innych znaków w ramach znaczników co w poprzednim wyrażeniu, jednak tym razem dodano specjalną konstrukcję odpowiedzialną za obsługę nazw znaczników. W szczególności zaimplementowano regułę, zgodnie z którą nazwa znacznika musi rozpoczynać się od litery podstawowego alfabetu łacińskiego. Nazwa znacznika jest dopasowywana do pierwszej grupy przechwytującej, zatem w razie konieczności możemy uzyskać do niej dostęp za pośrednictwem pierwszego odwołania wstecz:

```
</?([A-Za-z][^\s>/]*)(?:[^>"']|"[^"]*"|'[^']*')*>
```
Opcje wyrażeń regularnych: Brak
Odmiany wyrażeń regularnych: .NET, Java, JavaScript, PCRE, Perl, Python, Ruby

Tak wygląda to wyrażenie regularne zapisane w trybie swobodnego stosowania znaków białych:

```
<
/?                      # Dopuszcza możliwość występowania znaczników zamykających.
([A-Za-z][^\s>/]*)      # Przechwytuje nazwę znacznika reprezentowaną przez pierwsze
                        # odwołanie wstecz.
(?: [^>"']              # Znak, którego nie otoczono cudzysłowami ani apostrofami lub...
 | "[^"]*"              # wartość atrybutu otoczona cudzysłowami lub...
 | '[^']*'              # wartość atrybutu otoczona apostrofami.
)*
>
```
Opcje wyrażeń regularnych: Swobodne stosowanie znaków białych
Odmiany wyrażeń regularnych: .NET, Java, PCRE, Perl, Python, Ruby

Dwa ostatnie wyrażenia regularne działają dokładnie tak samo, jednak drugiego z nich nie można stosować w JavaScripcie z uwagi na brak trybu swobodnego stosowania znaków białych w tym języku.

Znaczniki (X)HTML-a (rozwiązanie restrykcyjne)

To wyrażenie regularne jest nieporównanie bardziej złożone od wyrażeń prezentowanych do tej pory, ponieważ implementuje wszystkie reguły dla znaczników (X)HTML-a opisane na początku tego rozdziału. Takie działanie nie zawsze jest pożądane, ponieważ większość przeglądarek stosuje mniej restrykcyjne zasady. Innymi słowy, wyrażenie regularne w tej formie nie będzie dopasowywane do tekstu, który nie przypomina prawidłowych znaczników (X)HTML-a, mimo że w niektórych przypadkach ten sam tekst zostałby zinterpretowany przez przeglądarki internetowe właśnie jako znaczniki (jeśli na przykład znacznik zawiera atrybut, którego nazwa zawiera znaki spoza akceptowanego przez nas zbioru, lub jeśli znacznik zamykający zawiera jakieś atrybuty). Nasze wyrażenie obsługuje łącznie reguły zdefiniowane dla znaczników HTML-a i XHTML-a, ponieważ odpowiednie konwencje często są mieszane w praktycznych zastosowaniach. Nazwa znacznika jest dopasowywana do pierwszej lub drugiej grupy przechwytującej (w zależności od tego, czy mamy do czynienia ze znacznikiem otwierającym, czy zamykającym), zatem w razie konieczności możemy uzyskać do niej dostęp za pośrednictwem odpowiednich odwołań wstecz:

```
<(?:([A-Z][-:A-Z0-9]*)(?:\s+[A-Z][-:A-Z0-9]*(?:\s*=\s*(?:"[^"]*"|'[^']*'|[-.:\w]+))?)*
↪\s*/?|/([A-Z][-:A-Z0-9]*)\s*)>
```
Opcje wyrażeń regularnych: Ignorowanie wielkości liter
Odmiany wyrażeń regularnych: .NET, Java, JavaScript, PCRE, Perl, Python, Ruby

Aby ułatwić zrozumienie tego wyrażenia regularnego, poniżej zapisano je w trybie swobodnego stosowania znaków białych i z dodatkowymi komentarzami:

```
<                       #
(?:                     # Odgałęzienie dla znaczników otwierających...
  ([A-Z][-:A-Z0-9]*)    #   Przechwytuje nazwę znacznika otwierającego (pierwsze
                        #   odwołanie wstecz).
  (?:                   #   Akceptuje zero, jeden lub wiele atrybutów...
    \s+                 #   ...oddzielonych znakami białymi.
    [A-Z][-:A-Z0-9]*    #     Nazwa atrybutu.
    (?:                 #
      \s*=\s*           #       Separator dzielący nazwę od wartości.
      (?: "[^"]*"       #       Wartość atrybutu otoczona cudzysłowami.
      | '[^']*'         #       Wartość atrybutu otoczona apostrofami.
      | [-.:\w]+        #       Wartość atrybutu, której nie otoczono cudzysłowami ani
                        #       apostrofami (HTML).
      )                 #
    )?                  #     Akceptuje atrybuty bez wartości (HTML)
  )*                    #
  \s*                   #   Akceptuje końcowe znaki białe.
  /?                    #   Akceptuje znaczniki samozamykające (XHTML).
|                       # Odgałęzienie dla znaczników zamykających...
  /                     #
  ([A-Z][-:A-Z0-9]*)    #   Przechwytuje nazwę znacznika zamykającego (drugie odwołanie
                        #   wstecz).
  \s*                   #   Akceptuje końcowe znaki białe.
)                       #
>                       #
```
Opcje wyrażeń regularnych: Ignorowanie wielkości liter, swobodne stosowanie znaków białych
Odmiany wyrażeń regularnych: .NET, Java, PCRE, Perl, Python, Ruby

Znaczniki XML-a (rozwiązanie restrykcyjne)

XML jest wyjątkowo precyzyjnie zdefiniowanym językiem i jako taki wymaga od odczytujących go aplikacji restrykcyjnego przestrzegania pewnych reguł. To duża zmiana w porównaniu z językiem HTML i przeglądarkami internetowymi, które od wielu lat muszą interpretować nawet najbardziej niedbale skonstruowane dokumenty w tym formacie.

```
<(?:([_:A-Z][-.:\w]*)(?:\s+[_:A-Z][-.:\w]*\s*=\s*(?:"[^"]*"|'[^']*'))*\s*/?|/([_:A-Z]
↪[-.:\w]*)\s*)>
```
Opcje wyrażeń regularnych: Ignorowanie wielkości liter
Odmiany wyrażeń regularnych: .NET, Java, JavaScript, PCRE, Perl, Python, Ruby

Także tym razem prezentujemy nasze wyrażenie regularne zapisane w trybie swobodnego stosowania znaków białych z dodatkowymi komentarzami:

```
<                       #
(?:                     # Odgałęzienie dla znaczników otwierających...
  ([_:A-Z][-.:\w]*)     #   Przechwytuje nazwę znacznika otwierającego (pierwsze
                        #   odwołanie wstecz).
  (?:                   #   Akceptuje zero, jeden lub wiele atrybutów...
    \s+                 #   ...oddzielonych znakami białymi.
    [_:A-Z][-.:\w]*     #     Nazwa atrybutu.
```

```
        \s*=\s*              #       Separator dzielący nazwę od wartości.
        (?: "[^"]*"          #       Wartość atrybutu otoczona cudzysłowami.
          | '[^']*'          #       Wartość atrybutu otoczona apostrofami.
        )                    #
      )*                     #
      \s*                    #       Akceptuje końcowe znaki białe.
      /?                     #       Akceptuje znaczniki samozamykające.
    |                        # Odgałęzienie dla znaczników zamykających...
      /                      #
      ([_:A-Z][-.:\w]*)      #       Przechwytuje nazwę znacznika zamykającego (drugie odwołanie
                             #       wstecz).
      \s*                    #       Akceptuje końcowe znaki białe.
    )                        #
    >                        #
```

Opcje wyrażeń regularnych: Ignorowanie wielkości liter, swobodne stosowanie znaków białych
Odmiany wyrażeń regularnych: .NET, Java, PCRE, Perl, Python, Ruby

Tak jak w przypadku dwóch poprzednich rozwiązań dla znaczników (X)HTML-a, powyższe wyrażenie regularne dopasowuje nazwę znacznika do pierwszej lub drugiej grupy przechwytującej (w zależności od tego, czy przedmiotem dopasowania jest znacznik otwierający, czy zamykający). Wyrażenie pasujące do znaczników XML-a jest nieco krótsze od tego pasującego do znaczników (X)HTML-a, ponieważ nie musi implementować reguł właściwych tylko językowi HTML (związanych z atrybutami pozbawionymi wartości oraz wartościami bez otaczających cudzysłowów i apostrofów). Nazwy elementów i atrybutów mogą też składać się z wielu znaków, których stosowanie w nazwach elementów i atrybutów (X)HTML-a nie jest możliwe.

Analiza

Kilka słów ostrzeżenia

Mimo że wyrażeń regularnych bardzo często używa się do dopasowywania znaczników języka XML, bezpieczne implementowanie tego rodzaju zadań wymaga znalezienia równowagi i precyzyjnej wiedzy o charakterze przetwarzanych danych. Wielu programistów rezygnuje ze stosowania wyrażeń regularnych na rzecz rozmaitych analizatorów składniowych i interfejsów API stworzonych specjalnie z myślą o przetwarzaniu danych w formatach XML i (X)HTML. Zawsze warto rozważyć takie rozwiązanie, ponieważ wspomniane narzędzia zwykle są optymalizowane pod kątem efektywnego wykonywania swoich zadań i oferują nieporównanie większe możliwości w zakresie wykrywania i (lub) obsługi nieprawidłowych znaczników. Na przykład w świecie przeglądarek zwykle najlepszym rozwiązaniem jest korzystanie z drzewiastego modelu DOM (od ang. *Document Object Model*), który znacznie ułatwia przeszukiwanie i modyfikowanie danych w formacie HTML. W pozostałych zastosowaniach warto rozważyć użycie analizatora składniowego SAX lub języka XPath. Z drugiej strony może się zdarzyć, że rozwiązanie korzystające z wyrażeń regularnych okaże się najwygodniejsze i w pełni prawidłowe.

Po tych kilku słowach ostrzeżenia możemy przystąpić do szczegółowego omawiania wyrażeń regularnych zaproponowanych w tej recepturze. Dwa pierwsze wyrażenia są co prawda zbyt uproszczone dla większości praktycznych zastosowań, ale obsługują prawidłowo języki znaczników na bazie XML-a. Trzy kolejne wyrażenia implementują bardziej restrykcyjne reguły i zostały stworzone z myślą o konkretnych językach znaczników. Nawet w tych rozwiązaniach konwencje dla znaczników HTML-a i XHTML-a są jednak obsługiwane przez te same wzorce, ponieważ w rzeczywistych dokumentach tego rodzaju reguły często są mieszane (także przypadkowo).

Autor dokumentu w formacie HTML może na przykład stosować samozamykające znaczniki XHTML-a (`<br />`) lub przez nieuwagę w dokumencie języka XHTML zapisywać nazwy elementów wielkimi literami.

Uproszczone rozwiązanie

Największą zaletą tego rozwiązania jest jego prostota (jego opanowanie, zapamiętanie i wpisanie zajmie Ci dosłownie chwilę). Wyrażenie regularne w tej formie cechuje się też wyjątkowo szybkim działaniem. Wadą tego rozwiązania jest nieprawidłowa obsługa pewnych prawidłowych i nieprawidłowych konstrukcji języków XML i (X)HTML. Dopóki pracujemy na znacznikach, które sami napisaliśmy, możemy być pewni, że określone skrajne przypadki nigdy nie wystąpią w przetwarzanym tekście. Rozwiązanie w tej formie może być wystarczające także wtedy, gdy konsekwencje niewłaściwej obsługi tych przypadków nie mają dla nas znaczenia. Innym przykładem sytuacji, w której można rozważyć użycie tego wyrażenia, jest praca w edytorze tekstu z możliwością podglądu ewentualnych dopasowań.

Działanie naszego wyrażenia rozpoczyna się od odnalezienia stałego znaku `<<>` (lewego nawiasu ostrego rozpoczynającego znacznik). Wykorzystujemy następnie zanegowaną klasę znaków i zachłanny kwantyfikator gwiazdki (`<[^>]*>`), aby dopasować zero, jeden lub wiele kolejnych znaków różnych od >. Cała ta konstrukcja odpowiada za dopasowywanie nazwy znacznika, ewentualnych atrybutów oraz początkowego lub końcowego prawego ukośnika (/). Równie dobrze można by użyć leniwego kwantyfikatora (`<[^>]*?>`), który co prawda nie zmieniłby znaczenia naszego wyrażenia regularnego, ale spowolniłby proces jego dopasowywania poprzez zwiększenie liczby wykonywanych nawrotów (wyjaśniono to w recepturze 2.13). Koniec znacznika jest reprezentowany w naszym wyrażeniu regularnym przez znak `<>`.

Jeśli zamiast zanegowanej klasy znaków `<[^>]>` wolimy użyć kropki, możemy bez obaw zastosować tę zmianę. W tym przypadku kropka będzie dopasowywana prawidłowo, dopóki będzie stosowana wraz z leniwym kwantyfikatorem gwiazdki (`<.*?>`) i będzie włączony tryb dopasowywania kropki do znaków podziału wiersza (w JavaScripcie można by użyć zapisu `<[\s\S]*?>`). Kropka z zachłannym kwantyfikatorem kropki (w ramach wzorca `<<.*>>`) zmieniałaby znaczenie całego wyrażenia regularnego i powodowała nieprawidłowe dopasowywanie tekstu od pierwszego znaku < do ostatniego znaku > mimo występowania w łańcuchu wielu znaczników pomiędzy tymi znakami.

Warto teraz przeanalizować kilka przykładów. Nasze wyrażenie regularne pasuje do każdego z poniższych wierszy (w całości):

```
<div>
</div>
<div class="box">
<div id="pandoras-box" class="box" />
<!-- komentarz -->
<!DOCTYPE html>
<< < w00t! >
<>
```

Warto zauważyć, że nasz wzorzec pasuje do czegoś więcej niż same znaczniki. Co więcej, w pewnych przypadkach wyrażenie w tej formie nie będzie dopasowywane do całych znaczników — nie zostaną dopasowane na przykład znaczniki `<input type="button" value=">">` i `<input type="button" onclick="alert(2 > 1)">`. Z podobnymi problemami będziemy mieli do czynienia w przypadku komentarzy, sekcji CDATA, deklaracji DOCTYPE, kodu w ramach elementów `<script>` i wszystkich innych konstrukcji, które mogą zawierać symbole >.

Jeśli więc chcemy przetwarzać dane bardziej złożone od najprostszych znaczników, w szczególności jeśli przetwarzany tekst pochodzi z różnych lub nieznanych źródeł, powinniśmy użyć jednego z bardziej rozbudowanych rozwiązań opisanych w kolejnych podpunktach

Dopuszczanie występowania znaku > w wartościach atrybutów

Podobnie jak uproszczone rozwiązanie z poprzedniego podpunktu, to wyrażenie regularne ma na celu przede wszystkim porównanie i wskazanie różnic względem kolejnych, bardziej wyszukanych rozwiązań. Okazuje się jednak, że w pewnych sytuacjach prezentowane tutaj rozwiązanie pasuje do podstawowych znaczników XML-a i jako takie może być z powodzeniem wykorzystywane do przetwarzania fragmentów prawidłowego kodu obejmujących tylko elementy i tekst. Jedyną różnicą dzielącą to wyrażenie od poprzedniego rozwiązania jest ignorowanie ewentualnych znaków > występujących w ramach wartości atrybutów. Oznacza to, że wyrażenie w tej formie zostanie prawidłowo dopasowane do następujących znaczników <input> (wspomnianych w poprzednim podpunkcie): `<input type="button" value="">">` oraz `<input type="button" onclick="alert(2 > 1)">`.

Podobnie jak w poprzednim wyrażeniu, na końcach tego wzorca użyliśmy stałych (dopasowywanych dosłownie) nawiasów ostrych, które mają być dopasowywane do początku i końca znacznika. Pomiędzy tymi nawiasami umieściliśmy grupę nieprzechwytującą z trzema alternatywami (oddzielonymi metaznakiem <|>).

W roli pierwszego wzorca alternatywnego wykorzystano zanegowaną klasę znaków <[^>"']>, która pasuje do dowolnego znaku innego niż prawy nawias ostry (zamykający znacznik), cudzysłów czy apostrof (te dwa znaki oznaczają początek wartości atrybutu). Pierwszy wzorzec alternatywny odpowiada więc za dopasowywanie nazwy znacznika, nazw ewentualnych atrybutów oraz wszystkich innych znaków poza wartościami otoczonymi cudzysłowami lub apostrofami. Kolejność alternatywnych wzorców nie jest przypadkowa i ma na celu zapewnienie możliwie wysokiej efektywności. Moduły wyrażeń regularnych zawsze próbują dopasowywać kolejne alternatywy od lewej do prawej strony. W naszym przypadku prawdopodobieństwo udanego dopasowania pierwszej alternatywy jest wyższe niż w przypadku wzorców dla wartości otoczonych cudzysłowami i apostrofami (zwłaszcza że dopasowujemy kolejne znaki).

Kolejne dwa wzorce alternatywne pasują do wartości atrybutów otoczonych odpowiednio cudzysłowami i apostrofami (<"[^"]*"> i <'[^']*'>). Zanegowane klasy znaków umożliwiają nam kontynuowanie dopasowania do ewentualnych znaków >, znaków podziału wiersza i wszystkich innych znaków, które nie kończą danej wartości atrybutu.

Warto pamiętać, że nawet to rozwiązanie nie zawiera żadnych specjalnych konstrukcji, które ignorowałyby lub właściwie dopasowywały komentarze i inne specjalne węzły dokumentów. Oznacza to, że przed użyciem tego wyrażenia powinniśmy dokładnie sprawdzić, z jakim rodzajem treści będziemy mieli do czynienia.

Bezpieczna optymalizacja

Po lekturze poprzednich podpunktów można by dojść do przekonania, że do przyspieszenia działania wyrażeń regularnych wystarczy umieszczenie kwantyfikatora <*> lub <+> za zanegowaną klasą znaków (<[^>"']>). Ten sposób optymalizacji rzeczywiście jest skuteczny, jeśli tylko wyrażenie regularne odnajduje dopasowania w przetwarzanym tekście. Jednoczesne dopasowywanie więcej niż jednego znaku pozwala modułowi wyrażeń regularnych na pomijanie wielu niepotrzebnych kroków w procesie przetwarzania.

Na pierwszy rzut oka nie widać jednak negatywnych skutków tej zmiany w sytuacji, gdy moduł wyrażeń regularnych odnajduje tylko częściowe dopasowanie. Jeśli nasze wyrażenie pasuje do otwierającego znaku <, po którym nie następuje zamykający znak > (bez którego nie jest możliwe znalezienie pełnego dopasowania), będziemy mieli do czynienia z tzw. katastrofalnymi nawrotami (patrz receptura 2.15). Tak duża liczba nawrotów wynika z ogromnej liczby możliwych kombinacji kwantyfikatora wewnętrznego z kwantyfikatorem zewnętrznym (po całej grupie nieprzechwytującej) podczas dopasowywania tekstu następującego po znaku <. Moduł wyrażeń regularnych musi sprawdzić wszystkie te kombinacje przed ostatecznym stwierdzeniem braku dopasowania. Powinniśmy wystrzegać się podobnych rozwiązań!

W odmianach wyrażeń regularnych, które obsługują kwantyfikatory własnościowe i grupy atomowe (odmiany JavaScriptu ani Pythona nie obsługują żadnej z tych konstrukcji), można przyspieszyć przetwarzanie wyrażenia regularnego (poprzez dopasowywanie wielu znaków jednocześnie) i uniknąć problemu katastrofalnych nawrotów. W rzeczywistości możemy iść jeszcze dalej i ograniczyć ryzyko wykonywania nawrotów także w pozostałych częściach naszego wyrażenia regularnego. Jeśli odmiana, z której korzystamy, obsługuje obie konstrukcje, powinniśmy wybrać kwantyfikatory własnościowe (pokazane w drugim wyrażeniu regularnym), ponieważ tak zmienione wyrażenie jest krótsze i bardziej czytelne.

Z wykorzystaniem grup atomowych:

```
<(?>(?:(?>[^>"']+)|"[^"]*"|'[^']*')*)>
```
Opcje wyrażeń regularnych: Brak
Odmiany wyrażeń regularnych: .NET, Java, PCRE, Perl, Ruby

Z wykorzystaniem kwantyfikatorów własnościowych:

```
<(?:[^>"']++|"[^"]*"|'[^']*')*+>
```
Opcje wyrażeń regularnych: Brak
Odmiany wyrażeń regularnych: Java, PCRE, Perl 5.10, Ruby 1.9

Znaczniki (X)HTML-a (rozwiązanie elastyczne)

Wystarczy uzupełnić poprzednie wyrażenie regularne o prostą konstrukcję, aby przystosować nasz wzorzec do emulowania podstawowych reguł identyfikacji znaczników (X)HTML-a, podobnych do tych stosowanych w większości przeglądarek internetowych. Takie rozwiązanie jest korzystne, jeśli chcemy skopiować zachowanie przeglądarek internetowych i nie interesuje nas zgodność dopasowywanego tekstu z restrykcyjnymi kryteriami poprawności znaczników. Warto przy tym pamiętać, że wciąż istnieje możliwość skonstruowania kodu HTML-a na tyle nieprawidłowego, że nie zostanie ani dopasowany do tego wyrażenia regularnego, ani zaakceptowany przez przynajmniej część przeglądarek (w każdej przeglądarce obowiązuje inny, unikatowy próg akceptacji prezentowanych dokumentów).

Najważniejsza różnica dzieląca to wyrażenie regularne od poprzedniego rozwiązania sprowadza się do nowego wymagania, zgodnie z którym po lewym nawiasie ostrym (<) musi występować litera z przedziału od A do Z lub od a do z, która może być poprzedzona opcjonalnym prawym ukośnikiem (w przypadku znaczników zamykających). W ten sposób eliminujemy ryzyko dopasowania zbłąkanego, niezakodowanego znaku < w tekście, w komentarzach, w deklaracjach typów dokumentów, w deklaracjach i instrukcjach przetwarzania XML-a, sekcjach CDATA itp. Z drugiej strony nie unikniemy w ten sposób dopasowywania sekwencji przypominających znaczniki **wewnątrz** komentarzy, kodu języków skryptowych czy zawartości elementów <textarea>. W podpunkcie „Pomijanie nietypowych sekcji (X)HTML-a i XML-a" w dalszej części tego punktu wyjaśnimy, jak obejść ten problem. Najpierw jednak skoncentrujmy się na działaniu wyrażenia regularnego w dotychczasowej wersji.

Działanie tego wyrażenia rozpoczyna się od dopasowania znaku <<> do lewego nawiasu ostrego. Sekwencja </?> następująca po tym znaku pasuje do opcjonalnego prawego ukośnika (występującego w znacznikach zamykających). Kolejnym elementem naszego wyrażenia jest grupa przechwytująca <([A-Za-z][^\s>/]*)>, która pasuje do nazwy danego znacznika (reprezentowanej przez pierwsze odwołanie wstecz) i przechwytuje ją. Jeśli nie musimy odwoływać się do nazwy znacznika (jeśli na przykład ograniczamy się do usuwania wszystkich znaczników), możemy usunąć nawiasy okrągłe (zachowując wzorzec zawarty pomiędzy nimi). Na wspomnianą grupę składają się dwie klasy znaków. Pierwsza z nich, czyli <[A-Za-z]>, implementuje reguły początkowego znaku nazwy znacznika. Druga klasa, <[^\s>/]>, dopuszcza występowanie niemal dowolnych znaków na kolejnych pozycjach w nazwie znacznika. Wyjątkami są znaki białe (pasujące do <\s> i oddzielające nazwę znaczników od następujących po niej atrybutów), znak > (kończący znacznik) oraz / (przed końcowym znakiem > w ramach znaczników samozamykających XHTML-a). Wszystkie inne znaki (w tym cudzysłowy i apostrofy) są traktowane jako prawidłowe składowe nazwy znacznika. Takie rozwiązanie może się wydawać zbyt liberalne, jednak podobne zasady obowiązują w większości przeglądarek. Zmyślone, nieprawidłowe znaczniki zwykle nie mają żadnego wpływu na sposób prezentowania strony, ale są dostępne za pośrednictwem drzewa modelu DOM.

Po dopasowaniu nazwy znacznika możemy przystąpić do obsługi atrybutów — tę część wyrażenia zaczerpnęliśmy w niezmienionej formie z poprzedniego rozwiązania: <(?:[^>"']|"[^↳"]*"|'[^']*')*>. Do zakończenia znacznika wystarczy już tylko dopisać prawy nawias ostry.

Poniżej pokazano wyrażenia regularne ilustrujące, jak można ten wzorzec zmodyfikować, aby pasował tylko do znaczników otwierających, zamykających lub samozamykających:

Znaczniki otwierające

```
<([A-Za-z][^\s>/]*)(?:[^>"'/]|"[^"]*"|'[^']*')*>
```
Opcje wyrażeń regularnych: Brak
Odmiany wyrażeń regularnych: .NET, Java, JavaScript, PCRE, Perl, Python, Ruby

W tej wersji dodaliśmy prawy ukośnik (/) do pierwszej zanegowanej klasy znaków w ramach grupy nieprzechwytującej, aby zapobiec występowaniu prawych ukośników poza wartościami atrybutów otoczonymi cudzysłowami.

Znaczniki samozamykające

```
<([A-Za-z][^\s>/]*)(?:[^>"']|"[^"]*"|'[^']*')*/>
```
Opcje wyrażeń regularnych: Brak
Odmiany wyrażeń regularnych: .NET, Java, JavaScript, PCRE, Perl, Python, Ruby

W tym wyrażeniu umieściliśmy wymagany prawy ukośnik bezpośrednio przed zamykającym, prawym nawiasem ostrym.

Znaczniki otwierające i samozamykające

```
<([A-Za-z][^\s>/]*)(?:[^>"']|"[^"]*"|'[^']*')*>
```
Opcje wyrażeń regularnych: Brak
Odmiany wyrażeń regularnych: .NET, Java, JavaScript, PCRE, Perl, Python, Ruby

Tym razem nie dodaliśmy żadnej nowej konstrukcji — ograniczyliśmy się do usunięcia z oryginalnego wyrażenia regularnego sekwencji `</?>` (zza otwierającego nawiasu ostrego `<<>`).

Znaczniki zamykające

```
</([A-Za-z][^\s>/]*)(?:[^>"']|"[^"]*"|'[^']*')*>
```
Opcje wyrażeń regularnych: Brak
Odmiany wyrażeń regularnych: .NET, Java, JavaScript, PCRE, Perl, Python, Ruby

Prawy ukośnik za lewym, otwierającym nawiasem ostrym jest teraz wymaganą częścią dopasowania. Warto zwrócić uwagę na celowo zachowaną możliwość występowania atrybutów w ramach znaczników zamykających (zdecydowaliśmy się na taki krok, ponieważ w tym podpunkcie koncentrujemy się na możliwie elastycznym rozwiązaniu). Mimo że przeglądarki internetowe w żaden sposób nie wykorzystują atrybutów definiowanych w znacznikach zamykających, zwykle nie protestują przeciwko ich istnieniu.

W ramce „Bezpieczna optymalizacja" pokazano, jak można podnosić efektywność procesu dopasowywania wyrażeń regularnych do znaczników, stosując grupy atomowe i kwantyfikatory własnościowe. Tym razem potencjalny wzrost wydajności jest jeszcze większy, ponieważ znaki pasujące do klasy znaków `<[^\s>/]>` pokrywają się ze znakami pasującymi do kolejnych elementów naszego wyrażenia, co zwiększa liczbę możliwych kombinacji pasujących wzorców, których sprawdzenie jest warunkiem zakończenia procesu dopasowywania.

Jeśli odmiana wyrażeń regularnych, z której korzystamy, obsługuje grupy atomowe lub kwantyfikatory własnościowe, możemy dość łatwo podnieść efektywność procesu przetwarzania. Poniżej pokazano zmiany, które równie dobrze można by wprowadzić w wyrażeniach regularnych dla znaczników otwierających, zamykających i samozamykających:

```
</?([A-Za-z](?>[^\s>/]*))(?>(?:(?>[^>"']+)|"[^"]*"|'[^']*')*)>
```
Opcje wyrażeń regularnych: Brak
Odmiany wyrażeń regularnych: .NET, Java, PCRE, Perl, Ruby

```
</?([A-Za-z][^\s>/]*+)(?:[^>"']++|"[^"]*"|'[^']*')*+>
```
Opcje wyrażeń regularnych: Brak
Odmiany wyrażeń regularnych: Java, PCRE, Perl 5.10, Ruby 1.9

Znaczniki (X)HTML-a (rozwiązanie restrykcyjne)

Mówiąc o restrykcyjnym rozwiązaniu, mamy na myśli próbę implementacji reguł składniowych HTML-a i XHTML-a, o których wspomniano na początku tego rozdziału — nie chodzi więc tylko o emulowanie reguł stosowanych przez przeglądarki internetowe podczas analizy składniowej kodu źródłowego dokumentów. Ta „restrykcyjność" sprowadza się zatem do uzupełnienia dotychczasowego zbioru reguł (z poprzednich wyrażeń regularnych) o następujące konwencje:

- Zarówno nazwy znaczników, jak i nazwy atrybutów muszą rozpoczynać się od liter z przedziałów A – Z lub a – z. Na kolejnych pozycjach mogą występować małe lub wielkie litery, cyfry, myślniki i (lub) dwukropki (w wyrażeniu regularnym można to zapisać w następujący sposób: `<^[-:A-Za-z0-9]+$>`).

- Za nazwą znacznika nie mogą występować przypadkowe znaki spoza ściśle określonego zbioru — może to być znak biały i następujące po nim atrybuty (z odpowiednimi wartościami lub bez wartości), a także opcjonalny, końcowy prawy ukośnik (/).

- Wartości atrybutów, których nie otoczono cudzysłowami ani apostrofami, mogą zawierać małe i wielkie litery, znaki podkreślenia, myślniki, kropki i dwukropki (w wyrażeniu regularnym można to zapisać w następujący sposób: `<^[-.:A-Za-z0-9_]+$>`).

- Znaczniki zamykające nie mogą zawierać atrybutów.

Ponieważ podzielono ten wzorzec na dwa odgałęzienia (pierwsze dla znaczników otwierających i samozamykających oraz drugie dla znaczników zamykających), nazwa znacznika jest reprezentowana albo przez pierwsze, albo przez drugie odwołanie wstecz (w zależności od rodzaju dopasowanego znacznika). Obie grupy przechwytujące można usunąć, jeśli nie potrzebujemy odwołań do nazw znaczników.

W poniższych przykładach odgałęzienia naszego wzorca umieszczono w odrębnych wyrażeniach regularnych. Oznacza to, że przechwycona nazwa znacznika jest zawsze reprezentowana przez pierwsze odwołanie wstecz.

Znaczniki otwierające i samozamykające

```
<([A-Z][-:A-Z0-9]*)(?:\s+[A-Z][-:A-Z0-9]*(?:\s*=\s*(?:"[^"]*"|'[^']*'|
↪[-.:\w]+))?)*\s*/?>
```
Opcje wyrażeń regularnych: Ignorowanie wielkości liter
Odmiany wyrażeń regularnych: .NET, Java, JavaScript, PCRE, Perl, Python, Ruby

Sekwencja `</?>` występująca bezpośrednio przed zamykającym nawiasem ostrym `<>` powoduje, że wyrażenie w tej formie pasuje zarówno do znaczników otwierających, jak i do znaczników samozamykających. Aby dopasowywać tylko znaczniki otwierające, wystarczy usunąć tę sekwencję. Aby dopasowywać tylko znaczniki samozamykające, należy usunąć tylko kwantyfikator znaku zapytania (pozostawiając wymagany znak `</>`).

Znaczniki zamykające

```
</([A-Z][-:A-Z0-9]*)\s*>
```
Opcje wyrażeń regularnych: Ignorowanie wielkości liter
Odmiany wyrażeń regularnych: .NET, Java, JavaScript, PCRE, Perl, Python, Ruby

Wspomnieliśmy już o kilku obszarach potencjalnego wzrostu wydajności wskutek dodania grup atomowych lub kwantyfikatorów własnościowych. Precyzyjnie zdefiniowane ścieżki dopasowywania tego wyrażenia regularnego eliminują możliwość dopasowania tego samego łańcucha na wiele sposobów i — tym samym — ograniczają ryzyko wykonywania nawrotów. Wyrażenie regularne w tej formie nie wymaga nawrotów, zatem wszystkie kwantyfikatory `<*>`, `<+>` i `<?>` możemy zastąpić ich własnościowymi odpowiednikami (ten sam skutek przyniosłoby użycie grup atomowych). Mimo że taki krok przyniósłby wyłącznie pozytywne skutki, nie będziemy wracać do tych modyfikacji w kontekście tego i następnego wyrażenia regularnego, aby niepotrzebnie nie mnożyć prezentowanych rozwiązań.

W podpunkcie „Pomijanie nietypowych sekcji (X)HTML-a i XML-a" w dalszej części tego punktu omówimy techniki unikania dopasowywania znaczników w ramach komentarzy, elementów `<script>` itp.

Znaczniki XML-a (rozwiązanie restrykcyjne)

Język XML eliminuje potrzebę stosowania „elastycznych" rozwiązań, ponieważ dokumenty w tym formacie tworzy się na podstawie precyzyjnej specyfikacji. Co więcej, analizatory składniowe zgodne z tym standardem muszą konsekwentnie odrzucać znaczniki niezgodne z tą specyfikacją. Mimo że do przetwarzania dokumentów w formacie XML można by wykorzystywać wyrażenia regularne z poprzednich podpunktów, zastosowane tam uproszczenia pozbawią nas możliwości niezawodnego przeszukiwania tekstu (nasze rozwiązanie nie mogłoby skutecznie emulować działania prawdziwych narzędzi operujących na dokumentach XML-a).

Wyrażenie regularne zaproponowane w tym podpunkcie jest w istocie uproszczoną wersją wyrażenia z podpunktu „Znaczniki (X)HTML-a (rozwiązanie restrykcyjne)", ponieważ tym razem możemy zrezygnować z obsługi dwóch konstrukcji HTML-a, których stosowanie w XML-u jest zabronione: wartości atrybutów bez apostrofów i cudzysłowów oraz atrybutów bez przypisywanych im wartości. Inna różnica dotyczy akceptowanych znaków składających się na nazwy znaczników i atrybutów. Okazuje się, że reguły dotyczące nazw XML-a (rządzące zarówno nazwami znaczników, jak i nazwami atrybutów) są bardziej liberalne od tych, które tu zaimplementowaliśmy — dopuszczają możliwość stosowania setek tysięcy dodatkowych znaków standardu Unicode. Gdybyśmy chcieli dostosować nasze wyrażenie do tych reguł, powinniśmy zastąpić wszystkie wystąpienia wzorca `<[_:A-Z][-.:\w]*>` jednym ze wzorców z receptury 8.4. Warto pamiętać, że lista dopuszczalnych znaków różni się w zależności od stosowanej wersji XML-a.

Podobnie jak w przypadku wyrażeń regularnych dla (X)HTML-a, nazwa znacznika jest reprezentowana przez pierwsze lub drugie odwołanie wstecz (w zależności od tego, czy dopasowano znacznik otwierający lub samozamykający, czy znacznik zamykający). Także w tym przypadku możemy bez obaw usunąć nawiasy otaczające grupy przechwytujące, jeśli nie musimy korzystać ze wspomnianych odwołań.

W poniższych przykładach umieszczono oba odgałęzienia w odrębnych wyrażeniach regularnych. W efekcie oba wyrażenia umieszczają nazwy znaczników w pierwszych grupach przechwytujących.

Znaczniki otwierające i samozamykające

```
<([_:A-Z][-.:\w]*)(?:\s+[_:A-Z][-.:\w]*\s*=\s*(?:"[^"]*"|'[^']*'))*\s*/?>
```
Opcje wyrażeń regularnych: Ignorowanie wielkości liter
Odmiany wyrażeń regularnych: .NET, Java, JavaScript, PCRE, Perl, Python, Ruby

Sekwencja `</?>` występująca bezpośrednio przed zamykającym nawiasem ostrym `<>` powoduje, że wyrażenie w tej formie pasuje zarówno do znaczników otwierających, jak i do znaczników samozamykających. Aby dopasowywać tylko znaczniki otwierające, wystarczy usunąć tę sekwencję. Aby dopasowywać tylko znaczniki samozamykające, należy usunąć tylko kwantyfikator znaku zapytania (pozostawiając wymagany znak `</>`).

Znaczniki zamykające

```
</([_:A-Z][-.:\w]*)\s*>
```

Opcje wyrażeń regularnych: Ignorowanie wielkości liter
Odmiany wyrażeń regularnych: .NET, Java, JavaScript, PCRE, Perl, Python, Ruby

W podpunkcie „Pomijanie nietypowych sekcji (X)HTML-a i XML-a" w dalszej części tego punktu omówimy techniki unikania dopasowywania znaczników w ramach komentarzy, sekcji CDATA czy deklaracji DOCTYPE.

Pomijanie nietypowych sekcji (X)HTML-a i XML-a

Kiedy próbujemy dopasowywać znaczniki XML-a w ramach pliku z kodem źródłowym lub łańcucha, nasze zadanie polega w dużej mierze na unikaniu sekwencji, które przypominają znaczniki, ale których miejsce występowania lub kontekst wykluczają możliwość ich interpretacji jako znaczników. W prezentowanych dotychczas wyrażeniach regularnych dla (X)HTML-a i XML-a eliminowaliśmy problematyczną treść, ograniczając zbiór znaków rozpoczynających nazwy elementów. W niektórych wyrażeniach szliśmy krok dalej i wymuszaliśmy zgodność znaczników z pewnymi regułami składniowymi (X)HTML-a i XML-a. Naprawdę niezawodne rozwiązanie wymaga jednak dodatkowego unikania wszelkich fragmentów tekstu w ramach komentarzy, kodu języków skryptowych (który może zawierać znaki < i > w roli operatorów matematycznych), sekcji CDATA XML-a i rozmaitych innych konstrukcji. Możemy rozwiązać ten problem, rozpoczynając przetwarzanie od odnalezienia tych problematycznych sekcji, by następnie poszukiwać ewentualnych znaczników poza znalezionymi dopasowaniami.

W recepturze 3.18 pokazano, jak pisać kod przeszukujący tekst spomiędzy dopasowań do innego wyrażenia regularnego. Zaproponowane tam rozwiązanie składało się z dwóch wzorców: wewnętrznego i zewnętrznego wyrażenia regularnego. Nasze dotychczasowe rozwiązania wykorzystamy w roli wewnętrznego wyrażenia regularnego. Poniżej szczegółowo omówimy wyrażenie zewnętrzne, które podzielono na odrębne wzorce dla (X)HTML-a i XML-a. W ten sposób ukrywamy problematyczne sekcje przed wewnętrznym wyrażeniem regularnym i — tym samym — znacznie upraszczamy nasze rozwiązanie.

Zewnętrzne wyrażenie regularne dla (X)HTML-a. Poniższe wyrażenie regularne pasuje zarówno do komentarzy, jak i do elementów <script>, <style>, <textarea> oraz <xmp>[1] (wraz z ich zawartością):

```
<!--.*?--\s*>|<(script|style|textarea|xmp)\b(?:[^>"']|"[^"]*"|'[^']*')*
↪?(?:/>|>.*?</\1\s*>)
```

Opcje wyrażeń regularnych: Ignorowanie wielkości liter, dopasowywanie kropki do znaków podziału wiersza
Odmiany wyrażeń regularnych: .NET, Java, PCRE, Perl, Python, Ruby

Powyższy wiersz z pewnością nie należy do najbardziej czytelnych fragmentów kodu — właśnie dlatego prezentujemy to samo wyrażenie zapisane w trybie swobodnego stosowania znaków białych i z pomocnymi komentarzami:

---

[1] <xmp> jest mało znanym, ale dość powszechnie obsługiwanym elementem podobnym do <pre>. Tak jak <pre>, element <xmp> pozwala zachować wszystkie znaki białe i domyślnie stosuje czcionkę stałej szerokości. Element <xmp> dodatkowo wymusza wyświetlanie całej swojej zawartości (w tym znaczników HTML-a) w formie zwykłego tekstu. Stosowanie tego elementu nie jest jednak zalecane, począwszy od standardu HTML 3.2; standard HTML 4 w ogóle nie zawiera tego elementu.

```
# Komentarz:
<!-- .*? --\s*>

|

# Element specjalny wraz z zawartością:
<( script | style | textarea | xmp )\b
   (?: [^>"']      # Znak nieotoczony cudzysłowami ani apostrofami.
    | "[^"]*"      # Znak otoczony cudzysłowami.
    | '[^']*'      # Znak otoczony apostrofami.
   )^?
(?: # Znacznik samozamykający:
   />
  | # W przeciwnym razie włącza do dopasowania zawartość elementu i znacznik
     ↪zamykający:
   > .*? </\1\s*>
)
```

Opcje wyrażeń regularnych: Ignorowanie wielkości liter, dopasowywanie kropki do znaków podziału wiersza, swobodne stosowanie znaków białych

Odmiany wyrażeń regularnych: .NET, Java, PCRE, Perl, Python, Ruby

Powyższe wyrażenia regularne nie działają prawidłowo w JavaScripcie, który nie oferuje ani trybu dopasowywania kropki do znaków podziału wiersza, ani opcji swobodnego stosowania znaków białych. W poniższym wyrażeniu wróciliśmy do nieczytelnego trybu bez znaków białych i zastąpiliśmy kropki klasami znaków <[\s\S]>, aby przystosować nasze rozwiązanie do reguł obowiązujących w JavaScripcie:

```
<!--[\s\S]*?--\s*>|<(script|style|textarea|xmp)\b(?:[^>"']|"[^"]*"|'[^']*')*
↪?(?:/>|>[\s\S]*?</\1\s*>)
```

Opcje wyrażeń regularnych: Ignorowanie wielkości liter

Odmiany wyrażeń regularnych: JavaScript

Wyrażenia regularne w tej formie nie są doskonałe — ponieważ pasują do znaczników <script>, <style>, <textarea> i <xmp>, wymienione znaczniki nigdy nie zostaną dopasowane przez drugie, wewnętrzne wyrażenie regularne, mimo że naszym celem jest dopasowanie wszystkich znaczników. Z drugiej strony specjalna obsługa tych znaczników wymagałaby dodania wyjątkowo prostego kodu proceduralnego. Nazwy znaczników dopasowywanych do wyrażenia zewnętrznego są reprezentowane przez pierwsze odwołanie wstecz, zatem możemy bez trudu sprawdzić, czy interesujące nas sekwencje występowały w komentarzach, czy w znacznikach (a jeśli w znacznikach, to w których).

Zewnętrzne wyrażenie regularne dla XML-a. Poniższe wyrażenie regularne pasuje do komentarzy, sekcji CDATA oraz deklaracji DOCTYPE. Każda z tych konstrukcji jest dopasowywana do odrębnego wzorca. Poszczególne wzorce połączono w ramach jednego wyrażenia z wykorzystaniem operatora alternatywy <|>.

```
<!--.*?--\s*>|<!\[CDATA\[.*?]]>|<!DOCTYPE\s(?:[^<>"']|"[^"]*"|'[^']*'|<!(?:[^>"']|
↪"[^"]*"|'[^']*')*>)*>
```

Opcje wyrażeń regularnych: Ignorowanie wielkości liter, dopasowywanie kropki do znaków podziału wiersza

Odmiany wyrażeń regularnych: .NET, Java, PCRE, Perl, Python, Ruby

Poniżej pokazano to samo wyrażenie regularne zapisane w trybie swobodnego stosowania znaków białych:

```
# Komentarz:
<!-- .*? --\s*>
```

|

```
# Sekcja CDATA:
<!\[CDATA\[ .*? ]]>
```

|

```
# Deklaracja typu dokumentu:
<!DOCTYPE\s
    (?: [^<>"']   # Znak spoza zbioru znaków specjalnych.
     | "[^"]*"    # Wartość otoczona cudzysłowami.
     | '[^']*'    # Wartość otoczona apostrofami.
     | <!(?:[^>"']|"[^"]*"|'[^']*')*>  # Deklaracja znacznika.
    )*
>
```

Opcje wyrażeń regularnych: Ignorowanie wielkości liter, dopasowywanie kropki do znaków podziału wiersza, swobodne stosowanie znaków białych

Odmiany wyrażeń regularnych: .NET, Java, PCRE, Perl, Python, Ruby

Poniżej przedstawiono wersję dostosowaną do reguł obowiązujących w JavaScripcie (gdzie nie jest dostępny tryb dopasowywania kropki do znaków podziału wiersza ani opcja swobodnego stosowania znaków białych):

```
<!--[\s\S]*?--\s*>|<!\[CDATA\[[\s\S]*?]]>|<!DOCTYPE\s(?:[^<>"']|"[^"]*"|'[^']*'|
↪<!(?:[^>"']|"[^"]*"|'[^']*')*>)*>
```

Opcje wyrażeń regularnych: Ignorowanie wielkości liter

Odmiany wyrażeń regularnych: JavaScript

Warianty

Dopasowywanie prawidłowych znaczników HTML-a 4

W pewnych sytuacjach możemy stanąć przed koniecznością ograniczania zakresu poszukiwań tylko do prawidłowych elementów języka HTML, szczególnie jeśli szukamy znaczników w dokumentach w innym formacie i chcemy za wszelką cenę uniknąć fałszywych wyników pozytywnych. Poniższe wyrażenie regularne pasuje tylko do 91 prawidłowych elementów standardu HTML 4. Zastosowana lista nie obejmuje niestandardowych elementów HTML-a, jak znaczniki `<blink>`, `<bgsound>`, `<embed>` czy `<nobr>`. Wyrażenie w tej formie nie pasuje też do elementów standardu XHTML 1.1 (standard XHTML 1.0 nie wprowadził żadnych nowych znaczników) ani nowych elementów, których wprowadzenie jest planowane wraz z wydaniem standardu HTML 5:

```
</?(a|abbr|acronym|address|applet|area|b|base|basefont|bdo|big|blockquote|body|br|
↪button|caption|center|cite|code|col|colgroup|dd|del|dfn|dir|div|dl|dt|em|fieldset|
↪font|form|frame|frameset|h1|h2|h3|h4|h5|h6|head|hr|html|i|iframe|img|input|ins|
↪isindex|kbd|label|legend|li|link|map|menu|meta|noframes|noscript|object|ol|optgroup|
↪option|p|param|pre|q|s|samp|script|select|small|span|strike|strong|style|sub|sup|
↪table|tbody|td|textarea|tfoot|th|thead|title|tr|tt|u|ul|var)\b(?:[^>"']|"[^"]*"|
↪'[^']*')*>
```

Opcje wyrażeń regularnych: Brak

Odmiany wyrażeń regularnych: .NET, Java, JavaScript, PCRE, Perl, Python, Ruby

Możemy przyspieszyć działanie tego wyrażenia regularnego, ograniczając liczbę wzorców alternatywnych oddzielonych metaznakiem <|>. Wszędzie tam, gdzie to możliwe, wykorzystamy klasy znaków z opcjonalnymi przyrostkami. Tego rodzaju zmiany mogą znacznie ograniczyć liczbę nawrotów wykonywanych przez moduł wyrażeń regularnych. Przeanalizujmy na przykład działanie tego modułu w momencie napotkania w przetwarzanym tekście sekwencji <0. Nie może to być początek znacznika, ponieważ nazwa żadnego znacznika nie rozpoczyna się od cyfry 0, jednak przed odrzuceniem tego dopasowania moduł wyrażeń regularnych będzie musiał sprawdzić wszystkie 91 alternatyw pod kątem zawierania początkowej cyfry 0. Ograniczając liczbę alternatyw do minimum (po jednej dla każdej litery, która może rozpoczynać prawidłowy znacznik), możemy obniżyć liczbę niezbędnych kroków wykonywanych po dopasowaniu lewego nawiasu ostrego z 91 do 19. Poniżej pokazano odpowiednio zmienione wyrażenie regularne:

```
</?(a(?:bbr|cronym|ddress|pplet|rea)?|b(?:ase(?:font)?|do|ig|lockquote|ody|r|utton)?|
↪c(?:aption|enter|ite|o(?:de|l(?:group)?))|d(?:[dlt]|el|fn|i[rv])|em|f(?:ieldset|
↪o(?:nt|rm)|rame(?:set)?)|h(?:[1-6r]|ead|tml)|i(?:frame|mg|n(?:put|s)|sindex)?| khd|
↪l(?:abel|egend|i(?:nk)?)|m(?:ap|e(?:nu|ta))|no(?:frames|script)|o(?:bject|l|
↪p(?:tgroup|tion))|p(?:aram|re)?|q|s(?:amp|cript|elect|mall|pan|t(?:rike|rong|yle)|
↪u[bp])?|t(?:able|body|[dhrt]|extarea|foot|head|itle)|ul?|var)\b(?:[^>"']|"[^"]*"|
↪'[^']*')*>
```

Opcje wyrażeń regularnych: Ignorowanie wielkości liter

Odmiany wyrażeń regularnych: .NET, Java, JavaScript, PCRE, Perl, Python, Ruby

Wyrażenie w tej formie jest mniej czytelne — pewnym ułatwieniem może być jego zapisanie w trybie swobodnego stosowania znaków białych:

```
<
/?        # Akceptuje znaczniki zamykające.
(         # Przechwytuje nazwę znacznika reprezentowaną przez pierwsze odwołanie wstecz.

    a(?:bbr|cronym|ddress|pplet|rea)?|
    b(?:ase(?:font)?|do|ig|lockquote|ody|r|utton)?|
    c(?:aption|enter|ite|o(?:de|l(?:group)?))|
    d(?:[dlt]|el|fn|i[rv])|
    em|
    f(?:ieldset|o(?:nt|rm)|rame(?:set)?)|
    h(?:[1-6r]|ead|tml)|
    i(?:frame|mg|n(?:put|s)|sindex)?|
    kbd|
    l(?:abel|egend|i(?:nk)?)|
    m(?:ap|e(?:nu|ta))|
    no(?:frames|script)|
    o(?:bject|l|p(?:tgroup|tion))|
    p(?:aram|re)?|
    q|
    s(?:amp|cript|elect|mall|pan|t(?:rike|rong|yle)|u[bp])?|
    t(?:able|body|[dhrt]|extarea|foot|head|itle)|
    ul?|
    var

) \b        # Odrzuca częściowo pasujące nazwy.
(?: [^>"']  # Dowolny znak poza >, " i '.
  | "[^"]*" # Wartość atrybutu otoczona cudzysłowami.
  | '[^']*' # Wartość atrybutu otoczona apostrofami.
)*
>
```

Opcje wyrażeń regularnych: Ignorowanie wielkości liter, swobodne stosowanie znaków białych

Odmiany wyrażeń regularnych: .NET, Java, PCRE, Perl, Python, Ruby

Jeśli i ta wersja wydaje się mało czytelna, poniżej zaproponowano jeszcze inny sposób zapisania tego samego wyrażenia w trybie swobodnego stosowania znaków białych:

```
<
/?  # Akceptuje znaczniki zamykające.
(   # Przechwytuje nazwę znacznika reprezentowaną przez pierwsze odwołanie wstecz.

    a (?: bbr               #
        | cronym            #
        | ddress            #
        | pplet             #
        | rea               #
      )?|                   # Opcjonalna grupa (akceptuje <a>)
    b (?: ase (?:font)?     # <base>, <basefont>
        | do                #
        | ig                #
        | lockquote         #
        | ody               #
        | r                 #
        | utton             #
      )?|                   # Opcjonalna grupa (akceptuje <b>)
    c (?: aption            #
        | enter             #
        | ite               #
        | o (?:de|l(?:group)?)  # <code>, <col>, <colgroup>
      ) |                   #
    d (?: [dlt]             # <dd>, <dl>, <dt>
        | el                #
        | fn                #
        | i[rv]             # <dir>, <div>
      ) |                   #
    em  |                   #
    f (?: ieldset           #
        | o (?:nt|rm)       # <font>, <form>
        | rame (?:set)?     # <frame>, <frameset>
      ) |                   #
    h (?: [1-6r]            # <h1>, <h2>, <h3>, <h4>, <h5>, <h6>, <hr>
        | ead               #
        | tml               #
      ) |                   #
    i (?: frame             #
        | mg                #
        | n (?:put|s)       # <input>, <ins>
        | sindex            #
      )?|                   # Opcjonalna grupa (akceptuje <i>)
    kbd |                   #
    l (?: abel              #
        | egend             #
        | i (?:nk)?         # <li>, <link>
      ) |                   #
    m (?: ap                #
        | e (?:nu|ta)       # <menu>, <meta>
      ) |                   #
    no (?: frames           #
         | script           #
       ) |                  #
    o (?: bject             #
        | l                 #
        | p (?:tgroup|tion) # <optgroup>, <option>
      ) |                   #
    p (?: aram              #
        | re                #
      )?|                   # Opcjonalna grupa (akceptuje <p>)
```

```
q    |                        #
s (?: amp                      #
    | cript                    #
    | elect                    #
    | mall                     #
    | pan                      #
    | t (?:rike|rong|yle)      # <strike>, <strong>, <style>
    | u[bp]                    # <sub>, <sup>
    )?|                        # Opcjonalna grupa (akceptuje <s>)
t (?: able                     #
    | body                     #
    | [dhrt]                   # <td>, <th>, <tr>, <tt>
    | extarea                  #
    | foot                     #
    | head                     #
    | itle                     #
    ) |                        #
ul? |                          # <u>, <ul>
var                            #

) \b           # Odrzuca częściowo pasujące nazwy.
(?: [^>"']     # Dowolny znak poza >, " i '.
  | "[^"]*"    # Wartość atrybutu otoczona cudzysłowami.
  | '[^']*'    # Wartość atrybutu otoczona apostrofami.
)*
>
```

Opcje wyrażeń regularnych: Ignorowanie wielkości liter, swobodne stosowanie znaków białych

Odmiany wyrażeń regularnych: .NET, Java, PCRE, Perl, Python, Ruby

Jeśli operujemy na danych w formacie XHTML, powinniśmy mieć na uwadze, że standard XHTML 1.0 nie wprowadza nowych znaczników, ale usuwa następujących czternaście elementów: `<applet>`, `<basefont>`, `<center>`, `<dir>`, `<font>`, `<frame>`, `<frameset>`, `<iframe>`, `<isindex>`, `<menu>`, `<noframes>`, `<s>`, `<strike>` i `<u>`.

Standard XHTML 1.1 nie tylko zachowuje wszystkie elementy standardu XHTML 1.0, ale też dodaje sześć nowych znaczników (wszystkie te znaczniki stworzono z myślą o tekście Ruby w językach azjatyckich): `<rb>`, `<rbc>`, `<rp>`, `<rt>`, `<rtc>` oraz `<ruby>`. Opracowanie wyrażeń regularnych pasujących tylko do prawidłowych elementów XHTML-a 1.0 lub 1.1 pozostawiamy Czytelnikowi.

Patrz także

Dopasowywanie wszystkich znaczników bywa przydatne, jednak często zdarza się, że musimy dopasowywać konkretny lub jeden z kilku znaczników. Sposób realizacji tych zadań zostanie zaprezentowany w recepturze 8.2.

W recepturze 8.4 omówimy znaki, które mogą być stosowane w nazwach elementów i atrybutów języka XML.

8.2. Zastępowanie znaczników \<b> znacznikami \<strong>

Problem

Chcemy zastąpić w przetwarzanym łańcuchu wszystkie otwierające i zamykające znaczniki \<b> odpowiednimi znacznikami \<strong>, zachowując przy tym wszystkie istniejące atrybuty.

Rozwiązanie

Poniższe wyrażenie regularne pasuje do otwierających i zamykających znaczników \<b> z atrybutami lub bez atrybutów:

```
<(/?)b\b((?:[^>"']|"[^"]*"|'[^']*')*)>
```
> **Opcje wyrażeń regularnych:** Ignorowanie wielkości liter
> **Odmiany wyrażeń regularnych:** .NET, Java, JavaScript, PCRE, Perl, Python, Ruby

Poniżej pokazano to samo wyrażenie regularne zapisane w trybie swobodnego stosowania znaków białych:

```
<                   #
(/?)                # Przechwytuje opcjonalny, początkowy prawy ukośnik
                    # (pierwsze odwołanie wstecz).
b \b                # Kończy nazwę znacznika granicą wyrazu.
(                   # Przechwytuje ewentualne atrybuty itp. (drugie odwołanie wstecz).
   (?: [^>"']       #    Dowolny znak poza >, " i '.
   | "[^"]*"        #    Wartość atrybutu otoczona cudzysłowami.
   | '[^']*'        #    Wartość atrybutu otoczona apostrofami.
   )*               #
)                   #
>                   #
```
> **Opcje wyrażeń regularnych:** Ignorowanie wielkości liter, swobodne stosowanie znaków białych
> **Odmiany wyrażeń regularnych:** .NET, Java, PCRE, Perl, Python, Ruby

Aby zmieniać nazwy znaczników, zachowując wszystkie ewentualne atrybuty, należy użyć następującego tekstu docelowego:

```
<$1strong$2>
```
> **Odmiany tekstu docelowego:** .NET, Java, JavaScript, Perl, PHP

```
<\1strong\2>
```
> **Odmiany tekstu docelowego:** Python, Ruby

Gdybyśmy w ramach tego procesu chcieli wyeliminować wszystkie atrybuty, powinniśmy w łańcuchu docelowym pominąć drugie odwołanie wstecz:

```
<$1strong>
```
> **Odmiany tekstu docelowego:** .NET, Java, JavaScript, Perl, PHP

```
<\1strong>
```
> **Odmiany tekstu docelowego:** Python, Ruby

Kod potrzebny do zaimplementowania tego rozwiązania pokazano i omówiono w recepturze 3.15.

Analiza

W poprzedniej recepturze szczegółowo opisano wiele sposobów dopasowywania **dowolnych** znaczników XML-a. Tym razem możemy zastosować nieporównanie prostsze rozwiązanie polegające na poszukiwaniu konkretnego typu znaczników. Znacznik `<b>` i zastępujący go znacznik `<strong>` to tylko przykłady — równie dobrze moglibyśmy wykorzystać to rozwiązanie do zastępowania dowolnych innych znaczników.

Działanie tego wyrażenia rozpoczyna się od dopasowania stałej `<<`, czyli pierwszego znaku każdego znacznika. Po lewym nawiasie ostrym następuje opcjonalny prawy ukośnik (`</?>`) stosowany w znacznikach zamykających. Tę część wzorca umieściliśmy pomiędzy nawiasami grupy przechwytującej. Przechwycenie wyniku tego wzorca (czyli albo łańcucha pustego, albo prawego ukośnika) umożliwia nam łatwe odtworzenie ewentualnego prawego ukośnika w łańcuchu docelowym bez konstrukcji warunkowych.

Musimy jeszcze dopasować samą nazwę znacznika, czyli w tym przypadku `<b>`. W razie potrzeby moglibyśmy oczywiście użyć dowolnej innej nazwy. Zastosowaliśmy dla naszego wyrażenia tryb ignorowania wielkości liter, aby dopasowywać także wielką literę B.

Nietrudno zapomnieć o granicy wyrazu (`<\b>`) za nazwą znacznika, która jest jednym z najważniejszych elementów składowych tego wyrażenia regularnego. Granica wyrazu pozwala nam dopasowywać tylko znaczniki `<b>`, ale eliminuje możliwość dopasowywania `<br>`, `<body>`, `<blockquote>` i innych znaczników, których nazwy tylko rozpoczynają się od litery b. Można by w miejsce granicy wyrazu użyć tokenu znaku białego (`<\s>`), jednak takie rozwiązanie nie działałoby w przypadku znaczników pozbawionych atrybutów, które często nie zawierają żadnych znaków białych za nazwami. Granica wyrazu jest więc najprostszym i najbardziej eleganckim rozwiązaniem tego problemu.

Kiedy pracujemy z tekstem w formatach XML i XHTML, powinniśmy pamiętać o możliwości stosowania dwukropków w identyfikatorach przestrzeni nazw oraz myślników i kilku innych znaków w nazwach XML-a — wszystkie te znaki wyznaczają granice wyrazów. Oznacza to, że nasze wyrażenie mogłoby zostać dopasowane na przykład do znacznika `<b-sharp>`. Można ten problem rozwiązać, stosując konstrukcję wyszukiwania w przód `<(?=[\s/>])>` (zamiast granicy wyrazu). W ten sposób można uniknąć dopasowywania częściowych nazw znaczników i jednocześnie zagwarantować pełną niezawodność.

Po dopasowaniu nazwy znacznika wykorzystujemy wzorzec `<((?:[^>"']|"[^"]*"|'[^']*'` ↪)*)>` do dopasowania pozostałych składowych tego znacznika aż do osiągnięcia zamykającego, prawego nawiasu ostrego. Umieszczenie tego wzorca w grupie przechwytującej umożliwia nam łatwe odtworzenie ewentualnych atrybutów i innych znaków (na przykład końcowego ukośnika w przypadku znacznika samozamykającego) w łańcuchu docelowym operacji przeszukiwania i zastępowania. W ramach tej grupy przechwytującej zastosowaliśmy powtarzaną grupę nieprzechwytującą obejmującą trzy wzorce alternatywne. Pierwsza alternatywa, `<[^>"']>`, pasuje do dowolnego znaku z wyjątkiem `>`, `"` i `'`. Dwie pozostałe alternatywy pasują do całych łańcuchów otoczonych odpowiednio cudzysłowami i apostrofami — w ten sposób dopasowujemy wartości atrybutów zawierające prawe nawiasy ostre, unikając interpretacji tych nawiasów jako końca znacznika.

Warianty

Zastępowanie listy znaczników

Gdybyśmy chcieli dopasowywać dowolne znaczniki z pewnej listy, musielibyśmy wprowadzić w naszym wyrażeniu prostą zmianę. Wszystkie interesujące nas nazwy znaczników należałoby umieścić w grupie i oddzielić operatorem alternatywy. Umieszczenie tych nazw w grupie ogranicza zasięg metaznaku alternatywy (<|>).

Poniższe wyrażenie regularne pasuje do otwierających i zamykających znaczników <b>, <i>, <em> oraz <big>. Tekst docelowy (w dalszej części tego podpunktu) wykorzystujemy do zastąpienia wszystkich tych znaczników znacznikami <strong> lub </strong>, ale z zachowaniem ewentualnych atrybutów.

```
<(/?)([bi]|em|big)\b((?:[^>"']|"[^"]*"|'[^']*')*)>
```
Opcje wyrażeń regularnych: Ignorowanie wielkości liter
Odmiany wyrażeń regularnych: .NET, Java, JavaScript, PCRE, Perl, Python, Ruby

Poniżej pokazano to samo wyrażenie regularne zapisane w trybie swobodnego stosowania znaków białych:

```
<                  #
(/?)               # Przechwytuje opcjonalny, początkowy prawy ukośnik (pierwsze
                   # odwołanie wstecz).
([bi]|em|big) \b   # Przechwytuje nazwę znacznika (drugie odwołanie wstecz).
(                  # Przechwytuje ewentualne atrybuty itp. (trzecie odwołanie wstecz).
   (?: [^>"']      #    Dowolny znak poza >, " i '.
   | "[^"]*"       #    Wartość atrybutu otoczona cudzysłowami.
   | '[^']*'       #    Wartość atrybutu otoczona apostrofami.
   )*              #
)                  #
>                  #
```
Opcje wyrażeń regularnych: Ignorowanie wielkości liter, swobodne stosowanie znaków białych
Odmiany wyrażeń regularnych: .NET, Java, PCRE, Perl, Python, Ruby

W tym wyrażeniu użyliśmy klasy znaków <[bi]> do dopasowywania zarówno znacznika <b>, jak i znacznika <i> (zamiast — jak w przypadku znaczników <em> i <big> — stosować odrębne wzorce oddzielone operatorem <|>). Klasy znaków są przetwarzane szybciej niż wzorce alternatywne, ponieważ nie wymagają wykonywania nawrotów. Wszędzie tam, gdzie różnice dzielące dwie opcje sprowadzają się do pojedynczego znaku, należy stosować właśnie klasy znaków.

Dodaliśmy też grupę przechwytującą dla nazwy znacznika, co spowodowało, że dopasowane atrybuty są teraz reprezentowane do trzeciego odwołania wstecz. Mimo że samo zastępowanie wszystkich wystąpień znacznika <strong> nie wymaga stosowania odwołań wstecz do jego nazwy, przypisywanie tej nazwy odrębnemu odwołaniu wstecz może nam ułatwić ewentualną weryfikację typu dopasowanego znacznika.

Aby zachować wszystkie atrybuty mimo zastępowania nazwy znacznika, stosujemy następujący tekst docelowy:

```
<$1strong$3>
```
Odmiany tekstu docelowego: .NET, Java, JavaScript, Perl, PHP

```
<\1strong\3>
```
Odmiany tekstu docelowego: Python, Ruby

Gdybyśmy chcieli usunąć atrybuty z pasujących znaczników, powinniśmy usunąć trzecie odwołanie wstecz z łańcucha docelowego operacji przeszukiwania i zastępowania:

```
<$1strong>
```
Odmiany tekstu docelowego: .NET, Java, JavaScript, Perl, PHP

```
<\1strong>
```
Odmiany tekstu docelowego: Python, Ruby

Patrz także

W recepturze 8.1 pokazano, jak dopasowywać wszystkie znaczniki XML-a, stosując różne kryteria akceptacji nieprawidłowych elementów.

W recepturze 8.3 omówimy rozwiązanie przeciwne do tego, które pokazano w tej recepturze — zajmiemy się problemem dopasowywania wszystkich znaczników spoza określonej listy.

8.3. Usuwanie wszystkich znaczników XML-a z wyjątkiem znaczników <em> i <strong>

Problem

Chcemy usunąć z przetwarzanego łańcucha wszystkie znaczniki oprócz <em> i <strong>.

Drugie rozwiązanie ma na celu usuwanie nie tylko wszystkich znaczników oprócz <em> i <strong>, ale też znaczników <em> i <strong> zawierających określone atrybuty.

Rozwiązanie

Opisany scenariusz wprost idealnie nadaje się do użycia konstrukcji negatywnego wyszukiwania w przód (wyjaśnionej w recepturze 2.15). Negatywne wyszukiwanie w przód pozwoli nam dopasować fragment przypominający znacznik, ale **nie zawiera** określonych wyrazów bezpośrednio po otwierającym znaku < lub sekwencji </. Jeśli zastąpimy wszystkie dopasowania łańcuchem pustym (patrz receptura 3.14), w tak zmienionym łańcuchu pozostaną tylko akceptowane znaczniki.

Pierwsze rozwiązanie: Dopasowywanie wszystkich znaczników poza <em> i <strong>

```
</?(?!(?:em|strong)\b)[a-z](?:[^>"']|"[^"]*"|'[^']*')*>
```
Opcje wyrażeń regularnych: Ignorowanie wielkości liter
Odmiany wyrażeń regularnych: .NET, Java, JavaScript, PCRE, Perl, Python, Ruby

Poniżej pokazano to samo wyrażenie regularne zapisane w trybie swobodnego stosowania znaków białych:

```
< /?                  # Akceptuje znaczniki zamykające.
(?!                   # Negatywne wyszukiwanie w przód.
   (?: em | strong )  #    Lista znaczników, które nie mają być dopasowywane.
   \b                 #    Granica wyrazu eliminująca ryzyko akceptacji częściowych
                      #    dopasowań.
)                     #
```

```
[a-z]                    # Pierwszym znakiem nazwy znacznika musi być litera a - z.
(?: [^>"']               #    Dowolny znak poza >, " i '.
 | "[^"]*"               #    Wartość atrybutu otoczona cudzysłowami.
 | '[^']*'               #    Wartość atrybutu otoczona apostrofami.
)^                       #
>                        #
```

Opcje wyrażeń regularnych: Ignorowanie wielkości liter, swobodne stosowanie znaków białych
Odmiany wyrażeń regularnych: .NET, Java, PCRE, Perl, Python, Ruby

Drugie rozwiązanie: Dopasowywanie wszystkich znaczników poza <em> i <strong> oraz wszystkich znaczników obejmujących atrybuty

Wystarczy prosta zmiana (zastąpienie tokenu `\b` konstrukcją `\s*>`), aby nasze wyrażenie regularne było dopasowywane także do znaczników `<em>` i `<strong>` zawierających atrybuty:

```
</?(?!(?:em|strong)\s*>)[a-z](?:[^>"']|"[^"]*"|'[^']*')*>
```

Opcje wyrażeń regularnych: Ignorowanie wielkości liter
Odmiany wyrażeń regularnych: .NET, Java, JavaScript, PCRE, Perl, Python, Ruby

To samo wyrażenie możemy ponownie zapisać w trybie swobodnego stosowania znaków białych:

```
< /?                     # Akceptuje znaczniki zamykające.
(?!                      # Negatywne wyszukiwanie w przód.
   (?: em | strong )     #    Lista znaczników, które nie mają być dopasowywane.
   \s* >                 #    Unika tylko tych znaczników, które nie zawierają żadnych
                         #    atrybutów.
)                        #
[a-z]                    # Pierwszym znakiem nazwy znacznika musi być litera a - z.
(?: [^>"']               #    Dowolny znak poza >, " i '.
 | "[^"]*"               #    Wartość atrybutu otoczona cudzysłowami.
 | '[^']*'               #    Wartość atrybutu otoczona apostrofami.
)*                       #
>                        #
```

Opcje wyrażeń regularnych: Ignorowanie wielkości liter, swobodne stosowanie znaków białych
Odmiany wyrażeń regularnych: .NET, Java, PCRE, Perl, Python, Ruby

Analiza

Wyrażenia regularne zaproponowane w tej recepturze mają wiele wspólnego z omawianymi wcześniej w tym rozdziale wyrażeniami dopasowanymi do znaczników XML-a. Gdyby nie konstrukcja negatywnego wyszukiwania w przód, która ma zapobiegać dopasowywaniu pewnych znaczników, powyższe wyrażenia byłyby niemal identyczne jak te z podpunktu „Znaczniki (X)HTML-a (rozwiązanie elastyczne)" z receptury 8.1. Inna ważna różnica polega na rezygnacji z przechwytywania nazwy znacznika i przypisywania jej pierwszemu odwołaniu wstecz.

Spróbujmy więc szczegółowo przeanalizować nowe elementy użyte w tej recepturze. Wyrażenie regularne z pierwszego rozwiązania nigdy nie jest dopasowywane do znaczników `<em>` ani `<strong>`, niezależnie od istnienia ewentualnych atrybutów w ramach tych znaczników. To samo wyrażenie jest dopasowywane do wszystkich pozostałych znaczników. Wyrażenie regularne z drugiego rozwiązania pasuje nie tylko do wszystkich znaczników dopasowywanych do wyrażenia z pierwszego rozwiązania, ale też do znaczników `<em>` i `<strong>` zawierających przynajmniej po jednym atrybucie. W tabeli 8.2 pokazano kilka przykładów ilustrujących różnice dzielące oba rozwiązania.

Tabela 8.2. Wybrane przykłady przetwarzanych łańcuchów

Przetwarzany łańcuch	Pierwsze rozwiązanie	Drugie rozwiązanie
`<i>`	Dopasowanie	Dopasowanie
`</i>`	Dopasowanie	Dopasowanie
`<i style="font-size:500%; color:red;">`	Dopasowanie	Dopasowanie
`<em>`	Brak dopasowania	Brak dopasowania
`</em>`	Brak dopasowania	Brak dopasowania
`<em style="font-size:500%; color:red;">`	Brak dopasowania	Dopasowanie

Ponieważ naszym celem jest zastępowanie tekstu dopasowywanego do wyrażeń regularnych łańcuchami pustymi (czyli w praktyce usuwanie tych znaczników), drugie rozwiązanie lepiej radzi sobie z ewentualnymi błędami w formatowaniu i zapisie znaczników `<em>` i `<strong>`.

W tej recepturze celowo unikaliśmy (przynajmniej do tej pory) słowa „biała lista", kiedy pisaliśmy o sposobach dopasowywania zaledwie kilku akceptowanych znaczników — chcieliśmy w ten sposób uniknąć nieuprawnionych skojarzeń z mechanizmami zabezpieczeń. Istnieje wiele sposobów obchodzenia ograniczeń tego wzorca z wykorzystaniem specjalnie skonstruowanych, złośliwych fragmentów kodu HTML-a. Gdybyśmy chcieli zapobiec atakom z użyciem złośliwego kodu HTML-a i atakom XSS (od ang. *cross-site scripting*), powinniśmy konwertować wszystkie znaki `<`, `>` i `&` na odpowiednie odwołania do znaków (`&lt;`, `&gt;` oraz `&amp;`), po czym odtworzyć znaczniki, których bezpieczeństwo nie budzi żadnych wątpliwości (przynajmniej dopóki nie zawierają atrybutów lub obejmują atrybuty z określonej listy akceptowanych konstrukcji). Przykładem niebezpiecznego atrybutu jest `style` — niektóre przeglądarki dopuszczają możliwość osadzania kodu języków skryptowych w arkuszach stylów CSS. Do odtworzenia znaczników po zastąpieniu znaków `<`, `>` i `&` odpowiednimi odwołaniami możemy wykorzystać wyrażenie regularne `<&lt;(/?)em&gt;>` i zastąpić znalezione dopasowania tekstem «`<$1em>`» (w językach Python i Ruby należałoby użyć tekstu docelowego «`<\1em>`»).

Warianty

Biała lista atrybutów

Przyjmijmy, że musimy zaimplementować następujące wymagania: nasze wyrażenie ma pasować do wszystkich znaczników poza `<a>`, `<em>` i `<strong>`, ale z dwoma wyjątkami. Wyrażenie powinno być dopasowywane do znaczników `<a>` z atrybutami innymi niż `href` i `title` oraz do znaczników `<em>` i `<strong>` zawierających jakiekolwiek atrybuty. Wszystkie pasujące fragmenty przetwarzanego łańcucha powinny być usuwane.

Innymi słowy, chcemy usunąć wszystkie znaczniki z wyjątkiem kilku znaczników z naszej białej listy (`<a>`, `<em>` i `<strong>`). Biała lista obejmuje też dwa atrybuty (`href` i `title`), które jednak mogą występować tylko w znacznikach `<a>`. W przypadku występowania innych atrybutów w dowolnym znaczniku cały ten znacznik należy usunąć.

Poniżej pokazano wyrażenie regularne realizujące to zadanie, które zapisano zarówno w sposób tradycyjny, jak i w trybie swobodnego stosowania znaków białych:

```
<(?!(?:em|strong|a(?:\s+(?:href|title)\s*=\s*(?:"[^"]*"|'[^']*'))*)\s*>)[a-z]
↳(?:[^>"']|"[^"]*"|'[^']*')*>
```
Opcje wyrażeń regularnych: Ignorowanie wielkości liter

Odmiany wyrażeń regularnych: .NET, Java, JavaScript, PCRE, Perl, Python, Ruby

```
< /?                     # Akceptuje znaczniki zamykające.
(?!                      # Negatywne wyszukiwanie w przód.
    (?: em      #        Nie pasuje do <em>...
    | strong    #        ani do <strong>...
    | a         #        ani do <a>...
       (?:      #             Unika tylko tych znaczników <a>, które...
       \s+ #                  zawierają atrybuty href i (lub) title.
       (?:href|title)
       \s*=\s*
       (?:"[^"]*"|'[^']*')   # Wartość atrybutu otoczona cudzysłowami lub
                             # apostrofami.
       )*
    )
    \s* >                # Unika dopasowywania tylko tych znaczników, które...
)                        #       zawierają wymienione powyżej atrybuty.
[a-z]                    # Pierwszym znakiem nazwy znacznika musi być litera a - z.
(?: [^>"']               #       Dowolny znak oprócz >, " i '.
  | "[^"]*"              #       Wartość atrybutu otoczona cudzysłowami.
  | '[^']*'              #       Wartość atrybutu otoczona apostrofami.
)*
>
```
Opcje wyrażeń regularnych: Ignorowanie wielkości liter, swobodne stosowanie znaków białych

Odmiany wyrażeń regularnych: .NET, Java, PCRE, Perl, Python, Ruby

Wyrażenie regularne w tej formie zbliża nas do granicy, od której powinniśmy rozważyć, czy stosowanie tak skomplikowanych rozwiązań ma sens. Gdybyśmy chcieli zaimplementować jeszcze bardziej skomplikowane reguły, być może należałoby opracować kod podobny do tego z receptur 3.11 i 3.16, aby określać sposób przetwarzania tekstu na podstawie kolejno dopasowywanych znaczników (w szczególności ich nazw, zawartych w nich atrybutów itp.).

Patrz także

W recepturze 8.1 pokazano, jak dopasowywać wszystkie znaczniki XML-a, stosując różne kryteria akceptacji nieprawidłowych elementów.

W recepturze 8.2 omówiono rozwiązanie przeciwne do tego, które pokazano w tej recepturze — pokazano tam, jak dopasowywać znaczniki z określonej listy.

8.4. Dopasowywanie nazw XML-a

Problem

Chcemy sprawdzić, czy dany łańcuch reprezentuje prawidłową **nazwę** XML-a (typową konstrukcję składniową tego języka). Standard XML definiuje precyzyjne reguły dotyczące znaków, które mogą występować w nazwach stosowanych w tym języku — te same zasady dotyczą nazw elementów, atrybutów, celów instrukcji przetwarzania itp. Pierwszym znakiem każdej nazwy musi być litera, znak podkreślenia i dwukropek; na kolejnych pozycjach mogą występować litery, cyfry, znaki podkreślenia, dwukropki, myślniki i kropki. Stosowana przez nas specyfikacja jest co prawda uproszczona, ale bliska regułom rzeczywiście obowiązującym w tym standardzie. Dokładna lista akceptowanych znaków zależy od stosowanej wersji XML-a.

Alternatywnym zadaniem jest połączenie wzorca pasującego do prawidłowych nazw XML-a z innymi wyrażeniami regularnymi operującymi na danych w tym języku — warto takie rozwiązanie rozważyć, jeśli większa precyzja dopasowań uzasadnia większą złożoność.

Poniżej wymieniono kilka przykładów prawidłowych nazw XML-a:

- `thing`
- `_thing_2_`
- `:`   `-`
- `fantastic4:the.thing`
- `日本の物.`

Warto zwrócić uwagę na możliwość stosowania liter z alfabetów innych niż alfabet łaciński, w tym znaków ideograficznych (jak w ostatnim przykładzie). Podobnie, począwszy od drugiego znaku, można stosować dowolne cyfry standardu Unicode (nie tylko cyfry arabskie z przedziału od 0 do 9).

Dla porównania poniżej wymieniono kilka przykładów nieprawidłowych nazw XML-a, które nie powinny być dopasowywane do naszego wyrażenia regularnego:

- `thing!`
- `thing with spaces`
- `.thing.with.a.dot.in.front`
- `-thingamajig`
- `2nd_thing.`

Rozwiązanie

Tak jak w przypadku identyfikatorów stosowanych w wielu językach programowania, także w przypadku nazw XML-a istnieje pewien zbiór dopuszczalnych znaków oraz podzbiór znaków, które można umieszczać na pierwszej pozycji. Okazuje się, że istnieją poważne różnice dzielące zbiory akceptowanych znaków w standardzie XML 1.0 Fourth Edition (i starszych) oraz w standardach XML 1.1 i 1.0 Fifth Edition. W największym skrócie nazwy XML-a 1.1 mogą zawierać wszystkie znaki dopuszczalne w nazwach standardu XML 1.0 Fourth Edition oraz niemal milion dodatkowych znaków. Okazuje się jednak, że znaczna część tych dodatkowych znaków to tylko pozycje w tablicy znaków standardu Unicode. Większości tych pozycji nie przypisano jeszcze żadnych znaków — ich akceptacja ma na celu wyłącznie zapewnienie zgodności w razie rozszerzenia bazy znaków standardu Unicode w przyszłości.

Dla uproszczenia pierwsze cztery wydania standardu XML 1.0 będziemy określali mianem języka XML 1.0. Materiał odwołujący się do standardu XML 1.1 będzie dotyczył także reguł obowiązujących w standardzie XML 1.0 Fifth Edition. Właśnie to wydanie jako jedyne zyskało miano oficjalnej rekomendacji konsorcjum W3C pod koniec listopada 2008 roku, a więc blisko pięć lat po wprowadzeniu standardu XML 1.1.

Wyrażenia regularne w tej recepturze otoczono kotwicami początku i końca prze-twarzanego łańcucha (stosując konstrukcje <^...$> lub <\A...\Z>), aby wymusić dopasowywanie tego łańcucha albo w całości, albo wcale. Gdybyśmy chcieli umie-ścić te wzorce w dłuższych wyrażeniach regularnych dopasowywanych na przykład do elementów XML-a, koniecznie powinniśmy usunąć wspomniane kotwice z po-czątku i końca tych wzorców. Znaczenie kotwic wyjaśniono w recepturze 2.6.

Nazwy XML-a 1.0 (rozwiązanie przybliżone)

```
\A[:_\p{Ll}\p{Lu}\p{Lt}\p{Lo}\p{Nl}][:_\-.\p{L}\p{M}\p{Nd}\p{Nl}]*\Z
```
Opcje wyrażeń regularnych: Brak
Odmiany wyrażeń regularnych: .NET, Java, PCRE, Perl, Ruby 1.9

Warunkiem korzystania z właściwości standardu Unicode (<\p{...}>) jest skompilowanie biblioteki PCRE z obsługą UTF-8. W języku PHP obsługę schematu kodowania UTF-8 należy włączyć za pomocą modyfikatora /u.

Właściwości standardu Unicode nie są obsługiwane w językach JavaScript, Python ani Ruby 1.8. Ponieważ wyrażenie regularne proponowane w następnym podpunkcie (pasujące do nazw XML-a 1.1) nie korzysta z właściwości standardu Unicode, może stanowić cenną alternatywę z perspektywy programistów pracujących w wymienionych językach. W punkcie „Analiza” w dalszej części tej receptury wyjaśnimy, dlaczego warto rozważyć użycie tego rozwiązania nawet wtedy, gdy korzystamy z odmiany obsługującej właściwości standardu Unicode.

Nazwy XML-a 1.1 (rozwiązanie ścisłe)

Poniżej zaproponowano trzy wersje tego samego wyrażenia regularnego uwzględniające różnice dzielące poszczególne odmiany wyrażeń. Różnica pomiędzy dwoma pierwszymi wyrażeniami sprowadza się do kotwic stosowanych na początku i końcu obu wzorców. W trzeciej wersji zastąpiono token <\u> konstrukcją <\x{...}>, aby dopasowywać punkty kodowe standardu Unicode większe niż FF (dziesiętnie 255).

```
\A[:_A-Za-z\xC0-\xD6\xD8-\xF6\xF8-\u02FF\u0370-\u037D\u037F-\u1FFF\u200C\u200D\
↪u2070-\u218F\u2C00-\u2FEF\u3001-\uD7FF\uF900-\uFDCF\uFDF0-\uFFFD][:_\-.A-Za-z0-9\
↪xB7\xC0-\xD6\xD8-\xF6\xF8-\u036F\u0370-\u037D\u037F-\u1FFF\u200C\u200D\u203F\u2040\
↪u2070-\u218F\u2C00-\u2FEF\u3001-\uD7FF\uF900-\uFDCF\uFDF0-\uFFFD]*\Z
```
Opcje wyrażeń regularnych: Brak
Odmiany wyrażeń regularnych: .NET, Java, Python, Ruby 1.9

```
^[:_A-Za-z\xC0-\xD6\xD8-\xF6\xF8-\u02FF\u0370-\u037D\u037F-\u1FFF\u200C\u200D\
↪u2070-\u218F\u2C00-\u2FEF\u3001-\uD7FF\uF900-\uFDCF\uFDF0-\uFFFD][:_\-.A-Za-z0-9\
↪xB7\xC0-\xD6\xD8-\xF6\xF8-\u036F\u0370-\u037D\u037F-\u1FFF\u200C\u200D\u203F\u2040\
↪u2070-\u218F\u2C00-\u2FEF\u3001-\uD7FF\uF900-\uFDCF\uFDF0-\uFFFD]*$
```
Opcje wyrażeń regularnych: Brak (tryb dopasowywania symboli ^ i $ do znaków podziału wiersza nie może być włączony)
Odmiany wyrażeń regularnych: .NET, Java, JavaScript, Python

```
\A[:_A-Za-z\xC0-\xD6\xD8-\xF6\xF8-\x{2FF}\x{370}-\x{37D}\x{37F}-\x{1FFF}\x{200C}\
↪x{200D}\x{2070}-\x{218F}\x{2C00}-\x{2FEF}\x{3001}-\x{D7FF}\x{F900}-\x{FDCF}\
↪x{FDF0}-\x{FFFD}][:_\-.A-Za-z0-9\xB7\xC0-\xD6\xD8-\xF6\xF8-\x{36F}\x{370}-\
↪x{37D}\x{37F}-\x{1FFF}\x{200C}\x{200D}\x{203F}\x{2040}\x{2070}-\x{218F}\x{2C00}-\
↪x{2FEF}\x{3001}-\x{D7FF}\x{F900}-\x{FDCF}\x{FDF0}-\x{FFFD}]*\Z
```
Opcje wyrażeń regularnych: Brak
Odmiany wyrażeń regularnych: PCRE, Perl

Warunkiem stosowania metasekwencji <\x{...}> z wartościami szesnastkowymi większymi niż FF jest kompilacja biblioteki PCRE z obsługą schematu kodowania UTF-8. W języku PHP należy włączyć obsługę tego schematu za pomocą modyfikatora /u.

Język Ruby 1.8 w ogóle nie obsługuje wyrażeń regularnych dopasowywanych do znaków Unicode (w punkcie „Warianty" w dalszej części tej receptury zaproponujemy alternatywne rozwiązania właśnie dla języka Ruby 1.8, które jednak będą cechowały się mniejszą precyzją dopasowań).

Mimo że w tytule tego podpunktu zasugerowaliśmy, że proponowane wyrażenia regularne ściśle implementują reguły stosowane dla nazw XML-a 1.1, w rzeczywistości zakres akceptowanych znaków jest ograniczany do pozycji 16-bitowych (czyli z przedziału od 0x0 do 0xFFFF). Standard XML 1.1 dopuszcza możliwość stosowania 917 503 dodatkowych punktów kodowych spomiędzy pozycji 0x10000 i 0xEFFFF w roli drugiego i kolejnych znaków nazw. Okazuje się jednak, że tylko biblioteka PCRE oraz języki Perl i Python oferują możliwość odwoływania się do punktów kodowych zza pozycji 0xFFFF. Co więcej, znalezienie podobnych odwołań w rzeczywistych rozwiązaniach jest o tyle mało prawdopodobne, że większości pozycji z tego przedziału nie przypisano jeszcze żadnych znaków. Gdybyśmy jednak chcieli zaimplementować obsługę tych dodatkowych punktów kodowych, w bibliotece PCRE i języku Perl powinniśmy umieścić na końcu drugiej klasy znaków konstrukcję <\x{10000}-\x{EFFFF}>, a w Pythonie należałoby dodać konstrukcję <\U00010000-\U000EFFFF> (warto zwrócić uwagę na wielką literę U, po której musi następować osiem cyfr szesnastkowych). Nawet bez dodawania tego rozbudowanego zbioru lista znaków akceptowanych w nazwach XML-a 1.1 jest dłuższa od tej obowiązującej w XML-u 1.0.

Analiza

Ponieważ wiele spośród wyrażeń regularnych proponowanych w tym rozdziale stworzono z myślą o dopasowywaniu elementów XML-a, w tej recepturze skoncentrujemy się na szczegółowym omówieniu wzorców dokładnie opisujących sposób dopasowywania nazw znaczników i atrybutów. We wcześniejszych wyrażeniach posługiwaliśmy się nieporównanie mniej precyzyjnymi wzorcami, które gwarantowały większą czytelność i efektywność.

Przyjrzyjmy się nieco bliżej regułom implementowanym przez te wzorce.

Nazwy XML-a 1.0

Specyfikacja standardu XML 1.0 stosuje model białej listy dla reguł rządzących nazwami i wprost wskazuje wszystkie dopuszczalne znaki. Pierwszym znakiem nazwy może być dwukropek (:), znak podkreślenia (_) lub niemal dowolny znak z następujących kategorii standardu Unicode:

- małe litery (Ll);
- wielkie litery (Lu);
- litery tytułowe (Lt);
- litery bez wielkości (Lo);
- litery liczb (Nl).

Na kolejnych pozycjach mogą dodatkowo (oprócz wymienionych powyżej znaków) występować myślniki (-), kropki (.) i dowolne znaki z następujących kategorii:

- znaki łączące (M), w tym podkategorie znaków łączących nierozdzielających (Mn), znaków łączących rozdzielających (Mc) i znaków zawierających (Me);

- litery zmodyfikowane (Lm);

- cyfry dziesiętne (Nd).

Właśnie na podstawie tych reguł skonstruowano wyrażenie regularne zaproponowane w punkcie „Rozwiązanie" dla tej receptury. Poniżej pokazano to samo wyrażenie zapisane w trybie swobodnego stosowania znaków białych:

```
\A                              # Początek łańcucha.
[:_\p{Ll}\p{Lu}\p{Lt}\p{Lo}\p{Nl}]    # Początkowy znak nazwy.
[:_\-.\p{L}\p{M}\p{Nd}\p{Nl}]*        # Kolejne znaki nazwy (zero, jeden lub wiele).
\Z                              # Koniec łańcucha.
```
Opcje wyrażeń regularnych: Swobodne stosowanie znaków białych
Odmiany wyrażeń regularnych: .NET, Java, PCRE, Perl, Ruby 1.9

Także w tym przypadku należy skompilować bibliotekę PCRE z obsługą schematu kodowania UTF-8. W języku PHP powinniśmy włączyć obsługę tego schematu za pomocą modyfikatora /u.

Łatwo zauważyć, że w drugiej klasie znaków połączono wszystkie podkategorie liter (Ll, Lu, Lt, Lo oraz Lm), stosując odpowiednią kategorię bazową: <\p{L}>.

Jak już wspomniano, posługujemy się tylko przybliżonymi regułami. Zdecydowaliśmy się na takie rozwiązanie z kilku powodów. Po pierwsze specyfikacja standardu XML 1.0 (pamiętajmy, że nie mówimy o piątym i nowszych wydaniach) definiuje wiele wyjątków od tych reguł. Po drugie listy znaków wskazywanych przez ten standard opracowano na podstawie standardu Unicode 2.0 wydanego w roku 1996. W późniejszych wersjach standardu Unicode dodawano obsługę rozmaitych nowych alfabetów, których znaki były odrzucane przez reguły XML-a 1.0. Z drugiej strony tworzenie wyrażeń regularnych operujących na innej wersji standardu Unicode od tej, która jest stosowana przez dany moduł wyrażeń regularnych (tylko w ten sposób można ograniczyć dopasowania do znaków standardu Unicode 2.0), spowodowałoby, że nasze wyrażenia urosłyby do monstrualnych rozmiarów — musiałyby wówczas wprost wskazywać setki przedziałów punktów kodowych. Gdybyś rzeczywiście chciał opracować tak rozbudowane wyrażenie, powinieneś skorzystać z materiałów zawartych w podrozdziale 2.3 zatytułowanym „Common Syntactic Constructs" oraz dodatku B zatytułowanym „Character Classes" dokumentu *XML 1.0, Fourth Edition* (dostępnego na stronie *http://www.w3.org/TR/2006/REC-xml-20060816*).

Poniżej opisano wybrane techniki upraszczania i skracania tego wyrażenia regularnego z wykorzystaniem konstrukcji oferowanych przez poszczególne odmiany.

Perl i PCRE umożliwiają nam łączenie podkategorii małych liter (Ll), wielkich liter (Lu) i liter tytułowych (Lt) w ramach jednej kategorii specjalnej liter określonej wielkości (L&). Obie odmiany wyrażeń regularnych dodatkowo umożliwiają nam zapisywanie sekwencji ucieczki <\p{...}> bez nawiasów klamrowych, jeśli w ramach tych sekwencji wskazujemy jednoliterowe kategorie standardu Unicode. Skorzystaliśmy z tej możliwości w poniższym wyrażeniu regularnym, zastępując konstrukcję <\p{L}\p{M}> zapisem <\pL\pM>:

```
\A[:_\p{L&}\p{Lo}\p{Nl}][:_\-.\pL\pM\p{Nd}\p{Nl}]*\Z
```
Opcje wyrażeń regularnych: Brak
Odmiany wyrażeń regularnych: PCRE, Perl

Framework .NET oferuje możliwość odejmowania (wyznaczania różnicy) klas znaków — w poniższym wyrażeniu wykorzystaliśmy ten mechanizm do odjęcia podkategorii Lm od kategorii L, zamiast sporządzać listę wszystkich pozostałych podkategorii liter:

```
\A[:_\p{L}\p{Nl}-[\p{Lm}]][:_\-.\p{L}\p{M}\p{Nd}\p{Nl}]*\Z
```
Opcje wyrażeń regularnych: Brak
Odmiana wyrażeń regularnych: .NET

Podobnie jak PCRE i Perl, język Java dopuszcza możliwość pomijania nawiasów klamrowych wokół jednoliterowych kategorii standardu Unicode. W poniższym wyrażeniu regularnym dodatkowo skorzystano z oferowanej przez Javę możliwości odejmowania klas znaków (tyle że implementowanej w formie części wspólnej z zanegowaną klasą znaków) — ponownie odejmujemy podkategorię Lm od kategorii L:

```
\A[:_\pL\p{Nl}&&[^\p{Lm}]][:_\-.\pL\pM\p{Nd}\p{Nl}]*\Z
```
Opcje wyrażeń regularnych: Brak
Odmiana wyrażeń regularnych: Java

Języki JavaScript, Python i Ruby 1.8 w ogóle nie obsługują kategorii standardu Unicode. Ruby 1.9 nie oferuje opisanych powyżej udogodnień, ale obsługuje bardziej przenośną wersję wyrażeń regularnych zaproponowanych w punkcie „Rozwiązanie".

Nazwy XML-a 1.1

Twórcy standardu XML 1.0 popełnili błąd, wiążąc swoje dzieło ze standardem Unicode 2.0. W późniejszych wersjach standardu Unicode dodano obsługę wielu nowych znaków, w tym znaków należących do alfabetów, których wcześniej w ogóle nie brano pod uwagę (jak czirokeski, etiopski czy mongolski). Ponieważ język XML w założeniu miał być formatem możliwie uniwersalnym, próbowano rozwiązać ten problem w standardach XML 1.0 Fifth Edition i XML 1.1. W nowszych wersjach zrezygnowano z modelu białej listy na rzecz czarnej listy, czyli wykazu znaków, które nie mogą być stosowane w nazwach XML-a. W ten sposób przystosowano ten standard nie tylko do znaków wprowadzonych do zbioru Unicode od czasów wydania standardu 2.0, ale też do znaków, które będą wprowadzane do tego zbioru w przyszłości.

Nowa strategia dopuszczająca wszystko, co nie zostało wprost zakazane, nie tylko podnosi zgodność standardu XML z przyszłymi wydaniami standardu Unicode, ale też ułatwia i skraca precyzyjne wyrażanie odpowiednich reguł. Właśnie dlatego wyrażenia regularne opracowane dla standardu XML 1.1 określono jako ścisłe, a wyrażenia dla standardu XML 1.0 określiliśmy mianem przybliżonych.

Warianty

W niektórych recepturach z tego rozdziału (na przykład w recepturze 8.1) fragmenty wzorców dopasowywane do nazw XML-a albo w żaden sposób nie ograniczały, albo po prostu odrzucały pewne znaki lub nawet całe alfabety, których stosowanie w tych nazwach jest w pełni prawidłowe. Decydowaliśmy się na takie rozwiązania przede wszystkim po to, aby zachować prostotę proponowanych wyrażeń. Gdybyśmy jednak chcieli dopuścić możliwość stosowania alfabetów innych niż łaciński i jednocześnie zachować pewne ograniczenia (ale nie wprowadzać żadnych dodatkowych mechanizmów weryfikacji), powinniśmy rozważyć użycie poniższych wyrażeń.

Zrezygnowaliśmy z kotwic początku i końca łańcucha, ponieważ proponowane poniżej wyrażenia nie powinny być stosowane jako odrębne wzorce, tylko w ramach dłuższych wzorców.

Poniższe wyrażenie regularne eliminuje możliwość dopasowywania znaków, które w znacznikach języka XML pełnią funkcje separatorów. Wykluczamy też możliwość występowania cyfr na pozycji pierwszego znaku:

```
[^\d\s"'/<=>][^\s"'/<=>]*
```
Opcje wyrażeń regularnych: Brak
Odmiany wyrażeń regularnych: .NET, Java, JavaScript, PCRE, Perl, Python, Ruby

Poniżej pokazano inne, jeszcze krótsze wyrażenie regularne realizujące te same zadania. Zamiast dwóch odrębnych klas znaków tym razem użyliśmy konstrukcji negatywnego wyszukiwania w przód do wyeliminowania nazw rozpoczynających się od cyfr. Wspomniane ograniczenie dotyczy tylko pierwszego dopasowanego znaku, mimo że kwantyfikator <+> użyty za całą klasą znaków umożliwia dopasowanie tego wyrażenia do nieograniczonej liczby znaków:

```
(?!\d)[^\s"'/<=>]+
```
Opcje wyrażeń regularnych: Brak
Odmiany wyrażeń regularnych: .NET, Java, JavaScript, PCRE, Perl, Python, Ruby

Patrz także

John Cowan, jeden z twórców specyfikacji XML 1.1, wyjaśnia, których znaków nie można stosować w nazwach tego języka, i tłumaczy przyczyny tych ograniczeń we wpisie na blogu pod adresem *http://recycledknowledge.blogspot.com/2008/02/which-characters-are-excluded-in-xml.html*.

W dokumencie „Background to Changes in XML 1.0, 5th Edition" pod adresem *http://www.w3. org/XML/2008/02/xml10_5th_edition_background.html* można znaleźć uzasadnienie przenoszenia reguł nazewnictwa XML-a 1.1 do standardu XML 1.0 Fifth Edition.

8.5. Konwersja zwykłego tekstu na kod HTML-a poprzez dodanie znaczników \<p> i \

Problem

Dysponujemy łańcuchem zawierającym zwykły tekst, na przykład wartość wielowierszową przesłaną za pośrednictwem formularza, i chcemy przekonwertować ten tekst na fragment kodu HTML, który będzie następnie wyświetlany na stronie internetowej. Akapity oddzielone od innych akapitów znakami podziału wiersza należy otoczyć znacznikami \<p>...\</p>. Ewentualne dodatkowe znaki podziału wiersza należy zastąpić znacznikami \
.

Rozwiązanie

Problem ten można rozwiązać, wykonując cztery proste kroki. W większości języków programowania tylko dwa środkowe kroki (drugi i trzeci) wymagają użycia wyrażeń regularnych.

Krok 1.: Zastąpienie znaków specjalnych HTML-a odpowiednimi odwołaniami do znaków

Ponieważ konwertujemy zwykły tekst na kod języka HTML, w pierwszym kroku powinniśmy zastąpić trzy znaki specjalne HTML-a (&, < i >) odpowiednimi odwołaniami do znaków (patrz tabela 8.3). W przeciwnym razie kod wynikowy mógłby być nieprawidłowo wyświetlany w przeglądarkach internetowych.

Tabela 8.3. Zastępowanie znaków specjalnych HTML-a

Szukamy	Zastępujemy
<&>	«&»
<<>	«<»
<>>	«>»

W pierwszej kolejności należy zastąpić znaki &, ponieważ podczas zastępowania pozostałych znaków specjalnych będziemy umieszczać w przetwarzanym kodzie dodatkowe znaki &.

Krok 2.: Zastąpienie wszystkich znaków podziału wiersza znacznikami

Szukamy dopasowań:

```
\r\n?|\n
```
Opcje wyrażeń regularnych: Brak
Odmiany wyrażeń regularnych: .NET, Java, JavaScript, PCRE, Perl, Python, Ruby

```
\R
```
Opcje wyrażeń regularnych: Brak
Odmiany wyrażeń regularnych: PCRE 7, Perl 5.10

Zastępujemy je tekstem:

```
<br>
```
Odmiany tekstu docelowego: .NET, Java, JavaScript, Perl, PHP, Python, Ruby

Krok 3.: Zastąpienie wszystkich dwóch znaczników <br> obok siebie parą znaczników </p>...<p>

Szukamy dopasowań:

```
<br>\s*<br>
```
Opcje wyrażeń regularnych: Brak
Odmiany wyrażeń regularnych: .NET, Java, JavaScript, PCRE, Perl, Python, Ruby

Zastępujemy je tekstem:

```
</p><p>
```
Odmiany tekstu docelowego: .NET, Java, JavaScript, Perl, PHP, Python, Ruby

Krok 4.: Otoczenie całego łańcucha parą znaczników <p>...</p>

Ten krok sprowadza się do konkatenacji łańcuchów, zatem nie wymaga stosowania wyrażeń regularnych.

Przykład rozwiązania zaimplementowanego w JavaScripcie

Wszystkie cztery kroki zaimplementowaliśmy w jednej funkcji JavaScriptu nazwanej `html_`
`↪from_plaintext`. Funkcja `html_from_plaintext` otrzymuje na wejściu łańcuch, przetwarza go
w czterech opisanych powyżej krokach, po czym zwraca zmieniony łańcuch w formacie HTML:

```
function html_from_plaintext (subject) {
    // Krok 1. (przeszukiwanie zwykłego tekstu):
    subject = subject.replace(/&/g, "&amp;").
                      replace(/</g, "&lt;").
                      replace(/>/g, "&gt;");

    // Krok 2.:
    subject = subject.replace(/\r\n?|\n/g, "<br>");

    // Krok 3.:
    subject = subject.replace(/<br>\s*<br>/g, "</p><p>");

    // Krok 4.:
    subject = "<p>" + subject + "</p>";

    return subject;
}

/*
html_from_plaintext("Test.")           -> "<p>Test.</p>"
html_from_plaintext("Test.\n")         -> "<p>Test.<br></p>"
html_from_plaintext("Test.\n\n")       -> "<p>Test.</p><p></p>"
html_from_plaintext("Test1.\nTest2.")  -> "<p>Test1.<br>Test2.</p>"
html_from_plaintext("Test1.\n\nTest2.") -> "<p>Test1.</p><p>Test2.</p>"
html_from_plaintext("< AT&T >")        -> "<p>&lt; AT&amp;T &gt;</p>"
*/
```

Na końcu tego fragmentu kodu umieściliśmy kilka przykładów ilustrujących łańcuchy zwracane
przez funkcję `html_from_plaintext` dla rozmaitych łańcuchów wejściowych. Jeśli nie masz
doświadczenia w pracy z kodem JavaScriptu, powinieneś zwrócić uwagę na modyfikator `/g`
dołączony do wszystkich stałych wyrażeń regularnych i wymuszający na metodzie `replace`
zastąpienie wszystkich wystąpień danego wzorca, nie tylko pierwszego wystąpienia. Metasekwencja `\n` w przykładowych łańcuchach do przetworzenia służy do wstawiania znaku nowego
wiersza (reprezentowany w tablicy ASCII na pozycji `0x0A`) w stałych łańcuchowych JavaScriptu.

Analiza

Krok 1.: Zastąpienie znaków specjalnych HTML-a odpowiednimi odwołaniami do znaków

Najprostszym sposobem realizacji tego kroku jest użycie trzech odrębnych operacji wyszukiwania i zastępowania (listę zastępowanych symboli i wstawianych w ich miejsce sekwencji
pokazano w tabeli 8.3). JavaScript zawsze wykorzystuje wyrażenia regularne w globalnych
operacjach wyszukiwania i zastępowania; w innych językach programowania zwykle bardziej
efektywnym rozwiązaniem jest użycie prostych operacji zastępowania na zwykłym tekście.

Krok 2.: Zastąpienie wszystkich znaków podziału wiersza znacznikami

W tym kroku wykorzystujemy wyrażenie regularne `<\r\n?|\n>` do odnalezienia znaków
podziału wiersza zgodnych z konwencją obowiązującą w systemach Windows/MS-DOS (CRLF),
UNIX/Linux/OS X (LF) oraz Mac OS (CR). Użytkownicy języka Perl 5.10 i biblioteki PCRE 7

mogą użyć specjalnego tokenu `<\R>` (warto zwrócić uwagę na wielką literę R), zamiast dopasowywać te i inne sekwencje podziału wiersza.

Zastąpienie wszystkich znaków podziału wiersza znacznikiem `<br>` przed dodaniem właściwych znaczników akapitów (w następnym kroku) znacznie upraszcza nasze zadanie, ponieważ stwarza możliwość dodania znaku białego pomiędzy znacznikami `</p><p>`. W ten sposób możemy poprawić czytelność generowanego kodu HTML-a.

Jeśli wolisz stosować znaczniki samozamykające znane z XHTML-a, w roli łańcucha docelowego powinieneś użyć konstrukcji «`<br />`» (zamiast «`<br>`»). Wspomniana zmiana będzie wymagała także odpowiedniego dostosowania wyrażenia regularnego z kroku 3.

Krok 3.: Zastąpienie wszystkich dwóch znaczników `<br>` obok siebie parą znaczników `</p>`...`<p>`

Dwa znaczniki podziału wiersza obok siebie wyznaczają koniec jednego i początek innego akapitu, zatem tekst docelowy operacji wyszukiwania i zastępowania stosowanej w tym kroku zawiera sekwencję znaczników `</p>` i `<p>`. Jeśli przetwarzany tekst zawiera tylko jeden akapit (w takim przypadku dwa znaki podziału wiersza nigdy nie występują obok siebie), nie zostanie wprowadzona żadna zmiana. Ponieważ już w kroku 2. zastąpiliśmy różne sekwencje podziału wiersza znacznikami `<br>`, w tym kroku możemy zastosować standardową operację zastępowania (na zwykłym tekście). Z drugiej strony wyrażenie regularne umożliwia nam dodatkowe ignorowanie ewentualnych znaków białych pomiędzy znakami podziału wiersza. Dodatkowe spacje w ramach dokumentu HTML-a i tak nie zostałyby wyświetlone w przeglądarce.

Jeśli generujesz kod XHTML-a i — tym samym — zastąpiłeś znaki podziału wiersza znacznikami «`<br />`» (zamiast «`<br>`»), powinieneś w roli wyrażenia regularnego w tym kroku użyć wzorca `<<br />\s*<br />>`.

Krok 4.: Otoczenie całego łańcucha parą znaczników `<p>`...`</p>`

W kroku 3. ograniczyliśmy się do dodania niezbędnych znaczników pomiędzy akapitami. Musimy jeszcze dodać znacznik `<p>` na samym początku przetwarzanego łańcucha oraz zamykający `</p>` na jego końcu. Ten krok kończy opisany proces niezależnie od tego, czy przetwarzany tekst zawiera jeden, czy sto akapitów.

Patrz także

W recepturze 4.10 można znaleźć szczegółowe informacje o tokenie `<\R>` dostępnym w języku Perl i bibliotece PCRE. W tej samej recepturze opisano też, jak ręcznie dopasowywać dodatkowe, rzadsze separatory wierszy reprezentowane przez token `<\R>`.

8.6. Odnajdywanie konkretnych atrybutów w znacznikach XML-a

Problem

Chcemy odnaleźć w pliku w formacie (X)HTML lub XML znaczniki zawierające określony atrybut, na przykład id.

W tej recepturze omówimy wiele odmian tego samego problemu. Przypuśćmy, że chcemy dopasowywać wszystkie wymienione poniżej rodzaje łańcuchów, korzystając z odrębnych wyrażeń regularnych:

- Znaczniki zawierające atrybut id.
- Znaczniki <div> zawierające atrybut id.
- Znaczniki zawierające atrybut id z wartością my-id.
- Znaczniki z wartością my-class przypisaną atrybutowi class (klasy są oddzielone znakami białymi).

Rozwiązanie

Znaczniki zawierające atrybut id (rozwiązanie uproszczone)

Gdybyśmy chcieli możliwie szybko przeszukać dane w edytorze tekstu z funkcją podglądu wyników, moglibyśmy skorzystać z poniższego (mocno uproszczonego) wyrażenia regularnego:

```
<[^>]+\sid\b[^>]*>
```
Opcje wyrażeń regularnych: Ignorowanie wielkości liter
Odmiany wyrażeń regularnych: .NET, Java, JavaScript, PCRE, Perl, Python, Ruby

Poniżej pokazano to samo wyrażenie regularne zapisane w trybie swobodnego stosowania znaków białych:

```
<          # Początek znacznika.
[^>]+      # Nazwa znacznika, atrybuty itp.
\s id \b   # Nazwa atrybutu w formie odrębnego (całego) wyrazu.
[^>]*      # Pozostała część znacznika, w tym wartość atrybutu id.
>          # Koniec znacznika.
```
Opcje wyrażeń regularnych: Ignorowanie wielkości liter, swobodne stosowanie znaków białych
Odmiany wyrażeń regularnych: .NET, Java, PCRE, Perl, Python, Ruby

Znaczniki zawierające atrybut id (bardziej niezawodne rozwiązanie)

W przeciwieństwie do zaproponowanego powyżej wyrażenia regularnego poniższe wyrażenie rozwiązuje ten sam problem z uwzględnieniem możliwości występowania znaków > w wartościach atrybutów otoczonych cudzysłowami. Wyrażenie w tej formie nie dopasowuje też znaczników zawierających słowo id w wartościach atrybutów:

```
<(?:[^>"']|"[^"]*"|'[^']*')+?\sid\s*=\s*("[^"]*"|'[^']*')(?:[^>"']|"[^"]*"|'[^']*')*>
```
Opcje wyrażeń regularnych: Ignorowanie wielkości liter
Odmiany wyrażeń regularnych: .NET, Java, JavaScript, PCRE, Perl, Python, Ruby

Poniżej pokazano to samo wyrażenie regularne zapisane w trybie swobodnego stosowania znaków białych:

```
<                            #
(?: [^>"']                    # Znacznik, nazwy atrybutów itp.
 | "[^"]*"                    #     ...i wartości atrybutów otoczone cudzysłowami.
 | '[^']*'                    #
)+?                           #
s id                         # Nazwa atrybutu w formie odrębnego (całego) wyrazu.
\s* = \s*                     # Separator nazwy-wartości atrybutu.
( "[^"]*" | '[^']*' )         # Przechwytuje wartość atrybutu (pierwsze odwołanie wstecz).
(?: [^>"']                    # Dowolne pozostałe znaki.
 | "[^"]*"                    #     ...i wartości atrybutów otoczone cudzysłowami.
 | '[^']*'                    #
)*                           #
>                            #
```
Opcje wyrażeń regularnych: Ignorowanie wielkości liter, swobodne stosowanie znaków białych
Odmiany wyrażeń regularnych: .NET, Java, PCRE, Perl, Python, Ruby

To wyrażenie regularne przechwytuje pierwsze odwołanie wstecz i przypisuje mu zarówno wartość atrybutu id, jak i otaczające ją cudzysłowy. Takie rozwiązanie umożliwia nam wykorzystanie tej wartości w kodzie proceduralnym lub w łańcuchu docelowym operacji przeszukiwania i zastępowania. Jeśli nie musimy ponownie wykorzystywać dopasowanej wartości atrybutu, możemy zastosować grupę nieprzechwytującą lub zastąpić całą sekwencję <\s*=\s*("[^"]*"
↳|'[^']*')> tokenem <\b>. Pozostała część tego wyrażenia regularnego odpowiada już tylko za dopasowanie wartości atrybutu id.

Znaczniki <div> zawierające atrybut id

Odnajdywanie określonego znacznika wymaga umieszczenia jego nazwy na początku naszego wyrażenia regularnego i wprowadzenia kilku dodatkowych modyfikacji w tym wyrażeniu. W poniższym przykładzie dodano sekwencje <div\s> za otwierającym nawiasem ostrym <<>. Token <\s> (pasujący do znaków białych) gwarantuje nam, że nie będą dopasowywane znaczniki, których nazwy tylko zaczynają się od trzech liter div. Możemy być pewni, że po nazwie znacznika występuje znak biały, ponieważ interesujące nas znaczniki muszą zawierać przynajmniej po jednym atrybucie (konkretnie id). Zastąpiliśmy też sekwencję <+?\sid> konstrukcją <<*?\bid>, aby nasze wyrażenie było prawidłowo dopasowywane do znaczników, w ramach których id jest pierwszym atrybutem i w których po nazwie nie występują żadne dodatkowe separatory (poza początkową spacją):

```
<div\s(?:[^>"']|"[^"]*"|'[^']*')*?\bid\s*=\s*("[^"]*"|'[^']*')(?:[^>"']|"[^"]*"|
↳'[^']*')*>
```
Opcje wyrażeń regularnych: Ignorowanie wielkości liter
Odmiany wyrażeń regularnych: .NET, Java, JavaScript, PCRE, Perl, Python, Ruby

Poniżej pokazano to samo wyrażenie regularne zapisane w trybie swobodnego stosowania znaków białych:

```
<div \s                      # Nazwa znacznika i następujący po niej znak biały.
(?: [^>"']                    # Znacznik, nazwy atrybutów itp.
 | "[^"]*"                    #     ...i wartości atrybutów otoczone cudzysłowami.
 | '[^']*'                    #
```

```
)*?                        #
\b id                      # Nazwa atrybutu w formie odrębnego (całego) wyrazu.
\s* = \s*                  # Separator nazwy-wartości atrybutu.
( "[^"]*" | '[^']*' )      # Przechwytuje wartość atrybutu (pierwsze odwołanie wstecz).
(?: [^>"']                 # Dowolne pozostałe znaki.
  | "[^"]*"                #    ...i wartości atrybutów otoczone cudzysłowami.
  | '[^']*'                #
)*                         #
>                          #
```

Opcje wyrażeń regularnych: Ignorowanie wielkości liter, swobodne stosowanie znaków białych

Odmiany wyrażeń regularnych: .NET, Java, PCRE, Perl, Python, Ruby

Znaczniki zawierające atrybut id z wartością "my-id"

W porównaniu z wyrażeniem regularnym zaproponowanym w podpunkcie „Znaczniki zawierające atrybut id (bardziej niezawodne rozwiązanie)" z poniższego wyrażenia usunięto grupę przechwytującą wokół wartości atrybutu id, ponieważ tym razem jego wartość jest znana z góry. W szczególności podwzorzec <("[^"]*"|'[^']*')> zastąpiono podwzorcem <(?:"my-id"| ↪ 'my-id')>:

```
<(?:[^>"']|"[^"]*"|'[^']*')+?\sid\s*=\s*(?:"my-id"|'my-id')(?:[^>"']|"[^"]*"|'[^']*')*>
```

Opcje wyrażeń regularnych: Ignorowanie wielkości liter

Odmiany wyrażeń regularnych: .NET, Java, JavaScript, PCRE, Perl, Python, Ruby

Poniżej pokazano to samo wyrażenie regularne zapisane w trybie swobodnego stosowania znaków białych:

```
<                          #
(?: [^>"']                 # Znacznik, nazwy atrybutów itp.
  | "[^"]*"                #    ...i wartości atrybutów otoczone cudzysłowami.
  | '[^']*'                #
)+?                        #
\s id                      # Nazwa atrybutu w formie odrębnego (całego) wyrazu.
\s* = \s*                  # Separator nazwy-wartości atrybutu.
(?:"my-id"                 # Wartość atrybutu id.
  | 'my-id' )              #    ...otoczona apostrofami lub cudzysłowami.
(?: [^>"']                 # Dowolne pozostałe znaki.
  | "[^"]*"                #    ...i wartości atrybutów otoczone cudzysłowami.
  | '[^']*'                #
)*                         #
>                          #
```

Opcje wyrażeń regularnych: Ignorowanie wielkości liter, swobodne stosowanie znaków białych

Odmiany wyrażeń regularnych: .NET, Java, PCRE, Perl, Python, Ruby

Wróćmy na chwilę do podwzorca <(?:"my-id"|'my-id')>. Okazuje się, że można by uniknąć powtarzania wartości my-id (kosztem nieznacznego spadku efektywności), stosując konstrukcję <(["'])my-id \1>. W konstrukcji tej wykorzystano grupę przechwytującą i odwołanie wstecz, aby zagwarantować, że wartość rozpoczyna się i kończy tym samym znakiem (apostrofem bądź cudzysłowem).

Znaczniki zawierające wartość "my-class" przypisaną atrybutowi class

Jeśli przyjmiemy, że prezentowane do tej pory wyrażenia regularne były nieskomplikowane, w poniższym rozwiązaniu dochodzimy do granicy tego, co można osiągnąć za pomocą pojedynczego wyrażenia regularnego. Z drugiej strony podzielenie tego procesu na wiele wyrażeń regularnych znacznie poprawia czytelność tego rozwiązania, stąd decyzja o zastosowaniu trzech odrębnych wyrażeń. Pierwsze wyrażenie regularne będzie dopasowywane do znaczników; drugie wyrażenie będzie odnajdywało atrybuty `class` w ramach tych znaczników (i przechwytywało wartości tych atrybutów); trzecie wyrażenie będzie poszukiwało wartości równych `my-class`.

Odnajdywanie znaczników:

```
<(?:[^>"']|"[^"]*"|'[^']*')+>
```
Opcje wyrażeń regularnych: Brak
Odmiany wyrażeń regularnych: .NET, Java, JavaScript, PCRE, Perl, Python, Ruby

 W recepturze 8.1 omówiono zagadnienia związane z dopasowywaniem znaczników XML-a. Wyjaśniono tam, jak działa powyższe wyrażenie regularne, i zasugerowano wiele rozwiązań alternatywnych różniących się poziomem złożoności i restrykcyjności dopasowań.

Musimy teraz użyć kodu z receptury 3.13 do przeszukania kolejnych dopasowań atrybutu `class` do następującego wyrażenia regularnego:

```
^(?:[^>"']|"[^"]*"|'[^']*')+?\sclass\s*=\s*("[^"]*"|'[^']*')
```
Opcje wyrażeń regularnych: Ignorowanie wielkości liter
Odmiany wyrażeń regularnych: .NET, Java, JavaScript, PCRE, Perl, Python, Ruby

Wyrażenie regularne w tej formie przechwytuje całą wartość atrybutu `class` wraz z otaczającymi ją cudzysłowami i przypisuje tę wartość pierwszemu odwołaniu wstecz. Wszystkie znaki sprzed atrybutu `class` są dopasowywane do wzorca `<^(?:[^>"']|"[^"]*"|'[^']*') +?>` (przytoczony wzorzec pasuje do wartości otoczonych cudzysłowami, dzięki czemu unikamy dopasowywania słowa `class` w ramach wartości innych atrybutów). Prawa część tego wzorca powoduje, że dopasowanie kończy się w momencie osiągnięcia końca wartości atrybutu `class`. Z perspektywy wykonywanej operacji przeszukiwania ewentualne dalsze znaki są nieistotne, zatem dopasowywanie reszty znacznika nie miałoby sensu.

Symbol karety na początku naszego wyrażenia regularnego wiąże ten wzorzec z początkiem przetwarzanego łańcucha. Takie rozwiązanie w żaden sposób nie zmienia zakresu dopasowywanego tekstu, ale eliminuje konieczność powtarzania (skazanych na niepowodzenie) prób dopasowań na kolejnych pozycjach w razie braku dopasowania do początku łańcucha.

I wreszcie jeśli oba powyższe wyrażenia regularne zostaną prawidłowo dopasowane, powinniśmy przeszukać zawartość pierwszego odwołania wstecz drugiego z tych wyrażeń za pomocą następującego wzorca:

```
(?:^|\s)my-class(?:\s|$)
```
Opcje wyrażeń regularnych: Brak
Odmiany wyrażeń regularnych: .NET, Java, JavaScript, PCRE, Perl, Python, Ruby

Ponieważ kolejne klasy są oddzielone znakami białymi, wartość `my-class` musi być otoczona albo znakami białymi, albo niczym. Gdyby nazwy klas nie mogły obejmować myślników, zamiast dwóch grup nieprzechwytujących moglibyśmy użyć tokenów granic wyrazów. Ponieważ jednak myślniki wyznaczają granice wyrazów, wzorzec `<\bmy-class\b>` pasowałby na przykład do wartości `not-my-class`.

Analiza

Działanie tych wyrażeń regularnych wyjaśniliśmy już w punkcie „Rozwiązanie" na początku tej receptury, zatem nie będziemy powtarzać tego materiału. Powinniśmy pamiętać, że stosowanie wyrażeń regularnych w wielu przypadkach nie jest najlepszym sposobem przeszukiwania danych w języku znaczników, szczególnie jeśli osiągamy złożoność zbliżoną do opisanej w tej recepturze. Zanim zdecydujesz się na użycie tych wyrażeń regularnych, powinieneś rozważyć zastosowanie alternatywnych rozwiązań, jak XPath, analizator składniowy SAX czy DOM. Zaproponowaliśmy te wyrażenia regularne tylko dlatego, że wielu programistów podejmuje próby realizacji podobnych zadań za pomocą tego rodzaju wzorców. Mamy nadzieję, że w ten sposób udało nam się zilustrować przynajmniej część problemów związanych z przeszukiwaniem danych w językach znaczników i przestrzec Cię przed stosowaniem naiwnych rozwiązań.

Patrz także

W recepturze 8.7 opiszemy rozwiązanie odwrotne do rozwiązania z tej receptury — będziemy szukali znaczników, które nie zawierają określonego atrybutu.

8.7. Dodawanie atrybutu cellspacing do tych znaczników <table>, które jeszcze tego atrybutu nie zawierają

Problem

Chcemy przeszukać plik w formacie (X)HTML i dodać atrybut cellspacing="0" do wszystkich tabel, które jeszcze nie zawierają atrybutu cellspacing.

Ta receptura ilustruje technikę dodawania atrybutów do tych znaczników XML-a, które jeszcze nie zawierają odpowiednich zapisów. Prezentowane rozwiązanie można by zastosować dla dowolnych innych znaczników oraz nazw i wartości atrybutów.

Rozwiązanie

Pierwsze wyrażenie regularne: Rozwiązanie uproszczone

Do dopasowywania znaczników <table>, które nie zawierają słowa cellspacing, możemy użyć konstrukcji negatywnego wyszukiwania w przód:

```
<table\b(?![^>]*?\scellspacing\b)([^>]*)>
```
Opcje wyrażeń regularnych: Ignorowanie wielkości liter
Odmiany wyrażeń regularnych: .NET, Java, JavaScript, PCRE, Perl, Python, Ruby

Poniżej pokazano to samo wyrażenie regularne zapisane w trybie swobodnego stosowania znaków białych:

```
<table \b            # Pasuje do sekwencji "<table" wraz z następującą po niej granicą
                     # wyrazu.
(?!                  # Zakłada, że poniższe wyrażenie nie zostanie dopasowane,
                     # począwszy od tej pozycji.
  [^>]]              #   Pasuje do dowolnego znaku oprócz ">"...
    *?               #     zero, raz lub wiele razy (możliwie niewiele razy –
                     #     kwantyfikator leniwy)
  \s cellspacing \b  #   Pasuje do odrębnego (całego) słowa "cellspacing".
)                    #
 (                   # Przechwytuje tekst pasujący do poniższego wzorca (pierwsze
                     # odwołanie wstecz).
  [^>]]              #   Pasuje do dowolnego znaku oprócz ">"...
    *                #     zero, raz lub wiele razy (możliwie wiele razy –
                     #     kwantyfikator zachłanny).
)                    #
>                    # Pasuje do stałego znaku ">" na końcu tego znacznika.
```
Opcje wyrażeń regularnych: Ignorowanie wielkości liter, swobodne stosowanie znaków białych

Odmiany wyrażeń regularnych: .NET, Java, PCRE, Perl, Python, Ruby

Drugie wyrażenie regularne: Bardziej niezawodne rozwiązanie

W poniższym wyrażeniu regularnym zastąpiono oba wystąpienia zanegowanej klasy znaków <[^>]> (z uproszczonego rozwiązania) konstrukcją <(?:[^>"']|"[^"]*"|'[^']*')>. Taki krok poprawia niezawodność tego wyrażenia w dwóch aspektach. Po pierwsze nowe wyrażenie obsługuje wartości atrybutów otoczone cudzysłowami i zawierające znak >. Po drugie wspomniana zmiana gwarantuje nam, że nie będziemy odrzucać pasujących znaczników zawierających słowo cellspacing w ramach wartości atrybutu.

Poniżej pokazano całe wyrażenie regularne po wprowadzeniu opisanych zmian:

```
<table\b(?!(?:[^>"']|"[^"]*"|'[^']*')*?\scellspacing\b)((?:[^>"']|"[^"]*"|'[^']*')*)>
```
Opcje wyrażeń regularnych: Ignorowanie wielkości liter

Odmiany wyrażeń regularnych: .NET, Java, JavaScript, PCRE, Perl, Python, Ruby

Poniżej pokazano to samo wyrażenie regularne zapisane w trybie swobodnego stosowania znaków białych:

```
<table \b            # Pasuje do sekwencji "<table" wraz z następującą po niej granicą
                     # wyrazu.
(?!                  # Zakłada, że poniższe wyrażenie nie zostanie dopasowane,
                     # począwszy od tej pozycji.
  (?: [^>"']         #   Pasuje do dowolnego znaku oprócz >, " oraz '...
   | "[^"]*"         #     Lub wartość otoczona cudzysłowami.
   | '[^']*'         #     Lub wartość otoczona apostrofami.
  )*?                #   zero, raz lub wiele razy (możliwie niewiele razy –
                     #   kwantyfikator leniwy)
  \s cellspacing \b  #   Pasuje do odrębnego (całego) słowa "cellspacing".
)                    #
 (                   # Przechwytuje tekst pasujący do poniższego wzorca (pierwsze
                     # odwołanie wstecz).
  (?: [^>"']         #   Pasuje do dowolnego znaku oprócz >, " oraz '...
   | "[^"]*"         #     Lub wartość otoczona cudzysłowami.
   | '[^']*'         #     Lub wartość otoczona apostrofami.
  )*                 #   zero, raz lub wiele razy (możliwie wiele razy – kwantyfikator
                     #   zachłanny).
)                    #
>                    #
```
Opcje wyrażeń regularnych: Ignorowanie wielkości liter, swobodne stosowanie znaków białych

Odmiany wyrażeń regularnych: .NET, Java, PCRE, Perl, Python, Ruby

---

Wstawianie nowego atrybutu

Dla wszystkich wyrażeń regularnych zaproponowanych w tej recepturze możemy stosować te same łańcuchy docelowe, ponieważ wszystkie te wyrażenia przypisują pierwszemu odwołaniu wstecz atrybuty w ramach dopasowywanych znaczników `<table>`. Takie rozwiązanie umożliwia nam powielanie tych atrybutów w ramach łańcuchów docelowych operacji przeszukiwania i zastępowania i jednocześnie dopisywanie atrybutu `cellspacing`. Łańcuchy docelowe operacji przeszukiwania i zastępowania pokazano poniżej:

```
<table cellspacing="0"$1>
```
Odmiany tekstu docelowego: .NET, Java, JavaScript, Perl, PHP

```
<table cellspacing="0"\1>
```
Odmiany tekstu docelowego: Python, Ruby

W recepturze 3.15 opisano techniki zastępowania tekstu z użyciem odwołań wstecz w łańcuchach docelowych.

Analiza

Przed szczegółowym omówieniem sposobu działania tego wyrażenia regularnego warto przyjrzeć się poszczególnym elementom składowym uproszczonego rozwiązania. Jak się za chwilę przekonamy, wspomniane rozwiązanie składa się z czterech logicznych części.

Pierwsza część, czyli `<<table\b>`, pasuje do stałej sekwencji znaków `<table`, po której następuje granica wyrazu (`<\b>`). Granica wyrazu zapobiega dopasowywaniu nazw znaczników, które tylko rozpoczynają się od słowa `table`. Chociaż taki zabieg może się wydawać zbędny podczas pracy na tekście w formacie (X)HTML (ponieważ wspomniany język nie definiuje prawidłowych znaczników `tablet`, `tableau` czy `tabletka`), warto konsekwentnie stosować tę praktykę, aby uniknąć niepotrzebnych błędów podczas stosowania tego wyrażenia dla pozostałych znaczników.

Drugą częścią tego wyrażenia regularnego jest negatywne wyszukiwanie w przód: `<(?![^>]*?\scellspacing\b)>`. Konstrukcja negatywnego wyszukiwania w przód nie konsumuje pasującego tekstu, a jedynie gwarantuje nam, że dopasowanie nie będzie możliwe w razie występowania słowa `cellspacing` w danym znaczniku otwierającym. Ponieważ zamierzamy dodać atrybut `cellspacing` do wszystkich pasujących znaczników, nie chcemy dopasowywać znaczników zawierających ten atrybut.

Ponieważ zadaniem konstrukcji wyszukiwania w przód jest sprawdzenie tekstu, począwszy od bieżącej pozycji, zastosowaliśmy konstrukcję `<[^>]*?>`, aby ograniczyć zakres przeszukiwania do danego znacznika (czyli do pierwszego wystąpienia znaku >). Pozostała część podwzorca wyszukiwania w przód (`<\scellspacing\b>`) odpowiada już tylko za dopasowanie stałego słowa `cellspacing` w formie odrębnego wyrazu. Dopasowujemy też początkowy znak biały (`<\s>`), ponieważ nazwa atrybutu musi być oddzielona od nazwy znacznika lub poprzednich atrybutów właśnie znakiem białym. Zdecydowaliśmy się dopasowywać końcową granicę wyrazu (zamiast kolejnego znaku białego), ponieważ granica wyrazu nie tylko wyraża wymaganie występowania całego słowa `cellspacing`, ale też akceptuje ten atrybut nawet w razie braku wartości lub występowania znaku równości bezpośrednio za jego nazwą.

Dochodzimy wreszcie do trzeciej części naszego wyrażenia regularnego: `<([^>]*)>`. Przytoczona konstrukcja obejmuje zanegowaną klasę znaków wraz z kwantyfikatorem zera, jednego lub wielu powtórzeń — całość umieszczono w grupie przechwytującej. Przechwytywanie tej części dopasowania umożliwia nam łatwe odtworzenie w łańcuchu docelowym atrybutów już istniejących w dopasowanym znaczniku. Inaczej niż część z negatywnym wyszukiwaniem w przód ten fragment opisywanego wzorca rzeczywiście dopisuje odnajdywane kolejno atrybuty do dopasowania.

I wreszcie ostatni element tego wyrażenia regularnego pasuje do stałego znaku <>>, który kończy dany znacznik.

Drugie wyrażenie regularne (oznaczone jako bardziej niezawodne) działa niemal identycznie jak wyrażenie opisane powyżej, z tą różnicą, że oba wystąpienia zanegowanej klasy znaków <[^>]> zastąpiono konstrukcją <(?:[^>"']|"[^"]*"|'[^']*')>. Dłuższy wzorzec przetwarza wartości atrybutów otoczonych cudzysłowami i apostrofami w jednym kroku.

Dla obu wyrażeń regularnych stosujemy te same łańcuchy docelowe — każdy dopasowany znacznik <table> zastępujemy nowym znacznikiem <table> z dodatkowym atrybutem cel ↪lspacing, po którym następują ewentualne atrybuty odnalezione w oryginalnym znaczniku (reprezentowane przez pierwsze odwołanie wstecz).

Patrz także

W recepturze 8.6 opisano rozwiązanie odwrotne do rozwiązania z tej receptury — szukaliśmy tam znaczników zawierających określony atrybut.

8.8. Usuwanie komentarzy XML-a

Problem

Chcemy usunąć komentarze z dokumentu w formacie (X)HTML lub XML. Chcemy na przykład usunąć komentarze z kodu strony internetowej przed jej udostępnieniem i wysłaniem do przeglądarek internetowych, aby ograniczyć rozmiar pliku tej strony i — tym samym — skrócić czas jej ładowania z myślą o użytkownikach dysponujących wolnym łączem internetowym.

Rozwiązanie

Odnajdywanie komentarzy jest dość łatwe, jeśli skorzystamy z leniwych kwantyfikatorów. Poniżej pokazano wyrażenie regularne realizujące to zadanie:

```
<!--.*?-->
```

Opcje wyrażeń regularnych: Dopasowywanie kropki do znaków podziału wiersza
Odmiany wyrażeń regularnych: .NET, Java, PCRE, Perl, Python, Ruby

Rozwiązanie tego problemu jest wyjątkowo proste. Jak w wielu podobnych przypadkach, brak trybu dopasowywania kropki do znaków podziału wiersza oznacza konieczność zastąpienia kropki odpowiednią klasą znaków — w ten sposób zapewniamy możliwość dopasowywania komentarzy obejmujących wiele wierszy. Poniżej pokazano wersję tego wyrażenia regularnego opracowaną z myślą o JavaScripcie:

```
<!--[\s\S]*?-->
```
Opcje wyrażeń regularnych: Brak
Odmiana wyrażeń regularnych: JavaScript

Aby usunąć komentarze, wystarczy zastąpić wszystkie znalezione dopasowania łańcuchem pustym (czyli niczym). Kod zastępujący wszystkie dopasowania można znaleźć w recepturze 3.14.

Analiza

Jak to działa

Na początku i końcu tego wyrażenia regularnego umieściliśmy stałe sekwencje znaków: odpowiednio `<<!-->` i `<-->>`. Ponieważ żaden z tych znaków nie ma specjalnego znaczenia w wyrażeniach regularnych (pod warunkiem że nie umieszczamy ich w klasie znaków, gdzie myślniki tworzą przedziały), nie musimy dla nich stosować sekwencji ucieczki. Pewnych wyjaśnień wymagają już tylko konstrukcje `<.*?>` lub `<[\s\S]*?>` w środku tego wyrażenia.

Tryb dopasowywania kropki do znaków podziału wiersza powoduje, że kropka z naszego pierwszego wyrażenia jest dopasowywana do dowolnego znaku. W wersji dla JavaScriptu zastąpiono tę kropkę klasą znaków `<[\s\S]>`. Okazuje się jednak, że oba wyrażenia są w pełni równoważne. Token `<\s>` pasuje do dowolnego znaku białego, a token `<\S>` pasuje do dowolnego innego znaku. Klasa znaków obejmująca oba te tokeny pasuje więc do dowolnego znaku.

Leniwy kwantyfikator `<*?>` powtarza poprzedzający go element (pasujący do dowolnego znaku) zero, raz lub wiele razy, ale możliwie niewiele razy. Oznacza to, że token poprzedzający ten kwantyfikator jest powtarzany tylko do pierwszego wystąpienia sekwencji `-->`, nie do osiągnięcia końca przetwarzanego łańcucha (wówczas konieczne byłoby wykonanie nawrotów aż do zwolnienia końcowej sekwencji `-->`). (Więcej informacji o nawrotach w kontekście leniwych i zachłannych kwantyfikatorów można znaleźć w recepturze 2.13). Ta prosta strategia w zupełności wystarczy, ponieważ komentarze XML-a nie mogą być zagnieżdżane. Innymi słowy, komentarze zawsze kończą się pierwszym (skrajnie lewym) wystąpieniem sekwencji `-->`.

Kiedy nie można usuwać komentarzy

Większość twórców stron internetowych stosuje komentarze HTML-a także w ramach elementów `<script>` i `<style>`, aby zachować zgodność wstecz z przestarzałymi przeglądarkami. Obecnie stosowanie tego rodzaju komentarzy we wspomnianych elementach nie ma większego sensu i wynika w dużej mierze z kodowania poprzez kopiowanie i wklejanie. Tym razem zakładamy, że podczas usuwania komentarzy z dokumentu (X)HTML-a nie chcemy w żaden sposób modyfikować osadzonego kodu JavaScriptu czy arkuszy CSS. Prawdopodobnie powinniśmy też zachować w niezmienionej formie treść elementów `<textarea>`, sekcji CDATA i wartości atrybutów w ramach znaczników.

Wspominaliśmy wcześniej, że usuwanie komentarzy nie jest trudnym zadaniem. Okazuje się jednak, że eliminowanie komentarzy jest łatwe, pod warunkiem że ignorujemy te obszary (X)HTML-a i XML-a, w których obowiązują nieco inne reguły składniowe. Innymi słowy, jeśli ignorujemy najtrudniejszy aspekt tego problemu, jego rozwiązanie rzeczywiście jest proste.

Nie można oczywiście wykluczyć sytuacji, w której po analizie kodu do przetworzenia dojdziemy do wniosku, że ignorowanie tych kłopotliwych przypadków nie stanowi problemu (tak może być na przykład wtedy, gdy sami jesteśmy autorami tego kodu). Z podobną sytuacją możemy mieć do czynienia także wtedy, gdy przeszukujemy i zastępujemy komentarze w edytorze tekstu i sami możemy decydować, które dopasowania należy usunąć.

Wróćmy teraz do analizy rozwiązania tego problemu — w podpunkcie „Pomijanie nietypowych sekcji (X)HTML-a i XML-a" omówiono niektóre aspekty tego problemu w kontekście dopasowywania znaczników XML-a. Podobną strategię możemy zastosować podczas poszukiwania komentarzy. Do odnalezienia nietypowych sekcji za pomocą poniższego wyrażenia regularnego możemy użyć kodu z receptury 3.18; możemy następnie zastąpić łańcuchem pustym (czyli usunąć) komentarze znalezione pomiędzy tymi dopasowaniami:

```
<(script|style|textarea|xmp)\b(?:[^>"']|"[^"]*"|'[^']*')*?(?:/>|>.*?</\1\s*>)|
↪<[a-z](?: [^>"']|"[^"]*"|'[^']*')*>|<!\[CDATA\[.*?]]>
```
Opcje wyrażeń regularnych: Ignorowanie wielkości liter, dopasowywanie kropki do znaków podziału wiersza
Odmiany wyrażeń regularnych: .NET, Java, PCRE, Perl, Python, Ruby

Czytelność tego wyrażenia regularnego znacznie wzrasta, jeśli zapiszemy je w trybie swobodnego stosowania znaków białych i z dodatkowymi komentarzami:

```
# Element specjalny — znacznik wraz z zawartością:
<( script | style | textarea | xmp )\b
    (?: [^>"']    # Dopasowuje dowolne nazwy atrybutów
      | "[^"]*"   # ...i wartości.
      | '[^']*'   #
    )*?
(?: # Znacznik samozamykający.
    />
  | # W przeciwnym razie dopasowuje treść elementu i odpowiedni znacznik zamykający.
    > .*? </\1\s*>
)

|

# Element standardowy — sam znacznik:
<[a-z]           # Pierwszy znak nazwy znacznika.
    (?: [^>"']     # Dopasowuje pozostałe znaki nazwy znacznika
      | "[^"]*"   #    ...wraz z atrybutami
      | '[^']*'   #    ...nazwami i wartościami.
    )*
>

|

# Sekcja CDATA:
<!\[CDATA\[ .*? ]]>
```
Opcje wyrażeń regularnych: Ignorowanie wielkości liter, dopasowywanie kropki do znaków podziału wiersza, swobodne stosowanie znaków białych
Odmiany wyrażeń regularnych: .NET, Java, PCRE, Perl, Python, Ruby

Poniżej pokazano wersję tego wyrażenia regularnego opracowaną z myślą o języku JavaScript, który nie oferuje opcji dopasowywania kropek do znaków podziału wiersza ani swobodnego stosowania znaków białych:

```
<(script|style|textarea|xmp)\b(?:[^>"']|"[^"]*"|'[^']*')*?(?:/>|>[\s\S]*?</\1\s*>)|
↪<[a-z](?:[^>"']|"[^"]*"|'[^']*')*>|<!\[CDATA\[[\s\S]*?]]>
```
Opcje wyrażeń regularnych: Ignorowanie wielkości liter
Odmiana wyrażeń regularnych: JavaScript

Warianty

Odnajdywanie prawidłowych komentarzy XML-a

Okazuje się, że istnieje zaledwie kilka dodatkowych reguł składniowych dla komentarzy (X)HTML-a i XML-a (oprócz standardowych reguł dla komentarzy rozpoczynających się od sekwencji `<!--` i kończących się sekwencją `-->`). W szczególności:

- Komentarz nie może zawierać dwóch myślników bezpośrednio obok siebie. Na przykład zapis `<!-- ko--mentarz -->` jest nieprawidłowy z uwagi na dwa myślniki w środku komentarza.

- Separator zamykający nie może być poprzedzony myślnikiem będącym częścią komentarza. Na przykład zapis `<!-- komentarz --->` jest błędny, ale już komentarz pusty `<!---->` jest w pełni prawidłowy.

- Pomiędzy końcowymi myślnikami `--` a znakiem `>` może występować znak biały. Na przykład zapis `<!-- komentarz -- >` jest prawidłowym, kompletnym komentarzem.

Zapisanie tych reguł w formie wyrażenia regularnego nie stanowi żadnego problemu:

```
<!--[^-]*(?:-[^-]+)*--\s*>
```

Opcje wyrażeń regularnych: Brak
Odmiany wyrażeń regularnych: .NET, Java, JavaScript, PCRE, Perl, Python, Ruby

Warto zwrócić uwagę na opcjonalność treści komentarza pomiędzy separatorem otwierającym i zamykającym — nasze wyrażenie pasuje więc do komentarza pustego `<!---->`. Jeśli jednak pomiędzy tymi separatorami występuje myślnik, po tym myślniku musi następować przynajmniej jeden inny znak. Ponieważ wewnętrzna część tego wyrażenia regularnego nie pasuje już do dwóch następujących po sobie myślników, leniwy kwantyfikator stosowany we wcześniejszych wyrażeniach zastąpiono zachłannym kwantyfikatorem. Także kwantyfikatory leniwe działałyby w tym przypadku prawidłowo, jednak powodowałyby niepotrzebne nawroty (patrz receptura 2.13).

Część Czytelników zapewne zastanawia się, dlaczego w nowym wyrażeniu regularnym dwukrotnie użyto zanegowanej klasy znaków `<[^-]>`, zamiast zastosować kwantyfikator opcjonalności dla myślnika w grupie nieprzechwytującej (`<<!--(?:-?[^-]+)*--\s*>>`). Zdecydowaliśmy się na takie rozwiązanie nieprzypadkowo — w ten sposób uniknęliśmy zjawiska katastrofalnych nawrotów (patrz receptura 2.15).

Tzw. **kwantyfikatory zagnieżdżone** (ang. *nested quantifiers*) zawsze wymagają szczególnej uwagi jako potencjalne źródło występowania katastrofalnych nawrotów. Kwantyfikator jest zagnieżdżony, kiedy występuje w grupie, która sama jest powtarzana przez jakiś kwantyfikator. Dwa zagnieżdżone kwantyfikatory występują na przykład we wzorcu `<(?:-?[^-]+)*>` — pierwszym kwantyfikatorem jest myślnik za myślnikiem; drugim kwantyfikatorem jest znak plusa następujący po zanegowanej klasie znaków.

Okazuje się jednak, że zagnieżdżanie kwantyfikatorów samo w sobie nie jest niebezpieczne (w kontekście wydajności wyrażeń regularnych). Problemem jest raczej ryzyko występowania ogromnej liczby możliwych kombinacji łączących zewnętrzny kwantyfikator `<*>` z kwantyfikatorem wewnętrznym podczas dopasowywania pewnych łańcuchów. Jeśli modułowi wyrażeń regularnych nie uda się odnaleźć sekwencji `-->` na końcu częściowego dopasowania (takie działanie jest konieczne, jeśli wspomniany wzorzec stanowi część wyrażenia dopasowywanego do komentarzy), moduł ten będzie zmuszony sprawdzić wszystkie możliwe kombinacje przed ostateczną rezygnacją z prób dopasowania. Liczba tych kombinacji gwałtownie rośnie wraz z każdym dodatkowym znakiem, który musi być sprawdzony przez moduł wyrażeń regularnych pod kątem możliwości dopasowania. Jeśli jednak uda nam się uniknąć tej sytuacji, w stosowaniu kwantyfikatorów zagnieżdżonych nie ma niczego niebezpiecznego. Tego rodzaju ryzyko nie występuje na przykład w przypadku wzorca <(?:-[^-] +)*>, mimo że zawiera zagnieżdżony kwantyfikator <+>, ponieważ w każdym powtórzeniu tej grupy musi zostać dopasowany dokładnie jeden myślnik — oznacza to, że potencjalna liczba punktów nawrotów zwiększa się liniowo wraz z wydłużaniem przetwarzanego łańcucha.

Alternatywnym sposobem unikania opisanych powyżej potencjalnych problemów związanych z nawrotami jest użycie grupy atomowej. Poniżej pokazano wyrażenie równoważne z pierwszym wyrażeniem zaproponowanym w tym podpunkcie, tyle że krótsze o kilka znaków i niezgodne z odmianami wyrażeń regularnych JavaScriptu i Pythona:

```
<!--(?>-?[^-]+)*--\s*>
```
Opcje wyrażeń regularnych: Brak
Odmiany wyrażeń regularnych: .NET, Java, PCRE, Perl, Ruby

W recepturze 2.14 można znaleźć szczegółowe omówienie działania grup atomowych (i konstrukcji alternatywnych, czyli kwantyfikatorów własnościowych).

Odnajdywanie komentarzy języka C

Ten sam rodzaj wzorca, który zastosowaliśmy dla komentarzy XML-a, równie dobrze można wykorzystać dla pozostałych form niezagnieżdżonych komentarzy wielowierszowych. Komentarze języka C rozpoczynają się albo od sekwencji /* (wówczas kończą się wraz z pierwszym wystąpieniem sekwencji */), albo od sekwencji // (wówczas kończą się wraz z końcem wiersza). Poniższe wyrażenie regularne pasuje do obu tych rodzajów komentarzy, ponieważ odpowiednie wzorce połączono za pomocą operatora alternatywy (|):

```
/\*[\s\S]*?\*/|//.*
```
Opcje wyrażeń regularnych: Brak (tryb dopasowywania kropki do znaków podziału wiersza nie może być włączony)
Odmiany wyrażeń regularnych: .NET, Java, JavaScript, PCRE, Perl, Python, Ruby

Patrz także

W recepturze 8.9 opiszemy, jak odnajdywać określone słowa w ramach komentarzy XML-a.

8.9. Odnajdywanie słów w ramach komentarzy XML-a

Problem

Chcemy odnaleźć wszystkie wystąpienia słowa TODO w ramach komentarzy (X)HTML-a i XML-a. Na przykład w poniższym łańcuchu chcielibyśmy dopasować tylko drugie wystąpienie słowa TODO:

```
To wystąpienie słowa "TODO" nie należy do komentarza, ale już następne wystąpienie
↳wchodzi w skład komentarza. <!-- TODO: Wymyśl jakiś lepszy komentarz na potrzeby tego przykładu. -->
```

Rozwiązanie

Problem ten można rozwiązać na przynajmniej dwa sposoby, z których każdy ma swoje wady i zalety. Pierwsza strategia (patrz poniższy podpunkt „Rozwiązanie dwuetapowe") polega na odnajdywaniu komentarzy za pomocą zewnętrznego wyrażenia regularnego i przeszukiwaniu kolejnych dopasowań z wykorzystaniem odrębnego wyrażenia regularnego (lub nawet zwykłej operacji przeszukiwania tekstu). To rozwiązanie wydaje się najlepsze, jeśli piszemy kod realizujący interesujące nas zadanie, ponieważ jego podział na dwa kroki pozwala zachować prostotę i uzyskać wysoką wydajność. Jeśli jednak przeszukujemy pliki wejściowe z wykorzystaniem edytora tekstu lub narzędzia grep, podział zadania na dwa odrębne kroki nie zda egzaminu (chyba że wykorzystywane narzędzie oferuje specjalną opcję przeszukiwania wyników znalezionych przez inne wyrażenie regularne).

Jeśli musimy odnajdywać pewne słowa w komentarzach XML-a za pomocą pojedynczego wyrażenia regularnego, możemy osiągnąć ten cel, korzystając z konstrukcji wyszukiwania. Drugą metodę opiszemy w podpunkcie „Rozwiązanie jednoetapowe"[2].

Rozwiązanie dwuetapowe

Jeśli tylko mamy taką możliwość, powinniśmy podzielić to zadanie na dwa podzadania: odnalezienia komentarzy oraz przeszukania tych komentarzy pod kątem zawierania słowa TODO.

Poniżej pokazano wyrażenie regularne odnajdujące komentarze:

```
<!--.*?-->
```
Opcje wyrażeń regularnych: Dopasowywanie kropki do znaków podziału wiersza
Odmiany wyrażeń regularnych: .NET, Java, PCRE, Perl, Python, Ruby

JavaScript nie oferuje co prawda trybu dopasowywania kropki do znaków podziału wiersza, jednak bez trudu możemy skonstruować klasę znaków zastępującą kropkę (dopasowywaną do wszystkich znaków):

```
<!--[\s\S]*?-->
```
Opcje wyrażeń regularnych: Brak
Odmiana wyrażeń regularnych: JavaScript

Każdy komentarz odnaleziony z wykorzystaniem powyższych wyrażeń regularnych możemy przeszukać pod kątem zawierania stałej sekwencji znaków <TODO>. Możemy też użyć wyrażenia regularnego dopasowywanego w trybie ignorowania wielkości liter i z granicami wyrazów gwarantującymi, że będą dopasowywane tylko kompletne słowa TODO:

```
\bTODO\b
```
Opcje wyrażeń regularnych: Ignorowanie wielkości liter
Odmiany wyrażeń regularnych: .NET, Java, JavaScript, PCRE, Perl, Python, Ruby

W recepturze 3.13 pokazano, jak przeszukiwać tekst dopasowany do zewnętrznego wyrażenia regularnego.

---

[2] Jednym z narzędzi oferujących możliwość przeszukiwania dopasowań jest PowerGREP (patrz podrozdział „Narzędzia do pracy z wyrażeniami regularnymi" w rozdziale 1.).

Rozwiązanie jednoetapowe

Operacja wyszukiwania w przód (opisana w recepturze 2.16) umożliwia nam rozwiązanie tego problemu za pomocą pojedynczego wyrażenia regularnego, tyle że w nieco mniej efektywny sposób. W poniższym wyrażeniu regularnym wykorzystano pozytywne wyszukiwanie w przód do zagwarantowania, że po słowie TODO występuje zamykający separator komentarza (-->). Sama konstrukcja wyszukiwania w przód nie precyzuje, czy interesujące nas słowo ma występować w komentarzu, czy tylko poprzedzać jakiś komentarz, stąd konieczność użycia zagnieżdżonej operacji negatywnego wyszukiwania w przód gwarantującej, że przed sekwencją --> nie występuje otwierający separator <!--.

```
\bTODO\b(?=(?:(?!<!--).)*?-->)
```
Opcje wyrażeń regularnych: Ignorowanie wielkości liter, dopasowywanie kropki do znaków podziału wiersza
Odmiany wyrażeń regularnych: .NET, Java, PCRE, Perl, Python, Ruby

Ponieważ JavaScript nie obsługuje opcji dopasowywania kropki do znaków podziału wiersza, w miejsce kropki stosujemy klasę znaków <[\s\S]>:

```
\bTODO\b(?=(?:(?!<!--)[\s\S])*?-->)
```
Opcje wyrażeń regularnych: Ignorowanie wielkości liter
Odmiana wyrażeń regularnych: JavaScript

Analiza

Rozwiązanie dwuetapowe

Kod potrzebny do przeszukiwania tekstu dopasowanego do zewnętrznego wyrażenia regularnego pokazano w recepturze 3.13. Takie rozwiązanie wymaga użycia wewnętrznego i zewnętrznego wyrażenia regularnego. Wyrażenie regularne dopasowywane do komentarza pełni funkcję wyrażenia zewnętrznego; wzorzec <\bTODO\b> jest naszym wyrażeniem wewnętrznym. Najważniejszym elementem, na który warto zwrócić uwagę, jest leniwy kwantyfikator <*?> użyty za metaznakiem kropki lub klasą znaków <[\s\S]> w wyrażeniu dopasowywanym do komentarzy. Jak wspomniano w recepturze 2.13, takie rozwiązanie umożliwia nam dopasowanie tekstu do pierwszego (najbliższego) wystąpienia sekwencji --> (kończącej komentarz) zamiast do ostatniego wystąpienia tej sekwencji w przetwarzanym łańcuchu.

Rozwiązanie jednoetapowe

To rozwiązanie jest bardziej skomplikowane i mniej efektywne. Jego niewątpliwą zaletą jest połączenie obu kroków z poprzedniego rozwiązania w ramach jednego wyrażenia regularnego. Oznacza to, że możemy korzystać z tego rozwiązania w edytorze tekstu, środowisku IDE lub dowolnym innym narzędziu, które nie oferuje możliwości przeszukiwania dopasowań znalezionych przez inne wyrażenie regularne.

Poniżej pokazano to samo wyrażenie regularne zapisane w trybie swobodnego stosowania znaków białych — przyjrzyjmy się jego poszczególnym elementom:

```
\b TODO \b        # Pasuje do sekwencji znaków "TODO" w formie odrębnego (całego) wyrazu.
(?=               # Zakłada, że można dopasować to wyrażenie regularne w tym miejscu.
  (?:             #  Grupuje, ale nie przechwytuje...
```

```
(?! <!-- )      #   Zakłada, że w tym miejscu nie można dopasować sekwencji "<!--".
.               #   Pasuje do dowolnego znaku.
)*?             #   Powtarza zero, raz lub wiele razy (możliwie niewiele razy — kwantyfikator leniwy).
-->             #   Pasuje do znaków "-->".
)               #
```

Opcje wyrażeń regularnych: Dopasowywanie kropki do znaków podziału wiersza, swobodne stosowanie znaków białych

Odmiany wyrażeń regularnych: .NET, Java, PCRE, Perl, Python, Ruby

Wersja naszego wyrażenia regularnego z komentarzami nie może być stosowana w JavaScripcie z uwagi na brak trybów swobodnego stosowania znaków białych i dopasowywania kropki do znaków białych.

Warto zwrócić uwagę na zastosowaną w tym wyrażeniu regularnym konstrukcję negatywnego wyszukiwania w przód zagnieżdżoną w ramach zewnętrznej operacji pozytywnego wyszukiwania w przód. W ten sposób możemy uniknąć dopasowywania słów TODO występujących za separatorem `-->` i przed separatorem `<!--`.

Jeśli rozumiesz już działanie tego wyrażenia regularnego, to świetna wiadomość — możesz pominąć dalszą część tego podpunktu. Na wypadek gdyby wyrażenie regularne w tej formie wciąż było niejasne, zrobimy krok wstecz i przyjrzymy się poszczególnym elementom konstrukcji pozytywnego wyszukiwania w przód.

Przypuśćmy na chwilę, że chcemy tylko dopasować wystąpienia słowa TODO, po którym następuje (na dowolnej pozycji w łańcuchu) sekwencja `-->`. W ten sposób otrzymujemy wyrażenie regularne `<\bTODO \b(?=.*?-->)>` (opcja dopasowywania kropki do znaków podziału wiersza), które pasuje do słowa *TODO* w ramach sekwencji `<!--TODO-->`. Na początku operacji wyszukiwania w przód musimy użyć konstrukcji `<.*?>`, ponieważ bez niej nasze wyrażenie pasowałoby tylko do słowa TODO występującego **bezpośrednio** przed sekwencją `-->` (a więc nieoddzielonego od tej sekwencji żadnymi innymi znakami). Kwantyfikator `<*?>` powtarza kropkę zero, raz lub wiele razy, ale możliwie niewiele razy, co w tym przypadku jest o tyle uzasadnione, że dopasowanie powinno się kończyć wraz z pierwszym wystąpieniem sekwencji `-->`.

Oznacza to, że nasze wyrażenie regularne równie dobrze można by zapisać jako `<\bTODO(?=.↪*?-->)\b>`, a więc z drugim tokenem `<\b>` umieszczonym za konstrukcją wyszukiwania wprzód — taka zmiana w żaden sposób nie wpływałaby na dopasowywany tekst. Możliwość wprowadzenia tej zmiany bez wpływu na dopasowanie wynika z tego, że zarówno granica wyrazu, jak i wyszukiwanie w przód to konstrukcje odnajdujące dopasowania zerowej długości (patrz podpunkt „Wyszukiwanie" w recepturze 2.16). Z drugiej strony umieszczenie granicy wyrazu przed wyszukiwaniem w przód podnosi nie tylko czytelność naszego wyrażenia, ale też jego efektywność. W takim przypadku w trakcie przetwarzania dopasowania częściowego moduł wyrażeń regularnych może szybciej sprawdzić występowanie granicy wyrazu, odkryć, że dopasowanie jest niemożliwe, i przejść do następnego znaku łańcucha (bez konieczności czasochłonnego testowania wyszukiwania w przód w sytuacji, gdy sekwencja TODO nie występuje w formie kompletnego słowa).

Wyrażenie regularne `<\bTODO\b(?=.*?-->)>` sprawia wrażenie prawidłowego; jaki będzie efekt jego zastosowania dla łańcucha TODO `<!-- osobny komentarz -->`? Okazuje się, że nasze wyrażenie nadal pasuje do słowa TODO, ponieważ następuje po nim sekwencja `-->`, mimo że słowo to nie wchodzi w skład komentarza. Musimy więc zmienić kropkę w ramach konstrukcji wyszukiwania w przód, aby nie były dopasowywane dowolne znaki, tylko znaki, które nie wchodzą w skład sekwencji `<!--` (wyznaczającej początek nowego komentarza). Nie możemy jednak użyć zanegowanej klasy znaków, na przykład `<[^<!-]>`, ponieważ chcemy akceptować znaki `<`, `!` i `-`, pod warunkiem że nie występują w ramach sekwencji `<!--`.

Właściwym rozwiązaniem jest więc użycie konstrukcji negatywnego wyszukiwania w przód. Wyrażenie `<(?!<!--).>` pasuje do dowolnego znaku, który nie wchodzi w skład otwierającego separatora komentarza. Umieszczenie wzorca w grupie nieprzechwytującej, jak w przypadku wyrażenia `<(?:(?!<!--).)>`, umożliwia nam powtórzenie całej sekwencji z użyciem leniwego kwantyfikatora `<*?>`, który wcześniej stosowaliśmy dla samej kropki.

Podsumowując, w ten sposób otrzymujemy wyrażenie regularne zaproponowane w rozwiązaniu dla tego problemu: `<\bTODO\b(?=(?:(?!<!--).)*?-->)>`. W języku JavaScript, który nie oferuje trybu dopasowywania kropki do znaków podziału wiersza, należałoby użyć wyrażenia `<\bTODO\b(?=(?:(?!<!--)[\s\S])*?-->)>`.

Warianty

Chociaż wyrażenie regularne opisane w podpunkcie „Rozwiązanie jednoetapowe" gwarantuje nam, że po każdym pasującym słowie TODO występuje sekwencja `-->` i że pomiędzy tym słowem a tą sekwencją nie występuje sekwencja `<!--`, nie gwarantuje jednak spełnienia warunku przeciwnego, czyli występowania interesującego nas słowa za sekwencją `<!--`, bez sekwencji `-->` pomiędzy nimi. Zrezygnowaliśmy z implementowania tej reguły z kilku powodów:

- W większości sytuacji sprawdzanie obu przypadków nie jest konieczne, szczególnie jeśli rozwiązanie jednoetapowe ma być stosowane w edytorach tekstu i podobnych narzędziach, gdzie istnieje możliwość wizualnej weryfikacji wyników.

- Mniejsza liczba sprawdzanych przypadków oznacza mniej czasu potrzebnego na weryfikację i — tym samym — szybsze przetwarzanie. Co najważniejsze, ponieważ nie wiemy, jak daleko może się rozpoczynać dany komentarz, odnalezienie jego początku wymagałoby wyszukiwania wstecz nieskończonej długości, a taką możliwość oferuje tylko odmiana wyrażeń regularnych frameworku .NET.

Jeśli pracujesz we frameworku .NET i chcesz zaimplementować dodatkowy mechanizm weryfikacji, użyj następującego wyrażenia regularnego:

```
(?<=<!--(?:(?!-->).)*?)\bTODO\b(?=(?:(?!<!--).)*?-->)
```

Opcje wyrażeń regularnych: Ignorowanie wielkości liter, dopasowywanie kropki do znaków podziału wiersza
Odmiana wyrażeń regularnych: .NET

Bardziej restrykcyjne wyrażenie regularne stworzone wyłącznie z myślą o frameworku .NET rozpoczyna się od dodatkowej konstrukcji wyszukiwania wstecz, której znaczenie jest odwrotne niż w przypadku końcowej konstrukcji wyszukiwania w przód. Ponieważ operacja wyszukiwania wstecz rozpoczyna się od miejsca występowania sekwencji `<!--`, zawarliśmy w odpowiedniej konstrukcji zagnieżdżone wyszukiwanie w przód, aby dopasować dowolne znaki, które nie wchodzą w skład sekwencji `-->`.

Ponieważ początkowe wyszukiwanie w przód i końcowe wyszukiwanie wstecz reprezentują asercje zerowej długości, ostateczne dopasowanie obejmuje tylko słowo TODO. Łańcuchy dopasowywane do konstrukcji wyszukiwania nie wchodzą w skład ostatecznie dopasowanego tekstu.

Patrz także

W recepturze 8.8 można znaleźć szczegółowy opis technik dopasowywania komentarzy XML-a.

8.10. Zmiana separatora stosowanego w plikach CSV

Problem

Chcemy zastąpić tabulacjami wszystkie przecinki oddzielające pola w pliku CSV. Przecinki w ramach wartości otoczonych cudzysłowami powinny pozostać niezmienione.

Rozwiązanie

Poniższe wyrażenie regularne pasuje do pojedynczego pola CSV wraz z ewentualnym poprzedzającym go separatorem. Separator poprzedzający pole pliku CSV zwykle ma postać przecinka, ale może też być łańcuchem pustym, jeśli mamy do czynienia z pierwszym polem pierwszego rekordu, lub znakiem podziału wiersza, jeśli dopasowujemy pierwsze pole dowolnego kolejnego rekordu. Za każdym razem gdy nasze wyrażenie odnajduje dopasowanie, samo pole (włącznie z ewentualnymi otaczającymi je cudzysłowami) jest przechwytywane przez drugą grupę przechwytującą (poprzedzający je separator jest przechwytywany przez pierwszą grupę przechwytującą).

> Wyrażenia regularne proponowane w tej recepturze zaprojektowano z myślą o przetwarzaniu wyłącznie prawidłowych plików CSV, czyli plików sformatowanych zgodnie z regułami opisanymi w podpunkcie „Wartości oddzielone przecinkami (CSV)" we wcześniejszej części tego rozdziału.

```
(,|\r?\n|^)([^",\r\n]+|"(?:[^"]|"")*")?
```
Opcje wyrażeń regularnych: Brak (tryb dopasowywania symboli ^ i $ do znaków podziału wiersza nie może być włączony)
Odmiany wyrażeń regularnych: .NET, Java, JavaScript, PCRE, Perl, Python, Ruby

Poniżej pokazano to samo wyrażenie regularne zapisane w trybie swobodnego stosowania znaków białych:

```
( , | \r?\n | ^ )          # Pierwsza grupa przechwytująca pasuje do separatorów pól...
                           #  lub początku przetwarzanego łańcucha.
(                          # Druga grupa przechwytująca pasuje do pojedynczych pól:
  [^",\r\n]+               #  nieotoczonych cudzysłowami
|                          #  lub...
  " (?:[^"]|"")* "         #  pól otoczonych cudzysłowami, które mogą zawierać cudzysłowy poprzedzone znakami
                           #  ucieczki.
)?                         # Ta grupa jest opcjonalna, ponieważ pola mogą być puste.
```
Opcje wyrażeń regularnych: Swobodne stosowanie znaków białych (tryb dopasowywania symboli ^ i $ do znaków podziału wiersza nie może być włączony)
Odmiany wyrażeń regularnych: .NET, Java, PCRE, Perl, Python, Ruby

Za pomocą tego wyrażenia regularnego i kodu z receptury 3.11 możemy iteracyjnie przeszukiwać plik CSV, sprawdzając po każdym dopasowaniu wartość pierwszego odwołania wstecz. Łańcuch docelowy dla kolejnych dopasowań zależy od wartości wspomnianego odwołania wstecz. Jeśli to odwołanie wstecz reprezentuje przecinek, należy ten znak zastąpić tabulacją. Jeśli pierwsze odwołanie wstecz reprezentuje łańcuch pusty lub znak podziału wiersza, należy pozostawić tę wartość niezmienioną (czyli albo nie podejmować żadnych działań, albo powielić tę wartość w łańcuchu docelowym). Ponieważ pola pliku CSV w kolejnych dopasowaniach są reprezentowane przez drugie odwołanie wstecz, także tę wartość musimy ponownie umieszczać w poszczególnych łańcuchach docelowych. Jedynym rzeczywiście zastępowanym znakiem jest więc przecinek reprezentowany przez pierwsze odwołanie wstecz.

Przykład rozwiązania w JavaScripcie

Poniższy kod implementuje kompletną stronę internetową z dwoma wielowierszowymi polami tekstowymi i umieszczonym pomiędzy nimi przyciskiem *Zastąp*. Kliknięcie tego przycisku powoduje przetworzenie łańcucha zapisanego w pierwszym polu tekstowym (oznaczonym etykietą *Dane wejściowe*) i konwersję wszystkich przecinków (w roli separatorów) na tabulacje z wykorzystaniem zaproponowanego wyrażenia regularnego. Nowy, zmieniony łańcuch jest wyświetlany w drugim polu tekstowym (oznaczonym etykietą *Dane wynikowe*). Jeśli w roli danych wejściowych użyjemy prawidłowego łańcucha w formacie CSV, w drugim polu tekstowym powinien zostać wyświetlony ten sam łańcuch ze wszystkimi przecinkami zastąpionymi przez tabulacje. Aby przetestować to rozwiązanie, skopiuj ten kod do pliku z rozszerzeniem *.html* i otwórz go w swojej ulubionej przeglądarce internetowej.

```
<html>
<head>
<title>Zamiana separatorów CSV z przecinków na tabulacje</title>
</head>

<body>
<p>Dane wejściowe:</p>
<textarea id="input" rows="5" cols="75"></textarea>

<p><input type="button" value="Zastąp" onclick="commas_to_tabs()"></p>

<p>Dane wynikowe:</p>
<textarea id="output" rows="5" cols="75"></textarea>

<script>
function commas_to_tabs () {
    var input = document.getElementById('input'),
        output = document.getElementById('output'),
        regex = /(,|\r?\n|^)([^",\r\n]+|"(?:[^"]|"")*")?/g,
        result = '',
        match;

    while (match = regex.exec(input.value)) {
        // Sprawdza wartość pierwszego odwołania wstecz.
        if (match[1] == ',') {
            // Dodaje tabulację (w miejsce dopasowanego przecinka)
            // i wartość reprezentowaną przez drugie odwołanie wstecz.
            // Jeśli drugie odwołanie wstecz jest niezdefiniowane (odpowiednia grupa
            // przechwytująca jest opcjonalna, zatem możemy być pewni, że ta grupa nie
            // uczestniczyła w dopasowaniu), stosujemy łańcuch pusty.
            result += '\t' + (match[2] || '');
        } else {
            // Dodaje całe dopasowanie do wyniku.
            result += match[0];
        }
```

```
    // Zapobiega wejściu w nieskończoną pętlę przez część przeglądarek.
    if (match.index == regex.lastIndex) regex.lastIndex++;
  }

  output.value = result;
}
</script>
</body>
</html>
```

Analiza

Rozwiązanie opisane w tej recepturze umożliwia nam pomijanie kompletnych pól pliku CSV (wraz z ewentualnymi znakami podziału wiersza oraz cudzysłowów i przecinków poprzedzonych znakami ucieczki) w kolejnych iteracjach. Każde nowe dopasowanie rozpoczyna się bezpośrednio przed separatorem następnego pola.

Pierwsza grupa przechwytująca tego wyrażenia regularnego, czyli konstrukcja `<(,|\r?\n|^)>`, pasuje do przecinka, znaku podziału wiersza lub pozycji na początku przetwarzanego łańcucha. Ponieważ moduł wyrażeń regularnych weryfikuje wzorce alternatywne od lewej do prawej strony, wymieniliśmy te opcje, począwszy od znaku, który najczęściej występuje w przeciętnym pliku CSV. Grupa przechwytująca jest jedyną częścią tego wyrażenia regularnego, której dopasowanie jest wymagane. Oznacza to, że to kompletne wyrażenie regularne może zostać dopasowane do łańcucha pustego, ponieważ kotwica `<^>` zawsze jest dopasowywana dokładnie raz. Wartość dopasowana do pierwszej grupy przechwytującej wymaga sprawdzenia w kodzie spoza wyrażenia regularnego zastępującego przecinki docelowym separatorem (na przykład tabulacją).

Nasze wyrażenie regularne wciąż nie jest kompletne, a mimo to opisany do tej pory model sprawia wrażenie dość zagmatwanego. Być może zastanawiasz się, dlaczego opisywane wyrażenie regularne nie jest dopasowywane **tylko** do przecinków, skoro właśnie przecinki chcemy zastępować tabulacjami. Gdybyśmy mogli pozwolić sobie na takie rozwiązanie, proste zastępowanie całego dopasowanego tekstu eliminowałoby konieczność używania dodatkowego kodu (spoza wyrażenia regularnego) do sprawdzania, czy pierwsza grupa przechwytująca została dopasowana do przecinka, czy do jakiegoś innego łańcucha. Można przecież użyć operacji wyszukiwania w przód i wyszukiwania wstecz do określenia, czy dany przecinek należy do pola CSV otoczonego cudzysłowami, prawda?

Okazuje się jednak, że naprawdę niezawodne sprawdzanie przynależności przecinków do pól otoczonych cudzysłowami wymagałoby zastosowania wyszukiwania wstecz nieskończonej długości, czyli konstrukcji dostępnej tylko we frameworku .NET (patrz podpunkt „Różne poziomy wyszukiwania wstecz" w recepturze 2.16, gdzie omówiono różne ograniczenia wyszukiwania wstecz). Z drugiej strony nawet programiści frameworku .NET powinni unikać rozwiązań obejmujących tego rodzaju konstrukcje wyszukiwania z uwagi na ich złożoność i niewielką wydajność.

Wróćmy do analizy sposobu działania tego wyrażenia regularnego — większość zastosowanych wzorców umieszczono w kolejnej, drugiej grupie przechwytującej. Wspomniana grupa przechwytująca pasuje do pojedynczego pola CSV, włącznie z otaczającymi je cudzysłowami. W przeciwieństwie do pierwszej grupy przechwytującej ta grupa jest opcjonalna — takie rozwiązanie umożliwia nam dopasowywanie pustych pól.

Warto zwrócić uwagę na zawarte w tej grupie przechwytującej dwa wzorce alternatywne oddzielone metaznakiem `<|>`. Pierwszy z tych wzorców, `<[^",\r\n]+>`, jest zanegowaną klasą znaków wraz z kwantyfikatorem jednego lub wielu powtórzeń (`<+>`). Oba elementy łącznie są dopasowywane do całego pola nieotoczonego cudzysłowami. Warunkiem dopasowania tego wzorca jest brak jakichkolwiek cudzysłowów, przecinków czy znaków podziału wiersza w danym polu.

Drugi wzorzec alternatywny w ramach tej grupy przechwytującej, czyli `<"(?:[^"]|"")*">`, pasuje do pola otoczonego cudzysłowami. Mówiąc precyzyjnie, wzorzec w tej formie pasuje do cudzysłowu, po którym następuje zero, jeden lub wiele innych znaków i ewentualnych podwójnych cudzysłowów (sekwencji ucieczki), po których następuje cudzysłów zamykający.

Kwantyfikator `<*>` na końcu wewnętrznej grupy nieprzechwytującej powtarza wzorzec zawarty w tej grupie możliwie wiele razy aż do osiągnięcia pojedynczego cudzysłowu (nie sekwencji dwóch cudzysłowów) kończącego dane pole.

Jeśli operujemy na prawidłowym pliku CSV, pierwsze dopasowanie odnalezione przez to wyrażenie regularne powinno występować na początku przetwarzanego łańcucha, a każde kolejne dopasowanie powinno rozpoczynać się od miejsca kończącego poprzednie dopasowanie.

Patrz także

W recepturze 8.11 opiszemy, jak wykorzystać wyrażenie regularne z tej receptury do wyodrębniania pól CSV z określonych kolumn.

8.11. Wyodrębnianie pól CSV z określonej kolumny

Problem

Chcemy wyodrębnić wszystkie pola z trzeciej kolumny pliku CSV.

Rozwiązanie

Wyrażenia regularne z receptury 8.10 można ponownie wykorzystać w tym rozwiązaniu do iteracyjnego przetwarzania kolejnych pól łańcucha z danymi w formacie CSV. Wystarczy odrobina dodatkowego kodu, aby w kolejnych wierszach (rekordach) zliczać pola od lewej do prawej strony i wyodrębniać wartości pól na interesującej nas pozycji.

Poniżej pokazano wyrażenie regularne (w wersji standardowej i zapisane w trybie swobodnego stosowania znaków białych) pasujące do pojedynczego pola CSV wraz z poprzedzającym go separatorem — oba elementy są dopasowywane do odrębnych grup przechwytujących. Ponieważ w ramach pól otoczonych cudzysłowami mogą występować znaki podziału wiersza, proste przeszukiwanie łańcucha z danymi w formacie CSV, począwszy od początku każdego wiersza, nie byłoby właściwym rozwiązaniem. Lepszym wyjściem jest dopasowywanie i pomijanie kolejnych pól, aby na tej podstawie określać, które znaki podziału wiersza nie wchodzą w skład pól otoczonych cudzysłowami i — tym samym — rozpoczynają nowe rekordy.

Wyrażenia regularne proponowane w tej recepturze zaprojektowano z myślą o przetwarzaniu wyłącznie prawidłowych plików CSV, czyli plików sformatowanych zgodnie z regułami opisanymi w podpunkcie „Wartości oddzielone przecinkami (CSV)" we wcześniejszej części tego rozdziału.

```
(,|\r?\n|^)([^",\r\n]+|"(?:[^"]|"")*")?
```

Opcje wyrażeń regularnych: Brak (tryb dopasowywania symboli ^ i $ do znaków podziału wiersza nie może być włączony)

Odmiany wyrażeń regularnych: .NET, Java, JavaScript, PCRE, Perl, Python, Ruby

```
( ,  | \r?\n | ^ )      # Pierwsza grupa przechwytująca pasuje do separatorów pól...
                        #   lub początku przetwarzanego łańcucha.
(                       # Druga grupa przechwytująca pasuje do pojedynczych pól:
  [^",\r\n]+            #   nieotoczonych cudzysłowami
|                       # lub...
  " (?:[^"]|"")* "      #   pól otoczonych cudzysłowami, które same mogą zawierać cudzysłowy (ze znakami
                        #   ucieczki).
)?                      # Ta grupa jest opcjonalna, ponieważ pola mogą być puste.
```

Opcje wyrażeń regularnych: Swobodne stosowanie znaków białych (tryb dopasowywania symboli ^ i $ do znaków podziału wiersza nie może być włączony)

Odmiany wyrażeń regularnych: .NET, Java, PCRE, Perl, Python, Ruby

Zaprezentowane powyżej wyrażenia regularne niczym nie różnią się od wyrażeń z receptury 8.10 i mogą być wykorzystywane także do realizacji wielu innych zadań związanych z przetwarzaniem plików CSV. Poniższy fragment kodu dobrze ilustruje możliwy sposób praktycznego wykorzystania tego wyrażenia (w wersji zapisanej w trybie swobodnego stosowania znaków białych) do wyodrębniania kolumn z danych w formacie CSV.

Przykład rozwiązania w JavaScripcie

Poniższy kod implementuje kompletną stronę internetową z dwoma wielowierszowymi polami tekstowymi i umieszczonym pomiędzy nimi przyciskiem *Wyodrębnij trzecią kolumnę*. Kliknięcie tego przycisku powoduje przetworzenie łańcucha zapisanego w pierwszym polu tekstowym (oznaczonym etykietą *Dane wejściowe*) i wyodrębnienie z każdego rekordu trzeciego pola z wykorzystaniem zaproponowanego wyrażenia regularnego. Cała ta kolumna (z kolejnymi wartościami oddzielonymi znakami podziału wiersza) jest wyświetlana w drugim polu tekstowym (oznaczonym etykietą *Dane wynikowe*). Aby przetestować to rozwiązanie, skopiuj ten kod do pliku z rozszerzeniem *.html* i otwórz go w swojej ulubionej przeglądarce internetowej.

```html
<html>
<head>
<title>Wyodrębnianie trzeciej kolumny z łańcucha w formacie CSV</title>
</head>

<body>
<p>Dane wejściowe:</p>
<textarea id="input" rows="5" cols="75"></textarea>

<p><input type="button" value="Wyodrębnij trzecią kolumnę"
    onclick="display_csv_column(2)"></p>

<p>Dane wynikowe:</p>
<textarea id="output" rows="5" cols="75"></textarea>

<script>
function display_csv_column (index) {
```

```
    var input = document.getElementById('input'),
        output = document.getElementById('output'),
        column_fields = get_csv_column(input.value, index);

    if (column_fields.length > 0) {
        // Wyświetla każdy rekord w odrębnym wierszu, oddzielony sekwencją nowego wiersza (\n).
        output.value = column_fields.join('\n');
    } else {
        output.value = '[Nie znaleziono żadnych danych do wyodrębnienia]';
    }
}

// Zwraca tablicę pól CSV pod wskazanym indeksem (liczonym od zera).
function get_csv_column (csv, index) {
    var regex = /(,|\r?\n|^)([^",\r\n]+|"(?:[^"]|"")*")?/g,
        result = [],
        column_index = 0,
        match;

    while (match = regex.exec(csv)) {
        // Sprawdza wartość reprezentowaną przez pierwsze odwołanie wstecz. Jeśli tą wartością jest przecinek,
        // zwiększa wartość zmiennej column_index. W przeciwnym razie przypisuje tej zmiennej wartość 0.
        if (match[1] == ',') {
            column_index++;
        } else {
            column_index = 0;
        }
        if (column_index == index) {
            // Dodaje pole (reprezentowane przez drugie odwołanie wstecz) na koniec tablicy wynikowej.
            result.push(match[2]);
        }
        // Zapobiega wejściu w nieskończoną pętlę przez część przeglądarek.
        if (match.index == regex.lastIndex) regex.lastIndex++;
    }

    return result;
}
</script>
</body>
</html>
```

Analiza

Ponieważ w powyższym rozwiązaniu wykorzystaliśmy wyrażenia regularne zaczerpnięte z receptury 8.10, nie będziemy tracić czasu na ponowne wyjaśnianie ich działania. Z drugiej strony ta receptura zawiera także nowy przykład kodu JavaScriptu, w którym wykorzystano to wyrażenie regularne do wyodrębnienia pól o określonym indeksie z kolejnych rekordów przetwarzanego łańcucha w formacie CSV.

W powyższym kodzie funkcja get_csv_column odpowiada za iteracyjne przeszukanie kolejnych dopasowań znalezionych w przetwarzanym tekście. Po każdym dopasowaniu sprawdzamy pierwsze odwołanie wstecz pod kątem zawierania przecinka. Jeśli pierwsze odwołanie wstecz reprezentuje przecinek, możemy być pewni, że nie dopasowaliśmy pierwszego pola rekordu — zwiększamy wówczas wartość zmiennej column_index, aby reprezentowała indeks bieżącej kolumny. Jeśli pierwsze odwołanie wstecz reprezentuje znak inny niż przecinek (na przykład łańcuch pusty lub znak podziału wiersza), możemy przyjąć, że dopasowaliśmy pierwsze pole nowego wiersza, zatem zmiennej column_index należy przypisać zero.

Kolejnym krokiem wykonywanym przez nasz kod jest sprawdzenie, czy licznik `column_index` osiągnął interesującą nas wartość (indeks odpowiedniej kolumny). Za każdym razem gdy zmienna `column_index` osiąga tę wartość, do tablicy `result` jest dopisywany tekst reprezentowany przez drugie odwołanie wstecz (czyli fragment zza początkowego separatora). Po przeszukaniu całego przetwarzanego łańcucha funkcja `get_csv_column` zwraca tablicę zawierającą wszystkie wartości ze wskazanej kolumny (w tym przypadku trzeciej kolumny). Lista dopasowań jest następnie wyświetlana w drugim polu tekstowym na naszej stronie internetowej, a poszczególne wartości są oddzielone znakiem nowego wiersza (`\n`).

Można by tę stronę łatwo udoskonalić, umożliwiając użytkownikowi określenie indeksu wyodrębnianej kolumny (za pośrednictwem okna dialogowego lub dodatkowego pola tekstowego). Opisana powyżej funkcja `get_csv_column` została zaimplementowana z uwzględnieniem takiej możliwości — indeks interesującej nas kolumny (liczony od zera) możemy przekazać za pośrednictwem drugiego parametru tej funkcji (`index`).

Warianty

Chociaż używanie kodu proceduralnego do iteracyjnego przeszukiwania kolejnych pól pliku CSV zapewnia nam sporą elastyczność, w pewnych sytuacjach (jeśli na przykład korzystamy z edytora tekstu) możemy być zmuszeni do stosowania wyłącznie operacji przeszukiwania i zastępowania. Możemy wówczas osiągnąć oczekiwany efekt, dopasowując kolejne rekordy i zastępując je wartościami pól z interesującej nas kolumny (z wykorzystaniem odwołań wstecz). Poniższe wyrażenia regularne ilustrują stosowanie tej techniki dla konkretnych indeksów kolumn, gdzie każdy rekord jest zastępowany polem z odpowiedniej kolumny.

Jeśli jakiś rekord nie zawiera wystarczającej liczby pól (jeśli liczba tych pól jest mniejsza od indeksu interesującej nas kolumny), żadne z poniższych wyrażeń regularnych nie dopasuje tego rekordu, zatem zostanie on zachowany w przetwarzanym łańcuchu w niezmienionej formie.

Dopasowywanie rekordu CSV i przechwytywanie pól z pierwszej kolumny przez pierwszą grupę przechwytującą

```
^([^",\r\n]+|"(?:[^"]|"")*")?(?:,(?:[^",\r\n]+|"(?:[^"]|"")*")?)*
```
Opcje wyrażeń regularnych: Dopasowywanie symboli ^ i $ do znaków podziału wiersza
Odmiany wyrażeń regularnych: .NET, Java, JavaScript, PCRE, Perl, Python, Ruby

Dopasowywanie rekordu CSV i przechwytywanie pól z drugiej kolumny przez pierwszą grupę przechwytującą

```
^(?:[^",\r\n]+|"(?:[^"]|"")*")?,([^",\r\n]+|"(?:[^"]|"")*")?(?:,(?:[^",\r\n]+|"
↳(?:[^"]|"")*")?)*
```
Opcje wyrażeń regularnych: Dopasowywanie symboli ^ i $ do znaków podziału wiersza
Odmiany wyrażeń regularnych: .NET, Java, JavaScript, PCRE, Perl, Python, Ruby

Dopasowywanie rekordu CSV i przechwytywanie pól z trzeciej lub dalszej kolumny przez pierwszą grupę przechwytującą

```
^(?:[^",\r\n]+|"(?:[^"]|"")*")?(?:,(?:[^",\r\n]+|"(?:[^"]|"")*")?){1},([^",\r\n]+|"
↳(?:[^"]|"")*")?(?:,(?:[^",\r\n]+|"(?:[^"]|"")*")?)*
```

Opcje wyrażeń regularnych: Dopasowywanie symboli ^ i $ do znaków podziału wiersza
Odmiany wyrażeń regularnych: .NET, Java, JavaScript, PCRE, Perl, Python, Ruby

Aby spowodować dopasowywanie ostatniego wyrażenia regularnego do kolumn dalszych niż trzecia, wystarczy odpowiednio zwiększyć liczbę w ramach kwantyfikatora <{1}>. Aby przechwytywać pola z czwartej kolumny, należy użyć kwantyfikatora <{2}>; aby przechwytywać pola z piątej kolumny, należy użyć kwantyfikatora <{3}> itd. Jeśli wyodrębniamy pola z trzeciej kolumny, możemy usunąć kwantyfikator <{1}>, który nie ma wówczas żadnego wpływu na działanie tego wyrażenia regularnego.

Łańcuch docelowy

Dla wszystkich zaproponowanych powyżej wyrażeń regularnych możemy stosować ten sam łańcuch docelowy (z pierwszym odwołaniem wstecz). Zastąpienie każdego dopasowania pierwszym odwołaniem wstecz powinno doprowadzić do pozostawienia w przetwarzanym tekście tylko interesujących nas pól.

```
$1
```
Odmiany tekstu docelowego: .NET, Java, JavaScript, Perl, PHP

```
\1
```
Odmiany tekstu docelowego: Python, Ruby

8.12. Dopasowywanie nagłówków sekcji pliku INI

Problem

Chcemy dopasować wszystkie nagłówki sekcji w ramach pliku INI.

Rozwiązanie

To zadanie jest wyjątkowo łatwe. Nagłówki sekcji pliku INI zawsze umieszcza się na początku wierszy i mają one postać nazw sekcji otoczonych nawiasami kwadratowymi (na przykład [Sekcja1]). Przełożenie tych reguł na zapisy wyrażenia regularnego jest bardzo proste:

```
^\[[^\]]\r\n]+]
```
Opcje wyrażeń regularnych: Dopasowywanie symboli ^ i $ do znaków podziału wiersza
Odmiany wyrażeń regularnych: . NET, Java, JavaScript, PCRE, Perl, Python, Ruby

Analiza

Zaproponowane wyrażenie regularne składa się z zaledwie kilku części, zatem jego rozbicie na elementy składowe nie stanowi problemu:

- Początkowa kotwica <^> pasuje do pozycji na początku wiersza, ponieważ włączyliśmy tryb dopasowywania symboli ^ i $ do znaków podziału wiersza.

- Wzorzec <\[> pasuje do stałego znaku [. Poprzedziliśmy ten nawias lewym ukośnikiem, aby zapobiec interpretacji znaku [jako początku klasy znaków.

- Konstrukcja <[^\]\r\n]> definiuje zanegowaną klasę znaków pasującą do dowolnego znaku z wyjątkiem prawego nawiasu kwadratowego (]), znaku powrotu karetki (\r) oraz znaku nowego wiersza (\n). Następujący po tej klasie kwantyfikator <+> umożliwia dopasowanie jej do jednego lub wielu znaków.

- Wzorzec <]> pasuje do stałego znaku] wyznaczającego koniec nagłówka sekcji. Tego znaku nie musimy poprzedzać symbolem ucieczki (lewym ukośnikiem), ponieważ nie występuje w ramach klasy znaków.

Gdybyśmy chcieli odnaleźć tylko określony nagłówek sekcji, nasze zadanie byłoby jeszcze prostsze. Poniższe wyrażenie regularne pasuje do nagłówka sekcji nazwanej Sekcja1:

```
^\[Sekcja1]
```
Opcje wyrażeń regularnych: Dopasowywanie symboli ^ i $ do znaków podziału wiersza
Odmiany wyrażeń regularnych: . NET, Java, JavaScript, PCRE, Perl, Python, Ruby

W tym przypadku jedyną różnicą dzielącą to wyrażenie od wyrażenia operującego na zwykłym tekście (nie na danych w formacie INI) jest konieczność występowania nagłówka [Sekcja1] na początku wiersza. W ten sposób zapobiegamy dopasowywaniu nagłówków sekcji zawartych w komentarzach (poprzedzonych średnikami) lub sekwencji przypominających nagłówki, ale w rzeczywistości wchodzących w skład wartości parametrów (na przykład Parametr1=[War ↪tość1]).

Patrz także

W recepturze 8.13 opiszemy techniki dopasowywania bloków sekcji w ramach plików INI.

W recepturze 8.14 zajmiemy się kwestią dopasowywania par nazwa-wartość w plikach INI.

8.13. Dopasowywanie bloków sekcji pliku INI

Problem

Chcemy dopasować każdy kompletny blok sekcji w ramach pliku INI (tj. nagłówek sekcji i wszystkie pary parametr-wartość wchodzące w skład tej sekcji), aby podzielić ten plik lub przetworzyć poszczególne bloki niezależnie od siebie.

Rozwiązanie

W recepturze 8.12 opisano techniki dopasowywania nagłówków sekcji plików INI. Aby dopasować całą sekcję, należy początkowo zastosować wzorzec z tamtej receptury i — w przeciwieństwie do stosowanego tam rozwiązania — kontynuować dopasowywanie aż do osiągnięcia końca łańcucha lub znaku [na początku jakiegoś wiersza (ponieważ znak [rozpoczynający wiersz wyznacza jednocześnie początek nowej sekcji):

```
^\[[^\]\r\n]+](?:\r?\n(?:[^[\r\n].*)?)*
```
Opcje wyrażeń regularnych: Dopasowywanie symboli ^ i $ do znaków podziału wiersza (tryb dopasowywania kropki do znaków podziału wiersza nie może być włączony)
Odmiany wyrażeń regularnych: . NET, Java, JavaScript, PCRE, Perl, Python, Ruby

Poniżej pokazano to samo wyrażenie regularne zapisane w trybie swobodnego stosowania znaków białych:

```
^ \[ [^\]\r\n]+ ]   # Pasuje do nagłówka sekcji.
(?:                 # Oraz do następującej po nim reszty sekcji...
  \r?\n             #   Pasuje do sekwencji podziału wiersza.
  (?:               #   Po początku każdego wiersza pasuje do...
    [^[\r\n]        #     dowolnego znaku oprócz "[" i znaku podziału wiersza
    .*              #     oraz reszty danego wiersza.
  )?                #   Ta grupa jest opcjonalna, dzięki czemu istnieje możliwość dopasowywania pustych wierszy
)*                  # Kontynuuje dopasowywanie aż do napotkania końca sekcji.
```

Opcje wyrażeń regularnych: Dopasowywanie symboli ^ i $ do znaków podziału wiersza, swobodne stosowanie znaków białych (tryb dopasowywania kropki do znaków podziału wiersza nie może być włączony)

Odmiany wyrażeń regularnych: .NET, Java, PCRE, Perl, Python, Ruby

Analiza

Działanie tego wyrażenia regularnego rozpoczyna się od dopasowania nagłówka sekcji pliku INI do wzorca <^\ [[^\]\r\n]+]>. Dopasowywanie kolejnych wierszy kończy się w momencie napotkania wiersza rozpoczynającego się od znaku [. Przeanalizujmy następujący fragment przykładowego tekstu:

```
[Sekcja1]
Element1=Wartość1
Element2=[Wartość2]

; [SekcjaA]
; Nagłówek SekcjiA umieszczono w komentarzu.

ElementA=WartośćA ; ElementA nie jest częścią komentarza i wchodzi w skład Sekcji1.

[Sekcja2]
Element3=Wartość3
Element4 = Wartość4
```

W przytoczonym łańcuchu nasze wyrażenie regularne znajdzie dwa dopasowania. Pierwsze dopasowanie będzie obejmowało fragment od początku tego łańcucha do pustego wiersza sprzed nagłówka [Sekcja2]. Drugie dopasowanie obejmie nagłówek [Sekcja2] i całą resztę tego łańcucha.

Patrz także

W recepturze 8.12 opisano techniki dopasowywania nagłówków sekcji plików INI.

W recepturze 8.14 zajmiemy się kwestią dopasowywania par nazwa-wartość w plikach INI.

8.14. Dopasowywanie par nazwa-wartość w plikach INI

Problem

Chcemy dopasowywać pary nazwa-wartość reprezentujące parametry w plikach INI (na przykład Element1=Wartość1), dzieląc poszczególne dopasowania na dwie części (za pomocą grup przechwytujących). Pierwsze odwołanie wstecz powinno reprezentować nazwę parametru (Element1); drugie odwołanie wstecz powinno reprezentować jego wartość (Wartość1).

Rozwiązanie

Poniżej pokazano dwie wersje wyrażenia regularnego realizującego to zadanie (drugą wersję zapisano w trybie swobodnego stosowania znaków białych):

```
^([^=;\r\n]+)=([^;\r\n]*)
```

Opcje wyrażeń regularnych: Dopasowywanie symboli ^ i $ do znaków podziału wiersza
Odmiany wyrażeń regularnych: .NET, Java, JavaScript, PCRE, Perl, Python, Ruby

```
^                    # Początek wiersza.
( [^=;\r\n]+ )       # Przechwytuje nazwę (pierwsze odwołanie wstecz).
=                    # Separator par nazwa-wartość.
( [^;\r\n]* )        # Przechwytuje wartość (drugie odwołanie wstecz).
```

Opcje wyrażeń regularnych: Dopasowywanie symboli ^ i $ do znaków podziału wiersza, swobodne stosowanie znaków białych
Odmiany wyrażeń regularnych: .NET, Java, PCRE, Perl, Python, Ruby

Analiza

Tak jak w pozostałych recepturach poświęconych przetwarzaniu danych w formacie INI, korzystamy tutaj z wyjątkowo prostych elementów składowych. Początkowa kotwica <^> pasuje do pozycji na początku wiersza (upewnij się, że tryb dopasowywania symboli ^ i $ do znaków podziału wiersza jest włączony). Wspomniana kotwica jest o tyle ważna, że bez gwarancji rozpoczynania każdego dopasowania od początku wiersza musielibyśmy liczyć się z ryzykiem dopasowania fragmentu komentarza.

Nasze wyrażenie regularne wykorzystuje następnie grupę przechwytującą z zanegowaną klasą znaków (<[^=;\r \n]>), po której następuje kwantyfikator jednego lub wielu powtórzeń (<+>) — w ten sposób dopasowujemy nazwę parametru i przypisujemy ją pierwszemu odwołaniu wstecz. Wspomniana zanegowana klasa znaków pasuje do dowolnego znaku spoza następującego zbioru: znaku równości, średnika, znaku powrotu karetki (<\r>) i znaku nowego wiersza (<\n>). Znaki powrotu karetki i nowego wiersza kończą parametry pliku INI; średniki rozpoczynają komentarze; znaki równości oddzielają nazwy parametrów od ich wartości.

Po dopasowaniu nazwy parametru nasze wyrażenie regularne jest dopasowywane do znaku równości (czyli separatora dzielącego nazwę i wartość) oraz wartości tego parametru. Wartość jest dopasowywana do drugiej grupy przechwytującej, która pod wieloma względami przypomina wzorzec pasujący do nazwy parametru, ale nie wyraża dwóch ograniczeń stosowanych dla nazw. Po pierwsze drugi podwzorzec akceptuje znak równości jako część wartości (zanegowana klasa znaków tym razem nie zawiera tego znaku). Po drugie w tym podwzorcu zastosowano kwantyfikator <*>, aby umożliwić dopasowanie wartości pustej (złożonej z zera znaków — inaczej niż nazwy, wartości parametrów mogą być puste).

To wszystko.

Patrz także

W recepturze 8.12 opisano techniki dopasowywania nagłówków sekcji plików INI.

W recepturze 8.13 opisano techniki dopasowywania bloków sekcji w ramach plików INI.

Skorowidz

K

L

S

zmiana separatora stosowanego w plikach CSV, 491
zmienna liczba powtórzeń, 84
znaczniki
    HTML, 436
    XHTML, 86
    XML, 441, 444
znak wyrazu, 49, 60
znaki alfanumeryczne, 263

znaki białe, 49
    obcinanie początkowych i końcowych
        znaków białych, 338
    zastępowanie pojedynczą spacją, 341
znaki łączące, 70
znaki niedrukowane, 44, 45
    reprezentacja, 45
znaki spoza systemu szesnastkowego, 47

O autorach

Książka *Wyrażenia regularne. Receptury* jest dziełem Jana Goyvaertsa i Stevena Levithana, dwóch światowej klasy ekspertów w dziedzinie wyrażeń regularnych.

Jan Goyvaerts prowadzi firmę Just Great Software, gdzie projektuje i tworzy najbardziej popularne programy operujące na wyrażeniach regularnych. Do najważniejszych produktów jego firmy należą RegexBuddy, czyli jedyny na świecie edytor wyrażeń regularnych emulujący różnice dzielące aż piętnaście 15 odmian wyrażeń regularnych, oraz PowerGREP, czyli najbardziej rozbudowane narzędzie typu grep dla systemu Microsoft Windows.

Steven Levithan jest jednym z najbardziej znanych ekspertów od wyrażeń regularnych w JavaScripcie i prowadzi popularny blog poświęcony właśnie wyrażeniom regularnym: *http://blog. stevenlevithan.com*. Poszerzanie swojej wiedzy na temat tej odmiany wyrażeń regularnych i rozmaitych bibliotek z tego obszaru jest od wielu lat jednym z jego najważniejszych hobby.

Kolofon

Obraz na okładce książki *Wyrażenia regularne. Receptury* przedstawia zębiełka piżmowego (rodzaj *Crocidura*, rodzina *Soricidae*). Istnieje wiele gatunków zębiełków, w tym zębiełki biało- i czerwonozębne, szare zębiełki piżmowe i czerwonawe zębiełki piżmowe. Zębiełek piżmowy występuje w Afryce Południowej i w Indiach.

Chociaż istnieje wiele cech fizycznych odróżniających poszczególne gatunki zębiełków, są pewne cechy wspólne dla wszystkich ssaków z tej rodziny. Zębiełki uważa się za najmniejsze ssaki owadożerne na świecie. Wszystkie zębiełki mają krótkie kończyny, po pięć pazurów na tylnych stopach oraz wydłużone pyszczki z wąsami. Najważniejsze różnice dotyczą kolorów zębów (wspomnieliśmy już o istnieniu zębiełków biało- i czerwonozębnych) oraz koloru sierści (występują zębiełki czerwonawe, brązowe i szare).

Mimo że zębiełki żywią się przede wszystkim owadami, nierzadko wspierają rolników w walce z takimi szkodnikami jak myszy i innymi małymi gryzoniami żerującymi na polach.

Wiele zębiełków piżmowych wydziela silny, nieprzyjemny zapach (stąd ich potoczna nazwa), który umożliwia im znaczenie swojego terytorium. Kiedyś uważano nawet, że zapach zębiełków piżmowych jest na tyle silny, że przenika każdą butelkę wina lub piwa, do której te małe ssaki choćby się zbliżyły (powodując odrażający posmak tych trunków). Na szczęście czas pokazał, że przesąd ten jest bezpodstawny.

Obraz widoczny na okładce pochodzi z dzieła *The Royal Natural History* autorstwa Richard Lydekke.